JN188958

行動変容法入門

日本語版第2版

Behavior Modification: Principles and Procedures
Sixth Edition

レイモンド・G・ミルテンバーガー 著
(Raymond G. Miltenberger)

野呂文行／佐々木銀河／青木康彦／神山 努 訳

二瓶社

目　次

序　　　　　　　　　　　　　　　　xi

第1章　行動変容法入門　　1

人間の行動の定義	1	自己管理	11
行動の実際例	3	子どもの行動管理	11
行動変容法の定義	4	予　防	11
行動変容法の特徴	5	スポーツ心理学	12
行動変容法のルーツ	7	健康関連行動	12
重要な研究者	7	老年学	12
行動変容法の初期の研究者	9	**専門的実践、資格認定、及び倫理**	**12**
主な出版物と出来事	9	**本書の構成**	**13**
応用領域	10	行動と行動変化の測定	13
発達障害	10	基本的な行動原理	13
精神疾患	10	新しい行動を形成する方法	13
通常教育と特別支援教育	10	望ましい行動を増やし, 望ましくない行動を減らす方法	13
リハビリテーション	10	行動変化のためのその他の方法	13
コミュニティ心理学	11	**まとめ**	**13**
臨床心理学	11	**キーワード**	**14**
ビジネス、産業、ヒューマンサービス	11	**練習問題**	**14**

第Ⅰ部　　　行動と行動変化の測定

第2章　行動の観察と記録　　19

直接アセスメントと間接アセスメント	20	タイムサンプリング記録法	28
標的行動の定義	20	記録用具の準備	29
記録の実施計画	22	反応性	33
観察者	22	**観察者間一致率**	**33**
記録する時間と場所	23	**まとめ**	**35**
記録方法の決定	24	**キーワード**	**36**
連続記録法	24	**練習問題**	**36**
生起機会当たりの割合	26	**適用例**	**37**
産物記録法	27	**間違った適用例**	**38**
インターバル記録法	27		

第3章　行動のグラフ化と変化の測定　　39

グラフの要素	40	条件交代デザイン	53
行動データのグラフ化	41	基準変更デザイン	53
行動のさまざまな次元のグラフ化	45	**まとめ**	**55**
研究計画法	46	**キーワード**	**55**
AB デザイン	46	**練習問題**	**55**
ABAB 反転デザイン	47	**適用例**	**56**
多層ベースラインデザイン	48	**間違った適用例**	**57**

序

本書の第5版までが、幸いにも大学教員や学生から高い評価を受けることができた。第6版となる本書は、第5版までのよい点を継承しつつ、その間に寄せられた貴重な意見を生かし、また行動変容法についての最近の研究成果を盛り込むようにした。

本書の目的は、第5版までと同じように、1つは行動変容法の基本となる原理を解説し、読者が人間の行動に環境事象がどのような影響を及ぼしているかをきちんと理解できるようにすることである。もう1つは行動変容法の技法や手続きを説明し、読者に対して、人間の行動を変容する方法についての理解を深めてもらうことにある。本書は25章で構成されているが、それぞれの章はそれほど長くなく、学習しやすいちょうどよい分量の情報（たとえば、1つの原理か1つの技法）を記載するよ

うにした。本書は基本的には、「行動変容法」「応用行動分析学」「行動マネジメント」「行動修正」といった科目名で、標準的な1セメスターで教えるテキストとして使うことができる。

内容的には入門レベルであり、行動変容法についてほとんど知らない読者でも、十分理解できるはずである。具体的には、大学生あるいは大学院1年生レベルを想定している。その他にも、教育、福祉、リハビリテーションなどの分野で働いている専門職で、実践現場で行動変容法を用いる必要のある人たちにも、十分役立つ参考書である。また、本書では性別により表現の違いを生まないようにも配慮し（ジェンダーニュートラル）、取り上げた事例では男性と女性が半々になるようにした。

第5版から受け継いだ本書の特徴

以下に示す本書の特徴は、読者が学習しやすいように意図したものである。

本書の構成：第1章では行動変容法について全般的な紹介をし、第2章と第3章では行動の記録、グラフ化、行動変化の測定方法を説明した。これらの知識は、第4章以降で述べる内容の基礎となる知識である。第4章から第8章では、オペラント行動とレスポンデント行動の基本原理を中心に説明した。これらの基本原理を応用したものが、その後に続く17の章である。そのうち、第9章から第12章では、新しい行動を形成する方法、第13章から第19章では、望ましい行動を増やし、望ましくない行動を減らす方法、第20章から第25章では、それ以外の行動変容法のうち重要な技法について解説した。

原理と方法：行動を変えるために開発されたさまざまな方法は、いずれも過去80年間に実験研究によって明らかにされた基本的な行動原理に基づいている。読者には、こうした基本原理を学んでから実際の方法について学んでもらいたいと考え、第4章から第8章でオペラン

ト行動とレスポンデント行動との基礎にある諸原理について解説した。その後、第9章以降で、それらの基本原理を応用した行動変容法の諸技法を紹介している。

日常生活事例：どの章でも、原理や方法について日常生活をイメージして理解できるように、実際の例をできるだけ取り上げるようにした。具体的には、大学生の身近な例や、著者の臨床経験などから例を示した。

研究事例：日常生活の事例だけでなく、行動変容法の原理と方法について、重要な古典的研究や最新の研究も取り上げた。

章ごとのクイズ：25の章ごとに10個の空欄補充問題を3問ずつ用意した。このクイズは、学生が各章の内容の理解度を自己評価し、さらなる勉強を進めるために用意された。クイズのページにはミシン目が入っており（編注：原書限定措置）、簡単に切り離すことができる。授業者は宿題として、あるいは授業中に、学生とクイズの受け渡しが可能である。

練習問題：各章末には短文での解答を求める練習問題を用意した。示されているページから正答が見つけられるようにしてある（編注：原書限定措置）。

適用例の練習問題：方法に関する章（第2章、第3章および第9章〜第25章）では、各章の最後に、その方法の適用例についての練習問題を載せた。まず日常生活の事例を紹介し、読者がその章で学んだことを参考にして答えるという形式にした。練習問題に答えることで、読者は、学んだ方法をどのようにして実際の場面に適用するかが理解しやすくなるはずである。

間違った適用例の練習問題：適用例の練習問題の後に、間違った適用例の練習問題を設けた。いずれも1つの事例を紹介しており、その章で学んだ方法が適用されているが、その適用の仕方が間違っている。読者はその事例を分析し、何が間違っているかを答える。この問題では、その方法を適用する際に慎重かつ批判的に考えることを、読者に求めている。

ステップ・バイ・ステップ：行動変容法の方法を説明した章では、その方法の実施の仕方をステップ・バイ・ステップの形で示し、理解しやすくした。

サマリーボックス：本文中では定期的に、各章の情報を本文から切り離したボックスにまとめている。これらのボックスは、学生がその章の内容を整理するのに役立つことを目的としている。

章のまとめ：各章のまとめは、各章の冒頭の質問と一致する情報を提供する。

自己評価のための例：基本原理に関する初期の章（第4章から第7章）では、その章で取り上げた原理の例を示した表がある。その章の後半（または次の章）では、学生は特定の表に戻り、その章で提示された新しい情報を使って、その表に示された例の特定の側面を分析するよう指示される。

自己評価のための質問：また、本文中では、自己評価に関する質問が随時、出されている。これらの質問に答えるには、その章ですでに提示された情報を活用する必要がある。これらの質問は、教材に対する学習者の理解度を評価するのに役立つ。ほとんどの場合、質問のすぐ後に答えが示されている。

図：ほとんどの章では、重要な原則や手順を説明するために、研究文献からの図が掲載されている。学習者は、グラフを分析するために、行動の記録、グラフ化、変化の測定に関する以前の章の情報を使用する必要がある。

用語集：巻末には、本書で使用されている重要な行動変容に関する用語集がある。各用語の後には、簡潔かつ正確な定義が記載されている。

試験問題の改善：試験問題には、選択問題、穴埋め問題、正誤問題、短答式エッセイ問題がある。

参考：各章には「参考」の欄があり、その章の内容に関連する興味深い記事が選ばれて、簡潔に説明されている。また、これらの記事の引用も示している。記事は *Journal of Applied Behavior Analysis*（または *Journal of the Experimental Analysis of Behavior*）のものなので、学生がオンラインで簡単にアクセスすることができる。また、教員が、追加単位に必要な課題として、あるいは本書を大学院生の教科書として使用する場合の宿題として、これらの文献を活用できる。

キーワードのリスト：各章の「まとめ」の後に、その章で使用された新しい用語のリストがある。キーワードのリストには、各用語が紹介されたページ番号が記載されている（編注：原書限定措置）。これらの用語はすべて巻末の用語解説に記載されているが、各章の終わりに新しい用語とそのページ番号が記載されていることで、その章を読むときやテストやクイズの勉強をするときに簡単に用語を参照することができるようになっている。

第6版での新しい特色

ハイライト：各章の重要な情報には新たにハイライトを設け、学習者の注意を喚起している。また、本文中の質問には「？」マークが表示されている（編注：訳書では「Q」とした）。さらに、重要な情報を強調するテキストボックスを設けた。

動機づけ操作：前版では、動機づけ操作（motivating operation）という用語を初めて導入した。この版では、第4章と第6章で2種類の動機づけ操作（EOs と AOs）についてより詳しく説明し、強化や弱化に適用されるこの概念をより理解できるようにしている。また、第6章では、表で簡潔にまとめている。

機能的関係（関数関係）（Functional Relationships）：環境変数と行動の機能的（関数）関係をどのように評価するかについて、より詳細に説明をした。各種の研究デザインにおいて機能的（関数）関係をどのように特定するか（第3章）、機能分析の手順がどのように機能的関係を特定するか（第13章）を強調した。

機能分析：第13章で、機能分析に関するより詳細な情報を加えた。機能的アセスメントと機能分析の違いや機能分析の方法論の実践的適用について、詳細に記述した。

行動記録法：インターバル記録法とタイムサンプリ

ング記録法の違いを明確にする図を追加した（第2章）。スマートフォンやタブレット用の行動記録アプリ、運動量や身体活動を記録する加速度計やGPS対応機器、行動記録や自己管理のためのウェブベースのプログラムなど、行動記録のためのテクノロジー利用について説明した（第2章、第23章）。

　専門的実践、資格、および倫理：第1章で、専門的実践、資格、および倫理について説明した。本書で紹介する行動変容の手法を用いる専門家として、認定行動分析士（Board Certified Behavior Analysts）に関する情報を提供した。第1章と第6章では、倫理の指針について説明した。

　同意を得ること：養育者に実施を依頼する介入手続きについて同意を得るために、養育者と協働することが重要であることを論じた。同意を得るためには介入手続きの受容性が重要であること、また介入の厳密性（treatment integrity）を高めるためにも同意を得ることが重要であることを論じた。

　タイムアウト：タイムアウトの効果的な使用方法に関する情報を追加した。タイムアウトにより指示従事を促すための手続きを説明したテキストボックスを追加した。

　般化：般化を促進する新たな方略として、日常環境下に行動の手がかりを配置することについての記述を追加した。

　その他の新しい特徴
- テキスト内の自己評価の質問を新たに加えた。
- 行動変容法の定義を最新のものにした（第1章）。
- 行動主義の簡潔な解説について追加した（第1章）。
- ABデザインが真の研究デザインとは言えない点を強調した（第3章）。

- 確立操作（EOs）と無効操作（AOs）の解説の中で、喚起する（evoke）と無効化する（abate）という用語（第4章）、刺激性制御の解説の中で喚起する（evoke）という用語（第7章）をそれぞれ導入した。
- 行動的スキル指導において、モデル提示の解説の前に、教示の解説を移動した（第12章）。
- フィードバックの2つの機能を明確にした（第12章）。
- 好みのアセスメントと強化子アセスメントを区別した（第15章）。
- 競合反応の枠組みに関する短い解説を追加した（第16章）。
- チームでの意思決定に関する短い解説を追加した（第16章）。
- 緊急対応の手続きとして身体拘束の使用に関する解説を追加した（第18章）。
- ソーシャルサポートにおけるソーシャルネットワークの使用を解説した（第20章）。
- 習慣逆転法の新しい使用法に関する情報を追加した（第21章）。
- トークンエコノミーに関するより簡潔な定義を追加した（第22章）。
- リラクゼーション手続きの3つの必須となる構成要素について記述したテキストボックスを追加した（第24章）。
- 抑うつに対する行動活性化法の導入についてテキストボックスに追加した（第24章）。
- テキスト全体を通じて新しい参考文献を追加した。
- テキストに多くの新しい用語を加えて、その定義を示すとともに、用語集にそれを加えた。

謝　辞

　本書ならびにこれまでの版への建設的なコメントをしてくれた、以下の諸氏に心からの謝意を表したい。ジューディス・ローゼンザーブ（クツタウン大学）、ポール・ジネッティ（セイントロジャージョーンズ大学）、ヴェーダ・チャールトン（アラスカ中央大学）、ロバート・W・アラン（ラファイエット大学）、ヴィヴィエッティ・アレン（ファイエットビル州立大学）、シンシア・アンダーソン（ウエストバージニア大学）、ジェニファー・オースティン（フロリダ州立大学）、チャールズ・ブロース（マクマリー大学）、クリスティーン・プラッデイ（アライアント国際大学）、ジェームズ・カー（ウエスタンミシガン大学）、カール・チェニー（ユタ州立大学）、ダーリーン・クロン・トード（デルタ州立大学）、ポーラ・デービス（サザン・イリノイ大学）、リチャード・N・フェイル（マンスフィールド大学）、ディアドラ・ビービ・フィッツジェラルド（イースタンコネチカット州立大学）、ステファン・フラナガン（ノースカロライナ大学チャペルヒル校）、ロジャー・ハーニシュ（ロチェスター工科大学）、ジェラルド・ハリス（ヒューストン大学）、ロバート・ヘファー（テキサスA&M大学）、ステファン・W・ホルボーン（マニトバ大学）、ドロシー・ラーマン（ルイジアナ州立大学）、トム・ロンバード（ミシシッピ大学）、ジョン・マロウフ（ノバサザンイースタン大学）、グエン・マーチン（カンバーランド大学）、ケイ・マッキンタイ

ア（ミズーリ・セントルイス大学）、ロナルド・ミラーン（ブリングハム・ヤング大学）、ロバート・W・モンゴメリー（ジョージア州立大学）、チャールズ・S・ペイサー（サウス大学）、ブランディ・フェルプス（サウスダコダ州立大学）、ヨセフ・J・プロード（ノースダコダ大学）、ロビン・ロジャーズ（サウスウエストテキサス州立大学）、ヨハネス・ロジャーン（ジョージメイソン大学）、ポール・ロマノヴィッチ（メサ大学）、アリソン・トーマス・コッチンハム（ライダー大学）、J・ケビン・トンプソン（サイスフロリダ大学）、ブルース・サイヤー（ジョージア大学）、ジェームズ・T・トッド（イースタンミシガン大学）、シャロン・ヴァン・リア（デラウェア州立大学）、ティモシー・ボルマー（フロリダ大学）、ロバート・W・ワイルドプラッド（ノーザンバージニアコミュニティ大学）、ケネス・N・ワイルドマン（オハイオノーザン大学）、ダグラス・ウッズ（ウィスコンシン・ミルウォーキー大学）、トッディ・ザカラジェック（サザンオレゴン州立大学）。最後に、本書の出版に当たって多大な尽力をいただいたウッズワース出版社の主任編集者であるマリアン・タフリンガーさんに、心からの感謝を捧げる。

本書で学ぶ人たちへ

　以下のことに留意して、本書と授業から多くのことを学んでいただきたい。

1. 授業の前に、その授業で学ぶ章を読んでおく。授業中に初めて読むよりも、得るものは多いはずである。
2. 章の内容をきちんと理解しているかどうかを確認するために、本文中の自己点検のための問題をやってみる。
3. 章末の練習問題に答える。正解すれば、その章の内容を理解したと考えてよい。
4. 章の内容を理解しているかどうかを評価するために、章末の小テストを実施する。
5. 支援方法に関する章の適用例と間違った適用例の練習問題に答える。そうすることで、その章で学んだ手続きの正しい適用の仕方を学ぶことができる。
6. 試験勉強の最もよい方法は、自分自身をテストしてみることである。試験範囲の章とノートを読み直し、次のことをやってみる。

- 各章のキーワードは、本を見ないでも定義できるようにする。
- 章末の練習問題は、本やノートを見ないでも全問正解できるようにする。
- その章で学んだ原理や方法について、自分で新しい例を考えてみる。
- カードの表に重要用語や問題を書き、その裏にその定義や答えを書いたカードを作る。そのカードの表を見て、その定義や答えを、裏を見ないでも言えるようにする。
- 試験勉強は、余計な刺激や気の散るような物がない場所である。
- 試験勉強は少なくとも数日前から始め、範囲が広ければもっと日数を増やす。

レイモンド　G.ミルテンバーガー

第1章　行動変容法入門

学習のポイント

■ 人間の行動をどのように定義するか？
■ 行動変容法の特徴は何か？
■ 行動変容法の歴史的なルーツは何か？
■ 人間の生活の改善に、行動変容法はどのような役割を果たすか？

　読者は本書から、行動変容法の原理と方法、及びそれによってもたらされる行動の変化について学ぶことができる。行動変容法の手続きには、様々な形態がある。次の例について考えてみよう。

　テッドとジェイン夫妻はしばしばお互いの言い分がぶつかり、結婚生活の危機を迎えていた。彼らが相談した結婚カウンセラーから行動契約法を提案され、毎日お互いに相手が喜ぶことをしてみることにした。その結果、夫婦間で良好な関わりが増え、自分の考えを無理に言い張るような行動が減った。

　カレンはひっきりなしに自分の髪の毛を抜いていた。それにより頭のてっぺんに髪の毛の薄い部分ができていた。彼女はその直径2cmほどの大きさの、髪の毛が薄くなった部分を恥ずかしいとは思っていたが、それでも抜毛は止まらなかった。相談された心理士は、治療として彼女が毛を抜き始めるとすぐに、それと競合する行為（たとえば編み物）をさせることにした。その結果、徐々に毛を抜く行為は見られなくなり、髪の毛の状態も元に戻った。

　フランシスコは体重が増えすぎてしまい、何とかしなければとある決心をした。それはダイエット・グループに参加することだった。そのグループのミーティングでは毎回、一定金額を預け、毎日の運動目標を決め、その目標が週単位で達成されたらポイントを獲得する仕組みとなっていた。定められたポイントを獲得すれば預け金は返却されたが、ポイントが足りない場合には、そのお金の一部は没収された。その結果、彼は毎日規則正しく運動し、体重も減った。

　シンシナティ市の住民たちは、1日何千回もの不必要な電話を番号案内にかけていた。そのために電話回線が混線し、電話会社の費用もかさんでいた。そこで、電話会社が番号案内を有料にしたところ、電話の件数は激減した。

　読者の皆さんは、これらの例はいずれも、人間のある特定の行動に焦点を当て、その行動を変える方法が述べられていることに気づいただろう。行動変容法では、行動とその変化に焦点を当てる。そこで、まず行動そのものについて考えてみよう。

人間の行動の定義

　人間の行動が、行動変容法の中心テーマである。**行動**（behavior）は、人が行ったり、言ったりすることである。行動を定義すれば、以下のように

なる。

　■行動は人の行為（人が行ったり、言ったりすること）であり、動作動詞（action verbs）で記

述される。行動は人の固定的な特性ではない。も
し「ある人が怒っている」と言った場合、それは
その人の行動を特定したことにはならず、単にそ
の人の状態にラベルを貼っただけにすぎない。も
し、怒っているときにその人が何を言ったか、何
をしたかを特定できれば、それは行動を特定した
ことになる。たとえば、「ジェニファーは母親に
向かって叫び、2階に駆け上がり、自分の部屋の
ドアをバタンと閉めた」と言えば、これは怒りと
ラベル付けされる行動を記述したことになる。

■行動には測定できる**次元**（dimension）があ
る。行動は、その**頻度**（frequency）を測定する
ことができる。つまり、ある行動が何回起きたか
を数えることができる（たとえば、シェインが授
業中に爪をかんだのは 12 回）。また、**持続時間**
（duration）も測定できる。つまり、行動が起き
てから止まるまでの時間を測ることができる（た
とえば、リタは 25 分間ジョギングをした）。さ
らに、**強度**（intensity）を測定することができる。
これは行動の物理的な強さである（たとえば、ガー
スは 100kg のベンチプレスを上げた）。また、行
動の速度（speed）、あるいはある事象から行動
が生起するまでの**潜時**（latency）を計ることが
できる。頻度・持続時間・強度・潜時はすべて、
行動の物理的な次元である。**次元は、行動の測定
可能な側面である。**

■行動は、他者あるいは行動をしている本人に
よって観察、記述、記録することができる。行動
は 1 つの行為なので、その生起は観察可能である。
また、行動が生起したときに、その行動を見るこ
とができる（あるいは、五感の 1 つでそれを感知
することができる）。行動は観察可能なので、そ
の行動を見ている人はその行動を記述でき、その

生起を記録できる（行動の記録方法については、
第 2 章を参照のこと）。

■行動は、物理的環境や社会的環境（他の人々
や自分自身）に影響を及ぼす。行動は空間と時
間の移動を伴う行為なので（Johnston & Pen-
nypacker, 1981）、ある行動が生起すると、それ
が生じた環境に何らかの効果を及ぼす。環境に対
する効果が明確な場合もある。たとえば、蛍光灯
のスイッチを入れると、蛍光灯が点灯する（物理
的環境への効果）。授業中に手を挙げると、教師
が指名する（他者への効果）。ウェブサイトで電
話番号を調べて暗証すると、それを覚えて正しい
番号をかけることができる（自分自身への効果）。
しかし、環境への効果が不明確な場合もある。そ
の行動をしている本人だけに効果がある場合もあ
る。いずれにせよ、すべての人間の行動は、明確
に分かるかどうかは別にして、何らかの形で物理
的環境や社会的環境に効果を及ぼしている。

■行動には法則性がある。つまり行動は環境事
象から系統だった影響を受けて生起する。基本
的な行動原理は、行動と環境事象の機能的関係
（functional relationship）を記述したものである。
これらの原理は、私たちの行動がどのように環境
事象の影響を受けているか、あるいは行動がどの
ように環境事象の機能として生起するのかについ
て説明している（第 4 章～第 8 章を参照）。これ
らの基本的な行動原理は、行動変容法の手続きを
構成する要素である。行動を引き起こす環境事象
を理解できれば、行動を変容するために環境事象
を変えることができるようになる。

図 1 － 1 のグラフは、教室での自閉スペクトラ
ムの児童の不適切行動の生起を表している。この
児童は、教師から多く注目されているときには、

行動の特徴

- 行動は人が行ったり言ったりすることである。
- 行動にはいくつかの物理的次元がある。
- 行動は観察、記述、記録できる。
- 行動は環境に何らかの効果をもたらす。
- 行動には法則性がある。
- 行動には目に見えるものもあれば、見えないものもある。

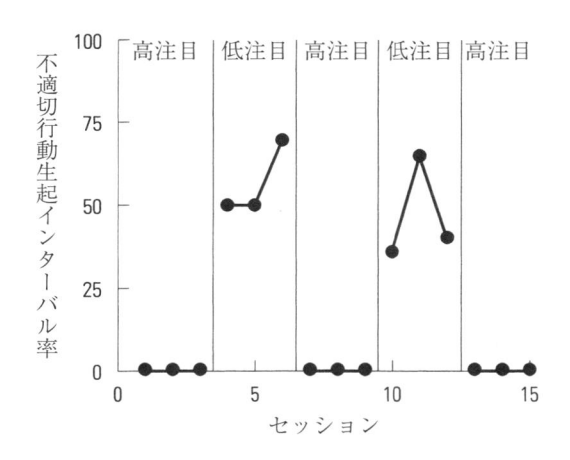

図1-1　このグラフは、Durand and Carr（1992）の研究から引用したもので、特別支援学級にいる少年（ポール）の破壊的行動（物を押しのけたり、叫んだり、泣いたり、物を叩いたり、倒したりすることを指す）に教師の注目の影響を示している。このグラフは、ポールが頻繁に教師から注目を受けているとき（高注目）には、破壊的行動は起こらないことを示している。しかし、ポールがあまり教師から注目を受けていないとき（低注目）には、およそ50％の時間、破壊的行動を起こしている。このグラフは、教師の注目とポールの破壊的行動の間の機能的関係を示している。（Durand, V. M., & Carr, E. G. [1992]. An analysis of maintenance following functional communication training. *Journal of Applied Behavior Analysis, 25*, 777-794. Copyright © 1992 University of Kansas Press.）

不適切行動をほとんど起こさない。しかし、教師からの注目が少ないと、この児童は不適切行動を頻繁に起こす。このことから、この児童の不適切行動は、教師の注目レベルと機能的に関連があるといえる。

■行動には目に見えるもの（顕在的なもの）もあれば、目に見えないもの（内潜的なもの）もある。行動変容法は、**顕在的行動**（overt behavior）を理解し変容するために用いられることが圧倒的に多い。顕在的行動は、その行動をしている人以外の人も観察でき、記録できる行為である。しかし、ある行動は内潜的である。**内潜的行動**（covert behavior）は私的事象（private events）とも呼ばれ（Skinner, 1974）、他者からは観察できない行動である。たとえば思考は内潜的行動であり、他の人が観察したり記録したりすることはできない。思考は、その行動をしている本人しか観察できないものである。行動変容法は、主に顕在的行動、つまり観察可能な行動に焦点を当てており、本書の内容もそのようになっている。しかし、第8章、第24章、第25章では、内潜的行動とそれに適用される行動変容法の手続きを紹介している。

行動の実際例

ここでは、行動の特徴をいくつかの例で説明する。以下の例は、よくある一般的な例だけでなく、行動変容法の手続きを適用すべき困った行動の例も挙げた。

マーサはパソコンの前に座り、両親に電子メールを送る。

これは行動である。なぜならキーボードのキーを打つことは物理的次元があり（キーを打つ頻度、キーを打ち続ける持続時間）、観察と測定が可能で、環境に特定の効果をもたらし（ディスプレイに文字が出る）、法則的（キーを押すとディスプレイに文字が出ることを以前学習したために、この行動が生起している）だからである。

マンディはベビーベッドに横たわり、大声で泣いている。その後、母親が彼女を抱き上げ、食事を与えている。

この行動には、これまでの例で説明した5つの特徴（1つの行為であり、測定可能な物理的次元をもち、他者が観察可能で、環境に効果をもち、法則性がある）をすべて備えている。ただ1つ違う点は、泣くことの効果が社会的環境に及ぶことである。すなわち、彼女が泣くと母親がそれに反応し、彼女を抱き上げ、食事を与えている。過去にこのようなことがあったときに、泣くたびに母親は食事を与えてきたので、マンディはお腹がすくと泣き続けるようになった。このことから、彼女の泣く行動と母親が食事を与える行動に機能的関係があると言える。

ジェリーは行動変容法の授業のレポート提出が1週間遅れている。彼は1週間遅れでレポートを教授に持っていき、「病気の祖母を見舞うために実家に帰っていたため、提出が遅くなった」と嘘をつく。そして教授は何のペナルティもなく彼のレポートを受け取る。別の日、彼は歴史の試験を欠席した。彼は歴史担当の教授に、祖母の病気を理由に試験を欠席したと言う。そして、歴史の教授は1週間遅れで追試験を許可する。

祖母の見舞いに行ったというジェリーが嘘をつくことも、行動の5つの特徴すべてがある。それは1つの行為（何かを言う）であり、2度生じており（測定可能な頻度）、2人の教授によって観察され、社会的環境に効果を及ぼしている（教授はペナルティなしのレポートや追試験を許した）。さらに、行動（嘘をつく）とその結果（レポート提出と追試験）に機能的関係があることから、法則性もあると言える。

サマンサは知的障害のある6歳児で、特別支援学級に在籍している。教師が他の子どもに関わっていて彼女に注意を向けていないときに、彼女は泣き叫びながら、机や床に頭を打ちつける。サマンサが頭を打ちつけるたびに、教師は今やっていることを中断して、彼女を抱き上げて慰める。教師はサマンサに落ち着くように言葉をかけ、大丈夫だと伝え、抱きしめて、しばしば自分の膝の上に座らせる。

Q. サマンサの行動の5つの特徴をすべて挙げてみよう。

サマンサの頭打ちも1つの行為である。それは毎日何回も繰り返し生じる。教師はその行動を観察可能で、その頻度も記録できる。また社会的環境へ効果を及ぼしている。教師はその行動が生じるたびにサマンサに注目する。さらに、その行動は法則性がある。頭打ちと教師の注目には機能的関係があり、そのためにこの行動は持続している。

行動変容法の定義

行動変容法（behavior modification）は、人間の行動の分析と変容に関わる心理学の一領域である。
- **分析**（analyzing）とは、環境事象と行動の機能的関係を特定し、その行動の理由を理解すること、つまりなぜそのような行動をとったのかを明らかにすることである。
- **変容**（modifying）とは、人々が行動を変えるのを助けるための手続きを開発し、実施することである。それには行動に影響を与えるように環境事象を変化させることも含まれる。行動変容法は、専門家（たとえば、認定行動分析士）によって開発され、対象者の社会的に重要な行動を変えるために行われ、その人の生活の一部を改善することを目的とする。以下は、行動変容法を定義するいくつかの特徴である（Garnbril, 1977; Kazdin, 1994）。

行動変容法の特徴

■ **行動に焦点を当てる**：行動変容法の手続きは、個人の特性や特徴を変えるためのものではなく、行動を変えるためのものである。したがって、行動変容法は障害カテゴリーを強調しない。たとえば、行動変容法が自閉スペクトラム症（障害カテゴリー）を変えるために使われるのではなく、自閉スペクトラム症の子どもが示す問題行動を変えるために使われる。

行動変容法の対象となるのは、行動の過剰や不足である。行動変容法では、変えるべき行動を**標的行動**（target behavior）と呼ぶ。**行動の過剰**（behavioral excess）とは、人が頻度、持続時間、強度を減らしたいと考える望ましくない標的行動である。喫煙は行動の過剰の一例である。**行動の不足**（behavioral deficit）とは、人が頻度、持続時間、強度を増やしたいと考える望ましい標的行動である。運動や勉強することは、それを目標とした場合に、行動の不足の例といえる。

■ **行動主義の理論と哲学を指針とする**：行動変容法の指針となる理論的枠組みは、**行動主義**である。スキナー（Skinner, 1953a, 1974）によって開発された行動主義の中核となる考え方は、行動は法則性があり、時間的に緊密な関係を持つ環境的な出来事によって制御されるというものである（Baum, 1994; Chiesa, 1994 も参照のこと）。

■ **行動原理に基づく手続き**：行動変容法は、実験動物を対象とした研究から導き出された基本原理を応用したものである（Skinner, 1938）。行動の科学的研究は、**実験的行動分析学**（experimental analysis of behavior）あるいは行動分析学と呼ばれる（Skinner, 1953b, 1966）。人が意義ある方向へと行動を変容させるための行動の科学的研究は、**応用行動分析学**（applied behavior analysis）と呼ばれる（Baer et al., 1968, 1987）。行動変容法は、過去 50 年以上にわたって蓄積された応用行動分析学の研究知見に基づいている（Ullmann & Krasner, 1965; Ulrich, Stachnik, & Mabry, 1966）。

■ **現在の環境事象を強調する**：行動変容法は標的行動と機能的な関係にある現在の環境事象を査定し、操作する。人間の行動は現在の環境事象によって制御を受けており、その環境事象を同定することが行動変容法の目標となる。この**制御変数**（controlling variable）が同定されれば、行動を変容するためにその変数を操作する。行動変容法が成功すれば、行動と環境内の制御変数との機能的な関係性が変化し、標的行動が望ましい方向へと変わる。しばしば障害カテゴリーが行動の原因であると誤って理解されることがある。たとえば、ある人が自閉スペクトラム症の子どもが問題行動（奇声、自傷、指示に従わないことなど）を示すのは、その子が自閉スペクトラム症だからである、

行動変容法と応用行動分析学

（本書が取り扱っている）行動変容法と応用行動分析学は、ほぼ同じ分野を示す用語として用いられている。人の行動を変えるための行動原理の適用に関する研究（行動変容法）は、1950 年代後半から発表されていたが、応用行動分析学という用語は、1968 年に *Journal of Applied Behavior Analysis* の創刊号で、ベアー、ウォルフ、そしてリズレイ（Baer, Wolf, & Risley）による応用行動分析学の定義に関する論文が発表されたことにより導入された。ベアーら（1968）は、その論文の中で、応用行動分析学の特徴として、（ a ）社会的に重要な行動に焦点を当てる、（ b ）環境事象と行動の機能的関係を実証する、（ c ）手続きを明確に記述する、（ d ）基本的な行動原理と関連を持つ、（ e ）社会的に意味をもち、一般性を示し、かつ長期にわたる行動の変化を生じさせる、ことを挙げている。これらの応用行動分析学の特徴は、この教科書に書かれているように、現代の行動変容法の分野の特徴でもある。

といった言い方をする。つまり、その人は、問題行動を起こす原因が自閉スペクトラム症という障害にあると言っているのである。しかし、自閉スペクトラム症はその子どもが示す行動パターン全体を記述する1つのラベルにすぎない。自閉スペクトラム症そのものが実体として存在しているわけではないので、行動の原因であることはありえない。問題行動の原因は環境（子ども自身の生物学的環境を含む）の中に見出されなければならない。

■ 手続きを正確に記述する（Baer et al., 1968）：行動変容法では、標的行動と機能的に関係している環境事象の変化を必要とする。行動変容法が成功するためには、特定の環境事象の変化が確実に起こる必要がある。手続きを正確に記述することによって、研究者やその他の専門家は、その手続きを毎回正しく実施できる可能性が高まる。

■ 日常場面でも実施できる（Kazdin, 1994）：行動変容法の手続きは専門家（専門行動分析士・専門行動分析士補助・その他行動変容法の専門研修を受けた心理士）により作成される。一方で、教師、親、職場の上司などが、他者の行動を変容させるために用いていることも多い。行動変容法を用いる人は、十分な研修を受ける必要があることは言うまでもない。手続きの正確な記述と専門家の指導によって、教師や親でもその方法を正しく実施できるようになる。

■ 行動の変化を測定する：行動変容法の優れた特徴の1つは、その適用によって行動の変化が生じたことを実証するために、介入の前後での標的行動の測定を重視していることである。また介入が終了した後も、得られた行動の変化がその後も維持されているかどうかを調べるために、継続的に査定を行う。職場管理者が作業の生産性を上げる（1日当たりの完成製品の数を増やす）目的で行動変容法を用いる場合、管理者は介入を行う前に、一定期間、従業員の行動を記録する。その後何らかの介入を行い、その間も記録を続ける。この記録を取ることによって、完成製品数が増えたかどうかを確かめることができる。もし管理者が行った介入によって従業員の行動が変われば、管理者はさらに一定期間記録を継続する。こうした長期間の記録によって、従業員の完成製品数の増加が維持されているかどうか、あるいはさらなる介入が必要かどうかの正確な判断が可能となる。

■ 行動の原因として過去の出来事を強調し過ぎない：先にも述べたように、行動変容法では、行動の原因として現在の環境事象に注目する。しかし、過去についての情報も、現在の標的行動に関連する環境事象について役立つ情報をもたらすことがある。たとえば、以前の学習経験が現在の行動に影響を及ぼしていることも少なくない。したがって、それらの学習経験を理解することは、現在の行動を分析したり、適切な行動変容法の手続きを選択する上で、きわめて大切である。過去の出来事についての情報が役に立つことは間違いないが、行動変容法による介入を成功させるためには、現在の制御変数に関する情報が最も重要であることに変わりはない。というのは、現在の制御変数は過去の出来事と違って、今、変容させることが可能だからである。

■ 行動の原因の説明として仮説構成体を用いない：心理学の一部の領域では、フロイトの精神分

行動変容法の特徴

- 行動に焦点を当てる。
- 行動原理に基づく。
- 現在の環境事象を強調する。
- 手続きを正確に記述する。
- 日常場面でも実施できる。
- 行動の変化を測定する。
- 行動の原因として過去の出来事を強調し過ぎない。
- 行動の原因の説明として仮説構成体を用いない。

析学のように、行動の原因の説明として、「エディプスコンプレックスが解決されていないことによる」というような仮説構成体を用いる立場があるが、行動分析学では行動の説明としてこうした仮説構成体を用いることはない。スキナー（Skinner, 1974）は、こうした説明の仕方を「作り話による説明（explanatory fictions）」と呼んだ。というのは、こうした作り話による説明は実証されたり証明されたりすることが不可能であり、非科学的なものだからである。また、こうして仮定された原因は測定できず、標的行動と機能的関係があることを示すために操作することもできない。

行動変容法のルーツ

　行動変容法の発展には、多くの歴史的な出来事が関係している。以下では、行動変容法の発展に寄与した重要な研究者、出版物、組織を紹介する。

重要な研究者

　ここでは、行動変容法の基礎となっている科学的な行動原理の発展に寄与した 4 人の重要な人物を紹介する（図 1 － 2 : Michael, 1993a）。

図 1 - 2　行動変容法の基礎にある科学的原理の発展に貢献した 4 人の研究者。上左から、パブロフとソーンダイク、下左から、ワトソンとスキナー。（写真はそれぞれ次の方のご厚意による。SOV; Archives of the History of American Psychology, Center for the History of Pychology-The University of Akron; Courtesy of the B. F. Skinner Foundation.）

イワン・P・パブロフ（1849-1936）：パブロフ（Pavlov, L. P.）はイヌを被験体にした実験を行い、レスポンデント条件づけ（第8章参照）の基礎的な過程を発見した。彼は、反射（食べ物に対する反応としての唾液の分泌）が中性刺激に対しても起こりうることを示した。すなわち、実験の中でイヌにエサを与えるのと同時に中性刺激（メトロノームの音）を提示した。これを繰り返すと、やがてイヌはメトロノームの音だけに反応して唾液を分泌するようになった。彼はこれを条件反射と呼んだ（Pavlov, 1927）。

エドワード・L・ソーンダイク（1874-1949）：ソーンダイク（Thorndike. E. L.）の重要な貢献は、**効果の法則**（law of effect）の発見である。効果の法則というのは、環境に好ましい変化をもたらす行動は将来も繰り返し生じやすいというものである。彼の有名な実験では、箱の中にネコを入れ、ネコから見えるように箱の外にエサを置いた。そして、ネコが前足でテコを押すと扉が開くようにした。こうした設定で、ネコはテコを押して箱の扉を開けることを学習した。扉から外に出るたび

に、もう一度ネコを箱の中に入れたところ、ネコがテコを押すのが徐々に速くなった。これは、テコを押すという行動によって環境に好ましい変化（ネコはエサを手に入れることができた）が生じたためであると説明された（Thorndike, 1911）。

ジョン・B・ワトソン（1878-1958）：ワトソン（Watson, J. B.）は1913年に出版した「行動主義者から見た心理学（Psychology as the Behaviorist Views It）」で、「心理学の対象は観察可能な行動であり、すべての行動が環境事象によって制御される」と主張した。特に、ワトソンの心理学は刺激－反応心理学と呼ばれ、環境事象（刺激）が反応を誘発する、というものであった。彼によって始まった心理学を改革する流れは、行動主義（behaviorism）と呼ばれた（Watson, 1913, 1924）。

B・F・スキナー（1904-1990）：スキナー（Skinner, B. F.）は、ワトソンが創始した行動主義の領域を拡大した。スキナーは、レスポンデント条件づけ（パブロフやワトソンの条件反射）と、（ソーンダイクの効果の法則のように）行動の結

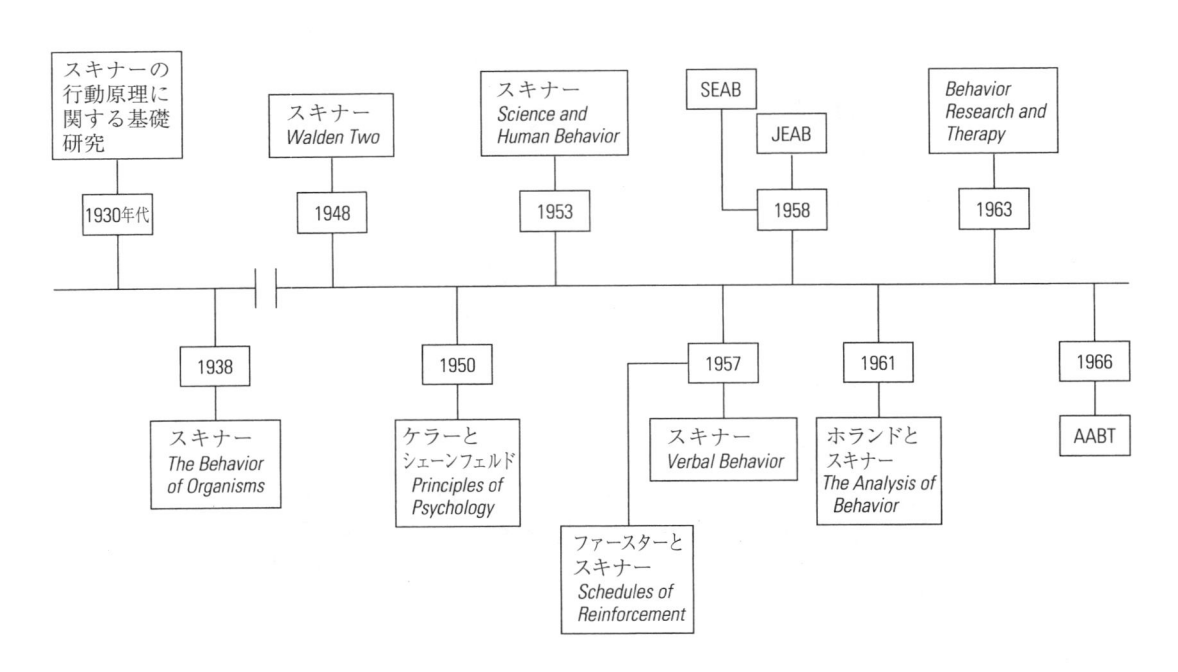

図1-3　行動変容法の発展に大きな意義のあった出来事を時間の流れで示した。始まりは、1930年代にスキナーが行った行動の原理に関する基礎研究であり、それ以降の主な著書、専門雑誌、学術団体を記載した。

果が将来その行動が生起する確率に影響を与える
オペラント条件づけ（第 4 章〜第 7 章参照）とを
区別した。彼は実験室で基本的な行動原理を実証
しただけでなく、後で詳しく述べるように、行動
分析学の原理を人間の行動に応用した著作を数多
く残した。行動変容法の基本にあるものは、スキ
ナーの業績であるといってよい（Skinner, 1938,
1953a）。

行動変容法の初期の研究者

　スキナーがオペラント条件づけの原理を発見し
た後、多くの研究者は実験室でオペラント行動の
研究を続けた（Catania, 1968; Honig, 1966）。そ
して 1950 年代には、人間を対象に行動原理を実
証したり、行動変容法の有効性を評価したりする
研究が始められた。これらの初期の研究の対象は、
子ども（Azrin & Lindsley, 1956; Baer, 1960; Bi-
jou, 1957）、大人（Goldiamond, 1965; Verplanck,
1955; Wolpe, 1958）、精神疾患の患者（Ayllon

& Azrin, 1964; Ayllon & Michael, 1959）、知的障
害者（Ferster, 1961; Fuller, 1949; Wolf, Risley, &
Mees, 1964）の行動であった。1950 年代に人間
を対象にした行動変容法の研究が始まって以来、
数え切れないほどの研究が行われているが、それ
らの研究によって行動変容法の原理と方法の有効
性が確立された。

主な出版物と出来事

　行動変容法の発展に大きな影響を与えた本も数
多くある。また、行動分析学と行動変容法に関す
る研究論文を掲載する専門雑誌も相次いで創刊さ
れ、行動分析学や行動変容法の領域における研究
や専門的活動を支援するための専門家組織も創設
されている。図 1 − 3 は、これらの本、雑誌、組
織を年表形式でまとめたものである。もっと詳し
く知りたい読者は、クーパーら（Cooper, Heron,
& Heward, 1987, 2007）やマイケル（Michael,
1993a）を参考にしてほしい。

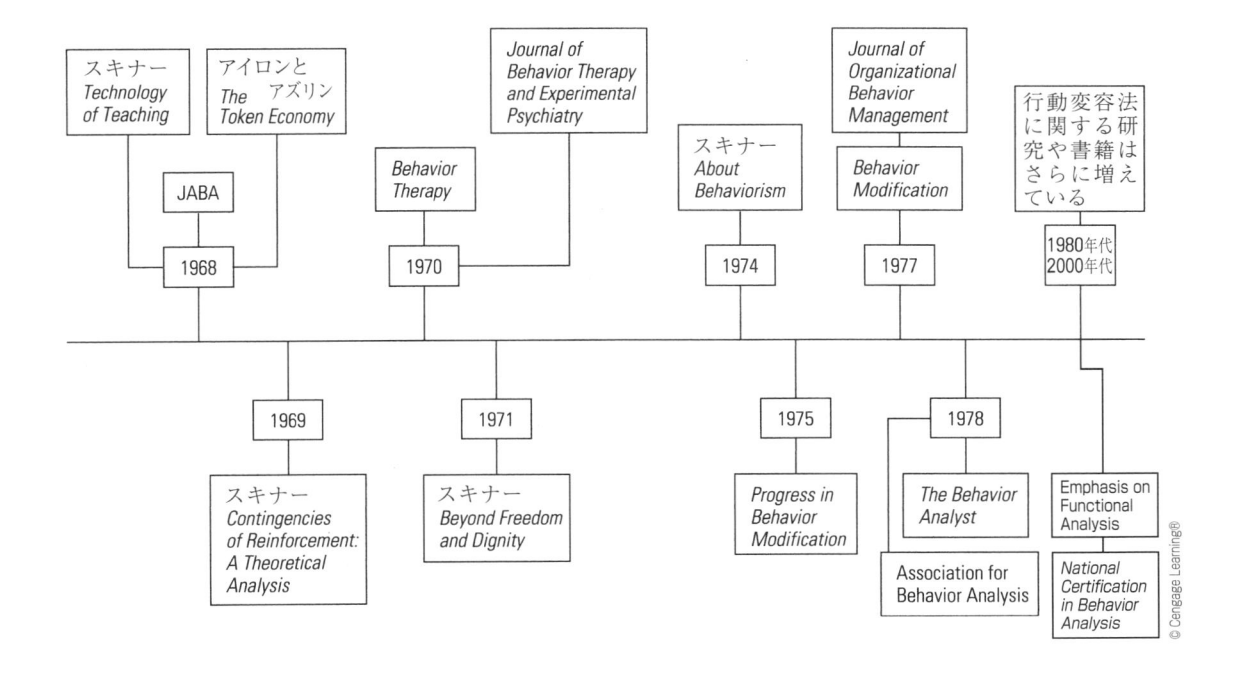

図 1 - 3 の続き　SEAB=Society for the Experimental Analysis of Behavior; JEAB=*Journal of the Experimental Analysis of Behavior;* AABT=Association for Advancement of Behavior Therapy; JABA=*Journal of Applied Behavior Analysis.*

応用領域

行動変容法はさまざまな領域で応用され、問題行動の改善などに応用されている（Carr & Austin, 2001; Gambrill, 1977; Lutzker & Martin, 1981; Vollmer, Borrero, Wright, Van Camp, & Lalli, 2001）。以下では主な応用領域を簡単に紹介する。

発達障害

発達障害の分野は、おそらく他のどの分野よりも行動変容法の研究が進んでいる（Iwata et al., 1997）。発達障害のある人は深刻な行動の欠如を抱えていることが多く、行動変容法はこうした障害を克服するためのさまざまな機能的スキルの指導に用いられてきた（Repp, 1983）。さらに、発達障害のある人で自傷行動や攻撃的行動、その他の問題行動を示す人も少なくない。行動変容法に関する豊かな研究知見により、こうした行動は行動的介入によって制御可能で、軽減可能であることが示されている（Barrett, 1986; Beavers, Iwata, & Lerman, 2013; Repp & Horner, 1999; Van Houton & Axelrod, 1993; Whitman, Scibak, & Reid, 1983; Williams, 2004）。発達障害の領域ではその他に、スタッフの研修やスタッフマネジメントでも、行動変容法が広く用いられている（Reid, Parsons, & Green, 1989, 2012）。

精神疾患

行動変容法の最も初期の研究の中には、病院での精神疾患の患者への援助の有効性を示したものがいくつかある（Ayllon, 1963; Ayllon & Michael, 1959）。行動変容法は慢性の精神疾患患者にも用いられ、日常生活スキル、社会的行動、攻撃的行動、治療へのコンプライアンス、作業スキルなどが対象とされてきている（Dixon & Holcomb, 2000; Scotti, McMorrow, & Trawitzki, 1993; Wilder, Masuda, O'Connor, & Baham, 2001）。入院患者の動機づけを高める方法であるトークンエコノミー法は、行動変容法の特に重要な貢献の１つである（Ayllon & Azrin, 1968）。トークンエコノミー法は、現在でもさまざまな治療場面で用いられている（Kazdin, 1982）。

通常教育と特別支援教育

教育の領域でも行動変容法は幅広く使用されており（Alberto & Troutman, 2003）、行動変容法の研究により教育現場は大きく前進した（Bijou & Ruiz, 1981）。研究者たちは教室での生徒と教師の相互作用を分析し、教育方法を改善し、教室での問題行動を減らすための手続きを開発してきた（Bambara & Kern, 2005; Becker & Carnine, 1981; Madsen, Becker, & Thomas, 1968; Sugai & Horner, 2005; Thomas, Becker, & Armstrong, l968）。

また行動変容法は、高等教育においても、教授法の改善や学生の学習向上などに用いられている（Michael, 1991; Saville & Zinn, 2009）。

特別支援教育、すなわち発達障害やその他の特別なニーズのある児童生徒の教育においても、行動変容法は、指導法の開発、教室内での問題行動の軽減、社会的行動や機能的スキルの形成、自己管理行動の形成、教師研修などにおいて大きな役割を果たしてきた（Rusch, et al., 1988）。

リハビリテーション

リハビリテーションは、事故による頭部外傷や脳卒中による脳障害など外傷や損傷について、正常な機能の回復を手助けするものである。リハビリテーションの領域では、理学療法のようにリハビリテーションの基本動作の遵守を促し、怪我や損傷で失われたスキルを回復させ、問題行動を軽減し、慢性疼痛の管理を手助けし、記憶力の向上を助けるなどにおいて行動変容法が用いられる（Bakke et al., 1994; Davis & Chittum, 1994; Heinicke, Carr, & Mozzoni, 2009; O'Neill & Gardner, 1983; Tasky, Rudrud, Schulze, & Rapp, 2008）。

コミュニティ心理学

　コミュニティ心理学では、行動的介入は、すべての人に利益をもたらす方法で、多数の人々の行動に影響を与えるように設計される。コミュニティへの行動的介入の対象は、ゴミの減少、リサイクルの促進、エネルギー消費の抑制、危険な運転の防止、非合法な薬物使用の防止、シートベルト着用の促進、障害者用駐車スペースへの不法駐車の防止、スピード違反の減少などである（Cope & Allred, 1991; Cox & Geller, 2010; Geller & Hahn, 1984; Ludwig & Geller, 1991; Van Houten & Nau, 1981; Van Houten, Van Houten, & Malenfant, 2007）。

臨床心理学

　臨床心理学の領域では、心理学の原理と方法が個人的な問題を抱えた人々の援助のために適用される。一般に、臨床心理学では 1 人の心理士が個人療法や集団療法を行う。臨床心理学における行動変容法は行動療法と呼ばれ、人々のさまざまな心理学的問題に適用されてきた（Hersen & Bellack, 1985; Hersen & Rosqvist, 2005; Hersen & Van Hasselt, 1987; Spiegler & Guevremont, 2010; Turner, Calhoun, & Adams, 1981）。一方、行動変容法は、臨床心理士の養成にも用いられている（Veltum & Miltenberger, 1989）。

ビジネス、産業、ヒューマンサービス

　ビジネス、産業、ヒューマンサービスの領域での行動変容法の利用は、組織的行動変容あるいは組織行動マネジメントと呼ばれる（Bailey & Burch, 2010; Daniels, 2000; Frederickson, 1982; Luthans & Kreitner, 1985; Reid et al, 1989, 2012; Stajkovic & Luthans, 1997）。行動変容法の手続きは、業績の向上や職場の安全性の向上、遅刻・欠勤の減少、労働災害の防止など、さまざまな事柄に用いられてきた。また、管理職の能力の向上にも用いられている。ビジネスや産業の領域では、行動変容法によって生産性が向上し、会社の利益が増え、労働者の仕事の満足度も向上することが

示されている。

自己管理

　行動変容法は自分自身の行動を管理するためにも用いることができる。個人的な習慣、健康に関連する行動、専門職としての行動、個人的な問題を対象として、自己管理技法が用いられている（Brigham, 1989; Epstein, 1996; Stuart, 1977; Walson & Tharp, 1993, 2007; Yates, 1986）。第 20 章では自己管理に関する行動変容法を紹介している。

子どもの行動管理

　子どもの行動の管理に行動変容法は数多く用いられてきた（Durand & Hiencman, 2008; Hieneman, Childs, & Sergav, 2006; Miller, 1975; Patterson, 1975; Millenberger & Crosland, 2014; Schaeffer & Millman, 1981）。夜尿、爪かみ、かんしゃく、指示に従わない行動、攻撃行動、悪いマナー、吃音、その他子どもが示すさまざまな問題に対して、親や教師はその対応方法として行動変容法を学び、実際に応用することが可能である（Christophersen & Morlweel, 2001; Cross & Drabman, 2005; Watson & Gresham, 1998）。

予　防

　児童期に生じるさまざまな問題の予防にも、行動変容法は役立っている（Roberts & Peterson, 1984）。たとえば性的虐待、誘拐、家庭での事故、児童虐待やネグレクト、性感染症などが対象とされている（Beck & Miltenberger, 2009; Carroll, Miltenberger, & O'Neill, 1992; Dancho, Thompson, & Rhoades, 2008; Miltenberger et al., 2013; Montesinos, Frisch, Greene, & Hamilton, 1990; Poche, Yoder, & Miltenberger, 1988）。行動変容法を用いて地域社会で生じる諸問題の予防を図るのは、コミュニティ心理学の 1 つである。

スポーツ心理学

行動変容法はスポーツ心理学の領域でも広く用いられている（Martin & Hrycaiko, 1983）。さまざまなスポーツで、練習や試合中の運動能力を高めるために用いられる（Boyer, Miltenberger, Balsche, & Fogel, 2009; Brobst & Ward, 2002; Hume & Crossman, 1992; Kendall, Hrycaiko, Martin, & Kendall, 1990; Luiselli, Woods, & Reed, 2011; Wack, Crosland, & Miltenberger, 2014; Wolko, Hrycaiko, & Martin, 1993; Zeigler, 1994）。運動能力の向上には、従来の伝統的なコーチングの方法よりも、行動変容法の方が効果的であることが示されている。

健康関連行動

行動変容法を用いて健康的なライフスタイルを生み出す行動（適度な運動や適切な栄養摂取など）を増やし、不健康な行動（喫煙、飲酒、食べ過ぎなど）を減らすことによって、健康関連行動の促進が図られている。また、頭痛、高血圧、胃腸病など、身体の不調や病気に対してよい影響をもたらす行動の形成（Blumenthal & McKee, 1987; Dallery, Raiff, & Grabinski, 2013; Dallery, Meredith, & Glenn, 2008; Gentry, 1984; Reynolds, Dalleiy, Shroff, Patak, & Leraas, 2008; Van Camp & Hayes, 2012; Van Wormer, 2004）や、治療方針に従う行動を増やす（Levy, 1987）目的でも用いられている。健康関連行動に対する行動変容法の適用は、行動医学あるいは健康心理学と呼ばれる。

老年学

行動変容法は老人ホームや老人保健施設などで、高齢者の行動に対しても用いられている（Hussian, 1981; Hussian & Davis, 1985）。弱った身体能力に応じた介護、老人ホームへの適応、健康関連行動や適切な社会的相互作用の促進、アルツハイマー病やその他の認知症に伴う問題行動の軽減などがその対象である（Carstensen & Erickson, 1986; Dwyer-Moore & Dixon, 2007; Moore, Delaney, & Dixon, 2007; Stock & Milan, 1993）。

専門的実践、資格認定、及び倫理

社会的に重要な行動を幅広く変化させるための行動変容法の手続きの有効性を示す研究が長年にわたって発表されてきた。それに伴って、行動変容法の実践はより広まり、応用行動分析（Baer et al., 1968）という新しい学問分野と同義になった。応用行動分析家として活動する人が増えるにつれ、この分野では、行動変容法の手続きの使用を規制するための専門的実践、資格認定、倫理に焦点が当てられるようになった（Bailey & Burch, 2011; Shook, 1993; Starin, Hemingway, & Hartsfield, 1993）。行動分析士認定委員会（Behavior Analyst Certification BoardTM：BACB）は、行動分析を専門職として実践する者を認定するために設立された。BACB は，教育・研修基準を定め、認定行動分析士（Board Certified Behavior Analyst）や認定行動分析士補助（Board Certified Assistant Behavior Analyst）になるための試験を開発した（詳細は BACB.com を参照）。さらに、国際行動分析学会は、行動分析学の実践のための倫理ガイドラインを作成した（Bailey & Burch, 2011）。今日、人々の行動変容を促すために行動分析学的手法を用いる者は、応用行動分析学の知識・技能があり、倫理的な実践に従事できることを保証するために、BACB による認定を受ける必要がある。

本書の構成

本書は次の5部構成になっており、最初にそれぞれの概要を紹介しておく。

- 行動と行動変化の測定
- 基本的な行動原理
- 新しい行動を形成する方法
- 望ましい行動を増やし、望ましくない行動を減らす方法
- 行動変化のためのその他の方法

各章とも前半では基礎的な原理や知識を紹介し、後半ではその応用を紹介している。

行動と行動変化の測定

第Ⅰ部には2つの章がある。第2章では、行動変容法の対象となる行動の観察と記録の方法を紹介する。第3章では、行動変容法によって得られた行動の変化を図に表し、その図によって行動変容法の効果を評価する仕方について解説する。

基本的な行動原理

第Ⅱ部には5つの章があり、各章で行動分析学の科学的研究によって導き出された行動変容法の基本原理を紹介している。本書で紹介する行動変容法はすべて、この第Ⅱ部で述べる「強化」「消去」「弱化」「刺激性制御」「レスポンデント条件づけ」などの行動原理に、その基礎を置いている。これらの基本原理を理解することによって、後の章で紹介する行動変容法の具体的な方法や技法がよく理解でき、実際に適用する上でもたいへん役に立つはずである。

新しい行動を形成する方法

行動変容法の目標の1つは、望ましい行動やスキルを新たに形成することである。第Ⅲ部の4つの章では、そのための具体的な方法や技法として、「シェイピング」「プロンプト」「刺激性制御の転移」「チェイニング」「行動的スキル指導」を紹介する。

望ましい行動を増やし、望ましくない行動を減らす方法

行動変容法のもう1つの目標は、生起頻度が少ない望ましい行動を増やしたり、望ましくない行動を減らすことである。望ましくない行動の生起は、行動の過剰と見なすことができる。また、望ましい行動が期待されたほどの頻度で生じないのは、行動の不足と見なすことができる。第Ⅳ部の7つの章では、行動の分析の方法を解説し、過剰な行動を減らし、より望ましい行動を増やすために「強化」「消去」「刺激性制御」「弱化」をどう使うかを紹介する。

行動変化のためのその他の方法

第Ⅴ部は6つの章で構成され、より複雑な行動変容法の方法を紹介する。第20章では、自己管理手続きについて解説する。第21章では行動の過剰としての習癖の軽減法、第22章ではトークンエコノミー、第23章では強化と弱化手続きを組み合わせた行動契約、第24章ではレスポンデント条件づけに基づいて恐怖や不安を軽減する方法、第25章では目に見えない行動である認知的行動の変容技法について、それぞれ解説する。

まとめ

1. 人間の行動とは、観察・記録可能な1つまたは複数の次元を持つ個人の行為と定義される。行動は物理的環境や社会的環境に何らかの影響を及ぼす。行動には法則性があり、その生起には環境事象が影響している。行動には目に見えるものと目に見えないものとがある。

2．行動変容法は行動を変えるために、現在の環境事象を分析し操作する。行動変容法の対象となるのは、行動の過剰と不足である。行動変容法は科学的研究によって導き出された行動原理に基づいている。行動変容法の基礎を形作っている科学的研究の初期のものは、スキナーによって行われた。彼はこれらの行動原理を日常生活に当てはめた本も数多く出版している。行動変容法は日常場面でも用いることができる。行動変容法を実施する前後には、その有効性を確かめるために行動を測定する。行動変容法では過去の出来事を強調し過ぎることはせず、行動の説明として仮説構成体を用いることはしない。

3．行動変容法のルーツは、パブロフ、ソーンダイク、ワトソン、スキナーの業績である。特にスキナーは行動の基本原理を数多く発見し、行動分析学の原理を人間の行動に適用した著作を数多く残した。

4．行動変容法は人間の行動のあらゆる面に応用され、有効性を発揮している。その対象には次のものがある。発達障害、精神疾患、通常教育と特別支援教育、リハビリテーション、コミュニティ心理学、臨床心理学、ビジネス、産業、ヒューマンサービス、自己管理、子育て、予防、スポーツ心理学、健康関連行動、老年学などである。

キーワード

応用行動分析学　　　　　　　　　　　持続時間
行動　　　　　　　　　　　　　　　　実験的行動分析学
行動主義　　　　　　　　　　　　　　頻度
行動の過剰　　　　　　　　　　　　　強度
行動変容法　　　　　　　　　　　　　潜時
行動の不足　　　　　　　　　　　　　効果の法則
制御変数　　　　　　　　　　　　　　目に見える行動（顕在的行動）
目に見えない行動（内潜的行動）　　　標的行動
次元

練習問題

1．行動とは何か。

2．行動の例を1つ挙げ、その行動に名前をつけなさい。

3．観察と記録が可能な行動の物理的次元を4つ挙げなさい。

4．行動が物理的環境や社会的環境にどのような形で影響を及ぼすかについて、例を挙げて説明しなさい。

5．行動には法則性があるということの意味を説明しなさい。また機能的関係の意味についても説明しなさい。

6．顕在的行動と内潜的行動の違いを述べ、それぞれの例も挙げなさい。本書で焦点を当てているのはどちらの行動かを答えなさい。

7．人間の行動の6つの特徴を挙げなさい。

8．行動変容法が行動原理に基づいていることの意味を述べなさい。

9．人間の行動の原因は何か？　単なるラベルが行動の原因の説明として間違って用いられている例を挙げなさい。

10．行動変容法の手続きを正確に記述することが重要である理由を述べなさい。

11．誰が行動変容法を実行するか、説明しなさい。

12．行動変容法を実施する前後に行動を測定す

ることの重要性を説明しなさい。

13. 行動変容法が行動の原因として過去の出来
    事を強調しない理由を述べなさい。

14. 行動変容法の特徴を 9 つ挙げなさい。

15. 行動変容法の発展にパブロフ、ソーンダイク、
    ワトソン、スキナーが果たした貢献を簡単
    に述べなさい。

16. 次に示した領域で行動変容法を応用する実
    際例を少なくとも 1 つ挙げなさい。

    発達障害、教育、コミュニティ心理学、ビ
    ジネス、産業、ビューマンサーピス、自己
    管理、予防、健康関連行動、精神疾患、リ
    ハビリテーション、臨床心理学、子育て、
    スポーツ心理学、老年学。

行動と行動変化の測定

第2章　行動の観察と記録

　行動変容法の基本的な特徴の1つは、変えるべき行動（標的行動）を測定することである。標的行動を測定することを、行動変容法では**行動アセスメント**（behavioral assessment）と呼び、次のような点できわめて重要と見なされている。

■ 介入の前に測定することによって、介入が必要かどうかの判断に役立つ情報を得ることができる。

■ 行動アセスメントによって、最もよい介入方法の選択に役立つ情報を得ることができる。

■ 介入の前と後で標的行動を測定することによって、介入によって標的行動に変化が生じたかどうかを確かめることができる。

　次の例を考えてみよう。

　ある製造工場の管理責任者は、この工場の問題は従業員の遅刻が多いことだと日頃から思っていた。管理責任者は何らかの改善策を考える前に、実際に数日間従業員の出勤時間を記録した（図2-1）。このアセスメントによって、遅刻者はごくわずかであることが分かった。したがって、管

図2-1　管理責任者は遅刻した従業員の人数を記録する。

理責任者が心配していたような問題はなく、介入は必要ないことが分かった。

従業員の出勤時間を測定することによって、もし本当に遅刻が多いことが分かれば、管理責任者は従業員の行動を変えるために行動変容法を適用

することができる。そして、何らかの介入を行った後も出勤時間の記録を続ける。介入前、介入中、介入終了後に従業員の出勤時間を測定し、介入によって本当に遅刻が減ったかどうかを確かめることができる。

直接アセスメントと間接アセスメント

行動アセスメントには、直接アセスメントと間接アセスメントの２つのタイプがある（Iwata, Vollmer, & Zarcone, 1990; Martin & Pear, 1999; O'Neill et al., 1997）。**間接アセスメント**（indirect assessment）は、介入の対象である本人や本人をよく知っている人（親、教師、職員など）から、インタビュー、質問紙、評定尺度を用いて、標的行動に関する情報を集める方法である。一方、**直接アセスメント**（direct assessment）では、標的行動の生起を直接観察・記録する。その際、観察者は標的行動を観察するために、実際に標的行動が見える（場合によっては聞こえる）ように、できるだけ対象者の近くにいる必要がある。さらに、観察者は標的行動を正確に定義し、他の行動と区別できるようにしておかなければならない。標的行動を記録するためには、その行動が生じたときにチェックする記録用紙も作っておく必要がある。さまざまな記録法については、本章の後半で紹介する。たとえば、学校心理士が社会的引きこもりのある児童を実際に校庭で観察し、他児との関わりを記録するのは、直接アセスメントである。一方、学校心理士がその児童の担任教師に面接し、対象児童が校庭でいつもどの程度他児と関わりをもっているかを尋ねるのは、間接アセスメントで

ある。

直接アセスメントの方が好まれる。一般に、直接アセスメントの方が間接アセスメントよりも正確である。というのは、直接アセスメントでは通常、観察者は標的行動を観察し、その生起をすぐに記録するための訓練を受けているからである。一方、間接アセスメントで得られる標的行動に関する情報は、情報を提供する人の記憶に基づくものである。加えて、情報を提供する人は標的行動の観察についての訓練を受けたことはなく、またその行動が起きたことをすべて覚えているわけではない。そのため、間接アセスメントで得られた標的行動に関する情報は不完全なものとならざるをえない。こうした理由から、行動変容法の研究や実践で用いられるのは、直接アセスメントの方が圧倒的に多い。

以下では、行動変容法で標的行動を観察・記録するために用いられる直接アセスメントの方法について具体的に紹介していく。観察・記録を行う前に、次のようなステップがある。

1．標的行動を定義する。
2．記録の実施計画を決める。
3．記録の方法を決める。
4．記録に必要な用具を準備する。

標的行動の定義

行動記録を行う際の第１ステップは、記録すべき標的行動を定義することである。ある人の標的行動を定義するためには、その人の行動が行動の過剰に当てはまるのか、行動の不足に当てはまるのかを区別しておく必要がある。定義に際しては、対象者が示す行動を能動態で表すとよい。また、

定義は客観的で、明確でなければならない。例を考えてみよう。野球でのスポーツマンらしくない行動を定義すると、三振した後に、侮蔑的な言葉を浴びせる、バットやヘルメットを投げつける、ベンチに帰るときに土を蹴る、などとなる。

この例で注意してほしいのは、怒り、混乱、悲

しみといった内的状態を表す言葉を使っていないことである。このような内的状態は他者には観察不可能で、記録もできない。行動の定義は、その人の意図や意志を推測したものではない。意図や意志は観察不可能であり、その推測も間違っていることが多い。また、ラベル（「スポーツマンらしくない」）もその人の行為そのものを特定するものではなく、行動の定義には使えない。

ラベルは行動ではない。 行動に対して付けられたラベルは曖昧である。同じラベルでも、人によって違うものを思い浮かべたりするからである。たとえば、「スポーツマンらしくない行動」ということから、ある人は相手チームの選手と乱闘することを思い浮かべるかもしれないし、別の人は侮蔑的な言葉を浴びせたりバットを投げたり土を蹴るような行動を思い浮かべるかもしれない。行動そのものは観察可能で記録可能であるが、その行動に付けられたラベルはそうではない。さらに、ラベルが行動の説明のために間違った形で用いられることも少なくない。たとえば、ある人が話すときに同じ音や語を繰り返すことが観察されたとき、その理由として、「その人は吃音だから」と言われることがあるが、これは行動の原因としてラベル（吃音）が正しくない形で用いられている例である。その人が同じ音や語を繰り返すのは、その人が吃音だからではない。吃音というのは、そのような行動に付けられたラベルにすぎない。ラベルの意義は、そのラベルによって標的行

動を簡潔に表すことができるという点にある。したがって、観察や記録を始める前に、行動を正確に定義しておく必要がある。

2 名の観察者が一致できるか。 行動のよい定義というのは、定義を理解した後には、同じ行動を複数の人が観察して、その行動が生起したと一致して認めることができるものである。2 人の観察者が同じ行動をそれぞれ観察・記録し、その記録がどの程度一致しているかを調べたものは**観察者間一致率**（interobserver agreement; IOA）もしくは**観察者間信頼性**（interobserver reliability: Bailey, 1977; Bailey & Burch, 2002）と呼ばれる。観察者間一致率は行動変容法の研究論文では必ず記載されており、詳しいことは本章の後半で説明する。

表 2 - 1 は、標的行動の定義とその名称の例を示したものである。行動の定義は、2 名の観察者が別々にその行動を観察しても一致するように記述されているはずである。一方、ラベルの方は、それらの行動に対する一般的な用語である。これらのラベルは、この表で定義された行動以外を意味することも少なくない。たとえば、表 2 - 1 に示したボビーの行動の定義以外にも、かんしゃくというラベルは、金切り声を上げ、親に悪態をつき、ドアをバタンと閉め、おもちゃを床に投げる、といった行動に対して付けられることもある。大事なことは、対象者の標的行動を特定できるように、行動を正確に定義することである。

表 2 - 1　行動の定義とそれに付けられる一般的なラベル

行動の定義	ラベル
ボビーが泣き叫びながら、床に寝ころがって壁や床を蹴り、おもちゃなどを投げる。	かんしゃく
レイが教科書を読んだり、重要語句を暗記したり、算数や理科の問題集を解いたり、宿題や予習をする。	勉強
パットが、自分の仕事でないことを頼んできた人に「できません」と断ったり、同僚に職場でタバコを吸わないように言ったり、部屋に入るときにはノックをするように同僚に求める。	自己主張
ジョエルが音や単語を繰り返したり、単語のどれかの音を引き延ばしたり、文中の語間や単語中の音節間に 2 秒以上の間があく。	吃音
マークの指が口に入っていて、歯で爪や甘皮や爪の周りの皮膚をかんでいる。	爪かみ

　行動変容法の研究者は、介入の対象者の標的行動を定義する際に、細心の注意を払っている。たとえば、イワタら（Iwata, Pace, Kalsher, Cowdery, & Cataldo, 1990）は、知的障害のある子どもの自傷行動を減らすために行動変容法を用いた。その際、子どもたちの自傷行動を、次のように3つのタイプに分けて定義した。「腕かみ：ひじから指にかけてのどの部分でも、自分の上の歯と下の歯でかみつくこと」「顔叩き：顔や頭を、自分の平手または拳で音が聞こえるほど叩くこと」「頭突き：自分の頭のどの部分でも、家具その他の物体（机、床、壁など）に、音が聞こえるほど打ちつけること」（p.13）。保育園児のおもちゃの共有行動を増やすために行動変容法を用いた別の研究（Rogers-Warren, Warren, & Baer, 1977）では、共有行動を次のように定義している。「1人の対象児がおもちゃを別の対象児に手渡す、あるいは複数の対象児が、それぞれが持っているおもちゃを交換する、または2人以上の対象児が同じおもちゃを一緒に使う（たとえば、2人の対象児が同じ画用紙にクレヨンで色を塗っている）」（p.311）

記録の実施計画

観察者

　ここまでで読者は、これから行動変容法が適用される対象者の標的行動の定義ができるようになっているはずである。次のステップは、標的行動を観察・記録する人を見つけることである。行動変容法では、標的行動は一般的に、それをしている対象者以外の人の目に見えるものである。観察者は心理士などの専門職であったり、教師や親、その他の職員など日常場面でその対象者を援助する人であったりする。観察者は、標的行動が生起したときにそれを観察できるよう、対象者の近くにいなければならない。また、標的行動の生起を観察し、それを即座に記録できるように、研修を受けておく必要がある。また行動を観察・記録する時間を確保でき、観察者の役割を喜んで引き受ける人でなければならない。たとえば、ある教師がある生徒の標的行動の観察と記録を依頼されても、授業中に観察したり記録したりする時間的余裕がなければ、その教師は観察・記録の仕事を断るかもしれない。多くの場合、日常の業務の中で実行可能な観察・記録の工夫はできるものである。

　観察者が標的行動を行う本人である場合もある。対象者自身が自分の標的行動を観察・記録する方法は**自己監視**（self-monitoring）と呼ばれる。この方法は、標的行動が他者に観察できないものであったり、生起頻度がきわめて低かったり、他者がいないときに生じる場合などに役立つ（Stickney & Miltenberger, 1999; Stickney, Miltenberger, & Wolff, 1999）。自己監視は、他者による直接観察と併用されることもある。たとえば、抜毛症のような神経症の治療を受けている対象者の行動の直接観察・記録を心理士に依頼し、同時に、対象者自身に治療場面以外で生じた標的

行動を自己監視させる場合である。行動変容法の中で自己監視を用いる場合には、対象者は自分の行動を記録する方法について、観察者と同じように研修を受ける必要がある。

記録する時間と場所

観察者は、**観察時間**（observation period）と呼ばれる特定の時間内に標的行動を記録する。標的行動が起きやすい観察時間を選ぶことが重要である。対象者本人や関係者への間接アセスメント（たとえばインタビュー）からの情報によって、観察時間として最も適した時間帯が分かることも多い。たとえば、精神科病棟のある患者は食事中に問題行動（奇声、立ち歩き、他の患者への悪態と定義）を起こしやすいことが担当職員から報告されている場合には、食事時間を観察時間とするのがよいと考えられる。観察時間をいつにするかは、観察者の都合や、対象者の活動などによって制限を受けることがある。対象者、あるいは対象者の保護者や後見人から、観察と記録を始める前にそのことについての同意を得ておくことも大切である。これは、対象者本人に同意を得ることが不可能なときに、特に重要となる。同意を得る際には、対象者が気づかない状況でも観察が行われることを十分説明しておかなければならない。

行動の観察・記録は、自然場面（natural settings）**でも設定場面**（contrived settings）**でも行われる。**自然場面は、標的行動がよく起きている場面である。たとえば、教室である生徒の標的行動を観察・記録するのは、その例である。クリニックのプレイルームで観察・記録するのは、対象の子どもにとってクリニックは日常生活の場ではないので、設定場面に該当する。自然場面の観察では、標的行動のいつもの具体的な様子が分かりやすい。一方、設定場面での観察はその場の影響を受け、日常場面とは少し違う行動が生じる可能性もある。しかし設定場面には、自然場面よりも条件の統制がしやすく、標的行動に影響を及ぼしている変数を操作しやすいというメリットがある。

標的行動の観察は、構造化または非構造化された環境で行われる。観察が構造化されている場合、観察者は観察時間中に特定の出来事や活動が起こ

るように設定する。たとえば、子どもの問題行動を観察する場合、観察者は観察時間中に、親に対して、子どもにある決まった要求をするように求めることがある。非構造化観察では、観察時間中に特定のイベントや活動は設定されず、特別な指示も与えられない。

自己監視を使う場合、対象者自身がつねに標的行動を観察・記録でき、観察時間に特別な制限がないことがある。たとえば、毎日の喫煙本数を自己監視する対象者は、時間に関係なく吸ったタバコの本数を記録できる。しかし、頻発するために、対象者が連続して記録できない標的行動もある。たとえば、1日の吃音頻度が数百回になる場合は、その都度記録することは不可能である。このような場合には、担当の心理士とあらかじめ決めておいた観察時間に限って標的行動を観察・記録するようにするとよい。

行動変容法の研究では、標的行動を観察・記録する人は、研修を受けたリサーチアシスタントであることが多い。彼らは研究者の監督下で、標的行動の定義を学び、それから記録法について研修を受ける。練習セッションで正確に標的行動が記録できるようになってから（研究者との観察者間信頼性が高くなった時点で）、その研究・実践の実際のセッションで観察を行う。行動変容法の研究で用いられる観察時間は、一般にそれほど長くない（通常、15分から30分程度）。自然場面で観察する場合、研究者は通常、その標的行動が普段起きやすい時間帯を選ぶ。たとえば、普段、標的行動が起きやすい教室、作業所、病棟などの場面で観察を行う。アレンとストークス（Allen & Stokes, 1987）は、歯科治療を受ける際の子どもたちの問題行動の改善の研究で、子どもが治療用椅子に座り歯科医師が治療をしている間の問題行動（頭や身体を動かす、泣き叫ぶ、口を押さえる、うめく）を記録した。また、デュランドとミンデル（Durand & Mindell, 1990）は、子どもの夜のかんしゃく（泣き叫ぶ、家具を叩く）を減らすために行動変容法の手続きを両親に教え、かんしゃくが起きる就寝前の1時間に、標的行動の記録をさせた。

アナログ場面で観察を行う場合、研究者は自然場面で起きている状況をシミュレートすることが

多い。たとえば、イワタら（Iwata, Dorsey, Slifer, Bauman, & Richman, 1982）は、知的障害のある子どもの自傷行動を、病院の心理治療室で観察・記録した。彼らは観察時間に、対象児が学校や家庭で実際に経験していることと類似したさまざまな活動や場面をシミュレートした。具体的には、対象児がおもちゃで遊ぶ場面や、指導者が対象児に指示をする場面を観察した。そして、対象児ごとに、活動や場面をシミュレートした観察時間に生起した自傷行動の生起率が異なることが分かった。

記録方法の決定

標的行動のどの側面を測定するかによって、用いる記録方法が異なる。記録方法としては、連続記録法、産物記録法、インターバル記録法、タイムサンプル記録法などがある。それぞれの記録法について、以下で解説する。

連続記録法

連続記録法（continuous recording）では、観察者は観察時間の間ずっと対象者を観察し、標的行動が生起するたびに記録する。そうすることで、観察者は標的行動が起こるたびに、その開始と終結（始まりと終わり）を特定することができる。また、この方法では、頻度、持続時間、強度、潜時など、標的行動のさまざまな次元の記録が可能である。

行動の**頻度**（frequency）は、観察時間内に標的行動が生起した回数である。したがって、頻度は標的行動が起こるたびにその回数を数えることによって測定される。1回の生起は、その標的行動が1回開始し、それが終結することと定義される。たとえば、あなたは誰かが吸ったタバコの本数を数えることができる。この場合、標的行動の開始はタバコに火がつけられること、終結はその火が消されること、と定義される。何回起こったかがその標的行動に関して最も重要な情報である場合に、頻度の測定が行われる。頻度は**生起率**（rate）で表されることがあるが、これは頻度を観察時間で割ったものである。

行動の**持続時間**（duration）は、その行動が始まってから終結するまでの時間のことである。持続時間の測定は、その行動が始まってから終結するまでを時計で計るだけである。たとえば、ある生徒が1日に何分勉強したとか、ある人が何分運動したか、脳卒中の後遺症をもつ人が病院のリハビリテーションで何秒介助なしで立てたか、などを記録できる。その行動の最も重要な側面がどれだけ続くかである場合、持続時間が測定される。また、持続時間パーセンテージといって、持続時間を観察時間で割った形で表すこともある（Miltenberger, Rapp, & Long, 1999）。

リアルタイム記録法（real-time recording）を使う研究者もいる。これは、標的行動の開始時間と終結時間を正確に記録する方法である（Miltenberger et al., 1999; Miltenberger, Long, Rapp, Lumley, & Elliott, 1998）。この方法では、標的行動の頻度、持続時間、開始時間を記録する。通常は、観察時間中に標的行動をビデオ録画し、後で録画を再生しながら行う。観察者はビデオを見ながら、標的行動の開始と終結時間をタイマーで確認し、記録用紙に記録をつけていく（Rapp, Carr, Miltenberger, Dozier, & Kellum, 2001）。時間計測が可能なソフトウェアがあるパソコンを使う場合もある（Kahng & Iwata, 1998）。

行動の**強度**（intensityまたはmagnitude）は、行動の力やエネルギー、労力を意味する。強度の測定は、頻度や持続時間の場合よりも難しい。なぜなら、単純に行動の生起数を数えたり、行動の生起時間を測定したりするものではないからである。強度を測定する場合には、通常、何らかの測定機器や評定尺度が必要だからである。たとえば、話し声の大きさを測る場合にはデシベル計が必要となる。理学療法士が患者の握力の回復具合を調べる際には、握力計を使う。親が子どものかんしゃくの激しさを調べる場合には、1〜5の5件法による評定尺度を用いる。この場合、評定尺度の

信頼性を高めるために、1〜5の評定に該当する行動を定義しておく必要がある。強度は、頻度や持続時間ほど使われないが、標的行動の強度が一番問題となっているときには測定の対象とされる（Bailey, 1977; Bailey & Burch, 2002）。

　行動の**潜時**（latency）は、ある刺激が提示されてからある行動が生起するまでの時間である。ある出来事が起きてから対象者が標的行動を起こすまでの時間を計る。たとえば、子どもに「おもちゃを片付けなさい」と言ってから、実際に子どもが片付けを始めるまでの時間を計る。この場合、潜時が短いほど、その子どもが指示にすぐ従ったことを意味している。電話が鳴り始めてから受話器を取るまでの時間も潜時の例である。

Q. 潜時と持続時間はどこが違うか？

　潜時はある刺激が提示されてから標的行動が生起するまでの時間であり、一方、持続時間は標的行動が生起してから終結するまでの時間である。別の言い方をすれば、標的行動が起こるまでの時間が潜時で、標的行動が続いている時間が持続時間である。

　連続記録法を用いれば、複数の次元を測定する

こともできる。どの次元を選ぶかは、標的行動のどの次元が最も重要で、どの次元が介入の効果を最も示しやすいかによる。たとえば吃音を記録する場合、発音が困難な発話の数が最も重要であり、したがって頻度が最も重要な次元と考えられる。また、介入前、介入中、介入後で、吃音の頻度を比較することもできる。介入が有効であれば、介入後に頻度は減っているはずである。しかし、吃音の症状が、語頭音がなかなか出てこない場合や音の引き伸ばしの場合には、潜時や持続時間が重要な次元であり、介入後は潜時や持続時間が短くなるはずである。

Q. 子どものかんしゃく（泣き叫ぶ、おもちゃを投げる、ドアをバタンと閉める）を記録する場合、その標的行動のどの次元を測定するか？

　子どものかんしゃくの場合は、いろいろな可能性が考えられる。かんしゃくが1日に起こる回数（頻度）が問題なのか、どのくらい続くか（持続時間）が問題なのか、あるいは泣き叫ぶ声の大きさやおもちゃを投げたりドアを閉める力の強さ（強度）が問題なのかによる。いずれの場合も、介入後は、かんしゃくの頻度、持続時間、強度の

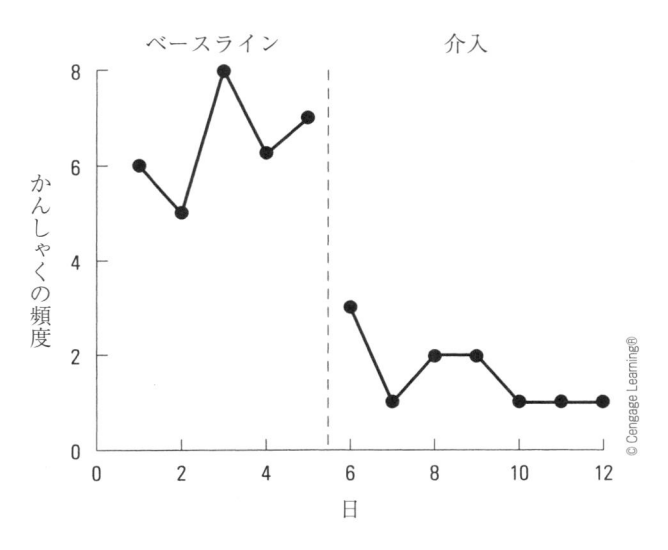

図2-2　ベースライン期と介入期におけるかんしゃくの頻度。ベースライン期では標的行動は記録されるが、介入はまだ行われていない。かんしゃくの頻度は、ベースライン期の1日平均6回以上から、介入期では1日平均2回以下に減少した。

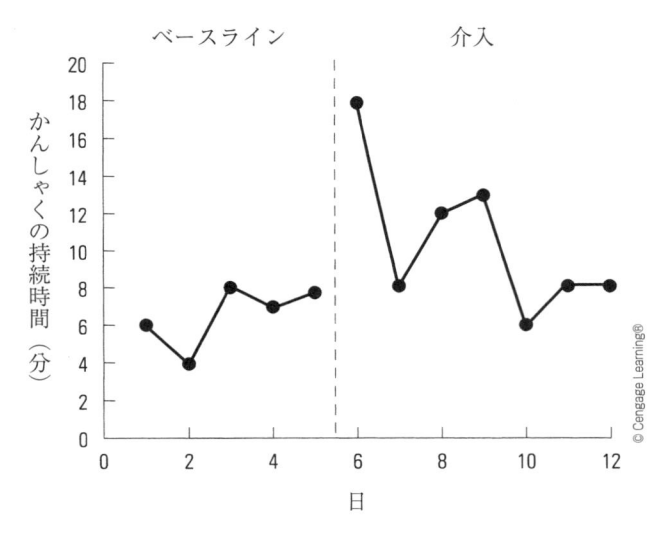

図2-3 ベースライン期と介入期におけるかんしゃくの持続時間。かんしゃくの持続時間は、ベースライン期の1回当たり平均1分、1日計4〜8分から、介入期の1回当たり平均6分、1日計6〜18分に増えた。したがって、かんしゃくの頻度は減ったものの、1日当たりのかんしゃくの持続時間は短くなっていないことが分かる。

減少が期待される。つまり、あまりかんしゃくが起きなくなり、起きても長続きせず、声も大きくなく激しくもなくなることが期待される。

　測定する次元を適切に選んでいないと、介入の効果を判定できない場合もある。どの次元が適切かがよく分からなかったり、複数の次元が関係しているように思われる場合には、1つの次元だけでなく、複数の次元について測定を行う方がよい。図2-2に示した子どものかんしゃくの場合、ベースライン期では1日平均6回以上のかんしゃくが起きていたことが分かる（ベースライン〔baseline〕期とは、介入前に標的行動を記録する期間のことである）。介入によって、頻度は1日平均2回に減っていることから、介入は有効であったと言える。しかし、かんしゃくの持続時間を測ってみると、図2-3のようになった。介入の前には、頻度は1日当たり5〜8回で、持続時間は1日当たり4〜8分だった。介入期を見ると、1回の持続時間が長くなり、その結果1日当たりの持続時間はベースライン期と比べて長くなっている。持続時間の記録から言えば、介入によってかんしゃくは悪化したと言える。この例は、介入によって標的行動の複数の次元が変化する場合には、複数の次元を測定する必要があることを示している。

　この例はまた、介入の有効性を検証するためには、適切な研究方法や実験デザインを用いることが大切であることも示している。標的行動が変化したことを示すために標的行動を介入の前、介入中、介入後に測定したとしても、その介入が本当に標的行動の変化をもたらしたかどうかを証明できない場合もある（第3章参照）。

生起機会当たりの割合

　試行回数における割合、あるいは正反応率は、事象記録で行われる最後の手順の1つである。この方法では、観察者は学習試行や応答機会など、他の事象との関連で行動の生起を記録する。そして生起機会当たりの行動生起の割合を算出する。たとえば、観察時間中に生徒が教師の指示に11回従った、綴りのテストで13個の単語で正解したというのは、生起機会についての言及がないので不十分な情報である。当該の行動が生起した回数を、生起機会数で割った割合を報告することで、有益な情報が得られる。教師が12回の指示を出して、生徒が11回従った場合、指示に従った割合は11÷12で92％となる。しかし、教師が25回指示を出して、生徒が11回従った場合、その割合は44％に過ぎず、その行動は許容でき

る範囲からはかなり低い。

産物記録法

記録するもう1つの次元は、行動の結果としての産出物である。**産物記録法**（product recording）は、永続産物記録法（permanent product recording）と呼ばれることもある（Marholin & Steinman, 1977）。これは間接アセスメントの方法であり、標的行動そのものではなく標的行動の結果として産出されたものを測定する。たとえば、工場の管理責任者は、従業員の行動の産出物として、その工場で作られた製品の個数を数えることができるし、教師は生徒の勉強の産出物として、生徒がやってきた宿題のうち正解した問題数を記録することができる（Noell et al., 2000）。生徒の問題行動と学習行動の研究で、マホリンとスタインマン（Marholin & Steinman, 1977）は、生徒の算数の宿題を調べ、正解した問題の数を生徒の学習行動の産出物として記録した。

産物記録法の長所は、標的行動が生起する場に観察者がいなくてもよいということである。教師は生徒が宿題をしている場にいることはなかなかできないが、生徒の行動の産出物（正解した問題の数）を数えることはできる。一方、この記録法の短所は、記録する産出物を誰が産出したかを確かめることができないことである。本当にその生徒が宿題をやったのか、誰かが手助けしたのか、あるいは別の人がやったのかを、教師は確かめることができない。

インターバル記録法

他にも、ある特定の時間間隔の間に標的行動が生起したかしなかったかを記録する方法がある。この方法は**インターバル記録法**（interval recording）と呼ばれる。インターバル記録法では、まず観察時間全体を小さな時間間隔（インターバル）に区切り、それぞれのインターバルについて観察を行い、そのインターバルの中で標的行動が生起したかどうかを記録する。観察時間が終了したら、観察者は行動が生起したインターバルの割合（行動が生起したインターバルを観察時間の全インターバルで割った数字）を報告する

この方法には、部分インターバル記録法と全体インターバル記録法という2つのタイプがある。**部分インターバル記録法**（partial interval recording）では、観察者はインターバルの一部で行動が生起した場合に記録をつける。部分インターバル記録法では、行動が生じた回数（頻度）やどの程度持続したのか（持続時間）に注目はしない。また、行動の最初と最後を見定める必要もない。むしろ、ただ単に、各インターバル内で標的行動が生起したかどうかを記録するだけである。「インターバル記録法」という名称は、「部分インターバル記録法」と同じ意味で用いられる場合もある。

授業中に、教室での児童の困った行動を、教師が15分間のインターバルを用いて記録する場合を、例として考えてみよう。教師はまず、15分ごとに時間を知らせるようにタイマーをセットする。困った行動が生じるたびに、教師は所定の記録用紙の当該のインターバルにチェック（✓）を付ける。一度チェックを付けたら、教師は次のインターバルが始まるまで、その児童を観察する必要はない。部分インターバル記録法の長所は時間と労力がかからないことである。観察者は標的行動の頻度や持続時間に関係なく、インターバルごとに1回記録を付けるだけでよい。行動がインターバル内で生起しない場合は、データシートのインターバルは空欄のままになる。すなわち、部分インターバル記録法の利点は、時間と労力の節約になるという点である。観察者は、行動の生起回数や持続時間に関わらず、インターバル内で一度だけ行動を記録すればよい。

全体インターバル記録法（whole-interval recording）では、標的行動が所定のインターバル内で継続して起きていた場合だけ、標的行動が生起したと記録される。そのインターバルの一部で標的行動が生起しても、生起したとは記録されない。たとえば、行動分析家が10秒インターバルを用いた全体インターバル記録法で学級内の課題従事行動を記録した場合、その行動分析家はその行動が10秒インターバルの間、一貫して生起していた場合にのみ、課題従事行動が生起したとしてインターバルにチェックを入れることとなる。全体インターバル記録法は、一般には、行動生起

の持続時間が長いと想定される行動に適用される。全体インターバル記録法は、研究や実践において、あまり多くは使用されていない。

インターバル記録法では、6〜10秒の短いインターバルが用いられることが多い（Bailey, 1977; Bailey & Burch, 2002）。長いインターバルを用いる場合と比較して、観察時間中にたくさんの行動記録が得られ、標的行動の実際の状態を正しく把握しやすいからである。たとえば、イワタとペースら（Iwata, Pace et al., 1990）は、知的障害のある子どもの自傷行動（頭の打ちつけ、顔叩き、引っ掻き）を、10秒インターバルで記録している。ミルテンバーガーら（Miltenberger, Fuqua, & McKinley, 1985）は、成人の運動チック（たとえば、顔の筋肉をピクッと動かしたり、頻繁な瞬きをするなど）を、6秒インターバルで記録した。この研究では、観察セッションの間、対象者をビデオ録画し、後でその映像を再生しながら、6秒インターバル中の運動チックの生起の有無を記録した。

頻度記録法とインターバル記録法が併用される場合は、**インターバル内頻度記録法**（frequency-within-interval recording）と呼ばれる。この方法では、それぞれのインターバル内で標的行動が生起した頻度が記録される（Bailey, 1977；Bailey & Burch, 2002）。インターバル内頻度記録法を用いることによって、標的行動の頻度と、標的行動が生起したインターバル数の両方を調べることができる。

タイムサンプリング記録法

タイムサンプリング記録法（time sample recording）では、観察時間全体が短いインターバルに区切られるが、観察・記録は各インターバルの一部分だけで行われる。すなわち、観察されない時間も設定されることになる。たとえば、15分インターバルのうち1分間だけ観察・記録したり、あるいは各インターバルの最後に標的行動が起きていたかどうかを観察・記録したりする。例として、対象者の悪い姿勢（背中を丸め、前屈みになる）をタイムサンプル記録法によって観察・記録する場合を考えてみよう。観察者はまず10分ごとに時間を知らせるようにタイマーをセットし、インターバルの終了を知らせるタイマーが鳴ったときに、対象者が悪い姿勢をしていたかどうかを記録する。タイムサンプリング記録法のうち、この方法は**瞬間的タイムサンプリング記録法**（momentary time sample recording）あるいはMTSと呼ばれている。MTSでは、行動はインターバルが終了する瞬間に記録される。タイムサンプリング記録法は、インターバルの間、継続して観察をしなくてよいという点で有用である。観察者は、インターバルの一部だけ、あるいはインターバルの特定の時間だけ観察をして行動を記録する。

インターバル記録法やタイムサンプリング記録法では、行動の記録は、標的行動が生起したインターバルのパーセンテージで示される。インター

タイムサンプリング記録法とインターバル記録法の比較

←------------------------------60 seconds------------------------------→

反応：生起率 = 1分間当たり20反応

	X			X						X			X

タイムサンプリング記録法：10インターバル中に、4インターバルで反応が生起したと記録された（4/10）＝インターバルにおける反応率は40%

X		X			X	X	X	X	X	X

インターバル記録法：10インターバル中に、9インターバルで反応が生起したと記録された（9/10）＝インターバルにおける反応率は90%

記録法

- 連続記録法
   観察時間の間、標的行動が生起するたびに記録する方法。頻度、持続時間、強度、潜時の記録が可能。
- 産物記録法
   標的行動の生起によって作られた産出物を記録する方法。
- インターバル記録法
   観察時間をインターバルに区切り、そのインターバルの中で標的行動が生起したかしなかったかを記録する方法。
- タイムサンプリング記録法
   観察時間をインターバルに区切り、そのインターバルの特定の時間に標的行動が生起したかどうかを記録する方法。

バルのパーセンテージは、観察時間において、行動観察がされたインターバル数を観察時間の全インターバル数で割ることで算出される。

　以下（編注：左ページ）の図を用いて、タイムサンプリング記録法とインターバル記録法の違いを説明する。観察時間は 1 分間で、図中の縦線は 1 反応を示している。つまり図のデータは、1 分間の観察時間で 20 反応が生起したことを示している。10 秒間のインターバルが 10 個存在しているが、タイムサンプリング記録法においては、インター

バルの終わりに生起していた行動のみが記録されている（たとえば、10 秒間のインターバルのうち、最後の 3 秒間に生じたものと定義する）。この場合、行動が 10 秒間のインターバルの最初の 7 秒間に生じていた場合は、それは記録されない。図の例では、タイムサンプリング記録法においては、行動はインターバルの 40％で生起していたと記録されているが、インターバル記録法では 90％のインターバルで生起していたと記録されている。

記録用具の準備

　行動の観察・記録の計画を立てる最後のステップは、記録に必要な用具を準備することである。記録用具とは、観察者が行動の生起を記録するために用いるものを言う。一番よく使われるのは、紙と筆記用具である。簡単に言えば、観察者は標的行動の生起を観察するたびに、記録用紙に記入する。特定の行動を迅速に記録できるように、あらかじめ記録用紙を作っておいた方がよい。その際には、記録しやすいように、標的行動が生起したときに観察者が何を記入するかを明確にしておく。

　図 2 - 4 に示した記録用紙は、標的行動の頻度を記録するために使うものである。標的行動が生起したら、その月日を記入した後、空欄に左から

順にチェックを記入する。チェックの付いた欄の数が、その日に標的行動が生起した頻度を表している。

　図 2 - 5 の記録用紙は、持続時間を記録するものである。標的行動が生起したら、その月日を記入した上で、その開始時刻と終結時刻を記入する。これによって、標的行動の持続時間はもちろん、頻度も記録できる。

　図 2 - 6 の記録用紙は、10 秒インターバル記録法で用いられるものである。この記録用紙では、横に 6 つの欄、縦に 15 段あることに注目してほしい。横の欄は 1 つが 10 秒のインターバルを示し、それが 90 あるので、全体で 15 分になる。10 秒のインターバルを知らせるために、観察者

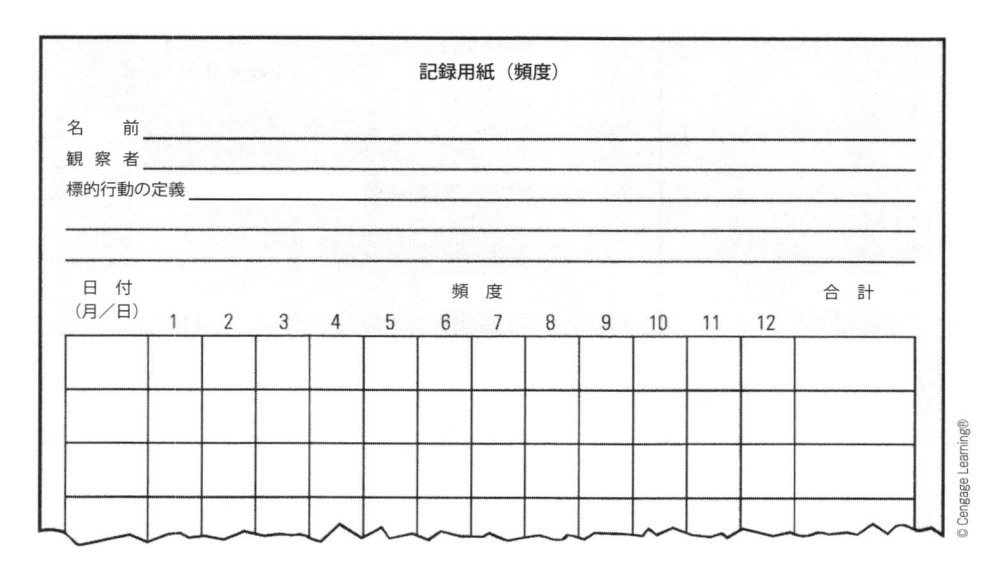

図2-4 この記録用紙は、行動の頻度を記録するものである。標的行動が生起するたびに、空欄に左から順にチェックを付ける。1日に12回以上生起した場合には、次の行に記入する。

は10秒ごとに音が鳴るタイマーをイヤホンで聴くという方法がよく用いられる。標的行動が生起すると、当該のインターバルの欄にチェックを付ける。そのインターバルで標的行動が生起しなかった場合には、その欄は空欄のままにしておく。複数の標的行動を記録する場合には、それぞれの行動ごとに記録コードを決めておくとよい。記録用紙の各欄にあらかじめその記録コードを記載しておき、いずれかの標的行動が生起すれば、それに該当するコードを○で囲むようにする。たとえばATとRPというコードは、親子の相互作用での親の行動を記録する場合によく用いられる。そのインターバルで親が子どもに注目（attention）したときにはAT、叱った（reprimand）ときにはRPを○で囲むのである。

その他、標的行動が起こるたびに標的行動を記入するために工夫された方法もある。たとえば、1日に吸ったタバコの本数を数える場合、本人がタバコの箱と包装セロファンの間にメモ用紙を挟み込んでおき、1本吸うたびに、その用紙に「正」の字を一画ずつ書いていくようにする。そして、その日の終わりに「正」の字を数える。同じように、下品な行動の頻度を記録する場合にも、メモ用紙をシャツのポケットに入れておき、下品な行

動をするたびに、自分でそのメモ用紙にチェックするようにする。

記録用具は上記のような紙と筆記用具だけではない。標的行動の生起を記録するために用いるものは、すべて記録用具である。以下に、よく用いられるものを挙げておく。

■ 標的行動の頻度を記録するために、ゴルフのストロークカウンターを利用する。ゴルフのストロークカウンターを腕時計のように腕に装着し、標的行動が起こるたびにカウンターのボタンを押す（Lindsley, 1968）。小さい手持ちのカウンターも同様の形で使用できる。

■ 標的行動の持続時間を記録するために、ストップウォッチを利用する。標的行動の開始に合わせてストップウォッチのボタンを押し、標的行動が終結したときにそのボタンを解除する。ランニングやジョギングをする人たちは、自分の走行時間を計るために、ストップウォッチ機能の付いた腕時計をしている人が多い。

■ 一度に複数の標的行動の頻度と持続時間を記録できるアプリケーションを備えた、ノートパソコン・スマートフォン・その他の電子携帯端末機器を利用する。異なる標的行動が生じる

記録用紙（持続時間）

名　　　前＿＿＿＿＿＿＿＿＿＿＿＿＿＿＿＿＿＿＿＿＿＿＿＿＿＿＿＿＿

観 察 者＿＿＿＿＿＿＿＿＿＿＿＿＿＿＿＿＿＿＿＿＿＿＿＿＿＿＿＿＿

標的行動の定義＿＿＿＿＿＿＿＿＿＿＿＿＿＿＿＿＿＿＿＿＿＿＿＿＿＿

＿＿＿＿＿＿＿＿＿＿＿＿＿＿＿＿＿＿＿＿＿＿＿＿＿＿＿＿＿＿＿＿＿

日　付 （月／日）	持続時間						合　計
	開始	終結	開始	終結	開始	終結	

図 2-5　この記録用紙は、行動の持続時間を記録するものである。標的行動が生起するたびに、その開始時刻と終結時刻を記入する。1日3回以上生起した場合には、次の行に記入する。

度に、パソコンや電子携帯端末の違うキーを押す。当該のキーを押している間、その標的行動の持続時間が記録される（Dixon, 2003; Fogel, Miltenberger. Graves, & Kochler, 2010; lwata, Pace, Kalsher, Cowdery, & Cataldo, 1990;Jackson & Dixon, 2007; Kahng &: Iwata, 1998）。行動を記録する目的でスマートフォンを使用することが急速に拡がっており、この目的に沿ったアプリケーションが数多く開発されている（たとえば、Whiting & Dixon, 2012）。たとえば、頻度と持続時間に加えて、インターバル記録法も可能な2つのアプリケーション、Direct Assessment Tracking Application（D.A.T.A. Behaviorscience. org）と Behavior Tracker Pro（Behaviortrackerpro. com）がよく用いられている。

■ 行動を記録するのにバーコードシステムを利用する。記録対象となる行動毎に特定のバーコードを割り当てておき、観察者はそのバーコードが掲載されているシートを手に持っておく。特定の行動が生起した際、それを記録するために観察者はその行動に割り当てられたバーコードをスキャンする。

■ 行動の頻度を記録するために、コインを片方のポケットからもう片方のポケットに移す。標的行動が生起するたびに、右のポケットに入れておいたコインを左のポケットに移す。その日が終わったときに左のポケットに入っているコインの数が、標的行動の頻度を表している（あなたが左のポケットのコインを使用しないと仮定して）。

■ 行動が起こるたびに紙に小さな切れ目を入れる。観察期間が終了した時点で、行動の頻度は紙の切れ目の数と同じである。

■ レンジャー部隊の首飾りを使用する。レンジャー部隊の首飾りは、革あるいはナイロン製のひもにビーズを通したものである（この方法は、著者の行動変容法の授業を履修していたジェイソン・ヒックスが教えてくれたもの。これは彼が陸軍のレンジャー部隊にいたときに使った方法である）。この首飾りは2つに分かれており、それぞれに9個のビーズがある。片方の部分のビーズで1から9までを数え、もう一方のビーズは十の位を数える。最大は99となる。標的行動が生起するたびに、ビーズを端に動かす。観察期間の終了時に端に動いていたビーズの数が、標的行動の頻度を表している。同じような記録は、腕に巻いたビーズのひもでもできる。

■ 身体活動を記録する機器（歩数計・加速度計・GPS）を使用する。歩数計は、ベルトに着用

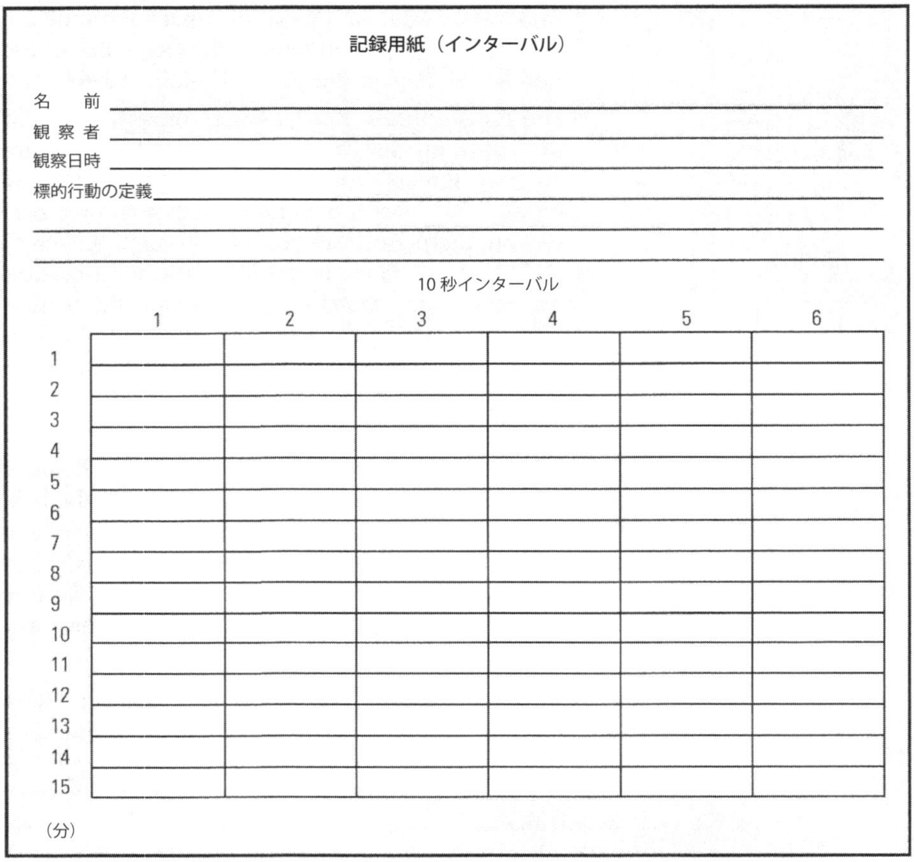

記録用紙（インターバル）

名　　前 _____

観 察 者 _____

観察日時 _____

標的行動の定義 _____

_____

_____

10秒インターバル

	1	2	3	4	5	6
1						
2						
3						
4						
5						
6						
7						
8						
9						
10						
11						
12						
13						
14						
15						

（分）

© Cengage Learning®

図2-6　この記録用紙は、インターバル記録法で使うものである。各空欄が1つのインターバルを示し、そのインターバルの間に標的行動が生起したら、その空欄にチェックを付ける。そのインターバルで標的行動が生起しなかった場合には、その欄は空欄のままにしておく。

して、歩行中やランニング中の歩数を記録するものである。同様に加速度計は、それを身につけた人の、歩数も含めて様々な身体活動を計測する装置である（たとえば、Fitbit [Fitbit.com], Nike Fuelband [Nike.com]）。GPS の装置は、手首に装着して、人が歩いたり、走ったり、自転車に乗ったりした距離を測定するものである。

　記録は即時的で実用的でなければならない。用いる用具の違いとは関係なく、行動の記録法には共通した特徴がある。それは、標的行動を観察したら即座に記録するということである（歩数計のように自動的に行動を記録する用具を用いている場合は例外である）。標的行動が生起して即座に

記録できれば、間違った記録をする可能性は低くなる。観察してから記録するまでに時間が空いてしまうと、観察者が記録することをすっかり忘れてしまうこともありうる。

　行動の記録法のもう1つの特徴は、実用的であることである。記録者は、実施が簡単で現場で邪魔にならないような記録法を用いる必要がある。用いる記録法が実用的であれば、記録者は正確に記録（あるいは自己監視）できる。記録に時間がかかる方法は実用的ではない。加えて、観察・記録者に人々の注意が向いてしまうような方法であってはならない。もしそういうことになれば、正確な記録はできなくなってしまう。

反応性

ある行動を記録することによって、介入が実施される前であっても、その行動が変わってしまうことがある。これは**反応性**（reactivity）と呼ばれる（Foster, Bell-Dolan, & Burge, 1988; Hartmann & Wood, 1990; Tryon, 1998）。こうした反応性は、ある人の行動を別の人が観察する場合にも、あるいは自己監視する場合にも生じる可能性がある。反応性は、特に研究が目的の場合には好ましくない。というのは、反応性が生じてしまうと、観察時間に記録された行動は、観察者がいない場面や自己監視していない場面で起きている行動のレベルと同じとは言えなくなってしまうからである。たとえば、教室で困った行動をしている子どもが、誰かが自分を観察していることに気づくと、その人がいる間は困った行動をしなくなる可能性がある。通常、こうした行動の変化は一時的なもので、子どもが観察者の存在に慣れてしまえば、本来の行動レベルに戻ることが多い。

反応性は減らすことが可能である。 反応性を防ぐ1つの方法は、観察される対象者が観察者に慣れるまで待つ、という方法である。別の方法としては、対象者が観察されていることに気づかないような形で行動を記録することである。これは、ワンウェイミラーや参与観察者を用いることによってできる方法である。参与観察者とは、教育補助員など、通常その標的行動が起こる場にいる人である。反応性を減らすもう1つの方法は、映像による記録を用いることである。カメラに慣れていたり、カメラを隠したりすることができれば、問題となる可能性はなくなる。

反応性は望ましいものとなる可能性もある。 自己管理プロジェクトの一部として、自分で自分の行動を記録し始めたとき、自己監視の結果として行動が望ましい方向に変化することが多い（Epstein, 1996）。このことから、自己監視を標的行動を変える介入法として用いることもある。たとえば、オレンディック（Ollendick, 1981）やライトとミルテンバーガー（Wright & Miltenberger, 1987）は、自己監視することによって、運動チックの頻度が減ったことを明らかにしている。アッカーマンとシャピロ（Ackerman & Shapiro, 1984）は、知的障害のある成人に自己監視させることによって、作業量が増加したことを報告している。また、ウィネットら（Winett, Neale, & Grier, 1979）は、自宅の電気の使用を自己監視することによって、使用量が減ったことを明らかにしている。自己監視とその他の自己制御の方法については、第20章で詳しく解説する。

観察者間一致率

標的行動の記録の正確さを調べるために、**観察者間一致率**（IOA：interobserver agreement）が用いられる。IOAを評価するために、2人の観察者が同じ観察時間に同じ標的行動を、それぞれ独立して観察・記録する。そして、2人の観察者の記録を比較し、一致率を算出する。一致率が高ければ、両観察者が同じ記録を付けていた割合が高いと考えられる。このことはまた、標的行動の定義が明確で客観的であること、および観察者が記録法を正しく行っていたことを示している。研究論文でIOAが高ければ、その研究の観察者たちが標的行動を同じように記録していたことを意味する。研究目的でない実践においても、直接観察・記録している場合には、少なくとも時々はIOAをチェックしておくべきである。研究論文の場合には、IOAは少なくとも80%以上、通常は90%以上であることが望ましい。

IOAの計算方法は、記録法によって異なる。頻度記録の場合、IOAは少ない方の頻度を多い方の頻度で割って100を掛け、パーセンテージで表す（計算式は、少ない方の頻度÷多い方の頻度×100）。たとえば、攻撃行動について観察者Aは10回の生起を記録し、観察者Bは9回と記録した場合、IOAは90%となる。持続時間の記録では、

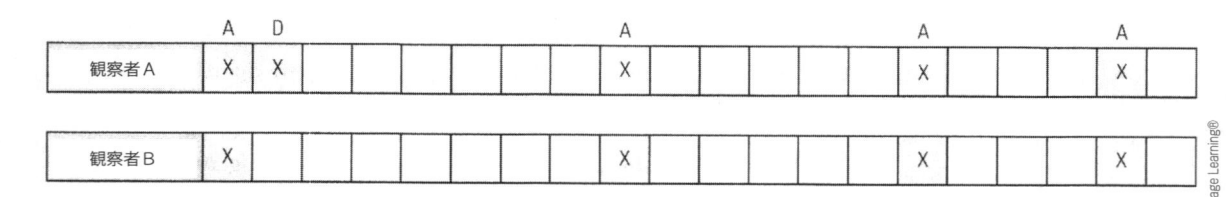

$$A/(A + D) = 17/20 = 0.85 = 85\%$$

図2-7　2名の観察者によるインターバル記録の比較。「A」は各インターバルにおいて行動の生起・非生起が一致している場合を示している。「D」は観察者が不一致の場合、すなわち一人の観察者が行動の生起と記録し、もう一人が非生起と記録した場合を示している。

$$A/(A + D) = 4/5 = 80\%$$

図2-8　行動の生起に限定した一致を使用したIOAの計算。行動の生起に関して一致しているインターバル数を、「一致＋不一致」のインターバル数で割る。2名の観察者がともに生起していないと記録したインターバルは計算から除外する。

短い方の持続時間を長い方の持続時間で割って100を掛けて算出する（計算式は、短い方の持続時間÷長い方の持続時間× 100）。たとえば、観察者Aが48分と記録し、観察者Bが50分と記録した場合、IOAは96%となる。インターバル記録法では、インターバルごとに2人の観察者の一致・不一致を調べる。そして一致したインターバル数を、全インターバル数で割る。一致と判断するのは、2人の観察者がどちらもそのインターバルで標的行動が生起したと記録した場合、あるいは生起しなかったと記録した場合である。図2-7は、2人の観察者が、同じ観察時間に、同じ対象者の行動をインターバル記録法で記録したものである。20のインターバルがあり、標的行動の生起または非生起について2人の観察者の記録が一致しているのは、そのうち17のインターバルである。したがってIOAは17÷（17＋3）× 100で、85%となる。タイムサンプリング記録法の場合のIOAの計算方法は、インターバル記録法と同じである。

インターバル記録法に関するIOAには、上述したものとは異なる2種類の計算方法もある。それは行動の生起限定IOA（occurrence only IOA）と非生起限定IOA（nonoccurrence only IOA）である。生起限定IOAでは、2名の観察者の両者が、行動が生起したと記録したインターバルのみを一致として算出する。2名の観察者が、行動が生起していないと記録したインターバルについては一致率の計算には加えない。非生起限定IOAにおいては、2名の観察者の両者が、行動が生起していないと記録したインターバルを一致として算出する。2名の観察者がともに行動が生起したと記録したインターバルは一致率の計算には加えない。生起限定IOAでの一致率の算出は、低い生起率の行動に関して、より慎重な測定となる。なぜなら、低い生起率の行動については、行動の非生起に関して偶発的に観察結果が一致する可能性が高いからである。一方で非生起限定IOAでの一致率の算出は、高い生起率の行動に関する一致率の計算において、より慎重な測定となる。なぜなら、高い生起率の行動においては、行動の生起に関して偶然に一致する可能性が高いからである。

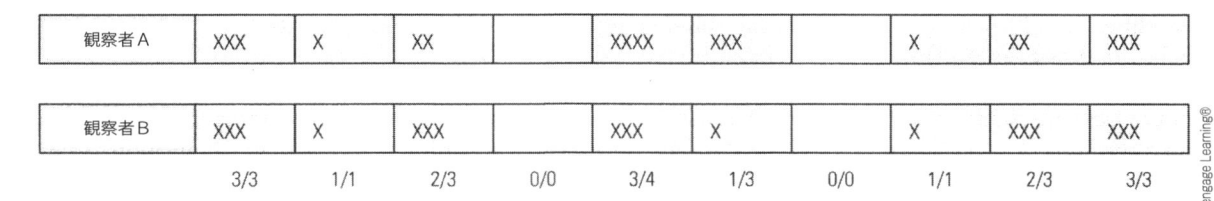

					D		A		A		A						A		A
観察者A	X	X	X		X	X		X		X		X	X	X	X	X		X	X	

観察者B	X	X	X	X	X	X		X		X		X	X	X	X	X		X	X	

A/(A + D) = 5/6 = 83.3%

図2-9　不生起に限定した一致を用いた IOA の計算。行動の非生起に関して一致しているインターバルの数を、「一致＋非一致」のインターバル数で割る。2 名の観察者がともに行動が生起したと記録しているインターバルは計算には含めない。

観察者A	XXX	X	XX		XXXX	XXX		X	XX	XXX
観察者B	XXX	X	XXX		XXX	X		X	XXX	XXX

3/3　　1/1　　2/3　　0/0　　3/4　　1/3　　0/0　　1/1　　2/3　　3/3

100% + 100% + 67% + 100% + 75% + 33% + 100% + 100% + 67% + 100% = 842%
842% divided by 10 (the number of intervals) = 84.2%

図2-10　インターバル内頻度記録法の観察者間一致率の算出方法。インターバルごとに一致率を出し、その一致率を合計し、それを全インターバル数で割る。

図2-8 は生起限定 IOA の計算、図2-9 は非生起限定 IOA の計算を示している。

インターバル内頻度記録法の場合の IOA は、まずインターバルごとに観察者間一致率を算出し（少ない方の頻度÷多い方の頻度）、その後で各インターバルの一致率を合計し、最後に全インターバル数で割る（インターバルごとの平均値を算出する）。図2-10 にその例を示した。

まとめ

1．変えるべき標的行動を正確に定義する。すなわち、対象者が言ったりしたりすることを特定できるように記述する。行動を定義する際には、対象者が示す行動を能動態で記述する。
2．標的行動の記録にはさまざまな方法があり、頻度記録法、持続時間記録法、潜時記録法、強度記録法、さらに産物記録法、インターバル記録法、タイムサンプリング記録法がある。
3．連続記録法では、観察者は観察時間中ずっと対象者を観察し、標的行動が生起するたびに記録する。インターバル記録法やタイムサンプリング記録法では、観察時間が小さなインターバルに区切られ、それぞれのインターバルで標的行動が生起したかどうかを記録する。インターバル記録法では観察する時間が連続しているのに対し、タイムサンプリング記録法では観察する時間が断続し、観察しない時間が設定される。
4．行動を記録することによって、介入が行われる前に標的行動が変化してしまうことを、反応性という。反応性を予防するためには、対象者が観察者の存在に慣れるのを待つか、観察されていることに気づかれない方法を用いる。

5. 観察者間一致率（IOA）を調べるために、2人の観察者が、同じ観察時間に、同じ標的行動を、それぞれ独立して観察・記録する。そして、2人の観察者の記録を比較する。標的行動の記録の一貫性を示したものが、IOAである。

キーワード

アナログ設定	瞬間タイムサンプリング記録法
ベースライン	自然場面
行動アセスメント	観察時間
連続記録法	部分インターバル記録法
直接アセスメント	産物記録法
持続時間	反応率
頻度	反応性
インターバル内頻度記録法	リアルタイム記録法
間接アセスメント	自己監視
強度	構造化観察
観察者間一致率	タイムサンプリング記録法
観察者間信頼性	非構造化観察
インターバル記録法	全体インターバル記録法
潜時	

練習問題

1. 行動変容法を適用する前に、変えようとしている行動の記録をとることが重要である理由を、説明しなさい。
2. 行動の記録を計画する際の4つのステップを挙げなさい。
3. 行動の定義とは何か？　それが行動に付けられたラベルとは違うのはどういう点か、説明しなさい。
4. 礼儀正しい行動を定義しなさい。
5. 行動を記録する人を決めるのが重要なのはなぜか、説明しなさい。
6. 観察時間を説明しなさい。
7. 連続記録法で記録できる行動の4つの次元を説明しなさい。
8. 頻度記録法、持続時間記録法、強度記録法、潜時記録法の例をそれぞれ挙げなさい。
9. リアルタイム記録法を説明し、その例を挙げなさい。
10. 産物記録法を説明し、その例を挙げなさい。
11. インターバル記録法を説明し、その例を挙げなさい。
12. インターバル内頻度記録法を説明し、その例を挙げなさい。
13. タイムサンプリング記録法を説明し、その例を挙げなさい。
14. 記録のために用いられる用具を3つ挙げなさい。
15. 標的行動が起きたら即座に記録するのが大切である理由を説明しなさい。
16. 反応性とは何か、説明しなさい。また、直接観察の場合にこの反応性を予防する方法を2つ挙げなさい。
17. 観察者間一致率を説明し、そのために必要なことを書きなさい。
18. 観察者間一致率の算出方法を、頻度記録法、持続時間記録法、インターバル記録法それ

ぞれについて説明しなさい。

19. インターバル内頻度記録法の場合の、観察

者間一致率の算出方法を説明しなさい。

適用例

1. 自分自身の行動を変えるために、自己管理プログラムを適用することができる。自己管理プログラムは、行動変容法を自分自身の行動に応用したものである。自己管理プログラムには次の5つのステップがある。

   ⅰ. **自己監視**　変えたいと思っている標的行動を定義し、記録する。

   ⅱ. **グラフ化**　標的行動の毎日の記録をグラフにする。

   ⅲ. **目標設定**　標的行動の変容の目標を決める。

   ⅳ. **介入**　標的行動を変えるために、行動変容法による介入計画を立て、実施する。

   ⅴ. **評価**　標的行動の記録を続け、それをグラフ化し、実際に標的行動が変化し、目標が達成されたかどうかを評価する。

   ここでは、読者自身が自己管理プログラムを始められるように考えてみよう。まず、読者が変えたいと思っている標的行動を定義し、次に標的行動を測定する記録方法を決める。このステップができたら、以下の問いに答えてみよう。

   ａ. 標的行動を明確な形で、しかも客観的に定義したか？

   ｂ. 標的行動を記録するために適切な次元(たとえば、頻度や持続時間)を選んだか？

   ｃ. 実際に実施可能な記録方法を選んだか？

   ｄ. 標的行動が起こるたびに、すぐにそれを記録できるか？

   ｅ. 標的行動を記録する際にどんな問題が生じると思うか？　また、その問題にどう対処するか？

   上記の問いにうまく答えることができたら、あなたが作った自己管理プログラムのうち、自己監視の部分を実際にやってみてほしい。自己管理プログラムの残りのステップについては、それを実施する上で必要な情報をこれ以降の章で学ぶ。

2. 小学校の教師になるために勉強をしているジェームズという友人がいると仮定してみよう。ジェームズは現在、公立小学校の2年生のクラスで教育実習をしている。彼はクラスに、自分の席に座っていることや授業に集中することや活動に取り組むことが難しい児童がいるということであった。その児童の名前はサラといい、席を立って他の児童に話しかけたり、からかったりしていた。彼女が離席した後は、ジェームズの方を見ておらず、活動にも参加せず、他の児童の邪魔をしていた。

   ジェームズは、もし彼女を席に着かせておくことができれば、ジェームズの方に注目したり、活動に参加したりできるはずだと考えた。もしそうなれば、彼女も他の子どもたちも授業に集中できるはずだと考えた。ジェームズは行動分析士（Board Certified Behavior Analyst ;BCBA）に相談することにした。

   行動分析士は、ジェームズに、もしサラに行動変容法を適用するのであれば、最初のステップはサラの行動を測定するための計画を立案することであると伝えた。ここでは、ジェームズがサラの離席行動を記録するために用いる記録法を考えてみることにする。以下の問いに答えてみよう。

   ａ. 離席行動をどのように定義するか？

   ｂ. ジェームズがサラの離席行動を記録するためには、どの記録法が最もよいか？

   ｃ. その行動を記録するために、ジェームズが使える用具は何か？　その記録用具は、ジェームズが教師として実際に使いやすいものか？

3．イブはウエイト・リフティングを始める計画を立てた。彼女はその計画を始めるにあたって、自分の進歩を測定するために記録をつけることにした。ウエイト・リフティングの行動を測定するために、どのようにして頻度記録、持続時間記録、強度記録を行うかを説明しなさい。

間違った適用例

1．グロリアは行動変容法の授業を履修しており、自己管理プログラムを実際にやってみることが課題であった。彼女が変えるために選んだ行動は、自分の髪をいじる行動だった。彼女はその行動を、「後頭部に手を当て、指に髪を巻きつけること」と定義した。次のステップは記録法を決めることである。彼女は授業中に髪いじりをしていたので、授業が終わるたびにすぐ行動の記録をつけることにした。そこで、財布の中に 4 × 12cm の紙をいつも入れておき、授業が終わるとすぐにその紙を取り出し、直前の授業中にしていた髪いじりの回数を記入することにした。

 a．この行動の記録法で間違っているところはどこか？

 b．改善するとしたら、どうすればよいか？

2．ラルフは喫煙本数を減らすために、自己管理プログラムをやってみようとしていた。彼は喫煙行動を、「タバコを箱から取り出し、それに火をつけ、それを少しでも吸うこと」と定義した。彼は毎日吸ったタバコの本数を記録することにし、毎日寝る前に箱の中に残っているタバコの本数を数え、その日の朝箱の中にあった本数から残った本数を引くことにした。

 a．この行動の記録法で間違っているところはどこか？

 b．改善するとしたら、どうすればよいか？

3．以下は、行動変容法の授業を履修していた学生が、自己管理プログラムのために標的行動を定義したものである。各々の例で、間違っているところはどこか？

 a．腹を立てる行動を、「夫に腹を立て、怒鳴り声を上げ、寝室に入ってドアをバタンと閉めたり、あるいは夫が私を苛立たせることを言ったときに、『黙れ！』と大声で言うこと」と定義した。

 b．食べ過ぎる行動を、「食事のときに食べるつもりだった量以上に食べること。あるいは、自分自身で太ったと感じたり、ベルトが窮屈になったと感じるほど食べ過ぎること」と定義した。

 c．勉強を、「図書館や自宅の机の上で、自分の前に本を開き、テレビを消し、その他のことをしないとき」と定義した。

第3章　行動のグラフ化と変化の測定

学習のポイント

- ■ 行動変容法のグラフで重要な6つの要素は何か？
- ■ 行動の変化をグラフにするにはどうしたらよいか？
- ■ 行動のさまざまな次元のうち、グラフから読みとることができるものはどれか？
- ■ 関数関係とは何か？　また、行動変容法において関数関係を示すにはどうするか？
- ■ 行動変容法の研究で用いられる研究計画法には、どのようなものがあるか？

第2章で述べたように、行動変容法を用いる場合は、標的行動を正確に定義し、その行動を観察・記録する。そうすることで、行動変容法によって実際に標的行動が変化したかどうかを実証的に示すことができる。**行動の変化を実証するための基本的なツールが、グラフである。**

グラフは、時間経過の中で標的行動がどのように生起したかを視覚的に表したものである。標的行動を（記録用紙などに）記録し、その記録をグラフにまとめる。グラフは長い観察時間で得られた記録結果を示したものであり、標的行動の変化を調べる上でとても分かりやすい方法である。

行動分析家は、介入の前後の標的行動のレベルを特定するためにグラフを用いる。グラフにすることで、介入による標的行動の変化を正確に調べることができ、介入を続けるかどうかの判断基準にもなる。また、グラフにすることによって、行動の変化が一目で分かり、介入前、介入中、介

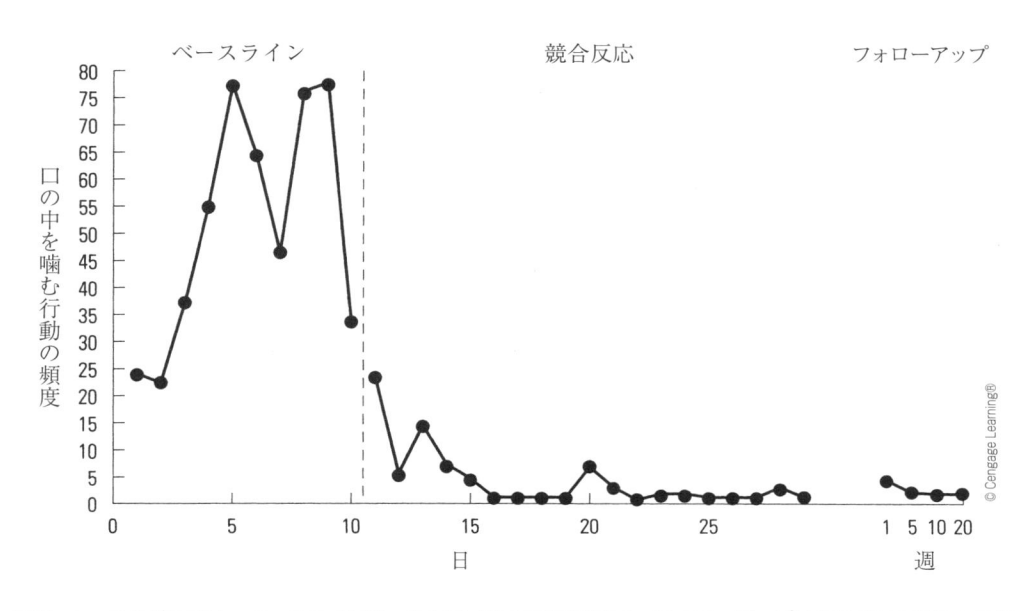

図3-1　このグラフは、ベースライン期、介入期（競合反応の導入）、フォローアップにおける口の中をかむ行動の頻度を示している。

入終了後の標的行動の変化を簡単に比較することができる。たとえば、図3-1を見ると、介入前（ベースライン期）と比べて、介入中（競合反応）の標的行動の頻度が激減していることがよく分かる。実はこのグラフは、ある生徒に実施した自己管理プログラムの結果である。その生徒の標的行動は、勉強中にしばしば自分の口の中をかむという行動であった。そこで、生徒に、口の中をかんだら、その都度記録用紙に自分で記録するようにさせた。そして、介入を始める前（ベースライン期）に10日間、標的行動の記録をつけさせた。その後、口の中をかむ行動を自分でコントロールする

ために、競合反応（口の中をかむ行動と両立せず、その行動が起こるのを防ぐことのできる行動）を使った行動変容法を実施した。この方法を始めた後も、20日以上標的行動の記録を続けさせた。介入終了後も、1週間後、5週間後、10週間後、20週間後にそれぞれ4日以上記録をつけさせた。介入終了後の期間は、フォローアップ期と呼ばれる。このグラフから、生徒が自己記録した口の中をかむ行動は、介入によって激減したと言えるし、介入終了20週間後のフォローアップでもきわめて低いレベルにあると結論づけることができる。

グラフの要素

　一般的な行動変容法のグラフは、時間の軸と行動の軸で表される。グラフ上のプロットは、2つの情報を意味している。つまり、標的行動がいつ記録されたか（時間）、およびそのときの標的行動のレベルの2つである。時間は横軸（x軸あるいは横座標）に示され、標的行動のレベルは縦軸（y軸あるいは縦座標）に示される。図3-1では、口の中をかむ行動の頻度が縦軸に、観察した日と週が横軸に示されている。このグラフから、介入の前と後の標的行動の頻度が分かる。また、フォローアップの記録から、介入終了20週間後までの標的行動の頻度も分かる。

　正確なグラフを描くためには、次の6つの要素に留意する必要がある。

　■y軸とx軸：縦軸（y軸）と横軸（x軸）が左下で交わるようにする。ほとんどのグラフではx軸の方がy軸よりも長く、通常、2倍ぐらいの長さになる（図3-2）。

　■y軸とx軸の名称：y軸には通常、記録した標的行動の次元を示す名称を付ける。x軸には通常、記録をつけた時に関する名称を付ける。図3-3では、y軸の名称は「勉強時間」、x軸の名称は「日」である。この名称から、ある対象者について、毎日の勉強時間が記録されていることが分かる。

　■y軸とx軸の数値：y軸の数値は標的行動が測定された単位数値を示しており、x軸の数値は

標的行動が測定された時間単位を示している。y軸もx軸も数値ごとに目盛線を入れる。図3-4では、y軸の数値は勉強した時間数を示し、x軸の数値は勉強行動が測定された日を示している。

　■データのドット：データは正確にドットとしてプロットしなければならない。記録用紙や他の記録用具をもとに、行動のレベルと測定された時を正確にドットとして転記する。そして、各々のドットを線で結ぶ（図3-5）。

　■フェイズの区分線：フェイズ（期）の区分線は介入の変更を示し、垂直線で表す。介入なしフェイズから介入フェイズへの移行、あるいはある介入フェイズから別の介入フェイズへの移行などを表す。図3-6では、フェイズ区分線でベースライン期（介入なし）と介入フェイズが区切られている。区分線上では、ドットを線で結ばない。こうすることで、フェイズごとの変化が分かりやすくなる。

　■フェイズの名称：各フェイズに名称を付ける。フェイズの名称は、それぞれグラフの上部に記入する（図3-7）。ほとんどの行動変容法のグラフは、2つ以上のフェイズがある。つまり介入なしフェイズと介入フェイズである。「**ベースライン**」は介入なしフェイズによく付けられる名称である。介入フェイズの名称はそのフェイズの内容が分かるものでなければならない。図3-7では、「ベースライン」と「行動契約」という2つ

図3-2　y軸とx軸

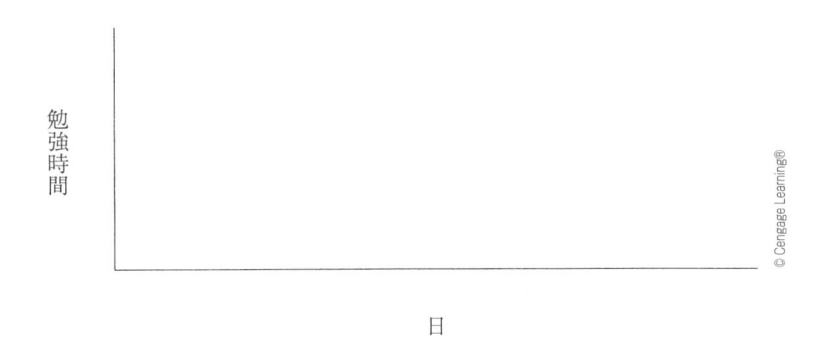

図3-3　y軸とx軸に名前を付ける

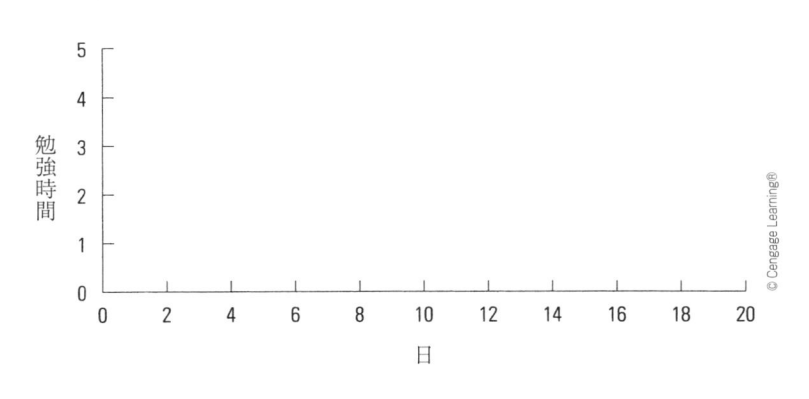

図3-4　y軸とx軸に目盛を付ける

のフェイズの名称が付けられている。行動契約は、対象生徒の勉強時間を増やすために用いられた介入法である。場合によっては、複数の介入と複数のベースラインのグラフも存在する。

行動データのグラフ化

第2章で述べたように、データの収集は、標的行動を直接観察し、それを所定の記録用紙や記録

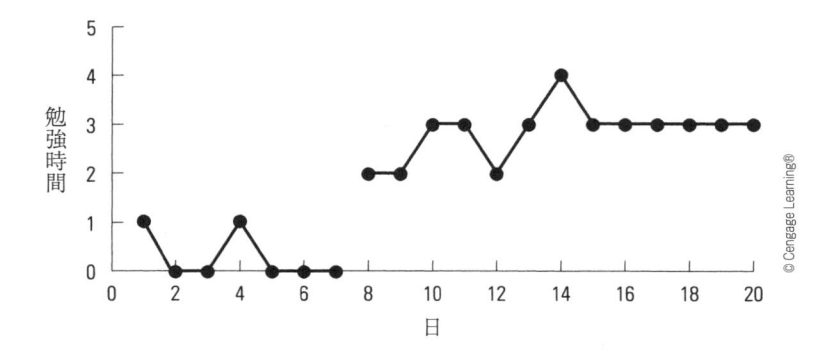

図3-5　グラフ上にドットを転記する

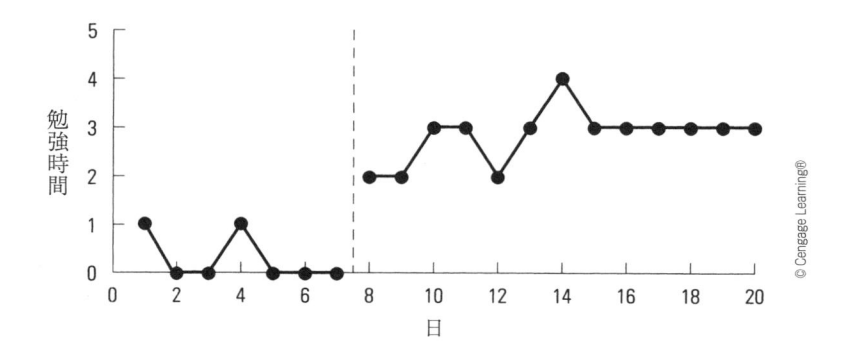

図3-6　グラフにフェイズ区分線を入れる

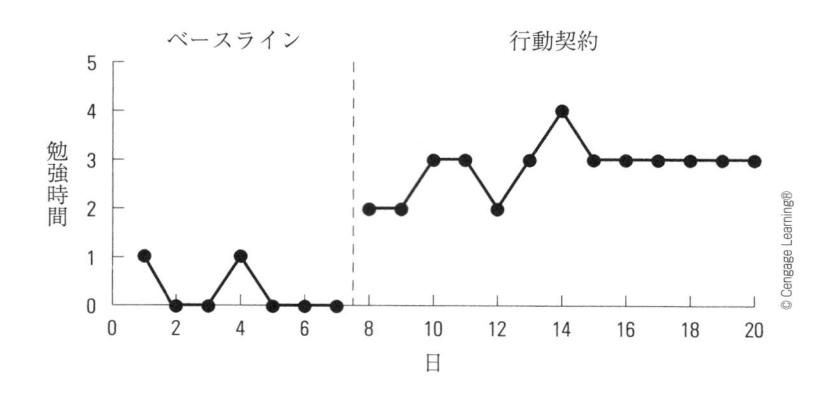

図3-7　グラフに各フェイズの名称を記入する

用具に書き込んだ記録という形で行われる。標的行動を記録した後に、それをグラフにする。たとえば、図3-8の（a）は2週間にわたって記録された標的行動の頻度であり、（b）はそのデータをグラフにしたものである。（a）の記録用紙に記入された日付（1日目〜14日目）と、（b）のグラフの横軸の日付は対応している。また、記録用紙に記入された頻度は、グラフの縦軸に示され

(a) 頻度

日	1	2	3	4	5	6	7	8	9	10	11	12	合計
1	X	X	X	X	X	X	X	X					8
2	X	X	X	X	X	X	X	X					8
3	X	X	X	X	X	X	X						7
4	X	X	X	X	X	X	X						7
5	X	X	X	X	X	X	X	X	X				9
6*	X	X	X	X	X	X	X	X					8
7	X	X	X	X	X								5
8	X	X	X	X	X								5
9	X	X	X	X									4
10	X	X	X	X									4
11	X	X	X										3
12	X	X	X										3
13	X	X											2
14	X	X											2

＊6日目はベースラインの最終日、7日目は介入の初日。

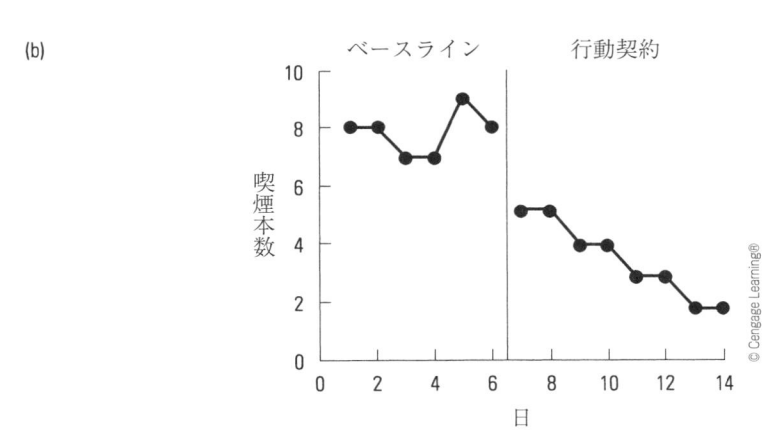

図3-8　記録用紙（a）は、1日に吸ったタバコの本数を記入した頻度記録である。この記録用紙のデータをグラフにしたのが（b）である。これは喫煙本数を減らすために行動契約を用いた介入で、2日ごとに1日の喫煙本数を徐々に減らしていった。

ている。グラフを見れば、ベースライン期の標的行動の頻度が、介入を始めたことによって徐々に減ったことが一目瞭然である。記録用紙だけでは、これだけはっきりした形での標的行動の変化は分かりにくい。また、このグラフには前述の6つの要素すべてが含まれていることにも注意してほしい。

　もう1つの例を考えてみよう。図3-9には標的行動の持続時間が示されている。（a）は実際の記録用紙の記入例であり、（b）はその記録用紙から持続時間を計算して表にまとめたものである。

（b）の表の日付とその持続時間は、（a）の記録用紙の日付・持続時間と対応している。

Q. データを集約した表（図3-9（b）参照）の下には、部分的にしか完成していないグラフがある（図3-9（c）参照）。データ集約表の情報を使って、このグラフを完成させなさい。その際には、上記の6つの要素に留意しなさい。

　図3-9（c）のグラフを完成するためには、次の手順を踏むとよい。最初に、8日目から20日

(a)

日	開始	終結	開始	終結	開始	終結	合計
1							0
2	7:00	7:15					15
3							0
4							0
5	7:10	7:25					15
6							0
7*							0
8	7:00	7:15					15
9	7:30	8:00					30
10	7:30	8:00					30
11	6:30	6:45					15
12	6:45	7:15					30
13							0
14	7:00	7:30					30
15	6:30	6:45	7:00	7:30			45
16	6:45	7:15					30
17	6:30	7:15					45
18	7:00	7:30	7:45	8:00			45
19							0
20	6:45	7:15	7:30	8:00			60

* 7日目にベースラインは終了し、8日目から行動契約を用いた介入が始まった。

(b)

日	1	2	3	4	5	6	7	8	9	10	11	12	13	14	15	16	17	18	19	20
持続時間（分）	0	15	0	0	15	0	0	15	30	30	15	30	0	30	45	30	45	45	0	60

(c)

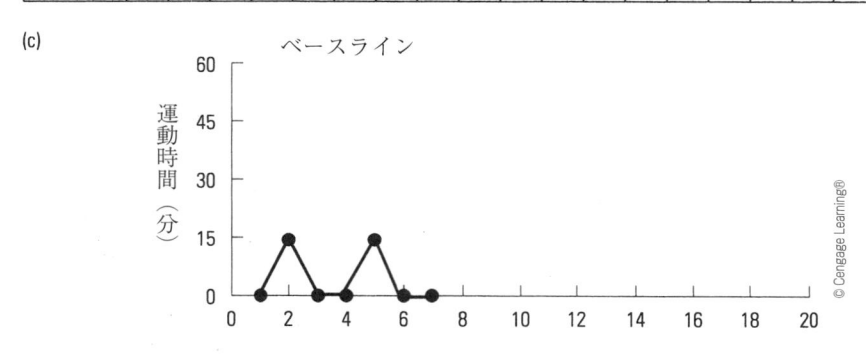

図3-9　記録用紙（a）は1日に行った運動の開始時刻と終了時刻を記入したものであり、このデータから1日ごとの持続時間をまとめたものが（b）である。（c）のグラフはまだ未完成である。読者が記録用紙（a）（b）のデータをもとに、このグラフを完成させなさい。

目までのデータをグラフ上にプロットし、それを線で結ぶ。次に、7日目と8日目の間にフェイズ区分線を引き、その2つのドットは線で結ばない。次に、右側のフェイズの名称を「行動契約」とし、上部に記入する。最後に、x軸の名称「日」を書き込む。この手順を踏めば、6つの要素すべてが備わったグラフができあがる（図3-10）。

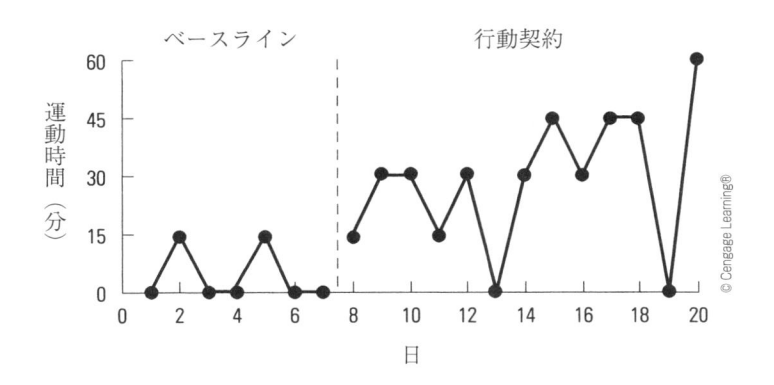

図3-10　図3-9の（c）のグラフを完成させたもの。

参考：エクセルでグラフを描く

　紙と定規と鉛筆でグラフを描くのは簡単かもしれないが、コンピュータでグラフを書けるプログラムも存在している。2種類のマイクロソフトのプログラム、パワーポイントとエクセスを用いてグラフを描くことができる（Vaneslow & Bourret, 2012）。カーとバークホフディア（Carr & Burkholder, 1998）とディクソンら（Dixon et al., 2007）は、*Journal of Applied Behavior Analysis* 誌にマイクロソフト・エクセルを使って、応用行動分析学や行動変容法の分野でのグラフの描き方に関する段階的な教示方法について論文発表している。ヴァンスローとブーレ（Vaneslow & Bourret, 2012）は、マイクロソフト・エクセルを使用したグラフの描き方に関するオンラインでの教示方法について記述している。エクセルでグラフを描くことに関心のある学生は、これらの論文を読んでみることをお勧めする。

行動のさまざまな次元のグラフ化

　図3-8と図3-10は、それぞれ頻度と持続時間を示したグラフである。前にも述べたように、行動にはその他の次元もあり、それぞれの次元を測度にしたグラフを描くことができる。しかし、行動の次元がどれであっても、6つの要素はどのグラフにも備わっていなければならない。次元が異なれば、y軸の名称と目盛が違ってくる。たとえば、生徒が授業ごとに正解した数学の問題のパーセンテージをグラフにする場合、y軸の名称を「数学の問題の正答率」とし、目盛を0～100%とする。y軸の名称から、標的行動は何か（数学の問題を正しく解く）、および記録された標的行動の次元（パーセンテージ）が分かる。

　別の例として、神経学的障害であって、身体のある部分を不随意に動かす運動チックを主症状とするトゥレット障害を研究している研究者の例を考えてみよう。その研究者はインターバル記録法を用いて、30分間の観察時間を10秒インターバルに区切り、そのインターバルの間に運動チックが起きたかどうかを記録した。そして観察時間が終わるたびに、チックが起きたインターバルのパーセンテージを計算した。それから、グラフのy軸の名称を「チック生起インターバル率」とし、目盛を0～100%とした。インターバル記録法の場合には、y軸の名称は「（行動の名称）生起インターバル率」となる。x軸の名称は標的行動が記録された時間・時刻などを表す名称を付け（たとえば、「セッション」「日」「日付」など）、それ

に対応した目盛を付ける。x軸をセッションとした場合、1セッションが標的行動の観察・記録の単位となる。

強度や産物など頻度以外の次元も、観察し記録することができる。その場合、y軸の名称には標的行動と記録した行動の次元を表すものを付ける。たとえば、子どものかんしゃくの強さや激しさを測定する場合には、y軸の名称を「かんしゃくの強さの評定」とし、目盛として評定の尺度を付け

る。話し声の大きさを測定する場合には、y軸の名称は「話し声の大きさ」とし、巣位をデシベルとして目盛を付ける。記録したものを分かりやすくグラフにするために、y軸の名称に標的行動とその測定単位が分かるものを付けるようにする。たとえば、「組み立てた部品の数」という名称は、対象者の標的行動の産物を記録したものであることがすぐ分かる。

研究計画法

行動変容に関する研究を行う場合には、**研究計画法**（research design）を用いてもう少し複雑なグラフを描くことが必要となることが多い。研究計画法を用いる目的は、介入（独立変数）によって標的行動（従属変数）に変化が生じたかどうかを明らかにしたり、その変化に介入以外の予期しなかった変数が関与している可能性を除外することである。研究において、**独立変数**とは標的行動の変化を生み出すために研究者が操作するものである。また標的行動は**従属変数**と呼ばれる。剰余変数、あるいは交絡変数（confounding variable）と呼ばれるものは、研究者が介入計画に組み入れていなかった変数で、標的行動に影響を及ぼした変数のことである。何らかの問題のある人を対象とした場合、行動変容法によってその人の行動がよい方向に変わったことが分かればそれで十分であると言えるかもしれない。しかし研究者は、その行動の変化をもたらしたものが、実際に行った行動変容法の手続きによるものであることをはっきりとした形で示したいと考える。

研究者が行動変容法の効果をきちんとした形で示そうとすれば、用いた手続きと標的行動の変化の**関数関係**（functional relationship）を明らかにすることが求められる。すなわち、研究者は行動が、手続きの関数として変化したことを実証している。関数関係があると言えるのは、

(a) 他の変数は一定のままにして、（手続きの実施としての）独立変数を操作したときに標的行動に変化が生じる。

(b) その過程が何回も繰り返し再現をされ、そ

の行動は毎回変化する。

行動変容法の研究者はこうした関数関係を実証するために、何らかの研究計画法を用いる。研究計画法は、手続きを実施する部分とその再現（リプリケーション）の部分で構成される。もし手続きが実施されるたびに標的行動の変化が生じ、さらにその手続きが実施されたときだけ行動変化が見られる場合に、関数関係が証明されたと言える。

このような場合、研究者は標的行動を実験的にコントロールしたことになる。介入が実施されたときにのみ行動が変化したのであれば、剰余変数が行動の変化を引き起こしたとは考えにくくなる。この節では、行動変容法で用いられる研究計画法を紹介する（より詳しい解説は、ベイリー〔Bailey, 1977〕、バーローとハーセン〔Barlow & Hersen, 1984〕、ガスト〔Gast, 2009〕、ヘイズら（Hayes, Barlow, & Nelson-Gray, 1999〕、カズディン〔Kazdin, 2010〕、ポーリンとグロセット〔Poling & Grossett, 1986〕を参照）。

AB デザイン

行動変容法で用いられる最も簡単なデザインは、ベースライン期と介入期の2つのフェイズからなる。このデザインは**AB デザイン**（A-B design）と呼ばれ、Aはベースライン期、Bは介入期を意味する。図3-1、図3-7、図3-8(b)、図3-10は、AB デザインを用いたものである。このデザインを用いることによって、ベースライン期と介入期のフェイズを比較し、介入によって期

待された行動の変化が生じたかどうかを示すことができる。しかし、AB デザインでは再度介入が行われることはないので、関数関係を示すことはできない。したがって、AB デザインは本当の意味での研究計画法とは言えない。つまり、AB デザインでは、剰余変数が関与していた可能性を排除することはできないのである。たとえば、図 3 - 1 に示したように、口の中をかむ行動が競合反応を用いた介入によって減少したとしても、その介入と同時に他の事象（剰余変数）が影響を及ぼしていた可能性も捨て切れない。この場合、口の中をかむ行動の減少が、他の事象によるものであったり、あるいは介入とその事象との相乗効果によるものである可能性も考えられる。たとえば、その人が以前テレビで神経性習癖をなくすという番組を見たことがあって、それを参考にして口の中をかむ行動を自分でコントロールしたのかもしれない。AB デザインでは剰余変数を除外することができないので、行動変容法の研究者がこのデザインを用いることは少ない。しかし、純粋な研究ではなく、行動を変えることに重点を置いた実

践場面では、このデザインはしばしば用いられる。また自己管理プロジェクトでも、自分で行動変容法の手続きを用いた後、自分自身の行動が変わったかどうかを明らかにするために、この AB デザインを用いることができる。

ABAB 反転デザイン

ABAB 反転デザイン（ABAB reversal design）は、AB デザインを拡張したものである（A はベースライン期、B は介入期を意味する）。ABAB 反転デザインでは、ベースライン期と介入期をそれぞれ 2 回繰り返す。このデザインが「反転」といわれるのは、最初の介入期の後に、もう一度ベースライン期に戻す（反転する）ためである。この 2 回目のベースライン期の後、もう一度介入を行う。

図 3-11 に、ABAB 反転デザインの例を示した。図 3-11 に例示した ABAB 反転デザインのグラフは、知的障害のある生徒ボブの攻撃行動に対する教師の指示の効果を示している。このグラフは、教師が頻繁に指示を与えるフェイズとまったく指

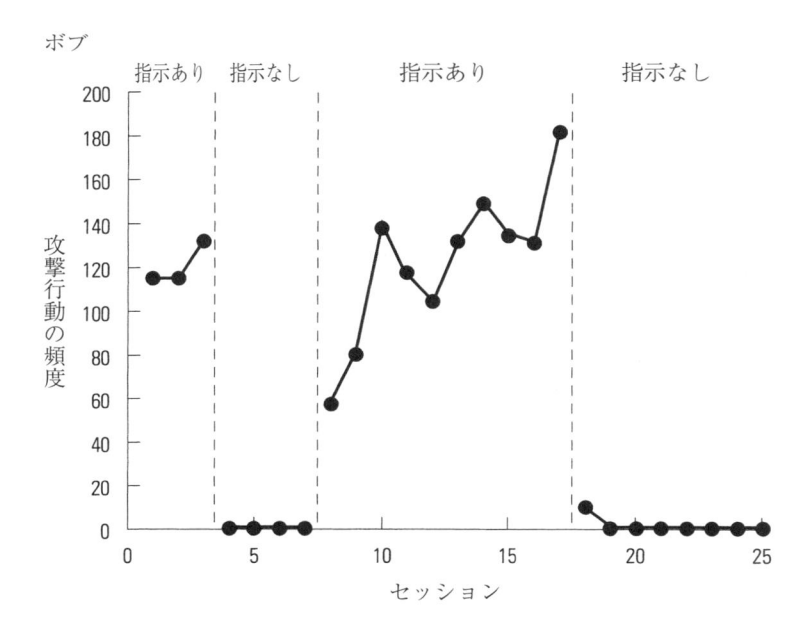

図 3-11　この ABAB 反転デザインのグラフは、知的障害のある生徒の攻撃行動の頻度を、教師が頻繁に指示を与えるベースライン期（A）とまったく指示を与えない介入期（B）について示している。（Carr, E. G., Newsom, C. D., & Binkoff, J. A. [1980]. Escape as a factor in the aggressive behavior of two retarded children. *Journal of Applied Behavior Analysis, 13*, 101-117. Copyright © 1980 University of Kansas Press.）

示を与えないフェイズを順に繰り返すことによって、教師の指示がボブの攻撃行動にどのような影響を及ぼしているかを調べたカーら（Carr, Newsom, & Binkoff, 1980）の研究から転載したものである。このグラフを見ると、攻撃行動が、3回変化していることが分かる。最初のベースライン期（「指示あり」）では攻撃行動が頻繁に起きている。そして、最初の介入期（「指示なし」）では攻撃行動はまったく起きなくなった。しかし、2回目のベースライン期（「指示あり」）では攻撃行動が最初のベースライン期のレベルまで戻った。そして、2回目の介入期（「指示なし」）では、攻撃行動は再びほとんどゼロのレベルになった。フェイズが変わるたびに3回行動の変化が生じたという事実は、（何らかの予想外の変数ではなく）指示のあるなしによってこの行動の変化が生じたことの証拠となる。指示がある場合とない場合で、それぞれ攻撃行動が増えたり減ったりしている。指示のあるなしと同時に予想外の変数が働いていた可能性はなく、それゆえ指示のあるなし以外の変数がこの行動の変化の原因である可能性はきわめて低いと言える。

ABAB 反転デザインの変化形が、複数の介入の効果を評価する際に用いられることがある。たとえば、ある介入（B）を実施したが効果がなく、2つめの介入（C）を実施した結果、効果が確認されたとする。この介入方法をリプリケーションし、実験的な統制を示すために、ABCAC デザインが使用できるかもしれない。もし2つめの介入（C）が実施されたことで、標的行動に変化がもたらされたとすれば、この2番目の介入と行動との間に関数関係があることを示したことになる。

ABAB 反転デザインを用いる際には、いくつかの留意点がある。第1に、標的行動が危険な行動（自傷行動など）である場合、最初の介入期終了後に、2回目のベースライン期を実施することが倫理的に認められるかどうかである。第2に、介入をやめたときに行動のレベルが元に戻るかどうかは、かなり厳密に判断する必要がある。介入をやめたときに行動の変化が起きなければ、関数関係は実証されない。第3に、1回目の介入をした後、その介入が撤去可能かどうかという点である。

たとえば、介入が教育方法で、対象者がその方法によって新しい行動を学習してしまった場合、その学習を取り消すことは不可能となる（ABAB 反転デザインの留意点についてもっと詳しく知りたい読者は、ベイリー［Bailey, 1977］やベイリーとバーチ（Bailey & Burch［2002］、バーローとハーセン［Barlow & Hersen, 1984］、ガスト［Gast, 2009］、カズディン［Kazdin, 2010］を参照してほしい）。

多層ベースラインデザイン

多層ベースラインデザイン（multiple-baseline design）には、次の3つのタイプがある。

■ **対象者間多層ベースラインデザイン**（multiple-baseline-across-subjects design）では、複数の対象者に、同じ標的行動に対してベースライン期と介入期を行う。

■ **行動間多層ベースラインデザイン**（multiple-baseline-across-behaviors design）では、一人の対象者に対して、複数の標的行動についてベースライン期と介入期を行う。

■ **場面間多層ベースラインデザイン**（multiple-baseline-across-settings design）では、一人の対象者の同じ標的行動について、複数の場面でベースライン期と介入期を行う。

ABAB 反転デザインでは、ベースライン期と介入期をそれぞれ2回実施するが、どのフェイズも同じ標的行動、同じ対象者、同じ場面で実施することを思い出してほしい。一方、多層ベースラインデザインでは、複数の対象者、複数の行動、または複数の場面で、異なるベースライン期と介入期を実施する。

多層ベースラインデザインが使用されるのは、以下のような場合である。

(a) 複数の対象者の示す共通する標的行動に関心がある場合

(b) 同じ対象者に関して、複数の行動を標的行動としている場合

(c) 対象者の行動を、複数の場面で測定している場合

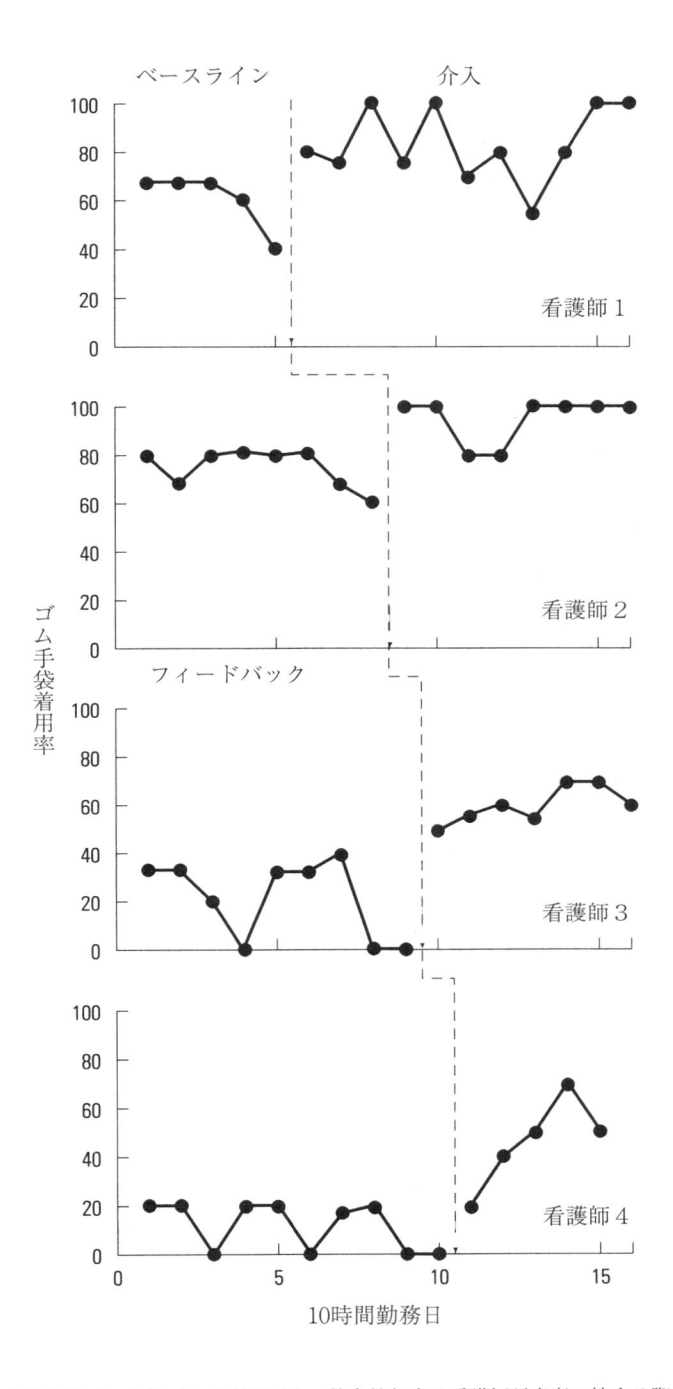

図3-12　この対象者間多層ベースラインのグラフは、救命教急室の看護師が患者に接する際にゴム手袋を着用した時間をパーセンテージで表したものである。スーパーバイザーからのフィードバックを与える介入が、対象者ごとに少しずつずらして実施されたが、このグラフから、介入期には4名の看護師全員のゴム手袋着用率が向上していることがわかる。(DeVries, J. E., Burnette, M. M., & Redmon, W. K. [1991]. AIDS prevention: Improving nurses' compliance with glove wearing through performance feedback. *Journal of Applied Behavior Analysis, 24,* 705-711. Copyright © 1991 University of Kansas Press.)

50

多層ベースラインデザインは、上述したような理由で ABAB デザインの使用ができない場合に有用である。多層ベースラインデザインとその使用が適した状況に関しては、ベイリー（Bailey, 1977）やベイリーとバーチ（Bailey & Burch, 2002）、バーローとハーセン（Barlow & Hersen, 1984）、ガスト（Gast, 2009）、カズディン（Kazdin, 2010）に詳細が示されている。

図3-12 に、**対象者間多層ベースラインデザイン**の例を示した。このグラフは、デブリースら（DeVries, Burnette, & Redmon, 1991）の研究から転載したものであり、救命救急室の看護師が患者に接する際にゴム手袋を着用した時間をパーセンテージで表し、それに対するフィードバックの効果を調べたものである。このグラフでは、4 名の対象者（看護師）に対してベースライン期と介入期が実施されていることに注目してほしい。また、このグラフは、多層ベースラインデザインの重要な点を示している。すなわち、ベースライン期の長さが対象者によって違うのである。対象者 1 に対して介入を始めたときには、対象者 2、3、4 ではまだベースライン期を続け、対象者 2 に対して介入を始めたときには、対象者 3 と 4 ではまだベースライン期を続け、対象者 3 に対して介入を始めたときには、対象者 4 ではまだベースライン期を続け、そして最後に対象者 4 に対して介入を行うようにする。介入の時期を、対象者によって少しずつずらすのである。対象者 1 に対して介入が行われるとその標的行動は増加しているが、まだ介入を行っていない対象者 2、3、4 ではその時点では標的行動の増加は見られない。それぞれの対象者について、いずれも介入が開始された後で標的行動の増加が見られたという事実は、予想外の変数ではなく、この介入そのものによって標的的行動の変化がもたらされたことの証拠となる。介入が行われたときに、この 4 人の対象者それぞれに予想外の変数が働いていたとは考えにくい。

行動間多層ベースラインデザインの実例を、図 3-13 に示した。このグラフはフランコら（Franco, Christoff, Crimmins, & Kelly, 1983）の研究から転載したものであり、引っ込み思案の青年 1 名の社会的行動に対する介入（社会的スキル指導）の効果を示している。標的とされた社会的行動は、質問する、他者の意見を認める、視線を合わせる、笑顔などによって感情を示す、の 4 種類であった。このグラフでも、介入が各々の標的行動に対して段階的に実施されており、各標的行動の変化はその行動に対して介入が行われた後に生じていることに注目してほしい。このことによって、研究者は標的行動の変化が予想外の変数によってではなく、介入そのものによって生じたことを証明することができる。

場面間多層ベースラインデザインのグラフも、図 3-12 や図 3-13 と似た形になる。ただ違うのは、場面間多層ベースラインデザインのグラフでは、同じ対象者の同じ標的行動について複数の場面でベースライン期と介入期の記録がとられ、その場面ごとに順番に介入が実施されるという点である。

Q. 仮想のデータを使って、場面間多層ベースラインデザインのグラフを描きなさい。その際、前述の 6 つの要素すべてを満たしなさい。仮想のデータとしては、1 名の生徒が教室で示す困った行動について、インターバル記録法を用いたものとしなさい。また、ベースラインと介入を 2 つの場面で実施した形でグラフに示しなさい。

図3-14 は、ダンラップら（Dunlap, KernDunlap, Clarke, & Robbins, 1991）の研究から転載したものであり、ある生徒の教室での困った行動について、2 つの場面（午前中の授業と午後の授業）でベースライン期と介入期（カリキュラム修正法）を行い、標的行動が生起したインターバルのパーセンテージを示している。この研究では、介入終了後も 10 週間フォローアップを行っている。このグラフでは、介入はまず午後の授業で行われ、その後しばらくしてから午前の授業で行われていること、およびそれぞれの場面で標的行動の変化が生じたのがその場面で介入が実施された後であることに注目してほしい。あなたが描いたグラフが、図3-14 と似た形になっているか確認しなさい。

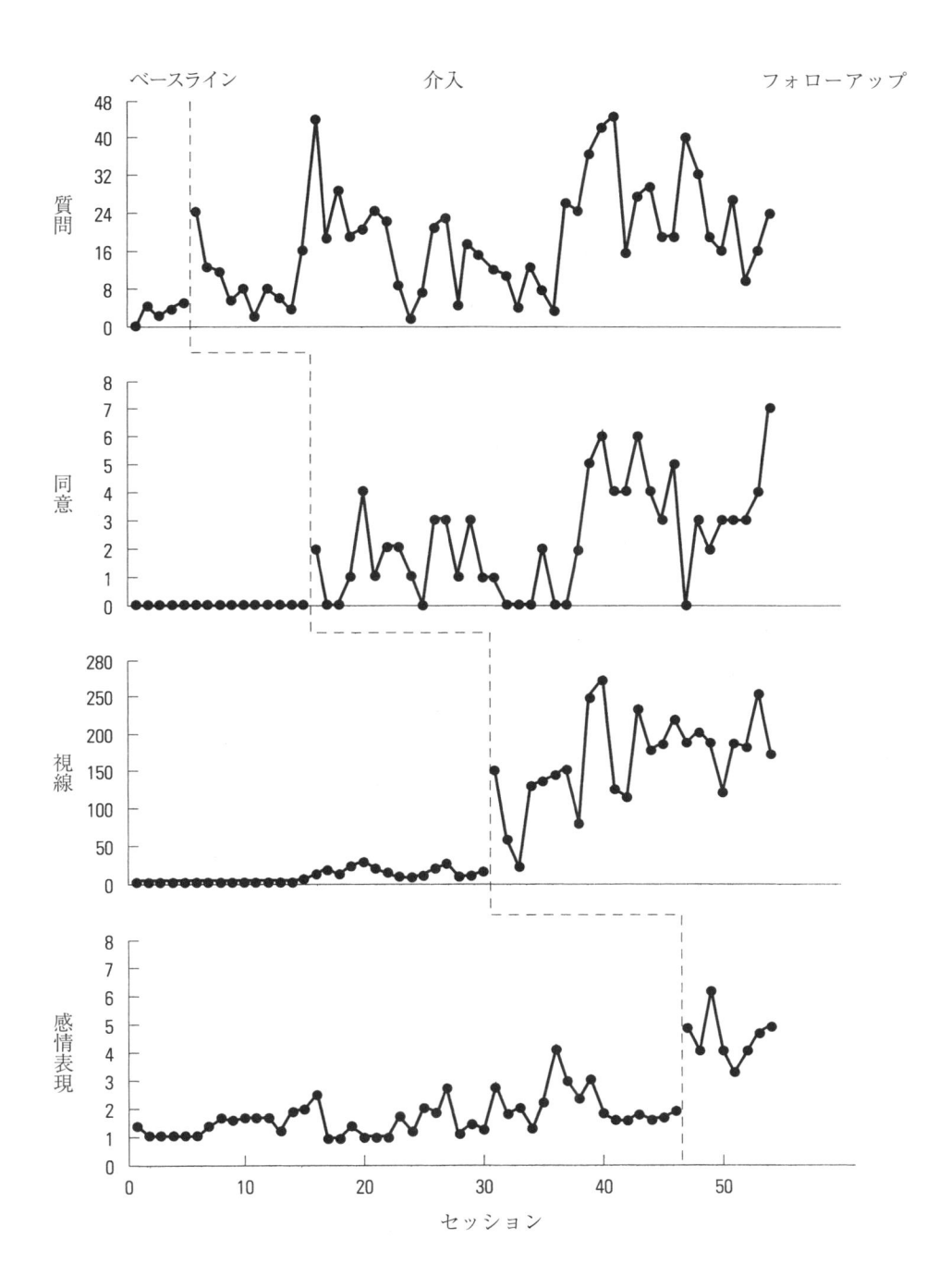

図3-13 この行動間多層ベースラインデザインのグラフは、引っ込み思案の青年1名の4つの社会的行動に対する介入（社会的スキル指導）の効果を示している。社会的スキル指導は4つの社会的行動それぞれに対して実施され、介入によってそれぞれの行動が増加したことが分かる。（Franco, D. P., Christoff, K. A., Crimmins, D. B., & Kelly, J. A. [1983]. Social skills training for an extremely shy young adolescent: An empirical case study. *Behavior Therapy, 14,* 568-575. Copyright © 1983.）

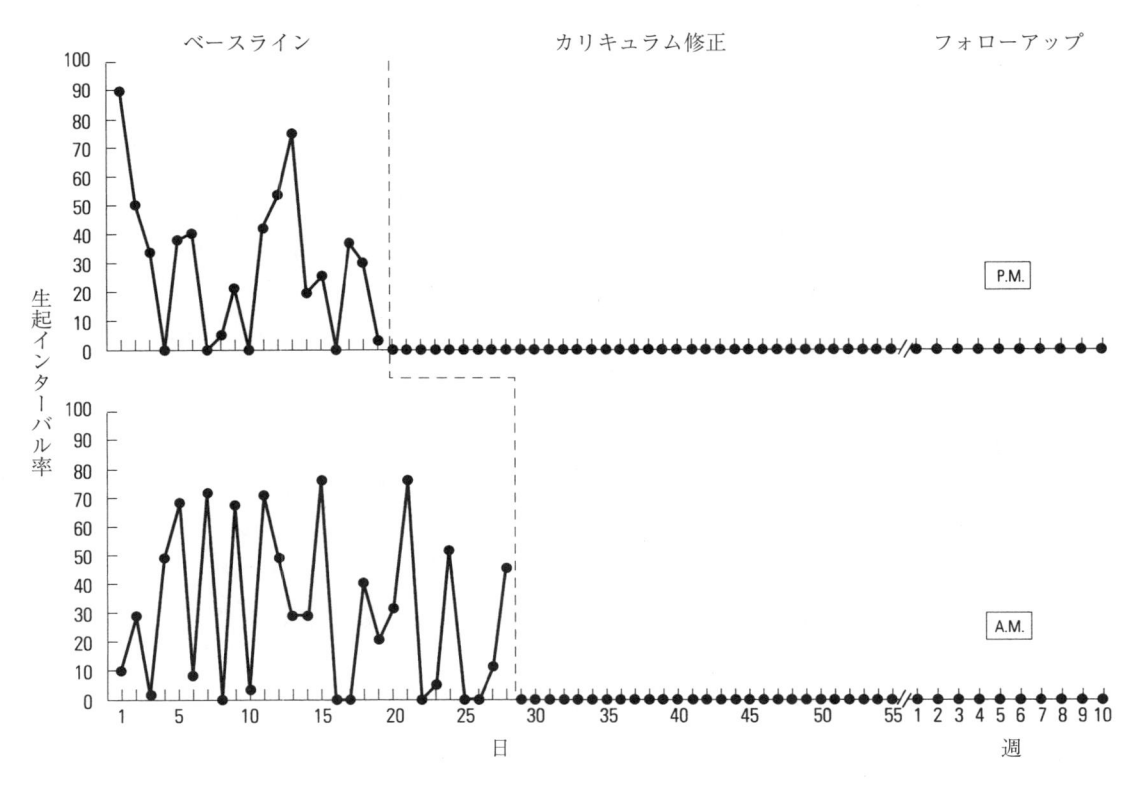

図3-14　この場面間多層ベースラインデザインのグラフは、ある生徒の教室での困った行動について、2つの場面（午前中の授業と午後の授業）における介入（カリキュラムの修正）の効果を示している。この研究ではインターバル記録法が用いられ、標的行動（困った行動）が生起したインターバルのパーセンテージを示している。(Dunlap, G., Kern-Dunlap, L, Clarke, S., & Robbins, F. [1991]. Functional assessment, curricular revision, and severe behavior problems. *Journal of Applied Behavior Analysis, 24*, 387-397. Copyright © 1991 Society for the Experimental Analysis of Behavior.)

参考：対象者間非同時多層ベースラインデザイン

　　対象者間多層ベースラインにおいて、各ベースライン期（各対象者）では、ほぼ同時期にデータ収集が開始され、介入期は時期をずらして導入される。しかし、対象者間の非同時多層ベースラインデザイン（MBD）（Carr, 2005; Watson & Workman, 1981）では、対象者は同時期に研究に参加していない。非同時 MBD では。複数の対象者に対するベースラインが、それぞれ異なる時期に開始される。非同時 MBD は、ベースラインの長さが異なっているような、複数の対象者毎に実施された AB デザインと同価値である。そして介入は時期をずらすというよりも、異なる長さのベースラインの後でそれぞれ導入される。介入実施前にベースライン期のデータ数が異なっていれば、対象者毎に実施時期が異なっていたとしても、これは非同時 MBD と考えられる。非同時 MBD のよい点は、対象者を異なるタイミングで評価できることです。つまり、複数の対象者を同時進行ではなく、一人ひとり経時的に研究に参加させることができ、その方が研究者にとってより現実的であることも多い（Carr, 2005）。

条件交代デザイン

条件交代デザイン（alternating-treatments design：ATD）は多要素デザイン（multielement design）とも呼ばれ、ベースライン期と介入期（あるいは２つの介入条件）が交互に頻繁に繰り返し実施され、その２種類のデータが比較されるという点で、これまで紹介した研究計画法とは明らかに異なっている。たとえば、ある日に介入が行われ、その翌日にベースライン、翌々日に介入、その次の日にベースライン、といった具合である。AB デザイン、ABAB 反転デザイン、多層ベースラインデザインでは、ベースライン期の後に介入期が実施されていたが、条件交代デザインでは、２つの条件（ベースラインと介入、あるいは異なる２つの介入）が日ごと、あるいはセッションごとに交互に実施される。これによって、２つの条件を同じ観察期間内で比較することができる。もし予想外の変数が働いたとしても、それは２つの条件いずれにも働くはずであり、どちらかの条件で標的行動が変化したとしたら、それは実施した条件によるものと見なすことができる。

条件交代デザインの例として、次の事例を考えてみよう。ある教師が、暴力を描写したマンガが幼稚園児の攻撃行動に影響を与えているかどうかを調べたいと考えた。その教師は、暴力的なマンガと攻撃行動の関数関係を調べるために、条件交代デザインを用いた。１日目は幼稚園児にマンガを見せず、彼らの攻撃行動を記録した。その翌日から、暴力的なマンガを見せる日と見せない日を交互に設けた。これを数週間続けると、その記録から両者に関数関係があるかどうかが分かるはずである。もしマンガを見た日の方が、常に攻撃行動が多く、見なかった日はいつも少ないことが分かれば、暴力的なマンガを見ることと攻撃行動に関数関係があると言える。条件交代デザインのグラフの例を、図３-15 に示した。

このグラフでは、幼稚園児がマンガを見た日（奇数日）と見なかった日（偶数日）について、その１日に生起した攻撃行動の頻度がプロットされている。暴力的なマンガを見た日の方が、攻撃行動の頻度が多いことが分かる。このことから、暴力的なマンガを見ることと攻撃行動に関数関係があると言える。

基準変更デザイン

基準変更デザイン（changing-criterion design）

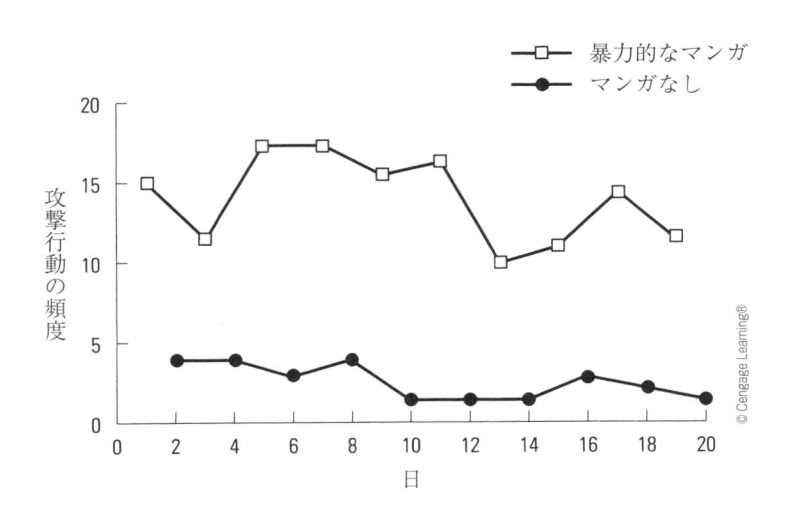

図３-15　この条件交代デザインのグラフは、幼稚園児が暴力的なマンガを見た日（奇数日）と見なかった日（偶数日）について、その１日に生起した攻撃行動の頻度を示している。暴力的なマンガを見た日の方が、攻撃行動の頻度が多いことが分かる。

は、一般に1つのベースライン期と1つの介入期からなる。このデザインがABデザインと異なるのは、介入期で介入の達成基準が連続的に変更される点であり、介入期で標的行動をどの程度変えるべきかの目標レベルが順次変更される。介入の効果は順次変更される基準まで標的行動が変化したかどうかによって決定される。別の言い方をすれば、目標のレベルが変更されるたびに標的行動が変化するかどうかである。基準変更デザインのグラフではそれぞれの基準がグラフ上に明示され、標的行動がその基準に達したかどうかが一目で分かる。

フォックスとラビノフ（Foxx & Rubinoff, 1979）から転載した図3-16を見てみよう。この研究の目的は、多過ぎるカフェインの摂取量を、正の強化とレスポンスコスト（これらの方法については第15章と第17章で紹介する）を用いて減らすことであった。グラフから分かるように、カフェインの摂取量について4つの基準が設けら

れ、それぞれの基準はその前の基準より低くなっている。対象者には、摂取したカフェイン量が基準よりも少ない場合にお金が与えられた。しかし、基準を超すとお金が没収された。このグラフでは対象者のカフェイン摂取量が各基準すべてで下回っており、介入は有効だったと言える。また、基準が変更されるたびに標的行動の変化が起きていることから、予想外の変数が働いていた可能性も考えられない。デルーカとホルボーン（DeLuca & Holborn, 1992）は、肥満児の運動量を増やすために基準変更デザインを用いた。子どもたちは自転車こぎをし、ペダルをこいだ回数に応じてポイントを獲得するようにした。そのポイントは後でおもちゃや他の報酬と交換することができた。この研究では、運動量の基準が順次上げられ（ポイントを得るためのペダル数を増やす）、基準が上がるたびに対象児の運動量は増えた。このことから、この介入は有効であったと考えられた。

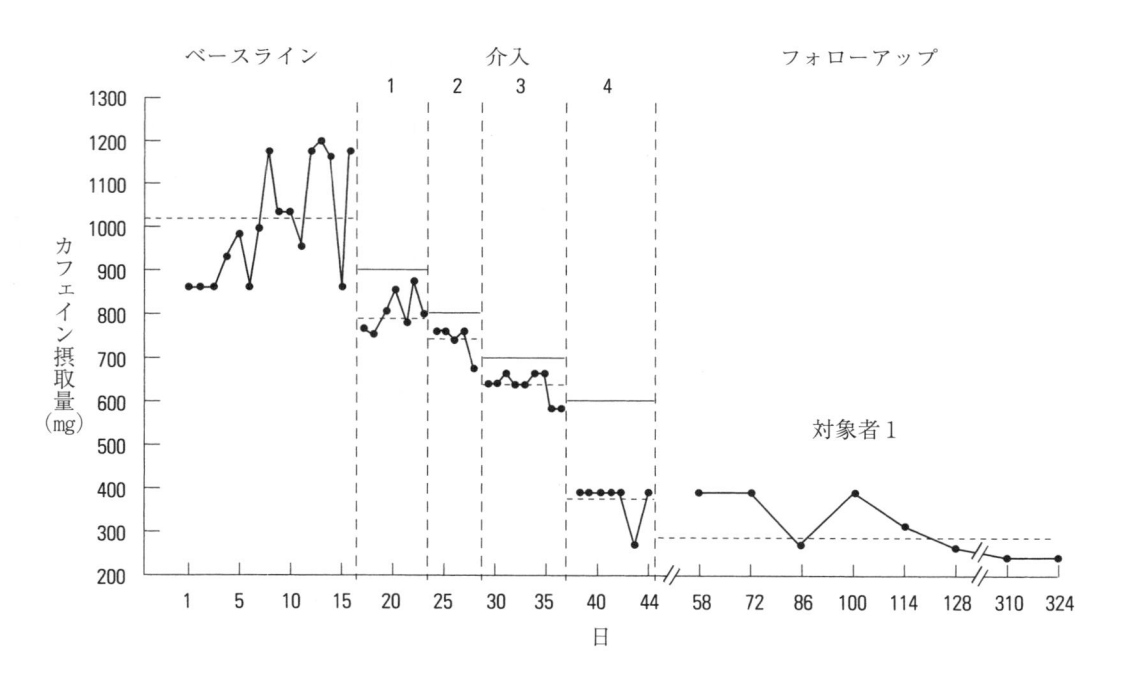

図3-16　この基準変更デザインのグラフは、徐々にレスポンスコストの基準値を下げていくたびにカフェインの摂取量が減っていったことを示している。介入期1～4の水平線が、その介入期の基準である。（Foxx R. M., & Rubinoff, A. [1979]. Behavior treatment of caffeinism: Reducing excessive coffee drinking. *Journal of Applied Behavior Analysis, 12*, 335-344. Copyright © 1979 University of Kansas Press.）

まとめ

1. 行動変容法のグラフには、次のような 6 つの重要な要素がある。y 軸と x 軸、y 軸と x 軸の名称、y 軸と x 軸の数値、データのドット、フェイズ区分線、フェイズの名称。

2. 行動データをグラフにする際には、各データを y 軸上の対応する行動のレベルと、x 軸上の対応する記録した時の交差する点にドットを記入し、後でドットを線で結ぶ。

3. 行動の頻度、持続時間、強度、潜時などの行動のさまざまな次元をグラフに表すことができる。また、インターバル記録法やタイムサンプル記録法を用いた場合には、行動が生起したインターバルのパーセンテージ、あるいは生起機会当たりのパーセンテージ（たとえば、正答率）が示される。

4. 介入によって標的行動に変化が起きた時に、介入（独立変数）と標的行動（従属変数）に関数関係があると言う。関数関係があることは、介入が行われた後に標的行動が変化し、しかも介入が繰り返されるたびに標的行動の変化が起こることによって証明される。

5. 行動変容法の研究では、次のような研究計画法が用いられる。
   - AB デザインでは、1 名の対象者の行動に関して、1 つのベースライン期と 1 つの介入期を行う。本当の意味での研究計画法とは言えない。
   - ABAB 反転デザインでは、同じ対象者の同じ標的行動に対して、ベースライン期と介入期を 2 回繰り返す。
   - 多層ベースラインデザインでは、以下の選択肢の 1 つに関して、ベースライン期と介入期で構成される。すなわち、1 名の対象者の複数の行動、複数の対象者の 1 つの行動、複数の場面間での一人の対象者の 1 つの行動、である。それぞれの多層ベースラインにおいて、介入期は、異なる行動・対象者・場面の間で、ずらして導入される。
   - 条件交代デザインでは、2 つ以上の実験条件（ベースラインと介入、あるいは 2 種類の介入）が交互に頻繁に行われる。
   - 最後に、基準変更デザインでは、ベースライン期に続いて介入期を行うが、介入期で標的行動の基準レベルを順次変更する。

   AB デザイン以外の研究計画法では予想外の変数の効果を除外することができ、介入の効果を正確に評価することができる。

キーワード

AB デザイン
ABAB 反転デザイン
横軸
ベースライン
基準変更デザイン
従属変数
関数関係

グラフ
独立変数
行動間多層ベースラインデザイン
場面間多層ベースラインデザイン
対象者間多層ベースラインデザイン
縦軸
研究デザイン

練習問題

1. 行動変容法で行動の変化を評価するためにグラフを使う理由を述べなさい。

2．行動変容法のグラフに表される 2 つの変数を述べなさい。

3．y 軸とは何か、x 軸とは何か、説明しなさい。

4．y 軸と x 軸にはそれぞれどのような名称が付けられるか？

5．フェイズとは何か、説明しなさい。

6．フェイズ区分線のところで、データのドットを線で結ばない理由を述べなさい。

7．行動変容法のグラフの重要な 6 つの要素を満たした、仮想データのグラフを描きなさい。また 6 つの要素を答えなさい。

8．インターバル記録法を用いた研究のグラフを描く場合の y 軸の名称は何か、述べなさい。

9．AB デザインを説明しなさい。また、A と B はそれぞれ何を意味しているか、述べなさい。

10．ABAB 反転デザインを説明しなさい。仮想データの ABAB 反転デザインを描きなさい。その際には、6 つの要素すべてを満たすようにしなさい。

11．多層ベースラインデザインを説明しなさい。またその 3 つの種類を答えなさい。対象者間多層ベースラインデザインについて、6 つの

要素すべてを満たした仮想データのグラフを描きなさい。

12．予想外の変数とは何か、説明しなさい。ABAB 反転デザインによって予想外の変数を除外することができる理由を述べなさい。

13．多層ベースラインデザインで介入を順々に行うということはどういう意味か、説明しなさい。

14．条件交代デザインを説明しなさい。6 つの要素すべてを満たした仮想データのグラフを描きなさい。

15．条件交代デザインでは、どのようにして介入の効果を判断するのか、説明しなさい。

16．基準変更デザインを説明しなさい。6 つの要素すべてを満たした仮想データのグラフを描きなさい。

17．基準変更デザインでは、どのようにして介入の効果を判断するのか、説明しなさい。

18．関数関係を説明しなさい。標的行動と介入との関数関係はどのようにして判断するのか、説明しなさい。

適用例

1．第 2 章の「適用例」のところで、読者は自己管理プログラムの最初のステップとして自己監視を立案し、実際に行ってみたはずである。自分の標的行動の記録の次のステップは、その記録を毎日グラフ上にプロットすることである。グラフにする際にパソコンを使う人もいるが、最小限必要なものはグラフ用紙と定規と鉛筆だけである。グラフにする際には、次のことに留意する。

  a．y 軸と x 軸にふさわしい名称を付ける。

  b．y 軸と x 軸に適切な目盛を付ける。

  c．x 軸は少なくとも 3 〜 4 カ月間の記録がつけられるような長さにしておく。

  d．標的行動を記録するごとに毎日グラフ上にプロットする。

  e．ベースラインは自己監視の反応性が安定するまで、最低 2 週間は続ける。

2．図 3-17 のデータは、ある学生寮の毎月の電力消費量を示したものである。2 つのベースライン期では、介入は何もなされなかった。一方、2 つの介入期では、寮長が毎日寮生に対して、朝食時間には電気を点けず、他の電化製品も使わないように注意した。この表から、毎日注意することが毎月の電力消費量に与えた効果がよく分かるようなグラフを描きなさい。

3．ウィニーは、頭叩きの自傷行動を示す 2 人の自閉スペクトラム症の子ども（ケイルとバッド）に関わっていた。彼女はベースライン期で 2 人の自傷行動の頻度を記録した後、他行動分化強化（第 15 章参照）による介入を行い、その間の記録をつけた。ケイルのベースライン期の自傷行動の頻度は、25、22、19、

月	1	2	3	4	5	6	7	8	9
Kw （100Kw 毎）	4100	3900	4100	4200	3100	3000	2900	3000	2900

（表上部見出し）ベースライン　　　　介入

月	10	11	12	13	14	15	16
Kw （100Kw 毎）	3800	3900	3800	2900	2900	2800	2900

（表上部見出し）ベースライン　　　　介入

図 3-17　この表は、ある学生寮の毎月の消費電力量を、それぞれ 2 つのベースライン期と介入期について示したものである。

19、22、22、23、介入期での頻度は、12、10、5、6、5、2、1、1、1、1、0、0、1、1、0、0、0、0であった。一方、バッドの自傷行動の頻度は、ベースライン期で、12、12、15、14、13、12、12、13、10、12、14、17、介入期では、5、3、4、2、0、2、0、0、0、2、0、0、0であった。この 2 人の自傷行動のデータをグラフにしなさい。また、ウィニーが使った研究計画法の名前を答えなさい。

間違った適用例

1. 倒産寸前の部品製造会社があった。そして、コンサルタントたちが招集された。彼らは 4 週間、従業員の生産性についてベースラインのデータを取り、その結果、従業員は本来できるスピードの半分の速さでしか部品を組み立てていない、と結論づけた。そこで彼らは従業員の生産性が 2 倍になるように、動機づけを高めるシステムを導入した。生産性が 2 倍になってから 8 週間後には、利益が出せるようになった。その時点でコンサルタントは、生産性の改善が動機づけシステムの導入によるのか、予想外の変数によるものかを確かめるために、動機づけシステムをいったん撤去し、再度 4 週間のベースライン期を行った後、再び動機づけシステムを導入することにした（ABAB 反転デザイン）。

   a. この場合の ABAB 反転デザインのどこが間違っているか、答えなさい。

   b. あなたがコンサルタントだったらどうするか、述べなさい。

2. アリスは毎週のジョギング量を増やすために、自己管理プログラムをやってみることにした。そこで、彼女は実際に自己管理プログラムを始める前に、ベースラインとして、2～3 週間自分の行動を記録することにした。そして、毎日走った距離を記録し、その距離を週ごとにグラフにした。彼女は記録用紙をいつも机の上に置いておき、ジョギングが終わったらすぐに走った距離を書きとめた。グラフは自分の部屋のドアに貼っておき、日曜日の夜に、その週に走った距離の合計をグラフ上にプロットした。このアリスのやり方で間違っているところはどこか？

3. ピート博士は、対人不安のある大学生の社会

的スキルの改善について研究していた。彼は対象の大学生に形成すべき重要な社会的行動として、自分から会話を始める、尋ねられたことに答える、ほほ笑む、という3つの行動を考えた。そして、実験として行動間多層ベースラインデザインを使うことにした。介入を始める前に、3人の対象者それぞれの3つの行動について記録した。その後で、3名についてそれぞれ3つの行動すべてに対して、同時に介入を始めた。また、介入開始後、それらの行動が増えるかどうかを見るために、続けて記録をした。

a．ピート博士が行った多層ベースラインデザインの間違いはどこか？

b．博士は、本当はどうすべきだったか？

基本的な行動原理

第4章 強 化

学習のポイント

■ 強化の原理とは何か？

■ 正の強化と負の強化はどう違うか？

■ 無条件性強化子は条件性強化子とどう違うか？

■ 強化の効力に影響を及ぼす要因は何か？

■ 間欠強化スケジュールとは何か？　それは行動の生起率にどのような影響を及ぼすか？

本章では、行動の基本原理である**強化**（rein-forcement）を取り上げる。科学的な研究によって、人や動物の行動を説明する多くの基本原理が確立されている。強化は最も重要な基本原理の1つで、行動科学の手法によって系統的に研究されており、本書で述べる行動変容法の基礎となっている。強化は、「ある行動が、その行動の生起に後続する即時の**結果事象**（consequence）によって強められるプロセス」と定義される。行動が強められるというのは、その行動が将来同じような場面で生起しやすくなるということである。

おそらく一番早く強化について明らかにしたのは、1911年のソーンダイク（Thorndike）の研究である。ソーンダイクは空腹のネコを檻の中に入れ、檻の外にエサを置いた。そのエサは檻の中のネコから見えるところに置かれた。檻の扉は、ネコの前足がテコを押すと開くようになっていた。ネコは檻の格子をひっかいたりかんだりし、格子の間から前足を出したり、すきまから抜け出そうと身をよじったりする。やがて偶然前足

がテコを押し、扉が開き、檻から抜け出て、エサにありつくという経験をする。そして、ソーンダイクが空腹のネコを檻の中に入れるたびに、ネコがテコを押し、扉を開けるまでの所要時間が短縮していった。最終的に、ネコは檻の中に入れられるとすぐにテコを押し、扉を開けるようになった（Thorndike, 1911）。ソーンダイクはこの現象を、効果の法則（law of effect）と名付けた。

この例では、空腹のネコが檻の中に戻されると（図4-1参照）、ネコは前よりも頻繁にテコを押すようになる。それは、即時に結果事象が伴うからである。つまり、檻を抜け出てエサを手に入れることができるのである。エサを手に入れることは、前足でテコを押すネコの行動を強化した結果事象であると言える。

1930年代初めから、スキナーはラットやハトを被験体として強化の原理に関する多くの研究を行った（Skinner, 1938, 1956）。たとえば、ラットを被験体とした実験で、スキナーは実験箱の中にラットを入れ、ラットがその箱の隅に置かれた

強化

行動　　　　　　　　　　　　　　　　　　　　結果事象 →

その結果：行動が将来起こりやすくなる。

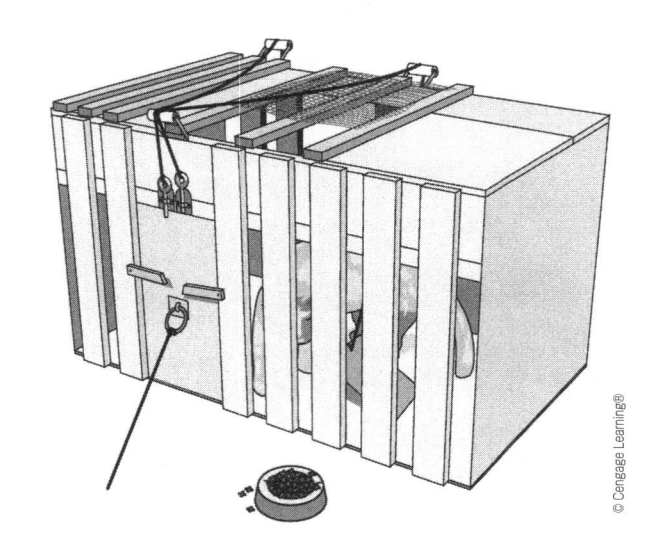

© Cengage Learning®

図 4-1　空腹のネコは檻の中に入れられ、エサは檻の外に置かれている。ネコがテコを押すと扉が開いて、ネコはエサを食べることができる。その結果、檻の中にテコが置かれていると、ネコはますますテコを押すようになる。

行動		結果事象
ネコが前足でテコを押す	直ちに	扉が開いてエサが手に入る

その結果：ネコは（檻の中に）テコが置かれている場合、ますますこのテコを押すようになる。

レバーを押すたびに給餌皿にエサが出るようにした。最初ラットは箱の中をグルグル歩き回ったり、匂いをかぎ回ったり、後ろ足で立ってよじ登ろうとしたりしていた。そのうち前足が偶然レバーを押したとき、壁の一部が自動的に開いて給餌皿にエサが出てきた。そして空腹のラットはレバーを押すたびに給餌皿のエサを手に入れるようになり、箱の中に入れられるとすぐにレバーを押すようになった。レバーを押すというのは1つの（中性的）行動にすぎないが、その行動に後続してエサが即時に出てくることによって強められたのである。その結果、箱の中に入れられたラットが示す他のすべての行動に比べて、レバーを押す行動の頻度だけが相対的に増加する。

行動		結果事象
ラットがレバーを押す	直ちに	エサが提示される

その結果：ラットは将来ますますレバーを押すようになる。

強化の定義

　ソーンダイクのネコやスキナーのラットの例は、強化の原理をはっきりと示している。行動が好ましい結果をもたらす（動物の快状態や生存に寄与するもの）とき、その行動は同じような場面で前よりも繰り返し起きやすくなる。強化の原理は最初、実験動物について系統的に実証されてきたが、人間の行動にも影響を及ぼす自然なプロセスであることが明らかにされるようになった。『科学と人間行動（*Science and Human Behavior*）』（1953a）で、スキナーはさまざまな人間の行動に及ぼす強化の役割について検討している。サルザーアザロフとメイヤー（Sulzer-Azarof & Mayer, 1991）が述べているように、強化は自然に働き、社会的環境や物理的環境における日々の相互作用の結果としてもたらされる。また、人間の行動を変える行動変容法の一部として計画される。表 4 - 1 は、強化の例を示している。

　表 4 - 1 から分かるように、強化は次のように定義される。

1．ある行動が生起し、
2．即時の結果事象が後続し、
3．その結果、その行動が強められる（その人が将来再びその行動をしやすくなる）。

　私たちは、行動の頻度、持続時間、強度、速度（潜伏時間の減少）が増加すれば、行動が強めら

表 4 - 1　身近な強化の例

1．子どもが夜ベッドに寝かしつけられた後に泣き叫ぶと、両親が部屋にやって来てその子をあやし、寝かせつけようとする。その結果、子どもは就寝のときになるといつも泣き叫ぶようになった。

2．雨が降りしきる中、一人の女性が傘をさしてバスが来るのを待っている。傘は雨でぬれるのを防いでくれている。だから、彼女は雨が降れば必ず傘をさす。

3．料理長がステーキを（よく焦げ目がつくように）焼くと、煙がもうもうと上がる。彼が換気扇のスイッチを入れると、たちまちグリル周辺の煙がすべて吸い込まれていった。彼は今ではステーキを焼くときには、以前にも増して換気扇のスイッチを入れるようになった。

4．大学生が行動変容法の学習ガイドブックの問題を解こうとしている。答えが思い浮かばないとき、その授業を履修済みの友人に聞いてみた。友人は正しい答えを教えてくれた。その結果、彼女は分からない問題があると、その答えを友人に聞くことが増えた。

5．教師は、ジョニーが椅子に座って授業に集中しているときに、彼にほほ笑みかけて称賛を与えた。その結果、ジョニーが座って授業に集中する（教師が話をしているときに彼女を見る）時間が長くなった。

6．パトリシアがテレビを見ていると映像が乱れることがあった。そのとき彼女はアンテナにアルミホイルを巻いてみた。すると、映像が鮮明になった。今ではパトリシアは、画像が乱れるとアンテナにアルミホイルを巻き付けるようにしている。

7．ある自転車製造会社では、時給での給与の支払いをやめ出来高払いにし、部品組み立てラインの従業員が組み立てた自転車部品の数によって給与を支払うようにした。その結果、従業員たちの部品組み立て数も給与も増えた。

8．ある 2 歳児がスーパーでお菓子をねだった。母親が買ってくれないと、かんしゃく（泣き叫び）を起こした。母親は結局お菓子を買い与え、彼のかんしゃくは収まった。その結果、母親は子どもがお菓子をねだって、かんしゃくを起こすと、それを買い与えるようになった。この子どもは店に入ると、前にも増してかんしゃくを起こすようになった。それは、この行動によってお菓子が手に入るからであった。

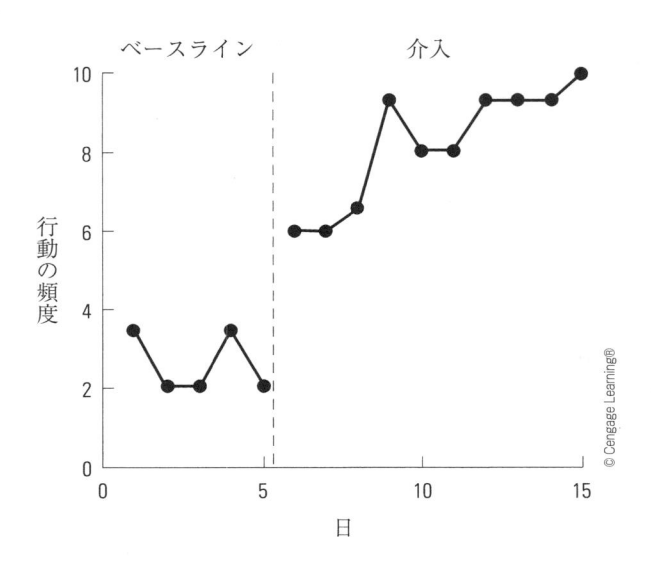

図4-2 このグラフは、ある行動の頻度に及ぼす強化の効果に関する仮想データを示している。ベースライン期に続いて強化が適用されると、その行動の頻度が増加している。

れたと判断できる。強化によって強められる行動は、**オペラント行動**（operant behavior）と呼ばれる。オペラント行動は、環境に対してある結果を生み出し、そしてその即時の結果事象によって制御され、別の言い方をすれば、即時の結果事象によって将来再び起きやすくなる。オペラント行動を強める結果事象は**強化子**（reinforcer）と呼ばれる。

表4-1の最初の例は、両親が寝かしつけようとすると子どもが泣き叫ぶというものである。この子どもの泣き叫びはオペラント行動である。この泣き叫びの強化子は両親の注目である。この場合、泣き叫ぶとすぐに両親の注目（強化子）が伴うので、この行動が強化された。つまり、この行動は将来的により生じやすくなった。

Q. 表4-1に示したその他の各事例について、オペラント行動と強化子を挙げなさい。答えは章末の補足資料Aに載せてある。

図4-2のグラフは、行動に及ぼす強化の効果を示す仮想データである。ベースライン期での生起頻度は低いが、介入（強化）期に入って頻度が上昇していることに注目してほしい。この図に示

したように、行動が強化されると、強化が適用される期間、その頻度は増加する。行動の他の次元、すなわち持続時間や反応強度も、同じように強化によって強められる。

図4-3のグラフは、行動の持続時間に及ぼす強化の効果を示している。このグラフは、リーバーマンら（Liberman, Teigen, Paterson, & Baker, 1973）から引用したもので、入院治療を受けている統合失調症患者の合理的な（妄想でない）会話の持続時間を示している。リーバーマンらは、患者と看設師との合理的な会話の持続時間を測定し、合理的な会話が増え、患者が示す行動が正常に近いものになることを意図して、強化を適用した。この研究では、患者の合理的な会話は、看設師の注目と間食時の1対1でのおしゃべりによって強化された。その一方で、妄想的な会話は強化されなかった（看護師の社会的注目は与えられなかった）。図4-3は、介入期に社会的強化が適用されることによって、合理的な会話の持続時間が増えたことを示している。

Q. 図4-3で用いられた研究計画法は何か？

これは、対象者間多層ベースラインデザインで

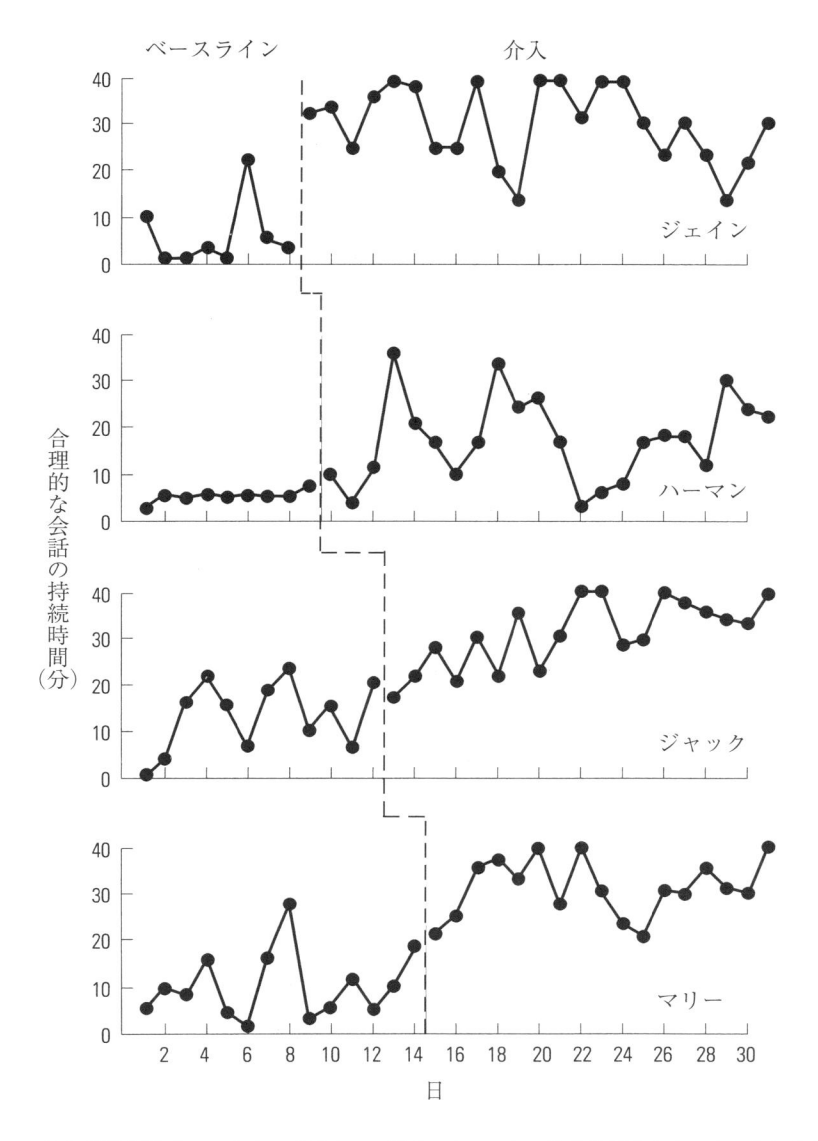

図 4 - 3　この対象者間多層ベースラインデザインのグラフは、4 名の統合失調症患者の合理的な会話の持続時間を表している。合理的な会話の持続時間が 4 名の患者全員において、強化適用後（介入期）に増加していることに注目してほしい。（Liberman, R. P., Teigen, J., Patterson, R., & Baker, V. [1973]. Reducing delusional speech in chronic paranoid schizophrenics. *Journal of Applied Behavior Analysis, 6,* 57-64. Copyright © 1973 University of Kansas Press.）

用語：強化するのは、行動であって、人ではない

■ 行動（あるいは反応）を強化するという言い方は正しい。あなたは行動を強化することによって、それを強めている。すなわち、「教師は称賛することで、静かに立ち上がる行動を強化した」と言うのは正しい。

■ 人を強化するという言い方は正しくない。人を強化するのではなく、人の行動を強化するのである。すなわち、「先生は静かに列に並んだサラを強化した」は正しくない。

ある。4名の患者それぞれについて、ベースライン期と介入（強化）期が実施され、また強化が導入された時期も4名それぞれで少しずつずれている。

さて、強化の基本的な定義を理解したところで、次に正の強化と負の強化の違いを理解することが重要である。

正の強化と負の強化

正の強化も負の強化も、どちらも行動を強めるプロセスであることに留意しておいてほしい。どちらも、その行動が将来生起する可能性を高める。正の強化と負の強化の違いは、行動に後続する結果事象の性質だけである。

正の強化（positive reinforcement）は、次のように定義される。

1．ある行動が生起し、
2．それに後続して、ある刺激が出現したり、ある刺激の強さが増し、
3．その結果、その行動が強められる。

一方、**負の強化**（negative reinforcement）は、次のように定義される。

1．ある行動が生起し、
2．それに後続して、ある刺激が撤去されたり、ある刺激の強さが低下し、
3．その結果、その行動が強められる。

ここでのある**刺激**とは、ある感覚器官を通して知覚することができる事物であり、その刺激は人に対して影響力を持つものである。その事物は、物理的環境や社会的環境（自分自身の行動や他者の行動）の一部をなしている。

正の強化では、提示される刺激や行動の後に現れる刺激を**正の強化子**と呼ぶ（正の強化子は多くの場合、人が得ようとする快いもの、望ましいもの、価値のあるものとみなされる）。負の強化では、行動の後に取り除かれたり避けられたりする刺激を**嫌悪刺激**と呼ぶ（嫌悪刺激は多くの場合、不快なもの、痛みを伴うもの、困ったものとしてとらえられ、人はそれから逃れようとしたり、避けようとしたりする）。したがって、本質的な違いは、正の強化では反応が刺激（正の強化子）を生み出すのに対し、負の強化では反応が刺激（嫌悪刺激）

の発生を取り除くか防ぐということである。どちらの場合も、行動は将来起こりやすくなる。

表4-1の例8を考えてみよう。母親が子どもにキャンディーを買い与える行動によって、子どものかんしゃくが治まる（嫌悪刺激が取り除かれる）。その結果、母親は子どもが店で癇癪を起こしたときにキャンディーを買ってあげる可能性が高くなる。これは負の強化の例である。一方、子どもは癇癪を起こすと、キャンディを手に入れることができる（正の強化子が提示されます）。これは正の強化の例である。

負の強化は弱化ではない。負の強化と弱化を混同している人がいる（第6章参照）が、これらはまったく違うものである。負の強化は（正の強化と同じように）行動を増加させたり強めたりする。一方、弱化は行動を減少させたり弱めたりする。この混同は、負の強化の「負（ネガティブ：negative）」という表現の使い方から派生している。この文脈では、「負（ネガティブ：negative）」という表現は、「悪い」とか「不快」という意味ではなく、単に行動の後に刺激を撤去する（除去する）ことを意味しているにすぎない。

日常生活には数限りない正の強化と負の強化の例が存在している。表4-1に示した8つの例のうち、5つは正の強化、4つは負の強化の例である（8番目の例は、両方の例が含まれている）。

Q. 表4-1の例をよく読み、正の強化に該当する例と負の強化に該当する例を区別しなさい。またその理由を説明しなさい。答えは章末の補足資料Bに載せてある。

正の強化も負の強化も、行動に対して同じ効果を持つことを覚えておいてほしい。つまり、行動を強める効果である。強化は常に、行動に及ぼす

効果によって定義される（Skinner, 1958）。これは機能的定義（functional definition）と呼ばれる。次の例を考えてみよう。子どもが学習課題を一人で完成させると、教師が近づいて「よくできました」と言って、背中をポンと叩いたとする。

Q. これは正の強化と言えるだろうか？

　この例では、与えられた情報が不十分であるため、この問いに答えることはできない。教師の言語称賛と背中を叩く励ましの結果、もしその子どもが今後学習課題を一人で完成する傾向が強まれば、正の強化と見なすことができる。ここで、強化に関する機能的定義を思い起こしてほしい。つまり、行動の結果事象が将来その行動が起こる可能性を高めるか否か、ということである。多くの子どもに、学習課題の完成に対する教師の称賛や注目が強化子として機能するかもしれない。しかし子どもの中には（たとえば自閉スペクトラム症児）、教師の注目が強化子として機能しない場合もある。したがって、称賛や背中を叩くといった励ましが行動を強めない場合もあると言える（Durand, Crimmins, Caufield, & Taylor, 1989）。デュランドらは、ある結果事象がある人にとって強化子となるか否かを検討した結果を紹介している。これを調べるためには、行動に及ぼす効果を測定しなければならない。重度発達障害のある子どもを対象に、学習遂行に対する２種類の結果事象を比較検討した。正しい答えに対し称賛が与えられる場合と、短時間の休憩を与えられる場合が比較された。その結果、称賛によって正しい答えが増えた子どもとそうでない子どもがおり、短時間の休憩（学習課題の撤去）を与えられて正しい答えが増えた子どもと、そうでない子どもがいることが分かった。この結果に基づいて彼らは、強化子を同定する場合に重要なことは、行動に及ぼす結果事象の効果を実際に測定することだと強調している。

　ある状況を分析し、正の強化か負の強化かを見きわめる場合、読者は次の３つの問いを検討してほしい。
　１．対象となっている行動は何か？
　２．行動が生起した直後に、何が起きたか？（何

らかの刺激が出現したか、撤去されたか？）
　３．その後、その行動がどうなったか？（その行動は強められたか？　その行動はもっと起きやすくなったか？）

　これら３つの問いに答えることができれば、正の強化か、負の強化か、あるいはそのいずれでもないかが分かるはずである。

社会的な強化と自動強化

　ここまでで学習してきたように、強化には強化子を加えること（正の強化）と、行動の後に嫌悪刺激を取り除くこと（負の強化）の２つがある。どちらの場合も行動は強められる。正の強化でも負の強化でも、他者の行為を通じて、あるいは物理的環境との直接的な接触を通じて、行動に結果事象が伴う（e.g., Iwata, Vollller, & Zarcone, 1990; Iwata, Vollmer, Zarcone, & Rodgers, 1993）。**ある行動に他者の行為を通じて強化的な結果事象が伴う場合、その過程は社会的な強化である。**社会的な正の強化の例としては、ルームメイトにポテトチップスの袋を持ってくるようにお願いする行動がある。社会的な負の強化の例としては、テレビがうるさすぎるときに音を小さくするようルームメイトに頼む行動がある。どちらの場合も、行動の結果事象は他者の行為によってもたらされていた。**物理的環境との直接的な接触によって、行動に強化的な結果が伴う場合、その過程は自動強化である。**自動的な正の強化の例は、台所に行って自分のためにポテトチップスを取ってきた場合である。自動的な負の強化の例は、あなたがリモコンを手に入れ、自分でテレビの音量を下げた場合である。どちらも、強化的の結果事象は他人によってもたらされたものではない。

　正の強化の１つのタイプに低頻度行動の結果事象として高頻度行動（好きな行動）に従事する機会を設けることによって、低頻度行動を増やす方法がある（Mitchell & Stofelmayr, 1973）。これは**プレマックの原理**（Premack principle; Premack, 1959）と呼ばれる。たとえば、プレマックの原理を用いて、両親が４年生の息子に、友だちと外へ遊びに出かける前に宿題をさせることができる。

用語：正の強化と負の強化の区別

　正の強化と負の強化の区別に戸惑う人がいる。どちらも強化の一種であり、したがってどちらも行動を強めている。唯一の違いは、行動の後に刺激が加えられる（正の強化）か、取り除かれる（負の強化）かだけである。「正」は、プラスまたは加算（＋）記号、「負」はマイナスまたは減算（―）記号に置き換えて考えてみよう。プラス（＋）強化では、行動の後に刺激（強化子）が加えられる。マイナス（―）強化では、行動の後に刺激（嫌悪刺激）が差し引かれたり、取り除かれたりする。「正（ポジティブ）」と「（負）ネガティブ」を、行動の後に刺激を足すか引くかという観点から考えると、その区別はより明確になるはずである。

宿題をする行動（低頻度行動）の結果事象として遊ぶ行動（高頻度行動）を提示することによって、宿題をする行動を強化する。そうすることで、息子が宿題を終わらせる行動がより起きやすくなる。

逃避行動と回避行動

　負の強化を定義する上で、逃避と回避を区別しておきたい。**逃避行動**（escape behavior）は、その行動が生起した結果として、その行動が起こるときにすでにあった嫌悪刺激が停止する行動である。別の言い方をすれば、ある行動をすることによって嫌悪刺激から逃れることができ、それによってその行動が強められる。**回避行動**（avoidance behavior.）は、その行動が生起した結果として、嫌悪刺激の提示がされなくなる行動である。別の言い方をすれば、その行動をすることによって嫌悪刺激を避けることができ、それによってその行動が強められる。

　回避の場面では、予告刺激が嫌悪刺激の出現の信号になることが多く、この予告刺激が提示されたときに回避行動を行うようになる。逃避も回避も負の強化の１つのタイプであり、どちらも結果として、嫌悪刺激を停止したり回避したりする行動の生起頻度が高くなる。

　逃避と回避の区別は、次のような場面ではっきりする。中央の壁で左右に分けられた実験箱の中

逃　　避

行動		結果事象 →
電気刺激が与えられると、ラットは反対側に跳び越える	直ちに	ラットは電気刺激から逃れることができる

その結果：ラットは電気刺激が与えられると、将来、より頻繁に反対側に跳び越えるようになる。

回　　避

行動		結果事象 →
音を聞くと、ラットは反対側に跳び越える	直ちに	ラットは電気刺激を避けることができる

その結果：ラットは音を聞くと、将来、より頻繁に反対側に跳び越えるようになる。

日常生活における逃避行動と回避行動の例

逃　避　熱いアスファルトの上を裸足で歩いた人が、すぐに芝生の上に走っていった。この場合、芝生の上に走っていった行動により、結果的に熱いアスファルトから逃れることができた。

回　避　ある人は、その次からアスファルトの上を、靴を履いて歩くようになった。この場合、靴を履くことにより、結果的に熱いアスファルトを避けることができた。

逃　避　誰かがボリュームを最大限にしていたために、車のエンジンをかけるとラジオの音がけたたましく響いた。ボリュームを絞ることで、耳をつんざくような音から逃れることができた。

回　避　車のエンジンをかける前に、あらかじめラジオのボリュームを絞っておいた。そうすることでラジオがけたたましく響くのを避けることができた。

逃　避　映画館で10代の若者グループが座っている近くの席に座った。映画の最中彼らは非常に騒々しく、この騒音から逃れるために、その人は彼らから離れた座席に移動した。

回　避　映画館に行くときには、若者グループの近くに座るのを避けるようにした。そうすることで、若者らの騒音を避けることができた。

にラットを入れる。ラットは、その壁を跳び越えて反対側に入ることができる。実験箱の床には電気が通され、どちらかの側に電気刺激（訳注：原文では「電気ショック」とあるが本書では「電気刺激」とした）が与えられる。箱の右側に通電されたときには、ラットは壁を跳び越えて左側に入ると電気刺激から逃れることができる。この壁を跳び越えて左側に入る行動は逃避行動である。嫌悪刺激（電気刺激）から逃れられるからである。箱の左側に通電すると、ラットは右側に跳ぶラットはこの逃避行動を速やかに学習し、電気刺激を与えられるや否

や、もう一方の側に跳ぶ。

　回避の場面では、音刺激が通電の直前に提示される（ラットは視覚より聴覚が優れている）。

Q. 音が提示されるようになると、ラットは何を学習するだろうか？

　電気刺激の直前に音を何度も聞くうちに、ラットは音を聞くや否や壁を跳び越えるようになる。音は予告刺激となり、ラットは壁を跳び越えることによって電気刺激を回避するのである。

無条件性強化子と条件性強化子

　強化は、人や他の動物の行動に影響を及ぼす自然なプロセスである。進化の過程の中で、人は生存に有効な特定の生物学的特性を受け継いできた。人が受け継いだ特性の1つは、強化によって新しい行動を学習することである。特に、もともと生存価値を持っている刺激は、そのまま強化子として機能する（Cooper, Heron, & Heward, 1987, 2007）。たとえば、食物、水、性的刺激は自然な正の強化子であるが、それらは個体の保持と種の保存にとって必要なものである。痛み刺激や非常

に強い刺激（寒さ、熱さ、その他の不快刺激や嫌悪刺激）からの逃避は、それらの刺激からの逃避や回避が生存に有利に働くことによって、自然な形での負の強化となる。これらの自然な強化子は、**無条件性強化子**（unconditioned reinforcer）と呼ばれる。初めて提示された場合でも、それらの刺激がほとんどの人にとって強化子として機能するからであり、これらの刺激に関する先行経験がなくても強化子として機能するからである。無条件性強化子は一次性強化子（primary reinforcer）

とも呼ばれる。これらの刺激が無条件性の強化子であるのは、それらの刺激が生物学的に重要なものだからである（Cooper et al.,1987; 2007）。

もう1つの強化子のタイプは、**条件性強化子**（conditioned reinforcer）である。条件性強化子（二次性強化子〔secondary reinforcer〕とも呼ばれる）とは、最初は中性であった刺激が、無条件性強化子やすでに確立している条件性強化子と対提示されることによって、強化機能を持つようになった強化子である（中性刺激は、強化子として機能せず、それが行動に後続しても行動の変化が起きないような刺激である）。たとえば、両親の注目はほとんどの子どもにとって条件性強化子として機能するが、それは、子どもの生育歴の中で、両親からの注目が食物、温かさ、その他の強化子と何度も対提示されてきたからである。お金も一般には条件性強化子であり、それは生活の中でさまざまな無条件性強化子や条件性強化子を、お金を出して買うことができるからである。すなわち、お金は無条件性強化子や条件性強化子と何度も対提示されるのである。お金を出しても何も買うことができなければ、条件性強化子ではなくなる。お金が他の強化子の獲得に無効となれば、お金をもらって働いたり何かの行動に従事することはなくなるだろう。これは条件性強化子について1つの重要なポイントである。つまり、条件性強化子は、少なくとも他の強化子と対提示される機会が存在する場合にかぎって、強化子として効力を発揮するのである。

既存の強化子と対提示されることによって、ほとんどの刺激は条件性強化子となりうる。たとえば、トレーナーがイルカを調教して水族館で曲芸をさせる場合、イルカの行動を強化するためにホイッスルを使う。調教の初期に、トレーナーは強化子として小魚を使い、ホイッスルの音を対提示する。やがて音自体が条件性強化子となる。その後トレーナーは、音が条件性強化子として持続的な効果を発揮するように、時々音を無条件性強化子（小魚）と対提示する（Pryor, 1985）。人間の行動を変容させるために、トークンエコノミー法では、プラスチック製のポーカーチップや色のついた紙カードなどの中性刺激が条件性強化子（トークン）として用いられる。トークンによる強化プログラムでは、望ましい行動に対してトークンが与えられ、獲得したトークンは後で他の強化子（**バックアップ強化子**と呼ばれる）と交換できる。トークンを他の強化子と対提示（交換）することによって、トークンは望ましい行動の強化子となる（Kazdin, 1982 参照。この論文ではトークンによる強化プログラムに関する研究を概観している）。第22章で、トークンによる強化プログラムについて詳しく紹介する。

条件性強化子がさまざまな他の強化子と対提示されるとき、それは**般性条件性強化子**（generalized conditioned reinforcer）と呼ばれる。お金は般性条件性強化子の代表例であり、ほとんど無制限に他の強化子と交換できる。その結果、お金はその強化力が低下しない（飽和が生じない）強力な強化子となり、また貯めておくこともできる。すなわち、飽和（強化力の喪失）は、お金のような般性強化子の場合には生じにくい。トークンエコノミーで用いられるトークンも、般性条件性強化子の1つである。これはさまざまなバックアップ強化子と交換できる。その結果、飽和は急には生じず、トークンを貯めておくこともできる。称賛も般性条件性強化子である。それは称賛もまた、人生の中でたくさんの強化子と対提示されるからである。

強化の効力に影響を及ぼす要因

強化の効力には、多くの要因が影響を及ぼす。その中には、結果事象の即時性と一貫性、動機づけ操作、個人差などがある。

即時性

行動が生起してから、それに結果事象が後続するまでの時間間隔は重要な要因の1つである。ある結果事象が強化子として最も大きな効力を発

揮するには、その行動（反応）が生起した直後に結果事象が後続する必要がある。反応と結果事象の間に遅延が生じると、その遅延が長いほど強化子としての効力は弱くなる。というのは、この2つの出来事（反応と結果事象）の近接性や結びつきが弱くなるからである。反応と結果事象の時間間隔があまりに長くなり、近接性がない場合には、その結果事象が行動に及ぼす効力はなくなってしまう。たとえば、飼いイヌにお座りをさせる場合、お座りができて5分もたってからほめたり撫でたりしても、それは強化子として何の効力も発揮しない。この場合、時間間隔が長過ぎたのである。ほめたりなでたりすることが強化子としての機能を持つためには、ほめたりなでたりする直前に、そのイヌがお座りをしている必要がある。別の言い方をすれば、イヌが座ったら直ちにほめたりなでたりすると、それがお座りを強化することになり、イヌは将来ますます指示に従ってお座りをするようになるだろう。

　社会的行動に対する即時強化の重要性について考えてみよう。あなたが誰かに話しかけたときに、相手（聞き手）がほほ笑んだり、うなずいたり、視線を合わせたり、笑いを返してくれたとする。相手のこのような反応は社会的強化子として、あなたの社会的行動を強化する。あなたは話してよいことと話してはいけないことを学ぶが、それは聞き手の直後の反応による。たとえば、冗談を言って聞き手が笑えば、その冗談を将来も繰り返し言う可能性は高くなる。逆に即座に笑いが返ってこなければ、その冗談をあなたはもう言わなくなるだろう。

随伴性

　ある反応に一貫して即時の結果事象が後続すると、その結果事象はその反応を強化するようになる。ある反応が特定の結果事象を生み、その反応が生じるまでその結果事象が生じなければ、その反応と結果事象との間に**随伴性**（contingency）があると言う。随伴性があると、その結果事象は反応を強化するようになる。車のエンジンをかける場合を考えてみよう。これは随伴性の一例である。キーを回せば車のエンジンがかかる。キーを回す行動は、エンジンがかかることで強化される。キーを回してもエンジンがかからなかったり、あるいはキーを回していないのにエンジンがかかるようなことがあれば、キーを回してその車のエンジンをかける行動は強化されない。強化的な結果事象が一貫して後続することによって、行動は繰り返されるようになる。別の言い方をすれば、強化子が行動に随伴する（ある行動が起きたときだけ強化子が随伴する）場合に、その行動は強められる。

動機づけ操作

　ある特定の結果事象を他の時よりも強化的になったり、そうでなかったりすることに影響する事象が存在する。これらの先行事象は**動機づけ操作**（MOs）と呼ばれ、強化子の価値を変化させるものである。MOには2つのタイプがあり、**確立操作**（Establishing Operation: EO）と**無効操作**（Abolishing Operation: AO）と呼ばれる。確立操作（EO）は強化子をより強力なものにする（強化子の有効性を確立する）。無効操作（AO）は強化子の効力を弱める（強化子の効力を無効化または減少させる）。

　動機づけ操作は2つの効果をもつ。

（a）強化子の効力を変える。そして、

（b）その強化子を生み出していた行動が、その瞬間に生起する可能性を高めたり低めたりする。

- 確立操作は、強化子の効力を高めると共に、その強化子を生み出していた行動の生起する可能性を高める。
- 無効操作は、強化子の効力を弱めると共に、その強化子を生み出していた行動の生起する可能性を低める。

ここで、いくつかの確立操作の例を考えてみよう。しばらく食事をしていない人にとって、食べ物はより強力な強化子である。しばらく食事をしていないということは、その時点で食事をより強化的にする確立操作であり、食事を食べるという行動が起こりやすくなる。同様に、一日中飲み物

用語：確立操作は行動を喚起する

■ 確立操作が行動を喚起する（evoke）という表現は、確立操作が行動をより生じやすくすることと同じ意味である。

■ これは確立操作の喚起効果（evocative effect）と呼ばれている。

を飲んでいない人や、6マイル走ったばかりの人にとって、水はより強力な強化子となる。塩辛いポップコーンを大量に食べたときは、そうでないときよりも水や他の飲料によって強化される（お通しで、塩辛いポップコーンを無料で提供する飲み屋が存在する理由である）。これらの例では、食べ物や水なしで過ごすこと（摂取制限）、6マイル走ること、塩辛いポップコーンを食べることは、（a）特定の時間、特定の状況において強化子の効果を高め、（b）その強化子をもたらす行動をより起こりやすくするため、確立操作と呼ばれる事象に該当する。

摂取制限（deprivation）は確立操作の1つのタイプであり、多くの無条件性強化子や条件性強化子の効力を高める。ある強化子（食べ物や水など）の効力は、それをある一定期間摂取しなかったり、経験していなかったりした場合に高くなる。たとえば注目は、長い間注目されていない子どもには強力な強化子となる。同様に、お金はたいていの場合強化子となるが、お金を持たない者の方がその強化力は一層大きい。さらに、お金の必要に迫られている状況（予期せぬ医療費がかかった場合など）では、お金は強力な強化子となる。

次に無効操作の例をいくつか考えてみよう。たくさん食べた直後は、食べ物によって強化されにくい。多くの量を食べることは、食べ物の強化効力を弱め、食べ物を得るための行動が起こりにくくなるという作用をもつ無効操作である。水を大量に飲んだ直後の人にとっては、水や他の飲み物

は強化的ではない。大量の水を飲むことは、水の強化効力を弱め、水を得る行動が起こりにくくなるという作用をもつ。これらの事象は、（a）特定の時間や特定の状況において強化子の効力を減少させる、あるいは無効にする、（b）その強化子をもたらす行動が起こりにくくなる、ということから無効操作と呼ばれている。

以上の例は、飽和と呼ばれる無効操作のタイプを表している。飽和が生じるのは、特定の強化子（食べ物や水など）を大量に摂取したり、長時間にわたってそれを経験した直後である。その結果として、一時的に、これらの強化子はその効力を失う。たとえば、好きな音楽であっても5時間も聴き続けていれば、その強化力は低下する。同様に、教師から一対一の関わりで十分に注目を受けていた子どもには、大人からの注目は強化子になりにくいかもしれない。強化子に接する機会が豊富にあったり、多くの強化子を摂取したりすると、強化子の効果は低減するが、飽和の効果もまた時間の経過とともに減少していく。強化子と接してから時間が経てば経つほど、強化子はより強力になる。

教示やルールも確立操作や無効操作として機能し、刺激の強化力に影響を及ぼすことがある（Schlinger, 1993）。たとえば、アルミニウムでできた1円玉はたいていの人にとって強化力は低い。しかし「アルミニウムが不足し、1円玉が100円の価値をもつようになった」と聞いたら、1円玉の強化力は増し、その結果、1円玉を手に入れ

用語：無効操作は行動を抑制する

■ 無効操作は行動を抑制する（abative）という表現は、無効操作は行動が生じる可能性を減らすということと同じ意味である。

■ これは無効操作の抑制効果（abative effect）と呼ばれている。

参考：動機づけ操作

　確立操作（EO）は、強化子の強化力を高めるあらゆる事象を記述する際に使用する用語である。EO はまた、その強化子を生み出す行動をより生起しやすくする。EO の概念は、1982 年にジャック・マイケル（Jack Michael）の論文で詳細に記述され、それ以降、多くの論文で記述されている（McGill, 1999）。1982 年の論文において、マイケルは EO という用語を定義して、もう 1 つの先行事象である弁別刺激（第 7 章を参照）と区別できるようにした。より最近では、ララウェイら（Laraway, Snycerski, Nlichael, & Poling, 2003）は EO の概念を再定義し、動機づけに関するより大きな文脈で、それに関する議論を展開し、動機づけ操作という用語を導入した。彼らはまた、無効操作（AO）という概念も導入した。EO と AO は強化子の効果性に重大な影響を与えるという点で、また行動変容手続きで人々の行動を変化させる上でその操作が多く使われるという点で重要な概念である（13 章と 16 章を参照）。

ようとする行動が生起しやすくなる。

Q. 上の例は確立操作と無効操作のどちらか？

　この例は確立操作を表している。なぜならば、1 円玉の強化価値が高まっているからである。

　別の例を考えてみよう。あなたの友人が、あなたが行きたいと思っていた遊園地でのイベントのチケットを持っていたとしよう。もし、「そのチケットの有効期限はもう切れていて、もう受け付けてもらえない」と言われたら、チケットの強化価値は失われ、あなたはそのチケットを友人に求める可能性は低くなるだろう。

Q. 上の例は確立操作と無効操作のどちらか？

　この例は無効操作を表している。なぜならば、チケットの強化価値が低減しているからである。

　別の例として、コンピューターとプリンターを備え付けるために組立式の机を購入した場合を考えてみよう。説明書に「ネジを回すためにドライバーが必要である」と書いてあるのを読むと、その時点でドライバーは強化力を持つようになる。その結果、ドライバーを探す行動が起きやすくなる。ドライバーを探す行動は、それが見つかり、無事に机の組み立てが完成することによって強化される。

Q. 上の例は確立操作と無効操作のどちらか？

　この例は確立操作を表している。なぜならば、ドライバーの強化価値が高まっているからである。

　確立操作と無効操作もまた負の強化の効果に影響を与える。ある出来事が刺激の嫌悪性を高めると、刺激からの逃避や刺激の除去の強化力が高まる（EO）。ある事象が刺激の嫌悪性を低減させると、刺激からの逃避や刺激の除去の強化力が低減する（AO）。たとえば、頭痛は大音量の音楽をより嫌悪的なものにする確立操作かもしれない。したがって、頭痛がするときは、大音量の音楽を消すことの強化力がより高まる（頭痛がすると大音量の音楽を消す可能性が高くなる）。しかし、週末に友人と一緒にいって（そして、頭痛がしない）ときは、大音量の音楽の嫌悪性が低減し、大音量の音楽を消すことの強化力を弱める。別の例を考えてみよう。日差しはおそらくほとんどの人にとって嫌悪的なものではないが、ひどい日焼けをすると、日差しの暑さから逃れることの強化力が高くなる。したがって、ひどい日焼けは、屋内にいたり日陰に座ったりすることをより強化的にする確立操作であり、これらの行動は太陽の暑さ（刺激の嫌悪性）を避けたり打ち消したりする。一方、日焼け止めを塗ることは、日なたにいることの嫌悪性を低減させ、日なたからの逃避の強化力を低減させる無効操作かもしれない。（確立操作と無効操作についてのより完全な議論は、Michael [1982, 1993b] と Laraway, Snycerski, Nlichael, & Poling [2003] を参照）。

強化の効力に影響を及ぼす要因	
即時性	ある刺激が行動の直後に後続すると、その刺激の強化子としての効力は高くなる。
随伴性	ある刺激が行動に随伴して後続すると、その刺激の強化子としての効力は高くなる。
動機づけ操作	確立操作は、瞬間的に刺激を強化子としてより効果的にする。無効操作は瞬間的に刺激の強化子としての効力を低減させる。
個人差	強化子は人により異なる。
大きさ	一般に、刺激の強度が大きいほど、その強化力は高い。

個人差

ある結果事象が強化子となるかどうかは、人によって異なる。したがって、ある結果事象が特定の人にとって強化子となるかどうかを見きわめることが重要である。ある刺激が多くの人の強化子となっているからといって、ある特定の個人にとってそれが強化子となるとは限らないことは、常に留意しておかなければならない。たとえば、多くの人にとって称賛が強化子になるといっても、それが強化子にならない人もいる。チョコレートは多くの子どもにとって強化子となるが、チョコレートアレルギーの子どもにとっては強化子ではなく、症状を引き起こす原因となってしまう。本書の第 15 章では、強化子として機能する結果事象とそうでない結果事象を見分ける方法について述べる。

強化の大きさ

ある刺激が持つ強化子としての効力に関係するその他の特性として、刺激の量や強さがある。適切な確立操作がある場合、刺激の量や強さが増すほど、その刺激の強化力は高まる。これは正の強化でも負の強化でも同様である。正の強化子について言えば、その量や強さが大きいほど、その強化力は高くなる。たとえば、人は報酬が少ないよりも多い方が、長時間労働や重労働に耐えることができる。同様に、同じ嫌悪刺激であっても、強い場合は弱い場合よりも、その刺激を停止させる行動を強める。たとえば、人は痛みが弱い場合よりも強い場合に、その痛み刺激を弱めたり取り除いたりする行動を起こしやすい。直射日光を避けることよりも、火事の灼熱から逃れることの方に必死になるはずである。

強化スケジュール

強化スケジュール（schedule of reinforcement）とは、すべての反応に対して強化子が随伴するのか、あるいはいくつかの反応が起きた後に強化子が随伴するのかを規定するものである。**連続強化スケジュール**（continuous reinforcement schedule: CRF スケジュール）では、ある反応が起こるたびに強化される。**間欠強化スケジュール**（intermittent reinforcement schedule）では、反応が起こるたびに強化されるわけではなく、時々あるいは間欠的に強化される。次の例を見てほしい。マリアはつい最近、家具を作る会社で働き始

めた。彼女の仕事はドアのノブを付けることである。仕事の初日、現場主任はドアのノブの付け方を教えた。そして最初の 1 時間、現場主任はマリアが上手にノブを取り付けるたびにほめた。これは連続強化スケジュールである。というのは 1 つの反応（1 つのドアのノブの取り付け）のたびに強化的な結果事象（現場主任による称賛）が与えられたからである。1 時間後、現場主任はその場を離れ、時折マリアの仕事ぶりを見に来ては、彼女がしっかり仕事をしているのを見てほめた。これは間欠強化スケジュールである。反応はそれが

起きるたびに強化されているわけではない。

この事例では、マリアがドアノブの取り付けを学習する初期の時点で、連続強化スケジュールが用いられた。彼女が仕事の手順を学習すると（ドアノブをいつも正確に取り付けるようになると）、現場主任は間欠強化スケジュールに切り替えた。これは、連続強化スケジュールと間欠強化スケジュールの使い分けができることを意味している。連続強化スケジュールは、学習の初期段階や初めて行動に従事するような場合に適用される。これは**獲得**（acquisition）と呼ばれる。その人は新たな行動を獲得する。いったんその行動が獲得され、学習が成立すると、その行動に継続して従事するよう間欠強化スケジュールに切り替える。これは**維持**（maintenance）と呼ばれる。行動は間欠強化スケジュールによって、長期間にわたって維持される。現場主任はマリアに付きっきりになっていたわけではない。付きっきりになるのは不可能であるし、不必要でもある。行動が維持されるためには、連続強化スケジュールよりも間欠強化スケジュールの方が有効である。

Q. 自動販売機は連続強化スケジュールの例であり、スロットマシンは間欠強化スケジュールの例であることを説明しなさい。

自動販売機にお金を入れて商品のボタンを押す行動は、代金を支払い商品を手に入れるたびに強化される。スロットマシンにお金を入れてレバーを引く行動は、たまにしか報われないので、間欠的に強化される（図4-4参照）。

ファースターとスキナー（Ferster & Skinner, 1957）は、さまざまな間欠強化スケジュールを研究している。彼らの実験では、実験箱のハトは壁に設置された円盤（あるいはキー）の周りをつついた。円盤（あるいはキー）が点灯し、自動的につつき行動が記録された。キーつつき行動の強化子として、キーの下方の壁の開口部から少量のエサが提示された。彼らはスケジュールの4種類の基本型について説明している。定率強化スケジュール、変率強化スケジュール、定間隔強化スケジュール、変間隔強化スケジュールである。これらのスケジュールは、最初は動物を用いて研究さ

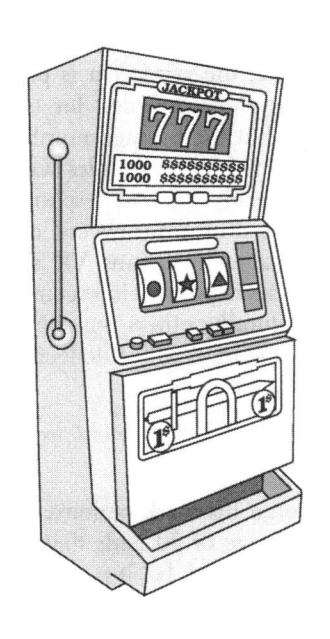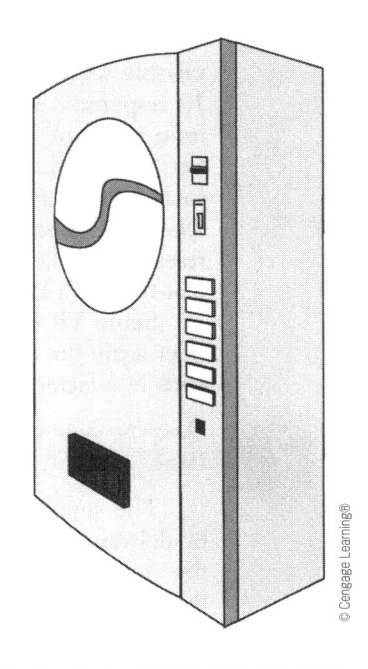

図4-4 スロットマシンには間欠強化スケジュールが働いている。スロットマシンにお金を投入し、レバーを引いても、いつもお金が得られるわけではない。それに対して自動販売機では、連続強化スケジュールが働いている。こちらは、お金を入れれば必ず販売機から商品を受け取ることができる。

れたが、その後人間の行動についても応用された。

定率強化スケジュール

定率強化スケジュールと変率強化スケジュールでは、強化子の提示は反応数に依存する。**定率（fixed ratio: FR）強化スケジュール**では、強化子が提示される前に一定数の反応が生起することが必要となる。別の言い方をすれば、一定数の反応が起きた後に強化子が提示される。たとえば、定率5スケジュール（FR5）では、反応が5回起こるたびに強化子が提示される。FRスケジュールでは、強化子が提示される前に生起する必要がある反応の数は変化しない。ファースターとスキナーは、ハトがFRスケジュールのもとで、高頻度で反応することを見いだした。また反応後に小休止が生じることも分かった。ファースターとスキナーがFR2〜FR400のスケジュールを調べたところ、強化に必要とされる反応数が大きいほど、反応率は高くなった。

FR強化スケジュールは、学業や就労場面で適切な行動を維持するために用いられることがある。その例として、重度の知的障害を伴う26歳の男性ポールの場合を考えてみよう。彼は、工場で発送用の箱詰めの仕事をしていた。ベルトコンベアで運ばれてきた製品を受け取り、それを箱に詰める仕事である。現場主任は、製品20個を梱包するごとにトークン（条件性強化子）を与えていた。これはFR20の例である。昼食の時や終業後に、ポールはトークンをバックアップ強化子（お菓子など）と交換できた。FRは学校場面でも、一定数の問題の正答や学業課題に対して強化子（星のマーク、シール、「よくできました」の印など）を生徒に与えることによって用いられる。工場で製品の出来高に応じて賃金が支払われる場合（製品12個ごとに5ドル、など）もFRの例にあたる。

変率強化スケジュール

変率（variable ratio: VR）強化スケジュールでは、強化子の提示は反応数に依存するが、強化に必要な反応数は、平均反応数を基準に、毎回変わる。別の言い方をすれば、強化子が提示されるのは、平均してX反応後である。たとえば、VR10スケジュールでは、平均10反応後に強化子が提示される。わずか2〜3反応で強化子が提示されることもあれば、20〜25反応後にやっと強化子が提示されることもある。しかし平均すると10反応であるように設定される。ファースターとスキナーは、ハトを被験動物にしてVRスケジュールを評価し、FRスケジュールに比べて高頻度で安定した反応率が見られることを明らかにした。しかも、強化子が提示された後に小休止が起こることもなかった。ファースターとスキナーはさまざまなVRスケジュールを研究し、強化までに非常に多くの反応数（たとえば、VR360）を要するものまで調べた。

VRスケジュールには自然に存在するものもあれば、意図的に作り出されるものもある。もう一度ポールの事例を検討してみよう。彼は工場で製品の箱詰めの仕事をしている、知的障害を伴う成人である。

Q.VR20の強化スケジュールが、ポールに対してどのように導入されているかを述べなさい。

現場主任はポールの仕事をVR20スケジュールで強化することができ、強化子はトークンで、おおむね製品20個の箱詰めごとに与えられていた。必要反応数が20より少ないこともあれば20より多い場合もある。必要反応数を満たすとトークンが与えられるが、その反応数はポールには予測できない。製品の箱詰め20反応ごとに強化されるFR20スケジュールとは異なるからである。VRスケジュールのよくある例は、カジノにあるスロットマシンである。コインを入れてレバーを引く行動は、VRスケジュールによって強化される。ギャンブラーは大当たり（強化子）に必要な反応数を知らない。しかし、ギャンブラーの反応数が多いほど、大当たりの確率は高くなる（それは、VRスケジュールが反応数に依存し、時間や他の要因に依存しないからである）。したがって、スロットマシンのVRスケジュールは、高頻度で安定した反応をもたらす。もちろんカジノ側はVRスケジュールを知っており、ギャンブラーが手に入れるよりも多くの収益を上げられるよう

になっている。VR スケジュールの別の例は、営業部員のセールス（電話や訪問）にも見ることができる。製品を買ってもらえるまでの電話や訪問の数は変動する。ただし、多くの電話をかければそれだけ買ってもらえる可能性は高くなる。しかし、そのために必要な電話の回数は予測ができない。

FR スケジュールの場合も VR スケジュールの場合も、強化子の提示は反応数に依存している。したがって両方とも、反応数が多いほど強化を受ける回数も多くなる。これが、行動変容法において比率による間欠強化スケジュールがよく用いられる理由である。

定間隔強化スケジュール

間隔強化スケジュール（定間隔と変間隔）では、一定時間が経過した後にだけ反応が強化される。この場合、反応の数の多少は問題でない。特定の時間が経過した後に起きた最初の反応が強化される。**定間隔**（fixed interval: FI）**強化スケジュール**では、時間間隔は固定され、しかも常に一定にされる。定間隔 20 秒（FI20 秒）では、20秒が経過した後に起きた最初の反応が強化される。20 秒が経過する前の反応はどれも強化されない。それは強化子の提示に無関係である（それ以前の反応はすべて無効）。20 秒経過して初めて強化子が有効となり、その後の最初の反応だけが強化される。それからまた 20 秒が経過すると、再び最初の反応だけが強化される。ここでも箱詰めをするポールの事例を考えてみよう。

Q.FI30 分の強化スケジュールが、ポールに対してどのように導入されるかを述べなさい。

現場主任が FI30 分を採用すると、30 分に 1回、ポールはその最初の反応に対してのみトークンを受け取る。それまでの 30 分間に見られたポールの反応数は問題ではない。現場主任は 30 分後のポールの最初の箱詰め反応だけを見ればよい。これは箱詰めにした製品の数と関係する FR スケジュールや VR スケジュールとはずいぶん異なる。FI スケジュールでは、強化のためには 1 つの反

応しか必要としない。しかも、それは一定の時間経過後に生じた反応である。

ファースターとスキナーが FI スケジュールについて見いだしたのは、独特の反応パターンであった。ハトは時間間隔が終了する頃に反応を頻繁に行い、強化子が提示されるまでその傾向が続く。強化子が提示された後は反応休止があり、時間間隔の終了が近づくと再度反応が回復して、強化子が提示されるまで急激に増えていくのである。これと同様のパターンを、ポールの仕事ぶりにも見ることができるだろう。彼がトークンを受け取った後、現場主任が（他の工具を見るために）立ち去ると、ポールは仕事のペースを落としたり手を休めたりして、30 分が経過する頃になると再び作業に取り組み始めるかもしれない。これは 30分の時間間隔終了後にしか箱詰めに対してトークンを受け取れないからであり、時間間隔が終了する前になると反応がより頻繁に生起するようになるのである。時間間隔が経過するまでに箱詰めをしてもけっしてトークンは与えられないので、時間間隔の初期段階では自然と反応が抑制されるのである。この行動パターン（時間間隔終了間際での高頻度の反応）が、FI スケジュールの特徴である。このような理由から、FI スケジュールは指導場面で適用されることはめったにない。その代わりに、FR スケジュールや VR スケジュールが、高頻度で安定した反応を生むために用いられることが多い。FR スケジュールや VR スケジュールのもとで、ポールは箱詰めをすればするほど多くのトークンがもらえることを学習する。しかしFI スケジュールでは、ポールは 30 分が経過する頃にだけ箱詰めをすることを学習する。

変間隔強化スケジュール

変間隔（variable interval: VI）**強化スケジュール**では、FI スケジュールと同様、一定時間が経過した後の最初の反応が強化される。ただし VIスケジュールでは、時間間隔の長さが変動する。時間間隔は平均値の周辺に設定される。たとえばVI20 秒スケジュールでは、時間間隔が 20 秒以上の場合もあればそれ以下の場合もある。時間間隔の長さは常に予測不可能だが、平均すると 20

強化スケジュール

- 定率強化スケジュール
  一定の反応数が生起した後に強化子が提示される。強化後に小休止が見られるが、高頻度の行動がもたらされる。
- 変率強化スケジュール
  平均して一定の反応数が生起した後に強化子が提示される。強化後に小休止は見られず、高頻度で安定した行動がもたらされる。
- 定間隔強化スケジュール
  一定時間が経過した後の最初の反応に対して強化子が提示される。反応の休止と増加のパターンが見られ、低頻度の行動がもたらされる。定められた時間間隔終了間際に反応頻度が増大する。
- 変間隔強化スケジュール
  さまざまな時間間隔が経過した後の最初の反応に対して強化子が提示される。反応の休止と増加のパターンは見られず、低頻度あるいは中レベルの頻度で安定した行動がもたらされる。

秒になるように設定されている。ファースターとスキナーは、さまざまな VI スケジュールを研究した。その結果、VI スケジュールにおける反応パターンは、FI スケジュールの場合と異なることを見いだした。VI スケジュールの場合、ハトの行動（キーつつき）は安定した生起率を示し、FI スケジュールで見られたような、初期は低率で後半は高率になる反応パターンは生じなかった。それは時間間隔の長さによるものであり、強化子の提示が予測不可能で、FI スケジュールで見られたような固定的な反応パターンが確立しないからである。

ここでもポールの箱詰めを例に検討してみよう。

Q. 現場主任が VI30 分スケジュールを、どのようにポールに導入したかを述べなさい。また、ポールの行動は、FI30 分スケジュールのときと比べてどのように違っているかを述べなさい。

現場主任は VI30 分スケジュールに基づいて、予測できない時間間隔（5 分、22 分、45 分、36 分など）で巡回し、ポールの最初の反応にトークンを与えた。時間間隔の平均は 30 分であったが、実際の時間間隔はまちまちであった。トークンはこの時間間隔終了後の最初の反応に与えられた。VI30 分スケジュールの場合、ポールは 1 日を通じて安定した箱詰め作業を行った。時間間隔が予測不可能であるため、FI30 分スケジュールで見られたようなペースダウンやスピードアップは生じなかった。

行動のさまざまな次元の強化

強化は行動の生起率を高めるためにしばしば用いられるが、持続時間、強度、反応潜時といった行動の他の次元にも影響を及ぼす。強化子が行動の持続時間に随伴して提示されると、その持続時間の行動は起きやすくなる。たとえば子どもが学校から帰宅して 30 分で宿題をやり終えたときだけ外遊びを許可すると、30 分で宿題を終える行動が強められる。同様に、特定の強度の行動に随伴して強化子を提示すると、その強度の行動は増加する。たとえば寒い日にドアが固くなっていて、強く押してドアが開いたとすると、ドアを開けようと強く押す行動が増加する（強度が増大する）。同様に、特定の反応潜時の行動に随伴して強化子を提示すると、その反応潜時の行動が増える（スピードが増す）。たとえば、子どもが両親の言いつけを即座にきいたときに強化子を提示すると、

すぐに行動に移すこと（所要時間の短縮）が強められ、子どもは両親の言いつけに対して即座に行

動するようになる。

並立強化スケジュール

多くの場合、人は複数の行動を行う可能性を持っている。ある時点で行うことのできる複数の行動それぞれに対して、それに対応する強化スケジュールが存在する。ある時点でその人が行う行動それぞれに働く強化スケジュールは、**並立強化スケジュール**（concurrent schedule of reinforcement）と呼ばれる。別の言い方をすれば、様々な行動や反応の選択肢が、その人にとって同時に利用可能である。これらは**並立オペラント**（concurrent operant）と呼ばれる。たとえば、小学校 1 年生にとって、授業中に手を挙げることと、動物の鳴き声をふざけて真似ることは並立オペラントである。それぞれは、何らかの強化スケジュールのもとで、教師の注目が強化子となって強化される可能性が高い。異なる反応の選択肢に対する並立強化（あるいは弱化）スケジュールは、その時間に特定の行動が生起する確率に影響を及ぼす。人は通常、様々な反応の選択肢に対する（a）強化スケジュール、（b）強化の大きさ、（c）強化の即時性、（d）**反応労力**に応じて、いずれかに従事する（Neef, Mace, & Shade, 1993; Neef, Mace, Shea, & Shade, 1992; Neef, Shade, & Miller, 1994）。たとえば、レイフォードが友人のために時給 15 ドルで庭仕事をする機会と、従兄弟の金物屋を時給 10 ドルで手伝う機会があった場合、強化子が大きいという理由で、彼はおそ

らく友人の庭仕事を手伝うだろう。どちらの仕事も時給 15 ドルで、片方の仕事のほうがずっと楽だとしたら、レイフォードはおそらく楽なほうを選ぶだろう。しかし、午後にガールフレンドと水上スキーをする機会があれば、彼はいずれの仕事よりも水上スキーを選ぶかもしれない。なぜなら、いずれの仕事で得られる金銭よりも強力な強化子をそれが意味しているからである。

並立強化スケジュールに関する研究から、人は（a）より頻繁な強化、（b）より大きな強化、（c）より即時的な強化、または（d）より少ない反応労力をもたらす行動を最も頻繁に行うことが示されている（Friman & Poling, 1995; Hoch, McComas, Johnson, Faranda, & Guenther, 2002; Hoch, McComas, Thompson, & Paone, 2002; Neef et., 1992, 1993, 1994; Piazza, Roane, Keeney, Boney, & Abt, 2002）。望ましくない行動に対する強化スケジュールと望ましい行動に対する強化スケジュールが同時に存在することがあるため、並立スケジュールに関する情報は行動変容法を適用する上で重要である。望ましい行動を増加させるために強化を使用する場合、望ましくない行動に対する強化スケジュール、強化の大きさと即時性、反応労力も考慮（場合によっては修正）する必要がある（Mace & Roberts, I993）。

まとめ

1. 強化は行動の基本原理である。強化とは、ある行動が生起した結果として、ある即時の結果事象が後続し、そのことによって、将来同じような状況でその行動が生起する可能性が高くなること、と定義される。強化は、オペラント行動の生起に関係するプロセスである。
2. 正の強化も負の強化も、行動を強める。両者

の違いは、ある行動が起きた結果として刺激（正の強化子）が付加されるか、刺激（嫌悪刺激）が撤去されるかだけである。
3. 無条件性強化子は元来強化力を持つ刺激である。それは生存のために必要であったり、生物学的に重要性を持つからである。条件性強化子は、もともとは中性刺激で無条件性強化

子や他の条件性強化子と対提示されることによって強化力を持つようになったものである。

4. 多くの要因が強化の効力に影響を及ぼす。強化子は即時に提示されたときに最大の効力を発揮する。また、強化子は行動に随伴して提示されたとき、すなわち当該の行動が起きたときだけ提示される場合に最大の効力を発揮する。さらに、強化子は摂取制限やその他の確立操作があるときに効力が高まる。強化子は概して、量や強度が増すほど効力が高くなる。

5. 強化には、行動が生起するたびに強化子が提示される場合（連続強化スケジュール：CRF）と間欠的に強化子が提示される場合がある。連続強化スケジュールは獲得のため、すなわち新しい行動を学習させるときに適用される。間欠強化スケジュールは、一度学習された行動を維持させるために適用される。間欠強化スケジュールには4つの基本的なタイプが

ある。比率スケジュールでは、強化子が提示される前に多くの反応が生起する必要がある。反応数が固定、一定しているものが定率強化スケジュールで、必要な反応数の平均値が決まっているものが変率強化スケジュールである。間隔強化スケジュールでは、反応が強化されるまでに一定時間の経過を必要とする。時間間隔が固定されているものが定間隔強化スケジュールであり、平均時間が決まっているものが変間隔強化スケジュールである。比率スケジュールでは高頻度の反応がもたらされるが、強化の後に休止が生じることが多い。間隔強化スケジュールでは、比率強化スケジュールよりも反応率が低くなる。変間隔強化スケジュールでは安定した反応率が見られるが、定間隔強化スケジュールでは反応一休止のパターンが見られ、ほとんどの反応は時間間隔が終了する頃に起こるようになる。

キーワード

無効操作（AO）	維持
獲得	動機づけ操作（MO）
嫌悪刺激	負の強化
回避行動	オペラント行動
バックアップ強化子	正の強化
並立オペラント	正の強化子
並立強化スケジュール	プレマックの原理
条件性強化子	強化
結果事象	強化子
随伴性	反応
連続強化（CRF）スケジュール	反応労力
摂取制限	飽和
逃避行動	強化スケジュール
確立操作（EO）	刺激
定間隔（FI）スケジュール	トークン
定率（FR）スケジュール	無条件性強化子
般性条件性強化子	変間隔（VI）スケジュール
間欠強化スケジュール	変率（VR）スケジュール

練習問題

1．強化の定義を述べなさい。

2．ソーンダイクの実験のネコの強化子は何か？どの行動が強化子をもたらしたか？　強化はネコの行動にどんな効果をもたらしたか？

3．行動が強められるとはどういう意味か、説明しなさい。

4．オペラント行動とは何か？　スキナーの実験で、ラットが強化を受けた行動について述べなさい。

5．子どもの協同遊びの持続時間に対する強化の効果を示すグラフを描きなさい。

6．正の強化の定義を述べなさい。

7．負の強化の定義を述べなさい。

8．正の強化の例を挙げなさい（本章で取り上げていないもの）。

9．負の強化の例を挙げなさい（本章で取り上げていないもの）。

10．正の強化と負の強化の類似する点、および異なる点について説明しなさい。

11．負の強化は弱化とどこが違うか、説明しなさい。

12．嫌悪刺激とは何か、例を挙げて説明しなさい。

13．無条件性強化子とは何か？　また、無条件性の正の強化子と無条件性の負の強化子の例を挙げなさい。

14．条件性強化子とは何か、例を挙げて説明しなさい。また、例に挙げた刺激がどのようにして条件性強化子になるかを説明しなさい。

15．強化の効力に影響を及ぼす要因を4つ挙げなさい。

16．反応と強化子の近接性の意味を説明しなさい。その近接性は強化の効力にどのような影響を及ぼすかについても説明しなさい。

17．強化随伴性とは何か？　また、その随伴性は強化の効力にどのような影響を及ぼすかについて、説明しなさい。

18．確立操作（EO）とは何か。確立操作の2つの効果とは何か。無効操作（AO）とは何か。無効操作の2つの効果とは何か。確立操作と無効操作の具体例を示しなさい。

19．ある刺激が特定の人にとって強化子となるかどうかをどのようにして調べたらよいか、説明しなさい。

20．間欠強化スケジュールと連続強化スケジュールの違いを述べなさい。

21．連続強化スケジュールは行動の獲得のために適用され、間欠強化スケジュールは行動の維持のために適用される。この違いを説明しなさい。

22．定率強化スケジュールと変率強化スケジュールそれぞれについて説明しなさい。また、それぞれの例を述べなさい。

23．定間隔強化スケジュールと変間隔強化スケジュールそれぞれについて説明しなさい。また、定間隔強化スケジュールが適用されたときによく見られる反応パターンについて説明しなさい。

24．比率強化スケジュールや間隔強化スケジュールは、指導プログラムで適用できるか？また、その理由を述べなさい。

25．並立強化スケジュールとは何か、例を挙げて説明しなさい。

26．以下の例を、正の強化と負の強化に分類しなさい。

a．アルシアは両親の邪魔をして、そのたびに叱られている。それでもアルシアは両親の邪魔をやめない。

b．ディックは算数の問題を解くよう指示されると反抗する。教師はそのたびに15分間彼を部屋の後方に立たせていた。それでも、ディックは教師の指示に対して文句を言い続けている。

c．マクシンには慢性の発疹がある。それを掻きむしると、いつもかゆみがほんのしばらく治まった。そこで、かゆみがあるといつもその部位を掻きむしってしまう。

d．ジョージが宿題を期限内に提出したので、教師は彼にほほ笑みかけた。その結果、彼は宿題を期限内に提出し続けている。

82

e．ワイリーがぬかるんだ道路で、小型トラックを猛スピードで走行させ、泥の中でスピンした。その結果、彼はぬかるんだ道路では、トラックを猛スピードで走行させるようになった。

f．母親は、土曜日にマルシアが自分の部屋を掃除しないと怒鳴った。母親の怒鳴り声を避けようとして、マルシアは土曜日になると友人宅へ行くようになった。

補足資料A

表4-1の例のオペラント行動とその強化子

オペラント行動

1．子どもが泣く
2．傘を開く
3．換気扇のスイッチを入れる
4．友人に学習課題の答えを尋ねる
5．ジョニーが椅子に座る
6．パトリシアがアンテナにアルミホイルを巻く
7．従業員が自転車の部品を組み立てる
8．子どもがかんしゃくを起こす
　母親が子どもにお菓子を与える

強化子

1．両親が声をかける
2．雨が彼女にあたらない
3．調理場から煙が取り除かれる
4．友人が正しい答えを教えてくれる
5．教師がほほ笑み、彼を称賛する
6．テレビがきれいに映る
7．お金を稼げる
8．お菓子をもらえる
　かんしゃくがやむ

補足資料B

表4-1に示した正の強化と負の強化

1．正の強化。両親の声かけ（注目）は子どもの夜泣きに対する正の強化子（また、夜泣きの停止は、両親が子どもの夜泣きに対して注目を与える行動に対する負の強化として機能）。
2．負の強化。傘を開くことで、雨にぬれずにすむ（嫌悪刺激の回避）。
3．負の強化。換気扇が回ると、煙が排出される。
4．正の強化。答えを尋ねると、友人は正しい答えを教えてくれる。
5．正の強化。教師のほほ笑みと称賛は、ジョニーが着席し注目する行動の正の強化子。
6．負の強化。アンテナにアルミホイルを巻くと、

乱れた画像が直る（あるいは、正の強化とも見なせる。すなわち、アルミホイルを巻くことで、きれいな画像になる）。
7．正の強化。お金は、自転車部品組み立ての正の強化子。
8．母親の行動に対する負の強化。子どものかんしゃくが治まることは、母親が子どもにお菓子を与える行動の強化子となる。お菓子は、子どものかんしゃく行動の正の強化子となる。母親がお菓子を与える行動が、彼のかんしゃくの強化子となっている。

第5章　消　去

　第4章で見たように、強化はオペラント行動の獲得と維持にとって重要なものである。本章では消去について解説するが、これはオペラント行動を弱めるプロセスである。まず次の2つの例を考えてみてほしい。

　レイは毎週月、水、金曜日に、行動変容法の授業に出るために、午前8時に家を出るようにしている。彼女は大学に着くと、まずコーヒーの自動販売機に50セント硬貨を入れて、授業の前にコーヒーを買うのを日課にしていた。ある日のこと、いつものように硬貨を入れてボタンを押すが、何も出てこなかった。彼女は何度もボタンを押したが反応はなかった。今度は強く押したりバンバン叩いてみたが無駄で、結局、コーヒーを手にする

ことはできなかった。その日はコーヒーを持たずに授業に向かったのである。それから1週間はその自動販売機を利用しなかったが、1度だけ例の自動販売機を利用したことがあった。そのときもまったく同じで、コーヒーは出てこなかった。彼女は二度とその自動販売機を利用しなくなり、代わりに通学途中のコンビニでコーヒーを買うようになった。

　グレッグは毎晩、仕事から帰ると裏手の非常口からアパートに入った。というのは、彼の部屋は非常口のすぐ近くにあり、正面入り口からは遠かったからである。管理人は、非常時以外には非常口を利用してほしくなかった。そこで管理人は非常口に新しい錠を付けた。その日、グレッグがい

行動　　　　　　　　　　　　　　　　　　　　結果事象

レイはコーヒーの自動販売機にお金を入れる　　　　販売機からコーヒーが出てこない

その結果：レイが自動販売機にお金を入れる行動の将来の生起する可能性が低減する。

行動　　　　　　　　　　　　　　　　　　　　結果事象

グレッグは非常口のドアノブを回す　　　　　　　　ドアが開かない

その結果：グレッグが非常口のドアを開けようとする行動の生起する可能性が低減する。

つものように仕事から帰り、非常口のドアノブを回したが、ドアが開かなかった。彼は何度もノブを回したがダメだった。ノブを強く回したり引いたりしても、結局開かなかった。ついに彼はあきらめ、正面入り口に回ることにした。その後2～3日、グレッグは再び非常口から入ってみようとしたが、やはりドアは開かなかった。そして最終的に、彼は非常口から入ることを諦めた。

消去の定義

この2つの例は、**消去**（extinction）の基本的な行動原理を示している。どちらの場合も、一定期間強化された行動が強化されなくなり、その結果、その行動が起きなくなったのである。レイのコーヒーを買う行動は、自動販売機にお金を入れ、ボタンを押し、商品が出てくることで強化されていた。グレッグのノブを回し非常口を開ける行動は、自分の部屋に近道して入ることによって強化されていた。これらの行動は連続強化を受けていた。いったん強化が停止されると、レイとクレッグのそれまでの行動は次第に弱まり、ついには生じなくなってしまった。

消去は基本的な行動原理の1つである。消去の定義は以下のとおりである。

1．それまで強化されてきた行動が、
2．もはや強化的な結果事象をもたらさなくなり、
3．その結果、その行動がそれ以後生起しなくなる。

少なくとも間欠的であれ、行動が強化されていれば、その行動は持続する。しかし、行動が強化的な結果事象をもたらさなくなれば、その人はその行動をしなくなる。強化されなくなることによって、その行動が起きなくなるとき、その行動は消去を受けたとか、消去されたと言う。

スキナー（Skinner, 1938）や、ファースターとスキナー（Ferster & Skinner, 1957）は、実験動物を用いて消去の原理を明らかにした。実験箱のハトに対して、キーつつきをしてもエサが与えられない状況にする。すると、やがてハトのキーつつき行動は起きなくなる。実験箱内のラットも、レバーを押してもエサが出てこなくなると、レバーを押す行動は減少し、やがて起きなくなってしまう。

もちろん数多くの研究が、人間の行動に関する消去の原理を明らかにしている（Kazdin, 1994の第7章；Lerman & Iwata, 1996b）。問題行動の軽減に消去の原理を適用した最も初期の研究の1つは、ウィリアムス（Williams, 1959）の研究だろう。この研究では、幼児の就寝時のかんしゃくの軽減に及ぼす消去の効果が示されている。ウィリアムスは対象児のかんしゃくが両親の注目によって強化されていることを見いだし、消去手続きとして、対象児が就寝時にかんしゃくを起こしても両親が注目を与えないようにしたのである。

児童や成人の問題行動の軽減に及ぼす消去の効果は、多数の研究で報告されている（Ayllon & Michael, 1959; Ducharme & Van Houten,1994; Holz,Azrin,& Ayllon,1963; Lerman & Iwata, 1995; Mazaleski, Iwata, Vollmer, Zarcone, & Smith, 1993; Neisworth & Moore, 1972; Rincover, 1978; Wright, Brown. & Andrews, 1978）。これらの研究では、問題行動の強化子が撤去あるいは提示されなかった結果、問題行動が軽減した。その例と

行動	結果事象
子どもが就寝時にかんしゃくを起こす	両親が注目を与えない

その結果：子どもは将来就寝時にかんしゃくを起こさなくなる。

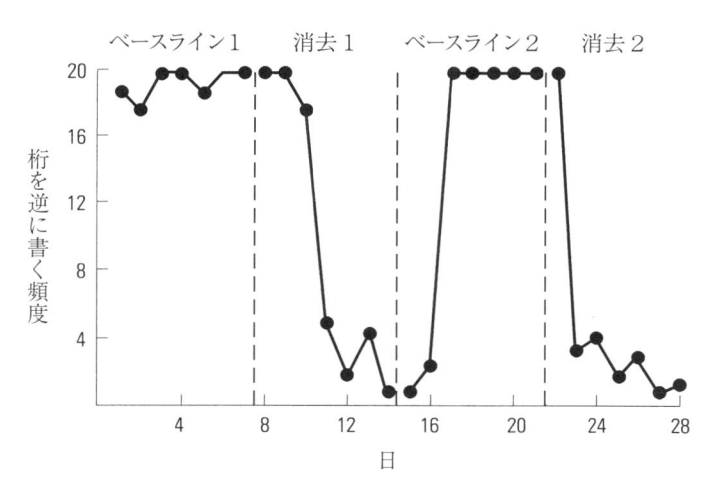

ベースライン1　　消去1　　ベースライン2　　消去2

図5‐1　このグラフは、8歳の男の子の計算問題における桁を逆に書く行動に及ぼす消去の効果を示している。このグラフは、ABAB 反転デザインであることを示している。ベースライン期では、答えを出すときに桁を逆に書くと、教師の注目により強化された。消去期で、その間違いが教師の注目で強化されなくなると、位取りの間違いの頻度は劇的に減少した。(Hasazi, J. E., & Hasazi, S. E. [1972]. Effects of teacher attention on digit reversal behavior in an elementary school child. *Journal of Applied Behavior Analysis, 5,* 157-162. Copyright © 1972 University of Kansas Press.)

して、ハサジとハサジ（Hasazi & Hasazi, 1972）の研究を見てみよう。彼らは消去手続きを用いて、8歳の男の子の計算問題の誤答を減らした。答えが2桁になる足し算では、彼は必ず桁を反対に書いた（たとえば、7＋5＝12だが、21と書いてしまう）。研究者は、誤答への教師の注目（手助け）が、桁を入れ換える子どもの行動を強化していることを見いだした。そして、消去手続きとして、誤答に対して注目を与えないように、教師に依頼した。一方、教師は正答に対しては強化を与え続けた（これは、第15章で詳しく説明する分化強化にあたる）。その結果、消去手続きが適用されているとき、位を間違える行動は激減した（図5‐1参照）。本研究が特に興味深いのは、多くの専門職がその子どもの位の間違いが学習障害（LD）によるものと考えていた中で、この研究に

よって、位の間違いが実際には教師の注目によって強化されたオペラント行動であることを明らかにした点である。

もう1つ別の例を考えよう。ロバースとシモンズ（Lovaas & Simmons, 1969）は消去手続きを用いて、知的障害を伴う子どもの自傷行動を軽減させた。彼らは、対象児の頭を打ちつける行動が、大人からの社会的な結果事象（注目）によって強化されていることを見いだした。そして、対象児が頭を打ちつけても大人が注目しない、という消去手続きを適用した。その結果、1時間のセッションで2,500回以上起きていた頭の打ちつけ行動が、1セッション中0回にまで減少した。しかもそれにはわずか10セッションしか要しなかったのである。

行動　　　　　　　　　　　　　　　　　　　　　　　　　　　　結果事象

子どもが頭を打ち付ける　　　　　　　　　　　子どもはもはや大人からの注目を受けなくなる

その結果：子どもは大人の注目による強化を受けなくなり、頭を打ち付けなくなった。

用語：消去について正しく話そう

消去やその効果について話をするときに、

- 行動を消去した（extinguished a behavior）というのは正しいが、「extincted a behavior」と表現するのは正しくない（注：extinct は形容詞であるため）。
- 行動に消去を適用するというのは正しいが、人に消去を適用するというのは正しくない。
- 行動を消去したという表現について、（a behavior is extinguished）というのは正しいが、行動が消滅した「a behavior is extinct」という表現は正しくない。

消去バースト

消去の過程で見られる1つの特徴は、行動が強化されなくなるとその行動が減少し、最終的に生起しなくなる前に、頻度、持続時間、強度などがしばしば一時的に増大することである（Lerman & Iwata, 1995）。本章の最初の例ではコーヒーが出てこなかったとき、レイは自動販売機のボタンを何度も押し（頻度の増大）、強くボタンを押した（強度の増大）。そして最後には諦めたのである。グレッグの場合も、非常口のドアが開かなくなったとき、ドアのノブを何度も回そうとしており（頻度の増加）、ノブを強く引いた（強度の増大）。

そして、やはり最後に諦めたのである。消去の過程で強化されなくなった行動が、頻度、持続時間、強度の面でそれが強まるという現象は、**消去バースト**（extinction burst）と呼ばれる。次の2つの例を考えてみよう。

マークがテレビのリモコンのボタンを押したがテレビはつかなかった（バッテリーが切れていたからである）。彼は長く押したり（持続時間の増大）、また強く押してみたりした（強度の増大）。そして最後には諦めた。彼のボタン押し行動は、テレビがつくことによって強化されることはなか

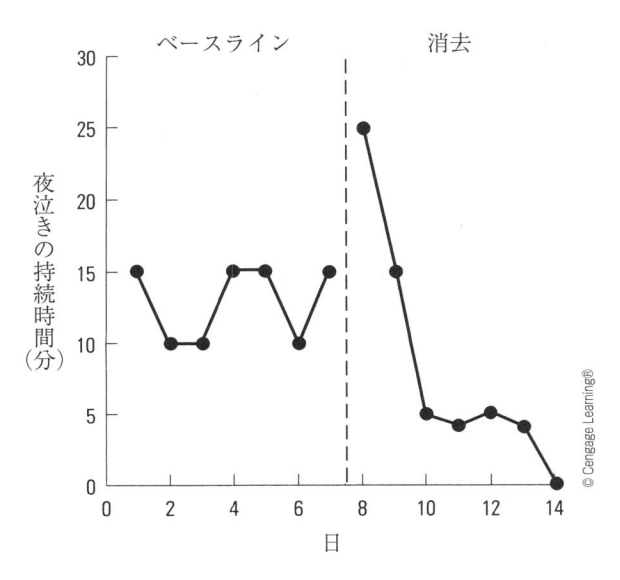

図5-2　このグラフは、ベースライン期と消去期の泣き叫びの持続時間に関する仮想データを示したものである。消去手続きを導入した最初の日に、消去バーストが起きている。すなわち、標的行動の持続時間が増加した。しかし次の日からは減少し、最終的にはまったく起きなくなった。

図 5‑ 3　コーヒーが出てこなかったとき、レイは繰り返し自動販売機のボタンを押したり、自動販売機を揺さ
ぶったりした。これは消去バーストの例である。

った。そのために、最終的にはボタンを押さなく
なったのだが、それまではボタン押し反応は強く、
また長くなっていた（消去バースト）。

　4 歳のアマンダは毎晩必ず、就寝時に 10 〜
15 分は泣き叫んでいた。すると両親は彼女の部
屋に駆けつけ、眠りに落ちるまで優しく語りかけ
た。そうすることで、両親は泣き叫び行動を偶発
的に強化していた。小児科医に相談してから、両
親は就寝時に彼女が泣き叫んでも部屋に行ったり
優しく語りかけたりしないことに決めた。最初の
晩、眠りに落ちるまで彼女は 25 分も泣き叫んだ。
しかし、その週の終わりまでにはアマンダは泣か
なくなった。彼女の夜泣きに両親がとった対応は、
消去手続きである。最初の晩、泣き叫ぶ行動の持
続時間が増大した。これは消去バーストである。
図 5‑ 2 は、消去手続き適用前後のアマンダの夜
泣きの持続時間を表したものである。両親がいっ

たん消去手続きを導入すると、行動は一時的に増
大したが、その後減少し、最終的には起きなくな
った。

　消去バーストのもう 1 つの特徴は、ある行動が
強化されなくなったとき、新しい行動（その状況
ではそれまであまり起きたことのない行動）が
一時的に生じることがある、ということである
（Bijou,1958; Lalli, Zanolli, & Wohn, 1994）。たと
えば、アマンダの両親が泣き叫びを強化しなくな
ったとき、彼女は長くしかも大声で泣き叫んだ（持
続時間と強度の増大）だけでなく、金切り声を上
げたり、枕を叩いたりもした（新しい行動）。最
初の例でも、コーヒーが出てこなかったとき、レ
イは自動販売機のボタンを繰り返し押しただけで
なく、コイン返却ボタンを押したり、自動販売機
を揺さぶったり（新しい行動）もした（図 5‑ 3
参照）。

消去バースト

ある行動が強化されなくなると、その結果として次のことが起こる。
- その行動の頻度、持続時間、強度が一時的に増大する。
- 新しい行動が生起する。
- 情動反応が生起する。
- 攻撃行動が生起する。

参考：消去バースト

　行動問題を減少させるために消去手続きを使用する際に、消去バーストは直接関係する重要な現象である（第 14 章参照）。消去バーストは多くの研究者によって研究されてきている。たとえば、レーマンとイワタ（Lerman & Iwata, 1995）は消去手続きの効果評価をした論文を概観し、先行研究の 24％において消去バーストが確認されていたことを示した。彼らによる消去バーストの定義は、消去手続き適用直後の行動の増大であった。レーマンら（Lerman, Iwata, & Wallace, 1999）は、自らが実施してきた治療プログラムの 9 年間の中で、自傷行動を示した 41 事例への消去手続きの適用に関して取りまとめた。その結果、消去バースト（直後の行動の増大）は 39％の事例で確認され、22％の事例において攻撃行動の増加が確認された。興味深いことに、消去バーストは負の強化に対する消去の方が、正の強化に対するものよりも、生起する確率が高かった。これらの 2 つの研究によって、消去バーストは、消去を単独で使用した場合の方が、他の介入方法と組み合わせた場合よりも、生起する可能性が高いことも明らかになった。

　ときには、消去バーストの最中に起こる新しい行動に情動反応が含まれることがある（Chance, 1988）。たとえば、レイは怒った様子で自動販売機に悪態をついたり、蹴ったりするかもしれない。アズリンら（Azrin, Hutchinson, & Hake, 1966）は、消去を適用したときに、しばしば攻撃行動が見られたことを報告している。特に幼児の場合、行動が強化されなくなると情動反応が生じやすい。お菓子を欲しがっている子どもがお菓子をもらえなかった場合、金切り声を上げたり泣き叫んだりするかもしれない。両親は子どもにお菓子を与えると、この金切り声や泣き叫びを不本意ながら強化してしまうことになる。前章を思い出してほしい。両親がお菓子を与える行動は、子どもが泣き叫ぶ行動が停止することにより負の強化を受けることになる。

　消去バーストは、強化されなくなった行動が一時的に強まったり、新しい行動（時には情動反応）が起きることを意味しているが、これは強化されなくなったことに対する自然な反応である。消去の過程で生じる行動の頻度、持続時間、強度の増大や新しい行動の出現は、いずれも強化することもでき、適切な目的のために利用することもできる。たとえば、グレッグがドアノブを強く引っ張った行動は、鍵がかかっておらずドアが固くなっていただけならば有効な行動である。アマンダの金切り声や泣き叫びがいつもより大きくなったときに、両親が彼女の部屋に駆けつけ、いつもの泣き方では伝わらなかった彼女の体調の異変を知らせる場合もある。

　しかし、消去バーストは必ずしも意識的なものというわけではない。アマンダの行動は、「両親から注目を得るために、大声で泣き叫んだり、枕を叩いたりしよう」と意図的に考えた末のものでない。消去バーストは、消去の状況の中で自然に生じるものである。

自発的回復

　消去のもう 1 つの特徴は、消去された行動が生じなくなってしばらく経った後に、その行動が再び出現することがあるということである。これは**自発的回復**（spontaneous recovery）と呼ばれる。自発的回復は、その行動が消去される前と同じような状況で再び生起する自然な現象である（Chance, 1988; Lerman, Kelly, Van Camp, & Roane, 1999; Zeiler, 1971）。自発的回復が生じたときに、消去の手続きが続いている（強化されない）場合には、その行動はそれほど長くは続

かない。アマンダが消去後にしばらくして夜中に泣き叫んだとしても、そのときに両親から注目を受けなければ、その行動は一過性で長くは続かないだろう。しかし自発的回復が生じたとき、再びその行動が強化されると、消去の効果は失われる。たとえば、グレッグはその後も時々アパートの非常口から入ろうとしたかもしれない。偶然ドアの鍵がかかっていない日があったとすると、非常口を使う行動は強化され、再び近道をして非常口から建物に入ろうとするだろう。時々ドアが開いていることを確認することで間欠強化を受け、行動の持続性と消去抵抗が高まる。

消去手続きのバリエーション

第 4 章で論じたように、2 つの手続き的なバリエーション、つまり 2 種類の強化に対する消去が存在する。すなわち、正の強化と負の強化である。

Q. 正の強化を定義しなさい。負の強化を定義しなさい。

すでに知っていることと思うが、正の強化は、ある行動の後に刺激（正の強化子）が加わり、その行動が強められたときに生じる。負の強化は、行動の後に刺激（嫌悪刺激）が取り除かれ、行動が強められたときに生じる。行動が正の強化によって維持されているか負の強化によって維持されているかに関係なく、行動は消去を受ける。消去の結果は両者ともに同じで、行動は減少し、生起しなくなる。しかし、この 2 つのケースで手続き的にはわずかに異なっている。正の強化の場合、行動の後に結果事象が提示されるか追加される。従って、**正の強化に関する消去は、行動の直後に出現していた結果事象の出現の保留を意味する**。別の言い方をすれば、行動に対して強化的な結果事象が伴わなくなり、その行動が生起しなくなる。

行動が負の強化を受けている場合には、その行動によって嫌悪刺激が取り除かれたり、その刺激を回避できたりする。したがって、**負の強化を受けてきた行動の消去では、その行動が生起しても逃避や回避ができなくなる**。行動が生起しても嫌悪刺激からの逃避や回避ができなくなれば、その行動はついには生じなくなる。たとえば、工場での仕事で、機械の騒音のために耳栓を着ける場合を考えてみよう。この場合、騒音からの逃避（遮断）によって、耳栓を着ける行動が強化される。耳栓がすり減って、着けても騒音が聞こえてくるようになると、もうその耳栓を着けなくなるだろう。耳栓を着ける行動が消去されるのは、それを着けても騒音を遮断できないからである。これは理解しにくい概念かもしれない。次の例を見てほしい。

サンドラは夜 11 時が門限である。夜 11 時以降に帰宅すると、両親は彼女を叱り、説教し、1 週間外出禁止にしていた。しかし、両親は夜 10 時に就寝してしまうので、娘が帰宅した時間は分からなかった。両親は翌朝娘に、夜 11 時までに帰宅していたかを尋ねていたが、彼女は早く帰宅していたと嘘をつくようになった。彼女の嘘は、両親がもたらす嫌悪的な結果事象の回避によって負の強化を受けた。嘘をつく行動を消去するためには、嘘をついても嫌悪的な結果事象を回避できないようにすればよい。したがって、両親がベッドで眠らずにいて、サンドラが帰宅した時間を確認すれば、彼女は嘘をついて嫌悪的な結果事象を避けることができなくなる。その結果、彼女は遅く帰宅しても嘘をつかなくなるだろう。

別の例で検討してみよう。ジョーは大学生で、

消去手続きのバリエーション

- ■ 行動が生起した後に正の強化子が提示されない。
- ■ 行動が生起した後に嫌悪刺激が撤去されない。

強　化

| 行動 | ━━━━━━━━━━━━━▶ 結果事象 |

サンドラが門限を過ぎて帰宅した際に両親に嘘を
つく

サンドラは叱責と外出禁止を免れる

その結果：サンドラは遅く帰宅した際にますます嘘をつくようになる。

消　去

| 行動 | ━━━━━━━━━━━━━▶ 結果事象 |

サンドラが門限を過ぎて帰宅した際に両親に嘘を
つく

両親は彼女を叱り、外出禁止にする。彼女は嫌悪
的な結果事象を回避できない

その結果：サンドラは遅く帰宅した際に嘘をつかなくなる。

用務員のアルバイトをしていた。彼はトイレの掃除が嫌で、上司に頼まれるたびに、言い訳をして別の仕事に回してもらい、結局、トイレ掃除は他の人がしていた。ジョーは言い訳をすることによって、トイレ掃除を免れた。したがって、言い訳をする行動は負の強化を受けていたのである。

Q. ジョーに言い訳をする行動をやめさせるために、上司はどのような消去手続きを適用したらよいだろうか？

　ジョーが言い訳をするたびに、上司はトイレ掃除以外の仕事に彼を回していた。したがって、言い訳をしてもトイレ掃除を避けられないようにすることで、彼は言い訳をしなくなるのである。

　イワタらの研究は、正の強化で維持されていた行動と負の強化で維持されていた行動では、消去の手続きが異なることを明らかにしている（Iwata, Pace, Cowdery, & Miltenberger, 1994）。イワタらは、知的障害を伴う子どもたちの自傷行動（自分の身体を叩く）を対象に研究した。彼らの自傷行動は大人の注目によって正の強化を受けており、行動が生起しても大人が注目しない消去手続きを適用した。対象児の何名かは、自傷行動が負の強化によって維持されていた。自傷行動を起こすことによって、学習課題から逃避することができた

のである。別の言い方をすれば、その子どもが自傷行動を行うと、教師は課題を中止した（課題の撤去）。負の強化を受けていた行動の消去では、自傷行動が起きた後に教師が課題を撤去しないことが必要とされる。したがって、自傷行動をしてももはや指導場面から逃避できなくなる。イワタらは、消去手続きを行う場合、その行動の強化子を特定し、その強化子が撤去されるようにすべきであることを明らかにした。強化子が特定されず、それを撤去できなければ、その手続きは消去として機能しない。

　カーら（Carr, Newsom, & Binkoff, 1980）は、知的障害を伴う児童の行動障害を研究し、2名の児童の攻撃行動が課題場面でのみ生じ、それが逃避行動として機能していることを突き止めた。つまり、その攻撃行動は課題が撤去されることによって負の強化を受けていたのである。

Q. この2名の児童の攻撃行動に対して、どのように消去手続きを適用できるだろうか？

　カーらは、これらの児童が攻撃行動を起こしても、課題場面から逃避できないようにし、攻撃行動を劇的に減少させた。逃避できることによって攻撃行動が強化されていたので、逃避できないようにすることが消去として機能したのである。

強　化

行動　————————————————————————————————→　結果事象

ジョーはトイレ掃除を頼まれたときに言い訳をする　　　　　　　ジョーはトイレ掃除を免れる

その結果：ジョーはトイレ掃除を頼まれたときにますます言い訳をするようになる。

消　去

行動　————————————————————————————————→　結果事象

ジョーはトイレ掃除を頼まれたときに言い訳をする　　　　　　上司がトイレ掃除を回避できないようにする

その結果：ジョーはトイレ掃除を頼まれたときに言い訳をしなくなる。

消去に関するよくある誤解

　消去は、その行動が受けてきた強化のタイプによって手続きが異なるものの、その結果は常に同じである。すなわち、消去の結果、その行動は起きなくなるのである。よく見られる誤解の1つは、消去手続きは単にその行動を無視することだ、というものである。これは多くの場合、不正確な言い方である。正確に言えば、消去というのは、当該行動の強化子が撤去されることを意味している。問題行動を無視するというやり方は、注目が強化子として働いている場合にのみ正しい。たとえば、万引きという行為は、店から商品を手に入れることによって強化される。もし店員が万引きを無視しても、その行為はなくならない。子どもが野菜を食べるように言われたときに、食卓から逃げる行動を考えてみよう。その行動の結果事象は、野菜を食べずにすむというものである。親がこの行動を無視しても、逃げる行動はなくならない。というのは、その行動は野菜を食べることからの逃避だからである。その行動を無視しても、強化子は撤去されておらず、消去として機能しない。

Q. 各々の例を表4-1に示した。ここで消去の例を見直しておきたい。解答は章末の補足資料Aにある。

消去に影響を及ぼす要因

　消去に影響を及ぼす要因が2つある。消去を行う前の強化スケジュールと、消去を行った後の強化機会である。強化スケジュールが、消去によってその行動が急激に減少するか徐々に減少するかを、ある程度決定する（Bijou, 1958; Kazdin & Polster, 1973; Lerman. Iwata, Shore,& Kahng, 1996; Neisworth, Hunt, Gallop, & Madle, 1985）。第4章で述べた連続強化スケジュールを思い出してほしい。このスケジュールでは、行動が生じるたびに強化子が提示された。一方、間欠強化スケジュールでは、行動が生起してもいつも強化子が提示されるわけではなく、時々強化を受ける。**連続強化を受けている行動は、強化が停止された後に急激に減少する。一方、間欠強化を受けている行動は、強化が停止された後の減少は徐々に起こる。**こうした現象が見られるのは、行動がいつも強化されていた場合には、時々しか強化されない場合と比べ、強化から消去への移行がより明確（コ

92

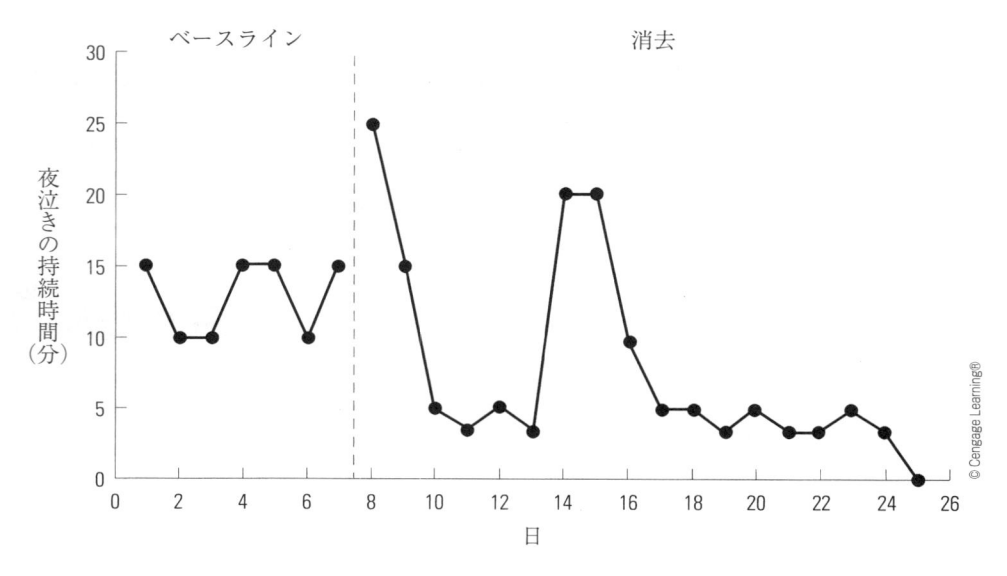

図5-4　このグラフは、ベースライン期と消去期の夜泣きの持続時間を表す仮想データを示したものである。13日目に、標的行動は偶然に強化を受けた。その結果、13日目以降、標的行動の持続時間は一時的に増加するが、消去はその後、長い時間をかけて作用していった。

ントラストが大きい）であるためと考えられる。

たとえば、自動販売機にお金を入れてボタンを押して、欲しい物がいつも手に入る場合、これは連続強化である。それゆえ、消去では急激に行動が減少するだろう。代金を支払っても品物を得られなくなれば、自動販売機にお金を入れなくなるだろう。強化されなくなったことは、すぐにはっきりと分かる。これに対して、スロットマシンやテレビゲームでは状況がまったく異なる。この場合は間欠強化で、スロットマシンにお金を入れても、大当たりになるのはほんの時折にすぎない。もし機械が壊れて、大当たりがまったく出なくなったとしても（無強化）、最終的には諦める前に、たくさんのコインを投入してしまうかもしれない。ギャンブル行動をしなくなるためには、より長い時間が必要となる。それは、行動に強化が伴わないことの判断が難しいからである。

消去の前に間欠強化にすると、**消去抵抗**（resistance to extinction）が形成される。すなわち、消去が行われても、行動はしばらく持続する。消去の前に連続強化を適用した場合には、ほとんど消去抵抗は起きず、行動は持続しない。消去抵抗の現象があるため、消去の前の強化スケジュール

は、行動変容プログラムにおける消去手続き適用の成功への鍵となる（第14章参照）。

消去に影響を与えるもう1つの要因は、消去の後の強化機会である。**消去の過程で強化を受ける機会があれば、行動の減少はより緩慢になる。** 消去の開始後にその行動が間欠的に強化を受けたことになり、そのために消去抵抗が形成されるからである。さらに、行動が自発的回復したときに強化を受けることがあれば、その行動は消去の前の水準にまで回復してしまうこともある。もう一度アマンダの例を考えてみよう。図5-2を見てほしい。この図では、14日目（消去が始まって7日目）までに、就寝時の泣き叫びはほぼゼロになっている。しかし、もし13日目にベビーシッターが彼女の部屋に向かい、語りかけたとしたらどうなっただろう。これは強化として働き、泣く行動はさらに長引く結果になったことが予想される（図5-4参照）。ベビーシッターの行為（図5-5参照）は間欠強化となり、消去抵抗を生む結果となる。

ウィリアムス（Williams, 1959）が報告している子どもの就寝時のかんしゃくの場合、両親が消去手続きを数日間導入しただけで、ほぼ治まった。

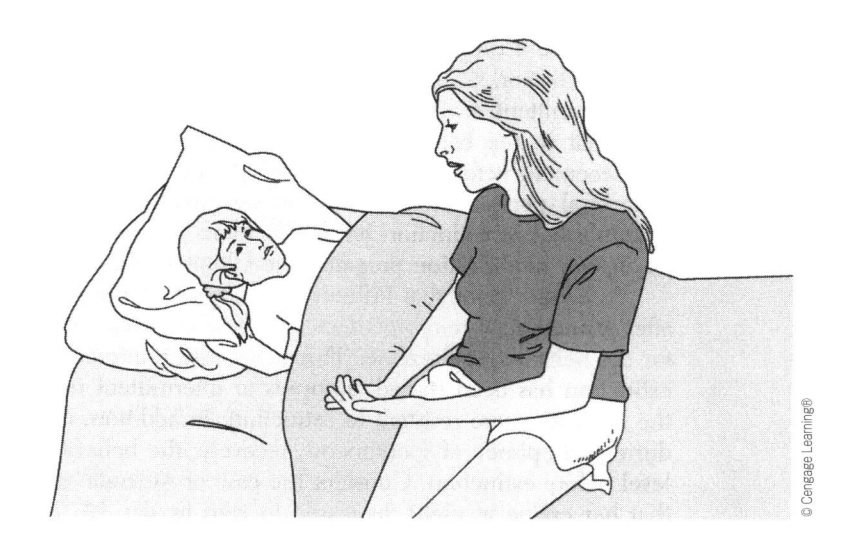

図5- 5　アマンダが夜泣きをすると、ベビーシッターがアマンダの部屋にやって来て彼女に語りかける。そうすることで、ベビーシッターは偶発的にアマンダの夜泣きを強化する。その結果、両親が消去手続きを適用してこの行動を減少、停止させるのに、より長い時間がかかることになる。

しかし、ある夜、叔母がこの子どものかんしゃくに注目を与えてしまった結果、かんしゃくはまた激しくなった。その後、両親が再び消去手続きを一貫して適用したところ、かんしゃくはまた起きなくなった。

まとめ

1．消去は行動の基本原理である。これまで強化されてきた行動が強化を受けなくなると、行動は減少し、やがて起きなくなる。

2．消去を行ったときには消去バーストが見られることが多く、強化されなくなった行動の頻度、強度、持続時間が一時的に増大したり、新しい行動や情動反応が同時に生起したりすることがある。

3．消去手続きは、正の強化を受けてきた行動の場合と、負の強化を受けてきた行動の場合とで、それぞれ手続きが異なる。しかし、いずれの場合も、各々の行動の強化子が撤去され、最終的に行動は起きなくなる。過去に正の強化を受けてきた行動の消去では、正の強化子が行動に随伴しないようにする。過去に負の強化を受けてきた行動の消去では、嫌悪刺激を行動が起きた後も撤去しない。

4．消去についてよくある誤解は、消去とは行動を無視することだというものである。無視は、注目が行動の強化子となっている場合にのみ消去となりうる。

5．消去の前に連続強化スケジュールを受けていた行動は、消去の過程で強化を受けることがなければ、消去によって急激に減少する。

キーワード

消去	消去抵抗
消去バースト	自発的回復

練習問題

1. 消去の定義を述べなさい。
2. 消去の例を挙げなさい。
3. 消去バーストとは何か、説明しなさい。
4. 消去バーストの例を挙げなさい。
5. 消去のグラフを描きなさい。その図の中には、消去バーストも必ず描き込みなさい。
6. 負の強化とは何か？ また、過去に負の強化を受けてきた行動の消去について説明しなさい。
7. 過去に負の強化を受けてきた行動の消去の例を挙げなさい。
8. 消去は無視と同じではない。その理由を説明しなさい。
9. 行動に対する強化スケジュール（連続強化スケジュールまたは間欠強化スケジュール）が、その行動の消去に及ぼす影響について、説明しなさい。
10. 消去中に偶然に強化を受けると、その行動はどうなるか、説明しなさい。
11. 消去中に行動が偶然に強化された場合のグラフを描きなさい。
12. 消去中の自発的回復について説明しなさい。

補足資料A

表4-1の強化の例に対応する消去の例

1. 子どもが夜泣きをしても両親が駆けつけなければ、夜泣きはなくなるだろう。
2. 傘がいつも開かなければ、雨にぬれ続けることになり、傘をさすのをやめてしまうだろう。
3. 料理長が換気扇を回そうとしても回らなければ、または室外に排煙できなければ、換気扇を動かすのを諦めるだろう。
4. ルームメートが答えを教えてくれなければ、質問することをやめるだろう。
5. ジョニーが教師の顔を見ても無視されれば、授業中に教師を注視しなくなるだろう。
6. いくらアンテナにアルミホイルを巻いてもテレビの映りが悪ければ、パトリシアはそのような努力をしなくなるだろう。
7. 従業員が自転車の組立作業をしても賃金に結びつかなければ（会社が破産すれば）、その作業をやめてしまうだろう。
8. 母親が店内でお菓子を与えても子どもが泣きやまなければ、お菓子を与えなくなるだろう。お菓子を与えることが泣くことの停止によって強化されないからである。母親が店内で泣く子どもにお菓子を与えなければ、子どもは次第に店内で泣かなくなるだろう。

第6章　弱　化

学習のポイント

■ 弱化の原理とは何か？

■ 行動変容法の弱化の定義に関するよくある誤解とは何か？

■ 正の弱化と負の弱化の違いは何か？

■ 無条件性弱化子と条件性弱化子の違いは何か？

■ 弱化の効力に影響を及ぼす要因は何か？

■ 弱化手続きを使用する問題点は何か？

第4章と第5章で、われわれは強化と消去の基本原理を解説した。正の強化と負の強化はオペラント行動を強めるプロセスであり、「消去」はオペラント行動を弱めるプロセスである。本章では、オペラント行動を弱めるもう1つのプロセスである**弱化**（punishment）について解説する。まず、次の例を考えてほしい。

大学4年生のキャシーは、大学の近くの新しいアパートに引っ越した。大学に行く途中、人なつっこそうな大きなイヌのいる家の庭の棚の前を通っていた。ある日、このイヌが棚のそばにいたとき、キャシーはそのイヌをなでようとして手を伸ばした。すると、イヌがうなって歯をむき出して彼女の手をかんだ。それからというもの、彼女はけっしてそのイヌに触れようとはしなくなった。

「母の日」に、オーティスは早起きして母親の

ために朝食を作ることに決めた。彼はコンロの上に鉄製のフライパンを置いて、点火して強火にした。彼はスクランブルエッグを作るために、ボウルに卵を2個入れて牛乳少々と一緒にかき混ぜた。5分ほど経って、彼はボウルからフライパンに卵を注いだ。すると、すぐに卵は焦げついてしまい、フライパンから煙が立ちのぼった。オーティスはフライパンをコンロから下ろそうとフライパンの取っ手をつかんだ。触れるや否や、激痛が彼の手に走った。彼は叫び声を上げ、思わずフライパンを落としてしまった。この出来事があってから、オーティスは二度と熱い鉄製フライパンの取っ手に（素手で）触れなくなった。やけどをしないために、彼はいつも鍋つかみを使うようになったのである。

弱化の定義

この2つは、弱化の行動原理を説明するよい例である。どちらも、ある人が行動したとき、すぐに何らかの結果事象が生じ、その結果、その後の似たような場面で行動を繰り返す傾向が弱められたのである。キャシーがイヌをなでようとして柵に手を伸ばしたとき、イヌは即座に彼女をかんだ。結果として彼女は、そのイヌばかりか他の知らないイヌに対しても、柵の中へ手を伸ばしてなでよ

うとはしなくなる。オーティスの場合は、熱い鉄製のフライパンの取っ手に触れ、即座に手にやけどを負うような痛み刺激を経験した。その結果、オーティスはコンロの上にある熱いフライパンの取っ手に触れる（少なくとも、鍋つかみを使わずに取っ手に触れる）という行動はしなくなるのである。

これらの例から分かるように、**弱化の定義には**

行動		結果事象
キャシーが柵の方へ手を伸ばす	直ちに	イヌが彼女をかむ

その結果：キャシーは、その後、柵の方へ手を伸ばさなくなる。

行動		結果事象
オーティスは熱い取っ手に触れる	直ちに	手を火傷する（痛み刺激）

その結果：オーティスは、その後、熱い鉄製のフライパンを素手で触れなくなる。

次の３つの要素がある。

1．何らかの行動が生起する。
2．その行動に何らかの結果事象が後続する。
3．その結果、その行動は将来起きにくくなる（行動が弱められる）。

弱化子（punisher：嫌悪刺激とも呼ばれる）は、ある行動が将来生起する傾向を弱める結果事象である。キャシーの例でいえば、イヌがかみついたことが、彼女が柵越しに手を伸ばす行動の弱化子である。オーティスの例では、痛み刺激（手にやけどを負うこと）が、鉄製のフライパンの取っ手に触れることの弱化子である。弱化子は、それが行動に対してもたらす影響によって定義される。ある刺激事象は、それが後続することによって行動の頻度が減少したときに弱化子と言える。

攻撃的で困った行動を示す５歳の子どもの例を考えてみたい。ジュアンは心地悪をし、妹たちが泣き出すまで叩いてしまう。母親は、ジュアンが妹たちに意地悪をしたり叩いたりするたびに、叱りつけてピシャリと叩いていた。母親が叱ったり叩いたりすると、その直後は意地悪や叩くことを

やめるが、彼は今でも毎日、妹たちに攻撃的で困った行動を続けている。

Q. 母親が叱りつけることや叩くことは、ジュアンの攻撃的で困った行動に対する弱化子になっているか？　その理由はなぜか？

答えは「否」である。叱ることも叩くことも、弱化子として機能してはいない。そうした対応をしても、ジュアンの問題行動が徐々に減っていくという結果にはなっていないからである。この例は、実際には正の強化を示している。ジュアンの行動（意地悪と叩く行動）は結果として、ある特定の結果事象（母親に叱られたり叩かれたりすることや、妹たちの泣き声）をもたらしており、その結果は、ジュアンが毎日そうした行動を続けるというものである。これは正の強化の定義の３つの要素を満たしている。

この例は、弱化の定義に関する重要な問題を指摘している。結果事象が好ましくないものに見えるか、あるいは嫌悪的に見えるか、ということでは、弱化の定義はできない。**行動が将来弱まっ**

行動		結果事象
ジュアンが意地悪し、叩く	直ちに	母親が叱り、叩く

その結果：ジュアンは、その後も意地悪をしたり叩いたりする。

表6-1　弱化の例

1. エドは10段変速の自転車で走っていて、ペダルを踏みながら地面を見た。次の瞬間、駐車中の車の後部に衝突して自転車から投げ出され、顔を車の屋根に打ちつけた。この事故で、彼は前歯を折ってしまった。それからというものエドは、自転車で走行中に視線を道路に落とすことをしなくなった。

2. アルマはデイケアプログラムに参加しているとき、自分のおもちゃで遊ぶ他の子を叩くことがあった。保育士は、彼女が他児を叩くたびに遊びを中断させ、2分間、別室で椅子に座らせるようにした。その結果、アルマは他児を叩かなくなった。

3. カールトンは、夏休みのアルバイトとして、毎週、隣人宅の芝刈りをしていた。ある週のこと、カールトンは芝刈り機でホースをひいて切断してしまった。依頼主の隣人は、カールトンにホース代を弁償させた。それからというもの彼は、芝を刈るときにはいつも、ホースだけでなく、芝の上にあるあらゆる物をひかないようになった。

4. サラは車で数時間のところに住む友人に会うために高速道路を走行中、渋滞に巻き込まれた。少し退屈だったので、助手席に置いてあった新聞に手を伸ばし、読み始めた。読んでいるうちに、車はいつの間にか右側に少しずつずれていた。車は突然、砂利の上を横滑りし、速度制限の標識にぶつかった。そのようなことがあってからサラは、高速道路走行中に読み物に目をやることがなくなった。

5. ヘレンは、行動障害を示す児童が通う特別支援学級に在籍している。担任教師は、彼女の学業遂行に対する条件性強化子としてポーカーチップを用いていた。教師は彼女の正答を強化するために、入れ物の中にポーカーチップを置く。しかし、彼女が許可なく離席すると、そのたびにポーカーチップを1つ取り上げた。その結果、ヘレンが許可なしで離席することはなくなった。

6. ケビンはパーティーで妻の料理に関するジョークを言い、友人たちの爆笑を誘った。最初のうち、彼の妻もそのジョークにほほ笑んでいたが、やがて怒り出した。ケビンが自分の料理についてのジョークを言うたびに、彼女は冷ややかな視線を送った。その結果、ケビンは妻の料理に関するジョークを言わなくなった。

たときにだけ、その結果事象が弱化として機能していたと判断することができる。ジュアンのケースでは、叱られたり叩かれたりというのは好ましくない結果事象のように見えるが、彼は妹に対する意地悪と叩く行動をその後も続けている。もし、叱られることと叩かれることが弱化子として機能していれば、ジュアンはその後、妹に意地悪をしたり叩いたりしなくなったであろう。結果として当該行動が弱まるか（あるいは強まるか）どうかによって弱化（あるいは強化）を定義するとき、われわれは機能的な定義を採用していることになる。弱化の例として、表6-1を参照してほしい。

考慮すべきもう1つの重要な点は、結果事象が与えられたとき一時的に行動が減少したり起きなくなったりするかどうか、あるいはそれ以降その行動が弱まったかどうか、ということである。ジュアンは母親から叫ばれたときに、妹たちに対する意地悪な行為をやめてはいるが、それ以降もこの意地悪な行為をやめたわけではなかった。親の中には、自分の子どもを厳しく叱ったり叩いたりする人がいるが、それは、その直後に子どもの問題行動が停止するからである。そのために、このような対応は、それ以降必ずしも子どもの問題行動がなくなるわけではない場合でも行われてしまうのである。このとき親は、弱化の手続きを行っていると信じ込んでいる。しかし、当該の行動がそれ以降も引き続き起きるのであれば、叱ったり叩いたりすることは弱化子として機能していない。むしろ実際には強化子として機能していることもある。

Q. 親が子どもを叱ったり叩いたりする行動を強

化しているのは何だろうか？

叱られたり叩かれた後、子どもたちがその問題行動を一時的にしなくなることによって、叱った

り叩いたりする親の行動は負の強化を受ける。そのため親は、子どもが望ましくない行動を行うと、それ以降も叱ったり叩いたりする対応をとり続けてしまうのである。

弱化に関するよくある誤解

行動変容法において、弱化は特別な意味合いを持つ専門用語である。行動分析家が「弱化（punishment）」と言うときはいつも、行動に随伴する結果事象によって、その行動の将来の生起確率が低下する、というプロセスを意味している。これは、一般の人が「罰（punishment）」という言葉から思い浮かべることとはまったく異なっている。一般に「罰」と言われる場合、不快なものを意味する。

多くの人は罰を、犯罪やその他の不適切な行動をした人に与えられるもの、と定義する。この文脈では罰には、そうした行動をしなくなるだろうという期待だけでなく、懲罰や報復の要素も含まれる。すなわち、その意図の一部には、犯罪行為をした人を懲らしめるという意味が含まれている。犯罪者が当然受けるべきものとして罰を捉えるとき、罰は道徳的ないしは倫理的な意味を持つ。政治家、警察官、牧師や親といったある種の権威者たちは、不適切な行動を抑制するために罰を課す。

それは、人々に法や規則を犯させないようにするためである。罰には、刑務所での服役、死刑判決、罰金、地獄に落ちるという脅し、お仕置き、叱ることなどが含まれる。しかし、罰の日常的な意味合いは、行動変容法で用いられる弱化の専門的な定義とまったく異なっている。

弱化（罰）の専門用語としての定義に親しみのない人は、行動変容法において弱化の手続きが適用されることに対して、その適用は間違っているとか、危険だといった疑問を持ちやすい。その意味では、スキナーが「罰（punishment）」という用語を使ったのは、たいへん残念なことである。それは、この用語がすでに多くの否定的な意味合いを有しているからである。学生にとっては、行動変容法で用いられる弱化の専門的な定義を理解することが重要であり、社会的に用いられている罰の一般的な見方とはずいぶん違っているということをはっきりさせておく必要がある。

用語：行動を弱化するのであって、人を弱化するのではない

- 行動（あるいは反応）を弱化すると言うのは正しい。その行動を弱化することによって、それを弱める。「教師がサラの逸脱行動を、タイムアウトを使用して弱化する」という言い方は正しい。
- 人を弱化する（罰する）というのは正しくない。人を弱めるのではなく、人の行動を弱めるのである。「教師がサラに対して、逸脱行動を理由に弱化する（罰する）」という言い方は正しくない。

正の弱化と負の弱化

弱化には、基本的には２種類の手続きがある。それは正の弱化（positive punishment）と負の弱化（negative punishment）である。正の弱化と負の弱化の違いは、行動の結果事象によって定義

される。

正の弱化は次のように定義される。
1．ある行動が生起すると、
2．ある嫌悪刺激が後続し、

3．その結果、その行動がその後、起きにくくなる。

　負の弱化は次のように定義される。
1．ある行動が生起すると、
2．ある強化子が撤去され、
3．その結果、その行動がその後、起きにくくなる。

　上記の定義が、正の強化と負の強化（第4章参照）の定義と対称関係をなしていることに注目してほしい。両者の定義における一番大きな違いは、強化が行動を強めたり、将来の生起確率を高めるのに対して、弱化は行動を弱めたり、将来の生起確率を低下させることにある。

　多くの研究者が、動物実験で行動に及ぼす弱化の効果を検討してきた。アズリンとホルツ（Azrin & Holz, 1966）は、弱化に関する初期の動物実験研究を展望している。そこで取り上げられた研究の多くは、彼ら自身が行ったものであった。この研究を皮切りにして、研究者たちは人間の行動に及ぼす正の弱化と負の弱化の効果について検討を始めた（Axelrod & Apsche, 1983）。たとえば、コートら（Corte, Wolf, & Locke, 1971）は、施設に居住している知的障害を伴う青年の支援の中で、弱化手続きの適用により自傷行動を軽減させた。ある対象者は自分の顔面を激しく叩いていたが、その人が自分の顔面を叩くたびに、研究者は腕に装着した装置で、叩いた直後に短い電気刺激を与えた（この電気刺激は痛み刺激ではあったが、有害というほどの強さではなかった）。その対象者が顔面を叩く回数は、1時間当たり300回から400回であったが、この手続きを導入してすぐにほぼ0回にまで減少した。

　ここで注意してほしいのは、この研究が1971年に行われたということである。電気刺激は、今日ではたとえそれが適用可能な場合であっても、基本的に使われない。それは倫理的に問題があるからである。ここでこの研究を引用したのは、弱化子として電気刺激を用いることを擁護するためではなく、正の弱化の基本原理を示すためである。

Q. この例が正の弱化にあたるのはなぜだろうか？

　この例が正の弱化にあたるのは、対象となった人が自分の顔面を叩くたびに痛み刺激が生起し、その結果、その行動が減少したからである。サジワジら（Sajwaj, Libet, & Agras, 1974）も、正の弱化を適用して、ある6歳児に見られた生命に危険を及ぼす反芻行動を軽減させている。この子どもの反芻は、反復的に食物を口の中に吐き戻し、それを再び飲み込むという行動であった。それは結果として、脱水症状や栄養失調をもたらし、ひどい場合には死に至る場合もある。その研究では、対象児が反芻をするたびに少量のレモン汁をその子の口の中に噴射する、という介入が行われた。その結果、反芻行動はすぐに軽減し、その子の体重は増加した。

　正の弱化のもう1つのタイプは、プレマックの原理（Premack principle）を応用したものである。プレマックの原理とは、ある人が高頻度行動をした後で低頻度行動をさせると、その高頻度行動の頻度が減少するというものである（Miltenberger & Fuqua, 1981）。別の言い方をすれば、問題行動を起こした後に、その人自身が望まない活動をさせるならば、その人はそれ以降問題行動をしなくなるというものである。ルースら（Luce, Delquadri, & Hall, 1980）はこの原理を利用して、発達遅滞を伴う6歳の男の子の攻撃行動をやめさせた。その男の子が教室内で誰かを叩くたびに、立ったり座ったりというスクワット運動を10回反復させるようにした。図6-1から分かるように、**随伴練習法**（contingent exercise）と呼ばれるこの弱化手続きによって、叩く行動をすぐに減らすことができた。

　図6-1から分かることの1つは、弱化を適用すると標的行動がすぐに減少したということである。消去も同様に行動を減少させるが、そのためには一般にかなり長い時間を必要とし、しかも行動の減少に先立って消去バーストという現象が起こることが多い。弱化の場合は、消去バーストは起きない。しかし、弱化にはそれ以外の副作用が起こる場合のあることが報告されている。このことについては後で詳しく述べる。

　負の弱化についても、数多くの研究がなされている。負の弱化で2つの代表的なものは、**正の強化からのタイムアウト**（time-out）**とレスポン**

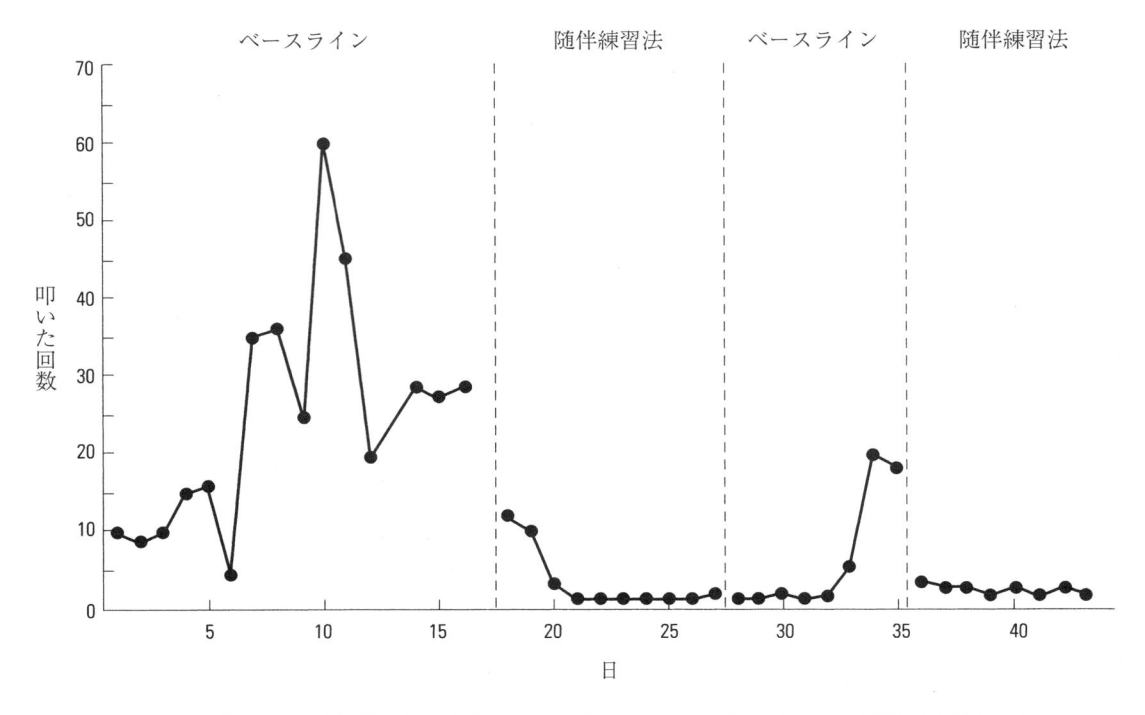

図6-1　このグラフは、随伴練習法と呼ばれる正の弱化によって、6歳の男の子の攻撃行動を減らしたことを示している。これは、ABAB 反転デザインを用いた研究であるが、ここではベースライン条件と介入条件が2回ずつ導入されている。(Luce, S., Delquadri, J., & Hall, R. V. [1980]. Contingent exercise: A mild but powerful procedure for suppressing inappropriate verbal and aggressive behavior. *Journal of Applied Behavior Analysis, 13,* 583-594. Copyright © 1980 University of Kansas Press.)

スコスト（response cost）である（第17章で詳しく述べる）。どちらにおいても、問題行動が生起した後に強化的な刺激や活動が撤去される。読者の中には、負の弱化と消去を混同する人もいるかもしれない。どちらも行動を弱める働きをする。消去では、行動を維持している強化が停止される。対照的に負の弱化では、行動が生起した後に、その他の正の強化子も撤去される。したがって、負の弱化において撤去される強化子は、その行動を維持している強化子とまったく同じというわけではない。たとえば、ジョニーが両親を困らせていて、その行動が両親の注目によって強化されているとする（両親は、ジョニーが困った行動をするたびに小言を言っていた）。この場合、消去では、ジョニーが困った行動をするたびにそれまで与えていた両親の注目を停止する。負の弱化では、ジョニーが困った行動をするたびに、その他の強化子も撤去することになる。たとえば、お小遣いや

好きなテレビを見るためのチャンネル権などを与えないようにする。どちらの手続きでも、結果として困った行動の生起頻度は減少する。

　クラークら（Clark, Row bury, Baer, & Baer, 1973）はタイムアウトを用いて、8歳のダウン症の女の子が示した攻撃行動と逸脱行動を軽減させた。タイムアウトでは、問題行動を起こした後、その人を短時間、強化事態から引き離す。この女の子の場合も、教室で問題行動を起こすたびに、小さなタイムアウト室に連れて行き、そこで一人で3分間座らせた。このタイムアウトの結果、彼女の問題行動はすぐに減少した（図6-2参照）。このタイムアウトでは、問題行動が起きた後に、教師が与えていた注目（社会的強化）と教室内に存在する他の強化子への接近機会が撤去されたのである（図6-3参照）。

　フィリップスら（Phillips, Philips, Fixsen, & Wolf, 1971）の研究では、入所治療プログラム

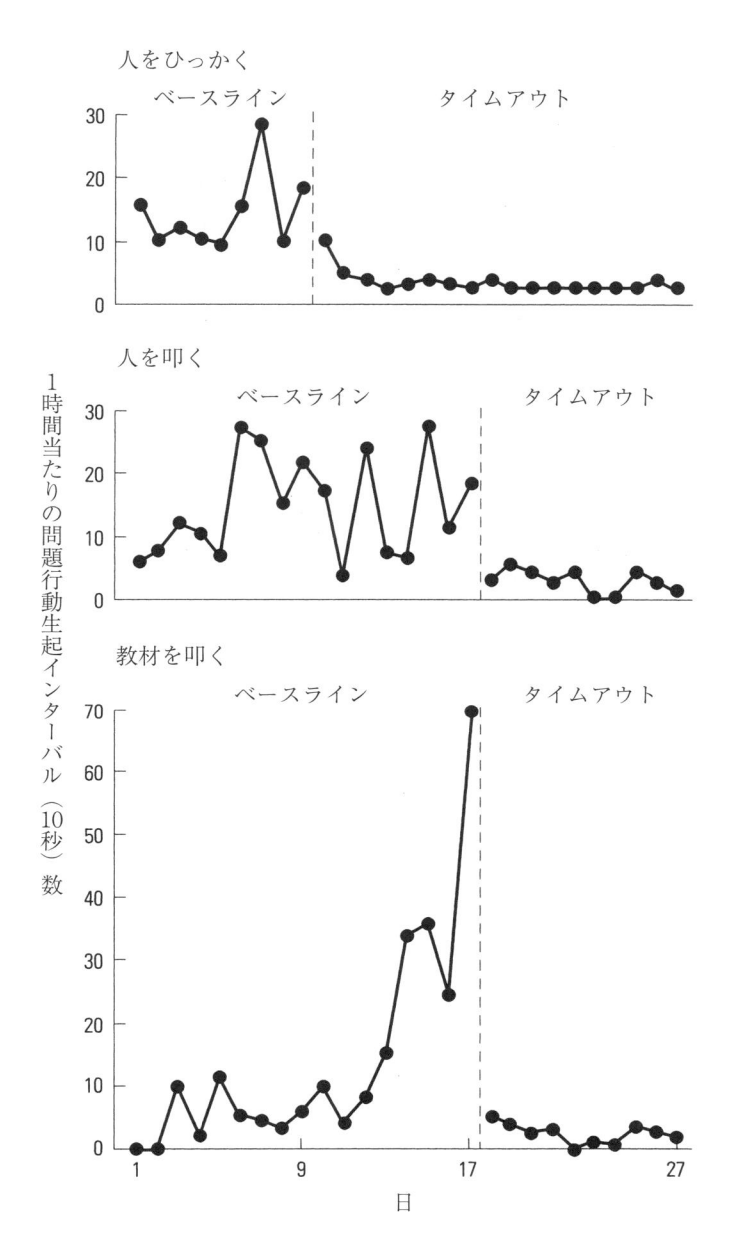

図6-2　このグラフは、ダウン症の女の子が示した攻撃行動と逸脱行動に対する負の弱化手続き（タイムアウト）の効果を示している。このグラフは、行動間多層ベースラインデザインを示している。タイムアウトは、一人の対象者の3つの異なる行動に対して適用され、いずれの標的行動も減っている。（Clark, H., Rowbury, T., Baer, A., & Bear, D. [1973]. Time out as a punishing stimulus in continuous and intermittent schedules. *Journal of Applied Behavior Analysis, 6,* 443-455.）

に参加した虞犯少年が適切な行動をするたびにポイントを与え、獲得したポイントを、お菓子、お金、何らかの特典といったバックアップ強化子と交換ができるようにした。この場合のポイントは、条件性強化子である。フィリップらはさらにレス

ポンスコストと呼ばれる負の弱化手続きを用いて、夕食への遅刻を減少させた。すなわち、少年たちが遅刻するたびに、獲得したポイントをいくつか失うようにした。その結果、夕食への遅刻は減り、少年たちは決まった時刻までに食堂に集まるよう

図6-3 この8歳の女の子は、教室で攻撃行動を起こすたびに、いつも小さなタイムアウト室に連れて行かれ、一人でそこに座っていなければならなかった。タイムアウト室で座っている間、彼女は教師の注目や他児からの注目、あるいはおもちゃへの接触、といった強化子に触れることができなかった。その結果、攻撃行動は減少した。

用語：正の弱化と負の弱化を区別しよう

　学生の中には正の弱化と負の弱化の区別がうまくできない者がいる。両者はともに弱化であるため、行動を弱める機能を持つ。唯一の違いは、行動に随伴して刺激が加わるか（正の弱化）、撤去されるか（負の弱化）である。正（positive）は、プラスあるいは足し算の記号（＋）を指し示していると考え、負（negative）は、マイナスあるいは引き算の記号（－）と考えよう。プラスの弱化では、行動の直後に刺激（嫌悪刺激）が加わり、マイナスの弱化は刺激（強化子）を減らしたり、取り除いたりする。行動の直後に刺激が加えられるか、取り除かれるかを考えれば、その違いは明確になるはずである。

になった。

Q. 表6-1に示した弱化の例を見てほしい。どの例が正の弱化で、どの例が負の弱化だろうか？答えは補足資料Aに示した。

　これらのすべての例において、結果としてそれ以降の行動生起が減少している。したがって、どの例においても、行動の結果事象となる刺激の提示ないし撤去が弱化として機能している。

無条件性弱化子と条件性弱化子

　強化と同様、弱化も人間の行動に影響を及ぼす自然な過程である。事象や刺激の中には、もともと弱化機能を持っているものがある。それは、そうした刺激との接触を回避したり最小限にしたりすることが生存にとって価値を持つ場合である（Cooper, et al., 1987）。痛み刺激や強い刺激は、

危険なことが多い。痛み刺激や強い刺激をもたらす行動は自然に弱められ、そうした刺激から逃避したり回避するような行動は自然に強められる。このような理由から、痛み刺激や強い刺激は、生物学的な意味で重要性を有していると言える。これらの刺激は、**無条件性弱化子**（unconditioned punisher）と呼ばれる。進化の過程で、先行学習や経験がなくても、われわれの行動はこうしたもともと嫌悪的な事態によって弱められるという性質が形成されてきたと考えられる。たとえば、極度の熱さや冷たさ、強烈な聴覚刺激や視覚刺激、あるいはあらゆる痛み刺激（電気刺激、切り傷、強打などによる）は、その刺激をもたらす行動を自然に弱める。もし、これらの刺激が無条件性弱化子でなかったとしたら、われわれは負傷や死をもたらす危険な行動をしやすくなる。火の中に手を入れない、太陽を直視しない、鋭利な刃物に触れない、冷たい雪や熱いアスファルトの上に素足で出ないことなどを、われわれは即座に学習する。それは、これらの行動によって、もともと弱化の機能を持つ結果事象がもたらされるからである。

弱化子のもう1つのタイプは、**条件性弱化子**（conditioned punisher）である。条件性弱化子は、無条件性弱化子や既存の条件性弱化子と対提示されることによって、弱化子として機能するようになった刺激や事象である。確立された弱化子と対提示されることによって、どのような刺激や事象も条件性弱化子になりうる。

「ダメ！」という言葉は、一般的な条件性弱化子である。この言葉はしばしば他の多くの弱化子と対提示され、それによってこの言葉自体がやがて弱化子になる。たとえば、もし子どもがコンセントに触ろうとして、両親が「ダメ！」と言ったとすると、その子どもはその後、あまりコンセントに触らなくなるだろう。また、その子が授業でつづりを間違えたとき、教師が「ダメ！」と言っ

た場合、その子がつづりを間違えることは減るだろう。「ダメ！」という言葉は**般性条件性弱化子**（generalized conditioned punisher）と考えられる。この言葉は、さまざまな無条件性弱化子や条件性弱化子と、多くの生活場面で対提示されるからである。ヴァン・ホーテンら（Van Houten, Nau, MacKenzie-Keating, Sameoto, & Colavecchia, 1982）は、教室で逸脱行動をした生徒に対して、繰り返し叱責することによって、彼らの逸脱行動が減少したことを明らかにした。この場合、叱責は生徒の逸脱行動に対する条件性弱化子であった。何か害の及ぶことをほのめかすことは、条件性弱化子になる。このような脅しは、しばしば過去の痛み刺激と結びついているため、条件性弱化子になる。

強化子の撤去と結びついた刺激も、条件性弱化子になる。駐車違反切符や速度違反切符はお金の消失（罰金）と結びついているために、これらの切符は多くの人にとって条件性弱化子になる。実際には、駐車違反切符や速度違反切符が条件性弱化子として機能するか否かには、弱化のスケジュールや弱化子の強度など多くの要因が関係している。スケジュールや強度、その他弱化の効力に影響を及ぼす要因については、この後でもう一度取り上げる。

親からの警告も、それがお小遣い、特典、好きな活動などの強化子の撤去と結びついている場合、条件性弱化子となる。その結果、子どもがよくない行動をしたときに親が警告を与えると、子どもはその行動をしなくなるかもしれない。顔の表情やいけないという目つきは、それが（親や教師など）重要な人物から注目されたり認められたりする機会の消失と結びついている場合には、条件性弱化子となるかもしれない。顔の表情はまた、叱られたり叩かれたりする嫌悪事態とも結びつき、その場合にも条件性弱化子としての機能を獲得す

行動		結果事象
子どもが食卓でゲップをする	直ちに	母親が腹立たしい顔つきで子どもを見る

その結果：子どもはその後、食卓で相変わらずゲップをしている。

るようになる（Doleys, Wells, Hobbs, Roberts. & Cartelli, 1976; Jones & Miller, 1974）。

　ここでもう一度、条件性弱化子は機能的に定義されるということを思い出してほしい。弱化子は、それが後続する行動を弱める場合に限り、弱化子と見なされる。もし、ある人が制限速度を超え、速度違反切符を切られた結果として、制限速度を超える行動が将来減少すれば、速度違反切符は弱化子として機能したことになる。しかし、もしその人が速度違反切符を切られた後も制限速度を破ることをやめなければ、違反切符は弱化子としての機能を持たなかったということになる。次の例を考えてみよう。

Q. この場合（訳注：前ページの下段の図）、母親が腹立たしい顔つきで子どもを見つめることは条件性弱化子と言えるだろうか？　また、その理由は何か？

　この母親のまなざしは、条件性弱化子とは言えない。なぜなら、食卓でゲップをする行動が弱められなかったからである。子どもはその行動をやめようとしなかった。母親のまなざしが正の強化として働いたか、あるいは子どもがゲップをしたときに家族が笑ったことがゲップをする行動を強化したと考えられる。あるいは、胃の不快感を和らげてくれるために、ゲップをする行動が自然に強化されているかもしれない。

強化と弱化の比較

　正の強化と負の強化、正の弱化と負の弱化には、重要な類似点と相違点がある、各々の原理の定義的特徴は、ある行動が生起した結果、何らかの結果事象が後続し、その結果事象が直前の行動の将来の生起確率に影響を及ぼす、というものである。

　強化と弱化の2つのタイプの類似点と相違点は、以下のようにまとめられる。

　■ 行動の後に刺激が提示される（あるいは出現する）場合（右の列）、そのプロセスは行動が強められるか（強化）、弱められるか（弱化）に応じて、正の強化あるいは正の弱化となる。

　■ 行動の後に刺激が撤去される（あるいは消失する）場合（左の列）、そのプロセスは、負の強化あるいは負の弱化となる。その行動が強められる場合には負の強化であり、弱められる場合には負の弱化である。

　■ 行動が強められる場合、そのプロセスは強化である（正または負の強化）

　■ 行動が弱められる場合、そのプロセスは弱化である（正または負の弱化）

　同じ状況で、違う行動に対して、それぞれの行動が生起した後に刺激が提示されるか撤去されるかにより、一方では強化、他方では弱化として機能するような刺激もある。キャシーとイヌの例を思い出してほしい。キャシーが棚の方へと手を伸ばしたとき、この行動には嫌悪刺激（イヌが彼女にかみついた）の提示が即時に伴った。このイヌのかみつきは正の弱化として機能した。すなわち、キャシーはその後、棚の方へ手を伸ばすことをしなくなった。しかし、もしキャシーがすばやく手を引っ込めた場合には、イヌにかみつかれることはなかった。手を引っ込めることによって、イヌ

行動の結果事象

その結果	刺激の提示	刺激の撤去
行動が強められる（将来、増える）	正の強化	負の強化
行動が弱められる（将来、減る）	正の弱化	負の弱化

正の弱化

行動		結果事象

| キャシーが柵の方へ手を伸ばす | 直ちに | イヌが彼女を噛む |

その結果：キャシーは、その後、柵の方へ手を伸ばさなくなる。

負の強化

行動		結果事象

| キャシーが手を引っ込める | 直ちに | イヌの噛みつきを回避できた |

その結果：キャシーは、その後、同様の痛み刺激の危険があるときには手を引っ込めるようになる。

にかみつかれる痛みを回避することができたので、その行動は強められた。これは負の強化である。このことから分かるように、ある行動の後にイヌにかみつかれた場合は、その行動は弱められ、ある行動の後にイヌのかみつきが回避されると、その行動は強められるのである。

　オーティスのフライパンの例では、熱くなっている取っ手をつかむことに対する即時の結果事象は、やけどという痛み刺激であった。その所産として、オーティスはその後、熱くなったフライパンの取っ手を素手でつかむことをしなくなった。これは正の弱化である。

Q. この例では、負の強化はどのような形で起きるか？

　オティスは鍋つかみを使うことによって、痛み刺激を回避することができた。その結果、熱くなったフライパンをつかむときには、鍋つかみを使うようになった（負の強化）。熱いフライパンに触れる行動は、痛み刺激の提示によって弱められるが、その一方で、鍋つかみを使う行動は、痛み刺激の回避によって強化される。

　ここで、同じ刺激が、ある行動には負の弱化として働き、別の行動には正の強化として働くことについて見ておきたい。行動が生起した後で強化子が撤去されると、その行動は弱まる（負の弱化）が、行動が生起した後で強化子が提示されると、その行動は強まる（正の強化）。すなわち、正の強化子が行動の後に提示されると、その行動は強められ、行動の後にその強化子が撤去されると、

負の弱化

行動		結果事象

| フレッドが日没後に自転車に乗る | それから | 自転車を 1 週間取り上げられる |

その結果：フレッドは日没後には自転車に乗らなくなる。

正の強化

行動		結果事象

| フレッドが両親に懇願する | それから | 自転車がフレッドに戻される |

その結果：フレッドは自転車を取り上げられると、両親に懇願するようになる。

その行動は弱められるのである。たとえば、フレッドの両親は、日没後に彼が自転車に乗っているところを見たら、自転車を1週間取り上げることにしていた。このやり方によって、日没後に自転車を乗り回す行動は減った（負の弱化）。しかし、数日後、フレッドは両親にもう一度自転車に乗りたいと懇願し、暗くなってからは乗らないことを約束した。両親はフレッドを許し、自転車を返した。その結果、その後、フレッドは自転車を取り上げられたときには、両親に懇願する行動が増えた（正の強化）。

弱化の効力に影響を及ぼす要因

弱化の効力に影響を及ぼす要因は、強化に影響を及ぼす要因と同じく、即時性、随伴性、動機づけ操作、個人差、刺激の強さである。

即時性

弱化子が行動の生起後、即時に提示されたり、強化子が即時に撤去されると、その行動が弱められる可能性が高くなる。別の言い方をすると、弱化の効力が高まるのは、行動の生起後、結果事象が即時に後続した場合である。行動と結果事象との間の遅延が大きくなるほど、その結果事象の弱化子としての効力は弱くなる。この点を明らかにするため、行動が生起した後しばらくしてから弱化子が提示された場合、どういうことが起こるかを検討してみよう。ある生徒が授業中に皮肉を込めた発言をしたとき、教師がすぐに注意するような視線をその生徒に向けた。その結果、その生徒は授業中に皮肉な発言をしなくなった。この場合、生徒が皮肉な発言をしてから、30分後に注意するような視線を向けても、その視線は皮肉な発言に対する弱化子としては機能しないだろう。その代わり、この30分後の教師の注意する視線は、その視線を向ける直前に生徒がしていた行動に対する弱化子として機能してしまう可能性がある。

随伴性

弱化の効力を高めるためには、弱化子は当該の行動が起こるたびに提示されなければならない。行動が起こるたびに弱化子が後続し、その行動が起きないときには弱化子が後続しない場合、弱化機能を有する結果事象が行動に随伴すると言う。弱化子は、行動に随伴する場合に、その行動を弱める効力をもつ。逆の言い方をすれば、弱化子の提示に一貫性がない場合には、効力が弱いということである。つまり、ある行動が起きても時々しか弱化子が後続しなかったり、その行動が起きていないときにも弱化子が後続するような場合には効力が弱い。もし、強化スケジュールが行動に影響を及ぼし続け、弱化が一貫性をもたず適用される場合には、同じ行動に対して、ある場合には強化子が後続し、ある場合には弱化子が後続する状況になる。このような場合、その行動は間欠強化スケジュールの影響を受け、かつ同時に間欠弱化スケジュールの影響も受けることになる。このように、並立強化スケジュールが弱化と競合する場合、弱化の機能は失われる。

空腹のラットが実験箱のレバーを押し、エサを受け取る場合、このラットはレバー押しを続けてするようになる。しかし、弱化子が導入され、レバー押しをするたびに電子刺激を受けるようになると、レバー押しをしなくなる。しかし、レバーを押してエサを受け取ることができ、その最中に時々電気刺激を受ける事態にすると、弱化子はあまり効力を持たなくなる。それは、弱化子が一貫性なく、もしくは間欠的に適用されているからである。この場合の弱化子の効力は、刺激の強度（電気刺激の強さ）、行動に随伴する頻度、エサに対する確立操作の強さ（ラットの空腹度）の影響を受ける。

動機づけ操作

確立操作（EO）と無効操作（AO）が強化子の効果に影響を与えるように、弱化子の効果にも影

響を与える。確立操作とは、結果事象の弱化子（または強化子）としての効果をより高める出来事や条件のことである。無効操作とは、結果事象の弱化子（または強化子）としての効果を低下させる出来事や条件のことである。

負の弱化の場合、摂取制限は強化子の喪失を、弱化子としてより効果的にする確立操作であり、反対に飽和は強化子の喪失の弱化子としての効果を低くする無効操作である。たとえば、食卓で行儀の悪い子どもにデザートを取り上げると言うと、（a）子どもがまだデザートを食べておらず、お腹が空いている場合（EO）には、より効果的な弱化子となる、（b）子どもがすでにデザートを2〜3口食べており、すでにお腹が満たされている場合（AO）には、効果が低い弱化子となる。行儀が悪いとお小遣いがもらえなくなると言うと、（a）子どもが他にお金を持っておらず、そのお小遣いでおもちゃを買おうとしている場合（EO）には、より効果的な弱化子となる、（b）子どもが最近、他の人からお金をもらっている場合（AO）、効果が低い弱化子となる。

正の弱化の場合、刺激事象の嫌悪性を高めるあらゆる事象や条件は、その刺激事象をより効果的な弱化子とし（EO）、刺激事象の嫌悪性を低める事象は、その弱化子としての効果を低下させる（AO）。たとえば、ある種の薬物（たとえば、モルヒネ）は、苦痛を伴う刺激の弱化子として効果を最小化する。他の薬物（たとえば、アルコール）は、社会的刺激（たとえば、仲間からの悪口）の弱化子としての有効性を低下させる。

Q. これらは確立操作の例か、あるいは無効操作の例か。

これらは無効操作の例である。なぜならば、いずれの場合も薬物が弱化子の効果を弱めているからである。指示や規則は、弱化子としての特定の刺激の効果を高めるかもしれない。たとえば、大工が弟子に「電動ノコギリが振動し始めると、ノコギリが傷ついたり刃が折れたりする可能性があ

強化と弱化における動機づけ操作の効果

確立操作（EO）	無効操作（AO）
強化子の効力を**高める**ことによって	強化子の効力を**低める**ことによって
■ 正の強化の効果を増加させる	■ 正の強化の効果を低下させる
■ 負の弱化の効果を増加させる	■ 負の弱化の効果を低下させる
嫌悪刺激の効力を**高める**ことによって	嫌悪刺激の効力を**低める**ことによって
■ 負の強化の効果を増加させる	■ 負の強化の効果を低下させる
■ 正の弱化の効果を増加させる	■ 正の弱化の効果を低下させる

弱化の効力に影響する要因

即時性	行動が生起した直後に提示されるとき、刺激は弱化子としてより効果的になる。
随伴性	行動に随伴して提示されるとき、刺激は弱化子としてより効果的になる。
動機づけ操作	一部の先行事象は、ある刺激を特定の時間において弱化子として、より効果的にする（EO）。一部の先行事象は、ある刺激を特定の時間において弱化子としての効果を低下させる（AO）。
個人差と刺激の強度	弱化子は個人個人で異なっている。また一般に、嫌悪刺激の強度が大きければ、より効果的な弱化子となる。

参考：弱化に影響する要因

　行動変容法における弱化の原理は、長年、研究者によって研究が積み重ねられてきた。弱化を使用する際に、1つの重要な推奨事項は、弱化とともに強化手続きを使用することである。たとえば、トンプソンら（Thompson, Iwata, Conners, & Roscoe, 1999）は自傷行動への弱化手続きの適用は、分化強化手続きをともに用いた場合に、より効果的になることを示した（彼らは自傷行動に弱化手続きを使用するのと同時に、望ましい行動を強化する手続きを用いた）。同様に、ヘンリーら（Hanly, Piazza, Fisher, & Maglieri, 2005）は、分化強化手続きに弱化手続きを付加した結果、強化手続きがより効果的になったことを示した。興味深いことに、この研究の参加児童は、強化手続き単独の適用よりも、強化と弱化を組み合わせた手続きの方をより好んだ。フォルンドランとラーマン（Vorndran & Lerman, 2006）は、強度の弱い弱化手続きは、より強度が強い弱化手続きと組み合わせて初めて効果があることを示した。またラーマンら（Lerman, Iwata, Shore, & DeLeon, 1997）の研究では、間欠弱化スケジュールは、連続弱化スケジュールよりも効果が低いが、対象者の中には連続弱化の後に間欠弱化を適用した場合には効果があったものもいた。

る」と言う。この指示の結果、電動ノコギリの振動は弱化子として確立される。その結果、振動を発生させる行動（たとえば、のこぎりを斜めに切る、のこぎりを強く押しすぎる）が弱められる。

Q. これは確立操作の例か、それとも無効操作の例か。

　これは確立操作の例である。なぜなら、その指示は振動の存在をより嫌悪的にし、あるいはノコギリの間違った使用に対する弱化子としてより効果的なものにしているからである。さらに、のこぎりを正しく使えば振動を避けることができるので、この行動は負の強化によって強められる。

個人差と弱化子の強度

　弱化の効力に影響を及ぼすもう1つの要因は、弱化子として機能する結果事象の特性である。弱化子として機能する事象は、人によって異なる（Fisher et al., 1994）。ある事象がある人にとって条件性弱化子として機能しても、それが他の人

には弱化子として機能しない場合がある。それは、人それぞれ経験や条件づけの歴史が異なっているからである。同様に、ある刺激が弱化子として機能するかどうかは、その強度にもよる。一般に、嫌悪刺激が強いほど弱化子として機能しやすい。しかし、これも人によりさまざまである。たとえば、蚊に刺されることは、たいていの人にとって軽い嫌悪刺激となる。藪に入るときに半ズボンをはくことは、脚を蚊に刺されることによって弱められ、長ズボンをはく行動は負の強化によって強められる。しかし、蚊に刺されるからといって外に出るのを嫌がる人もいれば、外を歩き回って蚊に刺されることをあまり気にしない人もいる。蚊に刺されることが弱化子となる人もいれば、弱化子とならない人もいるのである。しかし、ハチに刺された強い痛みであれば、蚊の例とは対照的に、たいていの人にとって弱化子として機能する。ハチに刺されるような行動はしなくなり、ハチに刺されることを避ける行動をとるようになる。ハチに刺されることは、蚊に刺されるよりも強度が強いため、弱化子としての効力が高くなる。

弱化の適用に関する問題点

弱化の適用については、たくさんの問題点が指　摘されている。特に、痛み刺激や他の嫌悪刺激を

用いる正の弱化の場合には、十分な検討が必要とされる。たとえば、次のような問題がある。

■ 弱化は、攻撃行動や他の情動的な問題などの副作用をもたらすことがある。

■ 弱化を適用することによって、弱化を受けた人が、その結果として逃避行動や回避行動を学習することがある。

■ 弱化を適用することによって、それを実行した人は負の強化を受けることになり、その結果、弱化の誤用や過剰適用につながることがある。

■ 弱化が適用されると、その使用がモデルとなり、弱化が用いられる様子を見ていた人や弱化を受けた人自身が、将来、弱化を用いやすくなる場合がある。

■ 最後に、弱化には多くの倫理的問題と適用可能性に関する問題がある。この問題については、第 18 章で詳細を述べる。

弱化に対する情動反応

人間以外の実験動物を用いた行動論的な研究は、痛み刺激を弱化子として提示した場合に、攻撃行動や他の情動反応が生じることがあることを明らかにしている。たとえば、アズリンら（Azrin, Hutchinson, & Hake, 1963）は、痛み刺激（電気刺激）の提示によって、実験動物に攻撃行動が生じることを明らかにした。この研究では、サルが電気刺激を受けたとき、即時にそばにいたサルに攻撃を加えた。このような攻撃行動や他の情動反応によって痛み刺激や嫌悪刺激が停止されたので、この場合、そうした行動は負の強化を受けていた。したがって、（嫌悪刺激の発生源に向けられた逃避的な）攻撃行動をする傾向は、生存にとって価値のあるものとなる。

逃避と回避

弱化手続きにおいて嫌悪刺激が用いられるときは、常に逃避行動や回避行動の機会が設定される。嫌悪刺激の提示から逃避したり回避したりする機能を持つ行動は、負の強化によって強められる。したがって、標的行動を減少させるために、標的行動が生起した後に嫌悪刺激を提示しても、そう

した嫌悪刺激を停止させたり回避するような行動は強化される（Azrin, Hake. Holz, & Hutchinson, 1965）。たとえば、子どもは自分を叩こうとする親から、逃げたり隠れたりする。人は嫌悪刺激を避けるために嘘をついたり、嫌悪刺激を提示する人に寄りつかなくなることもある。弱化手続きを導入する際には、不適切な逃避行動や回避行動が形成されないように十分な注意が必要である。

弱化を適用する場合の負の強化

研究者の中には、弱化が誤用されたり過剰適用されやすい理由として、弱化を導入する人自身が負の強化を受けていることを指摘している者もいる（Sulzer-Azaroff & Mayer, 1991）。

Q. 弱化の適用がどうして負の強化になるかを説明しなさい。

弱化が適用されると、問題行動は即座に減少する。弱化によって減少した行動が、弱化を使用する人にとって嫌悪的である場合、弱化の使用は、嫌悪的な行動が起こらなくなることによって負の強化を受ける。その結果、その人は将来、同じような状況で弱化を用いることが多くなる。たとえば、ホプキンス博士は、授業中の学生の私語をたいへん嫌がっていた。授業中に誰かが私語を始めると、ホプキンス博士はいつも授業を停止し、怒りのまなざしをその学生に向けた。博士がこのようにすると、その学生は授業中の私語をやめた。結果として、ホプキンス博士のこの行動は、授業中の私語の停止により負の強化を受けた。ホプキンス博士は頻繁にこの「凝視」を用いており、このことは大学中で有名になっていた。

弱化とモデリング

弱化を頻繁に用いる人を観察した人は、自分自身が同じような状況に出合ったときに弱化の手続きを用いやすくなる。このことは、特に子どもの場合によく当てはまる。それは、子どもの場合、適切な行動と不適切な行動の発達において、観察学習が主要な役割を果たしているからである（図

図6-4　弱化を適用する場合の1つの問題は、この図に示したように、観察学習が生じる可能性があることである。

6-4参照）。たとえば、自分自身が頻繁に叩かれたり、攻撃行動を観察する機会の多かった子どもは、自分自身も攻撃行動をする可能性が高くなる（Bandura, 1969; Bandura, Ross, & Ross, 1963）。

倫理的問題

　専門家の間でも、他人の行動を変えるための弱化手続きの使用、特に痛みを伴う刺激や嫌悪刺激を用いることが倫理的であるかどうかについて議論がある（Repp & Singh, 1990）。弱化の使用は正当化できないという意見もある（Meyer & Evans, 1989）。また、その行動が有害でかつ深刻であり、したがって個人にとっての潜在的利益が大きい場合には、弱化の使用は正当化されるかもしれないと主張する人もいる（Linscheid, Iwata, Ricketts, Williams, & Griffin, 1990）。弱化手続きを行動変容法として用いる前に、倫理的問題を考慮しなければならないことは明らかである。認定行動分析士に遵守が求められている倫理ガイドラインには、（a）弱化手続きの使用を検討する前に強化手続きが用いられるべきであり、（b）もし弱化手続きを必要とするのであれば、代替行動に対する強化と併用されるべきである（第15章参照）と書かれている（Bailey & Burch, 2011）。調査によると、弱化手続きは強化や他の原理を用いる行動変容手続きよりも、専門職の間ではるかに受け入れられにくいことが示されている（Kazdin, 1980; Miltenberger, Lennox, & Erfanian, 1989）。専門職は、弱化に基づく行動変容手続きの使用を決定する前に、多くの問題を考慮しなければならない。加えて、弱化手続きは、常に機能的アセスメントや機能的介入、問題行動を予防するための戦略、及び望ましい行動を強化するための正の強化手続きと併用される必要がある（これらの問題については第13～18章を参照のこと）。

まとめ

1．弱化は基本的な行動原理の1つである。その 　　　　定義には次の3つの要素がある。①ある行

動が生起した後に、②即時に結果事象が後続
し、③その行動がその後、起きにくくなる。
2．弱化（罰）に関するよくある誤解は、不適切
な行動をした人に対して害を与えるとか、懲
罰を与えるというものである。罰（弱化）は
1つの行動原則を表す専門用語であるが、一
般の人には、法的な意味や倫理的なニュアン
スとして受け取られやすい。
3．弱化には2つのタイプがある。正の弱化の場
合には、ある行動が生起した後に、何らかの
刺激が提示される。負の弱化の場合には、あ
る行動が生起した後に何らかの刺激が撤去さ
れる。いずれの場合もその行動は将来起きに

くくなる。
4．弱化子にも無条件性弱化子と条件性弱化子の
2種類がある。無条件性弱化子は自然に存在
し、条件性弱化子は中性刺激が無条件性弱化
子や既存の条件性弱化子と対提示された後に
弱化機能を持つようになったものである。
5．弱化の効力に影響を及ぼす要因としては、即
時性、随伴性、確立操作、個人差、刺激の強
度がある。
6．弱化の適用に関する問題には、弱化に伴う情
動反応、逃避行動や回避行動の促進、負の強
化、弱化使用のモデリング、倫理的問題がある。

キーワード

条件性弱化子
般性条件性弱化子
正の弱化
負の弱化
弱化子

弱化
レスポンスコスト
正の強化からのタイムアウト
無条件性弱化子

練習問題

1．弱化の定義を述べなさい。
2．罰という言葉が持つ一般的な意味を述べなさ
い。また、行動変容法における罰（弱化）と
の意味の違いを説明しなさい。
3．自分自身の日常生活の中での弱化の例を挙げ
なさい。また、それらの例の中で正の弱化と
負の弱化を区別し、その理由も説明しなさい。
さらに、条件性の弱化と無条件性の弱化を区
別し、その理由も述べなさい。
4．行動変容法における弱化の定義は機能的定義
である。この場合の「機能的」の意味を説明
しなさい。
5．正の弱化の定義を述べ、その例も挙げなさい。
6．負の弱化の定義を述べ、その例も挙げなさい。
7．（a）無条件性弱化子とは何か？　（b）弱化
子が生物学的重要性を持つとは、どういう意
味か？　（c）無条件性弱化子の例を挙げな

さい。
8．（a）条件性弱化子とは何か？　（b）刺激は
どのようにして条件性弱化子となるか？
（c）日常生活における条件性弱化子の例を
挙げなさい。
9．嫌悪刺激はどのように正の弱化と負の強化に
関与するのか、例を挙げて説明しなさい。
10．強化子はどのように負の弱化と正の強化の
両方に関与するのか、例を挙げて説明しな
さい。
11．即時性は弱化の効力にどのように影響を及
ぼすか、説明しなさい。
12．一貫性あるいは弱化スケジュールは、弱化
の効力にどのように影響を及ぼすか、説明
しなさい。
13．確立操作とは何か？　それが弱化の効力
にどのように影響を及ぼすか、例を挙げて

説明しなさい。無効操作とは何か？　それが弱化の効力にどのように影響を及ぼすか、例を挙げて説明しなさい。

14. 刺激の強度は、その刺激の弱化子として効力にどのように影響を及ぼすか、説明しなさい。

15. 弱化の適用に関わる問題点を5つ挙げ、説明しなさい。

16. 以下に挙げた例を、正の弱化、負の弱化、消去のいずれかに分類しなさい。またその際、それぞれ次の3つの点を確認しなさい。

■ 標的行動は何か？

■ 標的行動が生起した直後に何が起きたか（刺激が提示されたのか、撤去されたのか、あるいは行動に対する強化子が保留されたのか）。

■ 標的行動はその後どうなったか（弱まったのか？　生起しにくくなったか？）。

　a．レイチェルは毎朝早起きしては、クッキーをつまみ食いしていた。母線はそれを知って、クッキーを取り出せないようにした。するとレイチェルは、それ以後、クッキーをつまみ食いしなくなった。

　b．ヘザーはハロウィンのとき校舎に卵を投げつけた。校長は彼女を捕まえ、学校中の窓を磨かせた。その後ヘザーは、二度と校舎に卵をぶつけなくなった。

　c．ダグはハロウィンのときに隣の家に卵を放り投げた。両親は彼を捕まえ、隣人に掃除代として25ドルを支払わせた、その後ダグは、そのようないたずらを二度としなくなった。

　d．ラルフが教室で悪態をついたとき、教師は注意する視線を送った。その後ラルフは、教室で悪態をつくことをしなくなった。

　e．スージーは長時間テレビを見て、好き放題にリモコンでチャンネルを変えていた。ある日リモコンが動かなくなった。彼女は何度か試してみた後、結局それを使うのをやめた。

　f．ビルが妹を叩いたので、その週、母親は彼にお小遣いを与えなかった。その結果、彼はその後、妹を叩かなくなった。

　g．アマンダはフェンスをよじ登って、リンゴ園に忍び込もうとした。フェンスには電気が通っていて、彼女は感電した。それ以降、彼女はけしてそのフェンスをよじ登ろうとはしなくなった。

補足資料Ａ

1. 正の弱化。自転車に乗って下を見る行動をした結果、エドは車にぶつかり、その瞬間、痛み刺激が起きた。

2. 負の弱化。他人を叩いたら、おもちゃで遊んだり、友人と遊ぶことが禁止された。

3. 負の弱化。芝刈り機でホースを切断したら、弁償させられた。

4. 正の弱化。運転しているときに、本を読んでいたら事故を起こした。

5. 負の弱化。ヘレンは離席するたび、ポーカーチップを失った。

6. 正の弱化。妻の料理にケチをつけたことで、妻の冷たい視線という嫌悪刺激が提示された。

第7章　刺激性制御：弁別と般化

学習のポイント

■ 先行事象とは何か？　それはオペラント行動の刺激性制御とどのように関係しているか？

■ 刺激性制御は、刺激弁別訓練によってどのように確立されるか？

■ 三項随伴性とは何か？

■ 般化とは何か？　それは弁別とどのように違うか？

　強化、消去、弱化について論じる中で、われわれはオペラント行動の制御における結果事象の重要性について考えてきた。オペラント行動は、強化的な結果が後続したときに強められる。そして、強化的な結果が後続しなくなると弱められる（消去）。嫌悪的な結果も行動を弱める。行動のこれらの原理——強化、消去、弱化——は、なぜ行動が増加したり、生起し続けたり、減少したりあるいは生起しなくなったりするかを説明する。オペラント行動はその結果によって制御されているので、行動分析家は、行動が生起する原因を理解するため、行動の後に続く事象を分析し、行動を変容させるために結果事象を操作する。

　本章では、オペラント行動についてこれまで述べてきた分析をさらに拡大し、オペラント行動が生起する前の刺激事態である**先行事象**（antecedent）の重要性について解説する。行動の先行事象は、行動が生起したとき、あるいは生起する前に存在していた刺激事態や状況あるいは出来事である。オペラント行動の理解とその変容のためには、行動の結果事象だけでなく、先行事象についても分析することが重要である。したがって、本章では先行事象（antecedents）‐行動（behavior）‐結果事象（consequences）、つまりオペラント行動の ABC に焦点を当てる。

Q. オペラント行動の先行事象を理解することが重要なのはなぜだろうか？

　われわれがオペラント行動の先行事象を理解するとき、その行動が強化された状況あるいは強化されなかったり弱化されたりする状況についての情報を得る。行動は、過去に強化されたことのある状況において生起し続ける。また、過去に強化されなかったか、あるいは弱化された状況では生起しなくなる。これまで見てきたように、強化、消去、弱化の効果は、状況特定的（situation-specific）である。次の例について考えてみよう。

刺激性制御の例

　急な出費が必要になったとき、ジェイクはいつも母親にねだり、母親は彼にお金を渡している。彼が父親にお金をねだったときは、父親はそれを断るだけでなく、仕事に就くよう説教する。その結果、ジェイクはいつも父親ではなく母親にお金を要求していた。

　このように、お金を要求する行動は1つの状況（母親と一緒にいる状況）で強化され、もう1つの状況（父親と一緒にいる状況）では強化されない。その結果として、強化された状況でその

先行事象	行動	結果事象
母親の存在	お金の要求	母親はお金を渡す
父親の存在	お金の要求	父親はお金を渡さない

その結果：ジェイクは母親にお金を要求し、父親にはお金を要求しなくなる。

行動が生起し続ける一方で、強化されない状況では生起しなくなる。つまり、ジェイクは母親にだけお金を要求するようになる。母親の存在は、ジェイクがお金を要求する行動の先行事象の1つである。私たちは、母親の存在がジェイクのお金を要求する行動の刺激性制御を獲得したと言える。もう1つ注目すべき重要な点は、ジェイクは彼が必要なときにだけ母親にお金を要求したということである。つまり、それは確立操作が存在したときのみであるということである。もし確立操作が存在しなければ（彼が買いたいものが特になければ）、彼は母親にお金を要求したりはしないであろう。

　もう1つ別の例を考えてみよう。ジニーは、裏庭の茂みでイチゴを採るために、外に出る。彼女が真っ赤なイチゴを採ったとき、それはよく実っていて甘くておいしかった。少し緑色が残ったイチゴを採ったときは、すっぱくて、固くて、あ

まりおいしくなかった。彼女がイチゴを採って食べることを続けるにつれ、赤いものしか選ばなくなる。この場合、赤いイチゴが先行事象である。赤いイチゴを採って食べる行動は強化され、その結果として、彼女が赤いイチゴを採って食べる可能性は高まる。緑のイチゴを食べる行動は強化されないので、彼女は緑のイチゴは採らなくなる。赤いイチゴだけを食べ、緑のイチゴを食べないのは、刺激性制御の例である。赤いイチゴの存在が、ジニーのイチゴを採って食べる行動に対する刺激性制御を獲得したと言うことができる。ここでまた注目すべき重要な点は、確立操作が存在しているとき（彼女が空腹であったり、調理するためにイチゴが必要であったり、あるいは他の人にイチゴを手に入れてほしいと頼まれているなど）のみ、彼女は赤いイチゴを採るだろう。確立操作が存在していなければ、彼女はイチゴを採ることはしないであろう。

先行事象	行動	結果事象
赤いイチゴ	ジニーがそれを採って食べる	おいしい
緑のイチゴ	ジニーがそれを採って食べる	まずい

その結果：ジニーは赤いイチゴを採って食べ、緑のものを食べなくなる。

刺激性制御の定義

　この2つの例は、**刺激性制御**の原理を示している。それぞれの例において、行動はある特定の先行事象が存在するときに生起する可能性が高まった。ジェイクの場合、お金を要求したときに存在した先行事象が母親だった。ジニーに関しては、

イチゴを採って食べたときの先行事象が赤いイチゴの存在だった。ある特定の先行事象、あるいはある**刺激クラス**に含まれる刺激メンバーが存在しているときに行動の生起確率が高まる場合、その行動は刺激性制御を受けていると言う（赤いイ

チゴというのは、1つの刺激クラスを表している。あらゆる赤いイチゴが、この刺激クラスのメンバーである）。

Q. あなた自身の行動の中で、刺激性制御を受けているのはどのような行動だろうか？

この質問に答えるために、ある決まった状況や環境（すなわち、ある特定の先行事象が存在するとき）でのみ生じる読者自身の行動について考えてみよう。おそらく、自分自身の行動のほとんどすべてが刺激性制御を受けているということに気づくだろう。行動は手当たり次第に生起するということはなく、過去に強化されたことのある状況や環境において生起する。表7-1は、刺激性制御を受けている行動の例を示したものである。

表7-1のそれぞれの例には、先行事象、行動、結果事象が示されている。それぞれの例において、行動は先行事象が存在しているときに生起する可能性が高まる。それはどうしてだろうか？　先行事象が存在しているときにその行動が生じるのは、その状況がその行動の強化された唯一の状況だからである。それぞれの例について考えてみよう。

■ある男性が「愛している」と言うことは、その妻によって強化される。もし彼が職場の人に「愛している」と言ったら、相手の人たちはその行動を強化しないだろう（かえって軽蔑のまなざしで見られるだろう）。その結果、彼は妻だけに「愛している」と言うようになる。

■赤信号で止まることは、事故や反則切符を回避できることによって強化される（負の強化）。

表7-1　刺激性制御の例

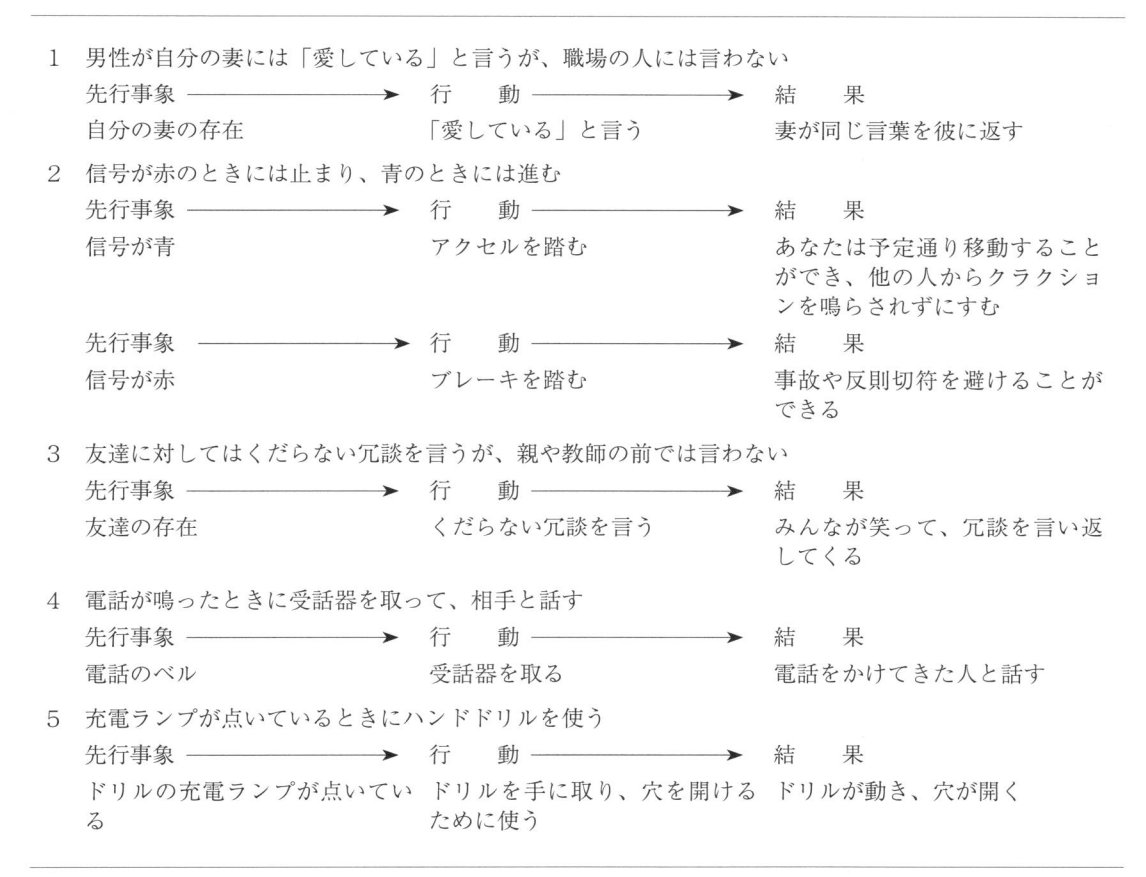

1　男性が自分の妻には「愛している」と言うが、職場の人には言わない

先行事象 ⟶	行　動 ⟶	結　果
自分の妻の存在	「愛している」と言う	妻が同じ言葉を彼に返す

2　信号が赤のときには止まり、青のときには進む

先行事象 ⟶	行　動 ⟶	結　果
信号が青	アクセルを踏む	あなたは予定通り移動することができ、他の人からクラクションを鳴らされずにすむ

先行事象 ⟶	行　動 ⟶	結　果
信号が赤	ブレーキを踏む	事故や反則切符を避けることができる

3　友達に対してはくだらない冗談を言うが、親や教師の前では言わない

先行事象 ⟶	行　動 ⟶	結　果
友達の存在	くだらない冗談を言う	みんなが笑って、冗談を言い返してくる

4　電話が鳴ったときに受話器を取って、相手と話す

先行事象 ⟶	行　動 ⟶	結　果
電話のベル	受話器を取る	電話をかけてきた人と話す

5　充電ランプが点いているときにハンドドリルを使う

先行事象 ⟶	行　動 ⟶	結　果
ドリルの充電ランプが点いている	ドリルを手に取り、穴を開けるために使う	ドリルが動き、穴が開く

■ 友達にくだらない冗談を言うことは、笑いと注目によって強化される。しかし、親にそのような冗談を言っても強化されず、かえって軽蔑されたり叱られたりすることによって弱化されるかもしれない。その結果、くだらない冗談は友達だけに言うようになる。

■ 呼び出し音が鳴ったときに受話器を取る行動は、電話をかけてきた人と話すことで強化される。呼び出し音が鳴らないのに受話器を取る行動は、誰とも話せないので強化されない。その結果、呼び出し音が鳴ったときのみ受話器を取るようになる（こちらから電話をかけるときを除いて）。

■ 充電済みのランプが点いているときにハンドドリルを使う行動は、それが動くことによって強化される。ランプが点いていないときにハンドドリルを使う行動は、それが動かないために強化されない。その結果、充電済みのランプが点いているときだけハンドドリルを使うようになる。

刺激性制御の確立：刺激弁別訓練

上記の例から分かるように、刺激性制御は、特定の先行事象が存在するときにのみ強化されることによって確立される。結果として、その行動はその後、先行事象が存在したときにのみ生起するようになる。行動が強化されたときに存在している先行事象を、**弁別刺激**（S^D: discriminative stimulus）と呼ぶ。特定の先行事象（弁別刺激）が存在するときにのみ行動が強化される過程は、**刺激弁別訓練**（stimulus discrimination training）と呼ばれる。

刺激弁別訓練には2つの段階がある。

1. 弁別刺激（S^D）存在するときに、行動が強化される。
2. 弁別刺激とは異なる先行事象が存在するときには、行動が強化されない。刺激弁別訓練の過程で、行動が強化されないときに存在している先行事象を**非強化先行刺激**（S^Δ：エスデルタ）と呼ぶ。

刺激弁別訓練の結果として、その行動は将来S^D が提示されたときに生起する可能性が高まり、S^Δ が提示されたときに生起する可能性は低くなる。これが刺激性制御の定義である。大事なことは、S^D の提示が行動を生起させる原因ではないことである。このことはぜひ覚えておいてほしい。正確に言えば、S^D は過去の行動の強化と結びついていたために、その提示によって行動の生起確率が高まるのである。つまり、強化が原因となって、S^D が提示されているときに行動が生起するのである。

実験室での弁別訓練

ホランドとスキナー（Holland & Skinner, 1961）の実験では、空腹のハトが小さな実験室の中に入れられた。ハトの目の前の壁には、その実験で重要な役割を果たす丸い円盤（キー）と赤と緑の2つのライトが設置されていた。ハトには物を突く習性がもともとある。キーをつついたとき、少量の食べ物が実験室の開口部から提示され

用語：弁別刺激が行動を引き起こす

■ 行動が刺激性制御のもとに置かれたとき、弁別刺激は行動を引き起こす。

■ 弁別刺激が行動を引き起こすという表現は、弁別刺激が存在している状況において、行動の生起する可能性が高いという表現と同じ意味である。

■ 弁別刺激が行動を喚起するためには、確立操作の存在が必要である。

先行事象	行動	結果事象
赤いライト	ハトがキーをつつく	エサが与えられる
緑のライト	ハトがキーをつつく	エサが与えられない

その結果：ハトは赤いライトが点いているときだけキーをつつくようになる。

た。食べ物は、キーをつつく行動を強化していた。

Q. ホランドとスキナーは、ハトのキーつつき行動を、赤い光の刺激性制御下に置くためにどのような方法を用いただろうか？

　彼らは、赤いライト（S^D）が点いているときにハトがキーをつついた場合に、食べ物を必ず提示する（強化）ことにした。緑のライト（S^Δ）が点いているときにハトがキーをつついた場合には、食べ物を与えなかった（消去）。刺激弁別訓練の過程を通じて、ハトはライトが赤のときにはキーをつつく可能性が高まり、ライトが緑のときにはキーをつつく可能性が低くなった。赤い光はキーつつきが強化される合図となり、緑の光はキーつつきが強化されないことの合図となった。

　同様の実験で、ラットのレバー押しがエサで強化されることによって、実験室内でラットはレバーを押すことを学習した。その後、刺激弁別訓練によって、ラットはある決まった音が先行事象として提示されたときだけレバーを押し、別の音が提示されたときにはレバーを押さないことを学習した（Skinner, 1938）。

　同じように、小学校の児童が教室の外に出る行動は、休み時間のチャイムの刺激性制御を受けている。チャイムが鳴るとすぐに、子どもたちは立ち上がって外へ遊びに行く。この行動は、休み時間に楽しく遊ぶことによって強化される。もし児童がチャイムの鳴る前に立ち上がった場合には、その行動は強化されない（教師が遊びに行かせないようにするだろう）。チャイムが鳴った後に教室を出て行ったときだけ強化されるので、休み時間のチャイムは、教室から外に出る行動のS^Dとなる。

Q. 表7-1に示した刺激性制御の例について、それぞれのS^DとS^Δを指摘しなさい。解答は、表7-2に示した。

弁別訓練によって読み書きを習得する

　読むことは刺激弁別訓練の過程を通じて習得される行動である。われわれの読み行動は、本のページに書かれた文字や単語の刺激性制御を受けている。「いぬ」という文字が見えると、われわれは「いぬ」と言う。異なる文字の配列の場合に「いぬ」と言うと、その反応は不正解となる。子どものときに経験するこのような刺激弁別訓練の過程を通じて、文字を正しく読む行動を学習する。

　この例で注意すべき点は、大人の「違う」という反応が条件性弱化子であるということである。

　読むことを学習するにしたがって、50音それ

先行事象	行動	結果事象
高いピッチの音	ラットがレバーを押す	エサが提示される
低いピッチの音	ラットがレバーを押す	エサが提示されない

その結果：ラットは、高いピッチの音が提示されているときだけレバーを押すようになる。

表7-2　表7-1の例における弁別刺激（S^D）と非強化先行刺激（S^Δ）

例	行動	S^D	S^Δ
1	「愛している」と言う	妻	職場の同僚
2	信号で止まる	赤信号	青信号
3	冗談を言う	友達	親や教師
4	受話器を取る	電話のベル	ベルが鳴っていない状況
5	ハンドドリルを使う	充電ランプが点いている	ランプが点いていない

先行事象	行動	結果事象
いぬ（S^D）	子どもが「いぬ」と言う	教師や親から褒められる
他の単語（S^Δ）	子どもが「いぬ」と言う	教師や親から「違う」と言われる

その結果：「いぬ」という文字が提示されたとき、子どもは「いぬ」と言い、それ以外の文字の配列を見たときには「いぬ」と言わなくなる。

ぞれの文字に対応する音を弁別できるようになり、さらにそれによって何千という単語を読むことができるようになる。このようなことが可能になるのは、1つの文字と1つの音、1つの文字配列と1つの単語とがそれぞれ結びついているからである。われわれが文字を見て正しく発音したり、単語を見て正しく読むと、教師や親から称賛によって強化される。このようにして、われわれの読み行動は、文字や単語の刺激性制御を受けるようになる。

Q. 刺激弁別訓練によって単語を書く行動は、どのように説明できるだろうか？

単語を書く場合、音読された単語がS^Dとなり、それに対する反応はその単語をつづること、あるいは言う（たとえば、「いぬ」と書いた場合、「い」「ぬ」と音読する）ことである。文字を正しく書いたり言ったりできたときには、何らかの形で強化される。

刺激弁別訓練の結果、文字を書く行動は刺激性制御を受けるようになる。耳にした特定の単語（および事物や経験したこと）は、それぞれ1つの強化された正しいつづりと結びついている。間違ったつづりを書く行動は強化されずに弱化される。そして、やがてそうした文字は書かなくなる。

先行事象	行動	結果事象
教師が「『木』と書きなさい」と言う（S^D）	「木」と書く	教師に褒められる
教師が「『魚』と書きなさい」と言う（S^Δ）	「木」と書く	教師に「違う」と言われる

その結果：教師が「『木』を書きなさい」と言ったときに「木」と書く確率が高くなるが、他の語を聞いたときには「木」と書かなくなる。

先行事象	行動	結果事象
煮立ったスープ	一口味見する	痛み刺激（口をやけどする）
煮立っていないスープ	一口味見する	痛みがない

その結果：スープが煮立っているときには味見をしなくなる。

刺激弁別訓練と弱化

　刺激弁別訓練は、弱化によっても生じる可能性がある。ある先行事象が存在するときに行動が弱化されると、将来、この行動はその刺激があるところでは生起する可能性が低くなるか、あるいは生じなくなる。一方、その行動は別の刺激があるときには生起し続けるだろう。たとえば、スープを温めているときに、味見をしようとして口をやけどした場合、その結果として、その後、煮立ったスープを口に運ぶ可能性は低くなるだろう。しかし、スープが煮立つ前であればやけどすることはないので、スープを口まで運ぶかもしれない。

　スープが煮立っている状態は弁別刺激である。なぜならば、それはスープの味見が弱化される合図となっているからである。刺激性制御が確立す

るのは、煮立っているスープの味見をしなくなったときである。別の例を考えてみよう。図書館で、大声で話したり笑ったりすると、図書館の職員は静かにするように注意するか、図書館から出ていくよう指示するだろう。しかし、大声で話したり笑ったりすることは、他の多くの状況（たとえば、パーティやスポーツの最中など）では弱化されない。すなわち、大声で話したり笑ったりする行動が図書館の中で生起する可能性は低くなるが、行動が弱化されていない他の多くの場面ではその後も生起し続ける。

　図書館は、大声で話したり笑ったりすることが弱化されることを示す弁別刺激である。図書館で大声を出さなくなったとき、その行動は図書館の刺激性制御下に置かれたことになる。

先行事象	行動	結果事象
図書館の中	大声で笑ったり話したりする	注意される
パーティ会場	大声で笑ったり話したりする	注意されない

その結果：図書館では、大声で話したり笑ったりしなくなる。

三項随伴性

　スキナー（Skinner, 1969）によれば、刺激弁別訓練は**三項随伴性**（three- term-contingency）を含んでいる。三項随伴性とは、S^D と呼ばれる特定の先行事象が存在しているときにのみ、当該の行動の生起に結果事象（強化子あるいは弱化子）が随伴することである。これまで見てきたように、三項随伴性は先行事象と行動と結果事象の関係性

を意味している。行動分析家はしばしばこれを行動の ABC（antecedents, behavior, consequences）と呼ぶ（Arndorfer & Miltenberger. 1993: Bijou. Perterson, & Ault, 1968）。強化に関する三項随伴性は、次のように表される。

$$S^D \rightarrow \quad R \quad \rightarrow S^R$$

S^D は弁別刺激、R は反応（行動）、S^R は強化子（あるいは強化刺激）である。弱化に関する三項随伴性は、次のように表される。

$$S^D \rightarrow \quad R \quad \rightarrow S^P$$

この場合、S^P は弱化子（弱化刺激）である。

これまで見てきたように、特定の先行事象があるときだけ当該の行動が強化されたり弱化されたりすることによって、その行動は先行事象の刺激性制御下に置かれる。同じことは消去についても言える。行動が特定の状況（特定の先行事象が存在する状況）において強化されなくなると、その後、その行動はその状況でのみ減少する。

刺激性制御の研究

研究によって刺激性制御の原理は確立され、行動変容が必要な人を援助する応用方法も探求されてきた。たとえば、アズリンとパウエル（Azrin & Powell, 1968）は、ヘビースモーカーを対象に、1日に吸うタバコの本数を減らすための介入法について研究した。彼らは、タバコを1本取り出すと、自動的に一定時間（たとえば、1時間）、次のタバコが取り出せなくなるタバコケースを開発した。一定時間が経過すると、タバコケースから音が出るようになっていた。それは次のタバコが取り出せるようになった合図であった。その音（聴覚シグナル）は、ケースからタバコを取り出す行動が強化されることを知らせる S^D である。喫煙者が、聴覚シグナル（S^D）が鳴ったときだけタバコに手を伸ばすようになったとき、刺激性制御が

確立されたことになる。シグナルが鳴っていないときは、タバコを取り出そうとしても、ケースがロックされているために強化されなかった。

シェーファー（Schaefer, 1970）は、アカゲザルに自分の頭を叩く行動を生起させ、その行動を刺激性制御下に置くことが可能であることを明らかにした。シェーファーがこの行動に興味をもったのは、自分の頭を叩く行動は知的障害の人の自傷行動としてよく見られるからであった。シェイピング（第9章参照）を用いて、シェーファーはアカゲザルに頭を叩く行動をさせ、その行動を食べ物によって強化した。刺激弁別訓練が次のような方法で実施された。彼はケージの前に立ち、サルに向かって話しかけたり（S^D）、話しかけなかったりした（S^Δ）。彼は「かわいそうな坊

参考：刺激性制御とルール

　刺激性制御は、特定の行動が、弁別刺激が存在している状況で強化されたときに成立する。そしてその結果、その弁別刺激の下でその行動が生起する可能性が高まる。普通は、刺激性制御が成立するまでに弁別刺激の下で特定の行動が何回も強化される必要がある。しかし、ルールが提示された場合には、刺激性制御が急速に成立する場合もある。ルールとは、随伴性を記述した言語陳述である。つまり、行動が強化される可能性のある状況（条件）を対象者に知らせることになる。タイガーとヘンリー（Tiger & Hanley, 2004）は、幼稚園の幼児が大人の注目を引く行動に対するルールの影響について研究をした。この研究では、幼児園の幼児は、教師が色のついた首飾りをつけているときだけ、先生からの注目を得ることができた。教師が首飾りをつけていないときは、注目を引くことができなかった。この首飾りが、注意を引きつけようとする行動、強化子を得ようとする行動の弁別刺激となった。タイガーとヘンリーは、幼児にルール（「私が赤い首飾りをつけているときは、あなた方の質問に答えます」）を与えた場合、ルールを与えなかったときと比べて、刺激性制御が急速に成立したことを示した。つまり、ルールを与えた場合、教師が首飾りをしているときにのみ、教師に質問をするなどの行動が生起しやすかった。

や。そんなことするな。ケガするぞ」と言い、そしてサルが自分の頭を叩いたときに食べ物を与えた。話しかけていないときにサルが頭を叩いたときは、食べ物を与えなかった。その結果、刺激性制御が確立され、サルはシェーファーが話しかけたとき（S^D が提示されたとき）だけ自分の頭を叩くようになった。シェーファーが弁別刺激として用いた話しかけは、自傷行動を示す知的障害の人に対する施設職員の話しかけと類似していた。このサルを使った研究は、人間の自傷行動に関する刺激性制御について示唆を与えるものであった。他の研究者も自傷行動（（Lalli, Mace, Livezey, & Kates, 1998; Pace. Iwata. Edwards, & McCosh, 1986）や知的障害のある人のそれ以外の行動（Conners et al., 2000 ; Dixon, 1981; Halle, 1989: Halle & Holt. 1991: Kennedy, 1994; Oliver, Oxen-er, Hearn, & Hall, 2001; Striefel, Bryan, & Aikens, 1974）、あるいは子どもの勉強行動や行動問題（たとえば、Asmus et al., 1999; Birnie-Selwyn & Guerin, 1997; Geren, Stromer, & Mackay, 1997; McComas et al., 1996; Richman el al., 2001; Ringdahl & Sellers, 2000; Stromer, Mackay, Howell, McVay, G Flusser, 1996; Stromer, Mackay, & Remington, 1996; Tiger & Hanley, 2004; Van Camp et al., 2000）に対する刺激性制御を検討している。刺激性制御の研究は、さまざまな人の多くの行動を対象に、幅広く行われてきている（Cooper, Heron, & Heward, 1987, 2007: Sulzer-Azaroff, & Mayer, 1991）。第 16 章では、自分自身の行動を変容させるために有効な刺激性制御を用いた技法を紹介している。

般　化

（強化によって）行動が強められたり、（消去や弱化によって）行動が弱められたりするときの先行事象の条件は、かなり状況特定的な場合がある。その一方で、先行事象の条件が幅広い場合や変動する場合もある。行動の刺激性制御がかなり広範囲にわたるとき、すなわち行動が多様な先行事象に対して生起する場合、刺激般化が生じたと言われる。

般化（generalization）**が生じたと言われるのは、刺激弁別訓練中に提示された S^D と類似した刺激が提示されたときに、同じような行動が生起した場合である**（Stokes & Osnes, 1989）。スキナー（Skinner, 1953a, p.134）によれば、「般化は、ある刺激が獲得した制御が、共通特性を持つ他の刺激によって共有されたという事実を記述するための用語」である。その刺激が S^D に類似しているほど、その刺激が提示されたときに行動が生起する可能性は高くなる。S^D との類似度が小さいほど、その刺激が提示されたときに行動が生起する可能性は低くなる。これは**般化勾配**（generalization gradient）と呼ばれている（Skinner. 1957）。図 7 - 1 は、ガットマンとカリッシュ（Guttman & Kalish, 1956）の研究における般化勾配の例を示している。ガットマンとカリッシュは、ある波長の光が点灯しているときにハトのキーつつき行動を強化した。その結果、その光は S^D としてキーつつき行動に対する刺激性制御を獲得した。そして、ハトはその光が点灯したときには必ずキーをつつくようになった。グラフは、ハトが S^D とは異なるがそれと類似した波長の光が提示されたときにもキーをつついたことを示している。S^D とその光の波長の類似度が小さくなるにつれて、キーをつつく行動の生起頻度も減っている。般化勾配は、S^D に類似した刺激に対する行動の般化を示している。

もう 1 つ別の般化勾配について、ラリーとその共同研究者（Lalli & colleagues, 1998）が実証している。彼らは、知的障害のある 10 歳の女の子の頭叩きが、大人の注目によって強化されていることを実証している。大人の存在が、その行動の弁別刺激となっていた。この事例において、般化勾配は子どもと大人の距離であった。大人が子どもの間近にいるとき、彼女は頭叩きに従事する可能性がより高かった。大人が距離を離すと、頭叩きに従事する可能性が低くなった。図 7 - 2 は、ラリーらの研究における般化勾配を示している。

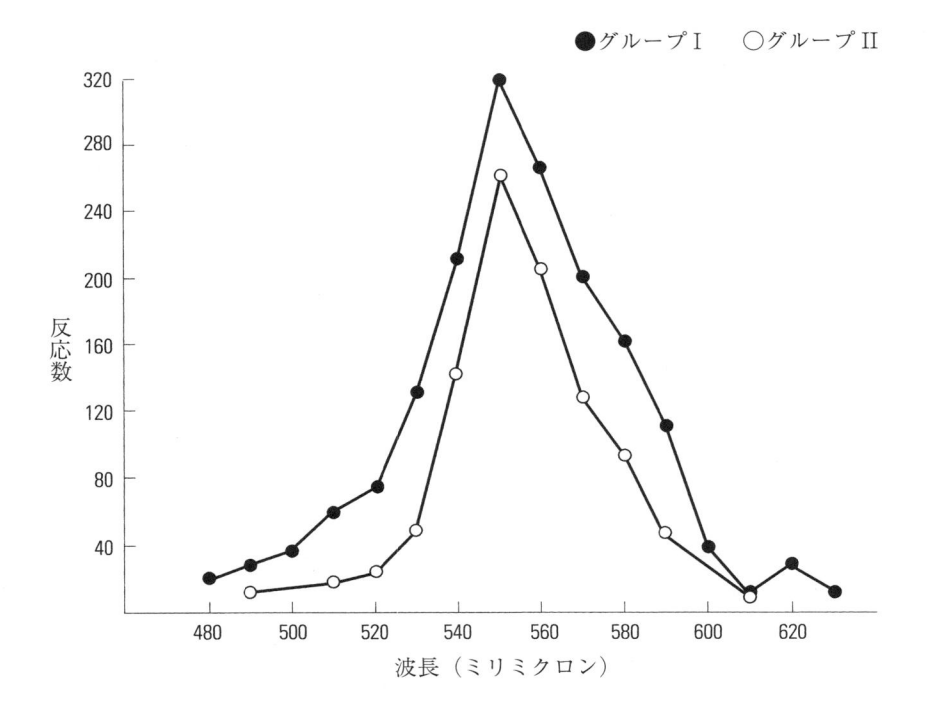

図7-1　このグラフは、550 ミリミクロンの光が点灯されていたときのハトのキーつつき行動が強化された際の、2つの刺激般化勾配を示している。その後、ハトは類似した波長の光が点灯されたときにもキーをつついた。訓練における S^D と点灯された光が似ているほど、ハトがキーをつつく可能性は高くなる。（Guttman, N., & Kalish, H. I. [1956]. Discriminability and stimulus generalization. *Journal of Experimental Psychology, 51,* 79-88.）

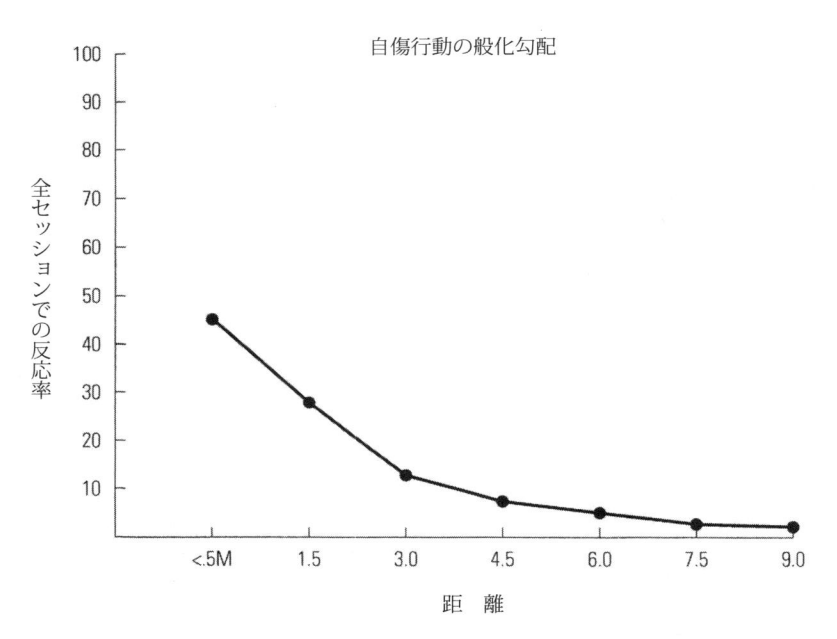

図7-2　般化テストでの特定の距離における全セッションを渡る反応率。問題行動を強化している大人が子どもに接近すればするほど、その問題行動に従事する傾向にあった。（Lalli, Mace, Livezey, & Kates [1998]. Copyright © 1998 Society for the Experimental Analysis of Behavior.）

オリバーら（Oliver & colleagues, 2001）による別の研究では、治療者の接近が知的障害のある女の子の攻撃行動の増加と関連していることを示していた。

般化の例

　1 年生のエリンは、フラッシュカード（単語などをちらっと見せて答えさせるカード）を使って単語の読みを勉強している。彼女は MEN と書かれたカードを見て、「メン」と言ったときに褒められた。MEN のフラッシュカードは「メン」と言うことに対する S^D である。ある日、両親と一緒にショッピングセンターに出かけたとき、エリンは男性用トイレのドアにあった MEN の標示を見て、「メン」と言った。トイレの MEN の標示は、本来の S^D であるフラッシュカードの MEN と似ているので、この場合、般化が生じたことになる。その行動は、本来の S^D と同じ特性を共有するが、S^D とは異なる刺激が提示されたときに生じた。ところで、もしエリンが MEN という文字が見えたときは何であっても（たとえば、本やドアに書かれた文字、ブロック体の文字、手書き文字）、「メン」と読んだのであれば、すべての関連刺激に対して般化が生じたと言える。この場合の刺激般化は、訓練によってもたらされた望ましい結果である。エリンは、MEN という単語が書かれたあらゆる様式を 1 つのまとまりとして弁別することを学習したことになる。

　学習したときと異なる状況や異なる文脈、異なる時間、異なる人と一緒のときに同じ行動が生起した場合も、刺激般化が生じたことになる。たとえば親が子どもに、指示に従うことや要求に応じることを教えるとしよう。両親が何かを要求したとき（S^D）、子どもはその要求に従う（R）。そして、両親は子どもを褒める（S^R）。親の出した新しい要求に子どもが応じることができれば、刺激般化が生じたことになる。それは新しい要求ではあるが、弁別訓練のときに提示されていた S^D、すなわち両親による要求や指示と関連した特性を共有している。両親による要求は、類似した特性を有する弁別刺激群である**刺激クラス**の一部を構成している。子どもが大人（たとえば、教師）からの

指示や、他の文脈や時間において出された要求や指示に応じた場合も、刺激般化が生じたことになる。もし、子どもが両親以外の大人の要求にも応じたなら、指示に従う行動の刺激性制御に関する刺激クラスは、（両親だけではなく）他の大人による要求もその刺激クラスのメンバーとなっていることを示している。

　すでに見てきたように、刺激性制御は極めて限定的なものにも成り得るし、より広範囲なものにも成り得る。行動がたった 1 つの先行刺激のもとで強化されたなら、刺激性制御は限定的なものとなる。つまり、行動はその刺激が存在しているときにのみ生起する確率が高くなる。行動が同じ特徴をもつ（つまり同じ刺激クラスに属する）多くの刺激が存在しているもとで強化された場合、刺激性制御はより広範囲なものとなる。つまり行動は刺激クラスに含まれるいずれかの先行刺激が存在しているときに生起する確率が高くなる（刺激クラスに属する刺激が行動を喚起する）。般化はより広範囲な刺激性制御、あるいは新しい未訓練の先行刺激による刺激性制御と関連している。

　4 歳のミリーの例を考えてみよう。ミリーは自傷行動を示す重度の知的障害のある女の子である。特に母親が部屋にいると、彼女は四つんばいになって床に頭を打ちつける。ミリーが頭を打ちつけると母親は彼女のところに行って、抱き上げて話しかけることで（彼女に注目を与えることで）、その行動をやめさせていた。

Q. ミリーの頭の打ちつけに関する三項随伴性（ABC）を記述しなさい。

　この場合の先行事象または S^D は母親の存在である。行動は床に頭を打ちつけることであり、強化となる結果事象は母親の注目（彼女を抱き上げて話しかけること）である。頭を打ちつけることは、母親の存在による刺激性制御を受けている。部屋に姉がいて母親がいないときには、ミリーが頭を打ちつけることはない。なぜなら、その行動は姉によって強化されることはなかったからである。

　ミリーは病院に入院したとき、女性看護師がそばにいるときに頭を打ちつけた。これは般化の例

先行事象	行動	結果事象
大人が部屋にいる	頭を打ちつける	注目を引く
他の子どもと部屋にいる（大人はいない）	頭を打ちつける	無視される

その結果：ミリーは大人の前でだけ頭を打ちつけるようになる。

である。看護師の存在は新しい先行事象であるが、S^D（彼女の母親、女性）と類似している。ミリーが看護師の前で頭を打ちつけたとき、その看設師は彼女を抱きしめて話しかけた。それはちょうど母親がするのと同じ対応であった。このようにして、看護師は彼女の行動を強化した。入院している間、ミリーは誰か大人が部屋に入ってくると、決まって頭を打ちつけた。この大人たちもまた彼女の行動を強化した。しかし、他の子どもと一緒に病院のプレイルームで遊んでいて大人がいないときは、ミリーが頭を打ちつけることはなかった。

Q. 部屋の中に子どももしかいないとき、ミリーはなぜ頭を打ちつけないのだろうか？

子どももしかいないとき、ミリーが頭を打ちつけることはない。なぜなら、他の子どもたちはその行動を強化しないからである。子どもたちはミリーが頭を打ちつけたとき、その行動を無視していた。それゆえ、子どもたちの存在はその行動に対するS^Δとなる。そして、大人だけがその行動を強化することによって、その行動は大人の存在による刺激性制御を受けることになる。

表7-3は、刺激般化の例を示したものである。

Q. 表7-3のそれぞれの例について、まず刺激性制御が確立されたときの三項随伴性を確認し、般化が生じた後にその行動を制御している刺激クラスを見つけなさい。答えは、補足資料Aに記載してある。

表7-3　刺激般化の例

1. エイミーは、赤い色を別の色と見分けることを学習している。教師が彼女に赤いブロックを見せたとき、彼女は「あか」と言うことができる。教師が赤いボール、赤い本、その他の赤いものを見せたときもエイミーが「あか」と言えれば、般化が生じたことになる。

2. スコットは、コーヒーテーブルに足を乗せているのを奥さんに大声で注意され、それをやめた。奥さんが留守のときでもテーブルに足を乗せずにいれば、般化が生じたことになる。

3. シャロンが飼っている犬のバドは、彼女にエサをねだらない。なぜならば、ねだられても、シャロンは食べ物を決して与えないからである。しかし、シャロンが休暇でバドと一緒に親戚の家に遊びに行ったとき、親戚の人にエサをもらって、エサをねだる行動が強化された。家に帰ってきた後、バドはシャロンや彼女の友達に対してもエサをねだるようになった。つまり般化が生じたのである。

4. シャロンは犬のバドに対して、弱化を使用することで、家の周りの道路に出ないように訓練した。彼女はバドをリードでつないで、通りのそばを散歩した。散歩中バドが通りに出ようとするたびに、シャロンは首輪をすばやく引っ張った。最終的に、バドはリードなしでも通りに出なくなった。すなわち、般化が生じたのである。バドはまた、他の家の周りの通りへも出なくなった。これはもう1つの般化の例である。

5. あなたはお兄さんの車（マニュアル式）を使って、お兄さんと一緒に運転の練習をした。その行動は、マニュアル式の他の車にも般化した。

図7-3　このマンガには般化の例が示されている。この場合の S^D はダグウッドの家の玄関先に置いてある新聞である。しかし、その行動（新聞を取ってくる行動）は近所の玄関先にある新聞に般化した。

Q. 図7-3のマンガを読みなさい。このマンガが般化の例をどのように示しているかを説明しなさい。

最初に、ダグウッドはデイジーに次のような三項随伴性を用いて新聞を取ってくることを教えた。

S^D はダグウッドの家の玄関先に置いてある新聞である。般化は、デイジーが近所の玄関先から

先行事象	行動	結果事象
玄関先にある新聞	デイジーは新聞をとってくる	ダグウッドはご褒美を与える

その結果：玄関先に置いてある新聞を取ってくるようになる。

先行事象	行動	結果事象
ダグウッドの家の玄関先にある新聞（S^D）	新聞を取ってくる	ご褒美がもらえる
近所の玄関先にある新聞（S^Δ）	新聞を取ってくる	ご褒美はもらえず、「だめ、悪い子！」と叱られる

その結果：デイジーは、ダグウッドの家の玄関先に置いてある新聞は取ってくるが、近所の玄関先にある新聞は取ってこなくなる。

も新聞を取ってきたときに生じた。この行動を制御する刺激クラスは、すべての家の玄関先にある新聞だった。もちろんダグウッドは、この刺激クラスが彼の家の玄関先に置いてある新聞だけであってほしかったのだが。

Q. ダグウッドは、デイジーに対して、正しい刺激性制御を確立するための弁別訓練をどのように行えばよいのか、説明しなさい。

ダグウッドは、自分の家の新聞を取ってきたときだけデイジーにご褒美を与えるべきで、近所の家の新聞を取ってきたときにはご褒美を与えてはならない（弱化子を与えた方がよいかもしれない）。

行動変容の研究者と実践家は、刺激般化に強い関心をもっている。彼らは、不足している行動を増加させたり過剰な行動を減少させたりするために行動変容法を用いるが、その行動変化が関連したすべての刺激状況に般化することを望んでいる。多くの研究者が行動変化の般化を促進するための方略について論じている（Edelstein,1989: Kendall, 1989; Stokes & Baer, 1977: Stokes & Osnes. 1989）。これらの方略については、第19章で述べる。

まとめ

1. 先行事象とは、行動の生起に先行する刺激事象のことである。1つの先行事象あるいは特定の刺激クラス内の1つの刺激が提示されたときに、オペラント行動の生起確率が上がった場合、その行動は先行事象の刺激性制御を受けている。

2. 刺激性制御は刺激弁別訓練によって確立される。この訓練では、1つの刺激（あるいは刺激クラス）が存在しているときに標的行動が強化され、その他の刺激が存在しているときには強化されない。行動が強化されるときに存在する先行事象は、弁別刺激（S^D）と呼ばれる。また、行動が強化されないときに存在する先行事象は、非強化先行刺激（S^Δ：エスデルタ）と呼ばれる。刺激弁別訓練は、強化、

消去、あるいは弱化を用いて実施され、その結果として、行動の生起あるいは非生起に対する刺激性制御が確立する。しかし、行動の生起と非生起の原因はS^Dではない。強化、消去、弱化が、ある特定の先行事象のもとでの行動の生起と非生起の原因である。

3. 三項随伴性とは、弁別刺激（S^D）、S^Dが存在しているときに生じる行動、S^Dのもとで行動が生起した後の強化となる結果事象である（$S^D \rightarrow R \rightarrow S^R$）。

4. 刺激性制御が広範囲にわたるとき、あるいは本来のS^Dに類似した新しい先行事象が提示されて標的行動が生じたとき、般化が生じたと言う。刺激性制御は、特徴のいくつかを共有する刺激クラス全体へと般化する。

キーワード

先行事象   刺激クラス

弁別刺激   刺激性制御

般化   刺激弁別訓練

S デルタ（S$^\Delta$）   三項随伴性

練習問題

1．先行事象とは何か、例を挙げて説明しなさい。

2．強化の効果が状況特定的であると言うとき、それは何を意味しているか、述べなさい。

3．刺激性制御とは何か、説明しなさい。

4．刺激性制御の例を挙げなさい。

5．S^D とは何か、S$^\Delta$ とは何か、説明しなさい。

6．刺激弁別訓練について説明しなさい。また、刺激弁別訓練の結果どうなるかについても述べなさい。

7．強化と弱化の伴う刺激弁別訓練の例を示しなさい。

8．S^D は行動生起の原因であるのか？　説明しなさい。

9．三項随伴性とは何か、例を挙げて説明しなさい。

10．空腹のラットがレバーを押すと、緑のライトが点灯しているときだけエサが出てくる。この場合の緑のライトは何か？　その後、ラットのレバー押し行動は何によって引き起こされるようになるか？

11．刺激般化とは何か、説明しなさい。

12．刺激般化の例を挙げなさい。

13．刺激クラスとは何か、例を挙げて説明しなさい。

14．刺激般化が望ましい場合の例を挙げなさい。また、般化が望ましくない例も挙げなさい。

15．般化を生じやすくするために、あるいは般化が生じないようにするために、刺激弁別訓練をどのように使うべきかを説明しなさい。

補足資料A

表 7-3 のそれぞれの例における三項随伴性と般化の結果

1．先行事象 ──────▶ 　行　動 ──────▶ 　結果事象

　　赤いブロック　　　　　　　　　　エイミーが「あか」と言う　　　教師が褒める

　　その結果：
　　赤いブロック　　　　　　　　　　エイミーが「あか」と言う

　　般化した後：
　　さまざまな赤いもの　　　　　　　エイミーが「あか」と言う

2. 先行事象 ──────▶ 行　　動 ──────▶ 結果事象

　　妻の存在　　　　　　　　　スコットがコーヒーテーブル　　スコットは怒鳴られる
　　　　　　　　　　　　　　　に足を乗せる

　　その結果：
　　妻の存在　　　　　　　　　スコットはコーヒーテーブル
　　　　　　　　　　　　　　　に足を乗せない

　　般化した後：
　　妻がいない　　　　　　　　スコットはコーヒーテーブル
　　　　　　　　　　　　　　　に足を乗せない

3. 先行事象 ──────▶ 行　　動 ──────▶ 結果事象

　　親戚の人がいる　　　　　　バドはエサをねだる　　　　　親戚の人はバドにエサを与える

　　その結果：
　　親戚の人がいる　　　　　　バドはエサをねだる

　　般化した後：
　　シャロンと友達がいる　　　バドはエサをねだる

4. 先行事象 ──────▶ 行　　動 ──────▶ 結果事象

　　シャロンの家の側につながれ　バドが道に出る　　　　　　シャロンは犬の首輪を強く引く
　　ている

　　その結果：
　　シャロンの家の側につながれ　バドは道に出ない
　　ている

　　般化した後：
　　つながれずに、シャロンの家　バドは道に出ない
　　の側にいる
　　つながれずに、よその家の側　バドは道に出ない
　　にいる

5. 先行事象 ──────▶ 行　　動 ──────▶ 結果事象
　　兄と一緒に兄の車（マニュア　車を正しく運転する　　　　褒められる
　　ル式）に乗っている

　　その結果：
　　兄と一緒に兄の車（マニュア　正しく運転する
　　ル式）に乗っている

　　般化した結果：
　　別のマニュアル式の車に乗っ　正しく運転する
　　ていて、兄はいない

第8章　レスポンデント条件づけ

学習のポイント

■ レスポンデント条件づけとは何か？

■ 条件性情動反応とは何か？

■ レスポンデント行動の消去はどのように生じるか？

■ レスポンデント条件づけに影響を与える要因には、どのようなものがあるか？

■ レスポンデント条件づけは、オペラント条件づけとどこが違うか？

第4章から第7章では、オペラント条件づけの原理である強化、消去、弱化、刺激性制御について解説してきた。この章では、それとは異なる条件づけのタイプであるレスポンデント条件づけについて説明する。**オペラント行動**（operant behavior）は、その結果によって制御されていた。すなわち、**オペラント条件づけ**（operant conditioning）は結果事象の操作と密接な関係がある。対照的に**レスポンデント行動**（respondent behavior）は、先行刺激によって制御（誘発）される。すなわち、**レスポンデント条件づけ**（respondent conditioning）は先行刺激の操作と密接な関係がある。以下の例を考えてみよう。

レスポンデント条件づけの例

カーラは、おもちゃ工場に勤めていた。彼女は、おもちゃのプラスチック部品を作る機械の操作をしていた。プラスチック部品は、ベルトコンベアでカーラが操作する機械の中に入っていくようになっていた。部品が中に入るとクリック音が鳴り、穴開け機がプラスチックを打ち抜いた。機械がプラスチックを打ち抜くときに、水圧式ホースの1つから空気が漏れ、カーラの顔に吹きつけられた。危険なものではなかったが、空気が吹きつけられるたびに彼女は瞬きをした。カーラは、クリック音が鳴ってすぐ、顔に空気が吹きつけられる直前に、瞬きをするようになってきたことに気がついた。何日か後に、機械保守の担当者が、水圧式ホースから空気が漏れないように修理した。カーラはその後もクリック音のたびに瞬きしていたが、何日かしたら瞬きをしなくなったことに気がついた。カーラの瞬きは、顔に空気が吹きつけられることを先行刺激として誘発されるレスポンデント行動の例である。毎回空気が吹きつけられる直前にクリック音が鳴ることにより、カーラの瞬きはクリック音と条件づけられた。これは、レスポンデント条件づけの例である。

ジュリオは午後9時30分に最後の授業を終え、9時40分にバスに乗り、10時に家に着いた。彼が家に帰るためには、バスを降りた後、ガード下のトンネルを歩かなければならなかった。トンネル内のライトはほとんどが壊れており、彼が通るときにはたいていいつも暗かった。今学期が始まってから、トンネルの中で、彼を驚かせたりおびえさせたりするような出来事が何度かあった。たとえば、大きなネズミが彼の目の前を走ったり、何人かの若者から脅されたりするという出来事があった。また、寝ているように見えたホームレスの人が、いきなり飛び起きてジュリオに罵声を浴

びせたこともあった。このような出来事が起きるたびに、心臓の鼓動が速まり、筋肉は緊張し、呼吸が速くなることに、彼は気づいた。そしてこれらの身体反応は、ジュリオがトンネルの外に出るまで続いた。さらにこれらの出来事の後、そのときと同じ身体反応、すなわち心拍が速くなり、筋肉が緊張し、呼吸が速くなる反応が、トンネルに向かって歩くたびに起こることに気がついた。こうした反応は、トンネルを出るまで消えることはなかった。トンネルに入ると、早くトンネルの外に出るために、早歩きをしたり走ったりした。これもレスポンデント行動の１つの例である。トンネル内での恐ろしい出来事が、恐怖反応と呼ばれる身体反応をまず引き起こした。これらの出来事がトンネル内で起こったことにより、トンネルへの接近がジュリオに同じ身体反応を引き起こすようになった。トンネルへの接近が、恐怖と呼ばれる条件反応（CR）を引き起こす先行刺激となったのである。

レスポンデント条件づけの定義

あるタイプの刺激は、ある決まった身体反応を引き起こす。乳児は乳首のような物体が唇に触れると、吸啜反応を生起させる。また人は、空気が目に向かって吹きつけられると瞬きをする。瞳孔は明るい光を浴びると収縮する。口に食べ物が入ると、唾液が分泌される。異物が喉に入ると、吐き気を催したり咳をしたりする。このような反応や表 8 - 1 に示した反応は、**無条件反応**（UR: unconditioned response）と呼ばれる。これらの反応は、条件づけや学習が成立していなくても先行刺激によって誘発される。すなわち、**無条件刺激**（US: unconditioned stimulus）が提示されたときに、健康な人であればすべての人において

UR が生起する。UR の生起が生存にとって意味ある反応であることから、US に対する反応は進化の過程で身についてきたものと考えられている（Skinner, 1953a; Watson, 1924）。

Q. 表 8 - 1 に示した UR それぞれに、どのような生存的価値があるかを述べなさい。

■ 乳首が口の中に入ったときに吸う習性によって、乳児は食べることが可能になる。

■ 唾液分泌は、食べ物をかんだり消化したりすることに役立つ。

■ 異物が喉に入ってきたとき吐き気を催すこと

表 8 - 1 無条件反応の例

無条件刺激	無条件反応
乳児の唇に物が触れる	吸啜反射
口に入った食べ物	唾液分泌
喉の異物	嘔吐反射
喉への刺激	せきこみ
目に対する空気の吹きつけ	瞬き
まぶしい光が目に入る	瞳孔の収縮
身体の痛み	（熱いものから手を引くなど）即座に身を引くこと、および自律神経系の興奮（攻撃や逃走反応）
突然の強い刺激（大きな音）	驚愕反射（心拍、呼吸、筋緊張の増加）
性的刺激（思春期以降）	勃起、膣潤滑液分泌
膝蓋腱を叩く	膝蓋腱反射

（Pierce, W. D., & Epling, W. F. [1995]. Behavior Analysis and Learning, P.65. Copyright © 1995 Prentice-Hall, Inc.）

表8-2　自律神経系の興奮に関連する身体反応

心拍数の増加

呼吸の増加

筋緊張の増加

主要な筋肉への血流量の増加

皮膚への血流量の減少

血液中へのアドレナリンの分泌

発汗

口の渇き

瞳孔の拡大

胃腸の活動低下

© Cengage Learning®

で、窒息しないですむ。

■ 咳をすることによって、喉の中にある異物を取り除くことができる。

■ 風などが目に吹きかかったときに瞬きをすることによって、異物が目の中に入ったり、視界が確保できなくなったりすることを防げる。

■ 強い光に反応して瞳孔が収縮することによって、目を守り、視力を損うことを防げる。

■ 痛みを感じるとそこからすぐに身を引くことによって、ケガ（やけど、切り傷など）を防げる。

■ 自律神経系の興奮は、人に戦闘（闘いや逃走）の準備をさせる身体的なシステムである。それによって、危険な状況から逃げることができたり、防御行動（Asterita, 1985）をすることができる。この自律的興奮に関係する身体反応は表8-2に示した。

■ 驚愕反応は、危険な状況で行動するための身体的準備となる自律神経系の興奮の１つである。

■ 性的興奮に関係する反応は、その個人にとっては生存的価値をもたないが、それによって性的行動が促されるのは、人類という種の保存にとって必要なことである。

■ 膝蓋腱反射それ自体には直接生存的価値はないが、正常な運動機能の基盤となる姿勢制御や筋肉の協応に必要なさまざまな反射の一部である。

　UR は US が提示されたときに生じる自然な反射である。UR はすべての人に共通して起こることである。**レスポンデント条件づけは、中性刺激（NS: neutral stimulus）を US と対提示する（NS と US が同時に提示される）ことによって生じる。対提示の結果、NS は条件刺激**（CS: conditioned

レスポンデント条件づけ

プロセス　　　　US（肉粉）　　　　　　　　　　　　　　　　　　　UR（唾液分泌）

US は中性刺激（メトロノームの音）と対提示される。

対提示の結果　　CS（メトロノームの音）　　　　　　　　　　　　　CR（唾液分泌）

注：このプロセスには US と中性刺激を繰り返し対提示することが含まれている。対提示の結果として、中性刺激が CS となり、CR を喚起するようになる。

レスポンデント条件づけ

プロセス　空気の吹きつけ（US）　　　　　　　　　　　　　　　　　　瞬き（UR）

空気の吹きつけはクリック音と対提示される。

対提示の結果　クリック音（CS）　　　　　　　　　　　　　　　　　　瞬き（CR）

stimulus）となり、UR と類似した条件反応（CR: conditioned response）を引き起こすようになる。UR や CR は、**レスポンデント行動**と呼ばれる。

　レスポンデント条件づけは、「**古典的条件づけ**」（Rachlin, 1976）あるいは「**パブロフ型条件づけ**」（Chance, 1988）とも呼ばれる。ロシアの科学者であるイワン・パブロフ（1927）が、その現象を最初に実証した。パブロフは実験を通じて、肉粉が口の中に入ったときに、イヌが唾液を分泌することを示した。これは、US によって UR が誘発されることを実証している。次にパブロフは、イヌの口の中に肉粉を入れる直前に、NS（メトロノームの音）を提示した。彼はメトロノームの音と肉粉を何回か対提示し、その後メトロノームの音だけを提示した。その結果、彼はイヌの口に肉粉を入れなくても、メトロノームの音だけで唾液分泌が生じることを発見した。メトロノームの音は、肉粉（US）と繰り返し対提示されることによって CS になったのである。

　まさにあらゆる刺激が、US と繰り返し対提示されることによって CS となりうるのである。ジュリオの場合を考えてみよう。トンネルへの接近は、US（トンネル内での恐ろしい出来事）と対提示されることによって CS となった。その結果として、トンネルへの接近は、それ以前にびっくりしたりぞっとしたりする出来事によって生じた自律神経系の興奮（通常は、恐怖や不安と呼ばれる）を引き起こすようになった。

Q. おもちゃ工場で働くカーラの例における US、UR、CS、CR は何か？

　US は彼女の顔に吹きつけられた空気である。それは UR として瞬きを引き起こす。機械のクリック音と空気が顔に吹きつけられることが繰り返し対提示されることによって、クリック音は CS となった。クリック音が瞬きを引き起こしていることから、瞬きは CR となったと言える。注意すべきは、CS によって喚起されたときの瞬きは CR であるが、最初に US によって喚起されたときの瞬きは UR であるという点である。

中性刺激と無条件刺激のタイミング

　レスポンデント条件づけが生じるためには、NS と US のタイミングが重要である。理想的には、US は NS の直後に提示されるべきである（Pavlov, 1927）。パブロフのイヌの例では、メトロノームが鳴ってから 0.5 秒以内にイヌの口の中に肉粉が入れられた。これは、メトロノームの音が CS として条件づけられる可能性を高めるのにちょうどよいタイミングであった。もしパブロフがイヌの口に肉粉を入れた後にメトロノームの音を鳴らしたとすると、条件づけが生じる可能性は低くなったはずである。NS と US の間の時間的関係を図 8-1（Pierce & Epling, 1995 を改変）に示した。

　痕跡条件づけ（trace conditioning）は、NS が US に先行している点は遅延条件づけと同じだが、US が提示される前に NS が終了している点が異なる。眼瞼条件づけでは、クリック音が提示され、

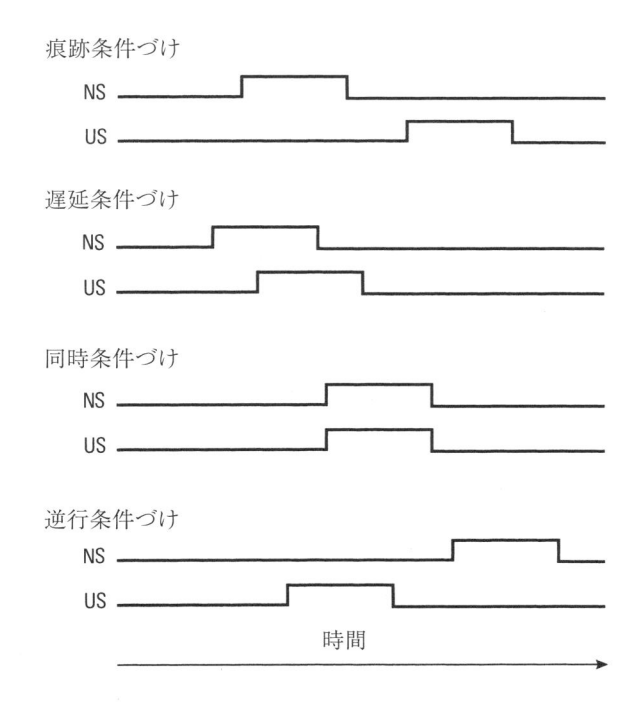

痕跡条件づけ

NS

US

遅延条件づけ

NS

US

同時条件づけ

NS

US

逆行条件づけ

NS

US

時間

図8-1　これらの時間線は、レスポンデント条件づけにおける中性刺激（NS）と無条件刺激（US）の時間的関係の4つのタイプを示している。各時間線の盛り上がっている部分は、その刺激（US あるいは NS）が提示されている時間を示している。ここで NS と呼ばれる刺激は、無条件刺激と対提示されて初めて条件刺激になることに注意してほしい。（Pierce, W. D., & Epling, W. F. [1995]. *Behavior Analysis and Learning*, p.65. Copyright © 1995 Prentice-Hall, Inc.）

その提示が終了した後に空気が吹きつけられる。

遅延条件づけ（delay conditioning）では、NS が提示されてそれが終了する前に US が提示される。眼瞼条件づけを例に考えてみよう。クリック音が提示され、その音が終わる前に空気が吹きつけられたとき、遅延条件づけは生じる。

同時条件づけ（simultaneous conditioning）では、NS と US は同時に提示される。すなわち、クリック音と空気の吹きつけは同時に起こる。

逆行条件づけ（backward conditioning）では、US は NS の前に提示される。眼瞼条件づけでは、目に空気が吹きつけられた後でクリック音が提示される。この条件では、クリック音が瞬き反応を喚起する可能性は低くなる。

レスポンデント条件づけにおけるこれらのタイプのうち、NS が先に提示される痕跡条件づけと遅延条件づけの場合、一般的に最も効果的に条件づけが成立する。反対に、逆行条件づけでは条件づけが成立する可能性が最も低い。おそらく、

NS と US の時間的近接なしにレスポンデント条件づけが生じる唯一の例は味覚嫌悪であろう。以下の例を考えてみよう。

マーフィーは腐ったミルクを飲んだ。味はおかしくなかったが、マーフィーは激しい吐き気を催し、飲んだ後 15 分間嘔吐した。この出来事があってから、マーフィーはミルクを飲もうとすると気分が悪くなった。この場合、マーフィーの胃の中の腐ったミルクが US であり、UR は吐き気と嘔吐であった。US がミルクの味と対提示されることにより、ミルクの味が CS となり、それが最初に経験した吐き気に似た CR を喚起した。2 回目以降のミルクに対しては、実際には何でもないはずなのに、まずく感じて、本当に腐っていたときよりもやや弱い吐き気を感じたのであろう。このタイプのレスポンデント条件づけは、**味覚嫌悪**（taste aversion）と呼ばれる（Garcia, Kimeldorf, & Koelling, 1955）。

高次条件づけ

ここまでで学んだのは、NS が US と対提示されることによって CS になるということである。その結果として、CS は CR を喚起する。これはレスポンデント条件づけの基本となるプロセスである。一方、**高次条件づけ**（higher order conditioning）は、すでに条件づけられている CS が NS と対提示され、その NS が新たな CS となったときに生じる。カーラの眼瞼反応の例を考えてみよう。クリック音が空気の吹きつけと繰り返し対提示されることによって、クリック音はカーラの眼瞼反応の CS となった。今もし、別の NS がクリック音と対提示されれば、それがまた CS になるだろう。たとえば、クリック音が鳴るたびにライトが点灯すれば、その光は最終的に CS となり、クリック音が鳴らなくても瞬きは生起するだろう。高次条件づけの強さは、NS と対提示される CS がどの程度の強さで US と条件づけられているかによる。

一次条件づけ

プロセス　　　　顔面への空気の吹きつけ（US）　　　　　　　　　　　　　　　　　瞬き（UR）

　　　　　　　US はクリック音と対提示される

対提示の結果　　クリック音（CS）　　　　　　　　　　　　　　　　　　　　　　瞬き（CR）

高次条件づけ

プロセス　　　　クリック音（CS）　　　　　　　　　　　　　　　　　　　　　　瞬き（CR）

　　　　　　　CS はライトの光と対提示される

対提示の結果　　ライトの光（CS）　　　　　　　　　　　　　　　　　　　　　　瞬き（CR）

条件性情動反応

レスポンデント条件づけによって喚起される CR には、**条件性情動反応**（CER: conditioned emotional response）と呼ばれるものがある。この用語は、レスポンデント条件づけの手続きによって、アルバートという 1 歳の乳児に恐怖反応を条件づけたワトソンとレイナー（Watson & Rayner, 1920）によって考え出されたものである。このアルバート坊やは最初、実験用の白いラットを怖がらず、泣いたり逃げ出したりすることはなかった。つまり、ラットはアルバート坊やにとって NS であった。ワトソンとレイナーはアルバートにラットを見せ、それと同時にアルバートの頭の後ろで、金属の棒をハンマーで叩いた。不意に聞こえてきた大きな金属音は、アルバートに驚愕反応を喚起する US であった。驚愕反応は自律神経系の興奮と関係しており、同じタイプの

図8-2　ワトソンは、アルバートがラットに触れた瞬間に、金属棒で叩いて大きな金属音を出した。大きな音とラットが何度か対提示された後、アルバートはラットが提示されると恐怖反応を示すようになった。

CR には恐怖や不安がある。１週間後に実施された２セッションで、大きな音とラットが計７回対提示されたことによって、ラットは CS となった。この時点で、ラットの姿は、恐怖と呼ばれる CER（たとえば、泣くことや自律神経系の興奮）を喚起するようになった。

　注意すべきは、アルバートに対するワトソンとレイナーの実験には、おそらくオペラント条件づけの過程も含まれていたと推測できる点である。アルバートは最初、白いラットに手を伸ばしていたが、そのときに実験者が大きな音を出した。大きな音とラットが対提示された結果、ラットは条件性弱化子になったと考えることができる。ラットに手を伸ばす行動は弱化によって弱められ、ラットから逃げ出す行動は負の強化（逃避）によって強められたのである。もう１つ注意すべき点は、このように意図的に恐怖反応を生み出すような研究は倫理的に問題があり、現在では認められないということである。

　レスポンデント条件づけの過程の中で、肯定的な（望ましい）CER と否定的な（望ましくない）CER に関する CS が成立する可能性がある（Watson. 1924）。ワトソンとレイナーの実験中

に成立したアルバート坊やの恐怖反応は、否定的な CER の例である。他には、怒り、反感、嫌悪感などがその例に当たる。同じように、肯定的な CER（たとえば、幸福感や愛情）も CS によって喚起される。母親の身体接触に対する乳児の反応のような初期の情動反応は、US によって喚起される UR である。母親が乳児の顔をなでると、乳児は笑ったり声を出したり、あるいは他の肯定的な情動反応を示す。最終的に、これらの情動反応は母親の声や姿（顔）に対して条件づけられる。肯定的な CER のもう１つの例としては、ある青年が、いつもガールフレンドがつけている香水の香りをかぐことで、肯定的な情動反応が喚起されるという例である。ガールフレンドとの愛情のこもった関わりや身体接触が、肯定的な情動反応を喚起する US である。そして US と対提示されることによって、香水の香りは CS となる。その結果、たとえガールフレンドがいなくても、香水の香りをかぐとガールフレンドと一緒にいたときに経験したのと同じ情動（肯定的な CER）が喚起されるのである。

Q. あなたの生活の中で、肯定的な CER と否定的

な CER を見つけなさい。それらの情動反応を喚起する CS を指摘しなさい。

この質問に答えるために、生活の中での強化的な出来事、人物、事物を思い浮かべてみよう。それは私たちに幸福感、満足感、充実感（肯定的な CER）をもたらすものである。またうれしくない感情（否定的な CER）をもたらす嫌悪的な相互作用や出来事も思い浮かべてみよう。実際に CER の概念は直感的に理解できるが、情動反応を操作したり測定したりするのは困難が伴う。情動反応の中には顕在的で容易に観察可能なものがある。たとえば、泣く、笑う、その他の顔の表情、そして自律神経系の興奮や落ち着きを示す姿勢などである。同様に、自律神経系の興奮に関係する生理反応（たとえば、心拍、筋緊張、皮膚電気反応）は、内潜的ではあっても適切な機器を使用することによって測定が可能である。たとえば、筋緊張は、電極を対象者の腕につける筋電図（EMG）

記録装置によって測定できる。また、自律神経系の興奮に伴って汗腺活動が増加することから、皮膚電気活動の変化として記録できる。また、自律神経系が興奮すると、血流が皮膚の表面から遠ざかり手や指の温度が下がることから、自律神経系の興奮は指先の皮膚温度の記録でも測定できる。

しかし、自己報告される他の情動反応は、通常、観察や測定が不可能である。たとえば、幸福感や愛情などがそれにあたる。直接観察することができない肯定的情動や否定的情動を、その人が実際に経験しているということは疑う余地がない。自由に観察できないため、自己報告された情動がどのような（顕在的）反応と関係しているのかがはっきりしないという問題がある。おそらく、情動反応に関する自己報告は、実際に生じている CER、それが生じる環境条件、その人による事象の解釈、顕在的・内潜的事象をどのように言葉として表現するかに関するそれまでの学習経験、を統合したものと考えられる。

条件反応の消去

レスポンデント消去（respondent extinction）と呼ばれる CR の消去は、US が提示されない状態で CS が繰り返し提示される手続きである。US が提示されない状態で CS だけが提示され続ければ、CR の強度は弱まり、最終的には消失する。もし、パブロフが肉粉（US）を提示せずにメトロノームの音だけをイヌに提示し続ければ、メトロノームの音に対する唾液分泌の量は徐々に減少し、最終的に、イヌはメトロノームの音を聞いても、まったく唾液分泌をしなくなったであろう。

アルバート坊やの例では、白いラットは大きな金属音（US）と対提示されることによって、恐怖反応（CR）を喚起する CS となった。この例では、US が提示されていない状況で、白いラットがアルバートに何回も繰り返し提示されれば、レスポンデント消去が生じるはずである。そして最終的には、白いラットがいても恐怖反応は喚起されなくなるであろう。

Q. おもちゃ工場で働くカーラの場合、どのよう

にしてレスポンデント消去が生じたのだろうか？

保守担当者が水圧式ホースを修理したことによって、機械がプラスチック部品を打ち抜くときにクリック音がした直後に空気が漏れてくることはなくなった。US（空気の吹きつけ）がない状態で CS（クリック音）が繰り返し提示されたので、最終的に、CR（瞬き）は CS の提示によって喚起されなくなった。

Q. 夜トンネルの中を歩くことに対する恐怖感をジュリオから取り除くために、レスポンデント消去をどのように使うことができるだろうか？

US が生じないようにしながら、CS を提示しなければならない。つまり、トンネルへの接近が CS なので、ジュリオは驚かされたり恐怖を感じたりするような出来事（US）と遭遇せずにトンネルを通り抜ける必要がある。トンネル内で何も悪い出来事が起きなければ、トンネルは自律神経

系の興奮を喚起しなくなるだろう。しかし、これは容易なことではない。なぜならば、トンネル内にいる人やそこで起こる出来事のすべてを統制することは不可能だからである。1 つの解決方法は、市役所に交渉して、トンネル内の照明を取り替えることであろう。トンネル内が明るくなれば、恐怖を感じる出来事が起こる可能性は低くなり、他人を驚かせようとトンネル内をうろつく人も少なくなるだろう。

自発的回復

　レスポンデント消去において、US が併在しない状況で CS が繰り返し提示された後、CS は CR を喚起しなくなる。しかし、その後に CS が提示される機会があれば、CR は再び生起する可能性がある。たとえば、パブロフはイヌの口に肉粉を入れないでメトロノームの音を聞かせ続けた。その結果、最終的に、メトロノームの音が聞こえても唾液が分泌されなくなった。しかしその後しばらくたって、パブロフがメトロノームの音を再びイヌに聞かせたところ、消去の前よりは少なかったものの、イスは唾液を分泌した。CR が消去された後で、CS によって CR が喚起された場合、**自発的回復**（spontaneous recovery）が生じたという。CR の大きさは、通常、自発的回復の間に段階的に小さくなっていく。自発的回復の間に CS が US と対提示されなければ、CR は再び消失していく。

レスポンデント行動の弁別と般化

　レスポンデント条件づけにおける弁別とは、CR が単一の CS あるいは狭い範囲の CS によって喚起される状況を指す。一方、般化は、いくつかの類似した CS や幅広い範囲の CS が、同じ CR を喚起したときに生じる。もしある人が、特定の犬や特定の種類の犬に対して恐怖心を抱いているなら、それは弁別が生じている例である。

　一方、あらゆる種類の犬を恐がっているなら、それは般化が生じていることになる。レスポンデント条件づけにおいて、どのように弁別が成立していくかを考えてみよう。ある特定の刺激（S1）が US と対提示されるが、類似した刺激（S2、S3、S4 など）には US が提示されない場合、S1 のみが CR を喚起するようになる。これが弁別訓練である。ジャーマン・シェパードがいる家の前を歩くときは、犬の姿（CS）が自神神経系の興奮や恐怖反応（CR）を必ず喚起する。しかし、彼女は違う犬のいる別の家のそばを歩くときには恐怖反応を示さない。ジャーマン・シェパードの姿は、かつて襲撃されたこと（US）と対提示されたために CS となった。他の犬の姿は、襲撃と結びつくことがなかったために CS とはならなかった。ジャーマン・シェパードの姿のみが、恐怖反応（CR）を喚起する刺激であった。

　次に、般化がどのようにして成立するかについて考えてみよう。般化とは、レスポンデント条件づけにおいて、最初に US と対提示された CS と類似した刺激が提示されたときに、CR が生じる傾向のことである。S1 が US と対提示され、US が存在しないときに類似刺激（S2、S3、S4 など）と過去に接触した経験がない場合には、これらの類似刺激に対して CR はより般化しやすくなる。たとえば、マドレーヌがジャーマン・シェパードに襲われて、過去に人なつこい犬と接した経験がなければ、彼女の恐怖反応は、ジャーマン・シェパードに似た犬（類似した大きさ、色、体型）に般化する可能性が高い。この例では、マドレーヌは US（襲われること）が存在しない場面で類似刺激（他の犬）と接触したことがないので、弁別訓練は行われていないことになる。

　さらに類似刺激のいくつかが、レスポンデント条件づけの過程で US と対提示された経験をもっている場合には、般化がより促進されやすい。マドレーヌが不幸にもジャーマン・シェパード、ゴールデンレトリバー、シュナウザー、テリアなどの他の種類の犬にも襲われた経験があれば、彼女の恐怖反応はおそらくほとんどすべての犬に対して般化するだろう。複数の類似した CS（複数の犬）

がUS（襲われること）と対提示されていたので、 般化が促進されるということである。

レスポンデント条件づけに影響を与える要因

レスポンデント条件づけの強さは、以下のようなさまざまな要因の影響を受ける（Pavlov, 1927）。

- US と CS の特性
- NS と US の間の時間的関係
- NS と US の間の随伴性
- 対提示の回数
- CS に対する事前の接触

無条件刺激と条件刺激の特性

刺激の強さは、CS や US としての刺激の効果に影響を及ぼす。一般に、刺激が強いほど、US としての効果は大きくなる（Polenchar, Romano, Steinmetz, & Patterson, 1984）。たとえば、目に吹きつけられる空気が強いほど、瞬き反応に対する US としての効果は大きい。同様に、痛み刺激が強い方が、自律神経系の興奮に対する US としての効果が大きい。より強い刺激は CS としても効果的に機能する。より強い刺激は、**顕著性**（salient）がより高いと表現する。

中性刺激と無条件刺激の間の時間的関係

レスポンデント条件づけがより効果的に成立するためには、NS は US に先行する必要がある。このことから、遅延条件づけと痕跡条件づけが最も効果的であると言える。NS と US の時間間隔の最適な条件を示すことは不可能だが、時間間隔はできるだけ短くすべきである（たとえば、1 秒以下）。しかし、味覚嫌悪は例外である。味覚嫌悪条件づけでは、腐った食べ物（US）によって喚起された吐き気と嘔吐（UR）は、CS（食べ物の味覚感覚）の生起の後、かなり時間がたってから生じることもある。

中性刺激と無条件刺激の間の随伴性

NS と US の間の随伴性とは、NS と US が毎回同じ形で一緒に提示されることを意味する。随伴性がある場合の方が、NS に続いて US が提示されない試行があったり、NS なしに US が提示される試行が含まれたりしている場合よりも、条件づけが成立する可能性が高い。たとえば、カーラの顔に空気が吹きつけられるときに、毎回必ず機械からクリック音が鳴っている方が、この 2 つのことが時々随伴する場合（たとえば、10 回中 1回）よりも、クリック音が CS となる可能性が高い。同様に、機械がプラスチック部品を打ち抜くときの空気の吹きつけに、時折クリック音が先行する場合も、クリック音が CS になる可能性は低くなる。

対提示の回数

NS が CS として確立されるために、その NS と US が 1 回対提示されるだけで十分な場合もしばしばある。しかし、条件づけをより強固なものとするためには、一般に、NS と US を数多く対提示する必要がある。ブザー（NS）が鳴った後に腕に軽い電気刺激（US）を受けるという実験に参加する学生について考えてみよう。どの行動実験でもそうだが、電気刺激は多少痛いが学生を傷つけるほどのものではない。1 回の対提示の後、ブザーはおそらく自律神経系の興奮（CR）を喚起するだろう。しかし、ブザーと電気刺激が何回か繰り返し対提示されれば、自律神経系の興奮はより強くなり、消去が生じるまでにより長い時間を要するようになるはずである。別の言い方をすると、US が提示されない条件で CS を提示し続けた場合、CS が CR を喚起しなくなるまでにより長い時間がかかるということである。対提示の回数が多いほど強い条件づけが生み出されることは確かだが、レスコーラとワグナー（Rescorla & Wagner, 1972）は、最初の対提示が最も強い条

参考：レスポンデント条件づけと条件性弱化子

　レスポンデント条件づけは、中性刺激（NS）を無条件刺激と対提示するプロセスで生じる。条件性強化子と条件性弱化子はレスポンデント条件づけのプロセスを通じて確立される。1 つの NS が強化子と対提示されることで、条件性強化子が生じる。また、NS が弱化子と対提示されることで、条件性弱化子が生じる。1960 年代に実施された研究において、条件性弱化子の生成に関して多くの要因が関与していることが明らかになった。たとえば、エバンズ（Evans, 1962）は、音が電気刺激と対提示された場合、その音は実験室のラットにおいて、レバー押しに対する条件性弱化子として機能することを明らかにした。さらに、電気刺激よりも先行して音を提示した場合（痕跡条件づけ）は、電気刺激の後に音を提示した場合（逆行条件づけ）よりも、その音がより効果的な条件性弱化子となることを明らかにした。ヘイクとアズリン（Hake & Azrin, 1965）の研究では、ハトを対象とした実験において、クリック音が電気刺激と対提示された場合、クリック音はハトのキーつつきに対する条件性弱化子として機能することを明らかになった。その研究では、さらにクリック音がより強い電気刺激を対提示した場合、クリック音はより効果的な条件性弱化子となることを示した。

件づけを生み出し、その後の対提示によって生み出される条件づけの効果は漸減することを証明している。たとえば、大きなカラスが、小さな子どもの頭の近くを飛びながら大きな声で鳴いたとしよう。その結果、その子どもはカラスを見るたびに恐怖反応を経験する。カラス（NS）と襲撃（US）の最初の対提示によって、カラスは恐怖反応（CR）を喚起する CS になった。もし、再びカラスが子どもの近くを飛びながら鳴いたとすれば、それによって子どもの恐怖反応は強められるかもしれない。しかしその増加は、最初の襲撃で生み出された恐怖反応ほど大きくはならない。2 回目以降の襲撃は、子どもの恐怖反応を段階的に小さな量で増加させていくと考えられる。

条件刺激に対する事前の接触

　過去に、US と対提示されずに接触した経験のある刺激は、そのような経験のない刺激と比べて、US と対提示されたときに CS として確立する可能性は低くなる。たとえば、2 歳のグレースは、多くの時間を飼い犬のクヌートと過ごしており、それまで何も困ったことが起きていなかったとしよう。このクヌートとの接触経験の結果として、もし仮にクヌートがグレースを偶然に押し倒したことがあったとしても、クヌートがグレースにとって恐怖反応を引き起こす CS になる可能性は低い。しかし、グレースの友達のポーラが遊びにきて、クヌートと初めて会ったときに、もしクヌートが偶然にポーラを押し倒したとしたら、ポーラは事前にクヌートと接触経験がなかったために、クヌートが恐怖反応を引き起こす CS となる可能性は高くなる。

Q. クヌートとポーラの例における US、CS、UR、CR を指摘しなさい。

　クヌートに押し倒されることが US であり、それが UR である自律神経系の興奮（恐怖反応）をポーラに喚起する。クヌートの存在が CS となったのは、US と 1 回だけだが対提示されたためである。その結果、次に会うときには、クヌートはポーラに恐怖反応（CR）を喚起するだろう。

レスポンデント条件づけとオペラント条件づけの違い

これまでの議論の中ではっきりさせておく必要があるのは、レスポンデント条件づけとオペラント条件づけがまったく異なる過程であること、そしてレスポンデント行動とオペラント行動が異なる種類の反応だということである（Michael,1993a）。レスポンデント行動とは、先行刺激によって喚起される UR または CR である。レスポンデント行動は、生物学的基礎をもつ身体反応である。オペラント行動は、その結果事象によって制御されている。弁別刺激（S^D）の刺激性制御を受けることがあるかもしれないが、オペラント反応は先行刺激によって喚起されることはない。オペラント反応は、同じ状況や類似した状況においてその行動が強化された経験があるという理由から、ある特定の先行事象のもとで始発するのである。

レスポンデント条件づけは、NS が US と対提示されることによって CR を喚起する力を獲得したときに生じる。レスポンデント条件づけは、2つの刺激、すなわち NS と US の対提示が必要なだけである。レスポンデント条件づけの結果は、NS であった刺激が CS として成立することである。一方、**オペラント条件づけ**は、特定の刺激状況において特定の行動に強化的な結果事象が安定的に後続することによって生じる。つまり、オペラント条件づけが成立するためには、行動と強化の随伴性が必要なのである。オペラント条件づけが生じた結果、行動が強化された場面やそれと類似した状況において、将来的にその行動が生起する可能性が高くなる。これは、行動が強化された状況がその行動に対する刺激性制御を獲得したことを意味している。

レスポンデント消去は、CS が US と対提示されないときに生じる。その結果、CS が CR を喚起しなくなる。**オペラント行動の消去**は、行動に強化的な結果事象が後続しなくなったときに生じる。その結果、行動が生起しなくなる。

オペラント行動とレスポンデント行動は、同じ場面で同時に生じることがある。裏庭で大きなカラスが小さな子どもに襲いかかってきて、かん高く鳴いている場面では、レスポンデント行動とオペラント行動の両方が生じている可能性がある。カラスによる襲撃は自律神経系の興奮を喚起する。そして、子どもは大声を上げて、庭で椅子に座って新聞を読んでいる父親のところへと走っていく（図8-3）。自律神経系の興奮は、カラスによって喚起されたレスポンデント行動だが、大声を上げて父親の方へと走っていくのは、安心と注目（正の強化）およびカラスからの逃避（負の強化）をもたらすオペラント行動である。

おもちゃ工場で働くカーラの例を考えてみよう。空気が吹きつけられる前に機械から聞こえるクリック音が CS であり、それが瞬き反応（CR）を喚起するようになっていた。それは、クリック音が空気の吹きつけと対提示されたためである。これは、レスポンデント条件づけである。しばらくし

用語：「喚起する（Elicit）」と「引き起こす（Evoke）」の違い

レスポンデント行動は先行刺激によって**喚起**（elicit）される。
- US は UR を無条件反射として喚起する。
- CS は US と対提示されることによって、CR を喚起するようになる。

オペラント行動は先行刺激や事象によって、**引き起こ**（evoke）される。
- S^D は、それが存在しているときに行動が強化されることによって、行動を引き起こすようになる。
- EO（確立操作）は、行動によって生み出される強化子の価値を高めることによって、行動を引き起こす。

図 8- 3　カラスが子どもに襲いかかったとき、2 種類の行動が生起している。恐怖反応（自律神経系の興奮）はレスポンデント行動であり、父親のもとに走っていく行動はオペラント行動である。

レスポンデント条件づけ

プロセス　　　　US（カラスの襲撃）　　　　　　　　　　　　　　　　　　　　　　UR（自律神経系の興奮）

　　　　　　　　US はカラスの姿と対提示される

対提示の結果　　CS（カラスの姿）　　　　　　　　　　　　　　　　　　　　　　　CR（自律神経系の興奮）

オペラント条件づけ

先行事象　　　　　　　　　　　　　　　　　行動　　　　　　　　　　　　　　結果事象

カラスの襲撃　　　　　　　　　子どもが父親の方に走っていく　　　　父親が安心感を与える

　　　　　　　　　　　　　　　　　　　　　　　　　　　　　　　　　　　カラスから逃げられる

その結果：庭でカラスを見たときに、子どもが父親に走り寄る可能性が高くなる。

て、カーラはクリック音が聞こえるや否や頭を横に動かすことを学習した。そうすることで、彼女は顔に空気が吹きつけられるのを避けることができた。頭を横に向ける行動は、オペラント行動で

ある。その行動は、その結果事象（空気の吹きつけから逃れること）によって強化される。この場合、クリック音は S^D である。それは、頭を横に向ける行動に対する刺激性制御を獲得する。そ

レスポンデント行動

CS（クリック音） ──────────────────────→ CR（瞬き）

オペラント行動

S^D（クリック音） ──── R（顔を横に向ける） ──── S^R（吹きつけの回避）──→

の行動はクリック音が生じたときだけ強化される。空気が吹きつけられないときには、頭を横に向ける行動は強化されない。

　クリック音が聞こえたときに必ず顔をそらすことを彼女が学習したら、今度は、レスポンデント消去が生じる。彼女はクリック音を聞き続けているが、空気はそのとき以降彼女の顔に吹きつけられることはない。結果として、クリック音（CS）が鳴ったときに、瞬き反応（CR）は生じなくなる。

Q. 暗いトンネルのジュリオの例における、レスポンデント行動とオペラント行動を区別しなさい。

レスポンデント行動は、トンネルへの接近によって喚起される自律神経系の興奮である。トンネルの中で驚愕するような事態（US）に出会ったことで、トンネルへの接近はCSとなった。**オペラント行動**は、トンネルを早足に、あるいは走って通り過ぎることである。この行動は、トンネルからすばやく逃避できることで強化されるという、負の強化を受ける。つまりその行動は、自律神経系の興奮という嫌悪的な生理学的状態を終結させることによって強化される。

レスポンデント行動

CS（トンネルの光景） ──────────── CR（自律神経系の興奮、恐怖反応）──→

オペラント行動

S^D ──────── R ──────── S^R ──→

トンネル　　　　　　　トンネルを走り抜ける　　トンネルと自律神経系の興奮の終結

レスポンデント条件づけと行動変容

　行動変容法のほとんどの技法は、オペラント行動を変容させるためのものである。というのは、変容すべき行動の大部分がオペラント行動だからである。しかし、レスポンデント行動の中にも人を困らせるものがあり、そうした行動は行動変容法の対象となる。最もしばしば変えたいと思われるレスポンデント行動は、通常の精神機能を阻害するCERである。

　不安の結果として大きな不快感を経験する人がいる（人前でスピーチする際の不安反応など）。

不安刺激によって喚起された自律神経系の興奮が
あまりにも大きいため、それを避けるために自分
の生活を変えることもある。会社に行く途中にあ
る橋を渡ることを避けるために、その橋を渡らな

いですむように生活パターンを変えようとする高
所恐怖の人もいる。第 24 章では、恐怖や不安を
含むレスポンデント行動を変容させるための行動
変容法を紹介する。

まとめ

1．レスポンデント条件づけでは、NS であった
刺激が、無条件刺激（US）と対提示される
ことによって条件刺激（CS）となる。CS は、
US によって喚起される無条件反応（UR）と
類似した条件反応（CR）を喚起する。レス
ポンデント条件づけは、NS が US の直前に
提示されたときに最も効果的である。高次条
件づけは、すでに条件づけが成立している
CS と NS が対提示されたときに生じる。レ
スポンデント行動は、生存的価値をもつ身体
反応である。

2．レスポンデント行動の 1 つに、条件性情動反
応（CER）がある。CER には否定的（恐怖や
不安など）なものと肯定的なもの（幸福感な
ど）がある。

3．レスポンデント消去は、US が存在していな
い状況で CS が提示され続けるときに生じる。
結果として、CS は CR を喚起しなくなる。

4．レスポンデント条件づけに影響を及ぼす要
因には、US と NS の強さ、NS と US の時間
的関係、NS と US の随伴性、対提示の回数、
NS に対する事前の接触がある。

5．レスポンデント条件づけは、NS と US が対
提示され、NS が CS として CR を喚起するよ
うになったときに成立する。オペラント条件
づけは、S^D が存在している場面で行動が強
化され、その後、S^D が存在しているときに
その行動の生起する可能性が高まったときに
成立する。

キーワード

逆行条件づけ
条件性情動反応
条件反応
条件刺激
遅延条件づけ
高次条件づけ
オペラント行動
オペラント条件づけ
レスポンデント行動

レスポンデント条件づけ
レスポンデント消去
顕著性
同時条件づけ
自発的回復（レスポンデント）
痕跡条件づけ
無条件反応
無条件刺激

練習問題

1．次の略語が示す用語の正式名称を答えなさい。
　US、UR、CS、CR
2．無条件刺激とは何か、例を挙げて説明しなさい。

3．無条件反応とは何か、例を挙げて説明しなさい。
4．中性刺激（NS）がどのような過程を経て、
条件刺激になるのかを述べなさい。また、こ

の過程は何と呼ばれているか？

5．レスポンデント条件づけの結果どうなるか、説明しなさい。

6．レスポンデント条件づけでは、NS と US のタイミングが重要である。NS と US の 4 つの時間的関係、すなわち遅延条件づけ、痕跡条件づけ、同時条件づけ、逆行条件づけについて、それぞれ説明しなさい。

7．これらの 4 つのタイプの条件づけのうち、最も効果的なものと、最も効果が弱いものはどれか？

8．高次条件づけについて説明しなさい。また、例を 1 つ挙げなさい。

9．条件性情動反応とは何か？　肯定的な条件性情動反応と否定的な条件性情動反応の例を挙げなさい。

10．レスポンデント消去について、例を挙げて説明しなさい。

11．自発的回復とは何か、例を挙げて説明しなさい。

12．味覚嫌悪は他のレスポンデント条件づけとどのように違うか、説明しなさい。

13．レスポンデント行動の弁別はどのように確立されるか、例を挙げて説明しなさい。

14．レスポンデント行動の般化はどのように確立されるか、例を挙げて説明しなさい。

15．レスポンデント条件づけに影響を与える 5 つの要因について、説明しなさい。

16．人前でスピーチすることに不安をもつ生徒を例に、レスポンデント行動とオペラント行動がどのように同時に生起しているかを説明しなさい。

17．レスポンデント消去を犬恐怖の克服のために、どのように応用できるかを説明しなさい。また、これと同じ例について、正の強化をどのように応用できるかを説明しなさい。

第**III**部

新しい行動を形成する方法

第9章　シェイピング

学習のポイント

■ 新しい行動を生起させるために、シェイピングをどのように使うことができるか？

■ 標的行動への漸次的接近とは何か？

■ 強化と消去の原理は、シェイピングの原理とどのように関係しているか？

■ シェイピングは問題行動の形成に関して、どのように誤って使用されている可能性があるか？

■ シェイピングをうまく使うために必要なステップは、どのようなものか？

第4章で見たように、強化は望ましい行動の頻度を増加させるための手続きである。つまり、強化するためには、過去に望ましい行動が少なくとも何回かは生起していなければならない。対象者が標的行動をまったく示さない場合には、その行動を生じさせるために他の方略が必要となる。シェイピングはそのような方略の1つである。

シェイピングの例：子どもに言葉を教える

シェイピング（shaping）は、子どもの発達過程のいろいろな場面で自然に起こっている。まだ言葉をしゃべれない乳児も、いずれは喃語を発するようになる。つまり、親の言葉をまねして、音声を発するようになる。親は最初、喃語をしゃべっている子どもをうきうきしながら見つめる。そして笑いかけたり、話しかけたり、子どもが発した音声をまねしたり、子どもをなでたりする。このようなさまざまな関わりが、喃語行動を強化する。その結果として、子どもはさらに喃語を話すようになる。そして、「マ」「パ」「ポ」のように聞き覚えのある単語（「ママ」「パパ」「ボール」）に似た音（単語音）を子どもが発するようになる。親はこれらの聞き覚えのある音を子どもが発するたびに、うきうきして子どもの方を見つめる。その結果、子どもはこれらの単語音を頻繁に発するようになる。同時に、子どもが聞き慣れた単語音を発しはじめると、親は単なる喃語に対しては以前と同じようには反応しなくなる。この過程が続いていくと、やがて子どもは、単語（たとえば「マ

マ」「パパ」）を話すために単語音を組み立てられるようになる。そして、両親はそれに興奮し、その様子にもっと注目するようになる。またその一方で、子どもが以前発していた断片的な単語音に対してはあまり注目しなくなる。その結果、子どもはより頻繁に単語を発するようになり、単なる音（あるいは喃語）は発しなくなる。言語発達の過程の中で、何カ月間にもわたって、親は真の言葉により近い発声を強化していく。このシェイピングの過程は、両親が喃語を強化したときからスタートする。喃語の中で単語に似た発声が、実際の単語へと少しずつ近づけられていく。単語により近い音を発するたびに、子どもはより多くの注目（強化）を両親から受ける。そして、以前に発していた音にはあまり注目されなくなる。

また両親の対応は、子どもの言葉を形成しているだけではなく、それを適切な刺激性制御下に置く働きかけでもある。親は子どもにボールを示しながら、「ボ」とか「ボール」という発声を強化する。また、子どもが父親を見ていたり、指さし

をしていたりするときに、「パ」あるいは「パパ」という発声を強化する。シェイピングの過程に含まれる弁別訓練によって、子どもは正しい発語、つまり状況にあった発語を学んでいく。

シェイピングの定義

シェイピングは、それまで生起したことがない標的行動を形成するために用いられる。シェイピングは、対象者が標的行動を示すまで、その行動への漸次的接近を分化強化していくことと定義されている。**分化強化**（differential reinforcement）は、ある状況において、1つの行動だけを強化し、それ以外の行動はどれも強化しないという手続きである（分化強化の詳細については第15章参照）。

シェイピングが言語の発達に適用される場合、**漸次的接近**（successive approximation）あるいはシェイピングステップは、喃語、単語音、単語の一部、単語全体、語連鎖、文という系列になる。シェイピングを始める際には、既存の行動の中で標的行動に近似した行動を特定する必要がある。これは「起点となる行動（starting behavior）」あるいは最初の近似行動（first approximation）と呼ばれる。この行動を強化すると、対象者はそれを頻繁に示し始める。そして、その行動を強化することをやめると、それに伴って生じる消去バーストの中で新しい行動が生じるようになる。そのとき、標的行動により近似した新しい行動を強化するようにする。その結果、対象者は新しい行動をより頻繁に示し始め、前に生起していた行動は減っていく。この分化強化（標的行動により近似した行動を強化し、その一方で、前の段階の行動は消去する）の過程は、対象者が最終的に標的行動を示すようになるまで続けられる。

スキナー（Skinner, 1938）は、30cm四方の実験箱の中で、実験用ラットにレバー押しをさせるために、シェイピングを用いた。レバーは実験箱の1つの壁から突き出た棒のようなものであった。ラットはそのレバーの上に前足を乗せて、それを押した。実験箱にはエサを提示するための穴が開いていた。ラットが最初にこの実験箱の中に入れられたときは、ただ無目的に歩いて探索するだけだった。

Q. ラットにレバーを押させるために、シェイピングをどのように用いたらよいか書いてみよう。

最初に、起点となる行動あるいは最初の近似行動を選ぶ。例として、実験箱の床を2等分して、ラットがレバーの設置されている側に足を踏み入れることを起点となる行動とし、その行動が見られたらすぐにエサを与えるようにする。その結果、ラットは実験箱のレバーが設置されている側で過ごす時間が長くなるだろう。それから、次の近似行動を強化し、その前のものを消去する手続きを行う。具体的には、ラットがレバーの方に頭を向けたときだけエサを与える。その結果、ラットがレバーの方に頭を向ける回数が増加する。次に、ラットがレバーに接近し、後ろ足で立ち上がったときだけエサを与えるようにする。ラットがこの行動を頻繁に示すようになった段階でその行動を消去し、ラットがレバーの方に動いたときだけエサを与えるように手続きを変える。この行動が頻繁に生じるようになったら、さらに次の近似行動へと手続きを移行し、ラットが前足でレバーに触れたときだけエサを与えるようにする。その結果、ラットは頻繁にレバーに触れるようになる。そしてようやく最終ステップへと進み、ラットがレバーを押したときだけエサを与えるようにする。そしてこの空腹の状態のラットは、実験箱の中に入れられたときはいつでも、過去の強化経験によって、前足を伸ばしてレバーを押すようになるだろう。シェイピングによって、ラットが頻繁に行っていた行動（実験箱のレバーのある側に立つ行動）を強化することから始めて、最終的には、過去には見られなかった行動（レバーを押す行動）をさせることが可能になる。

7つのシェイピングステップ（漸次的接近）の概要を示したが、ラットにレバーを押す反応をシェイピングするためには、もっと多くのステップが必要になるかもしれない。たとえば、3ステッ

レバー押しのための漸次的接近

1．ラットがレバーの設置されている側に移動する
2．ラットがレバーの方向に頭を向ける
3．ラットがレバーに接近する
4．ラットが後ろ足で立つ
5．ラットが前足をレバーの方へ近づける
6．ラットがレバーに触れる
7．ラットがレバーを押す

プ目の「ラットがレバーに接近する」という段階は、さらに2〜3ステップに分けることも可能である。重要なのは、各ステップが前のステップよりも標的行動に近づいていなければならないという点である。

　読者は、水族館のイルカや他の海洋哺乳動物が複雑な芸をどのように学習したか、不思議に思ったことはないだろうか？　動物にこれらの行動を行わせるために、トレーナーはシェイピングを使用している（Pryor, 1985）。エサの魚を無条件性強化子、手持ちのホイッスルの音を条件性強化子として利用し、トレーナーはイルカがよく行っている自然な行動から複雑な行動へとシェイピングすることができる。トレーナーは漸次的接近を強化することによって、イルカが過去にしたことのない行動（水面上にジャンプすることや、鼻で輪をキャッチすることなど）を行わせることができるのである。

Q. トレーナーはどのようにしてホイッスルの音を条件性強化子として確立するのか？　また、なぜそれを条件性強化子として使用する必要があるのか？

　トレーナーはイルカに強化子として魚を与えるときに、必ずホイッスルの音を提示している。ホイッスルの音は魚という無条件性強化子と対提示されることによって、条件性強化子となる。トレーナーが条件性強化子を用いる理由は、ホィッスルの音をすばやく簡単に提示することによって、イルカの行動を即座に強化できるからである。魚だけを強化子として用いる場合には、それを食べさせるためにイルカの行動を止めなければならない。シェイピングを適用するときには、タイミングが非常に重要である。次の正しい近似行動が生じたときに、即座に強化しなければならない。タイミングを逃すと、別の行動を偶然強化してしまうことになりかねない。それに加えて、条件性強化子はイルカが魚に飽きてしまわないようにするためにも必要である。強化子として魚を食べ続けると、やがてイルカは満腹になり、再び空腹になるまで魚は強化子として機能しなくなってしまうかもしれない。動物のシェイピングに関する詳細な考察については、プライア（Pryor, 1985）とスキナー（Skinner, 1938, 1951, 1958）を参照してほしい。

シェイピングの適用

　医療リハビリテーションの領域における、人間の行動のシェイピングに関する興味深い2つの実践事例が、オニールとガードナー（O'Neill & Gardner, 1983）によって報告されている。

Ｆさんを再び歩かせる

　最初の事例は、人工股関節置換手術を受けた75歳のＦさん（女性）である。独力で再び歩き始めるためには理学療法を受け、特に2本の平行棒の間を、自分の腕で身体を支えながら歩く練習

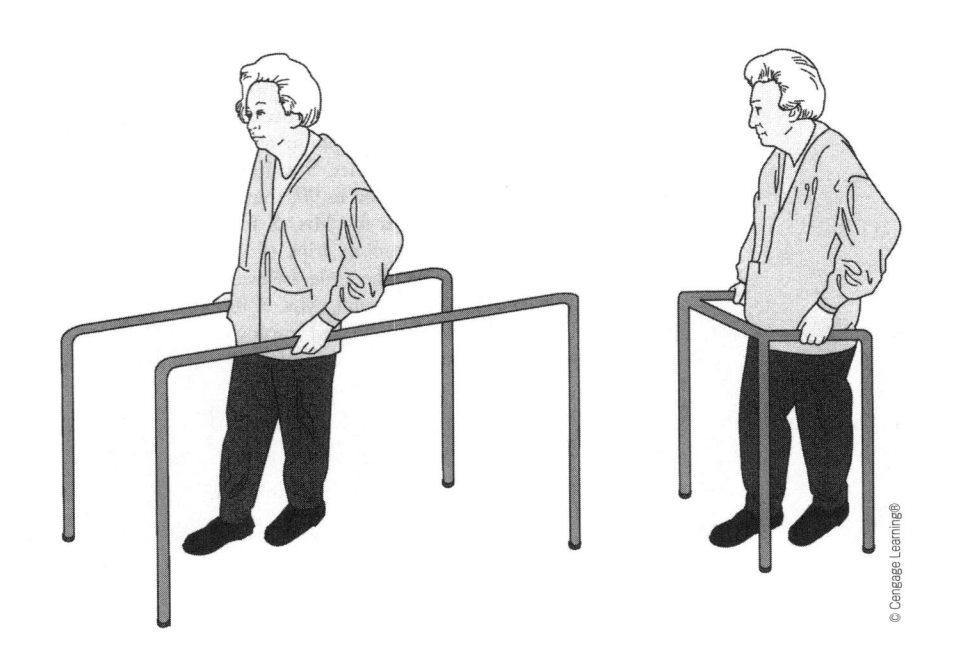

図9-1　Fさんが平行棒を使って立っている。これは、歩行器を使って歩くという標的行動に到達するための
シェイピング過程の、1つの漸次的接近（シェイピングステップ）である。

が必要であった。しかし、Fさんは理学療法への参加を拒んでいた。Fさんはその時点では標的行動を示していなかったので、オニールとガードナーはシェイピングを適用することにした。標的行動は、歩行器を使用して独力で歩くことであった。起点となる行動として、Fさんに平行棒が設置してある理学療法室まで移動することを求めた。Fさんが車椅子で理学療法室に入ると、理学療法士は優しく親切に彼女に接した。そして、マッサージ治療（Fさんにとっては快適な経験）を行った。結果として、理学療法室に行くことが強化され、Fさんは毎日喜んでそこへ行くようになった。数日後、理学療法士はFさんに対して、マッサージを受ける前に1秒間だけ平行棒の間に立つことを求めた（歩行に関する漸次的接近）。Fさんは1秒間だけ立ち、そしてマッサージを受けた。理学療法士は次の日、その時間を15秒間まで増やすことにしたところ、Fさんはマッサージを受ける前に15秒間平行棒の前に立つことができた（図9-1）。Fさんが平行棒を使って立つことができるようになった後、理学療法士は1日に何歩か歩くことを求めた。そして、平行棒の端から端

まで歩けるようになるまで、少しずつその距離を延ばしていった。最終的に、Fさんは歩行器を使って独力で歩けるようになり、病院から退院した。シェイピングは、その人がその時点でできる単純な行動を起点として、スモールステップ（漸次的接近）で標的行動を段階的に作り上げていく手続きであり、それによって、新しい標的行動や過去に拒否していた標的行動ができるようになる。

Sさんがトイレに行くまでの時間を延ばす

オニールとガードナーが報告したもう一人の事例は、多発性硬化症の32歳のSさん（女性）であった。Sさんは、あまりにも頻繁にトイレに行くため、病院での治療を中断しなければならないことがしばしばあった。それは、彼女が過去に人前で失禁（膀胱の制御を失う）をしており、再びそのような事態が起こるのではないかと心配しているためであった。その時点で彼女は、1時間に1回以上トイレに行っていた。Sさんの同意を得て、オニールとガードナーは、彼女がトイレに行く時間間隔を長くするためにシェイピングを適用

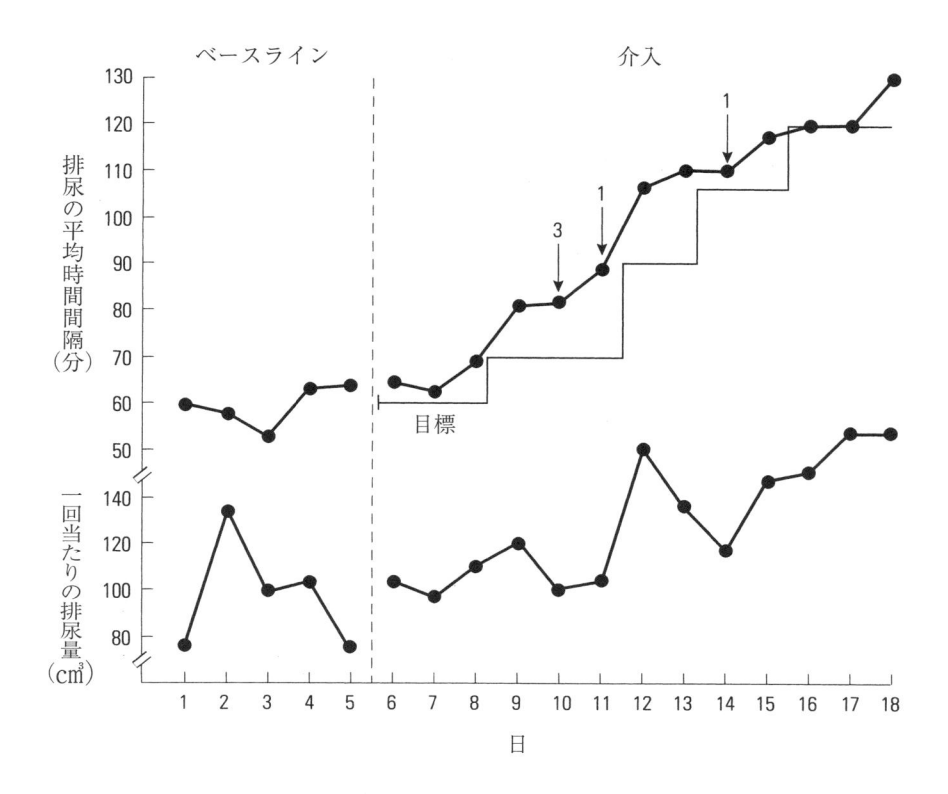

図9-2　このグラフは、Sさんの排尿の平均時間間隔を示している。階段状の線は、Sさんのために設定された目標（漸次的接近）を表している。シェイピング（介入）期では、時間間隔は長くなり、つねに目標ラインを超えていることに注目してほしい。また1回当たりの排尿量も、時間間隔が延びるにつれて増加している点にも注目してほしい。データポイントの上の数字は、Sさんが失禁した回数を示している。（O'Neill, G. W., & Gardner, R. [1983]. *Behavioral Principles in Medical Rehabilitation: A Practical Guide,* p. 49. Springfield, IL: Charles C. Thomas.）

することにした。標的行動は、トイレに行くまでの時間間隔を2時間にすることであった。彼らは最初の起点となる行動を、トイレに行くまで1時間待つこととした。その理由は、シェイピング・プログラムの開始前に、Sさんは時折、トイレに行くまで1時間待っていたからである。Sさんは数日間でこの目標を達成し、強化子として治療者から称賛された。次の起点となる行動は、70分待つことであった。数日間で70分待つことができるようになった後、時間間隔を90分、105分と長くしていき、最終的に120分待つことができるようになった。Sさんがトイレに行く時間間隔を120分にするという標的行動が達成されるまでに、12日間と5つのシェイピングステップが必要であった（図9-2）。彼女が退院したとき、トイレに行く時間間隔は平均で130分になって

いた。退院してから数カ月後もSさんの治療効果は維持されており、それによって生活が改善されたことが報告された。

　これらの例からも分かるように、**シェイピングは以下のように使用することができる。**

1．新しい行動（乳幼児の言葉、実験箱のラットのレバー押し、イルカの芸）を生み出すこと
2．以前していた行動（Fさんが拒否していた歩行）を回復させること
3．すでに存在している行動の特定の次元（Sさんの排泄の時間間隔）を変化させること

　いずれの場合も、現に対象となる人がその行動に従事できないという意味で、標的行動は新しい行動と言える。

シェイピングに関する研究

シェイピングに関する研究は、多様な標的行動を多様な対象者に生み出すために使用できることを示している。具体的には、高いレベルでの運動パファーマンス（たとえば、Scott. Scott, & Goldwater, 1997）、頭痛を抑えるための体操（Fitterling. Martin, Gramling, Cole, & Milan, l988）、乳児のトイレでの排泄（Smeets, Lancion, Ball, & Oliva, l985）、知的障害者における医師の指示への順守（Hagopian & Thompson, 1999; Slifer, Koontz, & Cataldo, 2002）、そして子どものコンタクトレンズの使用（Mathews, Hodson, Crist, & LaRoche, 1992）などである。

ジョンソンとウォレス（Jackson & Wallace, 1974）およびハウイーとウッズ（Howie & Woods, 1982）は、**既存の行動の特定の次元を変容するためにシェイピングを適用した**例を報告している。ジャクソンとウォレスは、軽度知的障害と社会的引きこもりを示す 15 歳の少女を対象に研究を行った。彼女はかろうじて聞き取れる程度の声の大きさ（音量）でしか話さなかった。そこで、標的行動は普通の音量で話をすることとした。

ジャクソンとウォレスは、彼女の話す音量を測定するためにデシベル計を使用し、彼女が普通の声の大きさで話せるようになるまで、トークンによって漸次的接近（より大きな声で話すこと）を強化した。彼らは、シェイピング・プログラムがうまくいくためにはデシベル計の使用が必要であると考えた。というのは、その機器を使用することによって、話の音量におけるわずかな増加（漸次的接近）を見いだし強化することが可能になるからであった（図 9 - 3）。別の研究者たちは、障害のある児童 2 名の話す音量を増加させるためにシェイピング手続きを用いた。図 9 - 4 は、この研究（Fleece et al., 1981）における対象者間多層ベースラインデザインのグラフである。これによると、どちらの対象者においても、音量の増加が観察された。

ハウイーとウッズ（Howie & Woods, 1982）は、吃音の治療を受けている成人の発話頻度を増加させるためにシェイピングを使用した。治療の一部として、吃音を起こさずに話すことを学習する目的で、対象者はゆっくり話すように指示された。

図 9 - 3　心理士は、子どもが話すときの声の音量を増加させる（より大きな声を出させる）ためのシェイピングの過程において、デシベル計を使用する。各々のシェイピングステップはデシベル計によって測定され、音量が少しずつ大きくなるようにされた。

対象者が吃音を示さなくなった後、研究者たちはシェイピングを使って、話すスピード（1分当たりの音節数）を通常のレベルまで増加させた。この研究では、シェイピング・ステップあるいは漸次的接近は、1分当たり5音節増加させるというものであった。シェイピングを用いると、すべての対象者が約40〜50セッション内に、通常のレベルまで会話スピードが増加した。

異なる反応型（新しい行動）のシェイピングも、いくつかの研究で報告されている（Horner, 1971; Isaacs, Thomas, & Goldiamond, 1960; Lovaas, Berberich, Perdoff, & Schaeffer, 1966; Wolf, Risley, & Mees, 1964）。初期の研究において、ウォルフら（1964）は、障害のある幼稚園児にメガネをかけさせるためにシェイピングを使用した。シェイピング手続きを用いるまで、対象

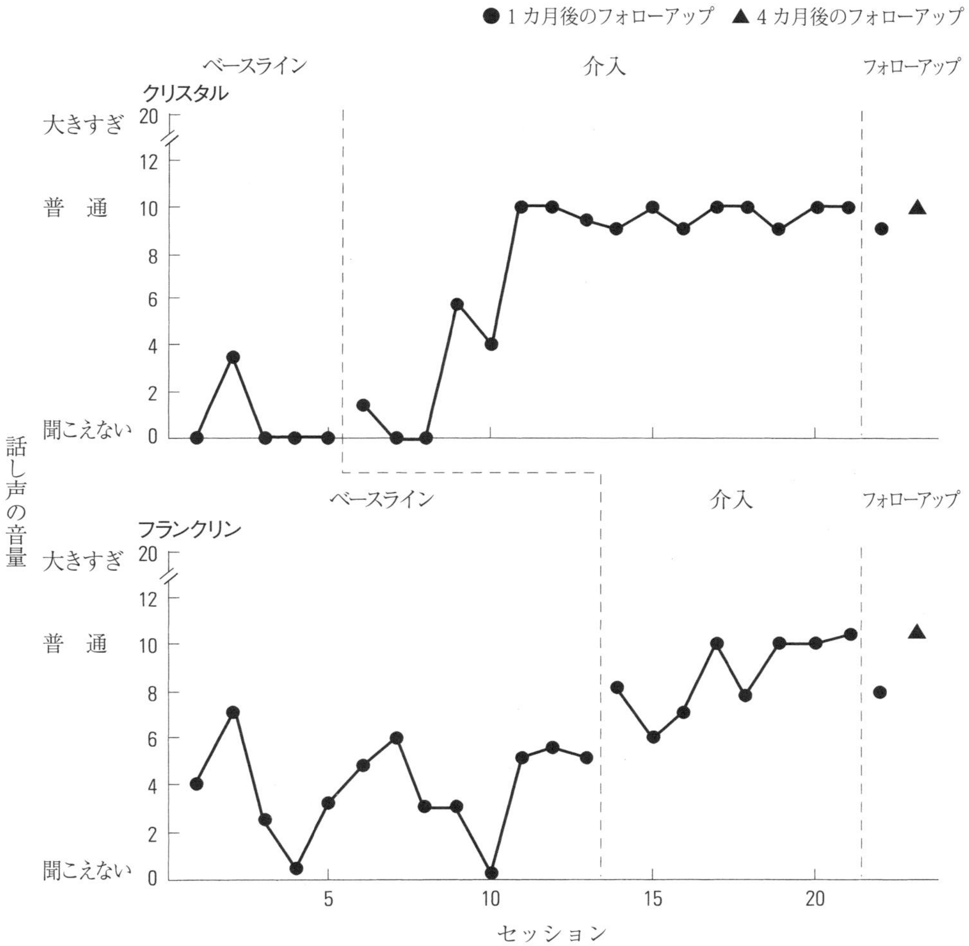

図9-4 このグラフは、シェイピングによる介入が導入された後の、2名の生徒の話し声の音量の増大を示している。両生徒ともに、音量は通常のレベルまで増大し、シェイピングによる介入の1カ月後と4カ月後もその状態が持続していた。このグラフは、対象者間多層ベースラインデザインを示している。介入（シェイピング）は対象者ごとに異なるタイミングで導入されている点と、それぞれの対象者の行動が、介入が導入されてから変化している点に注目してほしい。（Fleece, L., Gross, A., O'Brien, T., Kistner, J., Rothblum, E., & Drabman, R. [1981]. Elevation of voice volume in young developmentally delayed children via an operant shaping procedure. *Journal of Applied Behavior Analysis, 14,* 351-355. Copyright © Society for the Experimental Analysis of Behavior.）

表9-1　ホーナー（Honer, 1971）が適用した2つのシェイピング手続きにおける漸次的接近

平行棒の使用を形成するための漸次的接近におけるステップ

ステップ1：腰掛けに座り、左手で左の棒を、右手で右の棒をつかむ。

ステップ2：ステップ1に加えて、立つ姿勢になるまで平行棒を引っぱり、スプーン1杯の炭酸飲料（強化子）を飲むまでその姿勢を保持する。

ステップ3：ステップ1と2に加えて、強化を受ける前に平行棒を支えにして1歩歩く。

ステップ4：強化を受ける前に3歩歩く以外は、ステップ3と同じ。

ステップ5：強化を受ける前に5歩歩く以外は、ステップ3と同じ。

ステップ6：強化を受ける前に10歩歩く以外は、ステップ3と同じ。

杖の使用を形成するための漸次的接近におけるステップ

ステップ1：松葉杖を伸縮性の包帯で手に固定する。実験者は子どもの後ろに立つ。床の立ち位置の前方45cmと左右45cmの部分に印を付け、そこに松葉杖をつくことができたら、強化子を与える。

ステップ2：松葉杖を伸縮性の包帯で手に固定する。実験者は子どもの後ろに立つ。ステップ1が完全にでき、実験者に腋の下を支えられながら、松葉杖を使って直立姿勢をとることができた場合に強化子を与える。ただし、強化子を与えるためには、15秒間その姿勢を保持しなければならない。

ステップ3：松葉杖は伸縮性の包帯で手に固定する。実験者は子どもの後ろに立つ。ステップ1を達成し、最初の動作時のみ実験者に腋の下を支えられながら、松葉杖を使って直立姿勢をとることができた場合に強化子を与える。

ステップ4：松葉杖を手に固定しない。最初の動作時の援助も与えない。松葉杖を支えにして直立姿勢を独力でとることができた場合に、強化子を与える。

ステップ5：ステップ4が達成でき、実験者の手が背中に置かれた状態でバランスをとり、松葉杖を前方へと移動できたら、強化子を与える。

ステップ6：ステップ5が達成された後、実験者の手が背中に置かれた状態でバランスをとりながら、2本の松葉杖の先を結んだ線上に足を一歩振り出した後、さらに松葉杖を前方に移動できたら、強化子を与える。

ステップ7：ステップ6に加えて、実験者の手が背中に置かれた状態でバランスをとりながら、松葉杖を使用した歩行をさらに1サイクル行い、さらに松葉杖を前方に移動できたら、強化子を与える。

ステップ8：バランスをとるための実験者による援助を段階的にフェイドアウトしながら、松葉杖を使った歩行を4サイクル行った場合に、強化子を与える。

ステップ9：実験者の援助なしに松葉杖を使った歩行を8サイクル行い、さらに松葉杖を前方に移動できた場合に、強化子を与える。

ステップ10：腋の下に支えのある松葉杖の代わりに前腕杖（前腕に装着する杖）を使用して、バランスをとりながら杖による歩行を12サイクル行った場合に、強化子を与える。

児はメガネをかけることを拒否していた。メガネをかけさせようとしても、その場で投げつけていた。研究者たちは、メガネをかけるという標的行動の漸次的接近を食べ物によって強化した。漸次的接近は、メガネに触れる、メガネを手に取る、メガネを顔のところへもっていく、そして最後に、メガネを実際にかける、というものであった。研究の終了時点で、その子どもは、日常的にメガネ

参考：シェイピングと治療へのコンプライアンス

　医療は、しばしば患者に対して、時間がかかる診断検査や医療処置に耐えることを求める（たとえば、磁気共鳴画像［MRI］）。それに加えて、継続的な疾病管理のための医学的処置において、患者に決まった行動を求めることも多く、それを毎日実施することが必要となる（たとえば、糖尿病のためのブドウ糖負荷試験）。医学的処置の実行に必要な行動を促すのにシェイピングが有効であることを先行研究は示している。たとえば、スライファーら（Slifer, Koontz, & Cataldo, 2002）は、子どもが MRI を受けるのに必要な行動を身につけるためにシェイピングを使用している。この研究では、MRI の装置の中で長時間にわたって、横たわった状態で動かないことを強化するためにシェイピングを使用していた。ハゴピアンとトンプソン（Hagopian & Thompson, 1999）は、知的障害を伴う自閉スペクトラム症の子どもに、囊胞性線維症の医療的処置を受けさせるのにシェイピングを使用した。その対象児は、吸入器につながったマスクから、服薬のために 20 秒間吸入する必要があったが、それを拒否していた。シェイピング手続きによって、その対象児は最初、5 秒間、吸入することで強化子（称賛・キャンディ・おもちゃ）を得ることができた。そして少しずつその時間が延ばされていった。

をかけられるようになっていた。

　ホーナー（Horner, 1971）は、5 歳の知的障害のあるデニスを対象に研究を行った。デニスには二分脊椎の障害もあった。それは、誕生前に脊髄に損傷を受け、足の動作が制限される障害であった。その障害のためにデニスは、這うことはできたが、歩行はできなかった。ホーナーはデニスに対して 2 つのシェイピング手続きを用いた。最初の手続きの標的行動は、デニスが平行棒の間で、腕で自分を支えながら 10 歩歩くことであった。このシェイピング手続きは、6 つのステップで構成されていた。最初の起点となる行動は、デニスが腰掛けに座って両手で平行棒につかまることであった。ホーナーは、各ステップを達成できたときの強化子として炭酸飲料を使用した。デニスが平行棒を支えにして歩けるようになった後、第 2 のシェイピング手続きが開始された。このシェイピング手続きの標的行動は、松葉杖を使って 12 歩歩くことであった。標的行動に対する最初の起点となる行動は、デニスが正しい姿勢で杖を持つことであった。そして第 2 ステップの行動は、実験者からの援助を受けながら、杖を使って立ち上がることであった。第 3 ステップの行動は、援助なしで立ち上がることであった。第 4 ステップの行動以降も、同様の形で少しずつステップアップしていった。120 セッション、計 10 のシェイピングステップを経て、デニスは標的行動を達成した。杖をうまく使えるようになると、彼は自分が暮らす州立施設内のすべての活動の行き帰りに歩くようになった。ホーナーが実施したシェイピング手続きの結果、デニスは、自分をより自立させて生活の質を改善させる行動（歩行）を学習した。ホーナーが適用した 2 つのシェイピング手続きに含まれる漸次的接近は、表 9 - 1 に示した。

シェイピングの手順

　上記の例からも分かるように、シェイピングの応用例は研究論文でたくさん紹介されている。臨床上の目標が、その時点で生起していない標的行動の形成である場合には、シェイピングが適している。シェイピングは新しい標的行動を形成する ために適用される手続きの 1 つである（第 10 章～第 12 章も参照）。

　シェイピングを正しく適用するためには、以下のステップに従って行うとよい（Cooper. Heron, & Heward, 1987, 2007; Martin & Pear, 1992:

Sulzer-Azaroff & Mayer, 1991: Sundel & Sundel, 1993 も参照)。

1. **標的行動を定義する**。標的行動を定義することによって、シェイピング・プログラムがうまくいっているかどうか、そしてどの時点で成功したのかを決定できる。

2. **シェイピングが最も適した手続きかどうかを決定する**。たとえわずかな機会でも、対象者がすでに標的行動を示していれば、シェイピングを適用する必要はない。むしろ、標的行動の頻度を増やすために分化強化を適用した方がよい。シェイピングは、対象者がその時点でできない新しい行動の型や新しい行動の次元を形成したり、前は出来ていたが今は示していない行動を再形成するために用いられる。しかし、他のより効率的な行動形成の方法（たとえば、プロンプト、モデル提示、教示）の方が望ましい可能性もある。対象者が標的行動のやり方を知っていたり、あるいは対象者がすでに正しい行動を示している場合には、シェイピングを適用する必要はない。他の方法についての説明は、第 10 章〜第 12 章を参照してほしい。

3. **起点となる行動を決める**。起点となる行動あるいは最初の近似行動は、すでに起きたことのある（少ない頻度でもよい）行動にすべきである。それに加えて、最初の起点となる行動は、標的行動と何らかの関連性をもっている必要がある。本章で取り上げた例のすべてにおいて、起点となる行動は、すでに生じている行動であり、さらに標的行動に到達するための基礎となる近似行動である、という理由から選択されている。

4. **シェイピングのステップを選定する**。シェイピングでは、対象者は各ステップを習得した上で、次のステップへ進む。各ステップは前のステップよりも標的行動に近似していなければならない（漸次的接近）。しかし、次のステップに進む際に必要となる行動上の変化が、対象者が標的行動に近い行動を示さなくなってしまうような大きいものであってはならない。1 つのステップから次のステップへ

進む際の行動変化は、適度なものでなければならない。シェイピングステップが小さ過ぎる場合、シェイピングの進行に必要以上に時間がかかってしまう。シェイピングステップを選択するための簡単なルールは存在しない。あるステップを習得することによって、次のステップとなる行動が促進される可能性のあるシェイピングステップを選択すべきである。

5. **シェイピング手続きにおいて使用する強化子を選択する**。シェイピング・プログラムに参加している対象者にとって強化子となりうる結果事象を選択しなければならない。指導者は、適切な行動が起きた場合にはすぐに強化子を提示しなければならない。強化子の量は、対象者が簡単に飽和してしまわない程度にすべきである。条件性強化子（トークンや称賛など）の使用は、飽和を避けるために役に立つ方法である。

6. **漸次的接近を分化強化する**。起点となる行動から開始して、各ステップに含まれる行動が安定して生起するまで強化する。そして次のステップに進んだら、前の近似行動（ステップ）は強化せずに、次の近似行動の強化を始める。その近似行動（そのステップにおける起点となる行動）が一貫して生じるようになった時点でその行動を強化するのをやめ、次の近似行動を強化し始める。漸次的接近の分化強化に関するこの過程を、最終的な標的行動が生起し強化されるまで続ける。

7. **シェイピングステップを適度なペースで進める**。各近似行動が次の近似行動の踏み台となることに留意しなければならない。対象者が 1 つの近似行動を習得した時点が（少なくとも数回その行動がうまくできたら）、次のステップに進むよい時期である。1 つの近似行動をあまりに多く強化すると、次のステップへ進むことを困難にしてしまう可能性がある。対象者が前の近似行動をし続けてしまうかもしれないからである。しかし同時に対象者は、1 つの近似行動を習得しなければ、次のステップに進めなくなるか、あるいはそれが困難になるかもしれない。1 つのステップから次のステップへとうまく進むために、何

シェイピングのガイドライン

1．標的行動を定義する。
2．シェイピングが最も適切な手続きであるかどうかを決定する。
3．起点となる行動を定義する。
4．シェイピングステップ（漸次的接近）を選択する。
5．シェイピング手続きで使用する強化子を選択する。
6．それぞれの漸次的接近を分化強化する。
7．シェイピングを適度なペースで進める。

が期待されているかを対象者に教えたり、適切な行動の手がかりやプロンプトを与える必要がある場合もある。（O'Neill & Gardner, 1983: Sulzer-Azaroff & Mayer, 1991）。たとえば、オニールとガードナーはFさんに、マッサージを受けるためには平行棒を使って1秒間立っていなければならないということを伝えた。彼らは、すべてのシェイピングステップにおいて、強化を得るために何をしなければならないのかを、彼女に明確な形で示した。

問題行動のシェイピング

　シェイピングによって問題行動が意図しない形で形成されてしまう状況がある。この場合、その人にとって有益でない行動の漸次的接近が強化されていったのである。

　例を考えてみよう。スミス夫人は、4歳の息子トミーの行動に手を焼いていた。スミス夫人は自宅で通信販売の仕事をしていた。彼女が忙しいときに、トミーはよく彼女の邪魔をし、一緒に遊ぶように求めてきた。あまりに彼がしつこく要求したときは、仕事を中断して遊んであげた。これを三項随伴性で記述すると、下図のようになる。

　スミス夫人はかかりつけの小児科医に、この問題にどう対応すべきかを相談した。小児科医からは、トミーが遊びを要求したときには「トミー、あとで遊んであげるからね」と言って仕事を続けること、そしてトミーがさらに邪魔をしたときには無視することをアドバイスされた。

Q. この対応方法の計画に含まれる行動原理は何か？

　小児科医はスミス夫人に、消去手続きを使うこと、すなわちトミーの度重なる要求を強化しないことをアドバイスしていた。スミス夫人が最初に消去手続きを適用したとき、トミーは混乱した。彼は別の部屋に向かって走り出し、泣き叫んだ（消去バースト）。スミス夫人は心配になって、彼を追いかけていって落ち着かせてから、しばらく一

先行事象	行動	結果事象
母親が仕事をしている	トミーは母親の邪魔をし、一緒に遊ぶよう要求する	母親がトミーと遊ぶ

その結果：母親が仕事をしているときに邪魔をするトミーの行動が強められる。

緒に遊んだ。彼女は次にトニーが一緒に遊ぶことを要求したときも、消去手続きを試みた。しかし、同様に彼は泣き叫び、別の部屋に向かって走り出した。スミス夫人は彼を追いかけ落ち着かせてから、また一緒に遊んだ。それは、彼を静かにさせるために行ったことであった。

Q. トミーが泣き叫んだとき、スミス夫人が彼と一緒に遊ぶ行動は、何によって強化されていたのだろうか？

トミーが泣き叫んだときに、スミス夫人が彼と一緒に遊ぶ行動は、彼が泣き叫ぶことをやめるという負の強化によって維持されていた。

スミス夫人は、トミーが彼女と一緒に遊ぶことを目的に泣き叫んでいることに気づき始めた。彼女は小児科医のアドバイスに従って、この新しい行動を無視する決意をした。次にトミーが泣き叫んだとき、スミス夫人は机にとどまり、その行動を無視し続けた。トミーが３分間泣き叫んだ後、今度は物が壊れる音が聞こえてきた。彼女は隣の部屋に走っていき、トミーが壁に向かって大きなトラックのおもちゃを投げつけている（消去バースト）のを見た。トミーは叫び声を上げながら、

泣きじゃくっていた。スミス夫人はトミーを座らせて、おもちゃを投げないように言い聞かせ、後で遊んであげると言った。トラックの部品を拾うのを手伝い、それを一緒に元の場所に戻した。彼女はトミーが落ち着くまで話しかけ続けた。

スミス夫人が仕事に戻った後、しばらくしてトミーは再び叫び始めた。スミス夫人がトミーのいる部屋に行かないでいると、彼はまたおもちゃを投げた。スミス夫人はその行動を無視し続けることができないと思い、その部屋まで行ってトミーを叱った。そして彼女はトミーを長椅子に座らせて、彼がした不適切な行動について説教した。スミス夫人が２週間ぶりに小児科医のところへ行くまでには、トミーは頻繁に泣き叫び、おもちゃを投げるようになっていた。彼の問題行動は前よりもかなり悪くなっていた。スミス夫人は自分では気がついていなかったが、問題行動を悪化させるためにシェイピングを適用していたのであった。

Q. トミーが泣き叫びながらおもちゃを投げるという問題行動の形成に、母親はシェイピングをどのように（意図せずに）適用していたのだろうか？

スミス夫人は、漸次的接近に対して分化強化を使用していた。彼女は、トミーによる仕事の妨害

図9-5　このマンガは、シェイピングを通じて形成された可能性の高い問題行動の例を示している。子どもは、お母さんが根負けして、おやつを買ってくれるまで何度も要求する必要がある。その子どもは、スーパーで母親があきらめるまでおやつを要求することを、何度も繰り返したのであろう。このようにして、母親はシェイピングを通じて頻度が増加した要求を強化していった。

や遊びの要求といった起点となる行動を、トミーと一緒に遊んで、彼に注目することによって強化していた。その後、トミーの妨害・要求行動を無視（消去）し、その代わりに別の部屋へ走っていって泣き叫ぶという行動を強化した。その後、彼女は走っていって泣き叫ぶ行動を無視（消去）し、今度は、泣き叫びながらおもちゃを投げる行動を強化した。自分では意識していないにもかかわらず、スミス夫人は新しい問題行動を彼女の注目によって強化していった。おそらく、人（特に子ども）が示す重度の問題行動の多くは、同じようなシェイピングのプロセスを経て形成されている。

Q. シェイピングによって形成されたと思われる他の問題行動の例を考えてみよう。

　該当しそうな例の1つは、注目を得るために行う行動である。この場合、他の人の注目を引くために、より多くの目立った行動をし続けることになる（Martin & Pear, 1992）。他の例としては、頭を叩くといった自傷行動がある。自傷行動は、最初は些細な行動から始まり、シェイピングによってより危険な行動へと変化していったと考えられる。最初に、子どもが混乱して自分の頭を叩いたとき、親はそれに関心を寄せて注目し、結果としてその行動を強化する。その行動が続いて起きるようになると、次に親はそれを無視しようとする。しかし、子どもは頭をより一層強く叩くようになり、親は再び関心を向けざるをえなくなる。これがより一層強く頭を叩く行動を強化する。この過程が何回か繰り返され、さらに激しく頭を叩く行動が強化され、最終的にはその行動によって傷を負うまでになる。シェイピングはまた夫婦の間の口論にも、何らかの役割を果たしている可能性がある。口論が繰り返されてきた経緯の中で、夫（あるいは妻）は、相手に自分の意見を認めさせるために、長く、激しく、そして大きな声で主張する必要があった。つまり、この過程の中で、より強く主張することが強化されてきたのである。おそらくシェイピングによって、多くの種類の問題行動の形成を説明できるだろう。しかし、問題行動を示す対象者の周囲にいる人たちは、自分たちの関わりによって、その行動がシェイピングさ

れていることに気づいていない。

　小さい子どもの夜泣きはシェイピングによって長引くのかもしれない。子どもの夜泣きは、両親が子どもを慰めるために子ども部屋に行くことによって強化されている。両親はそれを無視しようと試みるが、夜泣きが長引くと子ども部屋に行ってしまい、結局のところ、より長い夜泣きを強化してしまう。夜泣きを無視しようと何度も試みた結果、より長い行動を強化することになり、最終的には何時間も夜泣きをするように子どもはなってしまう。

　人間の問題行動がシェイピングによって形成されるという逸話的な証拠は、数多く存在している。しかし、この結論について、研究に基づく実証的な証拠はない。なぜなら、問題行動を示していない人に対して、意図的にそれを形成するということは倫理的に問題があるからである。一方、シェイピングを適用して、実験動物に問題行動を形成した研究はいくつかある。

　シェーファー（Schaefer, 1970）は、2匹のアカゲザルを対象に、頭を叩く行動—サルが手を高く上げて自分の頭を叩く行動—を形成するためにシェイピングを適用した。シェーファーは食べ物を強化子として使用し、3段階の漸次的接近に対する分化強化によって、頭を叩く行動をシェイピングした。最初の近似行動において、彼はサルが手を高く上げたときにエサを与えた。サルが安定して手を上げるようになったら、今度はその行動を消去し、第2の近似行動として手を自分の頭の上に上げる行動を強化した。サルが手を頭の上に上げるようになったら、今度はその行動を強化するのをやめて、標的行動である手を頭の上に落とす行動のみを強化した。頭を叩く行動は、1匹のサルでは12分間で、もう1匹のサルでは20分間で形成できた。この標的行動は、発達障害の人が示す自傷行動によく似ていた。この研究は、そのような自傷行動が少なくともアカゲザルにおいては、シェイピングの結果として生起することを実証している。またこの研究の結果は、シェイピングが発達障害の人における自傷行動の形成の原因となっている可能性も示唆している。

　この研究ともう1つの研究（Rasey & Iversen, 1993）は、シェイピングによって実験室内で異

常行動を生み出すことが可能であることを証明している。臨床的経験からも、毎日の生活の中でシェイピングが問題行動を生み出す可能性があることが示唆される。たとえばある母親が息子を自分の指示に従わせるために、よく金切り声を上げていた。彼女が息子に手伝いをさせたいとき、5回から10回指示を繰り返し、声を荒げ、最終的には息子に向かってわめき散らしていた。この母親の金切り声を上げる行動もまたシェイピングによって形成されたと考えられる。

Q. 母親が息子に対して、わめき散らしながら繰り返し指示を出す行動は、シェイピングによってどのように形成されたのだろうか？

母親が最初に息子に何かを指示したとき、彼はすぐにそれに従っていた。しばらくして、彼は1回目の指示を無視し、指示が繰り返されて初めてそれに従った。まもなくして、彼は2、3回程度の指示は無視して、指示が4、5回繰り返されてからそれに従うようになった。結局、息子は指示が何度か繰り返されても無視し、母親が荒げた声で指示が繰り返されたときだけ従うようになった。最終的には、息子が指示に従うまで、彼女はわめき散らし、何度も繰り返し指示を出していた。息子は、より大きな声で繰り返し指示する母親の行動を分化強化していたことになり、母親がわめき散らすようになるまでシェイピングしていったのである。望ましい標的行動を形成するためにシェイピングを正しく適用できるのと同様に、問題行動を意図せずにシェイピングしてしまうことを避けるために、シェイピングの持つ効力を正しく理解することが重要である。

まとめ

1. シェイピングは、対象者が標的行動を行うようになるまで、標的行動の漸次的接近を分化強化する方法である。シェイピングは、対象者がその時点では示していない標的行動を形成するために適用される。
2. 漸次的接近（あるいはシェイピングステップ）は、最終的な標的行動に対して、段階的に類似している行動群である。
3. 標的行動により類似した漸次的接近を強化し、それ以前の近似行動を消去するという点で、シェイピング手続きには強化と消去が含まれている。
4. 意図しないシェイピングによって、偶発的に問題行動が形成される可能性がある。より軽度の問題行動が消去され、消去バーストによりその問題行動が悪化したときに、親はより悪化した行動を強化する可能性がある。この過程が何度か続くと、より悪化した問題行動（より強く、より頻繁で、より持続時間の長い行動）が分化強化され、問題行動が段階的に悪化していく可能性がある。
5. 以下のステップが、シェイピングを成功させるために必要である。
   a. 標的行動を定義する。
   b. シェイピングが最も適切な手続きであるかどうかを決定する。
   c. 起点となる行動を定義する。
   d. シェイピングステップ（漸次的接近）を選択する。
   e. シェイピング手続きで使用する強化子を選択する。
   f. 漸次的接近を分化強化する。
   g. シェイピングステップを適度なペースで進める。

キーワード

分化強化

シェイピング

漸次的接近

練習問題

1．シェイピングとは何か、説明しなさい。
2．シェイピングの適用が適しているのはどのようなときか？　また、シェイピングを適用しない方がよいのはどのようなときか、説明しなさい。
3．シェイピングに含まれる2つの行動原理は何か、説明しなさい。
4．漸次的接近とは何か、説明しなさい。
5．漸次的接近の分化強化の例を1つ挙げなさい。
6．日常生活の中でのシェイピングの例を、本章で紹介されたもの以外に2つ挙げなさい。
7．問題行動がシェイピングによってどのように形成される可能性があるか、本章で紹介した例以外に1つ挙げなさい。
8．シェイピングで用いられる起点となる行動

（最初の近似行動）には、2つの基本的要素がある。それについて説明しなさい。
9．シェイピングの手続きを実施するときに、条件性強化子を使用することが有益であるのはなぜか、説明しなさい。
10．乳幼児の言語発達において、シェイピングと弁別訓練はどのように適用されるか、述べなさい。
11．シェイピングは新しい反応型や新しい行動の次元を形成するために適用される。このことについて説明し、行動の新しい次元をシェイピングする例を挙げなさい。
12．消去バーストがシェイピングにおいてどのような役割を果たしているか、説明しなさい。またその例を1つ挙げなさい。

適用例

1．裏庭付きの家に住んでいることを想像してほしい。裏庭へのドアは居間にある。日に何回か、飼い犬のフェリックスを裏庭へ連れ出す。フェリックスに、外出する前にドアの取っ手に鼻をぶつけることを教えようとする。現在、フェリックスは外に出たいときには必ず居間を歩き回り、しばしばドアの前を通る。フェリックスに鼻をドアの取っ手にぶつけることを教えるのに、シェイピングをどのように適用できるだろうか？
　a．起点となる行動は何か？
　b．標的行動は何か？
　c．シェイピング中に、何を強化子として使用するか？
　d．漸次的接近はどのようなものか？
　e．各々の近似行動に対して、どのように分化強化するか？
　f．標的行動に到達した後、自然な強化子として何を使うか？

2．有名な話であるが、スキナーの学生たちは、授業中に、教室の前方の隅にスキナーを立たせることを目的として、シェイピングを行ったそうである。読者が受講する授業の教員の1人に、同様のいたずらをするとしよう。その先生が授業中に何回か教室の前方を歩き回ること、そして学生からの注目がその先生にとって強化子となることが分かっているとして、授業中に先生を教室の隅に立たせるためのシェイピングの手続きはどのようなものだろうか？

3．シェイピングのもう1つの適用例は、教育的で楽しいゲームである。まず、誰か1人、訓練者を決める。次に、訓練者によって行動がシェイピングされる人を1人選ぶ。この人を生徒と呼ぶことにする。訓練者は携帯用クリッカーを持ち、クリック音を強化子とする。訓練者と生徒は、シェイピングゲームの

間、会話はできない。訓練者が標的行動を決めるが、それが何であるかは生徒に話さない。生徒が自由に行動をするところから、このゲームはスタートする。訓練者は、生徒が標的行動を示すようになるまで、漸次的接近を強化する。生徒は、強化の原理に従って反応しなければならない。つまり、生徒はクリック音が随伴した行動を、より頻繁にしなければ

ならない。訓練者の成功は、いかに上手に漸次的接近を選択し、それが生じた直後にいかに上手に強化できるかにかかっている。このゲームは、子どもたちがよくする「ホット・アンド・コールド」に似ている。このゲームでは、目標位置の方向に移動したときに「ホッター」と言い、目標位置から離れたら「コールダー」と言う。

間違った適用例

1. ジョディは父親に、車の運転を教えてくれるように頼んだ。父親は最近、行動変容法の研修を受けており、車の運転がジョディにとって新しい行動であることから、彼女にシェイピング手続きを用いて車の運転を教えることができると考えた。このシェイピングの適用における問題点は何か？

2. マークル先生は毎日、担任している2年生のクラスに、算数の穴埋め式のプリントを宿題として出していた。このプリントには足し算あるいは引き算の問題が5問あった。マークル先生は、ジェイクが5問すべてをやってくることが、週に1回か2回しかないことに気づいた。彼女は、ジェイクが毎日5問すべてをやってくるようにさせたかった。ジェイクにこの目標を達成させるために、彼女はシェイピングを適用することにした。シェイピングのこの適用における問題点は何か？

3. 学校心理学者のウィリアムズ博士は、極度の社会的引きこもりの若者ジェニーの支援を行っていた。ウィリアムズ博士はジェニーに適切な社会的スキルを身につけさせるために、シェイピングを適用することにした。博士が決めた標的行動は、視線を合わせること、ほほ笑むこと、まっすぐに立つこと、普通の音量で話をすること、他の人が話したときにうなずき、それを言い換えて返すこと、であった。博士は介入セッションで、標的行動の漸次的接近を強化していくつもりであった。その介入セッションでは博士が友達役を演じ、ジェニーと会話をした。それぞれのセッションにおいて、博士とジェニーは4～5の短い会話のロールプレイを行った。ロールプレイを行う前に、博士はジェニーに自分が取り組むべき行動を思い出させた。ロールプレイにおいて正しい行動ができたら、強化として学校のカフェテリアで週に1度アイスクリームをジェニーに買ってあげることにした。このシェイピングの適用には、どのような問題があるか？

第10章　プロンプトと刺激性制御の転移

学習のポイント

- プロンプトとは何か、またなぜ用いられるか？
- フェイディングとは何か、またなぜ用いられるか？
- 反応プロンプトと刺激プロンプトはどう違うか？
- 反応プロンプトにはどんな種類があるか？
- 刺激性制御の転移とは何か？　またどのようにしたらよいか？

　第9章では、望ましい行動を形成する手続きであるシェイピングについて学習した。この章では、特定の行動に対して適切な刺激性制御を形成するためのプロンプトと刺激性制御の転移について解説する（Billingsley & Romer, 1983）。

プロンプト・フェイディングの例：リトルリーグ選手への打撃指導

　リトルリーグのコーチをしているマッコールは、小学校1年生の子どもたちにボールの打ち方を指導した。子どもたちは、これまでにバッティング・ティーにのせたボールを打つことはできていた。ルークは野球が上手で飲み込みの早い子どもだった。打席に立ち、バットを後方に構え、ボールがホームベースに来る直前にバットを振り始め、水平に振り、バットに当てるまでずっとボールを見ているようにマッコールコーチはルークに指導した。アシスタントコーチのデイブは、マッコールコーチがルークの近くに立っているときにボールを投げた。ルークがボールを打つたびに、マッコールコーチは褒めた。そして、打ち方を修正する必要があるときには、口頭で指示を与えた。うまく打てるようになると指導はせず、ヒット性の当たりを打ったときだけ褒めるようにした。次に指導を受けたのはトムだった。ルークと同じ指導をしたが、トムはうまくボールを打てなかった。そこで、彼にはさらに細かな指導を行った。立つ場所を指示し、ボールがホームベースにどのように入ってくるかを身振りで示し、どこでバットを振

るのかも指示した。この特別な指導によってトムはボールを打つようになり始め、打つたびに褒められた。その結果、特別な手助けや指導がなくても打てるようになった。

　マットは、コーチをよく見て指示もよく聞いていたが、それでもヒットを打てなかった。マットを手助けするために、コーチはボールの打ち方を正確に見せるようにした。アシスタントコーチのデイブがマッコールコーチにボールを投げた。コーチはそのボールを打ちながら、自分の行動の中で大切なところを説明した。その説明を聞き、また実際にボールを打つのを見た後で、マットはボールを上手に打てるようになった。ボールを打てるようになると、それ以上の手助け（説明やモデル提示）は必要なくなった。ただ、マットがうまくボールを打つたびに褒めることは続けた。

　最後はトレバーである。トレバーは、マッコールコーチの言うことやすることをすべて見聞きしていたが、それでもうまく打てなかった。トレバーは一番大きな手助けを必要としていた。そのため、コーチは自分が打つときのようにして、トレ

164

図 10 - 1　コーチは手を取ってガイダンスする身体プロンプトを用いて、トレバーがボールを打つのを助けている。その後、援助がなくてもボールを打てるように、身体プロンプトをフェイディングし、援助を段階的に減らしていく。

バーの後ろに立った。バットを持つトレバーの手の上に自分の手を重ね、バットを振ってボールに当てるのを手伝った（図 10 - 1）。この方法を何度か行った後に、コーチは少し後ろに離れた。トレバーに構えさせ、一緒にバットを振るようにした。ただスイングのフィニッシュは自分でさせた。次に、コーチはさらに後ろに下がった。トレバーに構えさせ、バットを振るタイミングを指示するだけで、自分でバットを振らせた。数分後には、トレバーは一人でボールを打つようになった。コーチはそのたび褒めるだけにした。

　ここまでは、アシスタントコーチは選手の打ちやすいボールを投げていた。緩くて、ホームベースをまっすぐに通過するボールだった。やさしいボールをすべて打てるようになると、だんだんとヒットを打つのが難しいボールを投げ始めた。まずは少し速いボールを投げた。次に、少し難しいコースに投げた。4 球か 5 球ごとに徐々に難易度を上げていったので、選手はボールをうまく打ち

続けることができた。

　この例は、**プロンプト・フェイディング**（prompting and fading）と呼ばれる行動変容法の手続きを示している。マッコールコーチがボールを打てるように手助けをしたことのすべてが**プロンプト**（prompt）に当たる。ルークには**言語プロンプト**（verbal prompt）を行い、ボールの正しい打ち方を説明した。トムには言語プロンプトと**身振りプロンプト**（gestural prompt）を与えた。説明や指示を与えるだけでなく、バットの振り方を身振りで教えた。マットには、言語プロンプトと**モデルプロンプト**（modeling prompt）を行った。ボールの打ち方を説明するだけでなく、望ましい行動のお手本を示した。最後にトレバーには、言語プロンプトと**身体プロンプト**（physical prompt）を与えた。身体プロンプトによって、トレバーが一人で打てるようになるまで、手を取って適切な行動を教えた。

プロンプトとは何か

すでに見たように、プロンプトは適切なときに適切な行動を行う可能性を高めるために用いられる。弁別訓練では、弁別刺激（S^D）があるときに適切な行動を行いやすくするためにプロンプトが用いられる。「プロンプトとは、行動の遂行の直前や遂行中に提示される刺激であり、強化を受ける行動が起きやすいように手助けするものである」（Cooper, Heron, & Heward, 1987, p.312）。

上記の例では、打者に近づくボールが弁別刺激であり、ボールに当てるようにバットを振ることが正反応である。そして、バットにボールが当たることとコーチから褒められることが強化子である。

もし、適切な行動が生起しなければ（バットをうまく振ってボールに当たらなければ）、行動は強化されない。**プロンプトの働きは適切な行動が強化されるように、その行動を実際に生起させる**ことである。教師は弁別刺激とともに補助的刺激（プロンプト）を与える。そうすると、生徒は適切な行動ができるようになる。そして、教師がその適切な行動を強化すると、結果的に弁別刺激が存在しているときにその行動が生起しやすくなる（Skinner, 1968）。

プロンプトを使用することによって、指導や支援がより効率的になる。プロンプトや称賛を与えないで、選手がボールを打てるように単に待つこともできる。しかし、この試行錯誤の過程は非常にゆっくりとしたものであり、何人かの選手は一度も正しく反応できないかもしれない。マッコールコーチはプロンプトを用いることによって、選手の正反応の機会を増やすことができた。弁別刺激（ピッチャーが投げたボール）に対して正反応が起きるように、選手ごとに異なったプロンプト（指示、身振り、モデル、身体的援助）を用いた。

先行事象　行動　結果事象

ピッチャーがボールを投げる　打者がバットを正しく振る　ボールを打ち、コーチに褒められる

その結果：打者はうまくスイングするようになり、ピッチャーのボールを打てるようになる。

先行事象　行動　結果事象

ピッチャーがボールを投げる（弁別刺激）　ルークはバットを正しく振る　ボールを打ち、コーチに褒められる
指示が与えられる（プロンプト）

フェイディングとは何か

選手がうまくボールを打てるようになると、マッコールコーチはプロンプトを徐々に減らした。**フェイディング（Fading）は、弁別刺激が提示されている状態で標的行動が生起し続けるように、段階的にプロンプトを取り除く方法である。**フェイディングは、プロンプトから弁別刺激に刺激性制御（stimulus control）を転移させる1つのやり方である。コーチは少しずつプロンプトを取

先行事象	行動	結果事象
ピッチャーがボールを投げる（S^D）プロンプトなし	トレバーがバットを正しく振る	ボールを打ち、コーチに褒められる

その結果：将来、投球に対してボールを打てるようになる。

り除き、補助的な刺激がなくても弁別刺激のもとで行動が生起するようにした。つまり、指示をしなくなり、ボールを打つ手助けとなる行動のお手本を見せることや身体的援助を、徐々に行わないようにした。プロンプトが取り除かれると、行動は弁別刺激の制御を受けるようになった。コーチがトレバーに身体プロンプトを行っているときは、トレバーの適切な行動は身体プロンプトによる制御を受けていた。すなわち、コーチが手助けしているため、そのときはボールを打つことができた。しかし、試合で打席に立っているときは、コーチの身体的援助を受けることができない。自分でボールを打たなければならない。そのため、プロンプトが完全に撤去され（手助けが取り除かれ）、行動が自然な弁別刺激の刺激性制御を受けるようになるまで、指導が続けられる。

別の例を考えてみよう。最近移住してきたナターシャは、成人のための語学教室で英語を学んでいる。このクラスでは、単語の読み方を学習している。教師は「CAR」と書かれたフラッシュカードを提示する。ナターシャが反応しないと、教師が「カー」と言い、ナターシャはそれを模倣して言う。教師が再びフラッシュカードを提示し、ナターシャが「カー」と発音すると「よろしい！」と褒める。そして、10枚のフラッシュカードごとに、この過程を繰り返す。

Q. 教師はどのようなプロンプトを用いているのか？

フラッシュカードに書かれた単語を教師が発音する。これは言語プロンプトである。この場合の言語プロンプトは、モデルプロンプトでもある。フラッシュカードに書かれた単語が弁別刺激であり、単語を発音すること（読むこと）がナターシャの正反応となる。言語プロンプトは、ナターシャが弁別刺激のもとで正しく反応する手助けとなる。しかし、単語を見たときに、プロンプトがなくても正しく反応できなければならない。そのために、教師は言語プロンプトのフェイディングを開始する。2回目は、フラッシュカードを見せ、もし反応がない場合にはプロンプトとして単語の一部を発音する。そうするとナターシャは単語全体を発音する。ここで再びフラッシュカードを見せると、プロンプトがなくても単語を読むことができる。教師はそれぞれの正反応に対して称賛を与える。次に、ナターシャが単語を読めない場合、言語プロンプトとして単語の最初の文字だけを発音する。すると、彼女は単語全体を発音する。ここで再びフラッシュカードを見せると、プロンプトが なくても単語を読むことができる。その結果、ナターシャはプロンプトがなくてもフラッシュカードの単語を読めるようになる。この場合の

先行事象	行動	結果事象
「CAR」（弁別刺激）と書かれたフラッシュカードが提示される 教師が「カー」と発音する（プロンプト）	ナターシャが「カー」と発音する	ナターシャは褒められる

図 10 - 2　教師は単語の書かれたフラッシュカード（S^D）を提示する。生徒が正反応（単語を読む）できないときには、言語プロンプト（その単語を言う）を与える。プロンプトをフェイディングしていくと、援助がなくてもフラッシュカードを読めるようになる。

ポイントは、彼女の読み行動が言語プロンプトではなく単語の文字による刺激性制御を受けることである（図 10 - 2）。

　プロンプトがなくても適切な行動を行うことがプロンプト・フェイディングの目標である。最終的には、弁別刺激によって行動が制御されなければならない。プロンプト・フェイディングは、適切な刺激性制御を形成する手助けとなる。プロンプトは適切な行動を生起させ、フェイディングは自然な弁別刺激に刺激性制御を転移させるのである。

　上記のナターシャの例では、3 つのステップでプロンプトをフェイディングしている。最初は、教師はフラッシュカードを提示し、単語全体を発音する。2 度目は、単語の最初の部分を発音する。

　3 度目は、フラッシュカードを提示し、単語の最初の文字だけを発音する。最終的に、フラッシュカードを提示しても教師は何も言わないようにする。それぞれのステップが、プロンプトの段階的なフェイディングとなる。プロンプトの段階的なフェイディングによって、プロンプトから弁別刺激（単語カード）に刺激性制御が転移する。フェイディングでは、常に正反応が自発され強化されるときに弁別刺激が提示されている。その一方で、プロンプトが次第に取り除かれることによって、刺激性制御の転移が生じる。プロンプト・フェイディングによって、刺激弁別訓練が促進される。つまり、弁別刺激（フラッシュカードの単語）のもとで正しい読み反応が生起し、また強化されることが可能になるのである。

先行事象	行動	結果事象
「CAR」の文字 プロンプトなし	ナターシャが「カー」と発音する	ナターシャは褒められる

その結果：ナターシャは「CAR」の文字を見ると、「カー」と発音するようになる。

プロンプトのタイプ

プロンプトは先行刺激あるいは先行事象であり、特定の状況で適切な行動を誘発するために用いられる。行動変容法では、さまざまなタイプのプロンプトが用いられる。大きくは、**反応プロンプト**（response prompt）と**刺激プロンプト**（stimulus prompt）の2つのカテゴリーに分けられる（Alberto & Troutman, 1986: Cooper et al, 1987）。

反応プロンプト

反応プロンプトとは、弁別刺激のもとで望ましい反応を誘発するために、他者によって行われる行動のことである。言語プロンプト、身振りプロンプト、モデルプロンプト、身体プロンプトはいずれも反応プロンプトである。

言語プロンプトとは、弁別刺檄のもとで正反応をもたらす他者の言語行動のことである。適切な行動を行うように、他者が何か言うことが言語プロンプトである。ナターシャが読み学習をしているとき、教師が「CAR」と書かれたフラッシュカードを提示し、「カー」と発音するのは言語プロンプトである。教師が「カー」と発音することで、ナターシャの正反応をプロンプトしたのである。マッコールコーチは、ルークにボールの打ち方を説明した。この説明は言語プロンプトである。言語プロンプトによって、弁別刺激（ピッチャーが投げたボール）に対して望ましい行動（バットをうまく振る）が起きやすくなった。何らかの言語的表現によって、適切なときに適切な行動が生起しやすくなるとしたら、それはすべて言語プロンプトである。言語プロンプトには教示、ルール、説明、ヒント、助言、質問、その他の言語的な援助が含まれる。

身振りプロンプトとは、弁別刺激のもとで適切な行動をもたらす他者によるすべての身体動作のことである。ただし、その行動を実演したり示範するときは、次に述べるモデルプロンプトである。マッコールコーチがトムに打席の立つ位置を指したのは、身振りプロンプトである。コーチはボールの動きとバットを振る位置を手で示したが、これも身振りプロンプトでボールを打つ手助けをしたのである。別の例を考えてみよう。特別支援教育の担当教師が、「出口」と「入口」と書かれた2枚のカードを提示し、生徒に「出口」のカードを指さささせようとした。この生徒は「出口」という単語を知らなかった（正しい弁別ができていなかった）ので、「出口」カードを指させるようにプロンプトを行った。すなわち、「出口」カードの方に教師自身の顔を向けたのである。「出口」カードを指さす頻度がこの身振りによって高められたならば、それは身振りプロンプトと考えられる。

モデルプロンプトとは、他者が実際にやってみせることによって、タイミングよく適切な行動を起きやすくすることである（このような示範は、モデル提示とも呼ばれる）。モデルを観察し、弁別刺激のもとで示範された行動を模倣する（正反応をする）。マットにボールの打ち方を見せるために、コーチがボールを打つ。これは、適切な行動のモデル提示である（モデルプロンプトの提示）。マットはコーチの行動を模倣し、1人でうまく打てるようになった。モデルプロンプトが成功するためには、示範された行動の模倣ができなければならない（Baer, Peterson. & Sherman, 1967）。模倣はほとんどの人が生後間もなく学習する行動のタイプであり、多くの人はモデルを観察することによって何らかのメリットを得ている（Bandura, 1969）。

身体プロンプトとは、正しいタイミングで適切な行動を行えるように他者が身体的に手助けすることである。コーチは、トレバーのバットに手を添えて、バットを振ることとボールを打つことを身体的に手助けした。身体プロンプトを与えている人が、学習者の行動の一部またはすべてを遂行する。身体プロンプトとして、しばしば手添えガイダンス（hand-over-hand guidance）が用いられる。具体的には、行動する際に、その人の手を持って誘導するのである。たとえば、粘土のこね方を教えるときに、美術の先生が生徒の手を持ってこね方を教えることがある。ある球種を投げ

表 10 - 1　反応プロンプトの侵襲度

反応プロンプトのタイプ	侵襲度
言語プロンプト	小さい（弱い）
身振りプロンプト	やや小さい
モデルプロンプト	やや大きい
身体プロンプト	大きい（強い）

© Cengage Learning®

るためのボールの握り方を教える際に、ピッチングコーチがピッチャーの指をボールの正しい位置まで動かすことがある。障害のある生徒に歯磨きを教えるときに、歯ブラシを持つ手を教師が持ってブラッシングの動きを誘導することがある。それぞれの事例で、言語プロンプト、身振りプロンプト、モデルプロンプトをしてもその行動が正しく遂行できないときは、身体プロンプトを用いてその人の行動を誘導する。サルザー―アザロフとメイヤー（Sulzer-Azarof & Mayer, 1991）は、教示や行動を見せることが効果的ではないとき（言語プロンプト、身振りプロンプト、モデルプロンプトでは行動が誘発されないとき）、身体プロンプトが適切であるとしている。その人が抵抗しなければ、ほとんどの行動は身体的にプロンプトすることができる（ただし、言語は除く。何か言うことを身体的にプロンプトすることはできない）。身体プロンプトは、**身体ガイダンス**(physical guidance)としても知られる。

　4 種類の反応プロンプトはいずれも他者の行動であり、（教示やモデルなどを与えることによって）対象者の行動に何らかの影響を与えようとするものである。したがって、反応プロンプトは侵襲的であると言える。というのは、ある人の動きを他者が統制しているからである。指導の場面では、このような方法が必要な場合があり、また容認もされている。しかし、常に最も侵襲的でない反応プロンプトを用いるべきであり、適切な行動を遂行するために本当に必要な場合だけ、より侵襲度の大きいプロンプトにすべきである。表 10 - 1 から明らかなように、言語プロンプトが最も侵襲度が小さく、身体プロンプトが最も侵襲度が大きい。

刺激プロンプト

　刺激プロンプトは、正反応を起きやすくするために、弁別刺激を変化させたり、ある刺激を追加あるいは撤去したりするものである。弁別刺激に反応させるために（正しい弁別を行わせるために）、刺激プロンプトでは、弁別刺激（S^D）を目立たせ、非強化先行刺激（エスデルタ：S^Δ）を目立たせないように、S^D や S^Δ を変化させることがある。同様に、弁別刺激を目立たせるために、他の刺激を S^D や S^Δ に付け加えることがある。それによって、正しい弁別が起きやすくなる。弁別刺激を変化させることを**刺激内プロンプト**（within-stimulus prompt）、弁別刺激に他の刺激や手がかりを加えることを**刺激外プロンプト**（extrastimulus prompt）と言う（Schreibman, 1975）。

　刺激内プロンプト：弁別刺激（あるいは S デルタ）を目立たせる方法はいくつかある。弁別刺激の位置を変えたり、大きさ、形、色、強さなどの刺激次元を変えたりする（Terrace, 1963a, 1963b）。マッコールコーチは、ボールの打ち方を教えるときに刺激プロンプトを（反応プロンプトに加えて）用いていた。この場合の弁別刺激は、通常のスピードで近づくボールである。反応はバットをうまく振ることであり、強化子はバットがボールに当たることやコーチから褒められることである。

Q. 子どもたちがボールを打つやすくするために、コーチはどのように弁別刺激を変化させたか？

　まずアシスタントコーチのデイブに、打ちや

プロンプトのタイプ

反応プロンプト：他者の行動によって正反応を誘発する。
- 言語プロンプト
- 身振りプロンプト
- モデルプロンプト
- 身体プロンプト

刺激プロンプト：弁別刺激や非強化先行刺激（エスデルタ）のある特徴を変えること、あるいは他の刺激を加えたり取り除いたりすることによって、正反応を起こりやすくする。
- 刺激内プロンプト
- 刺激外プロンプト

すいボールを投げさせることが、刺激プロンプトとなる。打ちやすいボールは刺激プロンプトである。弁別刺激の強さを変えることによって、子どもたちがうまく反応をしてボールを打ちやすくする。「出口」カードを指さしさせる場合も、刺激プロンプトを用いることができる。「入口」カードよりも「出口」カードを生徒の方に少し近づけたり（位置）、「出口」カードを「入口」カードよりも大きくしたりする（サイズ）。位置やサイズを変えることによって、生徒が正しいカードを指さす可能性が高くなる。ステレオのスピーカーのコードの差し込み部分の色（赤と黄）も、刺激プロンプトである。この色を目印にして、ステレオとスピーカーを正しく接続できる。それぞれ正反応が起きやすいように、弁別刺激を変化させている（刺激内プロンプト）。

刺激外プロンプト：刺激プロンプトには、正確な弁別を助けるために刺激をつけ加えることもある（刺激外プロンプト）。コーチによって、ホームベースの隣に地面上に引かれた線は、バッティングをする際に正しい位置に打者が立つために役に立つ。ワッカーとバーグ（Wacker & Berg,

1983）は、知的障害のある人が複雑な作業を正確に仕上げられるように、写真プロンプトを用いた。その作業とは、部品の組み立てと梱包であった。写真プロンプトは、適切なタイミングで正しい部品を組み立てたり梱包したりする手助けとなった。アルベルトとトラウトマン（Alberto & Troutman, 1986）は、小さな子どもたちにどっちが右手かを教えるための、刺激プロンプトの面白い使い方について詳しく述べている。教師は、子どもたちが右手を正しく弁別できるように、右手の甲に×を書かせた。時間が経って×印が少しずつ消えても、子どもたちは正しく弁別できていた。×印が徐々に消えていくことは、刺激プロンプトのフェイディングであり、それによって自然な弁別刺激（右手）に刺激性制御が転移した。子どもたちがフラッシュカードを用いてかけ算の勉強をしているときは、フラッシュカードに書かれた問題（たとえば、8×2）が弁別刺激であり、カードの裏側に書かれた答えが刺激プロンプトとなる。それは、弁別刺激のもとで正しく反応するのを手助けするために付加された刺激である。

刺激性制御の転移

　正反応が生起するようになると、刺激性制御を自然な弁別刺激に転移させるために、プロンプトは徐々に取り除かなければならない（Billingsley & Romer, 1983）。トレバーが援助なしでヒットを打つことができ、ナターシャが言語プロンプトなしでフラッシュカードの単語を読め、子どもたちが×印がなくても右手が分かるようになったときに、指導は終了する。つまり、**刺激性制御の転**

刺激性制御の転移

- ■ プロンプト・フェイディング：反応プロンプトを段階的に取り除く。
- ■ プロンプト遅延：弁別刺激を提示した後、プロンプトされていない反応が生起する機会を与えるために、プロンプトの提示を遅延させる。
- ■ 刺激フェイディング：刺激プロンプトを段階的に取り除く。

移（transfer of stimulus control）の最終結果は、援助（プロンプト）がなくても、適切なタイミングで、適切な行動が生起することである。

刺激性制御を転移させるためには、いくつかの方法がある。すなわち、プロンプト・フェイディング、プロンプト遅延、刺激フェイディングである。 それぞれの目標は、プロンプトによる人為的な刺激性制御から、適切な弁別刺激による自然な刺激性制御へと移行させることである。

プロンプト・フェイディング

プロンプト・フェイディング は、刺激性制御の転移のための最も一般的な方法である。プロンプト・フェイディングでは、学習中に反応プロンプトを段階的にフェイディングし、最終的にはプロンプトを提示しないようにする（Martin & Pear, 1992）。マッコールコーチは、ルークが自分の力だけでボールを打てるように、指示を徐々に減らしていったが、これは言語プロンプトを段階的にフェイディングしたということである。トレバーがうまくボールを打てるようになると、身体ガイダンスを徐々に減らしていった。つまり、身体プロンプトをフェイディングしたのである。

Q. フラッシュカードの単語の読み方をナターシャに教える際に、教師は言語プロンプトをどのようにフェイディングしたか？

最初は、言語プロンプトとして単語を読んでみせた。次に、単語の一部だけを読み、さらに単語の最初の文字だけを発音するようにした。そして最終的には、弁別刺激を提示しても何も言わないようにした。この場合、時間をかけて少しずつ単語を短く発音していくことが、言語プロンプトの

フェイディングである。上述した例は、一種類のプロンプトがフェイディングされており、プロンプト内フェイディング（fading within prompt）の例である。バーコウィッツら（Berkowitz, Sherry, & Davis, 1971）の研究では、身体プロンプトとプロンプト内フェイディングを用いて、最重度の知的障害のある子どもたちにスプーンを使って食べることを教えた。最初、子どもの手にスプーンを持たせ、スプーンで食べ物をすくって口に入れるまでの一連の行動を、身体的にプロンプトした。そして、援助がなくてもスプーンを使えるように、7 つのステップで身体プロンプトをフェイディングしていった。それぞれのフェイディング・ステップでは、段階的に身体プロンプトをフェイディングするために、前のステップよりも少ない身体ガイダンスがなされた。

1 つのステップだけでプロンプトを撤去できる場合もある。たとえば、他者の言語プロンプトがなくても適切な行動ができるように、前もって 1 度だけその行動のやり方を説明する場合もある。またプロンプトがなくても行動が生起するように、事前に 1 回だけ行動を示範するだけのこともある。さらに 1 回だけ身体プロンプトを行った後に、適切な行動ができるようになることもある。

別のタイプのプロンプト・フェイディングとして、プロンプトの種類をまたがるようなフェイディング、あるいはプロンプト階層間のフェイディングがある。次の例を考えてみよう。ルーシーは重度の知的障害のある女性であり、大きなディスカウントストアの靴売場の倉庫で働いている。彼女の仕事は、店の棚に陳列するために靴から紙の詰め物を取り出すことである。彼女は、靴がたくさん積まれた大きな作業台の前に座る（靴は別の店員が作業台に置く）。彼女が詰め物を取り出すと、他の店員が売場まで持っていく。ジョブコー

先行事象	行動	結果事象 ➤
靴に詰められた紙（弁別刺激）	詰め物（紙）を取り出す	ジョブコーチに褒められる

チは、ルーシーに仕事の仕方を正しく教えなければならない。この場合の三項随伴性は、上図のとおりである。

　最初、ルーシーが適切に行動できなかったため、ジョブコーチはプロンプトによってその行動を生起させた後、そのプロンプトをフェイディングしていった。プロンプト階層間フェイディング法の1つに、**段階的増加型プロンプト・フェイディング**（least-to-most prompting and fading；**最小プロンプトシステム**とも呼ばれている）がある。ジョブコーチは最初に、最も侵襲的でないプロンプトを与える。そして、必要なときだけ、より侵襲度の大きいプロンプトを用いる。具体的には、自分で詰め物を靴から取り出せない場合、最初は「ルーシー、紙を靴から取り出しなさい」と言う。これが、最も侵襲的でないプロンプトである。5秒以内に反応が見られなければ、再度言語プロンプトを提示し、靴の中の紙を指し示す（身振りプロンプトの提示）。5秒以内に反応が見られなければ、言語プロンプトを提示しながら、今度は正しい行動のお手本をやってみせる。それでも反応が見られないときには、言語プロンプトを提示しながら、身体ガイダンスを用いる。具体的にはルーシーの手をとって紙を引き出し、その後で褒める。次の試行でも、ルーシーが正反応を示すまで同じ手続きの流れで行う。この手続きを繰り返していくなかで、最初は身体プロンプトが提示される前に正しくできるようになり、次にモデルプロンプトが提示される前にできるようになり、そして身振りプロンプトが提示される前にできるようになり、最後にはプロンプトをまったく必要とせず靴から紙を取り出せるようになる。より少ない援助で遂行できるようになるにつれ、プロンプトは徐々にフェイディングされる。指導者が、適切な行動のための身体プロンプトは必要ないと判断し、必要最小限の援助で課題を遂行する機会を与えた方がよいと判断したときに、段階的増加型プロンプト・フェイディングが用いられる。

　もう1つのプロンプト階層間フェイディング法は、**段階的減少型プロンプト・フェイディング**（most-to-least prompting and fading）である。この方法では、最初に最も侵襲度の大きいプロンプトを用いる。そして、徐々により侵襲度の小さいプロンプトに変えていく。段階的減少型プロンプト・フェイディングは、適切な行動を行うために身体プロンプトが必要と指導者が判断したときに用いられる。段階的減少型プロンプト・フェイディングでは、最初、ジョブコーチは言語プロンプトと一緒に身体プロンプトも提示する。そして、ルーシーがうまくできるようになると、身体プロンプトを徐々にフェイディングしていく。身体プロンプトを撤去すると、次に言語プロンプトと身振りプロンプトを提示する。そして、うまくできるようになると、今度は身振りプロンプトを徐々にフェイディングし、言語プロンプトだけを提示する。最後に、援助がなくても靴から紙を正しく取り出せるように、言語プロンプトを徐々にフェイディングする。プロンプト内フェイディングで

プロンプト・フェイディング

プロンプト内フェイディング
プロンプト階層間フェイディング
■ 段階的増加型プロンプト・フェイディング
■ 段階的減少型プロンプト・フェイディング

もプロンプト階層間フェイディングでも、その最終的な目標は刺激性制御を自然な弁別刺激に転移させることである。

プロンプト遅延

反応プロンプトから自然な弁別刺激へと刺激性制御を転移させるもう1つの方法は、**プロンプト遅延**（prompt delay）である。この手続きでは、弁別刺激を提示し、何秒か待つ。そして、正反応が生起しないとき、プロンプトを与える。弁別刺激の提示とプロンプトの提示との時間的な遅延を一定にする場合（固定型）と少しずつ増やす場合（漸増型）がある（Handen & Zane, 1987; Snell & Gast, 1981）。

クボとクラット（Cuva & Klatt, 1992）は、障害のある高校生に固定型プロンプト遅延法を用いて、毎日の生活で使う日常的な単語（たとえば「MEN」「WOMEN」「STOP」「ENTER」）の読み方を教えた。フラッシュカードで文字単語（弁別刺激）を提示し、4秒以内に反応できなかったときにその単語の読み方を教えた（言語プロンプト）。プロンプトを与える前に、4秒以内に自分で文字単語を読むことが目標であった。指導の結果、すべての生徒が4秒以内に文字単語を読めるようになった。刺激性制御が言語プロンプトから文字単語へと転移したのである。

マトソンら（Matson, Sevin, Fridley, & Love, 1990）は、漸増型または段階的プロンプト遅延法を用いて、自閉スペクトラム症の子どもたちに適切な社会的反応（「どうぞ」「ありがとう」「どういたしまして」と言う）を教えた。おもちゃが与えられたとき（弁別刺激）に「ありがとう」と言えるように、「ありがとう」と言ったときは指導者がお菓子や褒め言葉を与えた。

しかし、当初、自閉スペクトラム症の子どもたちは「ありがとう」と言わなかったため、おもちゃを与えた2秒後に言語プロンプト（「ありがとう」と言う）を提示し、模倣させた。言語プロンプトを模倣できることは事前に確認していたため、適切な行動が誘発されることは想定できた。プロンプト遅延が2秒のときに「ありがとう」と言えるようになると、プロンプトの遅延時間が10秒になるまで、2秒ずつ段階的に長くしていった。その結果、プロンプト遅延が2秒から10秒に長くなるにつれて、プロンプトが与えられる前に「ありがとう」と言うようになってきた。「ありがとう」が安定して言えるようになると、刺激性制御が自然な弁別刺激に転移したと判断し、もはやプロンプトを提示する必要がなかった（図10-3参照）。

プロンプト遅延が固定型であっても漸増型であっても、最初の試行では弁別刺激とプロンプト提示の間隔は0秒遅延（すなわち、遅延なし）から開始される。その後の試行で、プロンプトが提示される前に正反応が生起するようにプロンプト遅延が導入される。正しく反応できないときは、弁別刺激のもとで反応を生起させるためにプロンプトが提示される。その結果、何試行か正反応がプロンプトされ強化されると、弁別刺激が提示された後、プロンプトが提示される前に正反応が生起するようになる。正反応が一貫して生起するようになると、プロンプトから弁別刺激へと刺激性制御が転移したことになる。

刺激フェイディング

刺激プロンプトでは、正しい弁別を手助けするために、弁別刺激の特徴や刺激状況を変化させる。最終的に、刺激性制御を自然な弁別刺激に転移させるためには、**刺激フェイディング**（stimulus

先行事象	行動	結果事象
おもちゃが与えられる（弁別刺激）	「ありがとう」と言う	褒められ、お菓子をもらう

その結果：おもちゃを受け取るときに「ありがとう」と言うようになる。

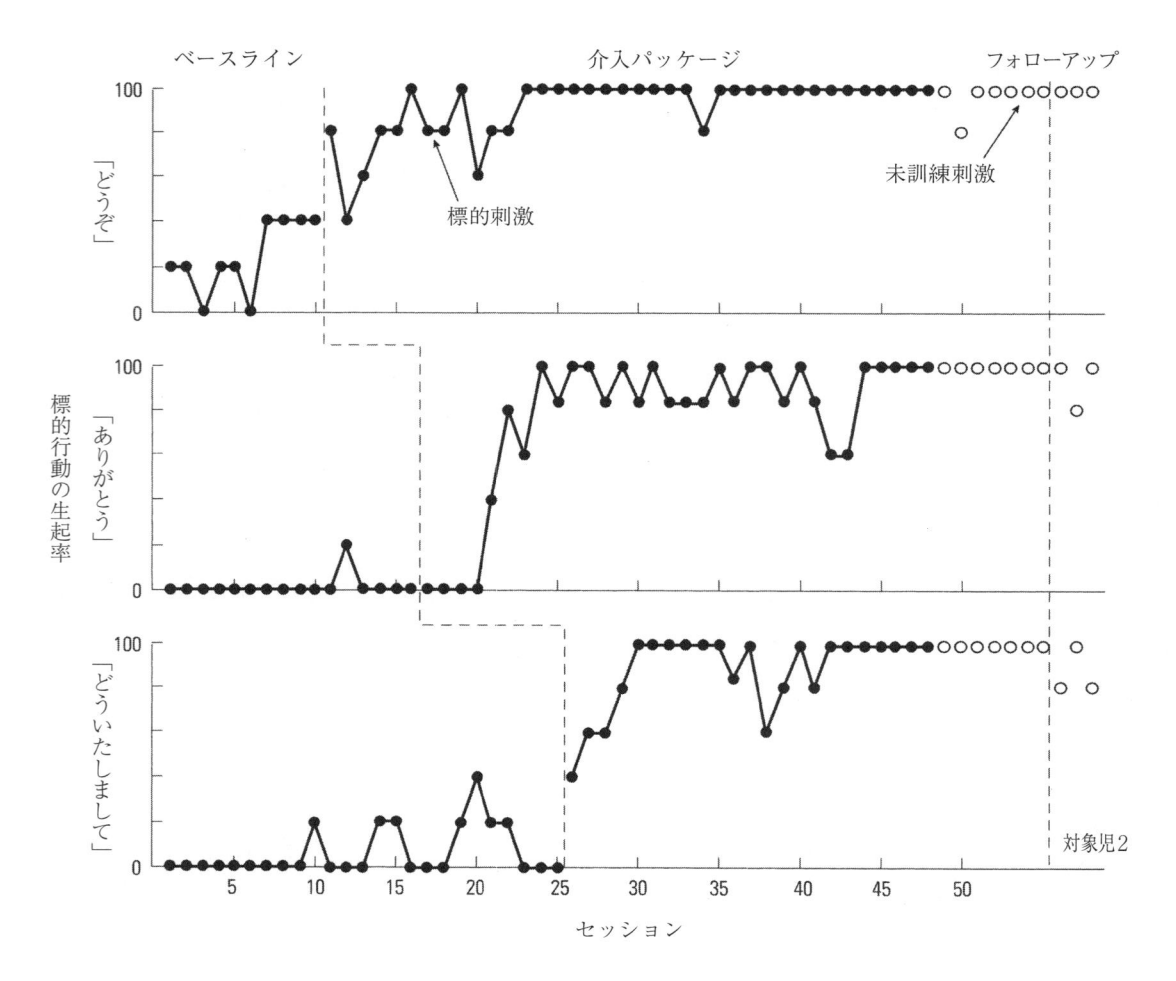

図10-3　このグラフは、段階的なプロンプト遅延を用いて、1名の自閉症児に3つの社会的行動を教えたものである。このグラフは、行動間多層ベースラインデザインを示している。（Matson, J. L., Sevin, J. A., Fridley, D., & Love, S. R. [1990]. Increasing spontaneous language in three autistic children. *Journal of Applied Behavior Analysis, 23*, 227-233. Copyright © 1990 Society for the Experimental Analysis of Behavior.）

fading）によって、刺激プロンプトを取り除かなければならない。正反応を生起させるために刺激プロンプトとして付加的な刺激（刺激外プロンプト）を提示する場合には、弁別刺激のもとで反応が確実に生起するように、その付加的な刺激を刺激フェイディングによって段階的に取り除く。付加的な刺激が完全に取り除かれ、弁別刺激のもとで反応が生起するようになると、刺激性制御が弁別刺激に転移したことになる。フラッシュカードを用いたかけ算の学習では、フラッシュカードの裏側に書かれた答えが刺激プロンプトとなる。フラッシュカードを復習しながら、少しずつ問題に対する解答を見ないようにすることが、刺激フェイディングである。

すべての問題に正答できるようになると、裏の答えを見る必要はなくなり、答え（刺激プロンプト）から問題（弁別刺激）に刺激性制御が転移したことになる。子どもたちが右手の甲に×印をつけた例では、この刺激プロンプトが右手を判断する手助けとなる。何日間かかけて×印が消えていく過程が、刺激フェイディングにあたる。×印が消えても右手が分かるようになると、プロンプトから自然な弁別刺激に刺激性制御が転移したといえる。

参考：プロンプト・フェイディングの様々な適用例

　プロンプト・フェイディングは、応用行動分析学において、多様な学習者に様々な種類のスキルを教えるのに用いられてきている。プロンプト・フェイディングが幅広く用いられている領域の 1 つは、自閉スペクトラム症の子どもに対するスキル指導の領域である。たとえば、多くの研究者が自閉スペクトラム症に社会的相互作用を始発することを教える際のプロンプトとして、文字スクリプトを用いている。そのスクリプトは、対象児が適切な社会的行動を示すのに伴って、フェイデングされる（たとえば、Frantz & McClannahan, 1993, 1998; Sarokoff, Taylor, & Poulson, 2001）。プロンプト・フェイディングのもう 1 つの適用例は、スタッフ・マネジメントの領域である。ペチェックとベイリー（Petscher & Bailey, 2006）の研究において、障害のある生徒のために配置された教室内の補助教員に対して、所持している端末機をバイブレーションさせることで、事前に決められた指導方法の実施をプロンプトしていた。補助教員が適切なタイミングで指導を行わなかった場合、端末機がバイブレーションすることで、その指導を促すためのプロンプトとなっていた。ひとたび、補助教員が適切なタイミングで正しい指導行動を行ったら、プロンプトが提示されなくても、それを継続することが可能であった。プロンプト・フェイディングのその他の適用領域としては、運動スキルがある。たとえば、オズボーンら（Osborne, Rudrud, & Zezoney, 1990）は、野球選手にカーブボールを打つ能力を高めるために刺激プロンプトを使用した。もう 1 つの例は、ルイベンら（Luyben, Funk, Morgan, Clark, & Delulio, 1986）が、重度の知的障害者に対してサッカーのパススキルを改善するためにプロンプト・フェイディングを使用した。

　刺激プロンプトとして弁別刺激そのものの特徴を変化させる（刺激内プロンプト）場合にも、刺激フェイディングが用いられる。この場合の刺激フェイディングは、部分的に変更された弁別刺激を自然な形に変えていくことである。アシスタントコーチにデイブが打ちやすいボールを投げさせた例では、マッコールコーチは刺激内プロンプトを用いている。この場合、通常のスピードまで球速を少しずつ速くしていくことが、刺激フェイディングである。子どもがボールをうまく打っている間に、球速を少しずつ速くしていくことによって、刺激プロンプトを撤去し、自然な弁別刺激（通常のスピードの投球）による刺激性制御に転移させることができる。

　教師が「出口」の文字への指さしを生徒に教えようとするときに、「入口」の文字よりも大きな文字で「出口」と書くことは、刺激内プロンプトにあたる。

Q. 教師は刺激フェイディングをどのように用いるか？

　教師は、「入口」の文字と同じ大きさになるまで、徐々に「出口」の文字を小さくしていくことが、この場合の刺激フェイディングである。両方の文字の大きさが同じになれば、刺激プロンプトはなくなり、単語の大きさ（プロンプト）から単語そのもの（弁別刺激）に刺激性制御が転移されたことになる。

　刺激フェイディングと刺激シェイピングを区別している研究者がいることを指摘しておきたい（Cooper et al., 1987; Etzel, LeBlanc, Schilmoeller, & Stella, 1981）。この 2 つの手続きは技法としては異なっているが、非常によく似ており（Deitz & Malone, 1985）、どちらも刺激性制御の転移のために刺激プロンプトを段階的に取り除くことをしている。そこでシェイピング（第 9 章）や刺激シェイピングとの混乱を避けるために、ここでは、刺激プロンプトを段階的に撤去するという意味で、「刺激フェイディング」という言葉を用いた（刺激フェイディングと刺激シェイピングの違いについては、次の文献を参照してほしい。クーパーら〔Cooper et al., 1987〕、エッツェルとレブラン〔Etzel & LeBlanc, 1979〕、エッツェルら〔Etzel et al., 1981〕）。

プロンプトと刺激性制御の転移の適用

ある行動について適切な刺激性制御を形成する（新しい行動や既存の行動が、適切な状況で 正しいタイミングで確実に生起する）ために、プロンプトと刺激性制御の転移が適用される。それらの手続きを適用するかどうかを判断する前に、刺激性制御の問題なのか指示不服従の問題なのか（「できない」のか「したくない」のか）、を検討してみることが重要である。ある人が行動を学習していなかったり、適切な状況で行動することを学んでいなかったりする場合（「できない」という問題）には、プロンプトと刺激性制御の転移を適用するのは正しい。しかし、過去に適切な状況で正しい行動をしていながら、現在そうすることを拒否しているとすれば、それは指示不服従（「したくない」）の問題であり、プロンプトと刺激性制御の転移の適用は適切ではない。指示不服従やその他の問題行動に対処する手続きについては、第13章から第19章を参照してほしい。プロンプトと刺激性制御の転移を適用する際には、以下のガイドラインを遵守しなければならない（Alberto & Troutman, 1986; Martin & Pear, 1992; Rusch. Rose, & Greenwood, 1988; Sulzer-Azaroff & Mayer, 1991)。

1. **最適なプロンプトを選ぶ**：利用可能な反応プロンプトや刺激プロンプトには、さまざまなものがある。対象者や学習課題に最適の方法を選ばなければならない。新しい行動を教えるときは、通常、反応プロンプトが最適である。適切な状況で新しい行動を生み出すことができるからである。能力に制限のある対象者（たとえば、発達障害のある人や年齢の低い子どもたち）の場合には、身体プロンプトのようなより強力で侵襲度の大きいプロンプトが適している。侵襲度が小さく、強度の低いプロンプト（言語プロンプトのような）は、対象者がそのプロンプトから利益を得る能力をもってい

る場合に使用すべきである。必要なプロンプトレベルがはっきりしないときは、段階的増加型（最小プロンプトシステム）のような段階的なプロンプト法を用いるとよい。最初に、侵襲度のあまり大きくないプロンプトを試み、必要があればさらに侵襲度の大きいプロンプトを用いる。正確な弁別を促す場合には、刺激プロンプトが最適である。刺激プロンプトは弁別刺激を強調する（より目立たせる）ので、弁別刺激が提示されているときに対象者が正反応する可能性が高くなる。

2. **対象者の注意を引く**：刺激（弁別刺激やプロンプト）を提示する前に、対象者の注意を引きつけておくことが大切である。妨害刺激や競合刺激を除去したり弱めておき、必要があれば学習試行を開始する前に対象者の注意を引くようプロンプトしたり、注意を向けたときに強化したりする。たとえば、マッコールコーチはマットの注意を引くために、モデルプロンプトを提示する前に、「マット、私のバットの振り方をよく見ていなさい」と言っていた。

3. **弁別刺激を提示する**：学習試行は、必ず弁別刺激の提示によって開始される。この弁別刺激は、指導が終了した後、対象者の正反応を誘発する刺激となる。弁別刺激のもとで正反応が起きるようになれば、プロンプトは必要でなくなる。これには、例外もある。たとえば、投手がボール（弁別刺激）を投げる前に、コーチがバットの振り方に関する指示を出したり、モデルを見せたりするなど、弁別刺激よりも前に言語・モデルプロンプトが提示される場合である。しかしこれは例外であり、多くの場合は弁別刺激の提示によって学習はスタートする。

4. **正反応をプロンプトする**：弁別刺激によって正反応が誘発されない場合には、プロン

プロンプトと刺激性制御の転移に関するガイドライン

1．最適なプロンプト法を選ぶ。

2．対象者の注意を引く。

3．弁別刺激を提示する。

4．正反応をプロンプトする。

5．適切な行動を強化する。

6．フェイディングやプロンプト遅延によって刺激性制御を転移する。

7．プロンプトなしで生起した反応を継続的に強化する。

プトを提示する。刺激プロンプトを用いる場合には、弁別刺激を提示しているときに刺激状況をある方法で変化させたり、弁別刺激のある次元を変化させたりする。反応プロンプトを用いる場合には、弁別刺激を提示した後、直ちに適切なプロンプトを与える。

5．**適切な行動を強化する**：弁別刺激のもとで適切な行動が生起した場合には、プロンプトの有無に関係なく即座に強化子を与える。ただし、プロンプトがなくても適切な行動が生じることが目標なので、プロンプトがないときに生起した適切行動への強化量は大きくする。たとえば、褒め方を大げさにするとか、より多くの強化子を与えたりする。

6．**刺激性制御の転移**：できるだけ速やかにプロンプトを取り除き、プロンプトから自然な弁別刺激に刺激性制御を転移させる。反応プロンプトの場合には、フェイディングやプロンプト遅延を用いる。刺激プロンプトの場合には、刺激フェイディングを用いる。反応プロンプトや刺激プロンプトをフェイディングする際には、ステップを細かくしなければならない（すなわち、プロセスを

段階的にする）。それによって、プロンプトが撤去されても適切な行動が維持される可能性が高くなる。ステップが大き過ぎると、適切な行動が起きなくなってしまう（誤反応が起きやすくなる）。その場合は、その前のフェイディング・ステップまで戻り、さらにプロンプトを与えるか、より強度の高い（侵襲度の大きい）プロンプトを与えなくてはならない。プロンプト遅延の場合には、プロンプトを与えるまでの遅延時間の間に生起した正反応を強化することによって、刺激性制御の転移を促すことができる。

7．**プロンプトなしで生起した反応を継続的に強化する**：プロンプトが撤去され、弁別刺激のもとで適切な行動が生起しているときは、強化を続ける。適切な行動を維持させながら、連続強化スケジュールから間欠強化スケジュールに切り替える。それによって、適切な行動が長期にわたって維持されやすくなる。最終的には、自然な強化随伴性のもとで行動が生起することが目標となる。たとえば、ルークがボールを打つことを学習すると、ヒットを打つことが自然な強化子となる。

自閉スペクトラム症の療育におけるプロンプトと刺激性制御の転移

プロンプトと刺激性制御の転移のよく知られている適応例として、自閉スペクトラム症の子どもへのスキル指導がある。自閉スペクトラム症の子どもはしばしば早期集中行動介入（early intensive behavioral intervention: EIBI）を受ける。その介入では，行動分析学の専門家が重要な学業

スキルを自閉スペクトラム症に支援し，障害のない同年代の子どもと同等のスキルを身につけさせて，学校に入学したときに成功できるようにする。EIBI を実施する前に，行動分析学の専門家はアセスメントを行い，指導する必要のあるスキルの優先順位を決定する。そして，プロンプト・フェイディング（刺激性制御の転移）を用いて，各スキルを順番に指導していく。たとえば，自閉スペクトラム症の幼児のための初期のスキルには，以下を含む。（1）アイコンタクト，（2）粗大運動の模倣，（3）物を使った行動の模倣，（4）簡単な指示に従う，など（自閉スペクトラム症の幼児のためのカリキュラムの例として，Taylor & McDonough, 1996 を参照）。これらのスキルは，それぞれ他のスキルを習得するために重要であり，より高度なスキルは，これらの基本的なスキルの上に構築される。

　それでは，プロンプト・フェイディングを使って，粗大運動の模倣スキルを教える方法を考えてみよう。まずは，小さなテーブルを挟んで向かい側に子どもを座らせ，他に気を散らすものがないようにする。子どもの注意を引いた後，弁別刺激（手を叩きながら「こうして」と言う）を提示し，正しい反応をプロンプトし（子どもの手を握って叩くように身体的に促す），すぐに褒めたりお菓子を与えたりするなどの強化子を提示する。このように，弁別刺激を提示し，反応をプロンプトし，強化子を与える一連の流れを**学習試行**（learning trial）と呼ぶ。学習試行を何試行か繰り返し，段階的に身体的プロンプトを少なくしていき（フェイディング），「こうして」と言って手を叩くと，子どもが自発的に拍手するようになる。子どもがこの動作を指示なしに模倣できるようになったら，別の動作（テーブルをたたく，手を振る，腕を上げるなど）を選んで指導する。弁別刺激の提示，反応のプロンプト，反応の強化という同じ手順を，プロンプトなしで模倣反応が起こるまで繰り返すことで，「こうして」と言ってある動きを示範すると，様々な運動の模倣ができるように指導する。やがて子どもは，「こうして」と言いながら動作を見せると，どのような動作でも模倣できるようになる。この時点で，子どもは粗大運動の模倣を学習したと言えるので，次のスキルの指導に進むことができる。子どもの能力レベルによっては，動作模倣のスキルを身につけ，次のスキルの指導に進むことができるようになるまで，数日あるいは数週間かかるかもしれない。試行ごとの正反応率のデータを収集することで，子どもがそのスキルを習得したかどうかを判断できる。

まとめ

1．プロンプトとは，弁別刺激が提示された後に与えられる他者の行動や刺激のことである。適切な状況（弁別刺激のもと）で適切な行動を生起しやすくするために用いられる。

2．フェイディングとはプロンプトを段階的に撤去することであり，弁別刺激のもとでプロンプトがなくても行動を生起させるために用いられる。

3．反応プロンプトとは，対象者の行動を他者の行動によって誘発することである。刺激プロンプトとは，正確な弁別のために弁別刺激の特徴や他の刺激を変化させることである。

4．反応プロンプトには言語プロンプト，身振りプロンプト，モデルプロンプト，身体プロンプトがある。

5．刺激性制御の転移とは，適切な弁別刺激の刺激性制御によって行動が生起するように，プロンプトを取り除くことである。刺激性制御の転移の方法には，フェイディングとプロンプト遅延がある。フェイディングは，弁別刺激のもとでプロンプトがなくても反応が生起するようになるまで，反応プロンプトや刺激プロンプトを段階的に取り除くことである。プロンプト遅延は，弁別刺激の提示と反応プロンプトの提示までに一定の時間をあけることである。

キーワード

刺激外プロンプト

フェイディング

身振りプロンプト

学習試行

モデルプロンプト

身体ガイダンス

身体プロンプト

プロンプト

プロンプト遅延

プロンプトフェイディング

反応プロンプト

刺激フェイディング

刺激プロンプト

刺激性制御の転移

言語プロンプト

刺激内プロンプト

練習問題

1．プロンプトとは何か？　行動変容法において
プロンプトはいつ用いられるか、説明しなさ
い。

2．反応プロンプトとは何か？　また、4種類の
反応プロンプトについて説明しなさい。

3．4種類の反応プロンプトについて、それぞれ
の例を挙げなさい。

4．刺激プロンプトとは何か？　また、2種類の
刺激プロンプトについて説明しなさい。

5．2種類の刺激プロンプトについて、それぞれ
の例を挙げなさい。

6．段階的増加型プロンプト法とは何か？　また、
別の用語では何と言うか？　その例を挙げな
さい。

7．段階的減少型プロンプト法とは何か？　また、
その例を挙げなさい。

8．掲示板を読みやすくするためにライトで照ら
すことはプロンプトの一種である。どのタイ
プのプロンプトか、説明しなさい。

9．刺激性制御の転移とは何か？　また、なぜ重
要なのか、述べなさい。

10．反応プロンプトのフェイディングを説明し
なさい。また、その例を挙げなさい。

11．段階的増加型プロンプトのフェイディング
と段階的減少型プロンプトのフェイディン
グについて説明しなさい。

12．刺激プロンプトのフェイディングについて
説明しなさい。また、刺激内プロンプトの
フェイディングと刺激外プロンプトのフェ
イディングについて、例を挙げなさい。

13．プロンプト遅延を説明しなさい。また、固
定型プロンプト遅延と漸増型プロンプト遅
延の例を挙げなさい。

14．自閉症の生徒に学習支援を行う場合に、注
意を向けさせるために言語プロンプトや身
体プロンプトをどのように用いるか、説明
しなさい。

15．本章で述べた行動変容法のいくつかの手続
きを学ぶために、刺激プロンプトとフェイ
ディングをどのように用いたらよいか、説
明しなさい。

適用例

1．あなたは、一口サイズにした犬の好物をポッ
トにたくさん入れ、約6メートルの引き綱
を持っている。6カ月の子犬に「おいで」と
指示し、こちらに来るようにしつけるために、
プロンプト・フェイディングをどのように用
いたらよいか、説明しなさい。

2．ゴルフは好きだが、パットが下手なため、友達とプレーする際にいつも恥ずかしい思いをしている。そこで、刺激プロンプトとフェイディングを用いて、パットを上達させようと考えた。刺激プロンプトとフェイディングを用いてパットを上達させる方法を3つ述べなさい。パター、グリーン、ゴルフボール、ホールを、それぞれ自由に操作できると仮定して考えなさい。

3．ナスリンは 16 歳の姪のエディから、ペルシャ語で書かれたペルシャ料理店のメニューの読み方を教えてほしいとせがまれている。ペルシャ語で書かれたメニューのうち、ナスリンがフラッシュカードにできるものが 20 品目あると仮定して、ナスリンが固定型プロンプト遅延を用いてエディにフラッシュカードで単語の読み方をどのように教えるかを説明しなさい。

間違った適用例

1．グロリアは喃語を話し始め、いくつか理解できる発声が見られるようになった。両親は大喜びで、かつて行動変容法の授業を受けたことのある父親は、「ママ」「パパ」と言わせるためにプロンプト・フェイディングを適用しようと考えた。プロンプト・フェイディングのこの適用はどこが間違っているか？　また、この場合のもっと適切な指導手続きは何か、説明しなさい。

2．毎日、夕食時に食卓の用意をすることがロジャーの仕事である。彼は数週間、毎日、その用意をしてきたが、最近、ちょうど食卓の準備時間に放送されるテレビのクイズ番組「危険がいっぱい」に興味を持つようになった。それ以来、食卓の準備をすべき時間にその番組を見ている。父親が毎日注意しても、それを無視してテレビを見ている。そこで、父親はロジャーに食卓の準備をさせるために、プロンプト・フェイディングを用いることを考えた。この場合のプロンプト・フェイディングの適用はどこが間違っているか？　また、より望ましい手続きはどのようなものか、説明しなさい。

3．ミシェルは自閉スペクトラム症の子どもである。彼女は、担任からの身体プロンプトを受けながらワープロを打つ。担任は、彼女の手を持って打っていた。ワープロを使ってコミュニケーションをするために、1 年以上、単語や文章を練習してきた。そして、彼女がキーを打つたびに、担任は身体プロンプトを行っていた。担任が手を添えていないと、彼女は打てる単語はなかった。そのため担任が身体プロンプトを与え続けることでのみ、彼女はワープロを使ってコミュニケーションすることができていた。プロンプトと刺激性制御の転移について、この例ではどこが間違っているか述べなさい。

第11章　チェイニング

学習のポイント

- ■ 刺激−反応連鎖とは何か？
- ■ 刺激−反応連鎖の課題分析が大切なのはなぜか？
- ■ 行動連鎖を形成する際に、順行チェイニングや逆行チェイニングをどのように用いるか？
- ■ 全課題提示法とは何か？ 他のチェイニング法とどこが違うか？
- ■ 行動連鎖を形成する際に、上記の3つの方法以外にどのようなものがあるか？

前章では、行動を誘発するためにプロンプトを用いること、プロンプトなしで適切な弁別刺激のもとで行動が生起するよう刺激性制御の転移の手続きを用いることを述べてきた。それらの手続きは、多くの場合、ある弁別刺激のもとである反応を生起させるといった、単純な弁別を形成するために用いられる。たとえば、バットを振る、単語を正しく読む、スピーカーのコードをつなぐ、何かをもらったときにお礼を言う、といったことである。これらの例では、ある特定の状況で1つの行動が生起している。ところが多くの状況では、複数の単一行動で構成される複雑な行動が求められる。一連の流れの中でそれぞれ生起する多くの単位行動（component behavior）からなる複雑な行動は、**行動連鎖**（behavioral chain）と呼ばれる。

行動連鎖の例

チューインガムを食べたいときには、次のような一連の行動をしなくてはならない。（1）ポケットに手を入れ、（2）ポケットからガムを取り出し、（3）ガムを1枚引き出し、（4）包みを開け、（5）口の中にそれを入れる。ガムを食べることは少なくとも5つの単位行動から構成されており、それらの行動は適切な流れの中で順に生起しなければならない。ある系列の中で先行する行動が完了したときだけ、次の行動ができる。ガムの包みを開けなければ、ガムを口にすることはできない（包みを開けなくても口に入れることはできるが、実際にそうしたいだろうか）。ガムを1枚引き出さなければ、包みを開けることはできない。ポケットからガムを取り出さなければ、ガムを1枚引き出せない。

もう1つの例を考えてみよう。ボビーはクリー

ニング工場に勤めている。彼の仕事は、取引先（たとえば、ホテル、健康クラブ、病院）へ運ぶために、タオルを折りたたんで取引先用の箱に入れることである。乾燥機から出されたタオルを、他の従業員が大きな箱に入れて持ってくる。ボビーの仕事は次のような行動連鎖から成り立っていた。（1）箱からタオルを取り出す。（2）タオルを作業台の上に広げる。（3）タオルの端をつまんで半分に折る。（4）半分に折りたたんだタオルの端を持ってさらに半分に折る。（5）4分の1になったタオルの端を持ってさらに半分に折る。（6）折りたたんだタオルを持ち上げる。（7）それを取引先用の箱に入れる。箱がいっぱいになったところで、別の従業員がトラックに積み込む。タオルをたたむ作業は、7つのステップの行動連鎖から構成されている。連鎖のそれぞれの単位行動は、

先行する行動が完了した後に実行することができる。別の言い方をすると、連鎖のそれぞれの単位行動は、先行する行動の出現に依存している。

本章では、行動連鎖の単位行動の分析の仕方と、行動の連鎖を形成するさまざまな方法について解説する。

刺激—反応連鎖の分析

行動連鎖は、ある系列の中で一緒に起こるいくつかの個々の刺激—反応の要素で構成されている。そのため、行動連鎖はしばしば**刺激—反応連鎖**（stimulus-response chain）と呼ばれる。**連鎖の中の行動や反応は、次の反応の弁別刺激として作用する刺激変化を生み出す。**最初の反応は、その系列の2番目の反応の弁別刺激となる。2番目の反応は、その系列の3番目の反応の弁別刺激となる。このようなことが、連鎖のすべての反応が順に生起するまで続く。もちろん、全体の刺激—反応連鎖は刺激性制御を受けているため、連鎖の最初の反応は特定の弁別刺激が提示されたときに生起する。ポケットの中にあるガムは、連鎖の最初の反応であるポケットに手を伸ばしてガムをつかむ行動の弁別刺激である。ボビーのそばにある、タオルでいっぱいの大きな箱は、彼の最初の反応である箱からタオルを取り出す行動の弁別刺激である。当然ながら、行動連鎖は連鎖の最後の反応によって強化的な結果が生み出されたときだけ維持される。ガムをかむことは、口にガムを入れる行動連鎖の強化子である。箱の中の折りたたまれたタオルは、タオルを折りたたむ行動連鎖の条件性強化子となる。折りたたまれたタオルは、上司から注目されたり褒められたりするなど、他の強化子と対提示されることによって条件性強化子となる。

ガムを食べる行動連鎖は次のような刺激—反応単位の系列から構成されている。

1．S^D1（ポケットの中のガム）
　　→ R1（ポケットに手を入れる）
2．S^D2（ポケットに入った手）
　　→ R2（ガムを取り出す）
3．S^D3（手に持っているガム）
　　→ R3（ガムを1枚引き出す）
4．S^D4（手にしている1枚のガム）
　　→ R4（ガムの包みをはがす）
5．S^D5（手にしている包みがはがされたガム）
　　→ R5（口の中にガムを入れる）
　　　→ 強化子（ガムをかむこと）

このことから分かるように、それぞれの反応は次の反応の弁別刺激となっている。そのため、連鎖のその次の反応は、その前の反応の出現に依存していると言える。

それぞれの5つの単位の刺激—反応連鎖は、以下のように示すことができる。

S^D1 → R1
　S^D2 → R2
　　S^D3 → R3
　　　S^D4 → R4
　　　　S^D5 → R5 → 強化子

Q. タオルをたたんで箱に入れる仕事に含まれる7つの刺激—反応単位を分析しなさい。

1．S^D1（タオルでいっぱいになった大きな箱）
　　→ R1（箱の中のタオルをつかむ）
2．S^D2（手に持ったタオル）
　　→ R2（作業台の上にタオルを広げる）
3．S^D3（作業台の上に広げられたタオル）
　　→ R3（タオルを半分にたたむ）
4．S^D4（作業台の上の半分にたたまれたタオル）
　　→ R4（タオルをさらに半分にたたむ）
5．S^D5（作業台の上の1/4にたたまれたタオル）
　　→ R5（タオルをさらに半分にたたむ）
6．S^D6（作業台の上の1/8にたたまれたタオル）
　　→ R6（そのタオルを手に持つ）
7．S^D7（手に持っているタオル）
　　→ R7（箱の中にタオルを入れる）
　　　→ 強化子（箱に入っているたたまれたタオル）

他の従業員がタオルの入った大きな箱をボビーのところに運んでくる。タオルがいっぱいに入った大きな箱が最初の弁別刺激であり、刺激―反応連鎖の最初の反応を制御する。直前の反応が次の反応を制御する弁別刺激となり、次の反応が生起するようになる。

刺激―反応連鎖の始まりについてもう少し詳しく見てみよう。確立操作によって、連鎖の結果事象をより強化的にできる。最初の例では、確立操作によってガムがより強化的になり、そのことによってポケットに手を入れ、ガムをつかむ行動連鎖が始まる可能性が高くなる。確立操作としては、タマネギを食べた後で口の中に不快感があったり、長くかんだガムが口にあったり、タバコを吸った直後であったり、友達との会話のようにさわやかな吐息が強化される状況が存在するとき、などがある。これらの状況ではガムが欲しくなる。ただし、そのとき「ガムが欲しい」という言葉を聞いただけでは、なぜガムが強化的なのかを理解するのは難しい。むしろ、確立操作の可能性のある刺激事象を明らかにすることが賢明である。

課題分析

行動連鎖を個々の刺激－反応単位に細かく分けることによって分析する過程は、課題分析（task analysis）と呼ばれる。 2つ以上の単位行動（行動連鎖）からなる複雑な課題を教える際には、最初のステップとして、その課題を遂行するために必要となるすべての行動を明確にし、順に書き留めるべきである。次に、その課題のそれぞれの行動に関連する弁別刺激を明確にする。実際に教える際には、行動連鎖の個々の刺激―反応単位に関する弁別訓練が必要となる。そこで、刺激―反応単位を正確に理解するための詳細な課題分析が必要となる。

連鎖の正確な行動の流れを明らかにする課題分析には、いくつかの方法がある（Cooper, Heron, & Heward, 1987; Rusch, Rose, & Greenwood, 1988）。1つは、課題を行っている人を観察し、それぞれの刺激―反応単位を記録することである。たとえば、ホーナーとカイリッツ（Horner & Keilitz, 1975）は、知的障害のある青年に歯磨き指導を行った。彼らは、職員が歯磨きをしているところを観察することによって、歯磨きの課題分析表を作った。他には、課題を上手に行うことのできる人（熟練者）に、課題のすべての行動単位を説明してもらう方法がある。さらには、課題を指導者自身で行い、課題の反応系列を記録する方法もある。ベラミーら（Bellamy, Horner, & Inman, 1979）は、課題分析を行う場合に、自ら課題をやってみることの利点として、課題に含まれる個々の反応や、それぞれの反応に関連する刺激に関する詳しい情報が得られることを指摘している。つまり、自ら課題を経験することで、その課題に関して最も多くの情報を得ることができるのである。

最初に作成した課題分析表は、指導を開始した時点で改定する必要がある場合もある。ある行動をさらに細かな単位に細分化したり、逆に複数の行動を1つの行動にまとめたりすることができる。課題分析表を改定するかどうかは、指導の進捗状況によって決まる。連鎖の中で、ある特定の行動の習得が難しい場合、その行動をさらに細かな単位行動に細分化する方がよいだろう。しかし、より大きな行動のまとまりとして習得できるときは、

課題分析の方法

- ■ 課題を行っている人を観察する。
- ■ 熟練者（課題をうまくできる人）に尋ねる。
- ■ 自分自身でやってみて個々の反応を記録する。

複数の単位行動を１つにまとめる方がよい。次の例をもとに考えてみよう。

　最重度の知的障害のある児童に、スプーンを使って食べることを教える際に、次のような課題分析表を作成した。

１．S^D1（食卓に置かれたスプーンと食べ物の入った器）
　　　→ R1（スプーンを持つ）
２．S^D2（手に持ったスプーン）
　　　→ R2（スプーンを器の食べ物の中に入れる）
３．S^D3（食べ物の中に入れたスプーン）
　　　→ R3（食べ物をスプーンですくう）
４．S^D4（スプーンの上の食べ物）
　　　→ R4（器から食べ物をひとさじ取り出す）
５．S^D5（すくい取ったスプーンの上の食べ物）
　　　→ R5（食べ物を口に入れる）
　　　→ 強化子（食べる）

　この課題分析には５つのステップあるいは単位がある。それぞれのステップは、刺激（弁別刺激）と反応で構成されている。この課題分析は、スプーンを使っての食べ方を習得する子どもたちにとって典型的なものであろう。ところが、より大きなステップで簡単に習得できる場合は、いくつかのステップを１つにまとめることができる。次のような課題分析が考えられる。

１．S^D1（食卓に置かれたスプーンと食べ物の入った器）
　　　→ R1（スプーンを持って器の食べ物の中に入れる）
２．S^D2（食べ物の中に入れたスプーン）
　　　→ R2（食べ物をスプーンですくう）
３．S^D3（スプーンの上の食べ物）
　　　→ R3（器から食べ物をひとさじ取り出し口に入れる）
　　　→ 強化子（食べる）

　上記の３ステップの課題分析と５ステップの課題分析の唯一の違いは、５ステップの課題分析ではより小さな単位に分けたことである。それぞれのステップは、刺激（S^D: 弁別刺激）と反応（R）によって記述される。しかし、反応の大きさが異なっている。ある対象者にとっては、５ステップの課題分析が適しているかもしれない。ところが、他の対象者には３ステップの課題分析の方がより

適切であるかもしれない。課題分析のステップ数に正解も不正解もない。ステップの数が正しいかどうかを決める唯一の方法は、作成した課題分析表を用いて対象者をうまく教えられるかどうかである。

　複雑な課題を教える際に課題分析表を作成した研究は数多くある。たとえば、クボら（Cuvo, Leaf, & Borakove, 1978）は清掃員に必要な６つのスキルのそれぞれについて課題分析を行い、知的障害のある人たちを指導した。６つのスキルの課題分析表は、対象者によって13〜56のステップで構成されていた。アラボシウスとサルザーアザロフ（Alavosius & Sulzer-Azaroff, 1986）は、介護施設の職員に、身体障害のある利用者を車椅子から安全に抱き上げ移動させる介助法を教えた。彼らはそのために、18ステップからなる課題分析表を作成した。その他にも、生理の処理スキル（Richman, Reiss, Bauman, & Bailey, 1984）、部屋の整理・整頓スキル（Williams & Cuvo, 1986）、道路を安全に歩くスキル（Page, Iwata, & Neef, 1976）、洗濯スキル（Horn et al., 2008）、余暇スキル（Schleien, Wehman, & Kiernan, 1981）、スポーツのパフォーマンス（Boyer, Miltenberger, Batsche, & Fogel, 2009; Quinn, Miltenberger, & Fogel, in press）、地域ボランティアへの指導マニュアルを大学生が作成するために必要なスキル（Fawcett & Fletcher, 1977）がある。図11-1に示したものは「課題分析記録用紙」であり、複雑な課題に関する対象者の習得状況を記録するものである。この記録用紙には、課題のすべての弁別刺激と反応が記載されていることに注目してほしい。対象者が当該のステップを習得した（プロンプトがなくてもそのステップを遂行できた）とき、その課題ステップの右側の数字を丸で囲む。

　複雑なスキルの課題分析表を作成した後に、次のステップとして、そのスキルを教えるための方法を決める。複雑な課題（行動連鎖）を教える方法は**チェイニング**（chaining procedure）と呼ばれる。**チェイニングでは、連鎖に含まれる個々の刺激－反応単位に対して、系統的にプロンプト・フェイディングが適用される。**以下では、３つのチェイニング、すなわち、逆行チェイニング、順行チェイニング、全課題提示法について説明する。

S^D	反応	正反応の試行																						
1　作業箱の中の部品	ベアリングを取り出し、作業台の上に置く	1	1	1	1	1	1	1	1	1	1	1	1	1	1	1	1	1	1	1	1	1	1	1
2　作業台の上のベアリング	六角ナットをベアリングの1つの角にはめる	2	2	2	2	2	2	2	2	2	2	2	2	2	2	2	2	2	2	2	2	2	2	2
3　1つの角にあるナット	2つめの角に六角ナットをはめる	3	3	3	3	3	3	3	3	3	3	3	3	3	3	3	3	3	3	3	3	3	3	3
4　2つの角にあるナット	3つめの角に六角ナットをはめる	4	4	4	4	4	4	4	4	4	4	4	4	4	4	4	4	4	4	4	4	4	4	4
5　3つの角にあるナット	ベアリングにカムを付ける	5	5	5	5	5	5	5	5	5	5	5	5	5	5	5	5	5	5	5	5	5	5	5
6　ベアリングにあるカム	ベアリングにローラーを付ける	6	6	6	6	6	6	6	6	6	6	6	6	6	6	6	6	6	6	6	6	6	6	6
7　ベアリングにあるローラー	ベアリングに赤のスプリングを付ける	7	7	7	7	7	7	7	7	7	7	7	7	7	7	7	7	7	7	7	7	7	7	7
8　赤のスプリングが置かれている	ベアリングとカムを180度回転する	8	8	8	8	8	8	8	8	8	8	8	8	8	8	8	8	8	8	8	8	8	8	8
9　回転したベアリング	ベアリングにローラーを付ける	9	9	9	9	9	9	9	9	9	9	9	9	9	9	9	9	9	9	9	9	9	9	9
10　ベアリングのローラー	ベアリングに緑のスプリングを付ける	10	10	10	10	10	10	10	10	10	10	10	10	10	10	10	10	10	10	10	10	10	10	10
11　赤のスプリングが置かれている	ベアリングを布で拭く	11	11	11	11	11	11	11	11	11	11	11	11	11	11	11	11	11	11	11	11	11	11	11
12　拭かれたベアリング	ベアリングを袋に入れる	12	12	12	12	12	12	12	12	12	12	12	12	12	12	12	12	12	12	12	12	12	12	12
13　袋のベアリング	箱の中に袋に入れる	13	13	13	13	13	13	13	13	13	13	13	13	13	13	13	13	13	13	13	13	13	13	13
14		14	14	14	14	14	14	14	14	14	14	14	14	14	14	14	14	14	14	14	14	14	14	14
15		15	15	15	15	15	15	15	15	15	15	15	15	15	15	15	15	15	15	15	15	15	15	15
16		16	16	16	16	16	16	16	16	16	16	16	16	16	16	16	16	16	16	16	16	16	16	16
17		17	17	17	17	17	17	17	17	17	17	17	17	17	17	17	17	17	17	17	17	17	17	17
18		18	18	18	18	18	18	18	18	18	18	18	18	18	18	18	18	18	18	18	18	18	18	18
19		19	19	19	19	19	19	19	19	19	19	19	19	19	19	19	19	19	19	19	19	19	19	19
20		20	20	20	20	20	20	20	20	20	20	20	20	20	20	20	20	20	20	20	20	20	20	20
21		21	21	21	21	21	21	21	21	21	21	21	21	21	21	21	21	21	21	21	21	21	21	21
22		22	22	22	22	22	22	22	22	22	22	22	22	22	22	22	22	22	22	22	22	22	22	22
23		23	23	23	23	23	23	23	23	23	23	23	23	23	23	23	23	23	23	23	23	23	23	23
24		24	24	24	24	24	24	24	24	24	24	24	24	24	24	24	24	24	24	24	24	24	24	24
25		25	25	25	25	25	25	25	25	25	25	25	25	25	25	25	25	25	25	25	25	25	25	25

図 11 - 1　この課題分析記録用紙では 2 つの欄を設け、行動連鎖のそれぞれの単位について弁別刺激と反応が記入されている。チェイニング法を用いて複雑な課題を教えながら、この記録用紙に遂行状況を記録する。(Bellamy, G. T., Honer, R. H., & Inman, D. P. [1979]. Vocational habilitaion of severely retarded adults. Austin, TX: Pro-Ed *Jounals*.)

逆行チェイニング

　逆行チェイニング（backward chaining）は、能力に大きな制限のある対象者によく用いられる集中指導法である。逆行チェイニングでは、プロンプト・フェイディングを用いて、まず連鎖の最後の行動が教えられる。それによって、対象者はすべての試行のうち、連鎖の最後の行動ができるようになる。最後の行動が習得される（弁別刺激が提示され、プロンプトがなくても、その行動ができるようになる）と、最後から 2 番目の行動が教えられる。この行動が習得され、プロンプトがなくても連鎖の最後の 2 つの行動ができるようになると、連鎖の 1 つ前の行動が教えられる。最初の弁別刺激が提示され、プロンプトがなくてもすべての行動連鎖が遂行できるようになるまで、この手続きを続ける。例として、逆行チェイニングを用いて最重度の知的障害のあるジェリーに行っ

た、ダーツの投げ方の指導について考えてみよう。作成された課題分析表は、次のようなものだった（Schleien et al., 1981）。

1．S^D1（職員が「ジェリー、ダーツをしよう」と言う）
　　→ R1（ジェリーはダーツ盤のラインまで歩く）
2．S^D2（ダーツ盤から約 2m40cm 離れたラインの近くに立っている）
　　→ R2（ラインまで行き、ラインにつま先をつけてダーツ盤に向かって立つ）
3．S^D3（ラインに立ち、近くにダーツが置かれたテーブルがある）
　　→ R3（ダーツを親指と人差し指で持ち、ダーツ盤の方に先を向ける）
4．S^D4（ラインに立ち、ダーツ盤に向けて親指と人差し指でダーツを持っている）

→ R4（肘を曲げて、腕の角度を90度にする）
5．S^D5（ダーツを持ち、肘を曲げた状態でラインに立っている）
　　→ R5（ボードに向かって腕を強く振る。腕を伸ばしたところでダーツを放す）
　　→ 強化子（ダーツ盤に突き刺さる）

逆行チェイニングでは、まず最後の弁別刺激であるS^D5を提示する。そして、適切な行動が生起するようプロンプトし、強化子を提示する。

S^D5 ＋ プロンプト → R5 → 強化子

この例では、ジェリーをダーツ盤のところまで連れて行き、つま先をラインに合わせ、ダーツを手に持たせ、肘が90度になるまで腕を曲げるようにプロンプトする。この姿勢が連鎖の最終ステップの弁別刺激となる（S^D5）。そこで、正反応を身体的にプロンプトする。ジェリーの腕を持ち、腕を前の方に強く振り下ろさせ、腕が伸びたときにダーツを放たせる。ダーツ盤にダーツが当たると褒める（褒めることはジェリーの強化子である）。何回かの試行でこの反応を身体的にプロンプトする。ジェリー自身が反応できるようになると、プロンプトをフェイディングする。ダーツを渡し、肘を曲げさせると、ダーツを一人で投げられるように、できるだけ少ないプロンプトを与える。身体プロンプトによってジェリーの行動が制御できるようになると、それに代わって身振りプロンプトやモデルプロンプトを用いる。常に、行動の生起に必要な最小プロンプトを用いる。連鎖の5番目（最後）の単位が習得される（ダーツを持ち、肘を曲げ、一人でダーツを投げられるようになる）と、連鎖をさかのぼり4番目（最後から2番目）の単位を教える。

連鎖の第4ステップを教えるためにS^D4を提示し、正反応（R4）をプロンプトし、強化子として称賛を与える。ラインにそって立ち、ジェリーが手にダーツを持つことがS^D4となる。ダーツを持っているところで、肘を曲げるように身体的にプロンプトする（R4）。肘を曲げると（S^D5）、すでにその状態でダーツに向けて投げることを習得しているので、ジェリーはダーツ盤に向かって投

げる（R5）はずである。すなわち、ダーツを投げる行動（R5）は、S^D5によってすでに刺激性制御を受けているのである。

S^D4 ＋ プロンプト → R4 → 称賛
　　　　　　　　S^D5 → R5 → 強化子

S^D4が提示されるとすぐに（プロンプトがなくても）自分で肘を曲げられるように、ジェリーの肘を曲げる援助を少なくしながらプロンプトをフェイデイングしていく。連鎖の4番目と5番目の単位が習得されたら、3番目の単位行動を教える。

連鎖の3番目の要素を教えるために、S^D3を提示し、R3をプロンプトし、できたら褒める。つま先をラインに合わせて立つ行動がS^D3となる。そこで、親指と人差し指でダーツを持つ（R3）ように身体プロンプトする。ダーツを持てば（S^D4）肘を曲げ（R4）、ダーツを投げる（R5）はずである。すでにそれらの行動は習得されているからである（S^D4による刺激性制御を受けている）。

S^D3 ＋ プロンプト → R3 → 称賛
　　　　　　　　S^D4 → R4
　　　　　　　　　　　　S^D5 → R5 → 強化子

援助を少なくしていくことによって身体プロンプトを撤去すると、ジェリーは一人でダーツをつかむことができるようになる。ラインまで連れてきて、プロンプトがなくてもすぐにダーツを持てるようになると、このステップは習得されたと言える（R3はS^D3刺激性制御を受ける）。そこで、連鎖の2番目のステップを教える。

2番目のステップを教えるためには、S^D2を提示し、正反応（R2）をプロンプトし、できたら褒める。ダーツ盤のところまで連れて来られて、そこに立つことがS^D2となる。そこで、ラインを踏んで立つ（R2）ように身体プロンプトする。ラインにそって立つ（S^D3）と、ダーツを持ち（R3）、肘を曲げ（R4）、ダーツ盤をめがけて投げる（R5）はずである。すでに最後の3つの行動は習得されており、それぞれの弁別刺激が提示されるとすぐにそれらの行動が起こるはずである。

S^D2 ＋プロンプト → R2 → 称賛

S^D3 → R3

S^D4 → R4

S^D5 → R5 → 強化子

プロンプトをフェイディングしていくと、S^D2 が提示されたときに援助がなくてもラインまで来られるようになる。そうすると、連鎖の最初のステップを教える。

最初のステップを教えるために、S^D1 を提示し（「ジェリー、ダーツをしよう」と誘いかける）、Rl（ダーツ盤のラインのところまで行く）をプロンプトし、できたら褒める。ダーツ盤のラインまで進んでそこに立つと、ダーツを持ち、肘を曲げ、ダーツを投げられるはずである。すでにこれら 4 つの行動は S^D2（ダーツ盤の近くのラインに立つ）の刺激性制御を受けており、プロンプトされた Rl が S^D2 となるためである。

S^D1 ＋プロンプト → R1 → 称賛

S^D2 → R2

S^D3 → R3

S^D4 → R4

S^D5 → R5 → 強化子

プロンプトをフェイディングすると、「ジェリー、ダーツをしよう」（S^D1）と誘いかけられると、ジェリーはすぐにダーツ盤の近くに行くようになる。そうなると、全体の行動連鎖が S^D1 の刺激性制御を受けるようになる。すなわち、「ジェリー、ダーツをしよう」と誘われると、すぐにダーツ盤の近くに行き、ラインに立って、ダーツを持ち、肘を曲げて、ダーツ盤に向かって投げるようになる。

ジェリーに適用された逆行チェイニングでは、一つ一つの試行はダーツ盤にダーツが当たることで終了した。ダーツが当たるたびに褒められることによって、ダーツ盤に当たることがダーツを投げる条件性強化子となる。また、それぞれの指導ステップにおいて正しい行動をするたびに褒められたことによって、行動の結果として生じた弁別刺激もまた条件性強化子となる。たとえば、ラインまで来たときに褒められることによって、ラインに立つことが称賛と対提示されたことになり、そのためラインに立つことが条件性強化子となる。ダーツを持つことも褒められ、今度はダーツを持つことが条件性強化子となる。つまり、逆行チェイニングでは各ステップに強化子を提示することが重要であり、それは各ステップの結果事象を次の反応の弁別刺激だけでなく条件性強化子とするためである。

一人でダーツができるようになると、その行動が定着するように間欠的に褒めるようにする。また、うまくなることを強化するために、より高い得点を取ったときに褒めるようにする。最終的には、もっとうまくなることや友だちと遊ぶことが自然な強化となる必要があり、職員は褒めるのを徐々に控えていく。このことが、余暇スキル指導の最終目標となる。

順行チェイニング

順行チェイニング（forward chaining）は、一度に連鎖の 1 つの単位行動を教え、その行動をつなげていくこと、そして連鎖の各ステップにおいて弁別刺激に対する行動を教えるためにプロンプト・フェイディングを用いるという点は、逆行チェイニングと同じである。逆行チェイニングと順行チェイニングの違いは、指導を始めるステップである。すでに述べたように、逆行チェイニングでは、まず最後の単位から教える。その次には、最後から 2 番目の単位を教えるようにして、それを繰り返していく。つまり、連鎖の最後から最初の方に移っていくのである。順行チェイニングでは、逆に、最初の単位から教え、次に最初から 2 番目の単位を教え、それを繰り返していく。つまり、連鎖の最初から最後の方へ移っていく。

順行チェイニングでは、最初の単位の弁別刺激を提示し、正反応をプロンプトし、できたら強化子を与える。

$S^D1 + プロンプト \rightarrow Rl \rightarrow 強化子$

　プロンプトをフェイディングしていき、最初の弁別刺激が提示されたときに、プロンプトがなくても反応が生起するようにする。

　次に、2番目の単位を教える際にも、最初の弁別刺激を提示して、対象者に最初の反応をさせる。最初の反応は2番目の弁別刺激となり、そこで2番目の反応をプロンプトし、それができたら強化子を与える。

$S^D1 \rightarrow Rl$
$\quad S^D2 + プロンプト \rightarrow R2 \rightarrow 強化子$

　プロンプトをフェイディングし、プロンプトがなくても2番目の反応ができるようにする。その時点で、最初の弁別刺激を提示すると連鎖の最初の2つの反応ができるようになっている。

　連鎖の3番目の単位を教えるために、最初の弁別刺激を提示し、対象者に最初の2つの反応をさせる。2番目の反応が3番目の弁別刺激となり、すぐに3番目の反応をプロンプトし、反応の後に強化子を与える。

$S^D1 \rightarrow R1$
$\quad S^D2 \rightarrow R2$
$\qquad S^D3 + プロンプト \rightarrow R3 \rightarrow 強化子$

　プロンプトをフェイディングし、3番目の弁別刺激が提示されると、プロンプトがなくても3番目の反応が生起するようにする。この時点で3つの反応は連鎖するようになっており、最初のS^Dが提示されると、最初の3つの反応ができるようになっている。

　連鎖の最後の単位を教えるまで、この過程が続けられる。そして、課題分析されたすべてのステップが、決まった順序で互いに連鎖するようになる。

Q. 課題分析されたスプーンを使った食べ方の3ステップを教えるために、順行チェイニングをどのように適用するか、説明しなさい。

　食卓の目の前に食べ物（アップルソース）の入った皿とスプーンを置くことから始める。これが最初の弁別刺激である。そこで、最初の反応をプロンプトする。対象者の手を取ってスプーンを持ち、スプーンをアップルソースの中に入れ、強化子（褒めたり、場合によっては少量の食べ物）を与える。対象者がその行動をあなたと一緒にし始めたと感じられたら、プロンプトをフェイディングし、援助なしでできるようにしていく。

　次にステップ2に移る。その場合も、最初の弁別刺激をまず提示する。対象者が最初の反応を行うと直ちに、スプーンが皿にある（S^D2）状態で、2番目の反応、すなわちスプーンで食べ物をすくう反応を身体プロンプトする。そして、反応の後に強化子を提示する。プロンプトをフェイディングし、援助がなくてもスプーンですくえるようにする。

　最後にステップ3に移る。これまでと同様に最初の弁別刺激を提示し、最初の2つの反応を行うと直ちに、食べ物がスプーンの上にある（S^D3）状態で、スプーンを持ち上げ、自分の口まで持っていくこと（R3）をプロンプトする。食べ物の味が、最後の反応の自然な強化子となる。プロンプトをフェイディングし、対象者が3つの反応すべてができ、援助がなくてもスプーンでアップルソースを食べられるようにする。

指導では連鎖のそれぞれの反応の後に強化子が

順行チェイニングと逆行チェイニングの類似点

■ どちらも、行動の連鎖を教えるために用いられる。

■ 最初に課題分析を行い、連鎖を刺激—反応単位に細分化する。

■ 一度に1つの行動（連鎖の1つの単位）を教え、それらの行動を連鎖化する。

■ それぞれの単位を教えるためにプロンプト・フェイディングを用いる。

順行チェイニングと逆行チェイニングの相違点

■ 順行チェイニングでは最初に 1 番目の単位を教え、逆行チェイニングでは最後の単位を教える。

■ 逆行チェイニングは最初に最後の単位を教えるため、すべての試行において連鎖の完了を迎えることができ、すべての試行で自然な強化子を得ることができる。順行チェイニングでは、どの試行においても連鎖の完了を迎えることがなく、連鎖の最後の単位が教えられるまで人為的な強化子が用いられる。自然な強化子は、連鎖の最後の行動が習得された後に与えられる。

提示されるので、それぞれの反応の結果（次の反応の弁別刺激）が条件性強化子となる。順行チェイニングでは、このことが特に重要となる。それは、最後の単位が教えられるまで、連鎖の最後にある自然な強化子を得ることができないからである。逆行チェイニングと同様、連鎖のすべての行動ができるようになったら、その行動が定着するように、連続強化スケジュールから間欠強化スケジュールへと切り換える。最終的な目標は、自然な強化子によって行動が維持されるようにすることである。

全課題提示法

　順行チェイニングも逆行チェイニングも、行動連鎖を個々の刺激—反応単位に細分化し、一度に 1 つの単位を教え、そしてそれらの単位を連鎖化する。それに対して**全課題提示法**（total task presentation）は、複雑な行動連鎖を 1 つのまとまり（ユニット）として教える。その名前のとおり、それぞれの試行において課題のすべてを行う。

　全課題提示法では、対象者が最初から最後まで行動連鎖全体を行うようにプロンプトする。課題全体を遂行させるのに必要であれば、どのようなタイプのプロンプトでも用いる。多くの場合、行動連鎖の中で対象者を援助するために身体プロンプトが用いられる。プロンプトを受けながら課題をうまく終えることができるようになると、少しずつプロンプトをフェイディングし、援助がなくても課題を完了できるようにする。もちろん、プロンプトの有無にかかわらず、課題を完了したときには常に強化子が与えられる。

　全課題提示法でよく用いられる身体プロンプトのフェイディング法の 1 つに、**漸減型ガイダンス**（graduated guidance）がある（Demchak,1990; Foxx & Azrin,1972; Sulzer-Azaroff & Mayer, 1991）。漸減型ガイダンスでは、課題を遂行するために手添えガイダンスを用いる。何試行かにわたって援助を段階的に減らし、対象者がその課題ができるようになると、対象者の手をシャドーイングする。シャドーイング（shadowing）とは、行動ができるように援助者の手を学習者の手に近づけた状態で保つことである。こうすれば、もし連鎖の中に必要な行動ができなかったら、すぐに身体ガイダンスを行うことができる。シャドーイングによって誤反応を防ぎ、援助なしで一連の行動ができるようになるまで何度も実施すべきである。例として、漸減型ガイダンスを用いた全課題提示法による、アレックスへのスプーンを使った食事の指導を考えてみよう。この例は、本章で前述した順行チェイニングを用いた例と同じである。

　漸減型ガイダンスを用いた全課題提示法は、最初の弁別刺激を提示するところから開始される。アレックスの前に、アップルソースの入った皿とスプーンを置く。次に、行動連鎖全体をとおして、アレックスに漸減型ガイダンスと身体ガイダンスを適用する。指導者はアレックスの後ろに立ち、彼の手を取り、スプーンの柄を持たせ、スプーンを持ち上げ、アップルソースの中にスプーンを入れ、食べ物をすくい、そのスプーンを持ち上げ、口の中に入れさせる。行動連鎖の最初から最後まで、身体的にガイドする。各試行における強

全課題提示法の適用条件

- 全課題提示法は、行動連鎖全体をとおして対象者を援助することが求められるため、あまり長くなく、しかもあまり複雑でない課題を教えるのに適している。課題がかなり長く複雑な場合は、逆行チェイニングか順行チェイニングがよい。その理由は、それらの方法では一度に1つの単位に焦点が当てられ、その単位が習得された後に、それぞれの単位が連鎖化されるためである。

- 対象者の能力レベルを考慮しなくてはならない。能力にかなり制限のある人の場合には、逆行チェイニングや順行チェイニングが適している。

- 最後に、指導者の能力レベルが考慮されなければならない。順行チェイニングや逆行チェイニングをうまく実施するためにも研修が必要であるが、全課題提示法は最も実施が難しい。それは、漸減型ガイダンスを頻繁に用いなければならないからである。指導者は、行動連鎖全体をとおしてガイダンスとシャドーイングを正確に調整しなければならない。不正確な場合、自立した行動を教えられないまま、漸減型ガイダンスが継続されてしまうことになりかねない。

化子は、アレックスがスプーンで食べる食べ物である。それはその行動の自然な結果事象である。

スプーンを使って食べられるように、数試行にわたってアレックスの手を取って援助した後、アレックスが一人でできるように指導を始める。アレックスが自分の力で行動していると感じたら、手を離し、彼の動きにそってシャドーイングする。正しい動きであればシャドーイングを続ける。連鎖の途中で正しい動きができない場合には、再度、身体ガイダンスを行う。しかし、再び正しい動きをしていると感じたら、シャドーイングに戻る。

たとえば、スプーンを食卓から持ち上げるためにアレックスの手をガイドしたときに、彼が自分でアップルソースにスプーンを入れようとしていると感じたら、その時点で手を添えることをやめ、シャドーイングを始める。スプーンを皿に入れた後、食べ物をすくうことがうまくできなかったら、再び身体ガイダンスを行う。スプーンで食べ物をすくって、そのまま皿から取り出そうとし始めたら、身体ガイダンスをやめ、再びシャドーイングに戻る。この過程を続け、シャドーイングを多くして身体ガイダンスを減らしていく。最終的には、身体ガイダンスからシャドーイングに移行し、最後はシャドーイングしなくても自分一人でスプーンを使って食べられるようにしていく。

漸減型ガイダンス法を正しく行うためには、アレックスの動きを注意深く見守り、必要に応じてガイダンスを増やしたり減らしたりしなければな

らない。身体ガイダンスをあまり長く与え過ぎて、シャドーイングへ移行できなかった場合は、身体プロンプトに依存的になり、自分で行動することを学習できないかもしれない。つまり、アレックスのためにプロンプトをしているつもりでも、それはアレックスのためにならないのである。すべてのプロンプト法の目標は、必要がなくなればそれを撤去することである。対象者が正しい動きをしていると感じたら、身体ガイダンスをシャドーイングに切り替えなければならない。また、対象者が正しい動きをできない場合には、すぐに再度身体ガイダンスを行うべきである。身体ガイダンスをしないで、シャドーイングの状態で褒めることが重要である。プロンプトなしで行動できたときに強化子を与え、プロンプトされた動きではなく自立的な動きを分化強化する。それによって正しい行動が強められ、身体プロンプトが速やかに撤去できるようになる。

全課題提示法では、漸減型ガイダンス以外のプロンプトが用いられる場合もある。たとえば、ホーナーとカイリッツ（Horner & Keilitz, 1975）は、知的障害児者に全課題提示法を用いて歯磨き指導を行った。15ステップからなる歯磨きの課題分析表を作成し、課題分析された行動を教えるために3種類のプロンプトを用いた。身体ガイダンスと言語教示を用いたもの、モデルプロンプトと言語教示を用いたもの、および言語教示のみの場合であった。すべての試行で、課題分析されたすべ

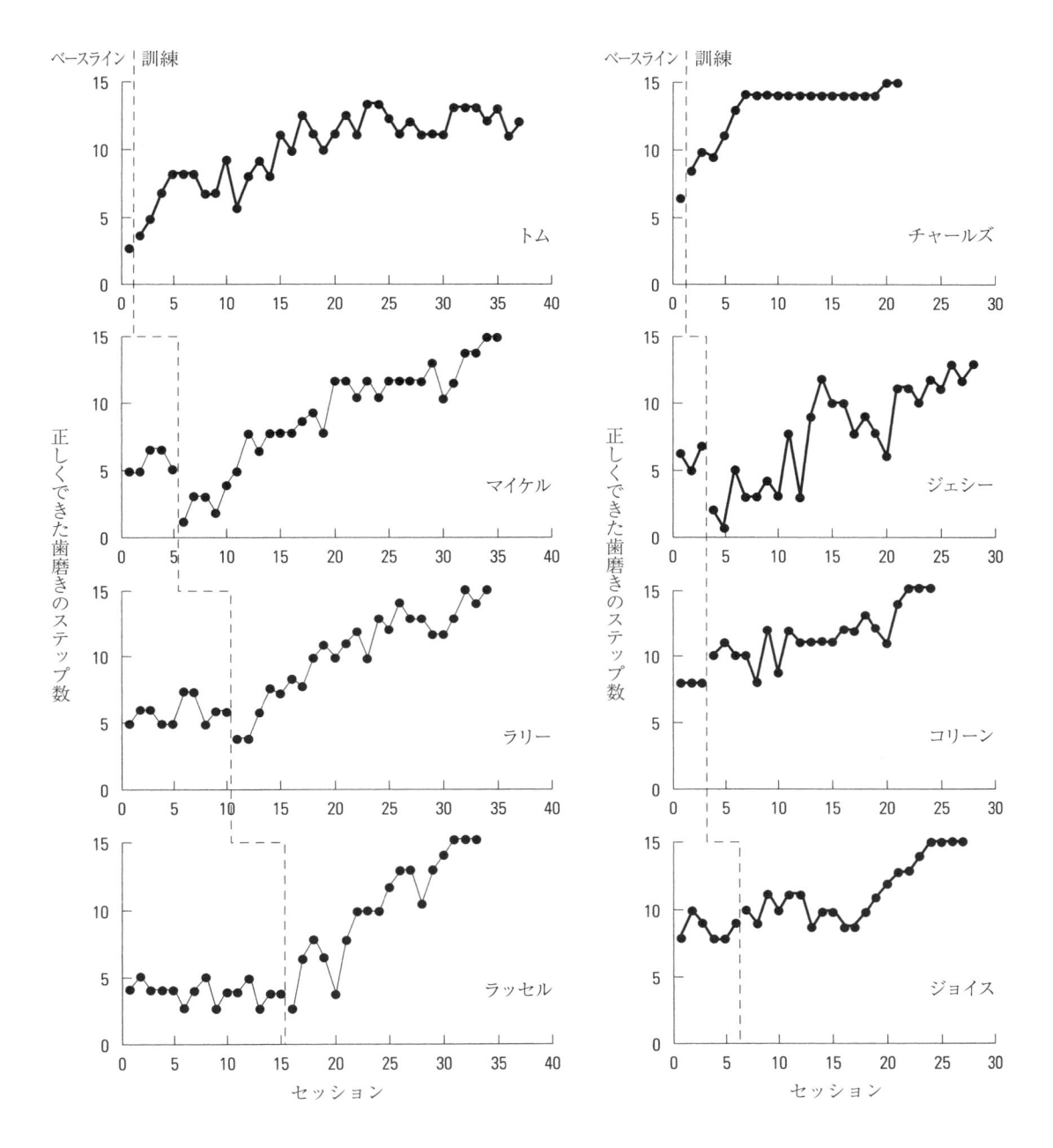

図 11-2　このグラフは、8名の知的障害児者への全課題提示法を用いた歯磨き指導で、正しく遂行できた
ステップの数を示している。またこのグラフは対象者間多層ベースラインデザインを示している。介入の実
施時期は、対象者ごとにずらしてある。介入の実施後、正しく遂行できた歯磨きのステップ数が増加してい
る。（Horner, R. H., & Keilitz, I. [1978]. Training mentally retarded adolescents to brush their teeth. *Journal of
Applied Behavior Analysis, 8*, 301-309. Copyright © 1978 Society for the Experimental Analysis of Behavior.）

てのステップをプロンプトした。必要なときだけ
より強いプロンプトを行った。そして、援助が必
要なくなるまでプロンプトを徐々にフェイデイン

グしていった。図11-2に、8名の対象者の結
果を示した。

順行チェイニング、逆行チェイニング、全課題提示法の類似点

- ■ 複雑な課題や行動の連鎖を教えるために用いられる。
- ■ 指導を始める前に課題分析を実施しなくてはならない。
- ■ プロンプト・フェイディングが用いられる。

順行チェイニング、逆行チェイニング、全課題提示法の相違点

- ■ 全課題提示法は、それぞれの試行で、課題全体にわたってプロンプトが与えられる。他の2つのチェイニング法では一度に1つの単位だけが教えられ、それが互いに連鎖化される。

行動連鎖のその他の指導方法

順行チェイニング、逆行チェイニング、全課題提示法を用いて複雑な課題を教える場合、指導者はプロンプトとフェイディングを行う必要があり、そのためにかなりの時間を費やすことになる。指導者の時間や関与をあまり必要とせずに複雑な課題を教える方法もある。その方法は、課題分析書、写真プロンプト、自己教示であり、それらには行動連鎖が遂行できるように対象者自身が独力でプロンプトを用いることが含まれる。

課題分析書

字を読むこと可能な人には、行動連鎖の遂行を援助するために**課題分析書**（written task analysis）を用いることができる。この方法では、個々の行動が決まった順序で列挙されている一覧表（課題分析書）が指導者から提示される。課題を正確に遂行するために、対象者はその一覧表を活用する。たとえば、電化製品を購入したときには、取り扱い説明書がその設定の助けとなる。この場合、取り扱い説明書が課題分析書にあたる。対象者が説明書を読めるのであれば、文章化された課題分析書が有効である。より効果的であるためには、課題分析書に連鎖のすべての単位行動が分かりやすく明確に示されている必要がある。

クボら（Cuvo, Davis, O'Reily, Mooney, & Crowley, 1992）は課題分析書（**文字プロンプト**とも呼ばれる）を用いて、軽度知的障害と学習障害の

ある青年に、電子レンジや冷蔵庫などの電化製品の掃除の仕方を教えた。その際、課題に含まれるすべてのステップに関して、詳細な一覧表（課題分析書）を作成した。対象者は電化製品の掃除をするのに、その一覧表を見ながら行った。掃除を終了したとき、正しく掃除ができた場合には褒められ、十分にできていない場合にはやり直しのフィードバック（追加指示）を受けた。課題分析書を用いて、その指示通りに正しくできたときに強化することによって、対象者全員が課題を正しくできるようになった。

写真プロンプト

行動連鎖の形成がうまくいくためのもう1つの方法に、**写真プロンプト**（picture prompt）がある。写真プロンプトでは、個々の行動が遂行された後の状況や、個々の行動を誰かが実際に遂行しているところを写真に撮り、対象者が決まった順序で行動するためのプロンプトとして、その写真を用いる。より効果的にするためには、対象者が決まった順序で写真を見られるようにする必要がある。さらに、それぞれの写真が当該の行動に対する刺激性制御を持つようにしなければならない。次の例を考えてみよう。

知的障害のあるソールはダイレクトメールの会社で働いていて、封筒にパンフレットを入れる仕事をしている。その会社は 20 種類のパンフレッ

© Cengage Learning®

図11‐3　ソールは正面のボードに貼ってある写真プロンプトの助けによって、作業を一人でできるようになった。それぞれの写真は、作業の各要素を遂行するためのプロンプトとして機能している。

トを郵送しており、その日の仕事に応じてソールは 3 ～ 6 種類のパンフレットを封筒に入れる。ジョブトレーナーは 20 種類すべてのパンフレットの写真を持っている。仕事を始めるときに、ジョブトレーナーはその日封筒に入れるパンフレットの写真を取り出し、ソールの作業台のボードに貼る。ソールはその写真を見ることで、正しくパンフレットを封筒に入れることができる（図 11‐3）。この場合、写真プロンプトは正しいパンフレットを選ぶ行動に対する刺激性制御をもっている。ジョブトレーナーが写真プロンプトを用いることによって、プロンプト・フェイディングを用いて教えるよりも時間が短縮された。

ワッカーら（Wacker, Berg, Berrie, & Swatta, 1985）は写真プロンプトを用いて、重度障害のある青年に洗濯物たたみや製品組み立てなどの日常生活課題や複雑な作業を教えた。ノートに作業の各ステップの写真を貼り、ページをめくって写真プロンプトを見るように指導した。研究に参加した 3 名の青年はいずれも、行動の手助けとしてノートに貼られた写真プロンプトを使うことを学習した。写真プロンプトの利用を学習すると、作業を終了させるためにそれ以上のプロンプトは必要なかった。

ビデオ・モデリング

行動連鎖への従事を教えるもう 1 つの方略は、**ビデオモデリング**（video-modeling）あるいはビデオプロンプト（video-prompting）である。この指導方略では、課題に従事する直前に、同じ課題を他の人が遂行している様子を対象者に見せる。ビデオで課題を完成させる様子を見ることで、行動連鎖を完成することができるようになる。ビデオモデリングは、知的障害のある人に様々なスキル、たとえば洗濯スキル（Horn et al., 2008）、食事の準備スキル（Rehfeldt, Dahman, Young, Cherry, & Davis, 2003）、皿洗いスキル（Sigafoos et al., 2007）、電子レンジの使用スキル（Sigafoos et al., 2005）などを教えるのに用いられてきている。

ビデオモデリングには、異なる 2 つのやり方がある。その 1 つは、課題を遂行する前にビデオ全体を対象者に見せるやり方（たとえば、Rehfeldt et al., 2003）であり、もう 1 つは単一のステップだけを見せて、そのステップが完了した後に、次のステップを見せるなど、課題がすべて終わるまでそのような手順で進めていくやり方である（たとえば、Horn et al., 2008）。ホーンら（Horn et al）の研究において、3 名の知的障害の人が、ビ

デオを見てから、10 ステップで構成された洗濯の課題を実施した。しかしながら、ビデオを見せるときに、対象者毎に課題を異なるステップ数に分割しなければならなかった。たとえば 1 人の対象者は、1 つのステップをビデオで見て、そのステップを実行してから次のステップへと移行するという形でないと、課題の遂行ができなかった。別の対象者は、ビデオで最初の 5 ステップを見てからそれを遂行し、その後で残りの 5 ステップを見てそれを遂行するという形であった。この研究は、行動連鎖を完遂するのに、ビデオを見せるときに、対象者毎に課題を異なるステップ数に分割する必要があることを示していた。

自己教示

　対象者は、自分で作り出した言語プロンプト（**自己教示**〔self-instructions〕とも呼ばれる）を用いて、複雑な課題遂行をすることもできる。この方法では、正しい順序で行動連鎖を行うために、対象者自身が言語プロンプトや教示を用いる方法を指導する。この方法を用いるためには、自己教示を記憶し、それを適切なときに言い、自己教示に正しく従うことができなければならない（自己教示が行動に対する刺激性制御をもたなければならない）。最初、正しい行動のプロンプトとして、自己教示を大きな声で暗唱することを学習させる。自己教示を習得した後は、声を出さずに暗唱できるようにする。自己教示を学習できる人は行動連鎖の学習も可能であり、したがって自己教示は必要ないと考える読者がいるかもしれない。多くの人たちはそうかもしれないが、複雑な課題の遂行に困難を示す人たちにとって、自己教示は非常に役に立つものである。さらに、自己教示は簡単に思い出すことができ、すばやく繰り返すことができるため、さまざまな場面で役立つ方法である。

　自己教示の日常的な例を考えてみよう。ロッカーに行くたびに、ロッカーの鍵番号を声に出して言う。これは一種の自己教示である。電話をかけるときに、相手の電話番号を暗唱する。これも自己教示の 1 つである。調理の手順について独り言を言うときも（「小麦粉 2 カップ、オートミール 1 カップ、レーズン 1 カップ、ベーキングパウダー小さじ 1 杯を加える」）、自己教示によって行動連鎖の個々の行動をプロンプトしているのである。

　複雑な作業や学習課題を遂行する際に、自己教示を利用できることは、数多くの研究で実証されている。たとえば、サレンドら（Salend, Ellis, & Reynolds, 1989）は、重度知的障害のある成人に自己教示の暗唱を指導し、作業（プラスチックのくしの箱詰め）を正しい流れで行えるようにプロンプトした。4 つの簡単な教示、「くしを持つ」「くしを置く」「袋に入れる」「箱に入れる」を言わせた。対象者は自己教示を言いながら、その教示に関連した作業を行った。そして自己教示を用いることによって、正確に作業ができるようになった。ホイットマンら（Whitman, Spence, & Maxwell, 1987）は、知的障害のある成人に自己教示を教え、

チェイニング

- ■ 逆行チェイニング：最初に、連鎖の最後の行動を教える。次に、連鎖の最後から 2 番目の行動を教え、それを順に繰り返し、最後に連鎖の最初の行動を教える。

- ■ 順行チェイニング．：最初に、連鎖の最初の行動を教える。次に、連鎖の最初から 2 番目の行動を教え、それを順に繰り返し、最後に連鎖の最後の行動を教える。

- ■ 全課題提示法：それぞれの試行で、全体の刺激―反応連鎖をプロンプトしながら教える。

- ■ 課題分析書：課題分析された各ステップを文章にしたものを、プロンプトとして用いる。

- ■ 写真プロンプト：課題分析された各ステップの写真を、プロンプトとして用いる。

- ■ ビデオ・モデリング：課題の完成をプロンプトするために、課題（あるいは課題の一部）のビデオ映像を用いる。

- ■ 自己教示：行動連鎖の個々の行動を行うために、自分で対して言語プロンプトを用いる。

参考：チェイニングの様々な適用例

　日常生活での様々な活動や課題は行動連鎖で構成されている。そして幅広い活動を教えるのにチェイニングが効果的であることを先行研究は実証している。たとえば、トンプソンら（Thompson, Braam, & Fuqua, 1982）は、知的障害のある人に洗濯スキルを教えるのに順行チェイニングを使用した。彼らは洗濯機と乾燥機の操作に含まれる行動を課題分析し、74 の反応で構成される行動連鎖を 3 名の対象者に教えることができた。もう 1 つの研究例として、マクダフら（MacDuff, Krantz, & McClannahan, 1993）は、4 名の自閉スペクトラム症の子どもに対して、写真プロンプトを用いて複雑な余暇活動や家庭学習の実施を促した。対象となった子どもたちは、実行すべき活動の写真が綴じられた 3 穴のバインダーの使用について学んだ。子どもたちは、綴じられた写真を見て、その写真が示す活動を遂行した。子どもたちは写真プロンプトを用いる前から、活動を遂行する能力を有していると考えられていたが、それを導入するまで、安定して活動に従事することができていなかった。ビンテレら（Vintere, Hemmes, Brown, & Poulson, 2004）は、全課題提示法を用いて、幼児園児に複雑なダンスステップを教え、その効果を実証した。この研究で著者らは、子どもたちに行動連鎖への従事をプロンプトするために教示とモデル提示を使用し、正しくできたときには称賛をした。一部の対象児には、教示とモデル提示に加えて自己教示を教えた。著者らはすべての手続きが有効であったことを示したが、自己教示を加えた後の方がダンスステップがよりテンポアップすることができた。

箱に手紙を正しく入れる行動をプロンプトした。アルビオンとサルツバーグ（Albion & Salzburg, 1982）は、知的障害のある生徒に自己教示を教え、算数の問題を正しく解かせることができた。いずれの研究でも、自己教示を用いることで行動連鎖を正しい順序で行えるようになった。

　課題分析書、写真プロンプト、自己教示は、行動連鎖を教えるためによく用いられるプロンプトである。これらは単一の行動を教える際にも用いられるが、本章で述べたように、行動連鎖を形成する場合にも用いることができる。

チェイニングの適用方法

　複雑な課題を教えることが目標である場合には、本章で述べたいずれかの方法を適用することになる。本章で紹介した手続きのすべては、行動連鎖を形成するために適用可能であるので、チェイニング手続きと考えてよい。つまり、ここではチェイニングという用語を、逆行チェイニング、順行チェイニング、全課題提示、課題分析書、写真プロンプト、自己教示を指す包括的な用語として用いている。チェイニングを効果的に適用するには、以下のステップが重要である（クーパーら〔Cooper et al., 1987, 2007〕、マーチンとペアー〔Martin & Pear, 1992〕、サルザー・アザロフとメイヤー〔Sulzer-Azaroff & Mayer, 1991〕参照）。

1. **チェイニングを適用すべきかどうかを決定する**。目の前の問題は行動の習得を必要としているのか、それとも指示に従わないことに関連しているのか？　スキルがないために複雑な課題が達成できていない場合には、チェイニングを適用すべきである。一方、課題を達成するスキルはあるものの、それを行うことを拒んでいる場合には、指示に従わないことに対処する方法が必要である。
2. **課題分析を行う**。課題分析は行動連鎖を個々の刺激—反応単位に細分化することである。
3. **対象者の能力を査定するために、ベースラインを取る**。クーパーら（Cooper et al., 1987）

は、対象者の到達レベルを査定するために、次の２つの方法を紹介している。**単一機会提示法**（single-opportunity method）では、課題を達成する機会を提示し、正しい順序で援助なしに遂行できた単位を記録する。つまり、行動連鎖の最初の弁別刺激を提示し、それに対する対象者の反応を評価する。単一機会提示法では、対象者の最初の誤反応によって、その後の課題分析されたすべてのステップは誤反応と見なされる。**全機会提示法**（multiple-opportunity method）では、連鎖の個々の単位を遂行する能力をそれぞれ評価する（たとえば、Horn et al., 2008）。行動連鎖の最初の弁別刺激を提示し、それに対する対象者の反応を待つ。対象者が正しく反応できなかったときには、次の弁別刺激を提示し、それに対する反応を評価する。それでも反応がないときには、３番目の弁別刺激を提示する。このようにして、行動連鎖を構成するすべての弁別刺激に反応する機会を与える。

４．**使用するチェイニング法を選定する。**能力に大きな制限のある対象者の場合には、順行チェイニングや逆行チェイニングが最も適している。課題があまり複雑でない場合、あるいは対象者に高い能力があれば、全課題提示法が適している。その他、課題分析書、写真プロンプト、自己教示などの適用も、対象者の能力や課題の複雑さに応じて考慮するとよい。

５．**チェイニングを実施する。**どの方法を用いたとしても、最終的な目標は援助なしに正しい順序で複雑な行動ができるようになることである。そのためには、いずれのチェイニングでもプロンプト・フェイディングを適切に使用することが重要である。チェイニングを実施しながら、対象者の遂行に関するデータを継続的に収集することも大切である。

６．**課題が習得された後も強化を続ける。**対象者が援助なしで課題を達成できるようになった後、少なくとも間欠的に強化を与えることによって、その行動が長期にわたって維持されるようにする。

まとめ

1. 行動連鎖や刺激－反応連鎖は、２つ以上の刺激－反応単位からなる行動である。
2. 課題分析は、行動連鎖の各単位に含まれる刺激と反応を明らかにする。連鎖のすべての単位（弁別刺激と反応）を明確にすることが大切である。
3. チェイニングは、行動連鎖を教えるために用いられる。チェイニングでは、連鎖の各単位を教えるためにプロンプトとフェイディングが用いられる。逆行チェイニングでは、最後の刺激－反応単位を最初に教える。次に最後から２番目の単位を教え、これを連鎖全体が習得されるまで繰り返す。順行チェイニングでは、最初の刺激－反応単位を最初に教える。次に、最初から２番目の単位を教え、これを連鎖全体が習得されるまで繰り返す。
4. 全課題提示法では、すべての試行において、行動連鎖全体がプロンプトを用いて教えられる。全課題提示法では、しばしば漸減型ガイダンスが用いられる。
5. 課題分析書は、行動連鎖の各単位に対して文字プロンプトを用いたものである。写真プロンプトは、写真を用いて行動連鎖の各単位をプロンプトする。自己教示法は、自己教示（言語プロンプト）を暗唱して、連鎖の各単位をプロンプトする。

キーワード

逆行チェイニング　　　　　　　　　　　　　行動連鎖

連鎖手続き　　　　　　　　　　　単一機会提示法
順行チェイニング　　　　　　　　刺激－反応連鎖
漸減型ガイダンス　　　　　　　　課題分析
全機会提示法　　　　　　　　　　全課題提示法
写真プロンプト　　　　　　　　　ビデオモデリング
自己教示　　　　　　　　　　　　課題分析書

練習問題

1. 刺激－反応連鎖とは何か、説明しなさい。また、本章で取り上げたもの以外で、刺激－反応連鎖の例を２つ挙げなさい。

2. その２つの例における刺激と反応の単位を、それぞれ述べなさい。

3. 課題分析とは何か、また課題分析を行うことがなぜ重要かを説明しなさい。

4. 水差しからコップに水を注ぐ行動の課題分析をしなさい。水差しとコップはすでにテーブルに用意されていると仮定しなさい。

5. 逆行チェイニングを説明しなさい。

6. 逆行チェイニングを用いて、上記４の課題を教える方法を述べなさい。

7. 順行チェイニングを説明しなさい。

8. 順行チェイニングを用いて、上記４の課題を教える方法を述べなさい。

9. 逆行チェイニングと順行チェイニングの類似点と相違点を述べなさい。

10. 全課題提示法を説明しなさい。

11. 漸減型ガイダンスを説明しなさい。

12. 全課題提示法を用いて、上記４の課題を教える方法を述べなさい。

13. 全課題提示法と逆行チェイニングおよび順行チェイニングとの類似点、相違点を述べなさい。

14. 課題分析書を用いて複雑な行動を教える方法を説明しなさい。また、課題分析書の別の呼び方は何か答えなさい。

15. 写真プロンプトの使い方を説明しなさい。

16. 自己教示の使い方を説明しなさい。また、自己教示法の別の呼び方は何か答えなさい。

17. どんな場合にチェイニングを用いることが適切か、また適切ではないのはどんなときか？

18. チェイニングを用いる際のガイドラインを簡単に説明しなさい。

適用例

1. 頭部外傷によって脳に障害を受けた人たちに対して、リハビリテーションを行う機関に雇われていると仮定する。対象となる人たちは、基本的なスキルをもう一度初めから学習しなければならないことが多い。教えなければならないスキルの１つに、ベッドメイキングがある。最初のステップは、ベッドメイキングの課題分析を行うことである。ベッドメイキングの課題分析をしなさい。そして、その課題分析にすべての刺激－反応単位が含まれているか確認しなさい。

2. ベッドメイキングという複雑な行動の課題分析を行ったら、適用するチェイニング法を選び、それを実行しなければならない。順行チェイニングを選んだとして、順行チェイニングを用いたベッドメイキング課題の指導の手順を説明しなさい。

3. 脳損傷を受けた人の一人に重篤な記憶障害があった。その人はベッドメイキング課題を習得した翌日、その行動を思い出すことができなかった。そこで、毎日のベッドメイクを手

助けするために写真プロンプトか文字プロンプト（課題分析書）のどちらかを用いることにした。この人に対して、写真プロンプトと文字プロンプトをそれぞれどのように使うかを説明しなさい。

間違った適用例

1. 姪が幼稚園に入園した。新学期が始まる前にアルファベットの暗唱を教えたい。アルファベットの暗唱は行動連鎖であるため、漸減型ガイダンス法を適用しようと考えた。この場合、漸減型ガイダンス法を用いることのどこが間違っているか？　また、アルファベットの暗唱を教えるのによい方法は何か？

2. トビーは重度の知的障害のある若者である。彼は最近、自転車のブレーキ部品を組み立てる仕事を始めた。その作業には、7つのステップがあった。職員は作業の習得を助けるために、写真プロンプトを適用した。また、強化子としてトークンを用いた。組み立てた部品の数に基づいて、月末に給料が支払われた。仕事を覚えたところで、職員は写真プロンプトを取り除き、トークンもやめた。そしてトビーに仕事をさせ、月々の給料によって彼の行動が維持されることを期待した。この方法の問題点は何か？　また、よりよい方法はどのようなものか？

3. 大学生のウェイロンは、実家で夏休みを過ごしていたが、商店街にある店舗でアルバイトを始めた。夕方からの勤務のため、彼は閉店後に店を閉め、鍵を全部かけなければならなかった。閉店と施錠には、20のステップがあった。上司は、この手順を教えるために順行チェイニングを用いることにした。この方法の問題点は何か？　また、よりよい方法はどのようなものか？

第12章　行動的スキル指導

学習のポイント

■ 行動的スキル指導に含まれる4つの要素は何か？

■ 行動的スキル指導は、いつ適用するとよいか？

■ 行動的スキル指導は、集団に対してどのように適用されるか？

■ 行動的スキル指導と三項随伴性の関係とは、どのようなものか？

これまで正しい行動が適切な状況で生じるように指導する（行動に対する刺激性制御を確立する）ために用いる方法として、プロンプト・フェイディングについて紹介した。また、プロンプト・フェイディングを用いて複雑な行動を教えるチェイニングについても紹介した。本章では、それ以外のスキルの指導方法について解説する。**行動的スキル指導**（BST: behavioral skills training）

の中で、教示、モデル提示、リハーサル、フィードバックの4つの方法は、有益なスキル（社会的スキルや職業関連スキルなど）を習得させる指導セッションで一緒に用いられることが多い。行動的スキル指導は、一般にロールプレイ場面においてシミュレートした形でスキルを教えるために用いられる。

行動的スキル指導の例

教授たちに「嫌です」と言うようマルシアを指導する

マルシアは、大学で秘書として勤務している。彼女は日頃から、大学教員たちの不当な要求に悩まされている。しかし、そうした不当な要求（昼食時間も働く、私用を頼まれる）を断れずにいる。彼女は心理学者のミルズ博士に相談をしている。ミルズ博士は、行動的スキル指導を用いて、彼女が主張スキルを身につける手助けをしている。マルシアが職場で直面している困難な場面について、博士のオフィスでロールプレイをしている。博士はロールプレイによってマルシアの主張スキルを査定し、より主張的に行動する方法を教えている。まずマルシアは自分自身を、博士は同僚の役割を演じる状況を設定した。そして、たとえば、「マルシア、今日の午後に会議があるんだ。昼休みに

私のクリーニングを取ってきてくれ」などの不当な要求を行う。この要求に対して彼女がどのように発言するか（言語行動と非言語行動でどう表現するか）を調べた。次に、ミルズ博士は教示とモデル提示を行う。すなわち、その場面でより主張的に反応する方法を説明し、主張的な行動のモデルをやってみせる。このとき、マルシアは不当な要求を行う同僚の役を演じ、博士は主張するマルシア役を演じる。このロールプレイで、博士は「申し訳ないのですが、個人的な用事をお引き受けすることはできません」と言う。

ミルズ博士が主張行動の見本を示した後で、マルシアはそれを練習（リハーサル）する機会を持つ。役割を交代し、彼女はロールプレイで同じ主張行動をやってみる。その際、ミルズ博士は彼女の行動に対してフィードバックを与える。うま

くできたところは褒め、改善すべき点について助言する。フィードバックを受けた後、再び練習を行う。そして、博士は彼女のよい点を褒め、直すべき点について助言する。主張行動が上手にできるようになったら、職場で起きる他の場面についてのロールプレイを行う。マルシアは、教示、モデル提示、リハーサル、フィードバックによって、さまざまな主張スキルを学習する。

誘拐から身を守るよう子どもたちを指導する

　別の例を考えてみよう。ポシェら（Poche, Brouwer, & Swearingen, 1981）は、教示、モデル提示、リハーサル、フィードバックを用いて、幼稚園児に誘拐から身を守るスキルを指導した。彼女は、子どもを誘い出そうとする大人への対応方法を教えた。ポシェラは現実場面に類似したロールプレイ場面を設定した。そして、大人が公園にいる子どもたちに近づき、ついてくるように誘いかけた。「こんにちは。車の中に君の好きなおもちゃがあるよ。一緒に来たら、君にあげるか

ら」などと話しかけた。子どもたちが学習したスキルは、「ううん、先生に聞いてくる」と言って、学校まで走って戻ることであった。まず指導の前に、ロールプレイ場面を用いて子どもたちのスキルを査定した。その後で、行動的スキル指導を実施した。子どもたちは、誘拐者を演じる指導者が、子どもを演じるもう一人の指導者に近づいて誘いかける様子を観察した。それに対して、子ども役の指導者が正しい対応方法を演じてみせた。モデルを見た後、ロールプレイ場面で誘拐防止スキルを練習した。指導者が子どもに近づき誘いかける。それに対して子どもたちは、「ううん、先生に聞いてくる」と言って、学校まで走って戻った（図12-1参照）。うまくできたときは褒め、部分的にできたときには教示をし、モデルを示し、ロールプレイ場面で正しくできるまでリハーサルを繰り返した。

　子どもたちは、色々な状況において正しく反応できるように、異なった誘いかけについても指導を受けた。この研究の結果は、図12-2に示した。

図12-1　見知らぬ大人から誘いかけられたとき、「ううん、先生に聞いてくる」と言って、学校まで走って戻る。うまくこのスキルができたら、指導者が褒める。

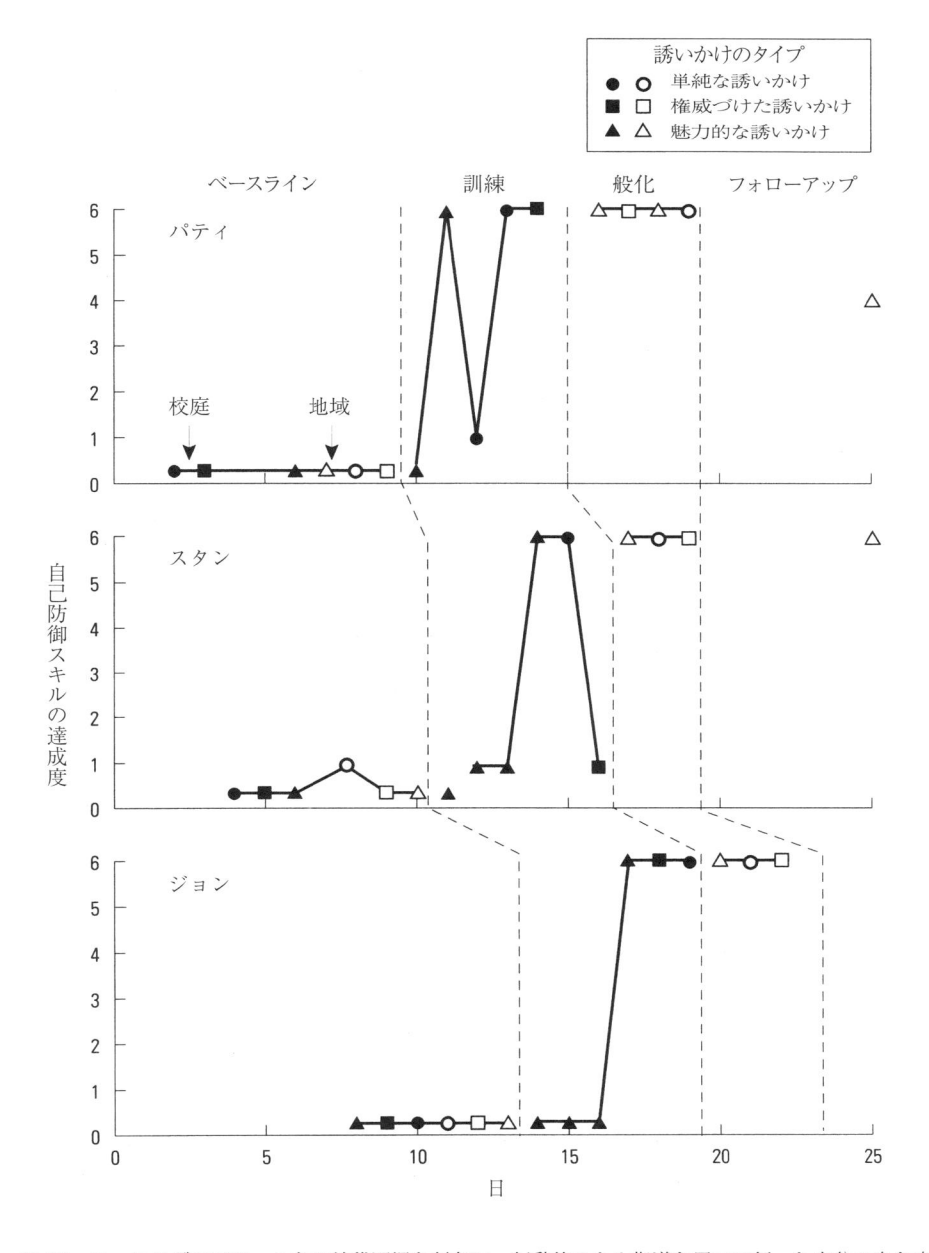

図 12 - 2　このグラフは、3 名の幼稚園児を対象に、行動的スキル指導を用いて行った自分の身を守るスキル（自己防御スキル）の結果を示している。スキルは 6 段階で評定された。6 点は、誘いかけられたときに「ううん、先生に聞いてくる」と言って、学校まで戻る場合。0 点は、誘いかけた大人についていく場合。評定は、校庭や地域で不定期に行われた。3 種類の誘いかけが行われた。「単純な誘いかけ」は、大人が自分と一緒に来るように単純に誘いかけるもの。「権威づけた誘いかけ」は、「先生が『いいよ』と言ってたよ」と誘いかけるもの。「魅力的な誘いかけ」とは、「好きなおもちゃをあげるよ」と誘いかけるもの。対象者間多層ベースラインデザインが適用され、子どもたちは異なる時期に指導を受けた。（Poche, C., Brouwer, R., & Swearengin, M. [1981]. Teaching self-protection to young children. *Journal of Applied Behavior Analysis, 14,* 169-176. Copyright © 1981 Society for the Experimental Analysis of Behavior.）

行動的スキル指導の要素

上記の例から分かるように、スキルを指導する際には、通常、4つの方法が一緒に用いられる。以下で、それらの方法を詳しく見ていくことにする。

教　示

教示（instruction）とは、対象者に適切な行動を説明することである。最も効果的に行うためには、教示は具体的でなければならない。つまり、すべき行動を対象者に正確に説明する必要がある。行動連鎖の場合、正しい順序にそって、連鎖のそれぞれの要素を具体的に説明する。また、行動の遂行が期待されている望ましい状況についても、具体的に説明しなければならない。たとえば、幼い子どもに誘拐から身を守るスキルを教えるときは、「大人が一緒にどこかにお出かけしようと誘ったり、一緒に行こうと誘いかけたりしたときは、いつでも『ううん、先生に聞いてくる』と言って、学校まで走って戻らなくてはいけません。そして、学校に戻ってきたら、そのことを報告しなさい。先生は、それはとても立派なことだと思います」と教示する。この教示は、先行する状況とそのときの正しい行動を具体的に説明している。また、そのときの結果事象、すなわち先生から褒められることについても明確にしている。以下の要因は、教示の有効性に影響を与える。

- 対象者が理解できるレベルの教示を与えること。複雑過ぎると行動が理解できず、逆に幼稚な教示だと対象者を怒らせたり、気分を害したりすることがある。
- 信頼できる人（たとえば、親、教師、上司、心理士など）から教示が与えられること。
- 行動の観察を通じて学習の促進が期待できる場合、モデル提示と共に教示が与えられること。
- 対象者が注意を向けているときに、教示が与えられること。
- 教示を正しく聞けたかどうかを確かめるために、対象者に教示を復唱させること。指導中に教示を復唱させることで、将来、対象者が行動を自己プロンプトするために、その教示を暗唱する可能性を高める。
- 教示を受けた後できるだけ早く、行動をリハーサルする機会が与えられること。

モデル提示

モデル提示（modeling）は、正しい行動の見本を対象者にやってみせる方法である。対象者はモデルの行動を観察し、そのモデルのまねをする。モデル提示が効果的であるためには、対象者が模倣のレパートリーを持っていなくてはならない。言い換えると、モデルに注意を払い、モデルのとおりに遂行できなければならない。

ほとんどの人は、さまざまな場面で他者の行動を模倣することがすでに強化されてきているため、模倣のレパートリーを持っている（Baer, Peterson, & Sherman, 1967）。模倣に対する強化は、通常、子どもの発達初期に始まる。初期の発達段階において、子どもは（親、教師、兄弟姉妹、仲間などによる）モデルの行動を模倣するが、その際、さまざまな人物が示す多種多様な行動を目の当たりにしながら、その行動の模倣が繰り返し強化される。その結果、モデルとなる行動は模倣の弁別刺激となり、模倣は般性的反応クラス（generaliezed response class）となる。つまり、学習者に対して行動をモデルとして提示すれば、それが模倣される可能性が高いということである（Baer & Sherman, 1964; Bijou, 1976; Steinman, 1970）。

モデルには、現実的モデルと象徴的モデルがある。現実的モデル提示では、他者が適切な場面で適切な行動を示範する。象徴的モデル提示では、正しい行動が映像、音声、あるいは漫画や映画で示される。たとえば、ポシェラ（Poche, Yoder, & Miltenberger, 1988）の研究では、子役が誘拐から身を守るスキルを演じている映像を小学生に見せた。映像では、大人が子どもに近づいて誘いかけているところを映し、誘いかけに対して、その

子どもは正しい反応を行っていた。モデルが示す行動自体は、前述したポシェラの研究における現実的モデル提示と同じであった。ところがこの研究では、クラス全員に一斉に映像を通じてモデルを見せた。また、映像には正しい行動についての教示も含まれていた。映像を視聴した後、子どもたちは正しい行動をリハーサルし、うまくできたときには褒められ、必要なときはさらに教示を受けた。もう 1 つの群では、映像を全員で視聴したが、リハーサルをしなかった。

映像の視聴のみでリハーサルやフィードバックをしなかった子どもたちよりも、教示、モデル提示、リハーサル、フィードバックを受けた子どもたちの方が、誘拐から身を守るスキルを速く学習したことが明らかになった。

以下のような多くの要因が、モデル提示の有効性に影響を与える（Bandura, 1977）。

■ モデルが正しい行動を行ったときに、モデルによい結果（強化子）がもたらされること。

■ モデルが観察者に似ていたり、あるいはもっと高い地位にある場合。たとえば、ポシェラが用いた映像のモデルは、それを見ている子どもたちと同年齢であった。しばしば、教師は自分で子どもたちに正しい行動を示範する。教師は高い地位にあるため、子どもたちはそのモデル（教師）から学ぶ可能性が高い。テレビコマーシャルは、一般にスポーツのスター選手や他の有名人（非常に高い地位にある人々）がその製品を使用しているところを見せる。視聴者がモデルを模倣して製品を購入することを期待しているのである。

■ モデルの行動の複雑さが、対象者の発達レベルや能力レベルに応じて妥当であること。モデルの行動が複雑過ぎると、モデルの行動からの学習が難しくなる。しかし、逆に簡単過ぎても、関心を払わなくなってしまう危険性がある。

■ 示範された行動を学習するために、モデルにきちんと注意を向けさせること。教師は、モデルの行動の重要な部分にしばしば対象者の注意を向けさせる。主張スキルのモデル提示の場合、ミルズ博士は「私がどのように目線を交わし、きっぱりした声の調子を使っているか、見ていなさい」と言って、マルシアが注目すべきところをはっきりさせた。ポシェラの映像の場合も、子どもたちがどの行動に注目すべきかを、ナレーターが説明していた。

■ 適切な文脈、つまり関連する弁別刺激のもとで、モデルの行動を行うこと。現実場面やそれに類似したロールプレイ場面で行動が示範される必要がある。たとえば、子どもたちは、誘拐の誘いかけに対して、実際にそのスキルが必要とされる状況の中で、誘拐防止スキルを観察する方がよい。マルシアには、直面している困難な職場に似せたロールプレイ場面を設定した上で、ミルズ博士の演じる主張的な行動のモデルを観察させる。

■ モデルの行動は、対象者が正確に模倣できるように、必要なだけ繰り返すこと。

■ 般化を促進するために、さまざまなやり方や場面で行動を示範すること。

■ モデルを観察した後、できるだけ早くリハーサル（模倣）する機会を与えること。示範された行動を正確に模倣するためには、即時強化される必要がある。

リハーサル

リハーサル（rehearsal）**とは、教示を受けたりモデルを見た後で、対象者がその行動を練習することである。**リハーサルは、行動的スキル指導の重要な要素である。それは、正しく行動できることを確認し、その行動を強化する機会や、誤反応を査定し修正する機会を設定することによって、対象者が行動を習得したことを確認できるからである。次のような要因が、行動的スキル指導でのリハーサルの有効性に影響を与える。

■ （弁別刺激が提示されている状況での）正しい文脈、すなわち適切な場面やその場面をシミュレートしたロールプレイ場面において、行動がリハーサルされること。正しい文脈で行動をリハーサルすることによって、スキル指導が終了した後の般化が促進される。

■ リハーサルは、成功するように計画すること。成功させるためには、最初は簡単な行動から練習すべきである。簡単な行動で成功した後に、より難しい複雑な行動を練習した方がよい。こうして、

リハーサルを行うことが強化され、対象者は練習を続けやすくなる。

■ リハーサルで正しい行動ができた場合には、常に即時強化が行われること。

■ リハーサルで正しく行動できなかったり、その一部が誤反応であったりしたときには、修正的なフィードバックを与えること。

■ 少なくとも数回正しく行動できるようになるまで、リハーサルを繰り返すこと。

フィードバック

対象者が行動をリハーサルした後に、指導者は即時的なフィードバックを与えなければならない。**フィードバック**（Feedback）には、正しい行動に対する称賛や他の強化子の提示が含まれる。リハーサルで誤反応があったときには、必要に応じてそれを修正するために追加の教示を行う場合がある。フィードバックとは、行動のある部分を修正し、ある部分を分化強化するものである。**行動的スキル指導におけるフィードバックは、正しい行動への称賛、誤反応に対する追加的な教示と具体的に定義されている。**つまりフィードバックには以下の2つの機能がある。1つは結果事象（正反応に対する強化子）、もう1つは先行事象（次のリハーサルで正反応が生起するための言語プロンプト）である。次のような要因が、フィードバックの有効性に影響を与える。

■ フィードバックは、行動の直後に与えられること。

■ フィードバックには、常に行動のある側面に対する称賛（あるいはその他の強化子）が含まれていること。正しい行動ではなかったとしても、少なくとも行動に取り組んだこと自体は称賛しなければならない。対象者に強化を受ける体験をさせるのも、重要なことである。

■ 称賛は具体的であること。対象者のよかった（正しい）発言や行動を具体的に指摘する。その際には、言語・非言語行動のすべて（すなわち、対象者が何を発言し行動したか、対象者がどのように発言し行動したか）に焦点を当てる。

■ 修正的なフィードバックを与えるときは、否定的に行わないこと。対象者がやったことを悪いと指摘するのではなく、むしろ、以前と比べてよかったことや、どのように改善すればよいかを教示する。

■ 修正的なフィードバックを与える前に、常によかった点について褒めること。

■ 修正的なフィードバックは、一度に1つの側面について行うこと。対象者にいくつかの誤りがあったとしても、困惑や失望を感じさせないように、まずそれらのうちの1つだけに焦点を当てる。その後のリハーサルが継続的にうまくいくように、ステップ毎に正しくできるようにしていく。

行動的スキル指導の後の般化の促進

行動的スキル指導の目標は、対象者が新しいスキルを獲得し、そのスキルを指導セッション以外の必要な場面で発揮することである。スキルの必要な場面への般化を促すために、いくつかの方法がある。

まず、日常生活で対象者が出合う現実の場面をシミュレートして、ロールプレイを行うべきである。指導で使うシナリオが実際の生活状況に近いほど、現実場面にスキルが般化する可能性が高くなる（Miltenberger, Roberts, et al, 1999）。

次に、実際の日常場面に指導を導入しなければ

ならない。対象者は、実際の友だち相手や実際の場面（たとえば、学校や校庭など）でロールプレイを行い、そこでスキルをリハーサルする。オルセン-ウッズら（Olsen-Woods, Miltenberger, & Forman, 1998）は、子どもたちに誘拐から自分の身を守るスキルを教え、誘拐が起こる可能性のある実際の生活場面として、校庭以外の場所でロールプレイを行った。

第3に、セッション以外の実際の生活場面において、習得したスキルを練習するように、計画しなければならない。指導セッション以外でスキル

を練習することによって、次のセッションでその経験について話し合うことができ、自分のやったことについてフィードバックを受けることができる。場合によっては、即時的なフィードバックを与えるために、指導セッション以外でのスキルの練習に、親や教師が関与することも大切である。

最後に、指導セッション以外の場面でスキルが強化されるための環境を整える。たとえば、家庭や学校でスキルを正しく行うことができたときには強化が与えられるように、親や教師と話し合いをしておくことが望ましい。

現地アセスメント

　行動スキル指導は、スキルの使用が必要な場所とは異なる状況で行われることが多い。たとえば、誘拐防止指導は教室で行われるかもしれないが、そのスキルは、誘拐犯が子どもを誘う可能性のある状況で、子どもが一人になったとき、学校外の公共の場で使用できることが必要である。したがって、行動的スキル指導で学んだスキルを、そのスキルが必要とされる場面で評価することが重要である。また、対象者本人に気づかれないように評価することも重要である。スキルが必要な日常環境の中で、対象者本人に意識されないように、スキルのアセスメントを行うことを、「**現地アセスメント**（in situ assessment）」と呼ぶ。現地でアセスメントを行うことは、対象者が必要なときにそのスキルを使うことができるかどうかを正確に評価するために重要である。アセスメントの実施を対象者が知っている場合、それを知らない場合と比べて、スキルを使う可能性が高くなってしまうことが研究で示されている（Gatheridge et al., 2004; Himle, Miltenberger, Gathcridge, & Flessner, 2004; Lumley, Miltenberger, Long, Rapp, & Roberts, 1998）。

　たとえば、キャサリッジら（Catheridge et al., 2004）の研究では、6、7歳児に、大人が誰もいないときに銃を見つけてしまった場合に、身を守るためのスキルを教えた。それは「銃に触らない」「銃から離れる」「親に言いに行く」である。指導後、子どもたちは、銃を見つけたときにどうするかを尋ねられると、正しい答えを言うことができた。また、研究者が「銃を見つけたらどうしますか」と質問したところ、子どもたちは実際に教えられた行動を行うこともできた。しかし、誰も見ていないところで銃（警察から提供された壊れた銃）を実際に見つけたとき（現地アセスメント）、彼らは正反応を示すことができなかった。子どもたちはスキルを学んだが、研究者がいなければスキルを使うことができなかった。スキルは研究者の存在という刺激性制御下にあり、般化しなかったのである。

Q. なぜそのスキルは、研究者の存在という刺激性制御下にあったのであろうか（なぜ研究者は、そのスキルの使用に関する弁別刺激となってしまったのであろうか）？

　研究者がそのスキル使用の弁別刺激になったのは、指導中に研究者が存在しているときにだけ、そのスキルが強化されたためであった。スキルを般化させるためには、研究者が存在しない自然な環境下でスキルが強化される必要性があった。現地指導（in situ training）と呼ばれる、この指導手続きについては以下で説明をする。

現地指導

　知的障害のある人たちに安全スキルを教えるための行動的スキル指導の効果を評価している最近の研究は、指導後の般化を促すために**現地指導**と

いう手順が必要であることを実証している（例えば、Egemo Helm et al.2007; Himle, Miltenberger, Flessner, & Gatheridge, 2004; Miltenberger et al.,

2005; Miltenberger, Roberts et al., 1999)。現地指導で指導者は、子どもたちにアセスメントが実施されていることを知られないように自然な状況を設定する（現地アセスメント）。**この現地アセスメントで子どもがスキルを実行しない場合、指導者がその場面に登場して、すぐにアセスメントを指導セッションへと変更する。指導者は、将来、同じような状況に直面したときに、そのスキルが発揮されやすくなるように、アセスメントの場で子どもたちに繰り返しリハーサルをさせる。**

2005年にジョンソンらが行った、4、5歳児に誘拐防止スキルを教えるための行動的スキル指導を評価する研究例について考えてみよう。5歳児が行動的スキル指導のセッションで誘拐防止スキルを身につけた後、ジョンソンは現地アセスメントを実施した。このアセスメントでは、（子どもとは面識がない）研究助手が、子どもが一人でいるときに遊び場に近づき、「散歩に行こうか」と声をかけた。その際、子どもがスキルを使わなかった場合（「嫌だ」と言って逃げることはせず、

また大人にそのことを伝えなかった場合）、そのタイミングで指導者がその場に出ていって、子どもに「知らない人から、遊ぶのを止めてお出かけしようと言われたらどうするんだっけ？」と質問した。子どもが正しい答えを返した後、指導者は「そうだね。でも君はそうはしなかったよね。今度同じようなことがあったら、ちゃんとできるように練習しなくちゃね」と言った。そして、実際にアセスメントが行われた状況でのロールプレイで、「嫌」「逃げる」「大人に言う」の練習をさせた。その結果、次のアセスメントの機会に、その子どもは正しい行動をとることができるようになった。多くの研究により、行動的スキル指導の後に、そのスキルを使わなかった子どもに対して、現地指導の方法を行うことが有効であることが示されている（Gatheridge et al., 2004; Himle, Miltenberger, Flessner, & Gatheridge, 2004; Johnson et al., 2005, 2006; Jostad et al., 2008; Miltenberger et al., 2004, 2005）。

行動的スキル指導と三項随伴性

教示、モデル提示、リハーサル、フィードバックを組み合わせることによって、行動的スキル指導は三項随伴性の3つの要素すべてを含むことになる。先行事象、行動、結果事象からなる三項随伴性の要素は、すべての指導場面に適用される必要がある。教示とモデル提示は先行子操作であり、正しい行動を誘発するために用いられる。多くの人は、過去に、教示に適切に従ったり、モデルを模倣した経験があることから、教示やモデルは正しい行動の効果的な弁別刺激となる。リハーサルは、教示によって説明された、あるいはモデルで示された行動を実際にやってみることである。

行動が正しくリハーサルされたときは、フィードバックとして正しい行動の生起率を高める強化的な結果事象が提示される。一部あるいはすべてが誤反応のときは、改善に必要な修正的なフィードバックが教示の形で与えられる。修正的なフィードバックは次のリハーサルで強化される正しい行動を誘発するための先行事象として作用する。

スキル指導の最もよい方法は、教示やモデルを与え、強化されるようにスキルをリハーサルさせることである。これが行動的スキル指導の学習試行の構成要素である。しかし教示やモデルは適切な場面で正しい行動を自発させるだけであり、そ

先行事象	行動	結果事象
ロールプレイの場面、モデル、教示	スキルのリハーサル	フィードバック（うまくできたことを褒める）

その結果：対象者はロールプレイ場面で正しく行動できるようになる。

の後に強化がなければ行動が維持されることはない。たとえば、妻が私に、ショッピングモールの前を車で通るときは左車線を走るように言ったとしよう。ショッピングモールに入ろうとする車で右車線が渋滞していることが多かったからである。これは教示にあたる。この教示に従うと、渋滞を避けることができ、私が左車線を走る行動は強化される。その結果、ショッピングモールの前を通行する際には、左車線を走ることが多くなる。しかし、妻の教示に従い左車線を運転しても、左車線の流れが速くないときは、私の行動は強化され

ない。つまり、たとえ最初は教示に従って正しい行動が誘発（プロンプト）されたとしても、行動が生起した後に強化されなければ、その行動は維持しない。スキル指導の場合に、教示やモデル提示によって正しい行動が誘発されたとしても、学習された行動を確かなものにするためには、シミュレートされた指導場面でリハーサルさせて行動を強化する必要がある。指導においてすでにうまくいっているときは、現実場面で実行させるようにする。

集団での行動的スキル指導

　同じようなスキルを習得する必要のある人たちのグループを対象に、行動的スキル指導を実施することもある。たとえば、親支援は子どもたちとの関わりの難しさを抱えている親のグループに実施される。また、主張指導は、主張的なスキルが不足している人たちのグループに行われる。集団での行動的スキル指導は、すべてのメンバーに参加機会が与えられる小集団で行うと最も効果的である。集団での行動的スキル指導は、グループ全体に教示とモデル提示が行われる。そして、グループの各メンバーがロールプレイでスキルをリハーサルし、指導者やグループの他のメンバーからフィードバックを受ける。集団指導においても、個人を対象とした行動的スキル指導の場合と同様、シミュレートされたさまざまな場面で正しく行動できるようになるまで、各参加者がスキルのリハーサルを行う。

　集団での行動的スキル指導には、いくつかの利点がある。第 1 に、教示やモデル提示がグループ全体に行われるため、個別の行動的スキル指導よ

りも効率的である。第 2 に、グループの他のメンバーがスキルをリハーサルしたり、それに対してフィードバックを受けたりするのを観察することによって、それぞれの学習が促される。第 3 に、グループの他のメンバーのやり方を評価したりフィードバックを与えたりすることによって、学習が促される。第 4 に、多様性のあるメンバーがロールプレイに参加するため、般化が促進される。最後に、指導者に加えてグループのメンバーからも称賛が与えられるため、リハーサルがうまくできたときの強化の度合いが大きくなる。

　集団での行動的スキル指導の課題は、それぞれのメンバーに指導者の注意が行き届かないことである。もう 1 つの課題は、積極的に参加しない人や、他のメンバーの参加を邪魔したり支配的になったりする人がいるかもしれないことが考えられる。しかし、指導者がすべてのメンバーに対して参加を促したり、積極的な役割を持たせたりすることによって、この問題を防ぐことができる。

行動的スキル指導の適用例

　多くの研究で、さまざまなスキルの指導に、行動的スキル指導が有効であることが証明されている（Rosenthal & Stefek, 1991）。行動的スキル指導は、子どもに広く適用されてきた。すでに、ポ

シェらの研究については紹介した。それ以外にも、子どもに誘拐防止や性的虐待防止のスキルを教えるために行動的スキル指導が用いられている（Carroll-Rowan & Miltenberger, 1994; Johnson

208

et al., 2005, 2006; Miltenberger & Thiesse-Duffy, 1988: Miltenberger. Thiesse-Duffy, Suda, Kozak, & Bruellman, 1990; Olsen-Woods et al., 1998; Wurtele, Marrs, & Miller-Perrin, 1987; Wurtele: Saslawsky, Miller, Marrs, & Britcher, 1986）。これらの研究では、子どもたちは、教示やモデル提示、危険な場面のロールプレイにおける自己防御スキルのリハーサル、そしてそれに対してフィードバックを受けることによって、危険な状況に対する正しい反応を習得した。リハーサルやフィードバックがなく、教示やモデル提示だけを適用する方法は、自己防御スキルの指導にあまり有効ではないことが見いだされている。子どもたちの学習は、教示やモデル提示を受けた後で、スキルをリハーサルし、自分のやったことに対するフィードバックを受ける機会が多いほど、促進された。誘拐や性的虐待の防止スキルは、同じ行動的スキル指導法を用いて、知的障害のある成人にも教えられている（Haseltine & Miltenberger, 1990; Lumley, Miltenberger, Long, Rapp, & Roberts, 1998; Miltenberger, Roberts et al., 1999）。知的障害のある子どもや大人に対して、スキルを学習させ、それを自然な状況で使用できるようにする

ために、行動的スキル指導の後に現地指導を実施する場合もある（Johnson et al., 2005, 2006）。

行動的スキル指導は、子どもへの火災時の避難スキル指導にも用いられている。ジョーンズとカズディン（Jones & Kazdin, 1980）は、消防署への電話通報の仕方を幼児に指導した。またジョーンズら（Jones, Kazdin, & Haney, 1981）は、家庭での火災への対処に必要なスキルを指導した。彼らは最初に、家庭で火災が生じる可能性のある9つの場面を選び、それぞれの状況に適した対処方法を決定した。指導では、寝室での火災をシミュレートし、正しい反応を教えるために教示、モデル提示、リハーサル、フィードバックを適用した。指導者は、子どもたちに正しい行動を説明し、どうすべきかをやってみせた。子どもたちが正しく行動したときは、褒めたりその他の強化子を与えた。間違っていた点については、どのようにすればよかったかのフィードバックを指導者が与え、正しくできるまで再度リハーサルさせた（図12-3）。一部が間違っていた場合には、修正を指摘する前に、子どもがうまくできたところを褒めた。それらの結果を、図12-4に示した。

行動的スキル指導は、社会的スキルの不足した

© Cengage Learning®

図 12 - 3　指導者から教示を受け、モデルを見た後に、火災時の避難スキルをリハーサルする。リハーサルの後、指導者がフィードバックを与える。

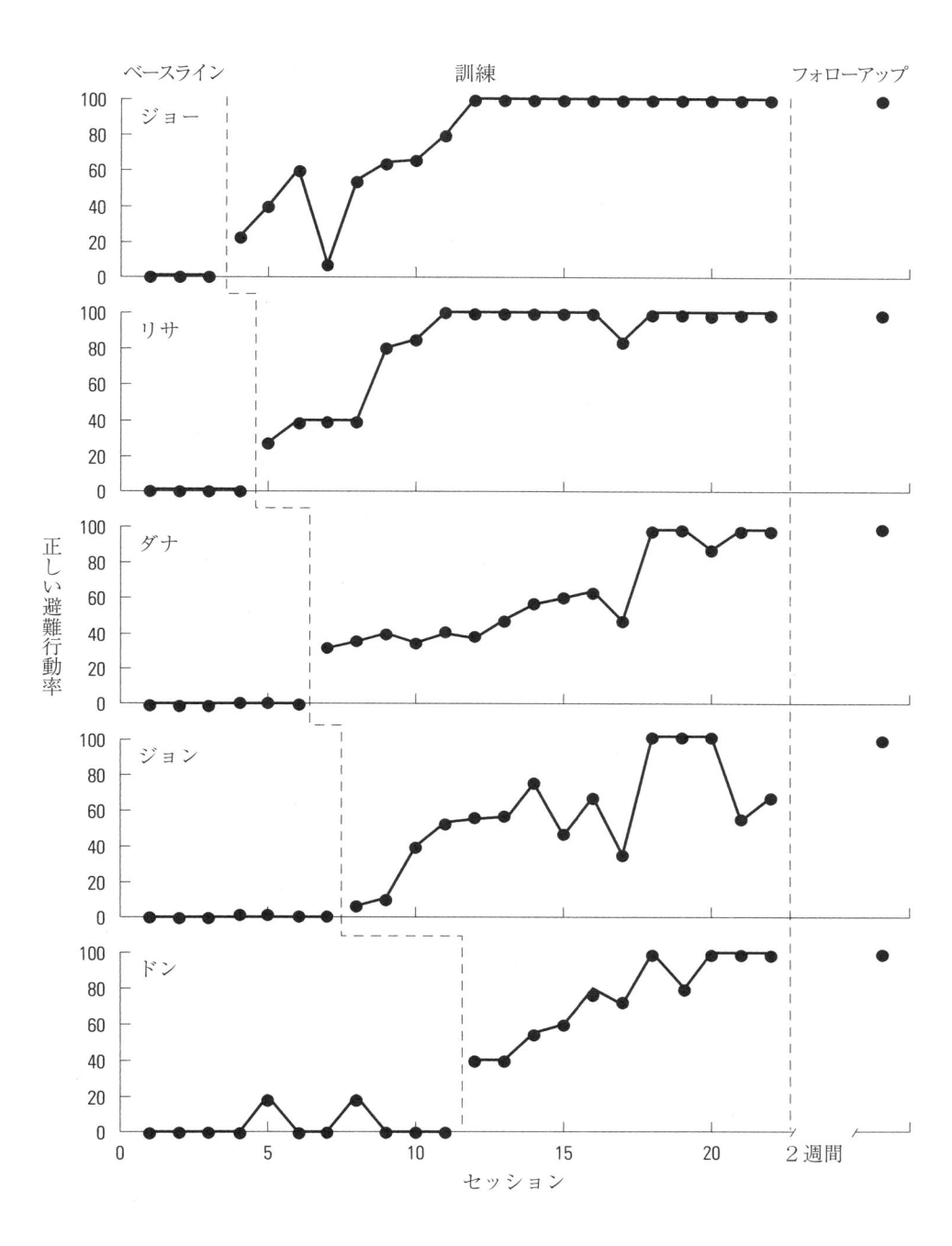

図12-4　このグラフは、5名の子どもの火災避難行動の正反応率を示している。行動的スキル指導の実施の前後で比較された。訓練の結果、すべての子どもがスキルを習得した。対象者間多層ベースラインデザインが適用された。個々の子どもの正反応率は、指導を受けた後でのみ変容している。（Jones, R. T., Kazdin, A. E., & Haney, J. L. [1981]. Social validation and training of emergency fire safety skills for potential injury prevention and life saving. *Journal of Applied Behavior Analysis, 14,* 249-260. Copyright © 1981 University of Kansas Press.）

人々にも広く適用されている。たとえば、エルダーら（Elder, Edelstein, & Narick, 1979）は、攻撃性のある若者に対して、攻撃的な行動を減らすために社会的スキルの向上を指導した。マトソンとスティーブンス（Matson & Stephens, 1978）は、慢性の精神疾患患者に望ましい社会的行動を指導した。その結果、口論や喧嘩が減少した。スターク（Starke, 1987）は行動的スキル指導を用いて、身体障害のある青年の社会的スキルを変容させた。ウォーザクとペイジ（Warzak & Page, 1990）は、年頃の女性にタイプではない男性からの誘いを断る方法を指導した。これらの研究では、対象者は教示、モデル提示、ロールプレイ場面でのスキルのリハーサル、フィードバック（強化と修正）によって、社会的スキルを習得した。

　スタークは、社会的スキルを増やすためにグループ討論を行うよりも、行動的スキル指導の方が、効果が大きいことを明らかにした。この知見は、リハーサルやフィードバックがスキル指導法の重要な要素であったことを示唆している。言い換えると、スキルの重要性を説明したり、示範されたスキルを観察したりするだけでは不十分なのである。スキルを学習する最善の方法は、シミュレーション場面や現実場面においてスキルが強化されるように、リハーサルやフィードバックの機会を与えることである。

　また、教示やモデル提示だけでは十分ではなく、学習者はフィードバックを受けながらスキルを練習しなければ成功しないという同様の結果が研究者によって報告されている（Beck & Miltenberger, 2009; Gatheridge et al., 2004; Himle, Miltenberger, Gatheridge et al., 2004; Miltenberger et al., 2014; Poche et al., 1988）。たとえば、ベックら（Beck & Miltenberger, 2009）の研究では、子どもたちに誘拐防止スキル（見知らぬ人が近づいてきたら、「嫌」と言う、逃げる、親に言う）を教えるために、インターネットから購入した安全スキルの動画を子どもたちに視聴させた。この市販されている動画は、その品質が高く評価され、多くの賞を受賞していたが、その動画を見た後、子どもたちは、現地アセスメント（テストを受けていることを知らずに店内で知らない人に声をかけられた状況）で、誘拐防止スキルを実行できなかった。しかし、誘拐防止スキルを練習し、フィードバックを受けるという指導をその場で受けた後、彼らはその後のアセスメントでそのスキルを使うことができるようになった。これと同じ知見がミルテンバーガーら（Miltenberger et al., 2014）によっても報告されている。この知見は、先行研究においても一貫している。つまり、子どもたちに何をすべきか伝えるだけでは不十分であり、スキルが必要とされる実際の状況で使用されるためには、フィードバック（強化や誤反応の修正）を与えてスキルを練習させる必要がある。

　最後に、行動的スキル指導は成人のスキルの指導にも有効であることが証明されてきている。フォアハンドら（Forehand et al., 1979）は、言うことを聞かない子どもを持つ両親に、行動的スキル指導を用いて子育てスキルを指導している。子どもにご褒美を与え、指示を適切に出し、言うことを聞かないときはタイムアウトを使用するスキルを、親たちは学習した。それらのスキルを習得すると、子どもの行動は改善された。他の研究者は、行動的スキル指導の手続きが、子ども、老人ホームの入居者、知的障害のある人たちを支援する教師や職員に行動修正スキルを教えるのに効果的であることを示している（たとえば、Engelman, Altus, Mosier, & Mathews, 2003; Lavie & Shumey, 2002; Moore et al., 2002; Sarokoff & Sturmey, 2004）。ミルテンバーガーとフークア（Miltenberger & Fuqua, 1985b）は、大学生に教示、モデル提示、リハーサル、フィードバックを用いて、臨床場面でのインタビューの仕方を指導した。研究助手が問題行動のあるクライエント役を演じ、インタビューを行う際の適切な質問の仕方を習得させた。ダンサーら（Dancer et al., 1978）は、非行少年のためのグループホームの運営業務を予定している夫婦に、行動観察と行動記述のスキルを指導した。さまざまな問題行動を示す少年とうまく関わるために、それらのスキルが必要とされていた。

　ここで引用した研究は、いずれも行動的スキル指導の適用の一例に過ぎない。第11章で述べたチェイニングを用いた集中指導の必要のない人たちで、シミュレーション場面での教示やモデル提示によってスキルの習得が可能な人たちに対し

参考：行動的スキル指導を用いて、銃で遊ぶことを防ぐ安全スキルを教える

　大人が放置した銃を子どもが見つけると、子どもはその銃で遊ぶことが多い（e.g., Himle et al., 2004）。その結果、銃が発射され子どもは誤って自分自身や他人を傷つけたり、殺してしまったりする可能性がある。この問題に対して、研究者たちは、銃遊びを防ぐための安全スキルを子どもに教える行動的スキル指導の効果を検討してきた（e.g., Himle, Miltenberger, Flessner, & Gatheridge, 2004; Miltenberger et al., 2004, 2005）。子どもが銃を見つけたときに教える安全スキルは次の通りである。（a）銃に触らない、（b）すぐに離れる、（c）大人に知らせる。行動的スキル指導は4〜7歳の子どもたちにこれらのスキルを教えるのに有効であるが、現地訓練が必要である場合もあることを研究者は示している。これらの研究では、ベースラインとトレーニング後に、子どもがアセスメントを受けていることを知らずに銃（本物だが使えないもの）を見つけるという状況を設定し、現地アセスメントを実施した。そして、子どもが銃を見つけたときに安全スキルを実行しなかった場合、研究者は部屋に入り、銃を見つけたときにどうすればよかったかを子どもに質問した。子どもが正しい行動について説明できた場合、研究者は子どもに対して、銃を見つけた状況で、5回そのスキルを実践するよう指示をした。その結果、すべての子どもが行動的スキル指導と現地指導でスキルを習得できることが明らかになった。

て、これらの方法は適用される。チェイニングは一般に、能力に制限があり、集中的なプロンプトを必要としている人たちに用いられる。それに対して行動的スキル指導は、定型発達の子どもや成人に適用されることが多いが、障害のある人にも適用されてきている。たとえば、ホールら（Hall, Sheldon-Wildgen, & Sherman, 1980）は、軽度から中度の障害のある成人に対し、教示、モデル提示、リハーサル、フィードバックを用いて、就職面接スキルを指導した。面接場面で必要な言語スキルや非言語スキルを説明し、示範した後に、模擬面接場面においてスキルをリハーサルさせた。

Q. 模擬面接場面でリハーサルした後、ホールはどんなことをしたと思うか？

　リハーサルの後、ホールは適切な行動は褒め、修正が必要な行動については説明をした。

　バッケンら（Bakken, Miltenberger, & Schauss, 1993）は行動的スキル指導を用いて、知的障害のある親に子どもとの関わりに必要なスキルを指導した。子どもを褒めること、発達を促すために適切な方法で子どもに注目することを習得させた。この研究から得られた興味深い知見は、指導セッションにおいて、教示、モデル提示、リハーサル、フィードバックが用いられているときにはスキルが学習されたが、それらのスキルは家庭の日常生活場面には般化しなかった。バッケンらが家庭内で指導を実施して初めて、教えられたスキルが実行できるようになった。この知見は、スキルが必要とされる自然な環境において般化を評定すること、もし般化が生起していないときはさらなる指導を行うことの重要性を示している（般化についての詳細は、第19章を参照してほしい）。

行動的スキル指導の手順

　行動的スキル指導を効果的に用いるステップは、次のとおりである。

1．教えるスキルを特定し、明確に定義する。よ
い行動的定義は、スキルに含まれるすべての行動を明確に記述したものである。さまざまな場面で必要とされるすべてのスキルを定義し、複雑なスキル（行動連鎖）の場合には課

題分析を行う。

2．スキルに関連する刺激状況（弁別刺激）をすべて特定する。たとえば、誘拐防止スキルの指導では、あらゆる誘拐場面にうまく対応することを学習させるために、想定されるすべての誘拐の手口を特定しなければならない。

3．ベースラインを確認するために、特定の刺激事態で対象者のスキルを査定する。対象者のスキルを査定するために、それぞれの刺激事態を現実場面かシミュレーション場面で提示し、その場面での対象者の反応を記録する。

4．最も簡単なスキルか、最も容易な刺激事態のいずれかで、指導を開始する。まずこうした場面で指導がうまくいくと、行動的スキル指導は継続しやすくなる。複雑なスキルや難しい場面から始めると、最初はうまくいかず、そのうち嫌になってしまう可能性がある。

5．指導セッションは、行動に関する教示とモデル提示から始める。またモデル提示は、適切な文脈（関連する弁別刺激）のもとで行う。ロールプレイは、シミュレートした適切な文脈を設定して行う。シミュレーションは、対象者にとってできるだけ現実場面に近いものにしなければならない。そして時々は、現実場面で指導セッションを行う。たとえば、ポシェら（Poche et al., 1981）は、実際に誘拐者が現れる可能性がある校庭の外で誘拐防止スキルを示範した。

6．教示を聞き、モデルを見た後で、リハーサルの機会を与える。適切な文脈をシミュレートし、その場面で行動を練習させる。時には、自然な場面でシミュレーションやロールプレイを行う。ポシェら（Poche et al., 1981）は、

校庭で誘拐防止スキルをリハーサルさせている。

7．リハーサルの直後にフィードバックを与える。うまくできた点を具体的に褒めるようにする。そして、必要なときは改善のための教示を与える。

8．対象者が正確に行動できるようになるまで、リハーサルとフィードバックを繰り返す。

9．ある指導場面でうまくできたら、別の場面に移行する。そして、それぞれの場面でスキルを習得するまで教示、モデル提示、リハーサル、フィードバックの過程を繰り返す。新しい場面を加えても、習得済みのことが確実に維持されるように、指導場面における練習を続ける。

10．指導セッションにおいてシミュレートされたすべての場面ですべてのスキルが習得できたら、そのスキルが必要とされる自然場面への般化を計画する。指導場面を自然場面とできるだけ類似させたり、指導を自然場面で行うことができれば（たとえば、ポシェら〔Poche et al., 1981〕）、般化は起きやすくなる。般化を促すもう1つの方法は、段階的に難しい場面でスキルを練習させることである。たとえば、社会的スキル指導の後で、現実の生活において、現実に出会う人たちに対して習得した社会的スキルを用いるように教示する。簡単なスキルから始め、うまくできたら徐々に難しいスキルに進む。キーポイントは、対象者の試みが強化されるように、できるだけ成功できるようにすることである。その他の般化促進法については、第19章で紹介している。

まとめ

1．行動的スキル指導は、4つの要素から構成されている。すなわち、教示、モデル提示、リハーサル、フィードバックである。これらの要素は、障害のある人たち、その他の成人や子どもに対し、さまざまな重要なスキルを教えるために、一緒に用いられている。最初に、

対象者に対して、どの行動が重要であるのかを教示する。次に、現実的モデルまたは象徴的モデルの提示を行い、対象者は行動の仕方を観察する。そして、その行動が必要とされる自然な場面に類似したシミュレーション場面においてリハーサルする機会を設定する。

リハーサルの後で、うまくできた点を強化し、修正が必要な点について、教示という形でフィードバックを与える。関連するさまざまな文脈において正しい行動ができるようになるまで、リハーサルとフィードバックを繰り返す。

2．行動的スキル指導の適用が適切であるのは、対象者が教示やモデル提示から利益を受け、スキルの学習のためにより集中的な指導法（たとえば、チェイニング）を必要としていない場合である。

3．小集団に行動的スキル指導を適用する場合は、グループ全体に教示を与え、モデルを提示す

る。次に、ロールプレイにおいて、メンバーそれぞれが個別にスキルのリハーサルを行い、フィードバックを受ける。フィードバックは、指導者から与えられるが、グループの他のメンバーから与えられる場合もある。

4．行動的スキル指導には、スキル学習のための三項随伴性の要素が含まれている。教示とモデル提示は適切な行動が生起するための先行事象であり、リハーサルにおいて正しい行動が生起し、その行動の結果事象としてフィードバックが与えられる。フィードバックには、次のリハーサルにおける行動の先行事象として機能する教示も含まれる。

キーワード

行動的スキル指導　　　　　　　　　　教示
フィードバック　　　　　　　　　　　モデル提示（モデルプロンプト）
現地アセスメント　　　　　　　　　　リハーサル
現地指導

練習問題

1．行動的スキル指導に含まれる4つの方法を述べなさい。また、それぞれの方法を説明しなさい。
2．行動的スキル指導の適用方法を説明しなさい。
3．行動的スキル指導を用いて指導できるスキルの例（本章で取り上げた例以外に）を2つ挙げなさい。
4．3の2つの例について、行動的スキル指導をどのように用いるか、説明しなさい。
5．教示やモデル提示を単独で用いることが、通常、長期的に見ると有効でないのはなぜか、説明しなさい。
6．モデル提示の有効性を高める要因について説明しなさい。また、モデル提示の効果を弱める要因を挙げなさい。
7．教示の有効性に影響を与える要因を説明しなさい。
8．リハーサルは、なぜ簡単な行動や場面から始

めるか？　また、最も難しい場面から練習すると、どんなことが起こりうるか説明しなさい。
9．リハーサルの有効性に影響を与える要因を説明しなさい。
10．行動のリハーサルの後に与えられる2種類のフィードバックについて説明しなさい。
11．行動のリハーサルの後にフィードバックを与えるとき、なぜ最初に褒めるのか？　また、リハーサルで行動が間違っていたときにはどうすべきか、説明しなさい。
12．フィードバックの有効性に影響を与える要因を説明しなさい。
13．行動的スキル指導には三項随伴性がどのように含まれているか、説明しなさい。
14．行動的スキル指導を効果的に適用するためのガイドラインについて説明しなさい。
15．行動的スキル指導は、第11章で述べたチェ

イニングとどこが違うか？　また、どこが似ているか説明しなさい。

16. チェイニングが最も適しているのはどのよ

うな状況か？　また、行動的スキル指導が最も適しているのはどのような状況か、説明しなさい。

適用例

1. 読者がスクールカウンセラーであると仮定する。中学2年生に対して、仲間から喫煙の誘いを受けたときにそれを断るスキルを指導するように依頼された。行動的スキル指導を用いて、それらのスキルをどのように指導すればよいか説明しなさい。各クラスには20名から25名の生徒がいるとして考えなさい。
   a. 指導するスキルを定義しなさい。
   b. スキルが必要とされる場面を特定しなさい。
   c. 指導で用いるロールプレイ場面を設定しなさい。
   d. どのように行動のモデルを提示するか、どんな教示を与えるか説明しなさい。
   e. 適用するリハーサルとフィードバックの種類を説明しなさい。
   f. 習得するスキルが般化する機会をどのように増やすか、説明しなさい。

2. 読者の下の娘が小学校1年生と仮定する。毎日友だちと一緒に学校に行きたいと言っている。大人の目が届かないところで友だちと学校まで行かせる前に、自分の身を守るスキルを習得させなければならないと、あなたは考えた。「学校まで送っていくよ」とか「家まで送ってあげるよ」と大人から誘いかけられたときの対応方法を教え、親の許可なく他の人の車に乗らないようにしたい。そのような状況で安全に対処するために必要なスキルを、行動的スキル指導を用いてどのように指導したらよいか、説明しなさい。適用例1で挙げた各ポイントにそって述べなさい。また、自然な場面へのスキルの般化を確かなものにするためには、指導後どのようにスキルを評価したらよいか、説明しなさい。

3. 読者は、子どもの養育に困難を抱えている10名の親グループへの指導をしている、と仮定する。子どもたちは皆、ぐずり、泣き、家事の邪魔をするなどの注意喚起行動をしばしばする。指導したいことの1つは、遊びやお手伝いなどの適切な行動の分化強化の仕方である。子どものよい行動を強化する方法を、行動的スキル指導を用いて親にどのように教えればよいか、説明しなさい。

間違った適用例

1. 小学校の校長は、覚醒剤や麻薬について、子どもたちに指導する時期にきていると考えた。誰かに覚醒剤や麻薬を渡されたり、あるいは試したり売ったりするように誘われたときの断り方を教える必要があると考えた。校長は、覚醒剤や麻薬の危険性や、試したり売ったりしてはいけないことを訴える動画を入手した。動画の中では、「いらない」と言ってその場から立ち去りなさいというメッセージが繰り返されていた。そして、子どもたちが「いらない！」と言って、その場から立ち去っていく様子を映していた。校長は、各学級でその動画を見せ、子どもたちに質問があるかどうか尋ねた。覚醒剤や麻薬の誘いかけに「いらない！」と言わせるように指導している校長のこの計画には、どんな問題があるか？　この計画をどのように改善すればよいか？

2．知的障害のある青年のグループホームの職員
　たちは、毎日夕食後に、歯磨き、身だしなみ、
　部屋の片づけなどのスキルに関する指導プロ
　グラムを実施することになっていた。施設長
　が午後5時に戻ってくると、職員たちは利用
　者への支援をせずに、夕食後のテーブルを囲
　んでおしゃべりしていることがしばしばだっ
　た。施設長が部屋に入ると、職員たちは立ち
　上がって仕事を始めたが、施設長がいなくな
　ると再び仕事を中断した。施設長は、職員に
　行動的スキル指導を適用することを決意した。
　教示、モデル提示、リハーサル、フィードバッ
　クを用いて、利用者への支援に必要なスキ
　ルを数回指導した。その結果、自分がいなく
　てもそれらのスキルを実行することができる
　と、施設長は確信していた。行動的スキル指
　導のこの適用例には、どんな間違いがある
　か？　また、適切な手続きは何か？

3．新しいキャンペーンとして、有名なスポーツ
　選手がTVコマーシャルを通じて「学校に行
　こう。一生懸命勉強しよう。よい成績を取ろ

う」と子どもたちに訴えかけた。そのコマー
シャルは、スラム街の高校生と中学生を対象
としていた。スポーツ選手は、なぜ勉強しな
ければならないか、またそのことが自分の将
来の生活をどのように向上させるかを語って
いた。コマーシャルの中で、勉強をしている
子どもたちを映し出し、その子どもに勉強に
取り組むことの素晴らしさを語らせた。また
勉強をするために、夜、友だちと遊びに出か
けるのを断っている様子を映した。その後、
そうした行動をした子どもたちをスポーツ選
手が褒め、学校に行って勉強をすることがい
かに素晴らしいことであるかを話した。最後
に、コマーシャルの中で、子どもたちが学校
を卒業し、よい仕事に就いたことが映し出さ
れた。そこで再びスポーツ選手が画面に現れ、
勉強すること、学校に行くことは自分のため
になることを強調した。子どもに勉強させる
ために、この方法のよいところはどこか？ま
た、悪いところはどこか？　この方法をどの
ように改善したらよいか？

望ましい行動を増やし、望ましくない行動を減らす方法

第13章　機能的アセスメントによる問題行動の理解

学習のポイント

- 問題行動の機能的アセスメントとは何か？
- 機能的アセスメントの3つの方法とは何か？
- 機能的アセスメントの間接的方法はどのように行うのか？
- 機能的アセスメントの直接観察法はどのように行うのか？
- 問題行動の機能分析とは何か？　また、それはどのように行うのか？

第9章から第12章では、望ましい行動を増やす方法について解説した。本章では問題行動を理解する方法を紹介し、既存の行動を減らしたり増やしたりする方法について解説する。望ましい行動を増やしたり、望ましくない行動（問題行動）を減らしたりするために行動変容法を応用する場合、その最初のステップは、なぜその人がその行動をするかを理解することである。理解するためには、三項随伴性によるアセスメントを行い、その行動を引き起こしている先行事象、およびその行動を維持している強化子を特定する必要がある。問題行動に対して具体的な介入を行う前にこうした変数を特定することは、**機能的アセスメント**（functional assessment）と呼ばれる。

機能的アセスメントの例

ジェイコブ

ジェイコブは2歳の男の子で、母親と4歳の姉と暮らしていた。母親は自宅の外で保育関係の仕事をしており、ジェイコブの他10〜15名の幼児を預かっていた。ジェイコブの問題行動は、物を投げる、自分の頭を床や地面に打ちつける、よく泣く、というものだった。母親は彼の問題行動に悩み問題行動を減らすため、行動変容法による実践への参加に同意した。リッチという大学院生が担当となった（Arndorfer, Miltenberger, Woster, Rortvdt, & Graffaney, 1994）。リッチが最初に取り組んだのは、ジェイコブの問題行動の理由を明らかにする機能的アセスメントだった。

リッチはまずジェイコブの母親にインタビューし、問題行動やそれが起こる場面、保育の状況、問題行動の前に起きていることやその結果として起きていることについて尋ねた。また、問題行動以外の行動や、これまでの対処法についても尋ねた。インタビューの後、リッチはジェイコブの保育中の様子を観察し、問題行動が生じたときの先行事象、行動、結果事象を記録した。この観察は、問題行動に関係した先行事象と結果事象がはっきりするまで数日間行った。

インタビューと観察から得られた情報に基づいて、リッチはジェイコブの問題行動について次のような仮説を立てた。「ジェイコブの問題行動が起きやすいのは、保育場面で彼が遊んでいたおもちゃを他児が取ろうとしたときや、他児がそのおもちゃで一緒に遊ぼうとしたときであり、そのときにジェイコブが自分の頭を床や地面に打ちつける、泣く、もしくはおもちゃを投げると、他児はおもちゃを取ったり、一緒に遊ぼうとするのをやめる。問題行動の強化子は、他児がジェイコブに

220

先行事象	行動	結果事象
他児が一緒におもちゃで遊ぶ	ジェイコブが頭を打ちつけたり、おもちゃを投げたり、泣いたりする	他児がおもちゃをジェイコブに返す

その結果：ジェイコブは他児が一緒におもちゃで遊ぶと、頭を打ちつけたり、おもちゃを投げたり、泣いたりすることが増える。

おもちゃを返すことである」。

この仮説が正しいかどうかを確かめるために、リッチは簡単な分析を行った。数日間、ジェイコブと一緒に保育を受けている子どもたちに、ジェイコブのおもちゃに触れないように頼んだ。そして別の数日間は、ジェイコブが遊んでいるおもちゃで一緒に遊び、ジェイコブが問題行動を起こしたらすぐにおもちゃを返すように頼んだ。その結果、前者の場合にはジェイコブはほとんど問題行動を起こさなかったが、後者の場合には問題行動が頻繁に起きることが分かった。この簡単な分析によって、ジェイコブが遊んでいるおもちゃで、他児が一緒に遊ぼうとすることが問題行動の先行事象であり、他児がそのおもちゃを返すことが問題行動の強化子であることが確認された。

ジェイコブに対する介入として、他児がおもちゃを取ったときに、それを返してくれるように他児に言うことをジェイコブに教えた。「おもちゃを返してほしい」と言う行動は、問題行動と機能的に等価な行動である。別の言い方をすれば、「おもちゃを返してほしい」と言うことによって、問題行動を起こす場合と同じ結果（他児がおもちゃを返す）が生じるのである。またそれと同時に、介入として、ジェイコブが問題行動を起こした場合には、おもちゃを返さないようにした。

ジェイコブに対する介入は、望ましくない行動（頭を打ちつける、おもちゃを投げる、泣く）を望ましい行動（おもちゃを返してくれるように言う）に置き換えるという方法である。この方法は、望ましい行動を増やし、望ましくない行動を減らすために分化強化を用いたものである。分化強化については、第15章で詳しく紹介する。リッチは機能的アセスメントを行うことで、適切な介入方法の選択ができた。**問題行動を減らすために行動変容法を用いる場合、機能的アセスメントはその第1ステップである。**

アンナ

アンナは3歳の女の子で、母親と妹と暮らしていた。彼女の問題行動は、家で家族を叩いたり、蹴ったり、大声を上げるといった行動だった（Arndorfer et al., 1994）リッチはこの場合にも、行動の機能を知るために機能的アセスメントを行った。まず母親にインタビューし、その後、問題行動に関する三項随伴性の直接観察を行った。インタビューと観察に基づいて、次のような仮説を立てた。「アンナの問題行動は母親からの注目によって強化されている。母親が彼女に注目していないとき（たとえば、母親が家事をしていると

先行事象	行動	結果事象
他児が一緒におもちゃで遊ぶ	ジェイコブはおもちゃを返してくれるように言う	他児がおもちゃをジェイコブに返す

その結果：ジェイコブは他児が一緒におもちゃで遊ぶと、おもちゃを返してくれるように言うことが増える。

先行事象	行動	結果事象
母親がアンナに注目を与えない	アンナは母親や妹を叩いたり、蹴ったり、大声を上げたりする	母親は彼女に注目する

その結果：母親が注目していないときに、アンナが母親や妹を叩いたり、蹴ったり、大声を上げたりすることが増える。

き）に、問題行動が起きやすい。問題行動の結果としては、母親はすぐに自分がしていることをやめ、アンナに注目を与えるということがいつも起きている」。そこで、リッチはこの仮説を検証するために簡単な分析を行った。

Q. リッチはどのようにこの分析を行ったか？

　母親の注目がアンナの問題行動を強化しているかどうかを確かめるために、母親に頼んでアンナへの注目のレベルを変えてみた。第 1 条件では、母親はアンナと遊び、注目を与えるようにした。その一方で、アンナが問題行動を起こしたときには無視した。第 2 条件では、アンナに注目を与えず、自分の家事に集中し、アンナが問題行動を起こしたときにはすぐに家事をやめ、アンナに少しの時間、関わって注目を与えるようにした。その結果、アンナは第 2 条件で問題行動を起こすことが多いことが分かった。この結果は、アンナの問題行動の強化子が母親による注目であることを示唆している。

　そこで、リッチはジェイコブの場合と同じように分化強化による介入を行った。つまり、母親がアンナに注目していないときに、もっと関わってほしいことを言葉で言うようにアンナに教えた。

一方で母親には、アンナが言葉で関わりを求めてきたときには、きちんと応じるように頼んだ。すなわち、アンナが言葉で注目を求めてきたときに、母親はすぐ短時間彼女に注目し、問題行動が起きた場合には一切関わりをもたず、注目を与えないようにした。

　アンナが問題行動を起こしたときに母親がすることは、妹を別の部屋に連れて行き、危害が及ばないようにすることだけだった（アンナの問題行動が叩いたり、蹴ったりすることであったため）。分化強化による介入の結果、アンナの問題行動は減少し、母親に注目してほしいときにはそのことを言葉で言うことが増えた。アンナの場合も、適切な介入を行うことができたのは、最初に機能的アセスメントを行い、それによって得られた情報に基づいて介入方法を選択したことが大きい。

　しかし、問題行動の代わりに言葉で注目を要求する子どもに指導する場合、その要求が多過ぎて、かえってそれが問題になることもある。カーらはこの問題の解決策を示している（Carr et al., 1994）。つまり、子どもの注目要求に対して反応する（注目する）までの時間を徐々に長くするという方法である。この方法で、子どもの注目要求は減っていった。

先行事象	行動	結果事象
母親がアンナに注目を与えない	アンナは注目してほしいことを言葉で言う	母親は彼女に注目する

その結果：母親が注目していないときに、アンナが注目してほしいと言葉で言うことが増える。

機能的アセスメントの定義

行動分析学の基本原理の1つは、「行動は法則的である」ということである。望ましい行動の場合も望ましくない行動の場合も、その行動の生起は環境事象による制御を受けている。別の言い方をすれば、行動は環境変数に応じて起こる。レスポンデント行動は先行刺激による制御を受け（USまたはCS）、オペラント行動は、強化や弱化という三項随伴性を構成する先行事象と結果事象の制御を受けている。**機能的アセスメントとは、問題行動の生起と機能的に関係している先行事象と結果事象についての情報を集めるプロセスである**。それによって、問題行動が起きる理由を知る上で役立つ情報が得られる（Drasgow, Yell, Bradley, & Shiner,1999; Ellis & Magee, 1999: Homer & Carr, 1997; Iwata, Vollmer, & Zarcone, 1990; Iwata, Vollmer, Zarcone, & Rodgers, 1993; Larson & Maag, 1999: Lennox & Miltenberger, 1989;

Neef, 1994）。

機能的アセスメントは標的行動の結果事象（機能）に関する情報に加えて、行動が起きる場所や時間、行動が起きている時に存在する人、行動の直前に先行するすべての環境事象、標的行動の頻度（もしくは他の次元）に関する詳細な情報も提供する。三項随伴性に関する情報は行動の刺激性制御を持つ刺激と行動を維持する強化的な結果事象を特定することに役立つ。

機能的アセスメントは問題行動への適切な介入を立案する際に重要なその他の種類の情報も提供する。たとえば、問題行動と機能的に等価な代替行動の存在、動機づけ操作（強化子や弱化子の有効性に影響を与える確立操作ならびに無効操作）、その人にとって強化子として機能する刺激、介入とそれがもたらす成果に関する履歴（表13-1）。

表13-1　機能的アセスメントによって得られる情報のカテゴリー

- 問題行動：問題となっている行動の客観的記述
- 先行事象：問題行動に先行する環境事象の客観的記述 (物理的環境や他者の行動など)
- 結果事象：問題行動に後続する環境事象の客観的記述 (物理的環境や他者の行動など)
- 代替行動：対象者の行動レパートリーの中で、問題行動に代わって強化されうる望ましい行動についての情報
- 動機づけ変数：問題行動や代替行動の強化子や弱化子の効力に影響を及ぼす確立操作や無効操作として機能する環境事象についての情報
- 潜在的な強化子：強化子として機能し、介入計画の中で用いることのできる環境事象についての情報 (物理的刺激や他者の行動など)
- これまでの介入：当該の問題行動に対してこれまで行われた介入とその成果に関する情報

問題行動の機能

機能的アセスメントの第1の目的は、その問題行動の機能を特定することである。問題行動の機能あるいは強化的な結果事象として、以下に述べる4つのクラスが見いだされている（Iwata et., 1993; Miltenberger, 1998, 1999）。

正の社会的強化

強化的な結果事象の1つは、他者に仲介される正の社会的強化である。**標的行動が起こった後で、正の強化が他者によって行われ、標的行動が生起しやすくなった場合、その強化は正の社会的強化と呼ばれる。**正の社会的強化としては、他者による注目、活動参加、物の獲得などが考えられる。たとえばアンナの場合、母親に注目されることが問題行動の強化子になっており、ジェイコブの場合には、他児がおもちゃを返してくれる（物の獲得）ことが強化子になっている。どちらの場合も、その行動が生起しやすくなっている。

負の社会的強化

標的行動が、他者に仲介された負の強化によって維持されている場合もある。**標的行動が起きた後で、他者が嫌悪的な関わりや課題、あるいは活動をやめて、標的行動が起きやすくなった場合、その行動は負の社会的強化によって維持されていると言われる。**たとえば、親が子どもに用事を頼んだのに、子どもが「したくない」と言って駄々をこねると、最終的に、親が用事を頼むのをあきらめてしまう場合である。あるいは、子どもが課題をするように言われたときに自分の頭を叩き始めると、その課題をしなくて済む場合も、負の社会的強化に当てはまる。両方とも、用事や課題をしないで済むようになることが、問題行動を強化していると言える。また、自分の車の中でタバコを吸わないように友人に頼む行動は、友人がタバコを消したり火をつけるのをやめたりすることで、タバコの嫌な臭いを回避や逃避できることによって強化されている。

正の自動強化

標的行動の強化的な結果事象が、他者の仲介を必要とせず、行動自体によって自動的に生じる結果事象の場合もある。**ある行動によって自動的に強化的な結果事象が生み出され、その行動が生起している場合、その行動は正の自動強化によって維持されていると言われる。**たとえば、ある行動をすると、その行動を強化する感覚刺激が生み出される場合がある。物を回したり、自分の席で身体を前後に揺らしたり、手を顔の前でヒラヒラさせている自閉スペクトラム症の子どもにおいては、その行動によって強化的な感覚刺激が生み出されている可能性が高い。この場合、その強化的な結果事象は他者に仲介されたものではない。飲み物を取り出すために台所に行く行動は、飲み物によって正の自動強化を受けるが、誰かに飲み物を頼む場合は、他の人が飲み物を持ってきてくれるので、正の社会的強化を受けている。

負の自動強化

負の自動強化とは、標的行動が起こることによって、自動的に嫌悪的な刺激がなくなったり弱くなったりして、行動が生起している場合である。負の自動強化では、他の人の仲介がなくても、嫌悪的な刺激がなくなったり弱くなったりする。すきま風が冷たくて窓をしっかりと閉めるのは、負の自動強化の例である。一方、同じ状況で、他の人に頼んで窓を閉めてもらうのは、負の社会的強化である。負の自動強化によって維持されている問題行動の1つに、過食がある。過食の人の中には、たくさん食べることによってそれ以前にあった嫌な感情が緩和され、そのために過食行動が維持されている場合があると指摘されている（Miltenberger, 2005; Stickney & Miltenberger, 1999; Stickney, Miltenberger, & Wolff, 1999）。別の言い方をすれば、強い不快な感情を経験したときに、過食によってその不快な感情が和らげられ、過食行動が負の自動強化を受けているとも言える。

機能的アセスメントの方法

機能的アセスメントの方法には大きく3つの種類があり、インタビューや質問紙によって情報

機能的アセスメントの方法

- ■ 間接法
- ■ 直接観察法
- ■ 実験的方法（機能分析）

を集める間接法、観察者が実際の先行事象、行動、結果事象を記録する直接観察法、先行事象や結果事象を実際に操作し、問題行動に対するその効果を調べる実験的方法（または機能分析と呼ばれる）に大別される（Iwata, Vollmer, & Zarcone, 1990: Lennox & Miltenberger, 1989）。これらの方法について順番に考えてみよう。

間接法

間接的な機能的アセスメントの方法では、行動インタビューや行動質問紙を用いて、問題行動を起こしている本人（クライエント）またはその人をよく知っている人（家族、教師、施設職員など）から情報を集める。こうした間接的な方法は関係者（クライエントや家族など）がアセスメントの質問項目に答える形で情報を提供するという形式をとることから、関係者情報アセスメント（informant assessment methods）と呼ばれることもある（Lennox & Miltenberger, 1989）。間接的な機能的アセスメント法の長所は、実施が簡単でしかも時間がかからないことである。さらに、機能的アセスメントのためのインタビュー様式も、これまでに数多く開発され公表されている（Bailey & Pyles, 1989; Durand & Crimmins, 1988；Iwata, Wong, Riordan, Dorsey, & Lau, 1982；Lewis, Scott, & Sugai, 1994；Miltenberger & Fuqua, 1985b；O'Neill, Horner, Albin, Storey, & Sprague, 1990；O'Neill et al., 1997）。しかし短所もあり、情報を提供した人の記憶に依拠した方法であることから、インタビューや質問紙によって得られた情報に記憶違いがあったり、重要なことを忘れてしまっている場合もある。

短所はあるものの間接的な機能的アセスメントは簡便な方法であり、広く用いられている。インタビューは、心理学者が用いるアセスメント法の中でも最もよく用いられる方法の1つである（Elliott, Miltenberger, Bundgaard, & Lumley, 1996; Swan & MacDonald, 1978）。行動インタビューで重要なことは、関係者から明確かつ客観的な情報が得られるように構造化されていることである。問題行動、およびその先行事象と結果事象についての情報は、推測や解釈を入れないで、環境的な出来事（人の行動を含む）をそのまま客観的に記述したものでなければならない。たとえば、かんしゃく行動が問題となっている場合に、「あなたの子どもはどんなときにかんしゃくを起こしますか」という質問に対する2つの答えを考えてみよう（かんしゃく行動は既に定義されていると仮定して）。ある親は、「ジョニーは、私がテレビを消して食卓に来るように言ったときにかんしゃくを起こします」と答えた。この親の場合は、問題行動に先行する環境事象について、客観的な情報を提供している。しかし、「ジョニーは彼がしたいことができなかったときにかんしゃくを起こします」という答え方には、親の解釈が入ってしまっている。そして、この答えは、問題行動の先行事象に関する客観的な情報とは言えない。というのは、特定の環境事象を記述したものではないからである。

行動インタビューの目的は、問題行動の生起に関係している変数について仮説を立てるために役立つ情報、すなわち問題行動、その先行事象と結果事象、およびその他の変数についての情報を得ることである。同時に、十分なインタビューを行うためには、関係者やクライエントに対して、次のような機能的アセスメントの要点を教えることも大事である。すなわち、行動や関連する出来事を具体的な形で特定する、推測は最小限にする、問題となっている行動を理解し変容するためにはその行動の先行事象と結果事象に焦点を当てることが重要、ということを教える。以下に示したも

先行事象

- ■ その問題行動は、どのようなときに起きやすいか？　どのような場所で起きやすいか？
- ■ その問題行動は、誰がいるときに起きやすいか？
- ■ その問題行動が起こる前に、やっていた活動や出来事は何か？
- ■ その問題行動の直前に、他の人が言ったことやしたことは何か？
- ■ その問題行動を起こす前に、その子どもは他に何かをやっていたか？
- ■ その問題行動が起きにくいのは、どんなときで、どんな場所で、誰といるときで、どんな活動や状況のときか？

結果事象

- ■ その問題行動の後に どのようなことが起きているか？
- ■ その問題行動が起きたら、親はどのようなことをするか？
- ■ その問題行動が起きたら、周囲の人はどのようなことをするか？
- ■ その問題行動が起きた後で、何が変わるか？
- ■ その問題行動が起きた後、その子どもは何を得るか？
- ■ その問題行動を起こすことで、その子どもが何かをしなくて済んだり、避けることができるか？

のは、子どもの問題行動の先行事象と結果事象に関する情報を得るための、親に対する質問リストの一例である。

　読者はすでに気づいたと思うが、上記の質問はいずれも、子どもが問題行動を起こす前と後にどのようなことがあったかを尋ねている。面接者はこのような質問によって、親から客観的な情報を得ることを意図している。いずれかの質問に親が客観的でない答えを返した場合には、面接者は問題行動の前後に起きていたことをより明確にするために、いくつかの追加質問をする。これらの質問によって、**先行事象と結果事象についての確かな情報が得られれば、面接者は**それらの情報に基づいて、当該の問題行動に刺激性制御を及ぼしている先行事象と、問題行動を維持している強化子についての**仮説を立てることが可能となる。**

　行動インタビューで詳細な機能的アセスメント情報を得るための質問項目は、これまでに多くの研究者が考案している。表13-2に、知的障害のある人たちに関わる施設職員や教師らが使いやすいように開発された機能分析インタビュー様式（The Functional Analysis Interview Format: O'Neill et al., 1990; 1997）のアセスメント情報

のカテゴリーと質問例を示した。これらの質問項目は、インタビューや質問紙の形で用いられる（Ellingson, Miltenberger, Stricker, Galensky, & Garlinghouse, 2000; Galensky, Miltenberger, Stieker, & Garlinghouse, 2001）。インタビューの場合は、面接者が関係者に対してそれぞれの質問をし、その答えを記録する。質問紙の場合は、関係者がそれぞれの質問項目を読み、答えを書く。質問紙の場合、専門家が答えを吟味し、より詳細で客観的な情報が必要な場合には、面接して追加の質問を行う。

　間接的な機能的アセスメントには情報提供者の記憶に左右されるという欠点があることから、研究者は、表13-1に示した先行事象、結果事象、その他の変数に関するより正確な情報を得るために複数の機能的アセスメント法を用いることを勧めている（Arndorfer & Miltenberger, 1993; Arndorfer et al., 1994; Ellingson et al., 2000）。アンドルファーら（Arndorfer）は、行動インタビューと併せて先行事象と結果事象の直接観察を行うことで、問題行動の機能についてより正確な仮説を導けることを示している。

表13‐2　「機能的分析インタビュー様式」のアセスメント情報のカテゴリーと質問例

A．行動を記述する
- ■ 問題となっているのはどんな行動ですか。
- ■ それぞれの行動の型、起こる頻度、持続時間を説明してください。

B．その行動に関連している可能性のある周囲の状況や内的状態を明らかにする。
- ■ 現在服薬中の薬は何ですか。その薬がその行動に影響している可能性はありそうですか。
- ■ その行動が起きる場 (職場・学校・家庭) には、何人の人がいますか。人の多さやその人たちとの関わりがその行動に影響している可能性はありますか。
- ■ 支援職員の勤務体制はどうなっていますか。職員数、職員研修、職員の関わり方がその行動に影響している可能性はありますか。

C．その行動の前の出来事や状況 (先行事象) を調べる。
- ■ その行動はいつ、どこで、誰といるときに起きやすく、また起きにくいですか。
- ■ その行動が起こりやすい活動と、起こりにくい活動は何ですか。

D．問題となっている行動の機能を特定する。どのような結果事象が、その行動を維持しているか。
- ■ その人が、その行動によって得することは何ですか。あるいは、その行動を起こすことによってしなくて済むことは何ですか。

E．問題となっている行動の効率性を明らかにする。
- ■ その行動をするためには、どれだけの身体的な労力が必要ですか。
- ■ その行動をすることで、毎回、その人は報酬が得られますか。

F．対象者のコミュニケーション手段を明らかにする。
- ■ 対象者は、意思を表現するためにどのようなコミュニケーション手段を用いますか。

G．強化子を特定する。
- ■ どのような要因 (出来事・活動・物・人) が、対象者の強化子や楽しみになっていますか。

H．対象者は問題となっている行動に代わる行動を身につけているか。
- ■ 対象者は、問題となっている行動と同じ機能を果たすような、社会的に適切な行動やスキルを身につけていますか。

I．望ましくない行動が形成されてきた歴史、およびこれまでに適用されたプログラムを調べる。
- ■ これまでにどのような介入プログラムを受けましたか。また、その効果はどうでしたか。

オニールら （O'Neill et al., 1990）を改変

直接観察

直接観察による機能的アセスメントは、問題行動が起こるたびにその先行事象と結果事象を観察・記録するという方法である。直接観察する人（観察者）は、問題行動を起こしている本人であったり、その関係者（親、教師、施設職員など）であったり、心理士であったりする。通常は、問題行動がよく起こる自然な日常場面で観察し、その先行事象と結果事象を記録する。例外的に、病院やクリニックといった治療場面で観察が行われることもある。直接観察による機能的アセスメントは、一般に **ABC 観察**（ABC observation）と呼ばれる。ABC 観察の目標は、日常場面で起こる問題行動に関連している先行事象と結果事象を記録することである（Anderson & Long, 2002; Bijou, Peterson, & Ault, 1968; Lalli, Browder, Mace, & Brown, 1993; Repp & Karsh, 1994; Vollmer, Borreo, Wright, Van Camp, & Lalli, 2001）。

　ABC 観察には、問題行動の機能的アセスメン

ト方法として、長所も短所もある。間接法と比べた場合の ABC 観察の最も大きな長所は、問題行動の先行事象と結果事象について記憶に基づく回答ではなく、それが起きているときに直接観察・記録できることである。直接観察によって得られたアセスメント情報の方が、より正確な情報である。一方、短所は、インタビューや質問紙と比べ時間がかかり、負担も大きいことである。さらに、ABC 観察によって問題行動の先行事象や結果事象について客観的な情報が得られたとしても、それは当該の問題行動とそれらの事象とに相関的関係があることを示しているのであって、機能的関係があることを示しているのではないという弱点もある。両者に機能的関係があることを証明するためには、次の項で述べる実験的な方法が必要になる。しかし、ABC 観察によって明らかになるのが相関的関係であったとしても、その情報に基づいて、当該の問題行動を引き起こしている先行事象や、その行動を維持している強化子について仮説を立てられることも少なくない。**先行事象と結果事象についての仮説の立案が、ABC 観察に期待される成果である。**先行事象と結果事象を制御に関する明確な仮説は、有効な介入計画を立てることに繋がる。間接的なアセスメントによって得られた情報と、直接的な ABC 観察によって得られた情報が一致していれば、問題行動に関係している変数についての仮説の精度は高くなる。

　ABC 観察の場合、観察者はその問題行動が最も起きやすいときに、クライエントの日常場面にいる必要がある。たとえば、ある教科では問題行動を起こし、別の教科では起こさない生徒の場合、観察者はその生徒が問題行動を起こす教科の時間に教室にいなければならない。したがって、よりよい ABC 観察を行おうとすれば、その問題行動が最も起きやすいときを前もって知っておく必要がある。インタビューによる情報によって問題行動がいつ最も起きやすいかを知ることができる可能性がある。タッチェティら（Touchette, Mac-Donald, & Langer, 1985）は 1 日の中でどの時間帯に最も当該の問題行動が起きやすいかを調べるために、**スキャター・プロット**（scatter plot）を用いた方法を開発している。スキャター・プロットでは、クライエントの日常場面に一緒にいる人

が観察者となり、30 分間刻みでその問題行動が起きたかどうかを記録する。スキャター・プロットは、インターバル記録法（第 2 章）の 1 つであるが、ABC 観察ではない。なぜならば、先行事象や結果事象を観察し記録しないからである。数日間スキャター・プロットをつけると、問題行動が 1 日のうちどの時間帯で最も起きやすいかが分かるようになる。スキャタープロットにより問題行動が生起する特定の時刻が明らかになれば、その時間帯に ABC 観察を行う。スキャタープロットにより問題行動が生起する時間帯が明らかにならない場合（たとえば、Kahng et al.,1998 を参照）、ABC 観察は、より長い期間、あるいはより長い時間帯で観察するように計画する。スキャター・プロットは図 13- 1 に示した。

　ABC アセスメントを行う観察者は、問題行動が起こるたびにその先行事象と結果事象を正確に観察・記録できるように研修を受ける必要がある。というのは、観察者には、問題となっている行動がどれかをきちんと見分け、その行動の直前と直後の出来事を正確に記述できる技術が求められるからである。同様に、先行事象と結果事象を客観的に記述し、他者の行動や周囲の物理的刺激の変化を的確に記述する研修も必要である。さらに、それらを観察したら、記憶が鮮明なうちにできるだけ早く記録しなければならない。

　ABC 観察には、「記述法」、「チェックリスト法」、「インターバル記録法」の 3 つがある。

　■「**記述法**」では、問題行動が起こるたびに観察者がその行動、およびその先行事象と結果事象について簡潔に記録する方法である。その際に観察者は、図 13 - 2 に示したような日付と 3 つの記録欄からなる記録用紙を用いるのが一般的である。この方法は自由記述によるもので、問題行動の直前・直後に起きている出来事のすべてを書き留める。そのため、この ABC アセスメントの方法は、行動の機能に関する仮説を立てる前、すなわち間接法の前に実施されるということもあり得る。

　■「**チェックリスト法**」による ABC 観察では、想定される先行事象、標的行動、結果事象が記載されたチェックリストを用いる。このチェックリストに記載する具体的な項目は、問題行動とそ

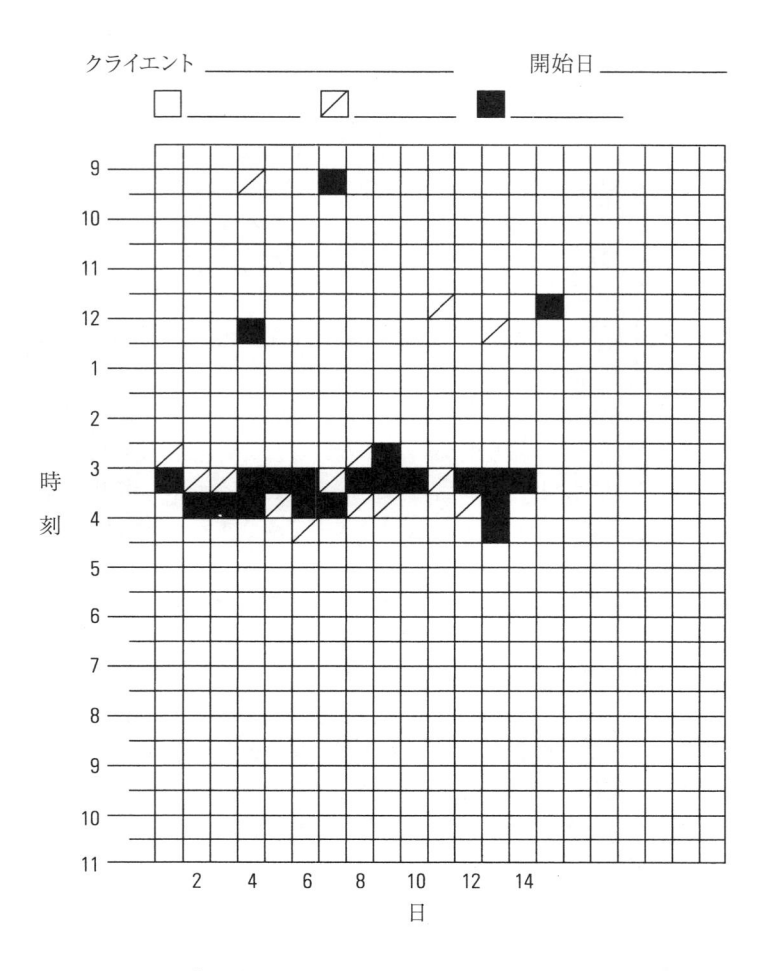

図 13 - 1 このスキャター・プロットの記録用紙は、1日のうちどの時間帯に問題行動が起こるかを示すものである。記録用紙の四角のます目1つが30分である。観察者は30分間隔で記録し、それまで30分間に1回問題行動が起きた場合には、ます目に斜線を引く（▨）。2回以上起きた場合は塗りつぶす（■）。1回も起きなかった場合は、空欄のままにしておく。スキャター・プロットを1〜2週間続けると、その行動が最も起きやすい時間帯がわかるようになる。このスキャター・プロットからは、午後3時台に最も起きやすいことが分かる。そこで、行動分析家はこの行動の先行事象と結果事象を記録するために、午後3時頃にABC観察をすることになる。(Touchette, P. E., MacDonald, R. F., & Langer, S. N. [1985]. A scatter plot for identifying stimulus control of problem behavior. *Journal of Applied Behavior Analysis, 18*, 343-351. Copyright © 1985 University of Kanas Press.)

れに関係している可能性のある先行事象と結果事象を、インタビュー（あるいは他の間接法）や短期の観察によってある程度特定した後で設定する。チェックリストを用いたABC観察では、観察者は特定の問題行動が起こるたびに、その行動の欄、およびそれに関連した先行事象と結果事象の各欄にチェックを記入する。図13 - 3に、ABC観察チェックリストの例を示した。

　■「**インターバル**（あるいは**リアルタイム**）記

録法」によるABC観察は、第三の方法である。前に説明したように、インターバル記録法では、観察する時間を短いインターバルに分け、そのインターバルの中で標的行動が起きたかどうかを記録する。リアルタイム記録では、それぞれの行動が起きた正確な時間を記録する。インターバル記録法やリアルタイム記録法により、行動だけではなく、先行事象・結果事象として作用している可能性のある特定の事象を特定・定義すること、そ

観察記録

①標的行動を記述しなさい。＿＿＿＿＿＿＿＿＿＿＿＿＿＿＿＿＿＿＿

②標的行動の「直前」に起きていた出来事を記入しなさい。（あなたや周囲の人がしたことなど）

③標的行動の「直後」に起きた出来事を記入しなさい。（あなたや周囲の人がしたことなど）

月／日 時間	行動の「直前」の 出来事	行　動 （具体的に何が行われ、何を言ったか）	行動の「直後」の 出来事

© Cengage Learning®

図 13 - 2　この ABC 観察記録用紙には、先行事象、行動、結果事象、観察の日時を記入する。問題行動が起きるたびに、観察者はすぐに先行事象、行動、結果事象を記録用紙に記入する。この ABC 観察法では、出来事を説明するために時間を記入する必要がある。

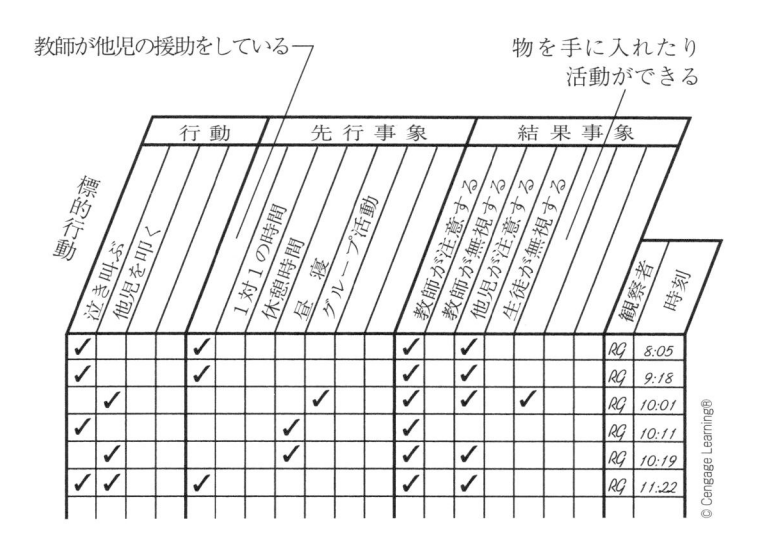

図 13 - 3　この ABC 観察チェックリストには、標的行動が起きた時刻と、それぞれの先行事象、行動、結果事象を記入する欄が、あらかじめ用意されている。標的行動が起きるたびに、観察者は時刻を記入し、該当する先行事象、行動、結果事象の欄にチェック（✓）を記入する。この記録用紙を用いると、観察者は何かの活動をしながらでも、短い時間で記録ができる。この ABC 観察チェックリストを作成するためには、事前に何回か観察を行い、記録する先行事象、行動、結果事象のカテゴリーを把握しておく必要がある。この ABC 観察チェックリストに先行事象、行動、結果事象のカテゴリーを入力し、数名の観察者で記録する。

直接観察によるアセスメント法

- ■記述法
- ■チェックリスト法
- ■インターバル記録法、もしくはリアルタイム記録法

してそれを記録することが可能となる。その特定の事象は、インタビューやその他の間接法、あるいは直接観察を通じて特定される。

ロートベットとミルテンバーガー（Rortvedt & Miltenberger, 1994）は、インターバル記録法によるABC観察を行い、幼児2名の指示不服従行動の機能を特定している。この場合の指示不服従行動は、親が課題をするように言ったときにそれに従わない行動であった。研究者はまず、この指示不服従行動の機能をアセスメントするために両親にインタビューをした。そのインタビューの中で、2名の対象幼児の両親は、いずれも子どもが指示に従わないときに指示に従わせようといろいろと話しかけていると答えた。さらに、子どもが指示に従わないときに、両親はその指示を繰り返したり、小言を言ったり、ペナルティを与えることをほのめかしたり、あるいは懇願したりしていることが分かった。研究者はこれらのインタビュー情報に基づいて、この指示不服従行動は親からの注目によって強化されているという仮説を立てた。そして、研究者は対象幼児と親の行動に対して、家庭内でABC観察を行った。親にはたくさんの指示を出すように依頼し、10秒インターバル記録法を用いて、親の指示に対して子どもが従うかどうか、また子どもの指示不服従行動に対して親が注目を与えているかどうかを記録した。この観察の結果、子どもたちは50〜80%の割合で親の指示に従っていないことが分かった。さらに子どもが指示に従わないとき、親はいろいろな形で注目を与えていることも分かった。このABC観察の結果はインタビュー情報と一致し、指示不服従行動が親からの注目によって強化されているという仮説を支持するものであった。このアセスメント情報に基づいて、子どもが指示に従わないときには注目をしないようにする**タイムアウト**（第17章参照）と、子どもが指示に従ったとき

には正の強化を与える介入を行い、指示に従う行動を増やすことができた。この介入計画は、機能的アセスメントの結果に基づいて立案されたものである。

機能的アセスメントにおける間接法と直接法は、記憶に基づくのか直接観察に基づくのかが違うだけで、いずれも先行事象と結果事象を記述する方法であることから、これらの方法は**記述的アセスメント法**に分類される（Arndorfer et al., 1994; Iwata, Vollmer, & Zarcone, 1990; Mace & Lalli, 1991; Sasso et al., 1992）。記述的機能的アセスメントにより、問題行動に関係する先行事象と結果事象について仮説を立てることができる。しかし、問題行動とこれらの事象に機能的関係があることを実証するためには、先行事象と結果事象を操作し、問題行動に及ぼす効果を示す必要がある。

実験的方法（機能分析）

実験的方法による機能的アセスメントでは、先行事象や結果事象の変数を操作し、それらが実際に問題行動にどのような効果をもたらすかを実証する。この方法は**機能分析**（functional analysis）と呼ばれる。このように呼ばれるのは、この方法が問題行動とその先行事象や結果事象との機能的関係を実験的な手法で実証するからである。機能分析において、強化子である可能性の高い刺激を提示し、行動が増加する（強められる）結果事象かどうかを確かめる。また、異なる複数の先行事象（確立操作である可能性がある事象）を提示し、どの先行事象が行動を引き起こすのかを確かめる。

問題行動が果たしている機能を明らかにするために、先行事象と結果事象の両方を操作するのが一般的である。これが問題行動を維持する強化子を評価する最も直接的な方法である。たとえば、イワタら（Iwata, Dorsey, Slifer, Bauman,

& Richman, 1982）は、知的障害の人の自傷行動
（SIB: self-injurious behavior）の機能を明らかに
するための実験を行った。イワタらは各々の実験
条件で、SIB の確立操作（先行事象）と強化的な
結果事象を設定した。たとえば、SIB の強化子と
しての注目の効果を評価するために、その場にい
る大人が対象児に注目しない状況（確立操作）を
設定し, SIB が生じたらその行動を注意という形
で対応をした。また、課題からの逃避が強化子と
して機能しているかを評価するために、イワタら
は困難な課題（確立操作）を提示して、SIB が生
起したら、短時間、課題から逃避することができ

るようにした。イワタらは操作交代デザインで 4
つの条件を評価し（図 13 - 4）、対象児の SIB の
うち注目によって維持されているものと、逃避に
よって維持されているもの、自動強化によって維
持されているものがあることを明らかにした。

また機能分析は、通常、先行事象と結果事象の
どちらも操作するが、先行事象だけを操作し、そ
れが問題行動にどのような影響をもたらすかを実
証する場合もある。この場合、問題行動の機能は、
先行事象の操作によって生じた行動の変化によっ
て推定される。たとえば、カーとデュランド（Carr
& Durand, 1985）は、教室内で行動障害を示す

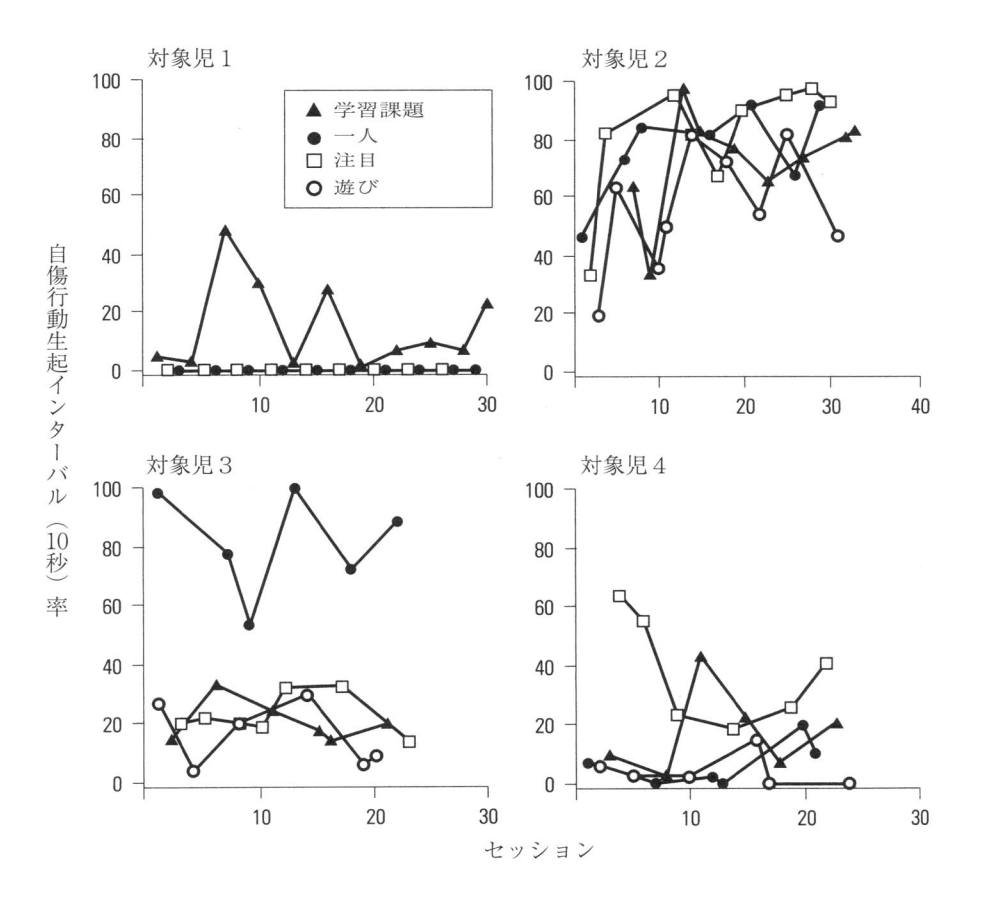

図 13 - 4　このグラフは、条件交代デザインを用いた研究の 4 人の対象児のデータを表したものである。4
つの実験条件 (学習課題条件、一人条件、注目条件、遊び条件) について、それぞれの対象児の自傷行動のレ
ベルを示している。(Iwata, B. A., Dorsey, M. F., Slifer, K. J., Bauman, K. E., & Richman, G. S. [1994.] Toward a
functional analysis of self-injury. *Journal of Applied Behavior Analysis, 27*, 205. Copyright ©1994 by Society for the
Experimental Analysis of Behavior.)

用語：機能的アセスメントと機能分析

- **機能的アセスメント**は、行動に影響を与える先行事象や結果事象を見つけるため、それに関する情報を収集する手順である。機能的アセスメントには3つの方法がある。機能的アセスメントは機能的行動アセスメント（functional behavioral assessment）とも呼ばれる。

- **機能分析**は3つの機能的アセスメントの方法のうちの1つである。具体的には、機能分析は先行事象・結果事象・行動間の機能的関係を示すため、先行事象・結果事象の操作を実際に行う。

子どもに対して、注目が少ない条件と課題の困難度が高い条件を設定した。注目が少ない条件で問題行動の頻度が最も高ければ、注目に関する確立操作が存在する際に問題行動が起きていることから、行動は注目によって維持されていると著者たちは推測した。課題の困難度が高い条件で問題行動が最も高ければ、逃避行動に関する確立操作が存在している際に問題が起きていることから、困難な課題からの逃避によって、行動が維持されていると著者たちは推測した。カーとデュランドは、一部の子どもの問題行動は注目が少ない条件で一番多く生じ、別の子どもでは課題の困難度が高い条件で一番多く生じることを明らかにした。

さらに、問題行動の潜在的な機能を評価するために、機能分析を工夫することもある（Iwata, Dorsey, et al., 1982）。行動分析家が問題行動を維持している強化的な結果事象について仮説を持っていない場合には、機能分析の中でさまざまな可能性を調べるという手法を取る。この種の機能分析は**探索的機能分析**と呼ばれる。探索的機能分析は、一般に3～4つのテスト条件と1つの統制条件で構成される。**各テスト条件では、問題行動に関する確立操作と潜在的な強化子が提示される。統制条件では、無効操作が提示され、潜在的な強化子が撤去される。**たとえば、問題行動の機能について明確な仮説が立てられない場合、問題行動を維持している強化的な結果事象として、注目、具体物の強化子、逃避、感覚刺激を想定し、4つの条件をそれぞれ実施する（Iwata, Dorsey, et al., 1982; Ellingson, Miltenberger, Stricker, Garlinghouse, et., 2000; Rapp, Miltenberger, Galensky, Ellingson, & Long et al., 1999）。幅広く可能性のある強化的な結果事象を評価する探索的機能分析を行うことによって、他の機能を排除しな

がら、問題行動の機能を特定できるように設計されている。

また、行動分析家が標的となる問題行動の機能について事前に何らかの仮説を持っている場合には、実験条件を少なくすることもある（Arndorfer et al., 1994）。この場合、機能分析の目的は、可能性のある機能すべてを評価することではなく、事前に立案した仮説の妥当性を検証することにある。この種の機能分析は**仮説検証型機能分析**と呼ばれる。このタイプの機能分析は、テスト条件と統制条件がそれぞれ1つずつで構成される。テスト条件では推定された強化子に関する確立操作が提示され、問題行動が起きたときに推定された強化子を提示する。統制条件では、推定された強化子に関する無効操作を提示し、仮に問題行動が起きたとしても、強化子を提示しない。たとえば、標的となる問題行動が注目によって強化されているという仮説を立てている場合、2つの条件で評価することになる。テスト条件では、注目が少ない先行事象（確立操作）が提示され、問題行動が生起した後に注目を随伴する。統制条件では、注目が十分に提示される先行事象（無効操作）が提示され、問題行動が生起した後でも注目は随伴されない。その結果、前者の条件で標的となる問題行動が高頻度で生起し、後者の条件ではほとんど生起しないことが明らかになれば、その問題行動が注目によって強化されているという仮説は立証されたことになる。

Q. 前述のジェイコブの問題行動の機能分析を、リッチはどのように実施すればよいか？

リッチは、デイケアでの他の子どもたちのジェイコブへの関わり方を意図的に操作してみた。リ

ッチの立案した仮説は、ジェイコブの頭叩き、泣き、おもちゃ投げの先行事象が、ジェイコブのおもちゃに他児が触ったりそれで遊んだりすることである、というものであった。この先行事象が問題行動と機能的な関係があるかどうかを確かめるために、リッチはこの先行事象が存在する条件と存在しない条件の2条件を設定した。さらに彼は、ジェイコブの問題行動を維持している強化子が、他児がジェイコブにおもちゃを返すことであるという仮説を立てた。この結果事象が問題行動と機能的に関係しているかどうかを確かめるために、リッチは問題行動が起きるとおもちゃを返す条件と返さない条件を設定した。機能分析の結果、ジェイコブの問題行動は想定した先行事象と結果事象があるときに最も高頻度で生じた。そして、先行事象と結果事象がない条件では、問題行動はほとんど生じなかった（図 13‐5参照）。この結果は、あらかじめ想定した先行事象と結果事象がジェイコブの問題行動と機能的に関係していることを証明していた。そして、それはリッチがインタビューと ABC 観察から得た情報に基づいて立てた仮説を支持するものであった。リッチの行った介入が成功したのは、それが機能的アセスメントに基づくものだったからである。別の言い方をすれば、ジェイコブが問題行動をする理由をリッチが理解することができて初めて、適切な介入計画を立案することができたのである。

　同じ方法でリッチは、アンナの頭叩き、蹴り、大泣きといった問題行動の機能分析を行った。まず彼は、アンナの問題行動は母親が彼女に注目していないときに最も起きやすく、その行動への母親の注目が強化子になっている、という仮説を立

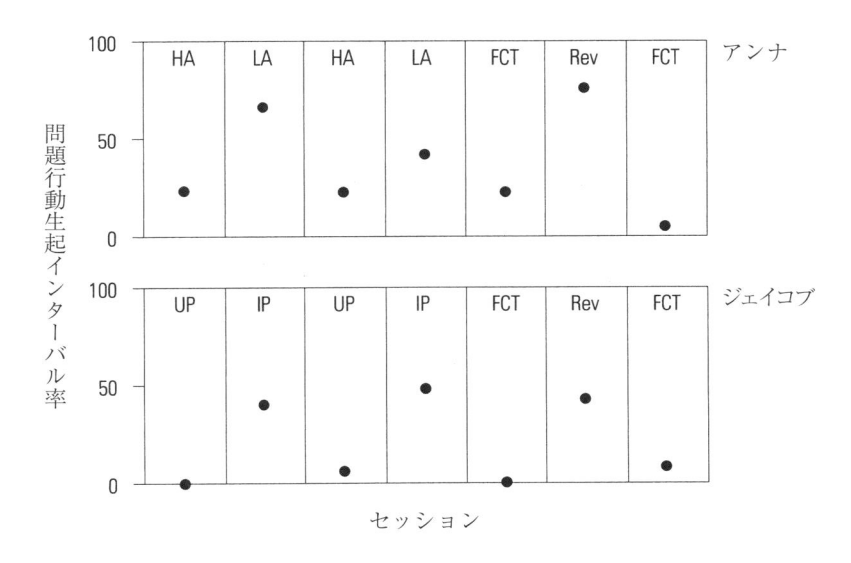

図 13‐5　このグラフは、アンナとジェイコブの機能的分析のデータを示している。アンナの場合は、問題行動は低注目 (LA) 条件で多く、高注目 (HA) 条件で少なかった。これは、母親の注目がアンナの問題行動を強化していることを示唆している。介入としては、機能的コミュニケーション指導 (FCT：第 15 章参照) が行われ、その結果、アンナの問題行動は減った。ジェイコブの場合は、遊びが邪魔されない条件 (UP) と遊びが邪魔される条件 (IP) が実施された。彼の問題行動は、他児が彼の遊びの邪魔をし、彼が問題行動を起こすと他児がおもちゃを返す条件の方で多かった。このことは、おもちゃを返してもらうことが彼の問題行動の強化子になっているという仮説を支持している。ジェイコブの場合も、FCT が導入されると、問題行動は減っていった。アンナとジェイコブについては、機能的コミュニケーションを導入しない条件が再度設定 (Rev) された。その後再度、機能的コミュニケーションが導入された。（Arndorfer, R. E., Miltenberger, R. G., Woster, S. H., Rotvedt, A. K., & Gagganey, T. [1994]. Home-based descriptive and experimental analysis of problem behaviors in children. *Topics in Early Childhood Special Education, 14,* 64-87.）

機能分析の種類

- **探索的機能分析**：確立操作が存在しない、もしくは問題行動の強化子がない統制条件と共に、数多くの可能性のある強化子（たとえば、注目、逃避、物の獲得）を機能分析によって評価する。
- **仮説検証型機能分析**：問題行動を維持している特定の強化子に関する仮説を検証するため、１つのテスト条件と１つの統制条件を実施する。

参考：機能分析の臨床的活用

機能分析は応用行動分析学において幅広く用いられており、問題行動に影響を与えている変数を理解し、最も有効な介入手続きを選択するための最善の実践である。初期の機能分析に関する研究から（たとえば、Iwata et al., 1982）、研究者や実践者は機能分析を実施するための具体的な方法を開発している。ドージアとイワタ（Dozier & Iwata,2008）は機能分析の実施のための８つの異なるアプローチについて解説している。そのうちのいくつかは機能分析を基本的な構成要素として取り入れているが（たとえば、テスト条件と統制条件で行動を記録し、複数の行動と強化子との関係性を実証する）、各アプローチは研究デザイン、測定される行動の次元、実施の状況、分析の期間という点で異なっている。たとえば、試行的機能分析（trial-based functional analysis）では、手続きは日常の教室の日課に埋め込まれる（Bloom, Lambert, Dayton, & Samaha, 2013）。そして、前兆行動の機能分析では、機能分析は、重度な問題行動の直前に一貫して起きる中程度の問題行動に対して実施される（Fritz, Iwata, Hammond, & Bloom, 2013）。

てた。そして、この先行事象と結果事象を操作し、その仮説が正しいことを確認した。加えて、機能的アセスメントに基づいて立案された介入が成功したことからも、この仮説はさらに強く支持された。アンナの問題行動の機能分析の結果は、図13 - 5に示した。

機能分析に関する研究

発達障害のある子どもや大人の問題行動に関係する変数を特定するために機能分析を行った研究は数多くある（Arndorfer & Miltenberger, 1993; Asmus et al., 2004; Hanley, Iwata, & McCord, 2003; Iwata, Pace et al., 1994; Kurtz et al., 2003; Lane, Umbreit, & Beebe-Frankenberger, 1999; Mace, Lalli, Lalli, & Shea, 1993; Repp & Homer, 1999; Sprague & Horner, 1995）。カーら（Carr, Newsom, & Binkoff, 1980）は、知的障害のある男児２名の攻撃行動について機能分析を行った。彼らは、攻撃行動の先行事象は学習課題をさせられることであり、その学習課題をしなくて済むことが強化子になっている、という仮説を立てた。この仮説を検証するために、次のような２つの実験条件を設定した。１つの条件では学習課題を男児２名に提示し、もう１つの条件ではその学習課題を提示しないというものである。その結果、学習課題が提示される条件のときに攻撃行動が高頻度で生じ、一方、学習課題が提示されない条件では攻撃行動がきわめて少ないことが示された。学習課題をしなければならないときに攻撃行動が高頻度で見られたことから、彼らの攻撃行動は学習課題からの逃避によって強化されていることが示唆された。カーとデュランドの研究（Carr & Durand, 1985; Durand & Carr, 1987, 1991, 1992）では、自閉スペクトラム症と知的障害を併せ持つ生徒の教室内での問題行動が、教師の注目や学習課題からの逃避によって強化されていることを明

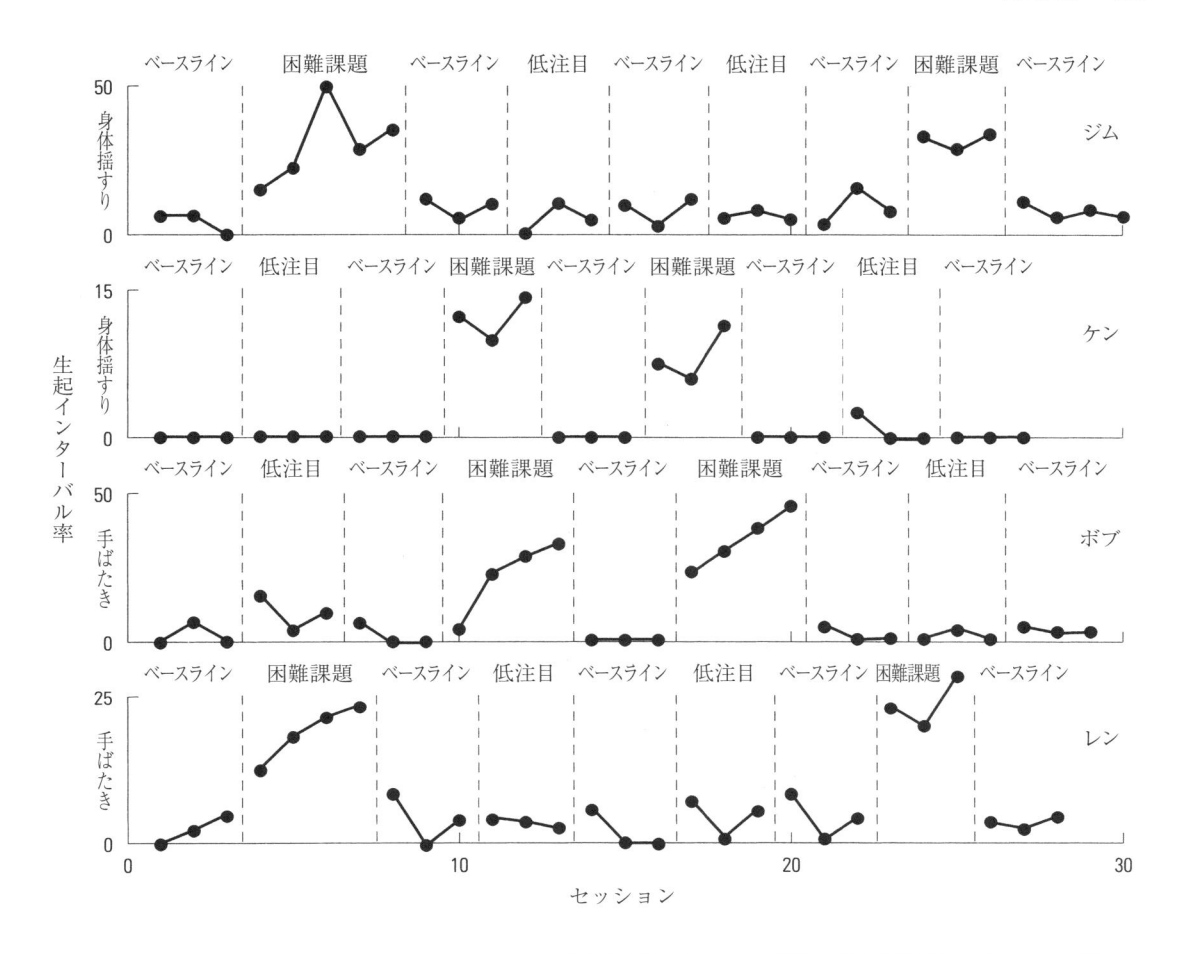

図 13 - 6　このグラフ (Durand & Carr. 1987) は、発達障害児 4 名の 2 つの問題行動 (身体揺すり〔ロッキング〕と手ばたき〔ハンド・フラッピング〕) の機能分析の結果を示している。次の 3 つの条件が実施された。ベースライン条件では、対象児は簡単な課題に取り組み、教師からは十分な注目を受けた。低注目条件では、簡単な課題に取り組むが、教師からの注目は少なかった。困難課題条件では、教師から十分な注目を受けたが、取り組む課題は難しいものだった。このグラフから、問題行動は困難課題条件で最も多いことがわかる。この結果は、これらの問題行動が難しい課題からの逃避によって強化されていることを示唆している。(Durand, V. M., & Carr, E. G. [1987]. Social influence of "self-stimulatory" behavior: Analysis and treatment application. *Journal of Applied Behavior Analysis, 20*, 119-132, Copyright © 1987 University of Kansas Press.)

らかにしている。これらの研究のいずれにおいても、研究者は教師の注目と学習課題の困難度という先行事象を操作し、それらの変数と問題行動の機能的関係を検証し、各生徒の問題行動の機能に対応した介入方法を実施することによって改善を示した。図 13 - 6 は、デュランドとカー (Durand & Carr, 1987) の機能分析のデータを示したものである。

　イワタらの研究は、機能分析による自傷行動の関連変数の特定方法を示している。イワタら

(Iwata, Dorsey, Slifer, Bauman, & Richman, 1982) は、激しい自傷行動の治療のために入院している発達障害のある児童を対象としていた。彼らは自傷行動の強化子が大人からの注目なのか、課題からの逃避なのか、自傷行動によってもたらされる感覚刺激なのかを調べるために、いくつかの実験条件を設定した。注目条件では、大人の一人が作業をしながら同席し (その間、対象児の方を見なかった)、対象児が自傷行動を起こしたときだけ関わりを持つようにした。その際の大人の関わ

り（注目）は、自傷行動をやめるように注意したり手で制止したり、あるいは他の遊びや活動に誘うというものであった。この対応は、自傷行動に対して周囲の大人が日常よくやるものである。逃避条件では大人が一人同席し、対象児に対して課題をするように指示し、自傷行動が起きたときにはその課題を短時間中断した。この対応は子どもが教室内で自傷行動を起こしたときによくあるものである。最後の一人条件では、大人は同席せず、部屋で対象児を一人にし、他の条件のときに置かれていたおもちゃやその他の遊具も部屋から外に出した状態にした。

イワタらはこの３つの実験条件で自傷行動の生起レベルを比較した。もし、自傷行動の出現率が注目条件で一番高く、他の２つの条件では低かった場合には、その子どもの自傷行動を維持している強化子は大人の注目であると言える。一方、課題からの逃避条件で自傷行動の出現率が一番高ければ、その自傷行動は課題からの逃避によって維持されていると言える。また、一人条件で最も高ければ、自傷行動によって生じる感覚刺激によって維持されていると考えられる。その理由は、この条件では対象児は部屋で一人にされ、関わってくれる大人もおらず、しかも遊べる遊具などがない状況にされており、注目や他の刺激物によって強化されている可能性はなく、自己刺激によって強化されている可能性だけが残るからである。この状況では、周囲の人からの関わりはなく、対象児の行動そのものによって自動的にもたらされる結果事象が強化の働きをしていることから、イワタらはこれを自動強化と呼んだ。

その研究の結果、イワタらは自傷行動の機能が対象児によって異なることを明らかにした。自傷行動が注目によって強化されている子どももいれば、逃避や感覚刺激（自動強化）によって強化されている子どももいる。この研究結果はきわめて重要な意味を持っている。イワタらはその後の研究でも、自傷行動を示す障害のある人を対象に機能分析を行い、対象者一人ひとりの自傷行動の機能に応じた介入方法を明らかにしている（Iwata, Pace、Kalsher, Cowdery & Cataldo, 1990; Iwata, Pace, Cowdery, & Miltenberger, 1994: Lerman & Iwata., 1993； Pace, Iwata, Cowdery, Andree,

& McIntyre, 1993； Smith, Iwata, Vollmer, & Zarcone, 1993；Vollmer, Iwata, Zarcone, Smith, & Mazaleski, 1993；Zarcone, Iwata, Hughes, & Vollmer, 1993）。イワタらの研究結果は、カーとデュランドらの研究結果とあわせ、問題行動に介入する場合には、その行動の機能を理解し、最も有効な介入方法を選択するために、問題行動の機能的アセスメントを行う必要があることを示唆している。

研究者は、機能分析の方法を再定義するための研究を実施し続けており、問題行動の生起に影響を与えている要因に対応する機能的な介入を選択することの有効性を確立している。研究では様々なタイプの人々が示す様々な問題行動に取り組んできた（e.g., McKerchar & Thompson, 2004; Moore & Edwards, 2003； Ndoro, Hanley, Tiger, & Heal, 2006；Wallace & Knights, 2003；Wilder, Chen, Atwell, Pritchard, & Weinstein, 2006）。

問題行動の機能的アセスメントとして実験的分析（機能分析）を行うことには、長所と短所があることに注意してほしい。一番の長所は、機能分析によって問題行動とそれに関係している変数の機能的関係を明確にできることである。**このことは、機能分析が、どの先行事象が問題行動を引き起こし、どの結果事象が問題行動を強化しているかについての、科学的根拠を示す１つの基準となることを意味している。**記述的な方法は問題行動に関係している変数についての仮説を立てる際には大きな力を発揮するが、信頼性という点では高いとは言えない。一方、機能分析の短所は、先行事象や結果事象を操作し、それによって生じる行動の変化を測定するにはかなりの時間と労力が必要であり、専門的な知識と技術が必要になることである。機能分析は短いとはいえ１つの実験であり、実験を行うにはきちんと訓練を受ける必要がある。これらの理由から、問題行動の機能的アセスメントや介入に関する研究論文の多くは機能分析の手法を用いたものであるが、行動変容法を用いる実践家は、ほとんどの場合、記述的な機能的アセスメントを用いている（Arndorfer & Miltenberger, 1993; Ellingson, Miltenberger, & Long, 1999）。

参考：機能分析の研究

　研究者が機能分析手続きの有用性を実証した後、問題行動を維持する強化随伴性をよりよく理解できる機能分析手続きの検討を始めた。たとえば、ある研究者は、機能分析の結果における確立操作の役割を検証した（たとえば、Call, Wacker, Rindahl, & Boelter, 2005; McComas, Thompson, & Johnson, 2003; O'Reilly et al., 2006）。別の研究者は、機能分析の結果について、セッションの期間の影響（Wallace & Iwata, 1999）あるいは短縮型の機能分析と長期的な機能分析の結果の違いについて検討している（Kahng & Iwata, 1999）。さらに別の研究者は、機能分析の結果について、教示（Northup, Kodak, Grow, Lee, & Coyne, 2005）、服薬（Diseare, McCadam, Toner, & Varell, 2005）のような別の要因の影響を評価している。別の興味深い研究では、研究者は遠隔医療を利用して、遠隔地において子どもの問題行動の機能分析を実施している。この研究では、オンライン・ネットワークで研究者の指示を受けることで、保護者や教師が機能分析を実施できることを示した（Barretto, Wacker, Harding, Lee, & Berg, 2006）。

機能的アセスメントの進め方

　読者が問題行動に対する介入を行う際には、必ず何らかの形で機能的アセスメントを行う必要がある。最も適切な介入方法を計画立案するためには、まず標的となる問題行動に関係している環境事象（先行事象と結果事象）を理解しなければならない。行動の改善を図るための介入には先行事象や結果事象の操作が含まれるので（第 14 章〜第 16 章参照）、先行事象と結果事象についての情報は重要である。先行子操作を用いる場合には問題行動を引き起こしている先行事象について情報を得ておく必要があるし、消去や分化強化といった結果操作を用いる場合には標的行動を強化している結果事象についての情報が不可欠である。

1. **行動インタビューを始める。** 問題行動の機能的アセスメントを始める際には、通常、クライエント本人、またはクライエントをよく知っていて問題行動の状況を詳しく知っている関係者（たとえば、親、教員、職員）に対するインタビューから始める。

2. **問題行動の ABC について仮説を立てる。** インタビューの結果によって、問題行動の定義を明確にしたり、問題行動が起きる先行事象や問題行動を維持している強化的な結果事象についての仮説を立てたりする。本章ではこうした問題行動に関係する変数についての情報を中心に述べてきたが、インタビューでは適切な代替行動、状況事象あるいは生態学的変数、他の強化子、以前に受けた介入や治療などについても貴重な情報を得ることができる（表 13 - 2 参照）。

3. **直接行動観察を行う。** インタビュー情報に基づいて関係する変数についての仮説を立てたら、機能的アセスメントの次のステップとして、自然な日常場面で ABC 観察による直接観察を行う。ABC 観察は、クライエント自身、専門コンサルタント、および日常的にクライエントに関わっている人たちによる実施が可能である。その際、観察の仕方についてはコンサルタントからきちんと指導を受けておく必要がある。たとえば、行動分析士は、教室内で問題行動を起こしている子どもを自分自身で観察したり、あるいは担任教師や教育補助員が ABC 観察できるように彼らを指導したりする場合がある。観察を行う際には、観察に伴うバイアスが最小限になるように配慮する。というのは、普段どおりの行動を観察し、普段どおりの先行事象や結果事象を観察しないと、ABC 観察の意味がないからである。観察に伴うバイアスを最小限にするには、目

立たないように観察する、参与観察の手法を用いる、観察対象者に慣れてもらう期間を設ける、といった工夫が必要となる。ABC 観察から得られた情報がインタビューから得られた情報と一致していれば、先行事象と結果事象について最初に立てた仮説の精度が高められる。

4．**問題行動の ABC についての最初の仮説を確認する。**いくつかのアセスメントの情報（インタビューや直接観察）により確かめられた仮説によって、機能的アセスメントで特定された先行事象と結果事象に取り組む機能的な介入の計画立案が可能となる。

5．**必要であれば、さらなるアセスメントを実施する。**ABC 観察によって得られた情報とインタビュー情報が一致しない場合には、この不一致点を検討するために、さらにインタビューや観察を行う必要がある。その結果、一致した情報が得られれば、その時点で、それらの情報に基づいて先行事象と結果事象について仮説を立てることができ、機能的アセスメントを終了することができる。

6．**必要であれば、さらなる機能分析を行う。**インタビューや観察を再度行っても一致した情報が得られない場合は、機能分析を行う必要がある。あるいは、記述的アセスメントの情報が一致していても、確かな仮説が立てられないような場合にも、機能分析を行う方がよいだろう。次の例を考えてみよう。

クライドはダウン症の青年で、3 人でチームを組んで、ホテルのルーム清掃の仕事を始めたばかりだった。そのチームにはジョブコーチが一人付き、指導にあたっていた。しかし、クライドは、部屋の鏡台や机を掃除するように指示されると床に座り込んでしまい、仕事を拒否した。ジョブコーチは、立って仕事をするように何度も指示し、その仕事をする理由を説明し、仕事の報酬についても話した。しかし、クライドは座り込んだままだった。その後 1 週間、この状態が毎日続いた。そこでジョブコーチは、コンサルタントに助言を求めることにした。コンサルタントはまずジョブコーチにインタビューし、また実際に ABC 観察

を行い、その結果、以下のことが分かった。クライドは仕事をするように指示されるたびにこの問題行動を起こし、ジョブコーチはそのたびに彼に仕事をするように繰り返し話しかけていた。

Q. この情報から、問題行動の強化子について 2 つの仮説を立てることができるが、どのような仮説だろうか？

考えられる 1 つの仮説は、ジョブコーチの注目によってクライドの行動が強化されているというものである。もう 1 つの仮説は、掃除をすることからの逃避によって強化されているというものである。どちらの仮説が正しいかを確かめる唯一の方法は、機能分析を行い、想定された 2 つの強化子をそれぞれ操作してみることである。

Q. クライドの問題行動を維持している強化子を特定するために、どのような機能分析を行うべきか？

操作する変数は、結果事象としての注目と逃避の 2 つである。この 2 つの変数を操作するために、次のような条件を設定する。結果事象として注目があり逃避はない条件と、結果事象として逃避があり注目はない条件である。前者の条件では、ジョブコーチがクライドに掃除をするように指示し、彼が床に座り込んだら、立ってテーブルを拭くように話したり身体プロンプトをする。この条件では、クライドが仕事から逃避できないようにし（ジョブコーチはクライドの手を持ってでも掃除をさせる）、仕事を拒否するたびに上記のように注目が得られるようにする。後者の条件では、ジョブコーチがクライドに掃除するよう指示し、彼が床に座り込んでも何の反応もしないようにする。この条件では、クライドは仕事から逃避できるが、注目は得られない。ジョブコーチは一日交替でこの 2 つの条件を実施し、どちらの条件でクライドの問題行動が多く起こるかを調べる。もし、前者の条件でクライドが仕事を拒否することが多ければ、その行動は注目によって強化されていると考えられる。反対に後者の条件の方が多ければ、その行動は逃避によって強化されていると考えられ

る。もしどちらの条件でも多ければ、その行動は注目と逃避の両方によって強化されている可能性がある。

　この機能分析の結果、クライドは後者の条件で仕事を拒否することが多いことが分かり、このことから、逃避がその行動の強化子となっていると考えられた。この結果に基づいて、問題行動の機能が逃避であることに焦点化した介入が計画された。つまり、ジョブコーチは彼が仕事をしたときに強化子（お菓子や小休憩）を与え、仕事を拒否したときにはマニュアルガイダンスによって仕事をさせ、逃避によって強化を受けないようにした（この手続きについては、第 14 章、第 15 章、第 18 章で詳しく解説する）。

　この例からも分かるように、機能分析の実施はそれほど複雑でも難しくもない。機能分析のきわめて重要な特徴は、いくつかの実験条件を設定し、行動を記録するための信頼性の高いデータ収集方法があること、他の変数を一定にして先行事象や結果事象を操作すること、操作した変数が行動に及ぼす効果を明らかにするために反転デザイン（あるいはその他の実験デザイン）によって実験条件を反復すること、である。

機能的介入

　機能的アセスメントを実施したら、問題行動の先行事象と結果事象に関する情報を活用して介入を考案する。介入は問題行動を減らし、望ましい代替行動を増加させるために、問題行動の先行事象と結果事象を変更するように計画する。**機能的介入**には、消去（14 章）、分化強化（15 章）、先行子操作（16 章）が含まれる。**これらの介入は、機能的アセスメントにおいて特定された先行事象と結果事象に取り組むため**（行動の機能に取り組むため）、**機能的であると考えられる**。加えて、こうした介入は、弱化を使用していないため、非嫌悪的である。これらの問題行動への機能的介入は、14 章、15 章、16 章で説明する。

まとめ

1. 機能的アセスメントの実施は、問題行動の介入を行う際の最初のステップである。機能的アセスメントにより、行動を生起させる先行事象や行動を維持する強化的な結果事象を特定することが可能になる。
2. 機能的アセスメントには 3 種類の方法がある。間接的アセスメント、直接観察、実験的分析または機能分析である。
3. 間接的アセスメントでは、行動インタビューや質問紙を用いて、情報の提供者（クライエントをよく知っていて、その人の問題行動についても詳しい人）から標的行動の先行事象と結果事象について情報を収集する。
4. 直接観察（ABC 観察）では、自然な状況の中で、標的行動、先行事象、結果事象を観察記録する。ABC 記録には、記述法、チェックリスト法、インターバル記録法がある。
5. 機能的アセスメントを実験的に行う方法では、先行事象や結果事象を操作し、それらの変数が標的行動に及ぼす効果を明らかにする。このような実験的方法は、機能分析または実験的分析と呼ばれ、先行事象や結果事象と標的となる問題行動の機能的な関係を明らかにする。

キーワード

ABC 観察

負の自動強化

正の自動強化

統制条件

記述的アセスメント

探索的機能分析

機能分析

機能的アセスメント

機能的介入

仮説検証型機能分析

スキャター・プロット

負の社会的強化

正の社会的強化

テスト条件

練習問題

1．問題行動の機能的アセスメントとは何か、説明しなさい。また、機能的アセスメントを行うことの意義を述べなさい。

2．問題行動の機能として考えられるものを4つ挙げ、それぞれについて説明しなさい。

3．問題行動の機能的アセスメントの方法を3つ挙げ、それぞれについて説明しなさい。

4．間接的アセスメントの方法を2つ挙げ、それぞれについて説明しなさい。

5．問題行動の先行事象と結果事象を明らかにするための質問例をいくつか挙げなさい。

6．直接観察アセスメントのABC観察の3つの方法を挙げ、それぞれについて説明しなさい。

7．記述的な機能的アセスメント法とは何か、説明しなさい。

8．記述的アセスメント法では問題行動とその先行事象や結果事象の機能的関係を実証することはできない。その理由を説明しなさい。

9．記述的な機能的アセスメント法によって分か

ることは何か、説明しなさい。

10．問題行動と先行事象・結果事象との機能的関係を明らかにするための機能分析の手順を述べなさい。

11．機能的アセスメントと機能分析の違いを説明しなさい。

12．機能的アセスメントの最初のステップは何か、説明しなさい。

13．問題行動の機能的アセスメントができたと考えてよいのはどの時点か？　例を挙げて説明しなさい。

14．問題行動の機能分析はどのような状況で行うべきか、例をあげて説明しなさい。

15．機能分析の基本的特徴を3つ挙げなさい。

16．イワタらは発達障害のある児童生徒の自傷行動について3種類の強化子を見いだした。それはどのような強化子か？

17．イワタらが行った自傷行動の機能分析で用いられた3つの実験条件を説明しなさい。

適用例

1．あなたの自己管理プログラムの目的が望ましくない行動の軽減である場合、その行動の機能的アセスメントの手順を記述しなさい。標的とする行動に関係している変数を特定する機能的アセスメントについて、その種類ごとにやり方を書きなさい。

2．80歳のルーサーはアルツハイマー病に罹患し、妻が家庭で介護できなくなったことから、最近、老人ホームに入所した。彼はそれまで農場を経営していた。老人ホームは、彼にとって自由な行動が制限される初めての生活の場であった。だからといって、老人ホーム

を出るわけにはいかず、彼は施設での生活の仕方を学習するしかなかった。アルツハイマー病のために記憶力は低下していたが、身体的にはしっかりしており、建物の周囲を歩いたり、職員や他の利用者と話すことは楽しんでいた。老人ホームに入所して間もなく、彼は一人で施設外に出てしまうという問題行動を示すようになった。危険防止のため、一人での外出は許可されていなかったが、毎日頻繁に一人で外に出てしまうようになった。寒い日も、コートを着ないで出た。そのたびに職員が追いかけ、連れ戻していた。老人ホームの玄関はナースステーションの近くにあり、もう1つの出入り口は管理事務所の近くにあった。その他に避難用出口が建物の横と後方にあった。老人ホームは、中庭を正方形で取り囲む形の建物だった。中庭には、2つのドアから出られた。廊下も、正方形に中庭を取り囲む形になっていた。さて、ルーサーの問題行動への対処のために、読者が行動コンサルタントとして招かれたとしよう。老人ホームの職員には、この問題行動がアルツハイマー病によるものかどうかが分からなかった。すなわち、アルツハイマー病のためにルーサーは混乱しており、自分がどこにいるのか、どこへ行くのかが分からなくなっているのか、あるいは老人ホームにおける何らかの強化随伴性によって形成されている行動なのか、見極めができないでいた。読者が介入計画を立てるための最初のステップは、この問題行動がなぜ起きているかを明らかにするために機能的アセスメントを行うことである。ルーサーに日常的に関わっている職員に集まってもらい、グループインタビューを行う。問題行動、およびその先行事象と結果事象を判断するために職員に尋ねる質問項目を用意しなさい。

3．上記の事例でのインタビューの質問例とその答えを以下に示した。

問題行動：
質問：ルーサーさんが一人で外に出てしまうとき何をするのか、細かく話してください。
答え：ドアの方に歩いていって、ドアを開け、外に出ていくだけなんですけど……。
質問：外に出て行くときに何か言ったりしませんか？
答え：そうですね。奥さんに会いに行くとか、誰かに会いに行くとか、独り言のようにボソボソとつぶやいていることがありますね。理由を言わずに「外に行かなければならない」と言い張るときもあります。何にも言わないで勝手に外に出てしまうこともよくあります。ただ、外に出て行くときには、ナースステーションにいる看護師を見ることが多いですね。
質問：ルーサーさんは外では何をしているんですか？
答え：職員の誰かがすぐに追いかけて連れ戻すので、外にいる時間は数秒間もありません。いつもは、外に出ると、ドアの近くで立っているだけです。建物の中を見ていることが多いですね。ルーサーさんがドアの方に近づくのを看護師が見つけて、外に出てしまう前に引き留めることもあります。

先行事象：
質問：ルーサーさんはドアから外に出る直前に、いつもはどんなことをしていますか？
答え：玄関やドアの辺りでウロウロしていることが多いですね。
質問：ドアから出て行くとき、いつも一人で出て行くんですか、それとも誰か一緒ですか？
答え：玄関の辺りをウロウロしているときは誰かに話しかけたがりますが、ドアの方に行ってしまうときはたいてい一人です。
質問：外に出るのが一番多いのはどのドアですか？
答え：これといって決まったドアはありませ

ん。でも、ナースステーションのそば
のドアから出て行くのが一番多いです。

質問：出て行くときには、中庭の辺りまで行
　　　ってしまうのですか？

答え：いいえ。そこまではないですね。

質問：1日のうちどの時間帯が一番多いです
　　　か？

答え：職員が一番忙しい時間帯ですね。多く
　　　の利用者さんの介助が必要になるとき
　　　で、たとえば、食事の時間とか、勤務
　　　交替で引き継ぎをしているときです。

質問：ルーサーさんが外に出てしまうときに
　　　は、ナースステーションには誰かいる
　　　のですか？

答え：だいたい誰かいますよ。ほとんどいつ
　　　も、誰かいるようにしています。

質問：忙しい時間帯でも？

答え：ええ、そうです。その時間帯でも、い
　　　つも誰かがカルテをつけていたり、書
　　　類をまとめていたりします。

結果事象：

質問：ルーサーさんがドアから出て行った直
　　　後には、何が起こりますか？

答え：誰か職員が走って追いかけ、連れ戻し
　　　ています。だいたい、彼が出るのを見
　　　たナースステーションの看護師か看護
　　　助手です。

質問：それからどうなるんですか？

答え：看護師か看護助手が連れて戻り、どう
　　　して一人で出て行ってはいけないかを
　　　話します。たいていはそれから休憩室
　　　に連れて行き、数分間一緒にクッキー
　　　を食べたりコーヒーを飲みます。外に
　　　出るよりも面白いと思わせようとする
　　　んです。だいたい5分間くらい、そう
　　　しています。

質問：中庭まで行ってしまったときはどうす
　　　るんですか？

答え：中庭に行ってしまったのは1回か2回
　　　だけですけど。そのときは、そのまま
　　　放っておきます。というのは、この施
　　　設の中庭は建物に囲まれていて、外に

出られないようになっていますし、ルー
サーさんは自傷行動をすることもあり
ません。そこに行ってしまうと、結
局それ以上ドアから外に出るという心
配はなくなります。

　これらの情報に基づき、ルーサーの問題行
動の機能について、読者はどんな仮説を立て
るだろうか？　老人ホームの職員と協力して
ABC観察を行う場合、どのような手続きを
用いるか、説明しなさい。また、どのような
記録用紙を用いるのか、そして直接行動観察
手続きの実施について職員にどのように教示
するのかを記述しなさい。

4．ルーサーに対するABC観察の手続きととも
　　に、それによって得られる情報を以下に示す。
　　ルーサーはナースステーションの近くのドア
　　から出て行くことが一番多いので、記録用紙
　　はナースステーションに置くようにする。ま
　　た、すでに分かっている先行事象や結果事象
　　の情報に基づいてコンサルタントがチェック
　　リストを作成し、それを使って職員にABC
　　観察をしてもらうこともできる。チェックリ
　　ストには、問題行動と関係していると考えら
　　れる先行事象と結果事象の欄を設け、職員は
　　問題行動が起きるたびに、対応する欄にチェ
　　ックを付ける。問題行動が起きた時刻も記録
　　する。記録した職員の名前を記入する欄も設
　　けておく。ルーサーの行動の記録用紙の先行
　　事象と結果事象の欄には、以下の項目が入る。

先行事象：

■ ルーサーが一人でいる、あるいは誰も彼に
　話しかけない。

■ ルーサーが玄関ホールを歩いている。

■ ルーサーがドアに近づくときやドアから出
　て行くときに、ナースステーションの看護
　師を見る。

結果事象：

■ 職員がルーサーを追いかけ、連れ戻す。

■ 職員がルーサーと歩きながら話しかける。

- ルーサーが室内に戻った後、職員がルーサーと過ごす。
- ルーサーがクッキーを食べたりコーヒーを飲む。

　職員は 1 週間、問題行動が起こるたびに、すぐにこれらの出来事を記録する。

　ABC 観察の結果、次のことが分かった。問題行動は 1 日に平均 5 回起きた。問題行動が起きたときは 100%、ルーサーが一人でいたときか、誰も彼に話しかけていないときだった。また、玄関ホールを歩いているときもしくはドアの辺りをウロウロしているときが 100% であり、ドアから出て行く前は 90% の確率でナースステーションの看護師を見た。

　さらに、ドアを出た後は 100%、職員が後を追いかけ、連れ戻しながら話しかけた。職員は毎回数分間彼と過ごしたが、コーヒーとクッキーを飲食した機会はそのうちの 50% だった。

　これらの情報は、読者がインタビューから導き出した最初の仮説と一致しているかどうか、説明しなさい。インタビューと ABC 観察によって得られた情報に基づいて、問題行動の機能について読者が立てた仮説を検証するために行う機能分析の手続きを説明しなさい。また、機能分析の中で、看護師にやってもらう 2 つの条件（テスト条件と統制条件）を説明しなさい。この機能分析で予想される結果について述べなさい。

間違った適用例

1. 小学校 1 年生のハンナは、教室で問題行動を起こしていた。彼女は頻繁に離席するし、しばしばクラスメートに話しかけたりからかったり、備え付けの棚の中に入ったりしていた。この問題行動を減らすために、担任教師は次のような計画を立てた。つまり、ハンナが問題行動を起こしたときには無視し、席に座って授業に集中し問題行動を起こしていないときにはいつも褒めるようにした。担任は、分化強化（不適切行動は消去し、適切行動を強化する）によって問題行動が減り、適切な行動が増えると考えたのである。この計画で間違っているところはどこか？

2. ハンナの担任は学校心理士と話し合い、問題行動に介入する前に、機能的アセスメントをして、問題行動を引き起こしている環境変数を特定すべきであることを学んだ。学校心理士は担任に、教室で ABC 観察を行い、問題行動の先行事象と結果事象についての情報を集めるように助言した。そして、学校心理士は担任に 3 つの欄（先行事象、問題行動、結果事象）が設けられた記録用紙を渡し、その記録用紙をいつも教師の机の上に置いておき、

ハンナが問題行動を起こすたびに、その問題行動、先行事象、結果事象を記入するように頼んだ。1 週間毎日この ABC 記録をつけることによって、ハンナの問題行動がどうして起きるかを理解できるようになることを説明した。さて、この場合の機能的アセスメントには間違っている点がある。それはどこか説明しなさい。

3. 重度知的障害者施設の責任者は、問題行動を示している 2 人の利用者の行動観察を行い、その問題行動が起こる理由について仮説を立てるよう、職員に指示した。そのうちの一人ロビンは、作業をするよう指示されたときに奇声を上げたり、他傷行動をしていた。もう一人のメルビンは、テーブルからわざと物を落としたり、余暇活動用の物（ゲーム、雑誌、裁縫道具など）を他の利用者から奪い取ったりしていた。職員は、ロビンが日々期待され、要求されることに欲求不満を感じているという仮説を立てた。さらにロビンが自分の不快感を職員に伝えているという仮説を立てた。一方、メルビンは退屈しており、レクリエーション活動をしている他の入所者に嫉妬

していること、そして彼の乱暴な行動は退屈と嫉妬の表れであるという仮説を立てた。さて、ロビンとメルビンの問題行動に関係している変数を特定するために職員がとった機能的アセスメントには誤りがあるが、それはどんなことか？　また、この職員はどのような機能的アセスメントをすべきだったか？

第 14 章　消去の適用

　問題行動について機能的アセスメントを実施したら、次にその問題行動の先行事象や結果事象を操作する介入を行うことになる。本章では、問題行動を軽減するための消去の適用の 1 つである問題行動を除去する際に利用される機能的介入について解説する。第 5 章で述べたことを思い出してほしい。消去は基本的な行動原理の 1 つで、その行動の頻度が減少することを意味している。消去を適用する場合には、まず問題行動を維持している強化子を特定する必要があり、その後でその強化子を撤去する（確実に行動の後に後続しないようにする）。強化を受けなくなった行動は頻度が減少し、やがて生起しなくなる。以下では、その例を考えてみよう。

ウィリーの事例

　ウィリーは 54 歳の男性で、軽度の知的障害がある。両親が高齢になり、家庭では彼の世話ができなくなったという理由で、最近グループホームに入所した。彼はこのグループホームに入る前は、両親と過ごしていた。グループホームに入所すると、ウィリーは次のような問題行動を示すようになった。彼は職員から調理、清掃、洗濯、その他の自立生活スキルの活動をするように言われると、いつも大きな声で何だかんだと文句を言った。そこで、職員が機能的アセスメントとしてインタビューと ABC 観察を行ったところ、問題行動、先行事象、結果事象について、以下のことが分かった。先行事象としては、ウィリーは女性職員から日常生活スキルをするように指示されたときに問題行動を起こしていたが、男性職員から言われたときには問題行動は見られなかった。ウィリーの問題行動は、日常生活の活動を「それは女の人の仕事だ」「女の人がすべきだ」「それは男の仕事じゃない」などと口頭で主張して拒否することであった。こうした行動は 15 分くらい続いたが、最終的にはいつもそれらの活動をやりとげていた。

　行動の結果事象としては、彼のこうした主張に対して、女性職員も「あなたは女性差別主義者だ」などと言い返し、男性職員もそれらの仕事をしなければならないことを納得させようと、いろいろと説得していた。女性職員は日頃からウィリーの女性差別的な態度が気になっていて、彼がそうした活動に取り組むまで説得を続けていた。

　これらのアセスメント情報に基づいて、先行事象は女性職員がウィリーに活動を指示することであり、問題行動に対する職員の注目（説得、説明、感情表現など）が強化的な結果事象になっている、という仮説が立てられた。この場合、ウィリーは最終的にはやるべき課題をしていたので、負の強

先行事象	行動	結果事象
女性職員による活動の指示	活動を拒否し、女性差別的な発言をする	職員からの注目（説得や説明など）

その結果：ウィリーに女性職員が活動の指示を出すと、それらを拒否し、女性差別的な態度をますます取るようになっていた。

化（逃避）は働いていないと考えられた。

職員は、ウィリーが女性差別的な言動をしなくなり、日常生活活動に素直に取り組むようになることを願っていた。機能的アセスメントの結果から、この問題行動を減らすためには、問題行動が起きたときに女性職員が注目を与えないようにすることが示唆された。グループホームの責任者は職員会議を開き、ウィリーに対する消去の手続きを説明した。

最初に、その責任者は、機能的アセスメントの結果に基づいて、女性職員からの注目が問題行動を強化していると思われること、および問題行動の強化子を撤去することが大切であること、を説明した。そして職員に、次のような具体的な対応方法を説明した。「ウィリーさんに活動の指示を出して、彼がそれを拒否したり女性差別的な発言をしたときには、指示を繰り返したり、彼を説得しようとして論争など絶対にしないようにしてください。彼と言い争うのは、彼の思うつぼです。活動をさせようと話し続けるのもよくありません。女性差別的な言動を批判したり説得しようとする

のも、ダメです。とにかく感情を一切彼に見せないようにしてください。怒ったり興奮しているような表情を、見せないでほしいんです。ウィリーさんが問題行動を起こしたときには、その場を少し離れ、他のことをしてください」。

責任者は消去の手続きを説明した後、職員に対して実際にそのやり方のモデルをやって見せた。職員にウィリーの役をさせ、その職員が指示を拒否して女性差別的な発言をすると、責任者はそれに対して何の反応もせず、ただその場から離れていった。次に責任者がウィリー役をし、職員に一人ずつ交代で対応の練習をさせた。ウィリーの問題行動のいろいろなバリエーション（複数の行動事例）に対して、ロールプレイによって職員全員が消去の適用方法を練習したところで、責任者は、ウィリーが指示に対して問題行動を起こしたときには必ず練習したとおりに対応するように、職員に再度話をした。また、職員全員がいつも同じ消去手続きを行うこと、ウィリーの女性差別的な言動にどんなに腹が立っても、それを無視することを、口を酸っぱくして注意した。また、職員のう

消去

先行事象	行動	結果事象
女性職員による活動の指示	活動を拒否し、女性差別的な発言をする	職員はその場を離れ、注目を与えない

その結果：ウィリーが指示に対して拒否したり差別的な発言をすることが減っていく。

強化

先行事象	行動	結果事象
女性職員による活動の指示	指示に従って活動を行う	職員が褒める

その結果：ウィリーが職員の指示に従うことが増える。

ち誰か一人でもウィリーに注目を与えるようなことがあれば、消去は効果がなくなってしまい、彼はずっとその問題行動を続けることになることも注意した。一方で、職員全員が消去を適用し始めると、最初はウィリーの問題行動がエスカレートし、もっと大きな声で拒否し、それが長引き、発言の内容ももっと過激なものになるはずだとも説明し、消去バーストと呼ばれるこのような現象を予想しておき、その場合でも無視するように話した。

　責任者は、消去のやり方だけではなく、もちろん、ウィリーがやるべき活動に取り組んだときにはすかさず褒めるように、とも話した。ウィリーが協力的な行動をしたときには注目して強化することで、協力的な行動が増えて問題行動が減る、と説明した。拒否や差別的発言に対して注目が与えられなくなるので、反対に、望ましい行動をしたときに職員からの注目が得られるのは、たいへん重要なことになるとも説明した。

　この行動変化の般化を促進するために、グループホームの責任者は、ウィリーがこうした行動を起こしたときには、どのような場面でも、常に職員全員が消去の手続き（と強化手続き）を行うべきであることを強調した。このことは、新任の職員や臨時職員も含めて職員全員が消去について研修を受ける必要があることを意味している。責任者はさらにウィリーの両親とも面接し、ウィリーが週末に帰宅する際の対応の仕方についても説明し、家で実行するように依頼した。責任者はウィリーのこうした行動が週末に帰宅した際に強化されないように、両親に以下の２つのうちのいずれかを行うように頼んだ。それは、ウィリーが帰宅したときに、彼に何かをするよう指示しないこと、あるいはグループホームと同じ消去の手続きを行うこと、のいずれかである。ウィリーに指示しないようにすることは、刺激性制御の手続きを行うということである。つまり、問題行動の先行事象を撤去することによって、それが起きないようにするのである。ウィリーは、指示がなければ、拒否することもできない。ウィリーの母親は、これまでいつも彼のために何でもしてあげてきたので、指示しないという選択肢が一番しっくりくるものであった。

　職員が観察記録したウィリーの拒否行動の時間当たりの生起率を算出してみると、消去を実施した後、その数字が減っていることが分かった。拒否行動はしばらく続いていたが、そのたびに職員がその行動を強化しないようにしたところ、拒否行動は長くは続かなくなった。そしてほとんどの場合、彼は職員から指示された課題にすぐに取り組むようになった。

　この例は、問題行動を減らすために消去の手続きを使う際のステップを示している（表 14 - 1 参照）。

表 14 - 1　消去を適用するステップ

1．介入効果を評価するためにデータを集める。
2．機能的アセスメントによって問題行動の強化子を特定する。
3．問題行動が起こるたびに、その強化子を撤去する。
　■ 強化子の特定はできたか。
　■ 強化子の撤去は可能か。
　■ 消去は危険なく実施できるか。
　■ 消去バースト（問題行動の増大）は耐えられる程度か。
　■ 手続きを一貫して実施できるか。
4．問題行動に対する強化スケジュールを考慮する。
5．適切な代替行動を強化する。
6．般化と維持を促進する。

問題行動を減らすための消去の適用

消去は、問題行動への介入を考える際に最初に検討すべきアプローチの1つである。問題行動が長く続いていることは、その行動を維持している強化的な結果事象があることを意味している。したがって、その行動を減らすためには、その強化的な結果事象を特定し、（可能であれば）それを撤去することが最初のステップとなる。問題行動が強化されなくなれば、その行動はやがて起きなくなるはずである。消去を有効に用いるためには、いくつかのステップがある（Ducharme & Van Houten, 1994）。そのステップを以下で詳しく見てみよう。

介入の効果を評価するためにデータを収集する

第2章と第3章を思い出してほしい。そこでは、標的行動を観察し記録することが、行動変容法の重要な要素であることを説明した。消去を適用することで問題行動が減少したかどうかを判断するために、消去の適用の前後で問題行動を記録する必要がある。すなわち、減少させるべき問題行動の行動的定義、信頼性の高いデータの収集方法、消去を適用する前の問題行動のレベルを決定するためのベースラインアセスメント、問題行動が減少したかどうか、般化が起こったかどうかを決定するための介入後の関連するすべての場面でのデータ収集、介入後の行動変化の維持を評価するための長期に渡る継続的なデータ収集、の以上が必要である。消去の効果を実験的に評価する研究を行う場合、適切な研究計画法（第3章参照）を選び、観察者の信頼性をチェックする必要がある。ここで重要なことは、消去を適用した場合（あるいは、それ以外の行動変容法の技法についても）、それによって行動の変化が生じたかどうかを実証するために、問題行動についてきちんとデータを取っておくということである。もし問題行動について記録を取ってみて、介入後に行動の変化が生じていないことが分かれば、問題行動のアセスメントをやり直したり、消去の実施手続きを見直し、問題行動を減らすためにさまざまな修正を行う必要

がある。

機能的アセスメントによる問題行動の強化子の特定

機能的アセスメントによって、問題行動の先行事象と結果事象の特定ができる（第13章）。これは、消去を成功させるために、きわめて重要なステップである。**問題行動を消去手続きによって減らすためには、まずその行動の強化子を特定する必要がある。**問題行動を維持する特定の強化子を前もって決めつけることはできない。同じ問題行動であっても、その行動を示す人によって、異なる強化子で維持されている可能性がある。たとえば、ある子どもの示す攻撃行動は両親からの注目によって強化されているかもしれないし、別の子どもの攻撃行動は兄弟からおもちゃを取り上げることによって強化されているかもしれない。同じ人が示す同じ行動であっても、起きる場面が違えば、違う強化子によって維持されていることもある（たとえば、Romanuiuk et al., 2002）。たとえば、幼い子どもが靴の紐をうまく結べないで泣いている場合、この泣くという行動は、両親が靴の紐を結ぶことによって強化を受ける。しかし、この同じ子どもが両親からの指示（「歯磨きをしなさい」など）に対して泣く場合は、その泣く行動は、両親がその活動から子どもが逃げることを許可することによって強化される。同じ行動であっても、文脈が異なればその機能も異なることがあることは、よく知られている（Day, Homer, & O'Neill, 1994; Haring & Kennedy, 1990）。

消去手続きがうまくいくかどうかは、問題行動を維持している強化子を正確に特定できるかどうかにかかっている。さまざまな刺激事象が問題行動の強化子となりうる。問題行動が正の強化によって維持されているのは、その行動に伴って何らかの刺激や出来事が出現する場合であり、負の強化によって維持されているのは、その行動の結果、何らかの刺激や出来事から逃避できる場合である。強化的な結果事象には、他者の行動（社会的強化）や物理的（非社会的）刺激の変化、環境上の出来

表 14‑2　問題行動とその一般的な強化子

問題行動	結果事象
1. ある子どもが、家事をするように言われたときに、体調が悪いと訴える。	親がその仕事をやってしまう。
2. ある知的障害をもつ人が道路に飛び出し、連れ戻そうとしても言うことを聞かない。	その人が戻ったら、職員が清涼飲料水を渡す。
3. ある妻は、喧嘩をすると興奮してわめき散らす。	夫が自分の意見を引っ込め、妻の言う通りにする。
4. ある自閉症の子どもは、自分の目の前に手をかざしてヒラヒラさせる。	その行動によって生じる視覚刺激。
5. ある人は、道を歩いていて犬を見ると、走って逃げる。	犬から遠ざかり、恐怖感が和らぐ。
6. ある子どもは、親が勉強するように言ってもやろうとしない。	勉強をしないですみ、テレビを見続けられる。
7. 別の子どもも、親が勉強するように言ってもやろうとしない。	親は勉強するように言い続け、優しく諭したり、叱ったりする。
8. ある入院患者は 1 日に何回もナースステーションに連絡し、看護師を呼ぶ。	そのたびに看護師が部屋に来て、体調をチェックするが、問題はない。
9. ある脳損傷の患者は、看護師が朝のチェックで部屋に来るたびに裸になる。	看護師はびっくりして憤慨し、患者に服を着るように言う。
10. 工場のある作業員が流れ作業の担当部分をサボり、そのラインがストップする。	その作業員は、ラインが止まるたびに座り、タバコを吸い、コーヒーを飲むことができる。

事（自動強化）も含まれる。表 14‑2 には、問題行動の型と、一般的にそれらの行動を維持している可能性の高い強化子の例を示した。

Q. 表 14‑2 に示したそれぞれの問題行動について、それらの例が正の社会的強化、負の社会的強化、正の自動強化、負の自動強化のいずれの例になっているかを考えなさい（補足資料 A に答えを示す）。

個々の問題行動の強化子を撤去する

　定義上、消去は問題行動の一つ一つに対して強化子を撤去することを意味している。これは一見簡単そうなことのように思えるが、消去手続きをうまく使うためには、以下に示すように留意すべきことがたくさんある。

強化子を特定できたか？　当然のことだが、もし機能的アセスメントによって問題行動の強化子が特定できなければ、問題行動が起きたときにその強化子を撤去することはできない。問題行動に対して、強化子として機能している刺激や出来事を撤去できなければ、消去手続きを正しく実施することはできない（Iwata, Pace, Cowdery, & Miltenberger, 1994; Mazaleski, Iwata, Vollmer, Zarcone, & Smith, 1993）。

　消去のやり方は、問題行動を維持している強化子によって異なる場合がある。たとえば、イワタらは、発達障害のある 3 名の対象児の自傷行動（頭叩き）について、それぞれの強化子が異なっていることを明らかにしている（Iwata, Pace, Cowdery, & Miltenberger, 1994）。1 人目の対象児の自傷行動は大人からの注目によって強化されており、2 人目の対象児の場合は学習課題からの逃避によって強化され、3 人目の対象児はその行動によってもたらされる感覚刺激が強化子になっていた。これらの結果からイワタらは、子どもによって自傷行動の強化子が異なっているので、それぞれに適用すべき消去の手続きが異なることを

強調した。

Q. イワタらは大人からの注目によって強化されている自傷行動に対して、どのような消去手続きを行ったか？

　注目で維持している自傷行動への消去手続きは、自傷行動が起こるたびに大人が注目をしないというものであった。ミリーという８歳の女の子は、自分の頭を床や壁に打ちつけていた。彼女が頭を打ちつけていたとき、近くにいる大人はその自傷行動がどれだけ続いてもまったく関わらないようにした（図14 - 1、重要なのは、彼女がケガをしないように予防的措置がとられていたことである）。一方で、ミリーが頭を打ちつけていないときには、きちんと注目するようにした。この手続きは問題行動が起きていないときに強化子を提示する方法であり、第15章で詳しく述べる。

Q. イワタらは、学習課題からの逃避によって強化されている自傷行動に対して、どのような消去手続きを行ったか？

　自傷行動が学習課題からの逃避によって強化されている場合の消去手続きは、自傷行動が起きても逃避できないようにするというものであった。ジャックは12歳の男の子だった。彼は、教師が物探しや単純な運動課題などをするように指示した場面で、自傷行動を起こし、その結果、課題をやらずに済んでいた。自傷行動に対して消去手続きを用いるために、自傷行動が起こるたびに、教師は身体ガイダンスを用いて、ジャックが課題から逃げないようにした。ジャックがどんなに自傷行動をしていても、教師は学習課題を提示し続け、身体ガイダンスによって逃げられないようにした。一方で教師は、ジャックがその課題をやり終えたときにはきちんと褒めるようにした。

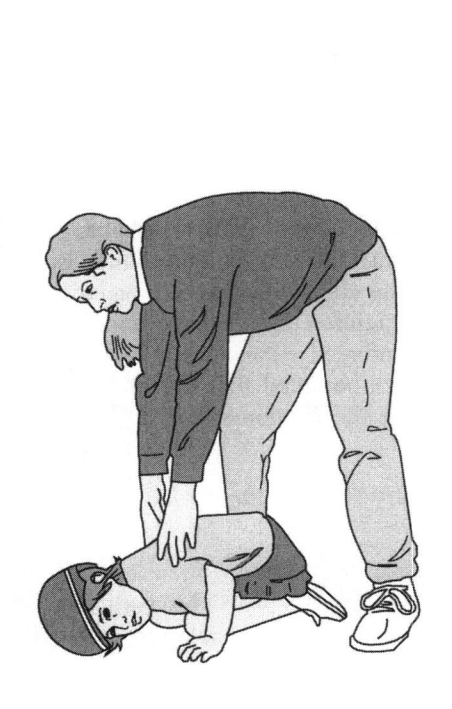

© Cengage Learning®

図14 - 1　この子どもの頭の打ちつけは、大人からの注目によって強化されていた。まず、安全のために子どもにヘルメットをかぶらせた。その上で、頭の打ちつけに対する強化子を撤去するために、頭の打ちつけが始まっても注目しないようにした。この行動は強化されなくなったので、やがて起きなくなるはずである。

　もう一人の対象児ドニーは7歳の男の子で、彼の自傷行動は自動強化を受けていた。彼が頭を打ちつけることに対して何の社会的強化も存在しなかったので、彼の自傷行動はその行動自体によってもたらされる感覚刺激が強化子になっていると推定された。

Q. 感覚的な結果によって自動強化されている頭を打ちつける行動に対して、イワタはどのように消去を用いたか？

　イワタらは感覚消去を適用した。つまり、ドニーに柔らかいパッドの付いたヘルメットをかぶらせ、頭打ちによって生じる感覚刺激を変えた。頭を打ちつけても以前と同じ感覚刺激が生じなければ、その行動は減っていくと考えられた。その結果、ドニーもパッド付きのヘルメットをかぶらせると、その自傷行動は確実に減っていった。
　この研究（Iwata, Pace, cowdery, & Miltenberger, 1994）は、消去を適用する際には、当該の問題行動の強化子を正確に特定し、その強化子を撤去すべきであることを明確に示している。もし当該の問題行動の強化子が特定できなければ、消去手続きを用いることはできない。たとえば、ある3歳の子どもが1日に何度もクッキーを食べているケースを考えてみよう。この子どもの両親は、この行動を止めさせたいと考えている。しかし、この両親は消去について十分な知識を持っていなかったので、子どもがクッキーを瓶から取り出すたびにただ無視をするようにし、注目しないことによって子どもがクッキーを取り出す行動はやがて減るはずだと信じ込んでいた。

Q. この場合、親の対応の何が間違っているだろうか？

　この場合の問題は、クッキーを瓶から取り出す行動はクッキーを食べることによって強化されているのであって、両親の注目によるのではないという点である。したがって、その行動が起きたときに注目しないようにしても、その行動の強化子を撤去したことにはならない。その行動は強化され続けており、その後も生起し続けるはずである（Martin & Pear, 1992）。

Q. この例の場合、両親は消去手続きをどのように行うべきだったか？

　両親は問題行動に対して、強化子（クッキー）を撤去するという消去手続きを行うべきであろう。もし両親がクッキーの瓶からクッキーをなくしてしまえば、その瓶に手を入れるという行動は、クッキーが手に入らないので強化されない。その結果、子どもはクッキーの瓶に手を伸ばさなくなるだろう。

Q. 表14-2における、それぞれの問題行動について、どのように消去を実施するか説明しなさい（補足資料Bに答えを示す）。

　強化子を撤去できるか？　問題行動の強化子を特定するために機能的アセスメントを実施した後で、実際に介入する人（親、教師、職員、看護師、クライエント自身）がその強化子をきちんと管理できるかどうかを見きわめる必要がある。**もし、介入者が強化子の管理をできないのであれば、消去は実施できないことになる。**たとえば、ウィリーのケースを思い出してほしい。彼の指示不服従や性差別的言動という問題行動の強化子は、職員からの注目であった。この強化子は、実際に介入を行う職員が管理できるものである。つまり、職

消去の機能的な種類

- **正の強化後の消去**：行動が正の強化を受けている場合、消去は行動の後に正の強化子が得られないようにすることを意味する。

- **負の強化後の消去**：行動が負の強化を受けている場合、消去は行動の後に嫌悪的な刺激から逃避しないようにすることを意味する。この種類の消去は**逃避消去**と呼ばれる。

員は問題行動が起きても注目しないようにすれば
よいし、協力的な行動に対して注目することも可
能である。したがって、この場合、職員は消去手
続きを正しく実施することができる。

しかしながら、問題行動によっては、介入者が
強化子を管理できない場合もある。たとえば、あ
る男子小学生が他の児童を脅して昼食代のお金を
巻き上げているような場合、強化子はお金を手に
入れること（あるいは、相手の児童の反応も考え
られる）である。この場合、問題行動は教師や他
の大人がいない場面で起きるので、教師が強化子
を管理するのは難しい。したがって、教師が消去
手続きを使うことはできない。教師ができること
は、脅されても昼食のお金を渡さないように、ク
ラスの子どもたちに話すことだけである。しかし、
たとえそのような対応をしても脅されたときにお
金を渡してしまう子どもはいるはずであり、この
問題行動は間欠的に強化されるために、減ること
はないと考えられる。別の例を考えてみよう。

ある10代の女の子は大きな音でステレオを聴
き、家族が迷惑していた。この行動の強化子は大
きな音量の音楽である（ただし、両親の注目は強
化子になっていないと仮定する）。一定レベル以
上に音量が上がらないようにする装置をステレオ
に付けない限り、両親がその強化子を管理するこ
とは難しい。というのは、この女の子がステレオ
のボリュームつまみを回す行動は、音量が大きく
なることによって毎回即時に強化されるからであ
る。そこで、両親は彼女に、音量を下げるように
頼んでみたり、ときには叱ってみたりしたが、そ
の行動は減らなかった。その理由は、結局、両親
が大きな音量の音楽（強化子）を管理できなかっ
たことにある。

問題行動を減らすために消去手続きを用いる場
合、問題行動を維持している強化子を、実際に介
入を行う人がきちんと管理できるかどうかを見き
わめることが重要になる。**消去手続きを正しく実
施できるのは、介入者が問題行動の生起に対して
強化的な結果事象が伴わないようにできる場合に
限られる。**

消去を適用しても安全か？　消去の適用を決め
る前に、消去によって問題行動を起こしている人

に害が及ばないこと、あるいは周囲の人に危害が
及ばないことを確認しておかなければならない。
いくつかの例を考えてみよう。

ルバートは重度の知的障害のある青年で、昼間
は福祉作業所で働いている。そこで彼は他の3人
と一緒に1つのテーブルに座り、近くの工場に
納める部品を組み立てている。しかし彼には、同
じテーブルに座る人への攻撃行動が時々見られる。
近くの人の髪をつかんで、テーブルにその人の頭
を叩きつける。この行動が起こったときに職員は
すぐに止めに入り、ルバートを引き離す。機能的
アセスメントの結果、この問題行動の強化子は職
員からの注目であると推測された。そこで、消去
手続きとして、問題行動が起きても職員が注目し
ない方法が考えられた。しかしこの場合、攻撃行
動が起きたときに職員が止めに入らなければ、攻
撃行動を受けた人がケガをする可能性がきわめて
高くなる。したがって、この場合、消去は安全な
方法ではなく、実施すべきではない。

4歳のアニーの例を考えてみよう。彼女には、
前庭で遊んでいるときに道路に飛び出すという行
動がある。ベビーシッターはたいてい前庭で本や
雑誌を読んでいたが、アニーが道路に飛び出すと、
大声でアニーを止める。それでもアニーが止まら
なければ、ベビーシッターは彼女を捕まえようと
道路に走る。この問題行動の強化子はベビーシッ
ターの注目である。しかし、この場合も消去は使
うべきではない。というのは、アニーが道路に飛
び出すのを無視すれば、アニーが車にはねられる
危険性が高くなるからである。この場合、分化強
化や先行子操作など他の方法を適用すべきである
（第15章〜第18章参照）。

ベンは知的障害のある18歳の青年で、入所施
設で生活している。職員は彼に、歯磨きやヒゲ剃
りなど基本的な身辺処理スキルを教えている。し
かし、職員がこれらのスキルを教えようとすると、
ベンは攻撃行動（髪を引っ張る、引っかく、つね
るなど）を示すことが多い。ベンが職員の髪をつ
かんだり、引っかいたりつねったりしたときには、
その指導セッションは中止となっている。結局、
ベンの攻撃行動は、指導セッションからの逃避に
よって負の強化を受けている。

Q. 職員はベンに対する消去をどのように実行しただろうか？

この場合の消去手続きは、ベンの問題行動で負の強化が生じないように、指導セッションを続けることが考えられる。しかし、ベンから攻撃行動を受けながら指導セッションを続けるのは、職員にとって危険性が高く、手続き自体を行うことが難しくなる。この場合、反応阻止（response blocking）や短時間抑制などの手続きを消去と併用するとよいだろう（第 18 章参照）。

上記の例は、問題行動の強化子が特定できて、介入者がその強化子を管理できる場合であっても、強化子の撤去が安全にできる保証がなければ、消去を適用すべきでない場合があることを示している。負の強化による問題行動の場合、特に消去は安全ではない可能性がある。なぜなら、消去には問題行動が起きた時に逃避を防ぐことが求められるからである。逃避を防ぐためには、しばしば、課題中に身体ガイダンスが必要となるが、それを拒否する成人が対象の場合、実施が困難か不可能であるかもしれない。そのような場合、消去の代わりに、他の機能的手続き（先行子操作、分化強化）を用いるべきである。

消去バースト（問題行動のエスカレート）に耐えられるか？　消去を行うと、標的行動の頻度・持続時間・強度が増したり、新しい行動や情動反応が現れるという消去バーストがしばしば起こることを、第 5 章で説明した（Goh & Iwata, 1994; Lerman, Iwata, & Wallace, 1999; Vollmer et al., 1998）。消去の適用を決める前に消去バーストが起こることを予想し、実際に介入を行う人がその問題行動のエスカレートに耐えられるかどうかを確認しておく必要がある。いつも寝る時間になるとかんしゃくを起こしている 5 歳の女の子の例を考えてみよう。この女の子はベッドに行くように言われると、いつも決まって大声を上げたり大泣きをする。両親が彼女を寝室に連れて行っても、両親が部屋から出て行くと大声を上げて両親を呼ぶ。彼女がこのような行動をすると、両親は寝室に行って彼女をなだめたり、眠るまで話をしてあげる。この場合、両親の注目が問題行動の強化子

になっている可能性が高い。

両親は問題行動を減らすために消去を適用することもできるが、かんしゃくに対応しなくなったとたんに、子どもの問題行動がエスカレートする消去バーストを示す可能性が高いこと、つまり、より激しく、より長く続くかんしゃくを子どもが取るようになることを両親は認識しておく必要がある。両親がこのような事態を想定していない場合、かんしゃくの抑制が失敗する可能性がある。両親が就寝時のかんしゃくを無視する対応を初めて実施したときに、それがエスカレートした場合、両親は心配になったり、イライラして、子どもの寝室に行ってしまい、結局かんしゃく行動を強化することになる。これは、両親がより悪化した（たとえば、より激しく、より長く続く）問題行動を強化したことになり、問題をさらに悪化させる可能性が高い。第 9 章で述べたように、激しい問題行動は結局このように形成される場合が多い。

消去手続きを用いる際には、いくつかの重要な段階を踏む必要がある。第一に、消去を用いる場合、消去バーストによって問題行動がエスカレートすることを、実際に介入を行う人にきちんと説明しておくことが大切である。**第二に、**たとえ問題行動がエスカレートしても、けっして強化子を提示しないことも、絶対必要なこととして確認しておく。**第三に、**もし問題行動がエスカレートすることによって、問題行動を起こしている人や周囲の人に危害が及ぶ可能性がある場合には、その危害を除去もしくは最小限にするように、実施計画を作り直すべきである。イワタらは、頭を床に打ちつけている女の子にヘルメットをかぶらせ、消去手続きを用いたときにその子がケガをしないようにした（Iwata, Pace, Cowdery, & Miltenberger, 1994）。カールも男子 2 名の攻撃行動から身を守るために、消去手続きを用いるときには教師たちに厚手の服を着させた（Carr, Newsom, & Binkoff, 1980）。かんしゃく行動などの問題行動を示す子どもに対して両親が消去を適用する場合には、ケガをしないように、部屋から割れ物を出しておくように助言しておくことも大切である。

実際に消去手続きを行う人が消去バーストの際に強化子を撤去し続けることが難しい場合、あるいはケガをしないようにするのが難しい場合には、

参考：介入実施者との協働

　消去を適用する際に、介入実施者（親、教師、職員等）に対して、問題行動が起こる度に強化子を撤去できるかを質問する。消去を有効にするためには、介入実施者は厳密に消去手続きを適用しなければならない（**介入厳密性** [treatment integrity] とは、計画どおりに正確に手続きを実施することを意味する）。前述の通り、行動分析家は、介入実施者に対してうまく手続きを使えるように指導しなければならない。行動分析家は介入実施者に、その手続きについて「納得」してもらわなければならない。つまり、その手続きについて受け入れてもらわなければならない。実施者がその手続きについて納得できれば、より厳密に手続きを実施できる（このことは、他の行動変容手続きにも当てはまる）。行動分析家は納得をしてもらうために、いくつかの戦略を用いる。行動分析家は下記のことができる（あるいはしなければならない）。（1）ラポールを形成するために、介入実施者と関わる際には、対人関係スキルを使う必要がある（介入実施者が行動分析家と一緒に頑張りたいと思うようになれば、行動分析家の言うことに耳を傾けてもらえるようになる）。（2）機能的アセスメントに一緒に取り組む（介入実施者が提供する情報を取り入れることは、その意見を尊重していることを示すことになる）。（3）手続きを実施する合理的な理由を提供する（介入実施者が消去手続きの目的を理解できるように、アセスメントの結果と手続きの結びつきを説明する。また、消去手続きがなぜ効果をもつのか、なぜその手続きを使用することが重要であるのか、どのように手続きを実施するのか、なぜこの手続きを用いることが重要かを説明する。さらに、消去手続きの実施の詳細を説明する際に介入実施者からの意見を聞く）。（4）消去手続きの実施上のよく見られる問題と、介入実施者がその問題（たとえば、消去バーストへの対処、一貫した手続き実施の維持）にどのように対処するかを説明する。（5）手続きの実施を促し、質問に回答する。

消去は適用すべきではない。その場合には、問題行動を減らす別の方法を適用すべきである（第15章～第18章参）。

　一貫した方法で実施できるか？　消去を正しく適用するには、問題行動が起きたときにけっして強化子を提示しないことが重要になる。これは、介入に関わっているすべての人が、問題行動が起きたときに一貫して強化的な結果事象を提示しないようにすることを意味している。もし問題行動が時々にでも強化されるようなことがあれば、結局その手続きは消去ではなく間欠強化になってしまう。手続きに一貫性がないことは、消去手続きが失敗する一番の理由である（Vollmer, Roane, Ringdahl, & Marcus, 1999）。たとえば、子どもの就寝時のかんしゃくに対して両親が消去を一貫した手続きで行っていても、祖父母が訪ねてきたときに、その行動を時々強化してしまうことがあれば、かんしゃく行動はなかなか減らない。あるいは、前述のウィリーの問題行動に対してほとんどの職員が消去手続きを正しく実施していても、1人か2人の職員が問題行動に注目してしまえば、その行動はなかなか減らない。

　消去の手続きの一貫性を保証するためには、**実際に介入を行う人全員が、消去の正しいやり方について研修を受けるべきである。**介入を行う人たちは、手続きの一貫性についてきちんとした指導を受け、また一貫性がなぜ必要かについても十分な説明を受けておく。さらに、消去の正しいやり方についてのお手本を見せてもらったり、実際に練習して指導助言を受ける機会を設けるとなおよい。場合によっては、実際に介入を行う人が正しく消去手続き（あるいは、その他の方法）を行うことに対して、強化随伴性を設定する方がよいこともある。たとえば、介入場面に多数の職員がいてそれぞれが消去手続きを行う場合には、スーパーバイザーが時々その場にいて実際に職員がしたことを観察し、そのやり方についてフィードバック（正しいやり方を強化し、不十分な点を修正指導する）を行うことが望まれる。

消去を適用する前に確認しておく 5 項目

- 強化子を特定したか？
- 強化子をきちんと管理できるか？
- 消去を適用しても安全か？
- 消去バーストに耐えられるか？
- 手続きの一貫性は保証できるか？

　これまで述べてきたことをまとめると、消去を正しく適用するためには、（1）問題行動の強化子を特定すること、（2）実際に介入を行う人がその強化子を管理できること、（3）消去を適用しても安全であること、（4）消去バースト（問題行動のエスカレート）に耐えられること、（5）介入を実際に行う人が消去の手続きを一貫して実施できること、を確認しておかなければならない。これらは、問題行動を減らすために消去を適用する前に、検討しておくべきことである。

消去手続きを実施する前に強化スケジュールを検討する

　消去を適用する前に問題行動を維持していた強化スケジュールは、消去の適用後に問題行動がどの程度の速さで減っていくかに影響を与える（Ferster & Skinner, 1957; Skinner, 1953a）。問題行動が連続強化で維持されていた場合には、問題行動は比較的速く減っていく。一方、間欠強化で維持されていた場合には、減っていくスピードは遅い（第 5 章参照）。問題行動が連続強化スケジュールで強化されていたか、間欠強化スケジュールで強化されていたかを知ることで、消去適用後に問題行動がどの程度の速さで減っていくかを予測することができる。

　カズディンとポルスター（Kazdin & Polster, 1973）は、連続強化を受けていたか間欠強化を受けていたかで、消去手続きの効果が異なることを明らかにしている。彼らは軽度知的障害のある 2 名の男性に対し、福祉作業所での休憩中の社会的相互作用をトークンで強化した。対象となった 2 人の男性は、トークンでの強化を行う前には、他の人たちとの社会的相互作用がきわめて少なかった。しかし、休憩中に誰かと話したときにトークンで強化するようにしたところ、2 人とも他の人との社会的相互作用の割合が増えた。そして、社会的相互作用に対するトークンでの強化をやめると（消去）、2 人の社会的相互作用はすぐ

にゼロになった。この消去期の後、研究者はもう一度社会的相互作用をトークンで強化した。ただし、対象者 1 名に対しては連続強化スケジュールで強化し、もう 1 人は間欠強化スケジュールで強化した。後者の場合、他の人との社会的相互作用に対して、トークンで強化されるときと強化されないときがあった。この強化手続きの後、著者は再び消去手続きを導入した。この強化期の後で強化されなくなると、連続強化を受けていた人の社会的相互作用は急速に減ったが、間欠強化を受けていた人の社会的相互作用はほとんど減らなかった（図 14 - 2）。これは、間欠強化を受けていた行動は消去抵抗が大きいことを示している。

　カズディンとポルスター（Kazdin & Polster, 1973）とハイビーら（Higbee, Carr, & Patel, 2002）の結果は、問題行動が間欠強化を受けていた場合には、消去を適用する前に、短期間でも連続強化を適用する期間を設ける方が、消去の効果を高める可能性があることを示唆している。これは、消去を適用して強化子を撤去する前に、短期間、問題行動が起きるたびに意図的に連続強化することを意味している。そうすることで、消去の効果が早く表れることが期待できる（Neisworth, Hunt, Gallop, & Madle, 1985）。

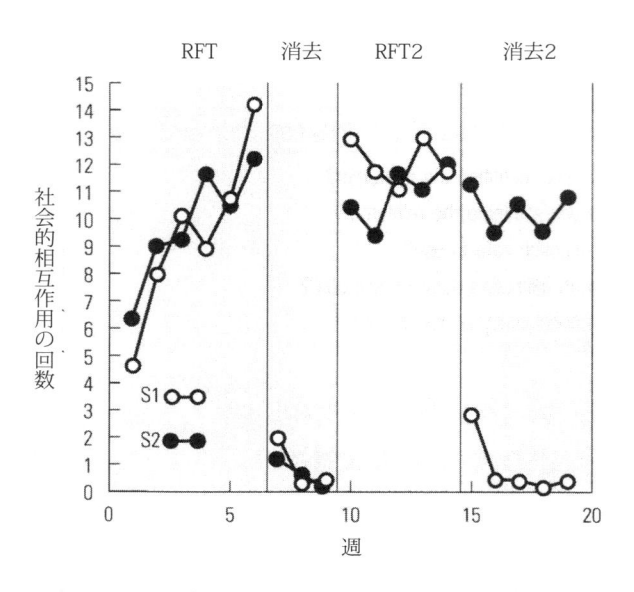

図14-2　このグラフは、軽度知的障害のある男性2名の社会的相互作用の頻度を示している。社会的相互作用がトークンで強化されたフェイズ1（RFT）では、彼らの社会的相互作用は増加していった。社会的相互作用に対するトークンでの強化をやめるフェイズ2（消去）では、2人の社会的相互作用はすぐにほとんどゼロになった。フェイズ3（RFT2）でもう一度社会的相互作用をトークンで強化すると、社会的相互作用は再び増加した。ただしこのRFT2では、対象者1名（S1）に対しては連続強化スケジュールで強化し、もう1人（S2）は間欠強化スケジュールで強化した。フェイズ4（消去2）では再度消去手続きが導入された。前のフェイズで連続強化を受けていた対象者の社会的相互作用は急速に減ったが、間欠強化を受けていた対象者の社会的相互作用はほとんど減らなかった。これは、消去の前に間欠強化を受けたことによって、社会的相互作用行動の消去抵抗が大きくなったことを示している。（Kazdin, A. E., & Polster, R. [1973]. Intermittent token reinforcement and response maintenance in extinction. *Behavior Therapy, 4,* 386-391）

望ましい代替行動を強化する

　消去を適用する際には、強化も併用すべきである。**消去手続きによって問題行動の頻度を減らし、強化手続きによって問題行動に代わる代替行動を増やす。**問題行動はその人自身にとって何らかの機能を果たしており（問題行動は特定の結果をもたらす）、問題行動と同じ機能を持ち同じ結果事象をもたらす望ましい行動を、強化手続きによって増やす必要がある。代替行動によって問題行動と同じ強化的な結果事象が得られれば、消去手続きを終了した後で問題行動が再び起こる（この現象は自発的回復と呼ばれる）可能性は低くなる。多くの研究が消去手続きと分化強化を組み合わせることの有効性を示している（たとえば、Anderson & McMillan, 2001; Fyffe, Kahng, Fittro, & Russel, 2004; Rehfeldt & Chambers, 2003;

Wilder, Masuda, O'Connor, & Baham, 2001）。

　母親の注目によって問題行動が強化されていたアンナの例（第13章）を、もう一度考えてみよう。アンドルファーら（Arndorfer, Miltenberger, Woster, Rortvedt, & Gaffaney, 1994）は問題行動を減らすために消去手続きを用い、一方で望ましい代替行動を強化した。具体的には、アンナが問題行動を起こしたときに、母親は注目せず対応しなかった。その一方で、アンナが「ママ、一緒に遊んで」と言ってきたときに注目してあげ、しばらく一緒に遊ぶようにした。その結果、消去手続きを通して、問題行動が減り、その代わりに代替行動（母親に遊んでくれるように言うこと）が増えた。もし、母親の注目を得ることができる望ましい代替行動がなければ、問題行動が引き続いて

起こる可能性は高くなる。

　分化強化については第 15 章で詳しく解説するが、ここで覚えておいてほしいことは、問題行動を減らす場合、消去手続きや他の方法と一緒に強化手続きを併用するという点である。行動変容法が強調しているのは、対象者の生活場面で機能し、その人の生活を豊かにするような望ましい行動を増やすことである（Goldiamond, 1974）。確かに、対象者自身に害を及ぼしたり、その人の QOL を阻害するような望ましくない行動を減らすために、消去手続きやその他の方法を用いることはあるが、重要なのは望ましい行動を増やすことである。

般化と維持を促進する

　問題行動を維持している強化子を特定し、それを撤去し、また一方で望ましい代替行動を増やすために強化手続きを適用した後、次にすべきことは、それによってもたらされた行動変化の般化と維持を促進することである。消去手続きによる行動変化の般化とは、問題行動があらゆる場面で起きない（同時に、代替行動があらゆる場面で起きる）ということである。この場合の維持というのは、もたらされた行動の変化がそれ以降もずっと続くということである。般化を促進するためには、消去を行う人が全員正しくその手続きを行い、行動変化が期待されるすべての場面で消去を実施する必要がある。行動変化の維持を促進するためには、問題行動が再度起きたときに、その行動に対してきちんと消去手続きを適用する必要がある。さらに、問題行動と機能的に等価な代替行動を一貫して強化することも、般化と維持を促進するために重要である。

　ウィリーの場合を例に考えると、職員全員があらゆる場面で消去手続きを正しく実施することが重要となる。職員は、問題行動が起きる場所や時間に関係なく、彼がすべきことを拒否したり性差別的な言動をしたときには一切強化しないようにする。さらに、その問題行動と機能的に等価な代替行動である指示に従う行動は、きちんと強化しなければならない。最後に、その後もし再び問題行動が起こった場合には、消去の手続きを再導入する必要がある。

参考：食物拒否への介入における消去の活用

　消去は、正の強化や負の強化によって維持されている多岐に渡る問題行動に対する行動的介入の構成要素となる。消去が用いられた領域の 1 つとして摂食障害への介入がある。摂食障害にはしばしば多くの食物拒否の行動がある（たとえば、顔を横に向ける、口を閉じる、支援者の手にある食べ物を払い落とす）。食物拒否の行動は、提供されたある決まった食べ物を食べることから逃避できるときに、負の強化によって維持されていることがわかる。研究者は、消去が食物拒否の介入において重要な要素であることを示している（たとえば、Anderson & McMillan, 2001; Dawson et al., 2003; Piazza, Patel, Gulotta, Sevin, & Layer, 2003）。たとえば、ドーソンらは、食物を拒否するため胃ろうチューブ（胃に直接、差し込まれた食事用のチューブ）によって栄養を得ている 3 歳児に介入した。彼女はスプーンで食べ物が提示されたときは、必ず、顔を横に向ける、食べ物を叩き落とす、顔を手で隠すなどの行動で、食べることから逃避していた。研究者は次のような手続きで消去を実施した。彼女が食べ物を食べるまで口のあたりでスプーンを固定する、もし食べ物を叩き落とした場合は、再度、食べ物を提示し直し、彼女が食べるまで待った。このように問題行動によって提示された食べ物を食べることから逃避することができなくなった。この研究では、消去（これは逃避消去と言い、逃避によって維持されている問題行動のために使用される）が成功し、彼女はもはや食べることを拒否しなくなり、提示された食べ物をすべて食べるようになった。

消去の効果に関する研究

改善することが社会的に重要である問題行動に対する消去手続きの効果を実証した研究は、数多くある（たとえば、Cote, Thompson, & McKerchar, 2005; Dawson et al., 2003; Kuhn, Lerman, Vorndran, & Addison, 2006, Piazza et al., 2003; Thompson, Iwata, Hanley, Dozier, & Samaha, 2003）。消去手続きの効果は、正の強化、負の強化、社会的強化、非社会的強化のいずれかによって維持されている問題行動に関しても証明されている（Iwata, Pace, Cowdery, & Miltenberger, 1994）。消去手続きの効果を実証した多くの研究のうち、いくつかの概要を紹介する。

ピンクストンら（Pinkston, Reese, LeBlanc, & Baer, 1973）およびフランスとハドソン（France & Hudson, 1990）は、正の強化によって維持されている問題行動を減らすために消去手続きを用いた。ピンクストンら（1973）は、教師の注目が男の子の攻撃行動を強化しており、攻撃行動が起きても教師が注目しないようにすると、その行動が減少したことを実証した。フランスとハドソン（1990）は、夜中に起きて騒いでいる3歳未満の子どものいる家族を対象にした。彼らは、そうした行動に対して両親がきちんと消去手続きを行うように指導した。つまり、子どもが夜中に起きて騒いでも、両親は絶対にその部屋に入らないようにし、問題行動に対して注目を与えないようにした。そして、危険と思われるときや病気かもしれないとき、および静かにしているときだけ部屋に入り、小さな明かりで子どもの様子をチェックするように指導した。このような消去手続きを実施した結果、研究に参加した幼児全員、夜中に起きて騒ぐ行動がまったく見られなくなった。

負の強化によって維持されている問題行動に対して、消去を適用した研究も多い（Anderson & McMillan, 2001; Carr et al., 1980; Dawson, et al., 2003; Iwata, Pace, Kalsher, Cowdery, & Cataldo, 1990; Iwata, Pace, Cowdery, & Miltenberger, 1994; Piazza, et al., 2003; Steege et al.,1990; Zarcone, Iwata, Hughes, & Vollmer, 1993）。前にも述べたように、これらの研究では、問題行動（攻撃行動や自傷行動など）が起きてもやるべきことをやらせ、逃避が生じないようにした。攻撃行動や自傷行動を起こしてもやるべきことから逃避できなくなり、すべての対象者の問題行動が減った。

感覚消去（sensory extinction）（Rincover, 1978）も消去手続きの1つで、問題行動の強化子が非社会的なもので、その行動自体によって生じる感覚刺激である場合に用いられる方法である（Lovaas, Newsom, & Hickman, 1987）。**感覚消去は、行動を強化している感覚刺激を撤去したり、それを変えたりする方法である。**行動によって強化的な感覚刺激が生じなければ、その行動は起きなくなるはずである（Rapp, Miltenberger, Galensky, Ellingson, & Long., 1999）。ラップらは、自分の髪の毛を引っ張る少女に対応した。親指で髪を挟む感覚刺激が行動を強化している。ラップらは、髪を触ることで得られる感覚刺激を彼女が得られないように、ゴム手袋を女の子に着用させて感覚消去を行った。ゴム手袋を着用することで、髪を引っ張る行動は軽減した。

リンコバーら（Rincover, Cook, Peoples, & Packard, 1979）は、自閉症や発達障害の子どもたちの問題行動を減らすために感覚消去を行った。対象とされた問題行動は常同行動で、何ら社会的な機能を持たないと推定されたものであった。たとえば、レジーという対象児は皿などを固いテーブルの上で何度も何度も回していた。研究者は、レジーの場合、固いテーブルの上で皿が回っているときの音がその行動の感覚的な強化子になっていると考えた。カレンの場合は、自分や他の人の服から綿くずや糸くずを引っ張り出し、それを空中に投げ、それが床に落ちるまで力一杯手をヒラヒラさせた。カレンのこうした行動は、視覚刺激によって維持されていると考えられた。その理由は、カレンは綿や糸をそれが地面に落ちるまでジッと見ていて、それがなかなか床に落ちないように手をヒラヒラさせていると推測されたからである。

Q. テーブルの上で皿を回すレジーの行動に対し

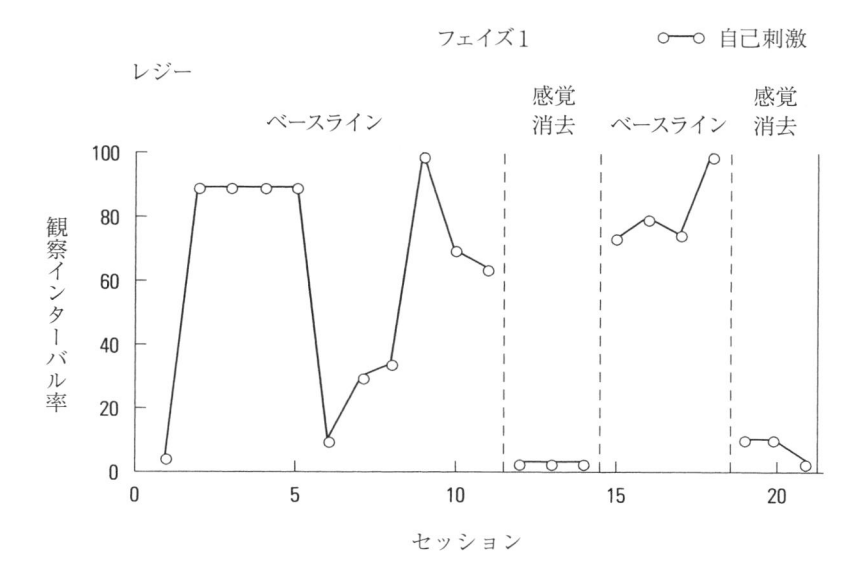

図 14 - 3　このグラフは、レジーの自己刺激行動 (皿回し) のレベルを示している。フェイズ 1 ではベースライン期と感覚消去期が行われ、感覚消去期には、テーブルの上にカーペット生地を敷き、皿を回してもベースライン期のような音がしないようにした。音がしなくなると、皿回しはほとんど見られなくなった。(Rincover, Cook, Peoples, & Packard [1979]. Copyright © 1979 Society for the Experimental Analysis of Behavior.)

図 14 - 4　テーブルの上で皿を回す行動は、それによって生じる音によって強化されていた。テーブルの上にカーペット生地を置くことによって、皿を回しても音が出なくなった。その結果、皿を回す行動は起きなくなった。

て、どのように感覚消去を行うのか？

　感覚消去は、行動を強化している感覚刺激を撤

去したり、それを変えるという方法である。レジーの場合、感覚強化子は皿が回ることによって生じる聴覚刺激である。消去手続きとして、研究者

はその行動によって生じる音を変えることにした。テーブルの表面にカーベット生地を敷き、レジーがその上で皿を回しても、以前のような音が出ないようにした。皿を回しても強化的な聴覚刺激が生じなくなったので、その行動は起きなくなった（図14‐3と図14‐4参照）。

　カレンの場合の感覚消去は、行動によって生じる視覚刺激を撤去するという方法が取られた。研究者は、カレンが綿くずや糸くずを引っ張り出して空中に投げるたびに、頭上のライトを消すという感覚消去を行った。教室の窓から光が差し込んで明るかったが、頭上のライトがないと空中の綿くずや糸くずはカレンには見えなかった。この感覚消去によって、カレンの問題行動はゼロにまで減った。

　この対象児の問題行動に代わる望ましい行動を増やすために、研究者は問題行動によって生じるものと同じ感覚刺激をもたらすおもちゃを与えた。レジーにはオルゴールとオートハープ（訳注：ボタン操作によって簡単な和音を奏でることのできるおもちゃの商標名）を与え、カレンにはシャボン玉セットを与えた。レジーが皿を回しても強化的な聴覚刺激は生じなくなり、やがてその行動は減った。しかしオルゴールで遊ぶと、皿を回すときの音に代わる聴覚刺激が生じた。カレンの場合には、問題行動によって生じていた視覚刺激と同じような刺激が、シャボン玉によってもたらされた。その結果、カレンは綿くずや糸くずを投げるよりも、シャボン玉で遊ぶようになった。

まとめ

1. 消去は、問題行動を減らすために、その行動を維持している強化子を撤去するという手続きである。消去手続きを行うためには、まず機能的アセスメントによって問題行動を強化している結果事象を特定しなければならない。
2. 消去を適用する前に、以下の5つのことについて確認しておく。
   - ■問題行動の強化子を特定したか？
   - ■問題行動が起きた後、強化子をきちんと撤去できるか？
   - ■消去を適用しても安全か？
   - ■消去バーストに耐えられるか？
   - ■手続きの一貫性は保証できるか？
3. 消去が適用される前に問題行動が強化されていた強化スケジュールについて、検討する。というのは、消去の前に、標的行動が間欠スケジュールで強化されていた場合よりも、連続スケジュールで強化されていた場合の方が、消去の手続きを導入した後、標的行動が減少するスピードが速いことが知られているからである。
4. 消去を適用する際には、一方で、問題行動に代わる望ましい代替行動を強化する。代替行動が問題行動に代わって生起するようになれば、問題行動が起きなくなる可能性が高くなる。
5. 行動変容法の他の技法を適用する場合と同じく、消去によってもたらされた行動変化が他の場面にも般化し維持されるように計画する。般化を促進するためには、介入を行う全員が一貫した形で消去手続きを行うことが重要となる。問題行動がいつどこで起きても、同じ消去手続きを行わなければならない。最後に、消去が適用される問題行動に代わる形で生起した代替行動は、必ず強化しなければならない。

キーワード

逃避消去　　　　　　　　　　　　　　　介入厳密性

練習問題

1. 消去の定義を述べなさい。また、本章で紹介した例以外で、消去の例を挙げなさい。

2. 小学校 2 年生を担任しているロビンソン先生のクラスに、教室内で問題行動を示す女の子が 1 名いた。ロビンソン先生は彼女が問題行動をするたびに無視していた。これは消去手続きの例と言えるか、説明しなさい。

3. ロビンソン先生は、その女の子が問題行動をしないでちゃんと席に着いているときにはできるだけ褒めるようにした。これは強化手続きの例と言えるか、説明しなさい。

4. 問題行動を減らすために消去を適用する前に、機能的アセスメントを行うべきである理由を説明しなさい。

5. 消去を適用する際に、問題行動に関するデータを取っておくことが重要である理由を、説明しなさい。

6. 問題行動に消去手続きを適用した結果を表すグラフを、仮想データを使って描きなさい。

7. 消去を適用する前に、強化子をきちんと管理できるかどうかを確認しなければならない。それが重要である理由を説明しなさい。

8. 消去を適用する前に、消去を行っても安全かどうかを確認しなければならない。どういった場合が安全でないのか？　また、安全に消去手続きを行うにはどうしたらよいのか？

9. 消去バーストとは何か説明しなさい。あるケースについて消去バーストが起きることが予想されるとき、消去を適用すべきかどうかをどのように判断するか述べなさい。

10. 実際に介入を行う人たちが、消去の手続きを一貫性のある形で実施できない場合、どのようなことが起こると予想されるか？

11. 消去を適用する場合、強化手続きを併用することが重要である理由を説明しなさい。また、本章で示したもの以外で、その例を挙げなさい。

12. 消去が適用される前の強化スケジュールは、消去の効果にどのような影響を与えるか、説明しなさい。

13. 感覚強化とは何か？　感覚強化の別の名前は何か？　また、感覚強化によって維持されている行動の例を挙げなさい。

14. 感覚消去とは何か？　また、その例を挙げなさい。

15. 消去手続きによってもたらされた行動変化の般化と維持を促進する方法について説明しなさい。

適用例

1. 自己管理に消去を用いるとしたらどのように行うか、説明しなさい。消去を適用することがふさわしくないとしたら、それはなぜか？

2. 表 14- 2 に問題行動 10 例とそれぞれの強化子が示されている。それぞれ、正の強化で維持されているのか、負の強化で維持されているのか、また強化子は社会的強化子かどうかを答え、その理由を説明しなさい。

3. 表 14- 2 のそれぞれの例について、消去手続きをどのように行うか説明しなさい。

4. ジェニーは図らずも、息子ハーヴィに激しくしかも長く続くかんしゃく行動を形成していた。ジョニーは離婚しており、家の外で仕事をしていた。ハーヴィがかんしゃく行動を起こすと、ショニーはそれを無視し、仕事を続けるようにしていた。しかし、そのうち半分くらいは、結局根負けし、ハーヴィが欲しがるものを与えてしまっていた。ハーヴィが 20 〜 30 分間かんしゃく行動を起こしていると、結局、ショニーが仕事を中断し、ハーヴィが欲しがるものを与えてしまうというのが、いつものパターンだった。ハーヴィのか

んしゃくは、具体的にはぐずぐず泣く、大声で泣く、欲しい物（アイスクリーム、ゲームで遊ぶこと、公園に行くことなど）をねだるというものだった。ハーヴィのかんしゃく行動をなくすために、ジョニーは消去手続きをどのように行うべきか、説明しなさい。

間違った適用例

1. ウィルソン夫妻はかかりつけの医者に4歳の娘ジェニーのことで相談した。ジェニーは、両親と買い物に行くたびにかんしゃくを起こしていた。医者は多くの質問をし、結論として、ジェニーがお店で起こすかんしゃく行動は、お店にあるキャンディなど彼女が目にしたものを手に入れることによって強化されていると判断した。確かに、ジェニーはお店で品物を見るとそれを欲しがり、両親が「ダメ」と言うと、それを買ってもらえるまで大泣きをしていた。そこで医者は、ジェニーがかんしゃくを起こさなくなるように、消去手続きをやってみるように助言した。つまり、今度ジェニーがお店でかんしゃくを起こしたときには、それを無視するように、助言したのである。具体的には、ジェニーが欲しがるものを買わず、何事もなかったかのように買い物を続けるように、と指導した。このアドバイスで間違っているところはどこか？

2. ジョアンは腹痛を訴え、学校を休みたいと母親に言った。ジョアンは小学校4年生で、これまでにも腹痛を訴えて学校を休んだことが何回かあった。母親は、ジョアンの腹痛は仮病で、学校を休みたくて仮病を装っているのではないかと考えた。そこで、消去手続きを行うことにした。母親は、学校を休むことがジョアンの腹痛の訴えを強化しており、学校に行かせることは強化子を撤去することになると考えた。そうすることで、ジョアンは腹痛を訴えたりしなくなるはずだと考えたのである。この消去手続きの間違いはどこか？

3. 18歳のテイムは知的障害があり、最近他の7名と一緒にグループホームに入所した。他の利用者は皆、彼より年上で知的障害があっ

た。テイムは他の利用者を、たびたびからかった。触られるのを嫌がっている人を、わざとつついた。他の人たちがテレビを見ているときにリモコンを取り上げて勝手にチャンネルを替えた。他の人が使っている遊び道具やゲームを取り上げた。こうしたテイムの行動に、他の利用者は迷惑し、困っていた。彼らはテイムに対し腹を立てたり、文句を言ったり、泣いたり、厳しく叱ったり、大声を上げたりしたが、テイムはかえってそれを楽しんでいるようだった。他の利用者の反応は、テイムのからかい行動を強化しているように見えた。こうしたテイムの行動が手に負えなくなってきたことを知った職員たちは、彼の問題行動を減らすために消去手続きを用いることにした。具体的には、テイムが何らかのからかい行動をしたときに、職員は彼を無視することにしたのである。実際には彼を見ないようにし、何気なくその部屋から出て行くようにした。その代わり、テイムが他の利用者とよい関わりをもっているときには、職員は彼を褒めて、からかいに代わってよい関わりが増えることを期待した。この介入計画の間違いはどこか？

4. テイムは、グループホームに迎えに来てくれるスクールバスで学校に通っていた。しかし、ほとんど毎朝、彼はバスに乗るのを拒否した。グループホームの職員はテイムに話しかけ、最終的にはバスに乗ることを納得させていたが、毎朝そのために何分もかかった。職員はこの場面を分析し、バスに乗るのを拒否するテイムの行動を、毎朝バスに乗るよう職員が説得するときに、注目によって強化していると判断した。そこで、消去手続きを行うことにした。具体的には、テイムにバス

に乗るよう職員が言うのは1回だけにし、彼が拒んでもそれ以上は注目を与えないようにした。そのときテイムがおとなしくバスに乗れば、おおいに褒めてあげることにした。学校からも同意を得て、バスの運転手もテイムがバスに乗るまで発車を待ってくれることになった。ただし、学校の行事があってどうし

てもバスの発車を待てないときが1週間に1日くらいあり、その日は例外としてこの消去手続きは行わないことにした。その日は、職員が説得して、テイムをバスに乗せるしかなかった。この介入計画の正しいところはどこか？　また、どこが間違っているか？

補足資料A

表14-2のそれぞれの事例の強化子の例

1．負の社会的強化（課題からの逃避）
2．正の社会的強化
3．負の社会的強化
4．正の自動強化
5．負の自動強化
6．負の社会的強化（課題からの逃避）；正の社会的強化(テレビを見続けられるようになる)
7．正の社会的強化
8．正の社会的強化
9．正の社会的強化
10.　負の自動強化（労働者は働くのを止める）；正の自動強化（労働者はタバコを吸ったり、コーヒーを飲む）

補足資料B

表14-2の事例に対する消去手続き

1．子どもが体調が悪いと訴えたときに、とにかく家事をし続ける。
2．ある知的障害をもつ人が道路に飛び出したときに、職員は彼を道路から連れ戻す目的で清涼飲料水を渡すことをしない。
3．妻がわめき散らしても、夫は議論をやめない。
4．自分の目の前に手をかざしてヒラヒラさせることで視覚刺激が生じないように、明かりを薄暗くする。
5．この事例の場合には、消去を実行することは容易ではない。走って犬から逃げたり、逃げることで恐怖感が和らがないようにして、逃避が成立しないようにする。
6．子どもが勉強をしないときに、テレビを消した上で勉強をするように仕向ける。
7．子どもが勉強をしないとき、子どもの行動を無視する。
8．入院患者がナースステーションに連絡したときでも、看護師は部屋に行かない
9．患者が裸になったときでも、看護師はいかなる反応も示さない。
10.　作業員がサボったときでも、働き続けるように（あるいは別の仕事をするように）仕向け、座ってタバコを吸いながらコーヒーを飲むことができないようにする。

第 15 章　分化強化

学習のポイント

■ 望ましい行動の生起率を高めるために、代替行動分化強化（DRA）をどのように用いるか？

■ 望ましくない行動を減らすために、他行動分化強化（DRO）と低頻度行動分化強化（DRL）をどのように用いるか？

■ DRA、DRO、DRL は、どのようなときに用いるか？

■ 分化強化には、強化と消去の原理がどのように関係しているか？

■ DRA と DRO には、負の強化の原理がどのように関係しているか？

第 14 章では、望ましくない行動を減らすための消去手続きについて述べた。本章では、分化強化について説明する。分化強化は、望ましい標的行動を増やし、望ましくない行動を減らすために、強化（第 4 章）と消去（第 5 章）の原理を応用したものである。分化強化の手続きには、代替行動分化強化（DRA: differential reinforcement of alternative behavior）、他行動分化強化（DRO: differential reinforcement of other behavior）、低頻度行動分化強化（DRL: differential reinforcement of low rates of responding）の 3 種類がある。

代替行動分化強化

代替行動分化強化（DRA）は、望ましい行動の頻度を増やし、望ましくない行動の頻度を減らすために用いられる行動的技法の 1 つである。望ましい行動は、それが生起するたびに強化される。その結果、将来、その行動が生起する可能性が高くなる。同時に、望ましい行動の妨げとなるすべての望ましくない行動は強化されない。その結果、将来、望ましくない行動が生起する可能性は低くなる。このように **DRA は、望ましい行動の強化と望ましくない行動の消去を組み合わせたものである**。次の例を考えてみよう。

ウィリアムズさんを生き生きとさせる

ウィリアムズさんが老人ホームに入居してから約 1 年が経ったが、看護師たちにはそれ以上に長く感じられた 1 年だった。というのも、ウィリアムズさんは看護師を見かけるたびに、すぐに食事、居室、他の利用者、周囲の音、足腰の痛みなどについてブツブツと不平不満を言い始めるのである。ウィリアムズさんが不平不満を言うと、看護師たちはいつも丁寧にそれを聞き、そして励ますようにしていた。ところが、彼女の不平不満は段々ひどくなってきているようで、最近ではほとんど前向きな発言が見られなくなった。彼女が最初にホームに来たときは、面白いことやお愛想を言うことが多く、不平不満はめったに言わなかった。看護師は彼女が以前のように行動できるようになることを願って、行動分析学を専門とする心理士に、看護師として何かできることがあるか相談した。

心理士は、ウィリアムズさんとの関わり方を変えることによって、彼女の行動を変えることができるのではないかと助言した。看護師は、3 つのことをするように助言を受けた。第 1 に、ウィリアムズさんを見かけるたびに、すぐに看護師の方から何か前向きなことを話しかける。第 2 に、彼

先行事象	行動	結果事象
看護師がいる	ウィリアムズさんが不平不満を言う	看護師が注目を提示する

その結果：看護師を見かける度に不平不満をより言いやすくなる。

女が何か前向きな発言をしたときはいつも、看護師が今やっていることを中断し、彼女にほぼ笑みかけ、積極的に聞き、発言内容に耳を傾けるようにする。ウィリアムズさんが前向きな発言をしている間は、それを続ける（もちろん、仕事をしてもよいが、仕事をしている間もウィリアムズさんに関心を向けるようにする）。第3に、ウィリアムズさんが不平不満を言い始めたときは、一言断ってから退室するか、仕事が忙しくて聞けないふりをする。ウィリアムズさんが不平不満を言うのをやめ、何か前向きなことを言い始めたら、すぐに仕事を中断し、注意を向けるようにする。

　すべての看護師がこのプログラムを実施した。数週間後には、ウィリアムズさんは以前よりも前向きな発言をすることが多くなり、不平不満はほとんど聞かれなくなった。彼女は以前よりも幸せそうに見え、看護師は彼女の介護を再び楽しんでするようになった。

　ウィリアムズさんに、より前向きな発言をさせ、一方で不平不満を減らすために看護師が用いた手続きが DRA である。看護師から問題となってい

る状況について話を聞き、一定期間、行動観察をした後、心理士は次のような仮説を立てた。看護師が、ウィリアムズさんが不平不満を言うのを知らず知らずのうちに強化しているため、不平不満が増えた、というものである。ウィリアムズさんが不平不満を言うたびに看護師は熱心に聞いてあげ、慰めるなどして、関わりが増えていた。

　心理士はウィリアムズさんの前向きな発言を強化するために、前向きなことを話すたびに看護師がきちんと注目する必要があると判断した。また、不平不満を言うことに対しては、注目しないようにした。読者は気づいたと思うが、看護師は強化と消去を用いたのである。DRA には、この2つの行動の原理が含まれている。

　この例では、ウィリアムズさんがより前向きな発言をしたとき、看護師からそれを強化されるだけでなく、消去によって不平不満を言うのが減ることになる。もし、不平不満を言うことに対して消去が用いられなければ、この行動はずっと続き、前向きな話をする機会が少なくなるだろう。DRAは、望ましい行動を増やすための有効な方法であ

強化

先行事象	行動	結果事象
看護師がいる	ウィリアムズさんが前向きなことを話す	看護師が注目を提示する

その結果：看護師を見かける度に前向きな事をより言いやすくなる。

消去

先行事象	行動	結果事象
看護師がいる	ウィリアムズさんが不平不満を言う	看護師が注目を提示しない

その結果：将来的に、看護師に不平不満を言う可能性が低まる。

る。それは、消去によって妨害となる行動を減らし、望ましい行動が生起し強化される機会を増やすからである。

DRA はどのようなときに用いるか

DRA を実施する前に、DRA がその状況にふさわしい手続きであるかどうかを判断する必要がある。DRA の適切性を判断するためには、次の3つの質問に答えるとよい。

■ 望ましい行動の生起率を高める必要があるか？
■ たとえ少なくても、これまでその行動は起きていたことがあるか？
■ 行動が生起した後に提示する強化子は、操作できるものか？

DRA は、望ましい行動を強める手続きである。ところが、行動を強化するためには、わずかであっても望ましい行動が生起していなければならない。もし、その行動がまったく生起したことがなければ、DRA は適切な方法とは言えない。その場合には、まずその行動を生起させるために、シェイピング（第9章）やプロンプト（第10章）などの方法を用いる。その次の段階として、行動の生起頻度を高め、維持するために DRA を用いることになる。さらに、行動が生起するたびに提示する強化子を決めておく必要がある。強化子が見つからなかったり、強化子を管理したり操作したりできないときは、DRA を用いることはできない。

DRA はどのように用いるか

DRA を効果的に用いるためには、以下のようなステップがある。

望ましい行動を定義する：DRA を用いて増やす望ましい行動を決定し、具体的に定義する。第2章で述べたとおり、望ましい行動を明確に定義することによって、標的行動を確実に強化でき、また介入がうまくいっているかどうかを評価するための行動の記録がしやすくなる。

望ましくない行動を定義する：DRA を用いて減らそうとしている望ましくない行動を特定し、具体的に定義する。望ましくない行動を具体的に定義することによって、望ましくない行動が生起したときに確実に強化しないようにでき、また DRA を適用した後にその行動が減ったかどうかの判断をするための不適切行動の記録が取りやすくなる。

強化子を決める：DRA では望ましい行動に強化子を提示し、望ましくない行動には強化子を提示しない。したがって、DRA では提示する強化子を決めておかなければならない。強化子は一人ひとり異なるので、対象者ごとに特定の強化子を決めておくことが重要となる。

1つの可能性として、現在、望ましくない行動を維持している強化子を用いることが考えられる。このような強化子が有効であることはすでに分かっている（Durand, Crimmins, Caufield, & Taylor,1989）。ウィリアムズさんの例では、看護師からの注目が望ましくない不平不満行動を強化していた。そこで看護師は、前向きな発言を強化するために注目を用いることにした。デュランドらは、発達障害のある児童たちの教室における問題行動が、それぞれ異なった強化子によって維持されていることを見いだしている（Durand et al., 1989）。彼らは児童ごとに問題行動を維持している強化子を特定し、適切な代替行動を増やすためにそれと同じ強化子を用いた。その結果、問題行動が減少し、その代わりに適切な代替行動がより多く生起するようになった。

強化子を決めるもう1つの方法は、対象者を観察してその人がよく行っている活動や興味関心を記録することである。対象者はどんなことを楽しんでいるか？　たとえば、非行少年のためのプログラムで、カウンセラーが、適切な行動（宿題など）に対して強化子を提示したいと考えた。ルークはよくテレビゲームで遊んでおり、楽しんでいる様子が観察された。そこで、ルークが宿題をきちんと終えたことに対する強化子として、テレビゲームで遊ぶ機会を設定した。プレマックの原理（Premack, 1959）を用い、低頻度行動（宿題をすること）の強化子として高頻度行動あるいは好

みの行動（テレビゲームで遊ぶ）を行う機会を設定したのである。

　対象者一人ひとりの強化子を決めるために、いくつかの質問に答えてもらう方法もある。「どんなことが好きですか」「楽しいと感じることは何ですか」「自由時間をどのように過ごしていますか」「お金があれば何が欲しいですか」「報酬としては何が欲しいですか」。ほとんどの人は、強化子として有効なものを少なくともいくつかは言うことができる。対象者をよく知っている親や教師からも情報を得ることができる。対象者の強化子を特定するための質問紙も開発されている（Cautela, 1977）。

　もう１つの方法は、さまざまな刺激を実際に試してみて、好みの刺激を査定する方法である（それらの刺激は強化子として働く可能性がある）。こうした方法は、**好みのアセスメント手続き**と呼ばれ、少なくとも３つの異なる方法がある。３つの異なる方法は単一刺激提示法、対刺激提示法、多刺激置換提示法である（DeLeon & Iwata, 1996; Fisher et al., 1992, 1994; Green et al., 1988; Pace, Ivancic, Edwards, Iwata, & Page, 1985）。それぞれの方法において、さまざまな研究で、対象者に強化子となりうる刺激を提示し、対象者が接近するかどうかを記録している。たとえば、おもちゃを提示したときに、子どもが手を伸ばしたり、触ろうとしたり、遊ぼうとするかどうか？　お菓子を提示したときに、そのお菓子を取ろうとしたり、食べようとしたりするかどうか？　それらの接近反応が見られるかどうかは、

おもちゃや食べ物がその子どもの強化子となるかどうかの指標となる。**その刺激が実際に強化子として働くかどうかは、行動に随伴して刺激を提示し、その行動が増加したかを確かめる必要がある。この手続きは、強化子アセスメントと呼ばれる。**

　単一刺激提示法では、強化子となる可能性のある刺激が１つずつ提示されて（例；子どもの前の机に置く）、その刺激に接近するかしないかを見る。それぞれの刺激を数回提示した後に、どの刺激が強化子となる可能性があるかを示すために、それぞれの刺激に接近した回数のパーセンテージを算出する（Pace et al., 1985）。

　対刺激提示法（強制選択、もしくは二肢選択）では、２つの強化子の候補となる刺激を提示し、子どもが接近した刺激を記録する。複数回、可能性のある強化子群の候補から、それぞれの刺激を毎回別の刺激と対に提示する。そして、どの刺激が強化子である可能性があるかを示すために、子どもが接近した回数のパーセンテージを算出する（Fisher et al., 1992）。

　多刺激提示法では、強化子の候補となる刺激を一列に提示し（例えば、子どもの前の机に８つの刺激を置く）、子どもが最初に接近した、もしくは、選択した刺激を記録する。選択された刺激は列から取り除き、次に子どもが選択した刺激を記録する。そして、次に選択された刺激も列から取り除く。この手続きは、子どもがすべての刺激を選択する、もしくは接近するまで続ける。刺激の列は何度も提示し（毎回、机の上の刺激の位置は変える）、選択された刺激の順位を決定する（DeLeon

---

強化子を見つける方法

- ■ 対象者を観察し、問題行動の強化子を見つける。
- ■ 対象者を観察し、高頻度行動を見つける。
- ■ 対象者本人、親、教師に尋ねる。
- ■ 強化子に関する質問紙を用いる。
- ■ 可能性のある強化子を提示して接近が見られるか確かめる。
  - ・単一刺激提示法（Single stimulus assessment）
  - ・対刺激提示法（Paired stimulus assessment）
  - ・多刺激提示法（Multiple stimulus assessment）
- ■ 強化子の候補となる刺激をオペラント反応に随伴提示し反応生起率や持続時間を調べる。

& Iwata, 1996）。初めの選択された刺激は、最後に選択された刺激よりもより強力な強化子である可能性がある。上記の好みのアセスメント手続きは、**多刺激非置換提示法**（MSWO）と呼ばれる。

もう１つは、それぞれの強化子の候補となる刺激をオペラント反応に随伴させる方法である（Bowman, Piazza, Fisher, Hagopian, & Kogan, 1997; Green, Reid, Canipe, & Gardner, 1991; Wacker, Berg, Wiggins, Muldoon, & Cavanaugh, 1985）。ある刺激が反応に随伴して提示されたときにその反応の頻度や持続時間が増加したら、その刺激が強化子であると証明されたことになる。たとえばワッカーは、いくつかの電子ゲームや電化製品（スマートフォン、扇風機、電車のおもちゃなどを含む）のスイッチを生徒に入れさせた。そして強化子の指標として、スイッチを入れていた時間を記録した。他の電化製品のスイッチよりもスマホのスイッチを長く押していれば、スマホがその生徒の強化子と判断された。

望ましい行動を即時に一貫して強化する：第 4 章で述べたことを思い出してほしい。行動を増やしたいときは、その行動が生起した直後に強化することが重要であった。反対に、望ましい行動に対する強化が遅延してしまうと、DRA の効果はなくなってしまう。また、望ましい行動が生起するたびに、いつも強化する必要がある。連続強化スケジュールで強化された行動は、少なくとも最初は、期待されるレベルまで増加しやすく、強化されていない望ましくない行動に置き換わるようになる（Vollmer, Roane, Ringdahl, & Marcus, 1999）。

望ましくない行動を強化しない：DRA が有効であるためには、望ましくない行動の強化子を特定し、それを撤去する必要がある。望ましくない行動の強化子を完全に撤去できないときは、できるだけ少なくしなければならない。それによって、望ましい行動と望ましくない行動の強化の対比が大きくなる。望ましい行動と望ましくない行動は並列オペラントである。第 4 章でも述べたように、2 つの行動が並列強化スケジュールによって維持されている場合、より多く強化されている行動がもう 1 つの行動よりも相対的に増加する（たとえば、Borrero, Vollmer, & Wright, 2002）。

たとえば、ウィリアムズさんが不平不満を言ったとき、彼女に対するすべての注目を取り除くことは難しいかもしれない。不平不満の中には正当なものもあり、その判断をするために耳を傾ける必要もあるだろう。しかし、不平不満に対する注目はできるだけ少なくし、その一方で、前向きな発言について熱心にしかも長く耳を傾けるようにする。このようにして、前向きな発言への注目は不平不満に対する注目よりも大きくなる。つまり、不平不満よりも前向きな発言に対する強化が大きくなる。

標的行動を維持するために間欠強化を用いる：DRA の最初の段階では、望ましい行動に対して連続強化を用いる。ところが、望ましい行動が一貫して生起するようになり、望ましくない行動がまれにしか生起しなくなると、強化スケジュールを希薄化し、望ましい行動に対して間欠強化を用いるようにする。間欠強化によって消去抵抗が高まり、望ましい行動が長期的に維持されやすくな

DRA の適用手順

1．望ましい行動を定義する。
2．望ましくない行動を定義する。
3．強化子を決める。
4．望ましい行動を即時に一貫して強化する。
5．望ましくない行動を強化しない。
6．標的行動を維持するために間欠強化を用いる。
7．般化を計画する。

る。

般化を計画する：DRA では、間欠強化スケジュールによって行動を維持するプログラムだけでなく、般化のプログラムも重要となる。般化とは、指導場面以外のすべての関連した刺激場面においても標的行動が生起するようになることである。関連するすべての場面で標的行動が生起するようにならなければ、DRA は有効でなくなってしまう。般化しやすくするためには、できる限り多くの関連場面で、しかもできるだけ多くの人によって標的行動が分化強化されるようにする必要がある。

負の強化による代替行動分化強化

次の例は、負の強化による代替行動分化強化（DNRA: differential negative reinforcement of alternative behavior）の例である。

ジェイソンは 8 歳の自閉スペクトラム症の少年で、小学校 3 年生である。自閉スペクトラム症の子どもたちは、独りでいることが多く、孤立した行動がしばしば見られる。何か指示されたときに、攻撃行動、物壊し、あるいは自傷行動が見られることもある。担任教師が課題（たとえば、ワークブックの問題）を指示すると、ジェイソンはしばしば机の上を拳で強く叩いたり、椅子をガタガタと前後に激しく揺さぶった。そのとき担任はジェイソンの動きを中断させ、落ち着くまで教室の後ろにある椅子に座らせるようにしていた。この行動が毎日 4 〜 5 回起こるため、ほとんど課題を行うことができない状態だった。担任はジェイソンの行動について何をすべきかが分からなくなり、学校心理士に相談した。

この問題を理解するために、学校心理士は担任にいくつかの質問をし、また実際に教室でジェイソンを観察した。その結果、望ましくない行動（机叩き、椅子をガタガタ揺らす）が、負の強化で維持されていることが分かった。

Q. ジェイソンの問題行動は、どのように負の強化で維持されているか？

ジェイソンは問題行動を起こすたびに、学校の課題から逃れることができた。望ましくない行動の即時的な結果は、課題から逃れることであった。その一方で、心理士は、ジェイソンが 1 日の中で望ましい行動（課題を行う）をしていることがあることも分かった。そこで、心理士は、望ましい行動を増やし、机を叩いたり椅子を揺らしたりするなどの望ましくない行動を減らすために、分化強化の適用を決定した。

まず、心理士は、望ましい行動と望ましくない行動の行動的な定義を行った。次に、取り組んだ問題数（望ましい行動）と問題行動（望ましくない行動、すなわち机を叩く行動と椅子を前後に揺する行動）が生じた回数を毎日記録するように担任に依頼した。次のステップは、ジェイソンの望ましい行動の強化子を発見することであった。課題からの逃避が問題行動の強化子であったため、DRA 手続きとして、課題を行うことの強化子として、課題からの逃避を利用することにした。課題の強化子として、課題からの逃避を用いることは一般的ではないかもしれない。しかし、ジェイソンには強化子として有効であることが確認されていた。

望ましい行動と望ましくない行動が定義され、強化子が決められると、担任は分化強化を実施することになった。最初のステップでは、ジェイソンがワークブックの問題を 1 つ終えるたびに強

先行事象	行動	結果事象
担任がジェイソンに課題をするように指示する	ジェイソンが机を叩いたり椅子を前後に揺さぶる	ジェイソンは学校の課題や椅子に座ることから逃避する

その結果：ジェイソンは担任が課題をするように指示した際に、問題行動に従事する可能性が高まる。

化子を提示した。つまり、彼に離席を許可し、教室の後ろにある椅子に数分間自由に座らせるようにした。

　最初、担任はワークブックの簡単な問題だけをするように指示した。そのため、正解が多くなり、強化されることも多くなった。同時にジェイソンが問題行動を行った場合には消去を適用した。

Q. ジェイソンの問題行動に消去をどのように適用するか？

　課題からの逃避によって問題行動が強化されていたため、担任は彼を逸脱させないようにした。つまり、問題行動が起きたときには、席を立ったり、教室の後ろの椅子に座らせることはしないようにした。落ち着いたら自席に座らせて、そのままワークブックの問題をさせるようにした。このようにして、ワークブックの問題をすることを強化し、問題行動を強化しないようにした。

　ジェイソンがワークブックに持続的に取り組めるようになり、望ましくない行動をしなくなったところで、分化強化の最後のステップとして、間欠強化スケジュールに移行するとともに般化を計画した。最初は、ワークブックの問題を終えるたびに、教室の後ろの椅子に座ることを許可した。簡単なものから難しいものまで、問題に確実に取り組むようになり、問題行動も起きなくなったところで、2問を終えるたびに強化子を提示するようにした。その後、強化子を得る前に3問を解けるようになり、その後、4問、5問と続けて解くことができるようになった。担任は、ジェイソンが5問を終えるたびに自分で教室の後ろの椅子に座るようになったことに満足した。この方法は、彼を課題から遠ざけることもなく、授業を妨害することもなかった。そして、毎日4、5回起きていた問題行動を確実に減らすことができた。般化を促進するために、他の教師もいろいろな教室で分化強化を適用した。

　分化強化を上手く活用すると、望ましい行動は増加し、望ましくない行動は減少するはずである。この場合、分化強化を適用することでジェイソンの問題行動の頻度が減少し、取り組んだ問題数も増加した。

　DNRA（differential negative reinforcement of alternative behavior）は、負の強化で維持されている問題行動を減らし、その問題行動に代わる適切な行動を増やす様々な研究において用いられている（Golonka et al., 2000; Marcus & Vollmer, 1995; Piazza, Moes, & Fisher, 1996; Roberts, Mace, & Daggett, 1995; Steege et al., 1990）。ウォーザクら（Warzak, Kewman, Stefans, & Johnson, 1987）は、重度の呼吸器感染症で入院した後に読み困難となったアダムという10歳の子どもに、介入を行った。入院前は、読むことに関する問題は見られなかった。しかし現在、読もうとすると、文字がぼやけてページの上の方に向かって動く、と報告していた。ところが、テレビゲームや細かな視覚弁別を必要とする活動では、問題は見られなかった。

　ウォーザクらは、毎日45分間から2時間の読み練習からなる治療的介入を実施した。この練習は、「非常に単調で退屈になることをねらっていた」（p.173）。介入セッションでは、アダムはそのページ内の単語を読むように指示された。単語を正しく読むと、その日の残りのセッションは中止となった。つまり、正確な読みは単調な練習からの逃避によって負の強化を受けた。単語を正確に読むことができなかった場合、セッションがそのまま続けられた（これは、不正確な読みの消去にあたる）。ウォーザクらは、多層ベースラインデザインを用いて、大きさが異なる文字に対してDNRAを実施した。その結果、DNRAを適用した後、介入で用いたすべての大きさの文字について、正確な読みが100%まで増加したことが示された。この結果は、介入終了後も3カ月以上維持された。

DRAのバリエーション

　DRAには2つのバリエーションがあり、それは問題行動に代わる2つの種類の代替行動を強化するものである。1つは**非両立行動分化強化**（DRI：differential reinforcement of an incompatible behavior）である。この場合、代替行動は問題行動と物理的に両立しない行動であり、そのため2つの行動が同時に生起することはない。たとえば、問題行動が手で自分の頭を叩く行動であれ

ば、手を使ったあらゆる代替行動が非両立行動となる。おもちゃで遊ぶことや手で道具を操作する課題を行うことは、この場合の非両立行動であり、頭叩き行動に置き換わるように DRI を通じて強化される。

DRA のもう 1 つのバリエーションは、問題行動に置換するために強化される代替行動がコミュニケーション行動というものである。これは、**コミュニケーション行動分化強化**（DRC: differential reinforcement of communication）、または**機能的コミュニケーション指導**（Carr & Durand, 1985; Carr, McConnachie, Levin, & Kemp, 1993）と呼ばれる。この方法では、問題行動を示す人は、問題行動と機能的に等価なコミュニケーション行動を学習する。コミュニケーション行動によって問題行動と同じ強化事態がもたらされるので、問題行動を起こす理由がなくなる。機能的コミュニケーション指導では、注目によって強化されている問題行動を示す人は、注目を得るためのコミュニケーション方法を学習する。特定の場面からの逃避によって強化されている場合は、その場面を中断する方法を学習する。この場合、強化されるコミュニケーション行動は問題行動よりも効率的（より簡単でより早い）でなければならない。それが実現すれば、コミュニケーション行動の方が効率的になるため、問題行動を行う必要がなくなるのである。

DRA に関する研究

ライテンバーグらは叩く、罵る、大声を出す、泣くといった兄弟げんかを減らし、望ましい行動を増すために、DRA を試みた（Leitenberg, Burchard, Burchard, Fuller, & Lysaght, 1977）。その研究には 6 家族が参加した。母親たちには、褒め言葉や硬貨を用いて子どもたちの適切な行動（兄弟で仲良く遊ぶ、助け合う、分け合う、会話をするなど）を強化するように教示した。同時に、子どもたちのけんかを無視することも説明した。この DRA の結果、兄弟げんかが減り、望ましい行動が増えた。

アレンとストークス（Allen & Stokes, 1987）は、歯科治療を受けている間、治療の妨げとなる子ども

の行動を減らし、協力的な行動を増やすために、DRA を適用した。歯科医が治療を行っている間に頭や身体を動かす、泣く、つばを吐く、うめくなどの妨害行動をする 3 歳から 6 歳までの子ども 5 名が参加した。アレンらは、診察台で子どもが協力的な行動を示している（すなわち、静かにじっとしている）ときには正の強化と負の強化を行った。診察台で静かにじっとしていると、歯科医がしばらく治療ドリルのスイッチを切ることによって負の強化を行った。そして、介入セッションが進むと、非両立行動の時間間隔を少しずつ長くした。また、静かにじっとしていることの正の強化子としては、褒めたりステッカーを与えたりした。その結果、DRA によって 5 名全員の協力的な行動が増え、妨害行動が減った。同様の研究で、ストークスとケネディ（Stokes & Kennedy, 1980）は、歯科治療を受けている時間の幼児の協力行動を小さなおもちゃで強化した。その結果、妨害行動は減少した。

コミュニケーション行動分化強化や機能的コミュニケーション指導は、カーとデュランド（Carr & Durand. 1985; Durand & Carr, 1987, 1991）の一連の研究によって検討されている。研究手続きはいずれの研究もほぼ同様である。機能分析を行い、発達障害のある生徒の教室場面での問題行動の強化子を特定した。**問題行動が注目によって強化されている場合は、代替行動として適切に注目を喚起する行動が教えられた。**子どもに「どうしたらいいの」と言わせ、それに教師が対応する。そうすることで、コミュニケーション行動が増え、問題行動が減った。**難易度の高い学習課題が提示されているときに逃避によって問題行動が強化されている場合は、援助を求めることが教えられた。**子どもに「分かりません」と言わせ、教師が援助を与えることによって対応する。その結果、学習課題から逃避するための問題行動が減った。研究の中で、カーとデュランドは注目や逃避によって維持されている問題行動が減少することを示し、機能的に等価な代替行動としてコミュニケーション行動が増加することを証明した。著書では、機能的コミュニケーション指導に関する手続きが詳細に述べられている（Carr et al., 1994; Durand, 1990）。

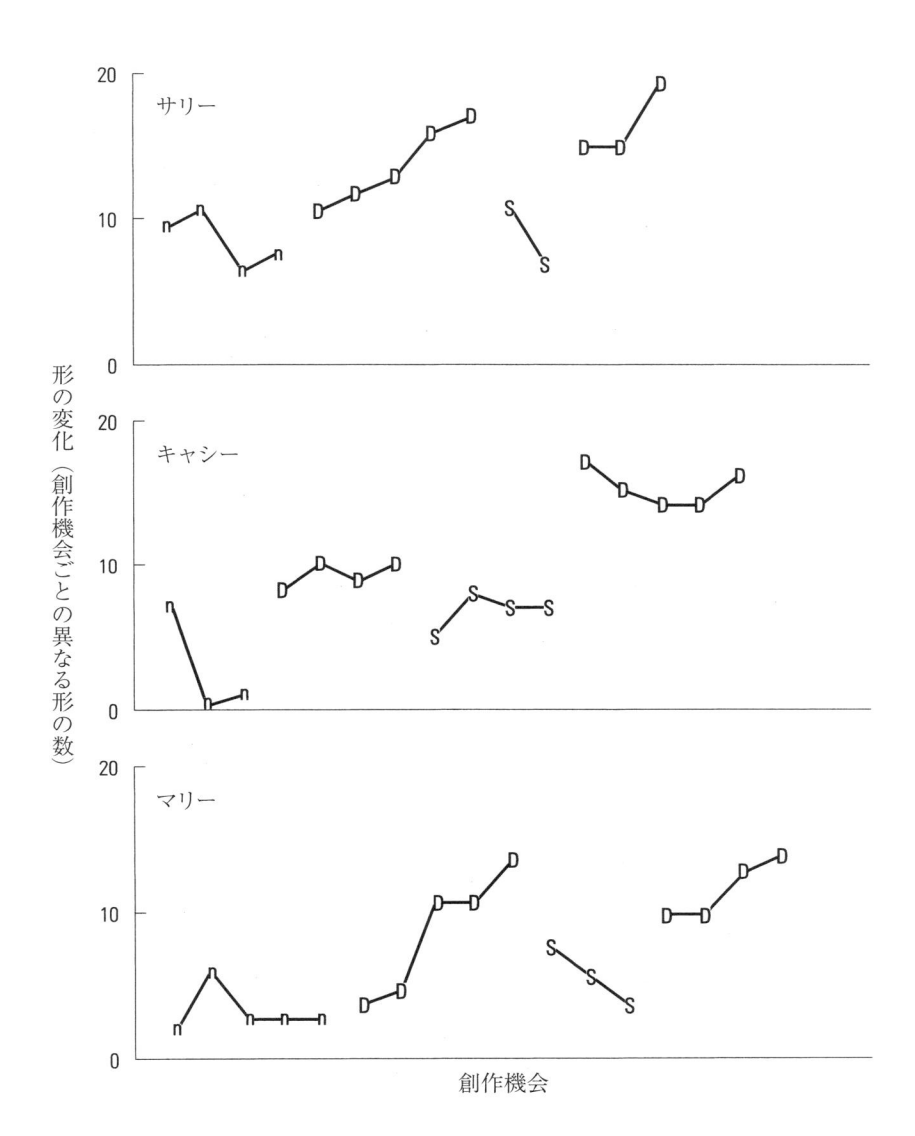

図 15 - 1　このグラフは、3 名の子どもの積木遊びにおける形の変化に関する得点を示している。図中の D は、形が異なる（繰り返しでない）場合だけ強化したときの得点を示し、S は同じ形を繰り返したときだけ強化したときの得点を示し、n は強化されなかったときの得点を示している。(Goetz, E., & Baer, D. [1973]. Social control of form diversity and the emergence of new forms in children's block-building. *Journal of Applied Behavior Analysis, 6*, 209-217. Copyright. © 1973 Society for the Experimental Analysis of Behavior.)

　行動変容に関する多くの研究で、社会的に重要な行動を増やすために DRA が有効であることが証明されている。就学前の子どもを対象にした研究で、ゲーツとベアー（Goetz & Baer, 1973）は、子どもの創造的な遊びの頻度を、教師の社会的強化によって増やせることを示した。積木で創造的

に遊ぶ（これまでにはない形を作る）たびに、教師は興味と関心を示し、同じ形を作ったときは興味や関心を示さないようにした。その結果、子どもたちは新しい形を作ることが増え、同じ形はほとんど作らなくなった（図 15 - 1）。この結果は、個人の特性として考えられることの多い創造性というものが、実際には DRA によって増やせる反応クラスであることを示唆している。同様に、子ども、大人、自閉スペクトラム症児の創造性についても DRA によって増加することがミラーとニューリンガー（Miller & Neuringer, 2000）によって報告されている。望ましい行動を増加させるために DRA が有効であることは、多くの研究が示している（Sulzer-Azaroff et al., 1988）。

また DRA は、職場における職員の多様な行動を増やすためにも用いられている（Hermann, Montes, Dominguez, Montes, & Hopkins, 1973; Reid, Parsons, & Green, 1989）。分化強化によって職員のパフォーマンスを高めることは、組織行動変容（organizational behavior modification; Luthans & Kreitner, 1985）やパフォーマンスマネジメント（Daniels & Daniels, 2006）の 1 つの側面である。

知的障害のある人（Bailey & Meyerson, 1969; Whitman, Mercurio, & Capronigri, 1970）、大学生（Azrin, Holz, Ulrich, & Goldiamond, 1973）、精神疾患のある人（Kale, Kaye, Whelan, & Hopkins, 1968; Mitchell & Stoffelmayr, 1973）、生活保護受給者（Miller & Miller, 1970）、学業不振の生徒（Chadwick & Day, 1971）、高血圧の人（Elder, Ruiz, Deabler, & Dillenhofer, 1973）にも DRA が適用されている。これらの研究では、より健康的で社会的に適切な状態にまで望ましい行動を増やし、その一方で妨害となる望ましくない行動を軽減させることが目標とされた。

ミッチェルとストッフェルマイヤー（Mitchell & Stoffelmayr, 1973）は、プレマックの原理を応用した DRA プログラムにおいて、統合失調症の 2 名の大人の作業パフォーマンスを高めた。一定量の作業を終了すると、短時間、何もしないで椅子に座らせる（高頻度行動）ことによって、作業行動（低頻度行動）を分化強化した。作業が終了しなければ、何もしないで座らせることをさせなかった。その結果、2 名の作業パフォーマンスは急激に高まった。

他行動分化強化

ナイトとマッケンジー（Knight & McKenZie, 1974）は、就寝時の子どもの指しゃぶりの軽減に対する分化強化の効果を検証した。彼らが用いた方法は、**他行動分化強化**（DRO: differential reinforcement of other behavior）と呼ばれている。対象児の 1 人は 3 歳の女の子サラであり、両親が働いている間、デイケアプログラムを利用していた。そのデイケアでは毎日 1 時間のお昼寝の時間があり、彼女はその多くの時間で指しゃぶりをしていた。お昼寝のときの指しゃぶりの時間を減少させるために分化強化が用いられた。サラはお昼寝のときに絵本を読んでもらうことを好んでいたため、読み聞かせを強化子とした。分化強化では、お昼寝のときにサラの横に座り、指しゃぶりをしていないときはいつでも読み聞かせを行うようにした。指しゃぶりをしていないときに強化

子が提示され、サラが指を口に持っていくと、読み聞かせを中断した（図 15 - 2）。指しゃぶりをしていないことに対して強化子が随伴されることによって、最終的にはお昼寝の時間、まったく指しゃぶりをしなくなるまで減っていった（図 15 - 3）。同じ手続きは、他の 2 名の子どもにも有効であった。母親によって、家庭での就寝時にも活用された。

DRO の定義

DRO とは、問題行動が生起していないことに対して強化子を随伴させる手続きである（Reynolds, 1961）。これは、問題行動の後に強化子が提示されない（消去）だけでなく、問題行動がある一定の時間生起していなかった後に強化子が

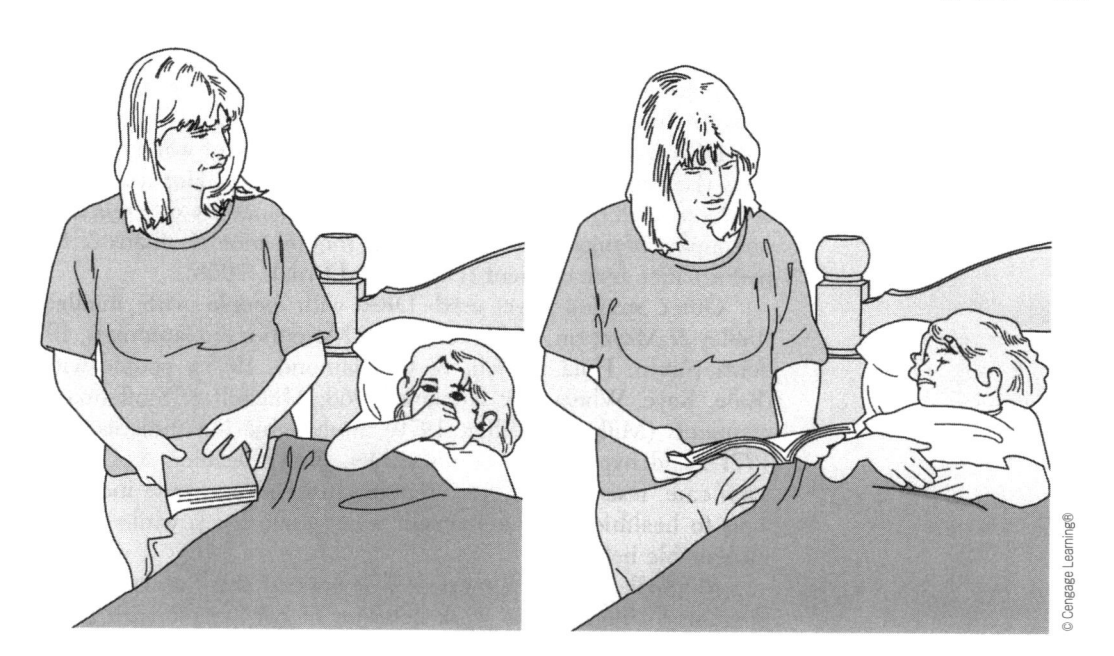

図15-2　サラが指しゃぶりをしているときは読み聞かせをしない。指しゃぶりをしていないときには読み聞かせをした。このようにして、問題行動が生起していないことを強化した。

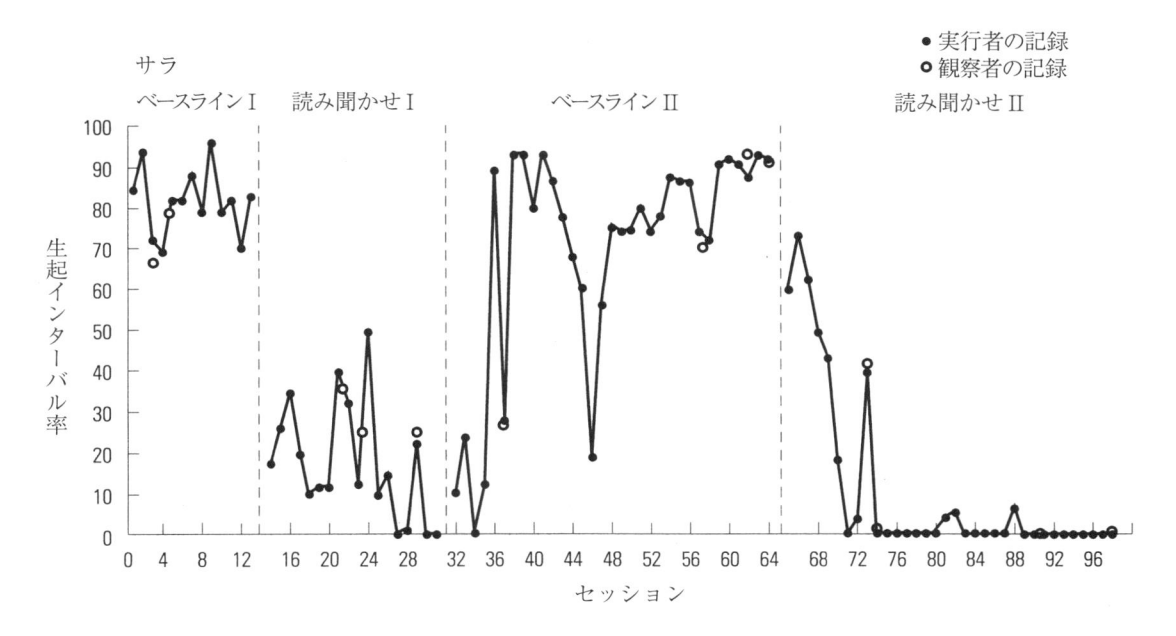

図15-3　このグラフは、サラの指しゃぶりに対する他行動分化強化（DRO）の効果を示している。お昼寝のときに指しゃぶりをしていなければ、読み聞かせを行った。指しゃぶりをすると読み聞かせをやめた。ABAB反転デザインにより、問題行動が生起していないことに対して強化子が随伴されたときに、指しゃぶりが減少したことが分かる。（Knight, M. F., & McKenzie, H. S. [1974]. Elimination of bedtime thumbsucking in home settings through contingent reading. *Journal of Applied Behavior Analysis, 7,* 33-38. Copyright © 1974 Society for the Experimental Analysis of Behavior.）

提示されることを意味している。DROの論理は、一定時間、問題行動が生起していない時間帯の後にのみ強化子が提示されれば、問題行動は消去を通じて減少し、そのことによって問題行動をしていない時間が増加するというものである。そして、問題行動がない時間帯が増えるというものである。問題行動がない時間帯が増えれば、問題行動は自然と減少する。

　他行動分化強化（DRO）という用語は混乱しやすく、この名称から、「他のある特定の行動を強化すること」と考える読者もいるかもしれない。確かにこの手続きでは、問題行動が起きていないことを強化する。問題行動が起きていないときに他の行動が起きているかもしれないが、問題行動の代わりに強化する他の行動を特定しているわけではない。DROは、問題行動がまったく生起していないことに対する分化強化と考えることもできる。レイノルズ（Reynolds, 1961）は、DROを「反応しないことへの強化」と捉えている（p.59）。サラの例では、指しゃぶりをしていないときに読み聞かせを行った。読み聞かせは強化子であり、問題行動である指しゃぶりが生起していないときに提示された。この違いに注意すれば、別の分化強化の手続きとDROを混同しないで済むだろう。

DROの実施

　DROを実施する際の一連のステップについて見てみよう。

　問題行動の強化子を特定する：問題行動の消去はDROの一部である。第13章で述べたように、消去を適用する前に、問題行動の強化子を特定するために機能的アセスメントを実施しなければならない。DROを成功させるためには、問題行動を維持している強化子を撤去しなければならないことが示されている（Mazaleski, Iwata, Vollmer, Zarcone, & Smith, 1993）。問題行動が生起していないことを強化しても、問題行動が強化され続けているのであれば、それはまったく効果がなくなってしまう。もし、第14章で説明した理由で問題行動に対して消去が適用できない場合は、通常、DROを効果的に用いることはできない。1

つの例外は、問題行動が生起していない場合に提示される強化子が、問題行動の強化子よりも強力で有効に作用する場合である。この場合、問題行動を起こさないことによって得るものが、問題行動を起こすことによって得るものよりも大きいため、DROは効果を発揮するだろう（Cowdery, Iwata, & Pace, 1990）。この場合は、サラの指しゃぶりにも当てはまる。指しゃぶりがないことの強化子（読み聞かせ）は、指しゃぶりの強化子（この場合は自動強化と推測される）よりも強力であった。もう1つの例外は、DROを適用しながら、問題行動を減らすために他の手続き（先行子操作、タイムアウト、指示従事ガイダンス）を併用する場合である（Repp & Deitz, 1974）。それらの手続きについては、第16章から第18章で紹介する。

　DROで用いる強化子を決める：問題行動の不生起を強化するために、対象者にとって強化子となる結果事象を用いなければならない。すでに述べたように、対象者に用いる強化子を選ぶためには、いくつかの方法がある。強化子になりそうなさまざまな事象の中から、対象者の好みを質問して聴取する方法がある。また選択の機会が与えられたときに、対象者がどの活動や物品を選ぶかを観察する方法もある。また、強化子の候補となる刺激を実験的に操作して、行動が増加するかどうかを確認することもできる（Fisher et al., 1992; Green et., 1988; Mason, McGee, Farmer-Dougan, & Risley, 1989: Pace et al., 1985）。確実に対象者の強化子となりうる結果事象の1つは、機能的アセスメントで特定された問題行動の強化子である（Durand et al., 1989）。ある強化子によって問題行動が維持されているときは、問題行動が生起しないことにその強化子を随伴提示すれば、その強化子はDROにおいて有効に機能するだろう。

　DROの最初のインターバル時間を決める：DROでは、決められたインターバル時間の間、問題行動が生起しなかった場合に、強化子が提示される。したがって、DROを実施するには、強化子を提示するための最初のインターバルを決める必要がある。**インターバルの長さは、ベースラインにおける問題行動の生起頻度に基づいて決め**

DRO の実施

1．問題行動の強化子を特定する。
2．DRO で用いる強化子を決める。
3．DRO の最初のインターバル時間を決める。
4．問題行動には強化子を提示せず、問題行動が起きていない場合に強化子を提示する。
5．問題行動が生起したら、インターバルをリセットする。
6．インターバルの長さを徐々に延ばす。

る。もし、ベースラインで問題行動が頻繁に生起していた場合には DRO のインターバルを短くし、たまにしか生起していなかった場合には長くする。高い確率で強化子の提示が可能なインターバルの長さにしなければならない（Repp, 1983）。たとえば、ある状況で 1 時間に平均 10 回の割合で問題行動が生起しているとすると、それぞれの問題行動が生起する間に平均で 6 分の時間経過がある。この問題行動の場合には、DRO のインターバルは少なくとも 6 分以下に設定しなければならない。そうすることによって、問題行動はそのインターバルの間では生起せず、強化子が与えられるのにちょうどよい設定となる。**問題行動の生起頻度が減少するにしたがって、インターバルを徐々に長くしていく。**

　問題行動の強化子を撤去して、問題行動がないことを強化する：問題行動の強化子を特定し、DRO で用いる強化子を決め、最初のインターバルの長さを設定したら、いよいよ DRO を実施することになる。まず、介入実行者（たとえば、親や教師）に、手続きの実施方法を教えなければならない。介入実行者に、問題行動には強化子を提示せず、問題行動が生起しなかったインターバルが終わるたびに強化子を与えるように教示する。介入実行者は、DRO のインターバルを計るためにストップウォッチ（あるいは、時間を計る他の機器）を持つ。インターバルが終わり、問題行動が生起していなければ、ストップウォッチが強化子を提示する合図となる。

　問題行動が起きたら、インターバルをリセットする：もし、その時点で問題行動が生起していた

ときは、強化子は提示せず、強化のためのインターバルがリセットされる。このように、問題行動の生起は、インターバル全期間に渡って強化子の提示を遅延させる。DRO のインターバルを 10 分間とした場合、そのインターバルが終了する前に問題行動が生起すれば、介入実行者は再び 10 分間のインターバルを設定する。10 分後に、もし問題行動が生起していなければ、強化子を提示する。強化子を提示したら、また 10 分間のインターバルを設定する。問題行動を起こしている本人が教示を理解できる場合には、ある特定のインターバル内に問題行動を起こさなければ強化子が与えられることを説明すべきである。

　徐々にインターバルの長さを延ばす：問題行動が減少し、ほとんどすべてのインターバルで対象者が強化子を得るようになったら、インターバルの長さを徐々に長くしていく。インターバルの長さは、問題行動の減少が維持される範囲内で少しずつ延長していく。最終的には、介入実行者が長期に渡って管理できるレベルにまで長くする。対象者や問題行動に応じて、DRO のインターバルの長さを 1 時間か 2 時間、あるいは 1 日まで長くしていくことはめずらしいことではない。これは、対象者が丸 1 日、問題行動を起こさず、1 日の終わりに強化子を得るということを意味している。かなり長時間、問題行動が生起しなくなれば、最終的にほとんどの対象者で DRO を適用しなくても済むようになる。

DRO の有効性に関する研究

　以下では、さまざまな問題行動に DRO を適用

した研究を広く概観する。

　ボストーとベイリー（Bostow & Bailey, 1969）は、知的障害があり州立施設で生活している 58 歳のルースに DRO を実施した。彼女は自分の欲しいもの（たとえば、食事のお盆、コーヒー、衣料品、お気に入りの物）を手に入れるために大声で荒々しく騒ぎ立てていた。DRO を適用する前は、彼女が泣き叫ぶごとに欲しい物を与えることによって、職員は問題行動を不用意に強化していた。DRO では、所定の時間インターバルの間、泣き叫ばなかったときだけ、彼女が要求する物品を与えるようにした。インターバルは 5 分から始め、徐々に 30 分まで延ばしていった。インターバルの途中で泣き叫んだときには、職員は強化子となる物品を与えなかった。その代わりに、部屋の隅に彼女の車椅子を押していき、泣き叫びが他の利用者の妨害とならないようにした（このタイムアウトの手続きについては、第 17 章を参照）。これらの方法を用いることによって、彼女の泣き叫びはゼロにまで減少した（図 15 - 4）。

　カウドリーら（Cowdery, Iwata, & Pace, 1990）は、自傷行動のある 9 歳の男の子ジェリーに関わった。彼は全身いたるところに傷をつくるまで皮膚をかきむしっていた。ジェリーには知的障害は認められなかったが、学校には一度も行っていなかった。自傷行動が激しかったため、ほとんどを病院で過ごしていた。機能的アセスメントを行った結果、自傷行動は彼が一人でいるときに最も多く見られた。問題行動に対する社会的な強化はなかった。

　カウドリーらは、トークン強化による DRO を実施した。所定のインターバルの間、自傷行動をしなかったときに、後でテレビ視聴、お菓子、テレビゲーム、その他いろいろなおもちゃと交換できるトークンを与えた。カウドリーらは、ジェリーを部屋で一人にし、ワンウェイミラーで観察した。2 分間、身体を引っかかなかったら、研究者が入室し、かきむしったかどうかを確認し、かきむしりの跡がないことに対してトークンを与えた。2 分の間にかきむしりがあった場合には、部屋に入り、かきむしったところを指さして、かきむしったためにトークンをあげられないと説明した。そして、再度チャレンジするように励ました。2 分間のインターバルでかきむしらなくなったら、

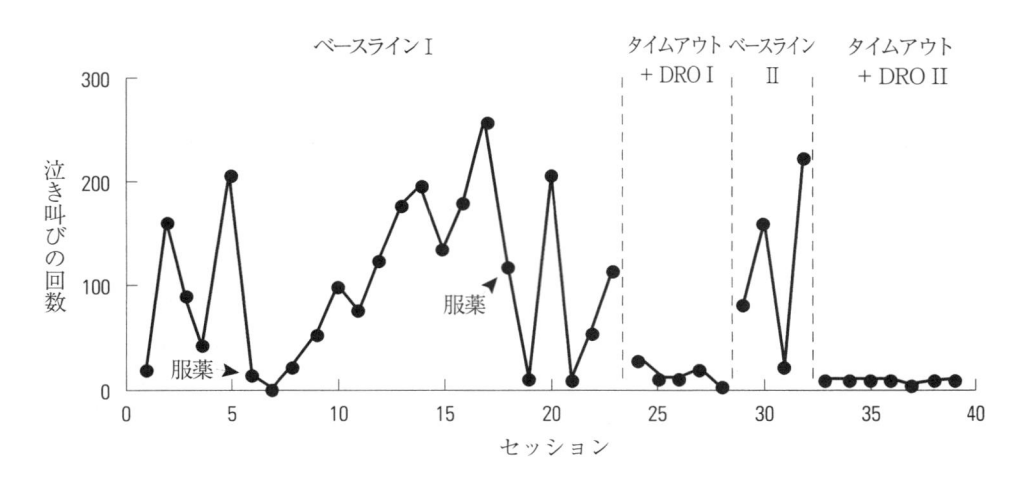

図 15 - 4　このグラフは、施設で生活している知的障害のある 58 歳の女性の泣き叫びに対する他行動分化強化（DRO）とタイムアウトの効果を示している。泣き叫びが見られなかったときに、職員が強化子を与えた。泣き叫びが見られたときは、部屋の別のところへと連れて行き、強化子を与えなかった。DRO のインターバルは徐々に長くされ、泣き叫ぶことなくかなり長い時間を過ごせるようになった。グラフから分かるように、ABAB 反転デザインによって、DRO（タイムアウトを含む）が実施されると、泣き叫びがゼロに減少した。（Bostow, D. E., & Bailey, J. [1969]. Modification of severe disruptive and aggressive behavior using brief timeout and reinforcement procedures. *Journal of Applied Behavior Analysis, 2*, 31-33. Copyright © 1969 University of Kansas Press.）

インターバルを 4 分に延ばし、最終的には 15 分まで延ばした。

短時間の介入セッションで成功すると、ジェリーが病棟の活動エリアで過ごす時間帯である 1 日 4 〜 5 時間で DRO を実施した。活動エリアでの DRO のインターバルは、30 分に設定した。かきむしることなく 30 分間が経過したら、そのたびにトークンを与えた。もしかきむしったときには、30 分のインターバルを再度設定し、トークンを与えなかった。トークンを得るためには、次の 30 分間、かきむしりを我慢しなければならなかった。続いて、DRO は丸 1 日に延長された。最終的に、ジェリーは病院を退院して、家庭で両親が DRO を続けた。このプログラムによって、ジェリーのかきむしりは劇的に減った。ジェリーが病院の外で 2 年間過ごしたのは、彼の人生で初めてのことであった。

この研究では、消去を適用することなく、DRO だけでジェリーの問題行動を減少させることができた。ジェリーのかきむしりの強化子は、その行動の結果もたらされる感覚刺激であった。研究者らは強化子を撤去しなかった。しかし、たとえかきむしりに対する強化が続いたとしても、かきむしらなかったことに対して強化子を与えるだけで、その行動は減少し、それだけその強化子が強力であったと言える。しかし可能であれば、DRO の要素としてやはり消去を適用すべきであろう。マザレスキーら（Mazaleski et al., 1993）の研究では、DRO の要素として消去は重要であることを示している。この研究では , 消去を含んだ DRO が他の手続きと比較して最も効果的であった。

レップら（Repp, Barton, & Brulle, 1983）は、DRO の 2 つのバリエーションを比較した。1 つは**全インターバル DRO**（whole-interval DRO）であり、もう 1 つは**インターバル終了時 DRO**（momentary DRO）である。全インターバル DRO では、インターバル全体で問題行動が生起していないときに強化子が与えられる。インターバル終了時 DRO では、インターバルが終了した時点で問題行動が起きていなければ強化子が与えられる。なお、DRO という用語は全インターバル DRO の

ことを指す。

研究者は 2 種類の DRO の有効性を、軽度知的障害のある 3 名の 7 歳児を対象に検討した。彼らは教室で不適切な行動（妨害、離席、課題に取り組まない）をしていた。全インターバル DRO では、5 分間のインターバル中に 1 度も不適切な行動が生起しなければ、そのインターバルが終了したときにご褒美が与えられた。インターバル終了時 DRO では、5 分間のインターバルの終わりの時点で問題行動をしていなければご褒美が与えられた。その結果、不適切行動の減少については、インターバル終了時 DRO よりも全インターバル DRO の方が効果的であることが分かった。インターバル終了時 DRO で問題行動が減少したのは、全インターバル DRO によって問題行動が減少した後で実施された場合のみであった。この結果、インターバル終了時 DRO はそれだけでは効果的ではないものの、全インターバル DRO によってもたらされた行動変化を維持するためには有効であることが示唆された。バートンら（Barton, Brulle, & Repp, 1986）の結果も、この結論を支持している。インターバル終了時 DRO の長所は、全インターバルを通して標的行動を観察しなくてもよいことである。

DRO がさまざまな人の多様な問題行動に有効であることを示唆している研究はたくさんある（Dallery & Glenn, 2005; Kodak, Miltenberger, & Romaniuk, 2003; Lindberg, Iwata, Kahng, & DeLeon, 1999; Mazaleski et al., 1993; Poling & Ryan, 1982; Repp, 1983; Vollmer & Iwata, 1992; Vollmer, Iwata, Zarcone, Smith, & Mazaleski, 1993; Wilder et al., 2006; Woods & Himle, 2004; Zlutnick, Mayville, & Moffat, 1975）。DRO は、問題行動の強化子が特定され、それが撤去され、同時に DRO のインターバルの長さがベースラインにおける行動の生起率に基づいて設定されたときに最も有効となる。さらに、インターバルを通して問題行動が起きなかったことに対して強化子が与えられたとき（全インターバル DRO）、DRO は最も効果的である。

全インターバル DRO

- インターバル全体を通して行動が生起しなかった場合。
- 強化子が提示される。

インターバル終了時 DRO

- インターバルが終了した時点で行動が生起していなかった場合。
- 強化子が提示される。

参考：DRO の様々な適用

　DRO の手続きは様々な対象者の幅広い問題行動の減少のために利用されてきた。たとえば、ハードとワトソン（Heard & Watson, 1999）は介護施設に入居している認知症高齢者の徘徊行動を減らすために DRO を利用している。介護施設内での徘徊に関して、2 人の入居者は注目を得ることで、1 人の入居者はお菓子をもらうことで、もう 1 人の入居者は刺激的な活動に参加することで維持されているようであった。DRO 手続きにおいて、入居者は介護施設を徘徊しない時にこれらの強化子を得ることができたが、徘徊した時には強化子が得られなかった。4 人全員において、DRO の実施によって徘徊は減少した。他の興味深い DRO の適用例が、ロール（Roll, 2005）とダレリーとグレン（Dallery & Glenn, 2005）において報告されている。著者らは禁煙の支援を行った。彼らは喫煙者に対して、息を吐くときに一酸化炭素（carbon monoxide: CO）を測定する装置を使用するように促した。もし測定装置が CO を探知したら、対象者が最近タバコを吸ったことを示している。著者らは、CO レベルの減少により喫煙しなかったという判断がなされた場合、対象者にお金を強化子として提示している。DRO に関するもう 1 つの研究として、ウッズとヒンムレ（Woods & Himle, 2004）はトークンによる強化を利用してトゥレット症候群のある 4 人の子どもにチックを制御するように援助した。子どもたちはチックを示さなければ、10 秒間ごとにお金と交換できるトークンを受け取ることができた。その結果、DRO を実施することで、チックの頻度が大きく減少することが示された。

低頻度行動分化強化

　デイツとレップ（Deitz & Repp, 1973）は、**低頻度行動分化強化**（DRL: differential reinforcement of low rates of responding）と呼ばれるもう 1 つの分化強化手続きについて研究した。DRL はある一定の時間間隔で反応が低頻度であることに対して強化子が随伴される。彼らは、特別支援学級と通常学級での不適切行動を減らすためにこの方法を用いた。研究 1 では、知的障害のある生徒の学級で、私語（許可なくおしゃべりをする）を減らすために DRL が用いられた。介入を実施する前には、50 分の授業中に平均 32 回の私語が見られた。DRL では、授業の開始前に教師は、授業中の私語が 5 回以下であればその日の終わりに全員にキャンディを 2 個ずつ与えることを話した。強化子のキャンディは、行動の生起が低頻度であった場合に与えられたのである。DRL は 15 日間行われた。この期間中、私語の平均回数は 50 分の授業中に約 3 回まで減少した。DRL を実施した 15 日間に、授業中に私語が 5 回以上だったのは 1 日だけであり、その日は強化子を受け取ることができなかった。

DRL の定義

DRL では、問題行動の生起率が基準のレベル以下だったときに強化子が与えられる。すなわち、**DRL では、DRO のように行動が起きなかったことを強化するのではなく、問題行動が低頻度であったことを強化するのである**。DRL は、問題行動が低頻度であれば許容される場合、あるいはその行動が高頻度であるが故に問題となっている場合に適用される。小学校 2 年生の児童が、問題の答えを言うために、授業中にひっきりなしに手を挙げる場合を考えてみよう。挙手すること自体は、それがあまりにも頻繁であったり、他の児童の指名を受ける機会を奪うようなものでなければ、問題行動とはならない。教師としては、この行動をなくしたくはない。ただし、行動の頻度は低く抑えたい。DRL はこのような場合に理想的な方法である。DRL を適用するために、教師は「授業中に手を挙げるのは 3 回までにしましょう。それが守れたときは、その日の読書グループの活動で最初に本を読む権利を与えます」（これがその児童の強化子であることを、教師が知っているとする）と話しておく。授業中に 4 回以上挙手したときは、その日の読書グループの活動で最後に読ませることにする。自分の机の上の用紙に挙手した回数を記録するように伝えると、DRL はより効果的である。児童は 3 回の挙手を記録したときに、これ以上手を挙げてはいけないことに気づく。別の方法としては、児童が挙手するたびに黒板に印を付ける方法もある。印が 3 回になると、それ以上挙手してはいけないことが分かりやすい。

DRL のバリエーション

DRL には主に 2 つの方法がある（Deitz, 1977）。1 つは、所定のインターバル時間で規定の反応数よりも少ないときに強化子を提示する方法である。これは**全セッション DRL**（full-session DRL）と呼ばれる。家庭、学校、職場など問題行動が起きている場面で、授業時間やその他の適切なインターバルを 1 セッションとする。介入実行者は、強化子を提示するための、セッション内で許容される最大の反応数を決める。セッションが終わった時点で、反応数が規定の数よりも少ないときには強化子を提示する。上記の例では、強化子を得るためには授業中に 4 回以上手を挙げてはいけないことが告げられており、この例では全セッション DRL が用いられている。この方法は、強化子を得るためにセッション中にまったく標的行動を起こしてはならない DRO と対照的である。

もう 1 つの DRL は、**分散反応 DRL**（spaced responding DRL）である。この方法では、強化子が提示されるためには、反応と反応の間にあらかじめ決められたインターバルが開いていなければならない。分散反応 DRL の目的は、行動に一定のペースを与えることである。挙手し過ぎる 2 年生の例をもう一度考えてみよう。この例に分散反応 DRL を適用すると仮定すれば、前の挙手から少なくとも 15 分が経過した後で手を挙げた場合にのみ指名される形となる（教師に指名されることは、手を挙げることの強化子となる）。15 分経過する前に挙手したときは、指名しない。次に指名されるためには、もう 15 分間待たなければならない。**DRL のインターバルが経過した後に行**

全セッション DRL

- セッション中に生起した反応数が、事前に決められた反応数よりも少ない場合。
- 強化子が提示される。

分散反応 DRL

- 最後の反応から所定のインターバルが経過した後に反応が生起した場合。
- 強化子が提示される。

動が生起した場合に、強化される。しかし、DRL
のインターバルが経過する前に行動が生起すると、
その行動は強化されず、インターバルがリセット
される。

DRO と分散反応 DRL はどこが違うか？

　DRO では、所定のインターバルが経過した時
点で行動が生起していない場合に強化子が与えら
れる。行動が生起したときは、強化子は与えられ
ない。分散反応 DRL では、その前の行動の生起
から所定のインターバルが経過した後に標的行動
が生起した場合に、強化子が与えられる。DRO
は問題行動を減らしたいときに用いられる。一方、
分散反応 DRL は、生起し過ぎる行動の生起率を
減らしたいときに用いられる。

　第3の DRL である**インターバル DRL**（interval
DRL）は、分散反応 DRL と似ている。インター
バル DRL ではセッションをいくつかのインター
バルに分割し、それぞれのインターバル内で反応
が1回生起したときに強化子が与えられる。分
散反応 DRL は、反応と反応の間に所定のインタ
ーバルがあることが必要であるが、インターバ
ル DRL は反応と反応の間の平均時間が問題とさ
れる。DRL に関する議論を複雑にしないために、
インターバル DRL についてはこれ以上言及しな
い。詳しくはデイツ（Deitz, 1977）を参照して
ほしい。

DRL の実施

　■最初のステップは、DRL の使用が適切かどう
かを決定することである。行動の生起を減少させ
ることが目標で、行動の除去が目標でない場合に、
DRL は適用される。
　■次のステップは、行動の許容レベルを決める
ことである。全セッション DRL では、1セッシ
ョンにつきどのくらいの反応数が許容できるかを
決める。分散反応 DRL では、それぞれの行動間
のインターバルを決める。
　■続いて、全セッション DRL と分散反応 DRL
のどちらを適用するかを決める。行動の起こるタ
イミングが重要で、反応と反応の間にインターバ

ルが必要なときは、分散反応 DRL が最適である。
たとえば、肥満の人の食事のペースをゆっくりさ
せるために、10秒経ってから口に食べ物を入れ
させたい場合には、分散反応 DRL が適している。
しかし、反応のタイミングはそれほど重要ではな
く、単に行動の生起率を全体的に減少させたいと
きは、全セッション DRL が最適である。
　■DRL を実施する前に、強化基準を知らせるた
めに、対象者に手続きを説明しなくてはならない。
全セッション DRL では、1セッションで許容さ
れる最大の反応数を知らせなければならない。分
散反応 DRL では、それぞれの行動が生起する間
にどれくらいの時間が期待されているかを知らせ
なければならない。どちらの場合も、基準の達成
に対して強化子が与えられることも知らせておく。
　■DRL を実施したときは、教示に加えて対象
者の遂行にフィードバックを与えると、かなり有
効である。たとえば、全セッション DRL で、介
入実行者か対象者がセッションでの反応数を記録
すれば、上限に近づいていることが分かりやすい。
たとえば、グループホームで暮らす知的障害のあ
る青年トニーは、翌日の天気について何度も職員
に尋ねた。毎晩、夕食から就寝するまで、10～
12回の頻度で天気について尋ねていた。そこで、
職員は全セッション DRL を実施し、天気を尋ね
るのが4回だけならば、その日の終わりに好きな
活動をさせるようにした。天気を尋ねた回数を自
分で記録できるようにメモ用紙を持たせ、尋ねる
たびに印を付けさせた。メモ用紙に4つの印が付
くと、その日はそれ以上天気について尋ねられな
いことを、彼は理解していた。職員に話しかける
たびにメモ用紙を見ることを学習し、すでに印が
4つある場合には天気以外のことを尋ねるように
なった。最終的に、天気についての質問がさらに
減るように、基準反応数が4から2に減らされた。
　分散反応 DRL を適用する場合、行動間の経過
時間の把握のために、インターバルを記録するこ
とが有効である。たとえば、5歳のジェニーは、
ある日、幼稚園で偶然パンツにお漏らしをしてし
まった。誰にも気づかれなかったが、彼女は恥ず
かしい思いをした。それ以後、何度もトイレに行
くようになり、小学校に入学した頃には1時間に
5回も行くようになっていた。そこで担任教師

は分散反応 DRL を実施し、トイレに行くまで 30分間待てたときに星のシールを与えた。経過時間を知らせるために、教師は大きな星印の付いたノートを持ち、ジェニーがトイレに行く手がかりとして、30 分ごとにそのノートを自分の机の上に立てた。教師の机の上に大きな星印のついたノートがあるのを見ると、ジェニーはトイレに行って星のシールをもらえることを理解した。教師の机の上にノートが置かれる前にトイレに行ったときは、星シールはもらえなかった。そして、トイレ行きを許可される星シールを手に入れるまで、さらに 30 分待たなくてはならなかった。30 分間隔で成功するようになると、最終的には 1 時間までインターバルが延長された。クラス全体に聞こえてしまうタイマーではなくノートを手がかりとして使うことによって、クラスの注目が集まってジェニーが恥ずかしい思いせずに手続きを実施することができた。

DRL の効果に関する研究

デイツとレップ（Deitz & Repp, 1973, 1974）は、学齢児の問題行動を減らすために全セッション DRL が有効かどうかを評価した。前に紹介した、10 名の知的障害児のクラスで私語を減らすために DRL を適用した研究の他にも、デイツとレップ（Deitz & Repp, 1973）は、高校の商業科で学ぶ 15 名の女子生徒を対象に、全セッション DRL の効果を評価する研究を行った。標的行動はクラス討議での話題変更で、授業に関係する話題から授業に無関係な話題（たとえば、社会的な話題）へのテーマの逸脱であった。DRL が実施される前は、50 分の授業でテーマの逸脱が 7 回近くにもなった。

DRL は、5 つのフェイズで行われた。第 1 フェイズでは、授業時間中のテーマの逸脱を 6 回以下にすることが求められた。その週の初めの 4 日間で、この基準を満たしたときは、強化子として授業のない自由時間が金曜日に設定された。第 2 フェイズでは、授業中のテーマの逸脱は 4 回までとされた。第 3 フェイズでは 2 回まで、最終フェイズではゼロとされた。各フェイズで基準を満たすと、強化子として金曜日の自由時間が与えられ

た。最終フェイズまでに、DRL によって問題行動はゼロにまで減少した。技術的なことで言えば、最終フェイズは DRL というよりもむしろ DRO であった。なぜなら、強化にはテーマの逸脱がないことが必要とされたためである。

もう 1 つの研究（Deitz & Repp, 1974）では全セッション DRL を用いて、小学生の教室内での不適切行動を減少させた。DRL の適用によって、授業中に頻繁におしゃべりをしていた 11 歳の児童のおしゃべりを減らすことができた。教師はその子に、45 分の授業中に私語が 2 回以下であれば金星がもらえることを説明した。ベースラインでは授業中に平均 6 回であったおしゃべりが、ABAB 反転デザインを用いて実施された 2 回の介入フェイズにおいて、いずれも 2 回以下（平均 1.5 回）に減少した。他の 11 歳と 12 歳の 2人の児童の離席と私語の減少にも、この方法が効果的であった。

次に紹介する 2 つの研究では、知的障害者の問題行動の生起率が分散反応 DRL によって減少するかどうかが検討された。サインら（Singh, Dawson, & Manning, 1981）は、入所施設で生活している知的障害のある青年の常同行動の生起率を、分散反応 DRL を用いて減少させた。**常同行動**（stereotypic behavior）は、社会的な機能をもたない反復的な行動である。そうした行動は、ある種の感覚的な刺激をもたらすため、しばしば自己刺激行動とも呼ばれる。この研究には、身体を前後に揺らしたり、口に物を入れたり、反復的な手の動きをする 3 名の青年が参加した。強化子として言語称賛を用い、常同行動の生起が前の行動から少なくとも 12 秒経過したときであれば称賛を行った。反応と反応の間の時間間隔は**反応間隔時間**（IRT: interresponse time）と呼ばれる。12秒の反応間隔時間 DRL によって常同行動の生起率が減少した後、反応間隔時間が 30 秒に引き上げられた。すなわち、少なくとも 30 秒経過した後の反応であった場合に称賛された。続いて、反応間隔時間が 60 秒に、最終的には 180 秒に延ばされた。その結果、分散反応 DRL を適用することによって、常同行動の減少とより社会的に望ましい行動（たとえば、ほほ笑む、コミュニケーションする、おもちゃで遊ぶ）の増加が示された

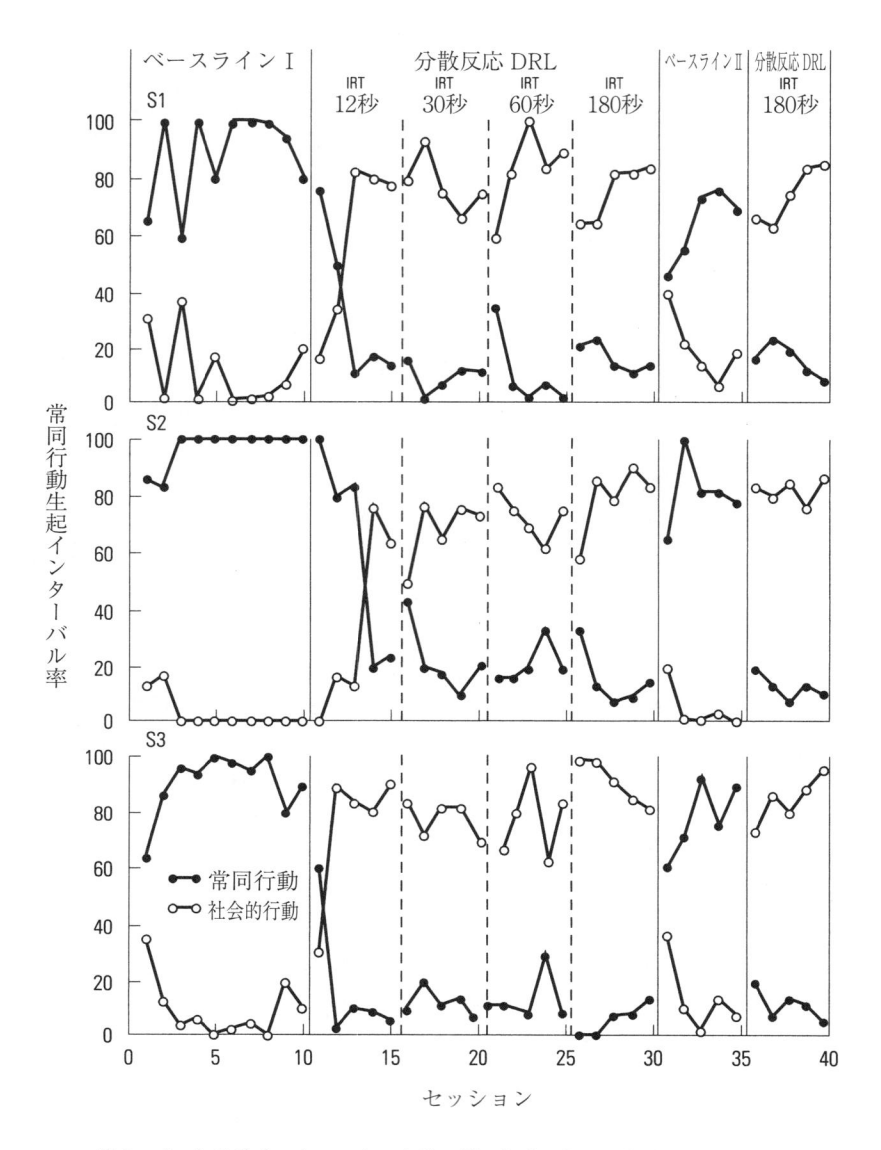

図 15 - 5 このグラフは、知的障害のある 3 名の女性の常同行動に対する分散反応 DRL の効果を示している。ベースラインに続いて DRL が実施され、反応間隔時間 (IRT) が 12 秒から 180 秒へと段階的に延ばされた。DRL が実施されると常同行動が減少し、それぞれの反応間隔時間で低頻度に維持された。また、常同行動が減少すると、適切な行動が増加することも分かる。(Singh, N. N., Dawson, M. J., & Manning, P. [1981]. Effects of spaced responding DRL on the stereotyped behavior of profoundly retarded persons. *Journal of Applied Behavior Analysis, 14,* 521-526. Copyright © 1981 University of Kansas Press.)

（図 15 - 5 参照）

　レノックスら（Lennox, Miltenberger, & Donnelly, 1987）は、早食いが著しい最重度知的障害のある 3 名の食べ方を、分散反応 DRL を用いて変容させた。早食いは対象者が非難されるだけでなく、本人の健康にも潜在的な悪影響をもたらす。

Q. 早食いを減らすために利用するのはどの形式の DRL が最適か？

　食行動間の時間を増やし、食べる速度を遅くするために、分散反応 DRL は最適な形式である。食べることを少なくしたいわけではなく食行動間

の時間を増やしたい。

　研究者たちは一般の人たちの食べ方を観察し、食べ物を口に入れるまでの平均の時間間隔（IRT）が 15 秒であることを確かめた。DRL を実施し、食事中の対象者の横に座り、食べ物を口に入れてから 15 秒以内に再び口に入れようとしたときはそれを阻止した。口に入れてから少なくとも 15 秒経ったときは、口に入れるのを認めた。食べ物を口に入れるペースづくりを助けるために、食器を置き、手をひざに置くようにプロンプトした。これは、食べ物を口に入れるまでに 15 秒待つための競合反応となった。DRL によって、3 名すべての早食いが減った。ただし 1 名は、支援者が口に入れるのを阻止しているときに攻撃的になっ

た。この対象者には、短時間のタイムアウト（第 17 章）が追加された。具体的には、15 秒経過する前に食べ物を口に入れようとしたときは、お盆を手の届かないところへ移した。DRL に短時間のタイムアウトを加えることによって、この対象者の早食いも減らすことができた。対象者からけっして食事を取り上げないこと、つまり、最終的には食事を済ませられることが重要である。そうでなければ、倫理的に問題が生じる。ライトとヴォルマー（Wright & Vollmer, 2002）は、知的障害のある青年の食べる速さを減らすために DRL が有効であることを実証した。この研究では、反応間隔時間が 15 秒になるまで徐々に増加させる DRL を調整して使用した。

まとめ

1. DRA には、望ましい行動の強化と、望ましい行動の妨げとなる望ましくない行動の消去が含まれる。DRA を適用するためには、強化が可能なように望ましい行動がわずかであっても生起していなくてはならない。
2. DRO では、所定のインターバルの間に問題行動が起きなかったことを強化する。そのインターバル中に問題行動が生起しなければ強化子が与えられ、問題行動が生起したら次の強化のためのインターバルが再設定される。DRL では、問題行動が低頻度であったことを強化する。インターバル内であらかじめ決められた数よりも生起数が少ないこと、あるいは所定のインターバルが経過した後（IRT）に生起した行動に強化子が提示される。
3. DRA は、既存の望ましい行動の頻度を増やしたいときに適用される。DRO は、問題行動を除去したいときに適用する。DRL は、標的行動を除去したいのではなく、減らしたいときに適用する。
4. 強化されるのは、代替行動が生起した場合（DRA）、問題行動が生起しない場合（DRO）、低頻度な行動が生起した場合（DRL）である。消去は、問題行動が生起した場合（DRA と DRO）、あるいは強化基準を超えた場合（DRL）に行われる。
5. 嫌悪刺激の撤去が代替行動（DRA）の強化子となる場合、または問題行動が起きない状態（DRO）への強化子となる場合に、負の強化が DRA や DRO において用いられる。

キーワード

代替行動分化強化
コミュニケーション行動分化強化
非両立行動分化強化
低頻度行動分化強化
他行動分化強化
全セッション DRL

機能的コミュニケーション指導
反応間隔時間
インターバル DRL
インターバル終了時 DRO
多刺激提示法
多刺激非置換提示法

対刺激提示法
好みのアセスメント手続き
強化子アセスメント
分散反応 DRL

常同行動
単一刺激提示法
全インターバル DRO

練習問題

1．代替行動分化強化（DRA）の定義を述べなさい。
2．本書に示されていない DRA の例を挙げなさい。
3．分化強化に含まれる 2 つの行動原理とは何か、説明しなさい。
4．DRA はどんなときに適用するのが適切であるか、説明しなさい。
5．DRA を適用してはならない状況を、例を挙げて説明しなさい。
6．対象者の強化子を特定する方法を 3 つ述べなさい。
7．DRA を適用する場合、どのようなときに連続強化スケジュールを用いるか、またその理由は何か、説明しなさい。
8．DRA を適用する場合、どのようになったときに間欠強化スケジュールを用いるか、またその理由は何か、説明しなさい。
9．プレマックの原理とは何か、例を挙げて説明しなさい。
10．般化とは何か？　DRA を適用する場合、般化をどのように計画したらよいか、説明しなさい。
11．DRO と DRA はどこが違うか、説明しなさい。
12．DRO とは何か？　また、DRO の実施について説明しなさい。
13．DRO の例を挙げなさい。

14．DRO を実施するとき、問題行動に対して消去を適用することが重要である理由を述べなさい。
15．DRO のインターバルはどのように設定したらよいか、例を挙げて説明しない。
16．DRO を実施するときに、インターバルが終わる前に問題行動が生起した場合にはどうしたらよいか？
17．全インターバル DRO とインターバル終了時 DRO はどこが違うか？　どちらを選ぶべきか、またその理由を述べなさい。
18．DRL とは何か？　また、2 種類の DRL について説明しなさい。
19．全セッション DRL の実施について、例を挙げて説明しなさい。
20．分散反応 DRL の実施について、例を挙げて説明しなさい。
21．DRO と DRL の目的はどう違うか？
22．DRO と分散反応 DRL の実施は、どこが違うか？
22．DRO の実施では分散反応 DRL とどのように違うか？
23．分散反応 DRL を実施するとき、インターバルが終わる前に行動が生起したときはどのようにしたらよいか？

適用例

1．標的行動の増加、あるいは問題行動の減少をねらいとした自己管理プロジェクトにおいて、3 種類の分化強化のうちの 1 つをどのように適用したらよいか説明しなさい。もし、分化強化が自己管理プロジェクトに適切な方法でないと考えられる場合には、その理由を述

べなさい。

2．あなたが行動変容法の授業を受けていることを知って、友人であるベティが助けを求めてきた。彼女はほとんど勉強していないので、履修科目の単位を落としそうであった。彼

女は夕食の後、毎晩、友達とおしゃべりをしたり、テレビやビデオを見たり、ゲームで遊んだりして過ごしていた。夜にもっと勉強する方法について、あなたの助言を求めている。ベティの勉強を手助けするために、プレマックの原理を含めた DRA をどのように適用したらよいか、説明しなさい。

3．あなたは、非行少年の収容施設で働いている。少年の 1 人チャールズは、自分の背の高さをからかわれるのが嫌だった（彼はとても身長が高かった）。他の少年が彼をからかうたびにけんかになった。けんかをした後、からかいは一時的に収まるが、それが続くとチャールズがトラブルに巻き込まれたり、施設生活が長引いたりする危険性があった。チャールズはけんかの問題を解決するために、あなたに手助けを求めてきた。あなたは DRA を適用しようと考えた。分化強化の適用法を、以下の質問をもとに答えなさい。

　　a．現在チャールズのけんかを強化しているのは何か？　正の強化だろうか、負の強化だろうか？
　　b．けんかの代わりに、チャールズに行わせたい望ましい行動は何か？
　　c．望ましい行動をどんなことで強化するか？
　　d．望ましい行動が起こるたびに確実に強化するには、どうしたらよいか？
　　e．からかわれたときに確実に望ましい行動

が起こるようにするためには、般化をどのように計画すればよいか？

4．あなたの友人のクリスティーナは、毎日カフェインを取り過ぎているとこぼしていた。彼女は、コーヒーや缶コーラを 1 日 10 杯は飲んでいることを自覚していた。こうした彼女の習慣によって、お金がかかるだけでなく、睡眠にも問題が生じるようになった。クリスティーナは、コーヒーと缶コーラを合わせて 1 日 4 杯に制限したいと考えた。コーヒーとコーラの毎日の摂取量を減らすために全セッション DRL を実施する場合、クリスティーナにどのように説明したらよいか述べなさい。また、分散反応 DRL を実施する場合には、どのように説明したらよいか述べなさい。

5．ジャクソンさんの家庭では、1 週間に数回の外食を楽しみにしていた。ところが、4 歳のジミーと 5 歳のジェーンが、レストランで食事を待っている間に落ち着きのない行動をするため、思い通りに出かけられずにいた。子どもたちはふざけ合って、フォークやナイフなどで遊び、席から離れたり、待たされることに文句を言ったりしていた。両親は不適切な行動を何度も叱っていたが、子どもたちは何度も同じ行動を繰り返していた。レストランでの不適切行動を減らすためにジャクソンさんが実施可能な DRO について、説明しなさい。

間違った適用例

1．エレナは大学生活に悩みがあり、大学のカウンセリングセンターに相談に行った。エレナの主訴は自信のないことであり、パーティや集会でみんなに何を言ったらよいか分からないというものであった。そのような場では、結局くだらないことばかり言ってしまうのだと訴えた。カウンセラーは DRA を適用することにした。カウンセリングセッションにお

いて、ロールプレイによって適切な社会的スキルを練習させ、言語称賛と肯定的なフィードバックにより強化した。自信なさそうにふるまったり、ばかげたことを言ったときには、称賛と肯定的なフィードバックを与えず、修正のためのフィードバックを与えた。エレナは、実際にカフェテリアにいることを想定して、人と話すロールプレイを行った。3 セッ

ション後、ロールプレイ場面において社会的スキルは確実に増えた。カウンセラーは、彼女はもはや来所する必要はなく、十分に社会的スキルを発揮できるほど成長したと判断した。カウンセラーは彼女の幸運を願いながら終結を告げた。

 a．この例における DRA の適用の問題は何か？
 b．DRA を効果的にするためにどのようにしたらよいか、説明しなさい。

2．ジャードは、愛犬のパフにでんぐり返しを教えることに夢中になっていた。近所の人が愛犬にでんぐり返しを教えていたからである。ジャードは、でんぐり返しを教えるために DRA が適用可能であることと考えていた。しかし、これまで一度もパフがでんぐり返しをすることを見たことがなかった。パフの好物がベーコンであることを知っていたため、炒めて、それを切り分けて、強化子として使用した。パフを居間に連れていき、でんぐり返しをするように命じた。パフがでんぐり返しをするや否や、強化子として大きくカットしたベーコンを与えるつもりであった。そして、再び命令をして、でんぐり返しをしたときに即座にベーコンを与えるようと考えていた。これは DRA の適切な適用だろうか？なぜそう思うか、あるいはなぜ違うと思うか？

3．5歳の少年ロニーは一人っ子で、両親と住んでいた。母親は1日中ロニーと家にいたが、彼の行動に困っていた。彼はしょっちゅうぐずり、母親の仕事を中断させ、自分と遊ぶようにせがんだ。母親はいろいろなやり方でそれに応えてきた。あるときはロニーと遊び、あるときは忙しいことを説明し、あるときは無視した。母親は近くの小児科医に相談し、問題行動を減らすために DRO を使うように助言された。医師は、ロニーが問題行動をせずに2時間過ごしたときに強化子（称賛、注目、お楽しみ）を与えるように助言した。もし、ロニーが問題行動をしたときは、その行動を無視し、さらに2時間（DRO のインターバル）待って、その間に問題行動がなければ強化子を与えるようにした。この DRO にはどんな問題があるか？　どのように改善したらよいか？

4．マーバは、最重度の知的障害のある39歳の女性である。州立施設で23年間過ごしており、反復的な身体揺らしなどの常同行動が見られるようになっていた。マーバはグループホームに移ったが、そこでも常同行動が続いていた。活動や課題を行っていないときは、いつも椅子に腰掛けて身体を前後に揺らすか、立った状態で片方の足からもう片方の足へ身体を揺らしていた。彼女はほとんどの時間をグループホームの他の利用者と離れて独りで過ごしていた。職員は DRO を実施しようと考えた。5分間身体揺らしをしないで過ごすことができたら、そのたびに褒めるようにした。常同行動が減少すると、DRO のインターバルを段階的に延ばすように計画していた。この DRO の問題は何か？　どのように改善したらよいか？

第16章　先行子操作

学習のポイント

■ 先行子操作とは何か？

■ 弁別刺激を操作することによって、標的行動にどのような効果を及ぼすことができるか？

■ 確立操作とは何か？　それは標的行動にどのような影響を及ぼすか？

■ 反応労力は、標的行動にどのような影響を及ぼすか？

■ 問題行動に対する介入としての、3つの機能的アプローチとは何か？

これまで述べてきた、機能的アセスメント、消去、分化強化は、望ましい行動を増やし、望ましくない方法を減らすための方法である。機能的アセスメントは、望ましい行動や望ましくない行動の先行事象や結果事象を特定するために用いられる。消去は望ましくない行動の強化子を撤去する方法で、分化強化は望ましい代替行動を強化し、問題行動を減らす方法であった。本章で紹介する**先行子操作**（antecedent control procedures）は、望ましい行動を喚起するために先行事象を操作し、それによって生起した望ましい行動を分化強化する方法であり、また望ましい行動と競合する望ましくない行動を減らすために、その先行事象を操作する方法である。

先行子操作の例

マリアンにもっと勉強をさせる

大学生のマリアンは秋学期の最中だった。彼女はDやFの成績が多かったため、カウンセリングセンターへ相談に行った。カウンセラーと話している中で、彼女の勉強時間が少ないことがはっきりした。マリアンが勉強したのは、試験の前の晩だけだったのである。彼女は寮に友達がたくさんいて、勉強もせずに夜はテレビを見たり、パーティに行ったり、おしゃべりをして時間をつぶしていた。マリアンは勉強を始めても、すぐに中断し、その代わりに友達との楽しい時間を過ごしていた。そして、試験が近づいて徹夜で勉強して何とか成績を巻き返そうと、彼女はあわてふためくのだった。そこでカウンセラーは、マリアンが日常的にもっと勉強するように、先行子操作を実施することにした。カウンセラーとマリアンは、以下のような計画を立てた。

1．マリアンは、日ごとに勉強しやすい時間帯を2時間決めた。そして手帳の週間予定表の該当日に、その時間帯を記入した。

2．勉強は図書館ですることにした。寮にいると友達と遊んでしまうことが多かったので、勉強はどこか別の場所でするしかないと、彼女自身自覚していた。そこで、彼女の教室から近くて、しかも友達がほとんど来ない場所として、図書館を選んだ。

3．友達の中から毎日勉強する人を見つけ、その人に頼んで、1週間のうち少なくとも2、3日は一緒に勉強することにした。

4．週の初めに勉強の計画表を作り、冷蔵庫のドアに貼った。友達には、その計画どおりに勉強すると話し、邪魔をしないように頼んだ。

5．教科書や参考書はいつもバッグに入れておき、空き時間（休講や休み時間）ができたときにいつでも勉強できるようにした。

6．試験や宿題の日程を、自分の部屋のカレンダーに書き込んだ。毎晩寝る前に、今日の日付に×印を付けた。そうすることで、試験や宿題提出日が近づいていることを分かりやすくした。

7．計画どおりに勉強することを誓約する契約を、カウンセラーと結んだ。

　この7つのステップのおかげで、マリアンはかなり勉強するようになった。これらのステップには、勉強する行動の先行事象の操作と、勉強の妨げになる行動の先行事象の操作が含まれている。次に、もう1つ別の例を考えてみよう

キャルのダイエットを助ける

　キャルはダイエットしようと思っていた。そのために、炭水化物、野菜、果物、それに食物繊維の多い食べ物を組み合わせて食べようと思っていた。しかし現在、彼が食べているのは脂肪や糖分が多く、繊維が少ない食べ物だった（たとえば、ポテトチップ、キャンディ、クッキー、ソフトドリンクなど）。そこでキャルは、健康的な食習慣になるように、たくさんのステップを組むことにした。

Q. キャルが健康的な食習慣になるようなステップを立てなさい。

1．自宅や職場にある、健康によくない食べ物を捨てる。

2．買い物には、お腹がいっぱいのときに行く。そうすることで、すぐ食べられるが健康によくない食べ物を買わずに済む。

3．買い物に行く前に、健康によい食べ物の買い物リストを作り、そのリストにないものは買わないことにする。

4．毎日弁当を作って職場に持って行く。そうすることで、昼食にファストフードや健康によくない食べ物を食べずに済む。

5．仕事に行くときはポケットに小銭を入れないようにし、自動販売機で食べ物を買えないようにする。

6．果物や健康によいお菓子を買いだめしておき、これまで自宅に置いていた健康によくないお菓子の代わりにそれを手の届くところに置く。

7．ルームメートやガールフレンドには、健康的な食べ物しか食べないことを話し、もし彼が健康によくない食べ物を食べそうなときには、注意してくれるように頼む。

8．健康的な食べ物をおいしく食べるためにそれに関する料理本を買う。

9．グラフを作って、健康的な食べ物だけを食べた日数を月ごとに記録する。そのグラフを、自分やルームメート、ガールフレンドが毎日見られるように、冷蔵庫に貼る。

　これらの9つの簡単な変更を加えることで、キャルは自分の食習慣の原因となる先行事象を操作できた。この変更によって、彼は健康的な食べ物を食べ、健康によくない食べ物は食べない可能性が高くなる。

先行子操作の定義

　望ましい行動と望ましくない（問題）行動は競合反応の枠組みで捉えられる。第15章で学んだように、もし望ましい行動を強化し、望ましくない行動を強化しなければ、望ましい行動は起きやすくなり、望ましくない行動は起きにくくなる。先行子操作も同様のアプローチを取る。先行子操作は、物理的環境や社会的環境の特定の側面を操作して、望ましい行動をより起こりやすくしたり、それと競合する望ましくない行動をより起こりにくくしたりする方法である。そして、先行子操作は望ましい行動を喚起し、望ましくない行動を予防するために用いられる。ここでは6つの異なる

先行子操作について解説する。

望ましい行動の弁別刺激（S^D）や手がかりの配置

望ましい行動が起きにくい理由の1つは、その行動の弁別刺激（S^D s）がその人の環境にないことが考えられる。たとえば、健康的な食べ物を食べる行動のS^D は、台所や弁当の中にある健康的な食べ物である。もし健康的な食べ物が身近なところになければ、健康的な食べ物を食べる可能性は低くなる。逆に、健康的な食べ物があって、簡単に入手できるのであれば、それを食べる可能性は高くなる。

Q. 健康的な食べ物を食べる可能性を高めるために、キャルは適切なS^D s を配置した。それらは何か？

キャルは健康的な食べ物を買ってきて、台所に置いておいた。また、健康的な弁当を作り、毎日職場に持っていった。その結果、彼が健康的な食べ物を食べる可能性が高くなった。

キャルはまた、適切な行動についての手がかりも配置した。つまり、望ましい行動を引き起こすような刺激プロンプトや反応プロンプトを用意した。

Q. 健康的な食べ物を食べる可能性を高くするために、キャルはどのような手がかりを用意したか？

キャルは買い物に行くときに、買うべき健康的な食べ物のリストを作った。このリストは、健康的な食べ物を買うための手がかり（刺激プロンプト）となる。また、ルームメイトやガールフレンドにも、彼が健康的な食べ物を食べるように注意することを依頼した。この注意は、健康的な食べ物を食べるための手がかり（反応プロンプト）となる。さらに、記録用のグラフを作って冷蔵庫に貼った。このグラフも、健康的な食べ物を食べるための目印（刺激プロンプト）になる。そのグラフを見ることは、健康的な食べ物を食べるための手がかりとなる。

Q. マリアンの勉強時間を増やす計画の中で、彼女は勉強するためにどのようなS^D s や手がかりを配置したか？

彼女の場合、勉強のS^D は、静かな環境内にある、本やノートがある机やテーブルである。彼女が本を持って1人で机に座る場合、勉強する可能性が高い。そこで彼女は、勉強をしに図書館へ行くことと本をいつもバッグに入れておくことによって、このS^D が生じるようにした（図16-1）。彼女は自分が勉強する行動の手がかりを配置するために、たくさんのステップを作った。まず、毎日の勉強の予定時間をスケジュール帳に記入したが、これは勉強するための刺激プロンプトである。その計画表を目に見えるところに貼っておくのも、刺激プロンプトである。つまり、彼女がそのスケジュール表を見るたびに、勉強の手がかりとなる。さらに、日頃の勉強が習慣化している友人と、一緒に勉強するようにしたことは、反応プロンプトにあたる。その友人が彼女の部屋に来たり学習室で会うことは、彼女が勉強する手がかりとなる。

行動を増やすために先行子操作を用いる場合には、その行動に刺激性制御を及ぼしている環境事象や刺激条件を実際に操作できるかどうかを確認しなければならない。**その行動のS^D や手がかりを配置することによって、その行動が起こる条件を設定できるかどうかが、重要な問題となる。**上記の例から分かるように、物理的環境や社会的環境の特定の側面を変更することで、標的行動のS^D や手がかりを設定することができる。望ましくない行動と競合する望ましい行動を増やすために、S^D を設定する例をもう1つ考えてみよう。

高校生のトニーは、誰かが彼の悪口を言っているという理由で、学校でよくけんかをしていた。そのために彼は、けんかが多い他の高校生たちと一緒に、怒りをコントロールするグループワークに参加させられていた。そのグループに参加している生徒は、腹が立つことがあっても手を出さないで言葉できちんと言うスキルや、けんかになりそうな場面から離れるスキルを学習していた。その練習プログラムの中には、けんかになりそうな場面で、その場から離れた方がよいことを生徒同士で伝え合うという場面があった。トニーの相手

292

図16-1　マリアンは参考書を持って図書館に行くことによって、勉強をするための弁別刺激（S^D）を配置し、競合行動（テレビを見たり、おしゃべりをしたり、パーティに行く）の S^D を取り除いた。

のラファエルはトニーがけんかになりそうな場面を見て、トニーに「離れるんだ、今すぐ！」と言った。この手がかりによって、トニーはラファエルと一緒に、けんかになりそうな場面から離れることができた。それができたら、すぐに 2 人はけんかをしなかったことをお互いに褒め合い、次の練習場面について話し合った。この場合、ラファエルが出した手がかりは、トミーの（けんかに代わる）代替行動（けんかになりそうな場面から離れる）に対して刺激性制御を及ぼし、その行動はラファエルから即時強化を受け、さらにグループワークのカウンセラーからも強化された。

望ましい行動の確立操作の設定

すでに述べたように、確立操作とは、ある刺激の強化力を変える環境事象や生理的状態のことである。確立操作が働いているとき、当該の強化子をもたらす行動が喚起される（すなわち、より生起しやすくなる）。たとえば、10km 走ってたくさん汗をかくことは確立操作として機能し、水の強化力を高め、水を探して飲む行動を喚起する。

あるいは、1 日中何も食べないでいることも 1 つの確立操作であり、食べ物の強化力を高め、食べ物を探して食べる行動を喚起する。したがって、望ましい行動が生起する可能性を高める 1 つの方法は、その行動の結果事象に関する確立操作を設定することである。ある行動の結果事象の強化力を高めることができれば、その行動が起こる可能性が高くなる。

キャルが健康料理の本を買うことは、彼が健康的な食べ物をおいしく料理する可能性を高める。したがって、料理本を買ってそれを見ながら料理することによって、彼は健康的な食べ物の強化力を高め、健康的な食べ物を食べる可能性も高くなる。

Q. マリアンは勉強するための確立操作をどのように設定したか？

マリアンは、自分の勉強する行動が強化されやすくするために、2つのことをした。1つは、試験のスケジュールをカレンダーに書き入れ、1 日が終わるごとにその日の欄に×印を付けた。カレ

望ましい行動を生起させるための先行子操作

- ■ 望ましい行動への刺激性制御をもつ S^D や付加的刺激（手がかり）を配置する。
- ■ 望ましい行動の結果事象の強化力が高まるような確立操作を設定する。
- ■ 望ましい行動の反応労力を減らす。

ンダーの日付が試験の日に近づくのを見ることによって、何か不快な感じ（不安感を感じたり、試験に落ちることを想像したりする）が引き起こされ、勉強することでその不快感が取り除かれる。このようにして、勉強する行動は負の強化を受ける。ただし、不安を感じたり、嫌なことを想像することは私的行動（private behaviors）である（Skinner, 1974）。人は自分の私的行動を言葉で言い表すことはできるが、他の人がその私的行動を観察することはできず、この場合も、そうした私的行動が勉強する行動を強化されやすくする働きをしていると、推測できるだけである。行動変容法における思考や感情の果たす役割については、第 25 章で詳しく述べる。

マリアンがもう 1 つ実行したことは、毎日 2 時間勉強するために、カウンセラーとコンタクトを取るようにしたことである。毎日 2 時間勉強するとカウンセラーから褒めてもらえるので、カウンセラーと会うことは、勉強する行動が強化される可能性を高めることになる。一方でカウンセラーと会うことは何らかの嫌悪的状態（勉強できていないという不安感を感じたり、勉強しなかった場合にカウンセラーに叱られることを想像する）を作り出し、この嫌悪的状態は毎日勉強することによって取り除かれる、という推測も成り立つ。この場合も、カウンセラーと会うことで引き起こされる嫌悪的状態を回避できることから、毎日 2 時間勉強する行動は負の強化を受けることになる（Malott, 1989; Malott, Malott, & Trojan, 2000）。

別の例を考えてみよう。自閉スペクトラム症の子どもにスキルを教えようとし、強化子として小さなお菓子を使う場合を考えてみよう。この場合、指導は昼食の後に行うよりも昼食の前に行う方が効果的である。なぜなら、食べ物は昼食の前の方が強化力が高いからである。このようにすれば、指導中に望ましい行動が起こる可能性を高め

る確立操作（食事の前は食べ物遮断の状態にある）を自然な形で設定することができる（Vollmer & Iwata, 1991）。

望ましい行動の確立操作を設定することによって、競合する望ましくない行動が起こる可能性を減らす方法について、1 つの例を考えてみよう。

マットは軽度知的障害のある 13 歳の中学生で、夜 11 時頃になって両親からそろそろ寝るように言われると、毎晩のように問題行動を起こしていた。次の日に学校に行く時間に起床できるように、早く寝るよう両親が言うと、彼は大声を出して悪態をついた。そして、テレビを見続け、午前 1 時頃にならないと寝なかった。結局、寝る時間が遅くなることで、次の朝、学校に行くために早く起きるのが難しくなっていた。それだけでなく、マットは学校から帰宅してすぐ毎日 2、3 時間は昼寝をしていた。その結果、就寝時間になっても眠くならず、問題行動を起こして、寝室に行くのを嫌がった。

Q. マットの両親は、代替行動（両親に言われた時間に寝室に行く）の結果事象の強化力を高めるために、どのような確立操作ができるか？

望ましい代替行動が生起しやすくなるように、両親はマットが学校から帰ってから夕食までの時間、何か彼が取り組める活動を用意し、昼寝をさせないようにした。昼寝をさせないことで、両親が決めた就寝時間には眠くなるようになった。昼寝をさせないことは 1 つの確立操作であり、眠りの強化力を高め、その結果、23 時頃には寝室に行くという望ましい行動が起きやすくなった。

望ましい行動の反応労力を減らす

望ましい行動の生起を促すもう 1 つの方法は、

その行動に必要な労力が少なくなるような先行条件を設定する方法である。もし強化子が同じであれば、反応労力（response effort）が大きい行動よりも小さい行動の方が起こりやすい。コカコーラとペプシコーラがどちらも同じ程度に好きで、ペプシコーラは自分の家の冷蔵庫にあり、コカコーラは車で買いに行かなければならない場合、ペプシコーラを飲む可能性の方が断然高くなる。われわれは、反応労力の小さい行動を選ぶのである。

Q. キャルは健康的な食べ物を食べやすくするために、どのようにして反応労力を減らしたか？

彼は健康的な食べ物を買って家に置き、その代わりに家にあるスナック類を捨てて、ジャンクフードよりも健康的な食べ物を食べる行動を起きやすくした。健康的な食べ物で弁当を作り職場に持っていったのも、健康的な食べ物を食べる可能性を高めることになる。持ってきた弁当を食べるより、レストランやファストフード店に行く方が、反応労力が大きいからである。

Q. マリアンはもっと勉強しやすくするために、どのようにして反応労力を減らしたか？

マリアンはバッグの中にいつも本を入れておくことにしたが、そうすることによって、時間ができたときにいつでも教科書を出して勉強できる可能性が高くなった。もし彼女が本を寮に置いていたら、いざ勉強をしようと思っても、本を取りに寮に戻らねばならず、反応労力が大きくなる。

望ましい代替行動の反応労力を減らすことで、望ましくない行動が起こる可能性を小さくする例を、もう１つ考えてみよう。大気汚染を減らすために、市当局は車の通行量を減らそうと考えていた。市の調査では、ラッシュアワーに高速道路を走っている車のほとんどは運転手１人しか乗っていなかった。そこで市は、相乗りを増やすことによって、１人しか乗っていない車の数を減らそうと考えた。しかし、運転する人たちは、相乗りの反応労力が大きいために、なかなかそうしようとはしない。そこで市は、（反応労力を減らして）相乗りしやすくするために、次のような方策を考

えた。つまり、高速道路の出入口すべてに市が駐車場を整備し、そこに車を止め、他の人の車に相乗りできるようにしたのである。

さらに、運転手の他に２人以上が乗っている車専用の車線を作った。その車線は他の３車線よりも交通量が少なく、職場に早く着くことができた。相乗りの反応労力を減らすためにこれらの方策を実施したところ、運転手１人だけの車が減り、３人以上が乗った車が増えた。

これまでに述べたように、望ましい行動を起きやすくする先行子操作には、さまざまな方法がある。その基本は次の３つの方略である。

- 望ましい行動の S^D や手がかりを配置する。
- 望ましい行動が起きやすいように、その行動の結果事象の強化力を高める確立操作を設定する。
- 望ましい行動が起きやすくなるように、その行動の反応労力を減らすための先行条件の操作を行う。

この３つの方略はいずれも、望ましい行動の先行事象を操作している。これらの方略は単独でも用いられるし、併用することも可能である。しかし、先行子操作は常に分化強化と一緒に用いるべきであり、望ましい行動が起きたときにはその行動を確実に強化すべきである。

望ましくない行動が邪魔をし、望ましい行動が期待されるほど起きないような場合がある。この場合、競合する行動は、並列強化スケジュール（concurrent schedules of reinforcement）によって強化される同時オペラント（concurrent operant）であると考えられる。たとえば、マリアンの場合、彼女がテレビを見たり、パーティに行ったり、友達とおしゃべりしていると、勉強する行動は起きにくくなる。これらの競合行動の方が強化力は大きい。そして、これらの競合行動は、マリアンが勉強することを妨害する。なぜなら、彼女はこれらの競合行動と勉強を同時に行うことはできないからである。キャルの場合も、ポテトチップスやドーナツ、脂肪分の多いチーズバーガーを食べることは、健康的な食べ物を食べる行動を妨げる競合行動となっている。

この場合、望ましい行動を起きやすくする1つの方法は、競合する望ましくない行動を起きにくくすることである。そのために、競合する望ましくない行動が起きる可能性を減らすために、さまざまな先行子操作を用いることができる。

望ましくない行動の弁別刺激や手がかりを取り除く

望ましくない行動が起こる可能性を減らす方法の1つは、その行動に刺激性制御を及ぼす先行事象を取り除くという方法である。望ましくない行動のS^Dや手がかりがなければ、その行動が起こる可能性は低くなる。

Q. キャルが健康的な食べ物を食べる可能性を高くするために、競合する望ましくない行動のS^Dや手がかりをどのように取り除いたか？

健康によくない食べ物が身近にあることは、それを食べる行動のS^Dとなる。つまり近くにスナック菓子が置いてあれば、キャルがそれを食べる可能性は高くなる。そこで、キャルは自分の部屋

にある健康によくない食べ物を全部処分することによって、それを食べる行動のS^Dを取り除いたのである。さらに職場に行くときに小銭を持っていくのもやめた。ポケットに小銭が入っていると、自動販売機からスナック菓子を買ってしまうからである。小銭を持たないようにすることで、キャルは健康によくない食べ物を食べる可能性が低くなり、職場に持っていった弁当（健康的な食べ物）を食べる可能性が高くなる。

Q. マリアンは、自分が勉強しやすくするために、競合する望ましくない行動のS^Dや手がかりをどのように取り除いたか？

友達が目の前にいることは、その友達とおしゃべりしたり遊んだりする行動のS^Dである。テレビは、テレビを見る行動のS^Dである。こうした競合行動のS^Dを取り除くために、マリアンは図書館で勉強することにした。図書館にはテレビはなく、おしゃべりをしたくなる友達も来ないからである。さらに、勉強の計画表を冷蔵庫のドアに貼ったり、勉強する時間は一人にしておいてほし

図16-2　ビッキーは教室の後ろでワンダの近くに座っているときに、ちょっかいを出すなどの問題行動を起こしていた。教師はビッキーを教室の前の席に座らせ、ワンダから離すことによって、問題行動のS^Dを取り除いた。その結果、彼女の問題行動は減った。

いと友達に頼むことによって、競合行動のS^{D}を取り除き、その時間帯に勉強する可能性を高めた。

別の例を考えてみよう。小学生のビッキーは教室の後方でワンダという子の近くに座っているときに問題行動（紙を小さく丸めて投げたり、おかしな声を出したりした）をしていた。そして、ワンダはいつもそうした行動に対して声を出して笑っていた。教室の後ろの方で近くにワンダがいることは、ビッキーの問題行動のS^{D}になっていた。なぜなら、ビッキーがその問題行動をして、教師がそれに気づかないとき、ワンダがその行動を強化していたからである。

Q. もし読者がそのクラスの担任だったら、ビッキーの望ましくない行動のS^{D}や手がかりをどのようにして取り除くことができるか？

1つの方法は、ビッキーの座席を教室の前に移してワンダの席から離し、ワンダがビッキーの問題行動を強化できないようにするという方法である。そうすることによって、ワンダは問題行動のS^{D}になる可能性が低くなる。さらにビッキーが教師の近くにいることで、教師の存在が彼女の注意集中や勉強への取り組みのS^{D}となる可能性が高くなる（図16-2）。

望ましくない行動の無効操作を配置する

望ましくない行動の結果事象の強化力を弱くすることができれば、その行動が起こる可能性が低くなり、望ましい行動が起こる可能性が高くなる。望ましくない行動の結果事象の強化力を弱めるには、強化子に対して無効操作（もしくは確立操作を取り除く）を配置する必要がある。この方法はいつでもできるとは限らないが、有効であることも多い。

キャルはこの方法を用いて、買い物に出かけたときにスナック菓子を買う行動を起こりにくくし、健康的な食べ物を買う行動の方を起きやすくした。具体的には、買い物に行く前に食事をして、空腹のままスーパーに行かないようにした。この方法によって、買い物に行ったときに健康によくない食べ物の強化力が弱くなり、そうした食べ物を買う行動は起きにくくなる。もし空腹の状態で買い物に行けば、スナック菓子類（健康によくない食べ物）を買う可能性は高くなる。というのは、こうしたスナック菓子は店の中でも目立つところに置いてあり（買い物のS^{D}sとなりやすくするため）、買えばいつでも食べられる状態だからである。さらに、スナック菓子の成分である砂糖・塩・脂肪分は、空腹の程度がわずかな人にとっても大きな強化力を持っている。無効操作を設定することで、キャルが健康によくない食べ物を買う可能性が低くなり、反対に、家を出る前に作ったリストを見ながら健康的な食べ物を買う可能性が高くなる。買い物に行く前に食事をすることで、健康的な食べ物の買い物リストは、店の中にあるスナック菓子よりも強い刺激性制御を及ぼすはずである。この点については、読者自身で実験をしてみてほしい。すごく空腹なときに買い物に行って、空腹でないときと違う食べ物を買う（あるいは買おうとする）かどうかを試してほしい。

別の例を考えてみよう。ミレアは昼食の時間にはいつも自宅に帰ることにしていて、往復約8kmを健康のためにジョギングしていた。しかし最近、彼女はテレビを見て夜更かしをするようになった。その結果、昼食時間に自宅に帰ると疲れ、ジョギングの代わりに昼寝をするようになってしまった。

Q. 昼寝をしないでジョギングするために、彼女は昼寝をする行動の無効操作を設定する必要がある。この場合、彼女はどうすればよいだろうか？

ジョギングの競合行動である昼寝の強化子は何だろうか？　その強化子は睡眠のはずだ。ある時刻に睡眠の強化力を高める確立操作とは何だろうか？　前の晩に徹夜して疲れていることは、睡眠の強化力を高める確立操作のはずである。あるいは、前の晩にたくさん寝ることは睡眠の強化力を低める無効操作のはずである。では、ミレアの場合、どうやって昼寝の無効操作を設定できるだろうか？　彼女の場合、前の晩にしかるべき時刻に就寝すれば、睡眠不足にならないで済むはずである。そうすれば、昼食時間に睡眠が強化力を持つことはなく、昼寝する可能性は低くなり、代わり

競合する望ましくない行動が起きる可能性を低くする先行子操作

- 競合行動の S^D や手がかりを取り除く。
- 競合行動の結果事象に関する無効操作を設定する。
- 競合行動の反応労力を大きくする。

にジョギングをする可能性は高くなるはずである。また、職場の近くのアスレチッククラブにジョギング用の服やクツを置いておき、そこに行ってからジョギングをすれば、競合行動である昼寝の S^D を減らすことになる。このようにすれば、彼女は昼食時間にベッド（昼寝の S^D）の近くにいないで済み、昼寝する可能性も低くなるはずである（さすがにロッカールームのベンチで昼寝をすることはないであろう）。

望ましくない行動の反応労力を大きくする

競合する望ましくない行動が起きる可能性を低くする別の方法は、その行動の反応労力を大きくすることである。競合行動の反応労力が大きくなれば、その行動が望ましい行動を妨害する可能性は低くなる。ミレアの場合、昼食時間にアスレチッククラブに行くようにすることで、昼寝をする反応労力は大きくなる。すなわち、昼寝をするためには、車に乗って家まで運転して帰って寝なければならないからである。このようにすれば、彼女は昼食時間に昼寝をしなくなり、その代わりにジョギングをする可能性が高くなる。アスレチッククラブに行くことは昼寝の S^D を取り除くだけではなく、昼寝の反応労力を大きくすることにもなるのである。

Q. もっと勉強するためにマリアンがしたことの中で、競合行動の反応労力はどのようにして大きくしただろうか？

図書館に行って勉強をすることによって、友達とおしゃべりしたりテレビを見たりすることを難しくした。競合行動をするためには、本をカバンに詰め込んで、図書館から寮に歩いて帰らなければならない。これは反応労力となる。彼女が寮の

自分の部屋で勉強すれば、勉強をやめて友達とおしゃべりしたりテレビを見たりする行動の反応労力は小さい。したがって、図書館に行って勉強することは、2 つの機能を果たしている。1 つは、競合する望ましくない行動の S^D を取り除くことであり、もう 1 つは、競合行動の反応労力を大きくすることである。

Q. 健康的な食べ物を食べるためにキャルがしたことの中で、競合行動の反応労力はどのようにして大きくしただろうか？

キャルは、アパートの自分の部屋にある健康によくない食べ物を全部捨ててしまった。それは、健康によくない物を食べることの反応労力を大きくすることでもある。それまでは、スナック菓子が欲しくなると、台所へ行くだけでよかったが、今では、スーパーに買いに行かなければならなくなったからである。それによって、自分の部屋にある食べ物（健康的な食べ物）を食べる可能性が高くなり、スナック菓子を食べるという競合行動が起こる可能性は低くなる。また、キャルは職場に小銭を持って行かないようにすることで、スナック菓子を食べるための反応労力を大きくした。自動販売機でスナック菓子を買おうとすれば、小銭を探さなければならないからである。職場の同僚たちに対して、彼が小銭を貸してくれるように頼んでも断るように依頼しておけば、反応労力はさらに大きくなる。読者はもう分かったと思うが、自分の部屋のスナック菓子を全部捨て、職場に小銭を持って行かないようにしたことは、2 つの機能を果たしている。すなわち、健康によくない食べ物を食べるという競合行動の S^D を取り除く機能と、その競合行動の反応労力を大きくする機能である。次に別の例も考えてみよう。

ジーニーは高校を卒業してからタバコを吸う

ようになった。今、彼女は結婚して小学生の子どもが2人いて、何とか禁煙するか、少なくとも1日に吸うタバコの本数を減らしたいと思っていた。そこで彼女は、タバコを吸う行動に競合する行動としてニコチンガムをかむことにした。彼女は専業主婦で、夫は職場に自家用車で通勤し、子どもたちは近くの小学校に徒歩で通っていた。彼女は喫煙本数を減らすために、いくつかの工夫をした。毎日、子どもたちが午前8時に家を出る前に、子どもの1人にタバコケースを家の中のどこかに隠してもらった。また、ニコチンガムを家にたくさん買っておき、逆にタバコはいつも1箱しか家に置かないようにした。その結果、子どもたちが学校に行ってしまうと、彼女が家の中を探してタバ

コケースを見つけるか、それとも歩いて店に買いに行かない限り、タバコを吸うことはできなかった。この方法はニコチンガムをかむ反応労力に比べ、タバコを吸うための反応労力の方をずっと大きくする方法であり、その結果、1日に吸う本数が随分と少なくなった。

すでに読者は気づいていると思うが、望ましい行動を妨げる競合する望ましくない行動が起きる可能性を低くする先行子操作には、以下の3つの方略がある。

- 望ましくない行動のS^Dや手がかりを取り除く。
- 望ましくない行動の無効操作を設定する。
- 望ましくない行動の反応労力を大きくする。

先行子操作に関する研究

さまざまな研究で、先行子操作がさまざまなタイプの行動を増やしたり、減らしたりするために有効な方法であることが実証されている。望ましい行動のS^Dや手がかりを提示する方法の有効性を評価した研究は、数多くある。

弁別刺激の操作

オニールら（O'Neil, Blanck, & Joyner, 1980）は、大学のフットボールの試合中に散らかるゴミを減らし、ゴミ箱を使うようにするための先行子操作を考案した。まずはフットボールファンの大学生の多くがかぶっている帽子に似た形のカバーを、ゴミ箱に取り付けた。さらに、ゴミ箱のフタを開けると、カバーの下の「ありがとう」という文字が見える機械仕掛けを考案した。このような形に作り替えたことは、ゴミ箱にゴミを捨てる行動の手がかり（刺激プロンプト）として役立った。その結果、ゴミ箱を作り替える前と比較して、試合を見に来たフットボールファンがゴミ箱に捨てたゴミの量は2倍以上になった。

先行子操作によって、老人ホームや保健施設で暮らす高齢者のレクリエーション活動や社会的相互作用が増えることを示した研究もある。たとえば、マクラナハンとリズレイ（McClannahan &

Risley, 1975）は、ある老人ホームでレクリエーション活動を毎日実施していたが、入居者はあまり参加していないことを見いだした。そこで、参加者を増やすために、レクリエーション活動のリーダーを務める職員が、レクリエーション活動をする場所で高齢者を見つけるといつでも、道具を渡したり、その使い方を教えるようにした。レクリエーション活動への参加を促す手がかりをこのような形で提示することによって、入居者が活動に参加する時間は増えていった。

同様な研究で、メリンとゴテスタム（Melin & Gotestam, 1981）は、老人保健施設に入居している認知症や統合失調症の高齢者の社会的相互作用を増やすために、喫茶室の家具の配置を変えてみた。会話がしやすいように家具を置いた結果、入居者同士の関わりが増えた（図16-3）。

先行子操作によってシートベルトの着用率を高めた研究もある（たとえば、Barker, Bailey & Lee, 2004; Clayton, Helms, & Simpson, 2006; Cox, Cox, & Cox, 2005; Gras, Cunill, Planes, Sullman, & Oliveras, 2003）。ロジャースら（Rogers, Rogers, Bailey, Runkle, & Moore, 1988）は、州の行政機関で働く人を対象に、公用車でのシートベルト着用率を高めるために工夫した手がかりを提示した。全車両のダッシュボードに、シート

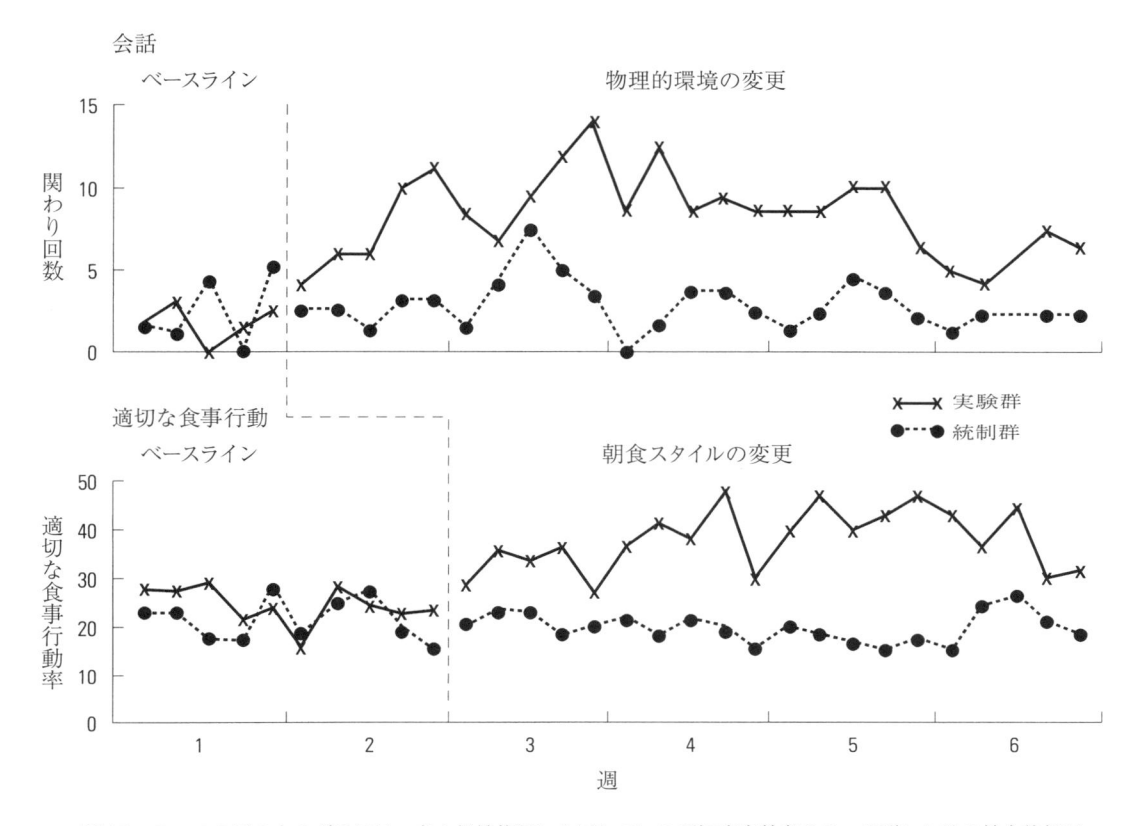

図 16 - 3　この図の上のグラフは、老人保健施設に入居している認知症高齢者の 2 つの群における社会的相互作用の回数を示している。ベースラインの後、実験群では、社会的相互作用が起きやすくなるよう環境変数が操作された (喫茶室の家具の配置を、会話しやすいように変えた)。統制群では環境の変更はなく、ベースラインと同じだった。上のグラフから、先行子操作がなされた後、実験群の社会的相互作用が増えたことが分かる。下のグラフは、朝食における、実験群と統制群の適切な食事行動のパーセンテージを示したものである。統制群の人たちは、お盆に載った食事を受け取り、一人で食べた。実験群の人たちは、小さなテーブルに数人ずつ一緒に座り、食べ物はテーブルごとに皿に盛りつけてあり、各自が自分の皿に取り分けて食べるようになっていた。下のグラフから、先行子操作として家庭スタイルの食事パターンを取り入れることによって、適切な食事の仕方が増えたことが分かる。この研究では、個人ごとではなくグループごとに行動間多層ベースラインデザインが用いられた。(Melin, L., & Gotestam, K. G. [1981]. The effects of rearranging ward routines on communication and eating behaviors of psychogeriatric patients. *Journal of Applied Behavior Analysis, 14,* 47-51. Copyright © 1981 University of Kansas Press.)

ベルトの着用を促すステッカーを貼った。それは運転者がシートベルトを着用していない場合、交通事故を起こしても保険金がかなり減額されることを警告した内容だった。さらに、車を使う前に、シートベルト着用を義務づけた規則を読み上げさせるようにした。このような先行子操作によって、シートベルトを着用する職員の数が大幅に増えた (図 16 - 4)。他の研究でも、聴覚的な手がかりや視覚的な手がかりを車の中に設定することによって、シートベルトの着用率を高めることができ

た (たとえば、Berry & Geller, 1991)。

　グリーンら (Green, Hardison, & Greene, 1984) は、ファミリーレストランでの家族間の社会的相互作用を増やすために先行子操作を用いた。この研究の目的は、料理が運ばれてくるまでの間、両親と小さな子どもたちの会話を増やすことであった。研究者は、子どもたちが両親と会話をしていれば、退屈したり周囲に迷惑になる行動をしたりせずに済むだろうと考えた。さらに、食事中の会話は、小さな子どもたちにとって教育的

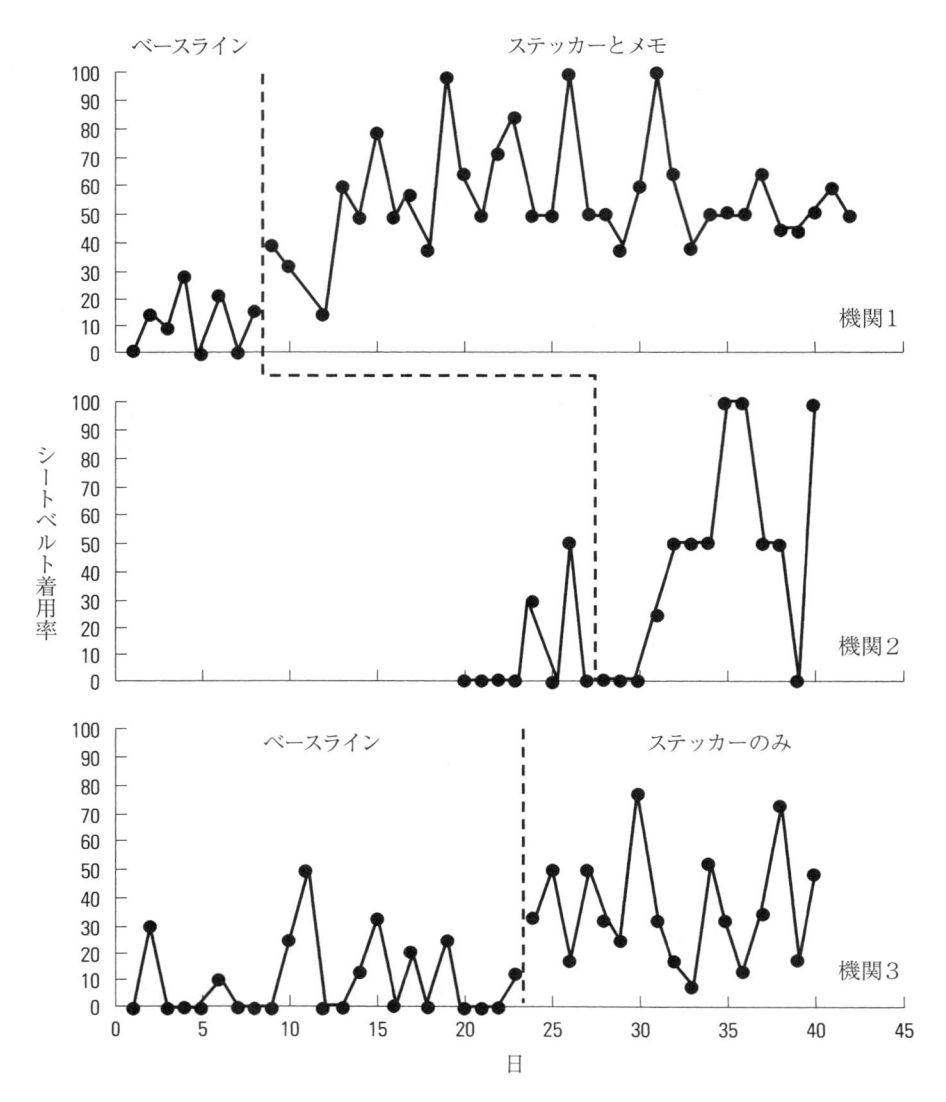

図16-4　このグラフは、先行子操作として刺激性制御を操作することによって、その前後で運転する人のシートベルトの着用率がどのように変わったかを示したものである。着用率は3つの行政機関ごとに、それぞれの職員のシートベルト着用率を表している。上の2つのグラフは、ステッカーと警告メモの効果を調べ、下のグラフはステッカーだけの効果を調べたものである。3つの行政機関ごとの対象者間多層ベースラインが用いられており、対象となった職員一人ひとりの着用率ではなく、その機関の職員全員について着用率を算出したものである。(Rogers, R. W., Rogers, J. S., Bailey, J. S., Runkle, W., & Moore, B. [1988]. Promoting safety belt use among state employees: The effects of a prompting and stimulus control intervention. *Journal of Applied Behavior Analysis, 21*, 263-269. Copyright © 1988 University of Kansas Press.)

によいと考えられた。そこで、家族の会話の手がかりとしてランチョンマットを用いた。

　そのランチョンマットには、小さな子どもとその親が興味を持って、話題になりそうな絵・活動・質問が描かれていた。同じランチョンマットを、家族一人ひとりの前に置いた。その結果、家族の会話が増えた。

　これらの研究では、望ましい行動がそれにふさわしい場面で増えるように、先行刺激や先行事象が操作されている。これらの研究で行われた先行子操作は、物理的環境や社会的環境を変えることであった。

反応労力の操作

　問題行動を減らすために用いられる先行子操作には、さまざまなものがある。ブラザーズら（Brothers, Krantz, & McClannahan, 1994）は、ある公共機関でゴミ箱に捨てられていた再利用可能な紙の量を減らすために、先行子操作を用いた。紙をゴミ箱に捨てないでリサイクル箱に入れさせるために、25 名の職員一人ひとりの机の上に小さな箱を置いた。その箱は 2 つの機能を果たした。1 つは、職員が紙をその箱に入れる行動の手がかりとしての機能であり、これはゴミ箱に紙を捨

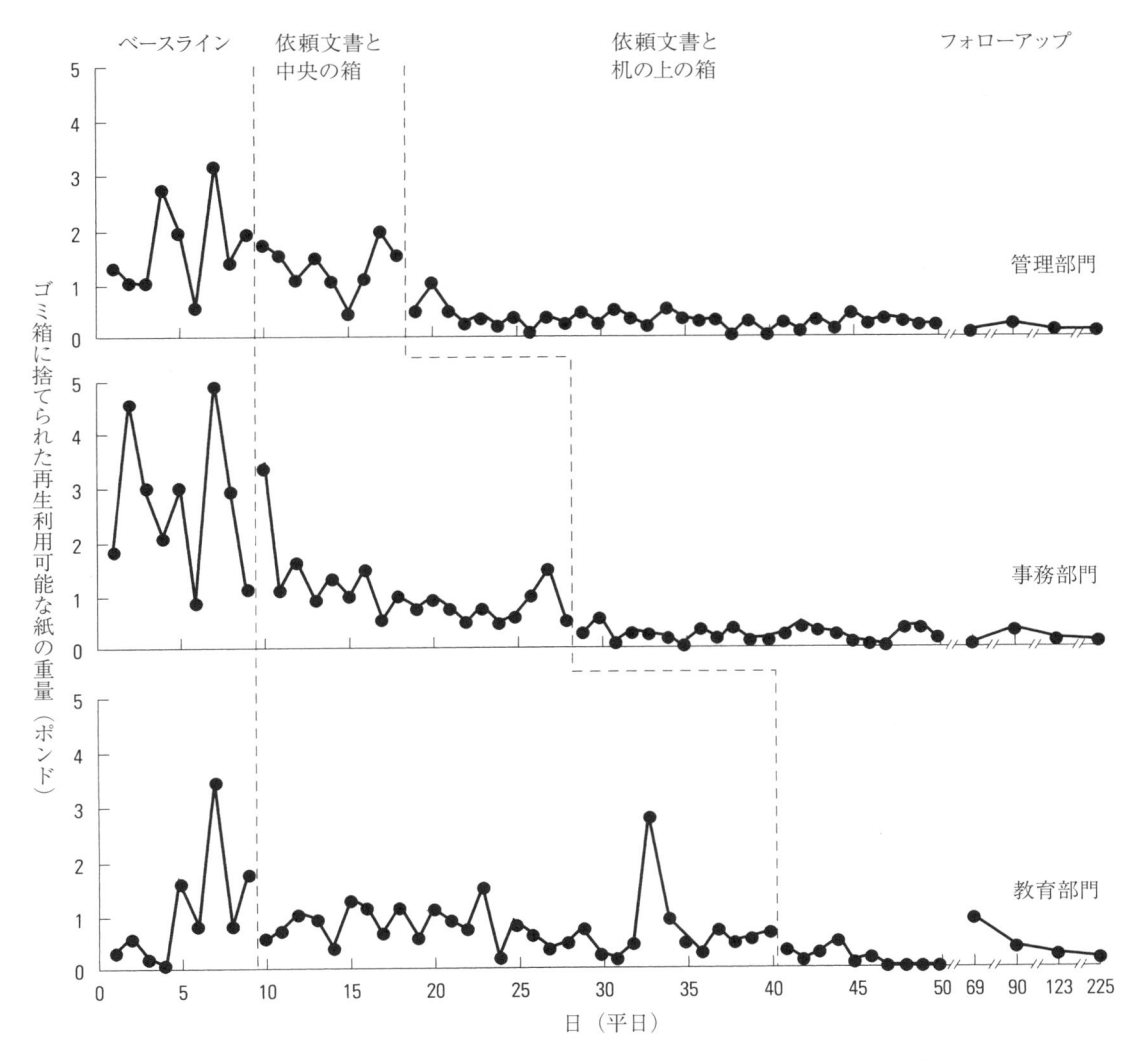

図 16 - 5　このグラフは、場面間多層ベースラインデザインを用いて、ベースラインと 2 つの介入条件における、ゴミ箱に捨てられた再利用可能な紙の重量を示している。ベースラインの後、第 1 の介入条件として、建物中央のユーティリティルームに置いた大きなリサイクル箱に再利用可能な紙を入れるようにという依頼文書が、職員全員に配布された。その次に第 2 の介入条件として、職員一人ひとりの机の上に小さな箱を置き、その箱に再利用可能な紙を入れるように依頼した文書を配布した。結果から、職員一人ひとりの机に小さな箱が置かれたことによって、ゴミ箱に捨てられる再利用可能な紙が大幅に減ったことが分かる。机の上の箱はリサイクルのための手がかりとなり、また再利用可能な紙をそこに入れる行動の反応労力も小さくなった。（Brothers, K. J., Krantz, P. J., & McClannahan, L. E. [1994]. Office paper recycling: A function of container proximity. *Journal of Applied Behavior Analysis, 27*, 153-160. Copyright © 1994 University of Kansas Press.）

てる行動の代替行動を増やす機能を果たしている。もう1つは、望ましい行動の反応労力を減らす機能である。つまり、使った紙を机の上の箱に入れるのは、部屋の隅にあるゴミ箱に入れるよりもずっと簡単である。机の上にリサイクル箱を置いた結果、ゴミ箱に捨てられる再利用可能な紙の量は劇的に減った（図16-5）。先行子操作としてのこの方法の価値は、問題行動を減らすための方法としてきわめて簡単で、しかも有効性が高いということである。ルドウィッグら（Ludwig, Gray, & Rowell, 1998）は、労働者の近くにリサイクル箱を置いたところ、リサイクルが増加した結果を示している。

　ホーナーとディ（Horner & Day, 1991）も、問題行動と機能的に等価な望ましい行動の生起に対する反応労力の影響を調べた。彼らは、重度知的障害がある12歳のポールを対象にした。ポールは学習場面で、攻撃行動（叩く、かむ、引っかく）を頻繁に起こしていた。これらの問題行動は、課題からの逃避によって強化されていた。彼らはポールに、課題から逃避できるという同じ結果になる代替行動を2つ教えることにした。1つは「休憩」のサインをすることであり、これは攻撃行動よりもずっと反応労力が小さい行動である。ポールが「休憩」のサインをすると、職員はすぐに学習課題を中断し、短い休憩を入れるようにした。もう1つの代替行動は、「お願いですから、休憩を取らせてください」という文をサインで作ることであった。ポールがこの文全部をサインで作ると、職員はすぐに学習課題を中断し、短い休憩を入れた。しかし、文全部をサインで作るのは、攻撃行動よりも時間がかかり、反応労力も大きい。その結果、ポールが機能的に等価な代替行動として「休憩」のサインをする条件の方が、攻撃行動の生起がより少なかった。その理由は、代替行動の反応労力が小さいからであると考えられた。一方で、休憩のために文全体をサインで作る条件では、攻撃行動の生起頻度は依然高いままだった。その理由は、攻撃行動の方が代替行動よりも反応労力が小さいからであると考えられた。ホーナーら（Horner, Sprague, O'Brien, & Heathfield, 1990）やリッチマンら（Richman, Wacker, & Winborn, 2001）の研究でも、代替行動の方の反応労力が小さい場合に、その行動が生起しやすくなり、問題行動に置き換わりやすいことが示された。

動機づけ操作

　教室場面で起きる問題行動の先行子として、カリキュラムに関する変数や教師の行動を操作した研究は多い（たとえば、ミルテンベルガー[Miltenberger, 2006]、ムンクとレップ [Munk & Repp, 1994] を参照）。ケネディ（Kennedy, 1994）は、特別支援学級で様々な問題行動（攻撃行動、自傷行動、常同行動）を起こしている障害のある生徒3名に介入を行った。ケネディはまず機能的アセスメントを行い、その結果、教師が頻繁に課題の指示を出しているときに問題行動が起きやすく、生徒と普通の会話をしているときには起きないことが分かった。この結果に基づいて、彼は教師に、課題の指示を減らして一般的な会話を増やすようにさせた。この支援計画によって逃避の強化力を弱めたことで、3名とも問題行動が大幅に減った。これは、無効操作として機能した。それから次のステップとして一般的な会話は減らさないようにしながら、課題の指示を少しずつ増やすようにした。最終的に、課題の指示が以前と同じくらいの回数になっても、問題行動は少ないままだった。

　ダンラップら（Dunlap, Kern-Dunlap, Clarke, & Robbins, 1991）は、情緒障害のある小学生ジルの問題行動（蹴る、叩く、つばを吐く、物を投げる）を減らすために、カリキュラム変数を操作した。機能的アセスメントによって、ジルの問題行動は特定のカリキュラム変数があるときに一番多く見られることが分かった。その変数は、微細運動課題、時間のかかる課題、彼女の興味や日常生活に関連しない課題、自分で選ばなかった課題などであり、課題が嫌悪的で問題行動によって逃避できるためであった。介入として、課題の嫌悪性を弱めて、逃避の強化力を低める（無効操作）ために、先行子であるカリキュラム変数が操作された。教師は、時間があまりかからず機能的な（彼女の興味や日々の活動に関連した）課題を増やし、微細運動課題よりも粗大運動課題を増やした。さらに、

ジルが自分で課題を選ぶ機会も増やした。このようにカリキュラムを変えることによって、ジルの問題行動は減った。同様の結果は、カーンら（Kern, Childs, Dunlap, Clarke, & Falk, 1994）の研究でも見いだされている。

ホーナーら（Horner, Day, Sprague, O'Brien, & Heathfield, 1991）は、重度知的障害の生徒 4 名の問題行動（攻撃行動と自傷行動）を減らすために、別のカリキュラム変数を操作した。機能的アセスメントの結果、この生徒たちの問題行動は、難しい教科学習のときに最も多く、やさしい教科学習のときには起きないことが分かった。ホーナーらはこれらの問題行動を減らすために、次のような先行子操作を用いた。つまり、教師に、難しい課題の合間にやさしい課題を挿入させた。具体的に言えば、介入セッションで、難しい課題を少しした後にやさしい課題をいくつか出したのである。このように、やさしい課題を難しい課題の間に入れるようにすると、問題行動は急激に減少した。メイスらも、難しい課題の前にやさしい課題をさせることで、指示に従わないという問題行動が起きにくくなることを示した（Mace and his colleagues, 1988）。

教室場面で起こる問題行動に関する研究はすべて、それが起きないように教育場面を構成するいくつかの要因を操作したものである。こうした先行子操作を実施する前は、生徒の問題行動は、学習課題からの逃避によって強化されていた。先行子操作によって学習課題が生徒にとって嫌悪的でないものにされ、学習課題からの逃避がもはや強化力を持たないように変更された。つまり、教師の行動やカリキュラムの一部を変える先行子操作は、その状況から逃避することの強化力を低める無効操作をしていたのである。逃避は強化力を持たなくなっているので、生徒は逃避するために問題行動を起こさなくても済むのである（Smith, Iwata, Goh, & Shore, 1995 参照）

課題場面からの逃避によって維持されている問題行動を減らすための先行子操作には、その他にも非随伴逃避法（noncontingent escape）がある（Coleman & Holmes, 1998; O'Callaghan, Allen, Powell, & Salama, 2006; Kodak, Miltenberger, & Romaniuk, 2003; Vollmer, Marcus, & Ringdahl,

1995: Vollmer et., 1998: Wesolowski, Zencius, & Rodriguez, 1999）。この方法は、嫌悪的な学習活動や課題を行う場合に、頻繁に休憩を与えるという方法である。そうすることで、課題からの逃避は強化力を持たなくなり、課題から逃避するために問題行動を起こす必要性がなくなり、問題行動が減る。オキャラハンら（O'Callaghan et al., 2006）は歯科治療中に休憩を頻繁に与えるという方法で、歯科用椅子での問題行動が減ることを明らかにした。

ボルマーらは、最重度の知的障害を伴う自傷行動を示す成人を対象に、その行動を減らすために、その人たちに与える注目の量を操作した（Vollmer, Iwata, Zarcone, Smith, & Mazaleski, 1993）。機能的アセスメントの結果、自傷行動が注目によって維持されていることが分かった。そこで、自傷行動を減らすために非随伴注目法（noncontingent attention）を適用し、自傷行動に随伴しない形で注目を与えるようにした。その結果、対象者すべてにおいて、少なくとも 5 分間に 1 度の割合で非随伴注目を与えた場合に自傷行動が減った（図 16 - 6）。頻繁に注目を与えることによって、自傷行動に対する注目の強化力を高めていた確立操作が取り除かれたのである（同時に、注目の強化子としての有効性を無効化する）。すなわち、対象者は注目を得るために自傷行動を起こさなくても、非随伴注目法によって十分な注目を得ることができたため、その行動を起こす必要性が少なくなった。

非随伴強化法（nonconüngent reinforcement）が注目や逃避によって維持されている問題行動への介入法として有効であることを示した研究はたくさんある（Wilder & Carr, 1998; Fisher, Iwata, & Mazaleski, 1997; Hagopian, Fisher, & Legacy, 1994; Hanley, Piazza, & Fisher, 1997; Lalli, Casey, & Cates, 1997; Tucker, Sigafoos, & Bushell, 1998; Vollmer et al., 1998; Vollmer, Ringdahl, Roane, & Marcus, 1997）。

ダイアーら（Dyer, Dunlap, & Winterling, 1990）は、発達に遅れのある子どもの問題行動に対する選択肢提示の効果を調べた。対象児 3 名は、教室場面で攻撃行動、物を投げる、奇声を上げる、自傷行動など、さまざまな問題行動を起

304

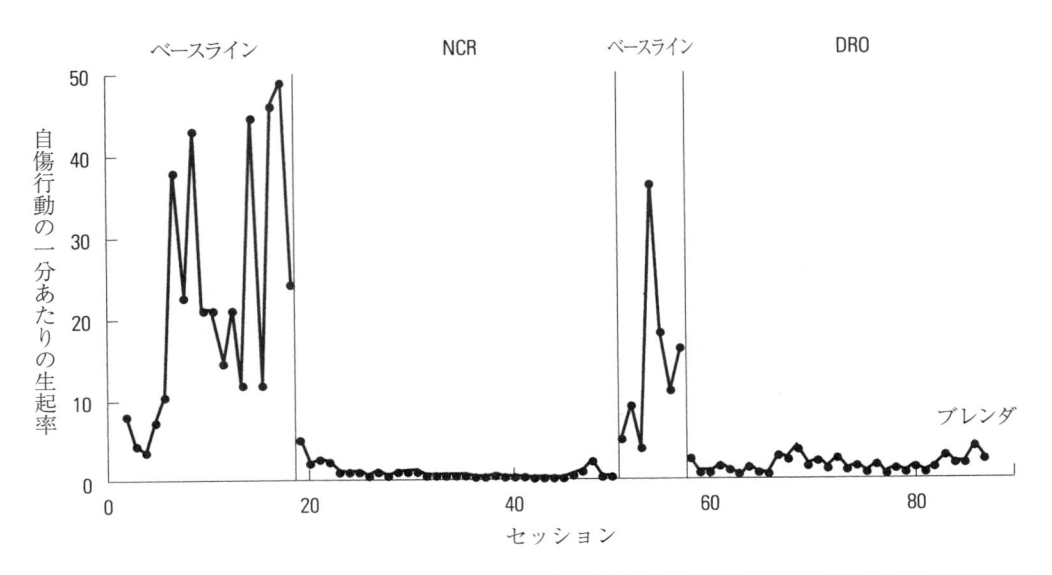

図 16 - 6　このグラフは、重度の知的障害のある成人１名の自傷行動の生起率を、ベースライン、非随伴強化
（NCR）条件、第２ベースライン、他行動分化強化（DRO）条件ごとに示したものである。対象者の自傷行動は、
注目によって維持されていた。NCR条件で、注目を頻繁に与えるようにすると、自傷行動はほほゼロに減った。
また DRO 条件でも、ほほゼロに減っている。このデータから、注目によって維持されている問題行動を減らす
１つの方法は、その行動に依存しない形で頻繁に注目を与えることであると示唆される。（Vollmer, T. R., Iwata,
B. A., Zarcone, J. R., Smith, R. G., & Mazaleski, J. L. [1993]. The role of attention in the treatment of attention
maintained self-injurious behavior: Noncontingent reinforcement and differential reinforcement of other behavior.
Journal of Applied Behavior Analysis, 26, 9-22. Copyright © 1993 University of Kansas Press.）

こしていた。そこで、研究者は２つの先行子を操
作した。１つの条件では、そのセッションで取り
組む学習課題を子どもに選ばせ、かつそのセッシ
ョンで用いる強化子も子どもに選ばせた。もう１
つの条件では、学習課題も強化子も子どもに選ば
せなかった。その結果、子どもが選択する条件で
問題行動が少なくなることが分かった。この結果
は、課題や強化子を子どもが選択することは、学
習課題の強化力が高まる確立操作として機能し、
対象児が問題行動を起こさないでその課題をやり
とげる可能性を高くすると考えることができる
（Romaniuk & Miltenberger, 2001）。
　カーとカールソン（Carr & Carlson, 1993）は、
知的障害のある成人３名がスーパーで買い物をす
るときに起こしていた問題行動（攻撃行動、物壊
し、自傷行動、かんしゃく）を減らすために、さ
まざまな先行子を操作した。この問題行動は激し
かったため、その行動が起きてしまうと買い物を
途中でやめなければならなかった。カーらは問題
行動と機能的に関連している先行子を操作するこ

とによって、スーパーの中で起こる問題行動を予
防しようと考えた。問題行動が起きにくい条件を
調べたところ、①最初に買う物や最初にすること
を対象者に選ばせたとき、②自分の好きな物を買
った後で、好きではないが頼まれた物を買うよう
にさせたとき、③問題行動が起こる可能性が高い
状況でも、望ましい代替行動の S^D を提示したと
きに、問題行動が起きにくいことが分かった。た
とえば、対象者の１人は、レジで並んで待ってい
るときに問題行動を起こすことが多かった。この
場面では、その対象者に好きな雑誌を渡すように
した。好きな雑誌を手に持つことは、問題行動
の代替行動としての雑誌を見る行動の S^D となっ
た。これは、対象者がレジに並んで待つことがで
きるようにする方法として、他の人にも使える方
法である。カーらの研究では、この方法をはじめ
とする先行子操作を行ったところ、対象者全員が
問題行動を起こさずに買い物に行って帰れるよう
になった。ケンプとカー（Kemp & Carr, 1995）も、
地域の職場で問題行動を起こしていた知的障害の

参考：問題行動の機能が介入としての選択肢提示に与える影響

　多くの研究者が活動の選択肢を提示することによって問題行動が低減することを明らかにしている。しかしながら、ある 1 つの研究では、介入としての選択肢提示の有効性は問題行動の機能に依拠していることを示している。ロマニークら（Romaniuk et al., 2002）の研究では、ある生徒は他者からの注目により維持されている問題行動に従事しており、また、別の生徒は逃避により維持されている問題行動に従事していた。活動の選択肢が得られないベースラインの後、すべての生徒が課題を選択することが許された。ロマニークらは、逃避によって維持されている問題行動の生徒においてのみ、課題の選択が問題行動を低減させることを明らかにした。注目のための問題行動に従事している生徒において、活動の選択機会を持つことは問題行動の減少に繋がらなかった。著者は活動の選択は課題の嫌悪性を減少させ、逃避の強化力を低める（無効操作）と考えていた。研究の結果は、介入方法の決定前に問題行動の機能を知ることの重要性を示すものであった。

成人に対して同様の先行子操作を行い、問題行動を減らすことに成功した。

先行子操作の実施手順

　これまで述べてきた、望ましくない行動を減らし望ましい行動を増やすために用いる先行子操作の手順は表 16 - 1 に示したように 6 つのタイプに分けることができる。望ましい行動を増やす場合も、望ましくない行動を減らす場合も、ここに挙げた方法から 1 種類、あるいは複数の方法を選んで適用することになる。もし対象者が標的行動を生起させるのがまれな場合には、ふさわしい回数の行動が起きやすくなるような先行子操作を適用する。その場合、**その行動を増やすために、先行子操作だけでなく同時に分化強化も併用する。**同様に、標的行動が過剰に起きている場合には、その望ましくない行動が起きにくくなるような先行子操作を適用する。また、**過剰な行動を減らすためには、先行子操作と同時に分化強化と消去が併用されることが多い。**

　どのような状況でどの先行子操作を適用するべきであるかは、どのようにして決めるのだろうか？　この問いに対する決まった答えはない。それぞれの先行子操作の方法を理解し、対象者に一

表 16 - 1　問題行動の減少と望ましい行動の増加のための先行子操作

弁別刺激（S^D_S）や手がかりの操作
- 問題行動の S^D や手がかりを取り除く。
- 望ましい代替行動の S^D や手がかりを提示（配置）する。

確立操作の操作
- 問題行動を維持している強化子に関する無効操作を設定する
- 望ましい代替行動を維持している強化子に関する確立操作を設定したり、強める。

反応労力を操作
- 問題行動の反応労力を大きくする。
- 望ましい行動の反応労力を小さくする。

番ふさわしい方法を選択するというのが、その答えと言えるかもしれない。当該の状況を理解するためには、機能的アセスメントによって、望ましい行動や望ましくない行動を維持している三項随伴性（先行事象、行動、結果事象）を分析しなければならない。選択すべき方法を決めるには、**チームの意見**（行動分析家と療育者［先生、親、職員等］）と、行動に関与する先行子を変更する最善の方法を特定するための**問題解決法**が必要である。手続きの実行者から情報を得ることで、療育者から賛同され容認される手続きを選択しやすくなる。問題解決のプロセスは、その問題に関わる多くの解決策（成功が見込まれる先行子操作）をチーム内で出し合い、最適な解決策を導き出すために、それぞれの長所と短所を評価する形で進められる。

望ましい行動の三項随伴性の分析

　以下の質問に答えることによって、望ましい行動、およびその先行事象と結果事象についての情報を得ることができる。

　■増やしたいと考えている望ましい行動を特定し、定義しなさい。その行動の反応労力を減らすことは可能か？

　■望ましい行動に関係していると思われる先行事象を分析しなさい。その行動のS^Dsや手がかりになるのは何か？　それらのS^Dsや手がかりのうち、対象となる状況内に何があり、何がないか？　先行子操作として操作可能なS^Dsや手がかりは何で、操作不可能なS^Dsや手がかりは何か？

　■望ましい行動の強化子を特定しなさい。その強化子は望ましい行動に随伴しているか？　その強化子はその行動を維持できるほど強力なものか？　その強化子の強化力を強めるために確立操作を設置することが可能か？　望ましい行動に随伴して用いることのできる強化子は他にもあるか？

　これらの質問に答えることによって、望ましい行動が起きやすくするために適用すべき先行子操作や、分化強化で用いる強化子を決めることができる。

望ましくない行動の三項随伴性の分析

　以下の質問に答えることによって、望ましくない行動、およびその先行事象と結果事象についての情報を得ることができる。

　■望ましい行動を妨害する望ましくない競合行動を特定し、定義しなさい。その競合行動の反応労力を大きくすることは可能か？

　■望ましくない競合行動に関係していると思われる先行事象を分析しなさい。その競合行動のS^Dsや手がかりになるのは何か？　それらのS^Dsや手がかりのうち、当該の状況内に何があり何がないか？　先行子操作として操作可能なS^Dsや手がかりは何で、操作不可能なS^Dsや手がかりは何か？

　■望ましくない競合行動の強化子を特定しなさい。その強化子は競合行動に随伴しているか？　その強化子はその行動を維持できるほど強力なものか？　その競合行動の強化子の強化力を弱めるために無効操作をすることは可能か？　競合行動に対して消去を行う場合、それらの強化子を撤去することは可能か？

　これらの質問に答えることによって、望ましくない競合行動が起きないようにするために適用すべき先行子操作や、消去や分化強化の併用ができるかを決めることができる。

問題行動に対する機能的で非嫌悪的な介入法

　第14章、15章、16章で説明したように消去、分化強化、先行子操作の3つの介入法は、いずれも**機能的な介入法**である。**これらの介入法は、行動を制御する先行事象と結果事象の変数を変更することで、問題行動を減らし、望ましい行動を増やすということから機能的であると言える。**これらは、弱化子の使用に依存していないため、非嫌悪的でもある。機能的な介入は、常に問題行動を減らそうとする際の第一選択肢となるべき介入である。なぜならば、行動を維持させている条件を変更すること（行動の機能に対処すること）、行動を喚起させている条件を変更すること（行動の先行子に対処すること）に取り組んでいるからで

ある。

消去では、問題行動の強化子を撤去する。それによって、問題行動がその行動を起こす人にとって何の機能も果たさなくなれば（問題行動によって強化的な結果がもたらされなくなれば）、もはやその行動を続ける理由はない。

分化強化では、問題行動を起こさなくてもそれと同じ結果事象を与えるようにする。問題行動を起こさない、もしくは頻度が少なくても、適切な代替行動によって機能的に同じ結果事象が得られるのであれば、もはや問題行動を続ける理由はない。

先行子操作では、問題行動を引き起こす先行事象を撤去したり、問題行動の強化子の強化力を弱めたり、問題行動の反応労力を大きくしたりする。加えて、適応的な行動を引き起こす先行事象を提示したり、望ましい行動の強化子の強化力を強めたり、望ましい行動の反応労力を小さくしたりする。先行事象が問題行動を引き起こしやすいものでなくなれば、もはや問題行動が起こることが少なくなり、適応的な行動が生起しやすくなる。

まとめ

1. 先行子操作は、先行事象を操作することによって、望ましい行動を起きやすくし、望ましくない競合行動を起きにくくする方法である。
2. 望ましい行動の S^D を提示することでその行動は起きやすくなり、また望ましくない行動の S^D を撤去することでその行動は起きにくくなる。
3. 望ましい行動の結果事象に関する確立操作を設定することによってその行動は起きやすく

なり、望ましくない行動の結果事象に関する確立操作を取り除く（無効操作を設定する）ことによってその行動は起きにくくなる。
4. 望ましい行動の反応労力が望ましくない競合行動の反応労力よりも小さい場合、両方の行動の結果事象が同じような強化力であれば、望ましい行動の方が起きやすくなる。
5. 問題行動に対する 3 つの機能的な介入法として、消去、分化強化、先行子操作がある。

キーワード

先行子操作　　　　　　　　　　　　　　　　機能的な介入

練習問題

1. 先行子操作とは何か。その概要を答えなさい。
2. 望ましくない競合行動の生起と望ましい行動の生起とはどのような関係にあるか、説明しなさい。
3. 望ましくない競合行動の生起に関して、先行子操作が目指すべき点は何か？
4. 望ましい行動を引き起こすために用いられる先行子操作を 3 つ挙げなさい。
5. 望ましくない競合行動を減らすために用いられる先行子操作を 3 つ挙げなさい。

6. 問題行動の S^D や手がかりを取り除く方法を、例を挙げて説明しなさい。
7. 望ましい行動を増やすために S^D や手がかりを提示する方法を、例を挙げて説明しなさい。
8. 無効操作とは何か説明しなさい。問題行動を減らすために用いられる無効操作を、例を挙げて説明しなさい。
9. 望ましい行動を増やすために用いられる確立操作を、例を挙げて説明しなさい。
10. 問題行動の頻度を減らすために、その行動

の反応労力を大きくする方法について、例を挙げて説明しなさい。

11. 望ましい行動を生起させるためにその行動の反応労力を小さくする方法について、例を挙げて説明しなさい。

12. アメリカ現代史の授業で、現在社会で起きている出来事を調べるために毎朝地方新聞を読む課題が出された。毎朝新聞を読むために先行子操作を用いる場合、以下の問いに答えなさい。

　a．この行動の S^D や手がかりを提示する方法を説明しなさい。

　b．この行動の反応労力を小さくする方法を説明しなさい。

　c．新聞を読むことを妨害する競合行動の S^D や手がかりを撤去する方法を説明しなさい。

13. 望ましい行動を増やすために先行子操作を用いる場合、分化強化を併用すべきである理由を説明しなさい。

14. あなたの幼い息子がホットドッグやポテトチップス、デザート類だけを食べ、あなたが食べさせようとする果物や野菜などは食べなくて、何とか健康的な食べ物をもっと食べさせようと思っている場合を想定して、次の問いに答えなさい。

　a．健康的な食べ物を食べるための確立操作をどのように設定するか、説明しなさい。

　b．競合行動（ホットドッグ、ポテトチップス、デザート類を食べる行動）の反応労力をどのようにして大きくするか、説明しなさい。

15. 介入方法が機能的であるとはどういう意味か、説明しなさい。

16. 先行子操作以外で、問題行動に対する機能的な介入法を2つ挙げなさい。

適用例

1. 自己管理において、先行子操作をどのように実施するかを述べなさい。6つの先行子操作のそれぞれを検討し、実施すべき方法を述べなさい。

2. メラニーの主治医は、彼女に毎日水を240ccのコップで6杯飲むように勧めた。メラニーは大学院生で、朝大学に行き、夕方5時頃帰宅する生活だった。彼女は授業に出ないときは自分の研究室で大半の時間を過ごしていた。廊下の向かい側には、たくさんの自動販売機が並んでいた。彼女は毎日、4、5回その販売機からコーヒーや清涼飲料水を買って飲んでいた。さて、この場合、メラニーが1日にコップ6杯の水を飲むように自分を管理するために、6つの先行子操作のうち4つを使うことができるが、その適用の仕方を説明しなさい。

3. スタンレーが大学に入学して実家を出て以来、家族や友人は手紙を書いたが、彼が返事を書くことはきわめてまれであった。彼は手紙を書きたいのだが、その余裕がないようなのである。スタンレーは1日のほとんどを大学で過ごし、寮に帰っても毎晩1～2時間勉強していた。それ以外の時間は、テレビ（ケーブルテレビで200チャンネルある）やビデオを見たり、寮のレクリエーション室でビリヤード、卓球、テレビゲームをして時間を過ごしていた。さて、スタンレーが手紙の返事を書くように自分自身を管理するために、先行子操作をどのように行えばよいかを説明しなさい。どのように6つの先行子操作を適用するか、できるだけ多くの方法について説明しなさい。

4. 読者がルームウォーカーを購入し、その器具を使って1週間に5回、20～30分のウォーキングをしようとしていると仮定する。そして、この目標を達成するために、自分自身で先行子操作と分化強化を適用しようと考えているとする。さてこの場合、読者はその

先行子操作を用いる前に、望ましい行動（ルームウォーカーでウォーキングする）に関する三項随伴性の分析と、その行動を妨害する競合行動の三項随伴性を分析する必要がある。読者自身の日常生活を例に挙げ、ルームウォーカーでウォーキングする三項随伴性と、目標達成に対する競合行動の三項随伴性を述べなさい。

5. マールは自閉スペクトラム症の青年で、他の5名とともにグループホームで生活していた。彼は周囲の人に迷惑になる行動や自傷行動（頭を打ちつける、奇声を上げる、身体を前後に揺らす）を起こしていた。機能的アセスメントの結果、それらの行動が最も起きやすいのは、活動して騒々しいときであることが分かった。反対に自分の部屋で音楽を聴いたり集めた野球カードをめくって見ているときには、そうした問題行動が起きにくいことも分かった。最も状態が悪いのは、職場に行くときや帰るときであり、その時間帯は他の利用者全員が送迎車に乗るのを待ったり、あ

るいは車から降りた後でリビングや食堂周辺に集まっている状況であった。マールが問題行動を起こすと、たいてい他の居住者たちは散り散りになり、騒々しさがなくなった。これらの問題行動に関する無効操作を設定するためにどのような先行子操作が適用できるかを説明しなさい。また、問題行動を減らすために、その代替行動の S^D を提示する先行子操作の適用の仕方についても説明しなさい。

6. カルビンはフロリダ州で高速道路を建設する仕事をしていた。特に暑い日には、彼は清涼飲料水を10本も飲む。カルビンは糖分の取りすぎを心配しており、また清涼飲料水のカロリーのためにウエストが太くなり始めていた。彼は清涼飲料水が好きだったが、何とかして1日3本に減らしたいと思っていた。この場合、カルビンが1日に飲む清涼飲料水を減らすために、本章で紹介した先行子操作のうち、何をどのように用いることができるか、3つの方法を取り上げて説明しなさい。

間違った適用例

1. ある特別支援学級の教師は、重度知的障害の児童を担当していた。その教師はその子に対する文字の弁別学習で、小さく切った食べ物を強化子として使っていた。そして、その食べ物の強化力を高めるための確立操作を設定し、指導セッションでの正反応率を高めようと考えた。指導セッションが行われるのは昼過ぎの時間帯だったので、お昼になっても昼食を食べさせないことにした。昼食を食べないことで、食べ物の強化力が上がると考えたからである。さて、この先行子操作はどこが間違っているだろうか？　この場合に用いる先行子操作としては、どのような方法がよいだろうか？

2. ミルトはもっと運動しようと考えた。そこで彼は、定期的に運動するよい方法として、ア

スレチッククラブに入会することにした。そして、車で30分のところにあるクラブに入会した。彼は、年会費を払ってしまえば、少なくとも1週間に数回はそのクラブに行って運動するはずだと考えたのである。そして年会費を払ったので、1年間はそのクラブで運動を継続するはずであると信じ込んだ。この方法の間違いはどこか？　また、ミルトが定期的に運動するには、どのような方法が考えられるか？

3. 歯科医のドレイク博士は、自分の患者の多くは定期的にフロスで歯をきれいにすることをしないので歯肉炎になりやすい、と考えていた。そこで彼女は、患者に毎日フロスで歯をきれいにさせる計画を立てた。彼女のクリニックに歯の検診や手入れで患者が来るたびに、

310

歯肉炎の痛々しい写真やその治療のために痛い思いをしている様子の写真を見せ、定期的にフロスを使わないとそうなることを分からせようとした。そして、患者がクリニックを出る前に、毎日2分間フロスを使うだけで歯肉炎にならずに済むし、痛い治療をしなくて済むと、話して聞かせた。ドレイク博士が患者にフロスで歯をきれいにさせるために用いたこの先行子操作は、本章で述べたどの方法に該当するか？　この方法だけでは患者がフロスを使うようにならないと思われるが、その理由は何か？　この目的のために、読者だったらどの先行子操作を加えるか？

4．サンディは学習困難のある小学校3年生で、特別支援学級に通っていた。彼女は算数の課題をするように言われると、いつも教室で周囲の迷惑になる行動を起こしていた。担任教師は機能的アセスメントを実施し、算数の課題に関する指示がその問題行動の重要な先行事象になっていることを見いだした。そして担任は、先行子操作として、サンディに算数の課題に関する指示を出さないことにした。算数の課題に関する指示をしなければ、彼女が問題行動を起こす可能性が低くなると考えたからである。この方法の問題点は何か？

5．フィリスとフレッドはともに医学を学ぶ学生で、一緒に部屋を借り、毎日勉強するはずだった。しかし、2人ともテレビを見てリラックスするのが好きだった。フレッドは野球、フットボール、バスケットボールなどの球技をケーブルテレビでよく見ていた。フィリスもケーブルテレビで古い映画をよく見ていた。フィリスが勉強そっちのけで映画番組ばかり見るようになったことから、問題が起きた。彼女の成績が下がり始めたのだ。しかし、彼女は勉強は後で取り戻すことができると信じていて、相変わらず毎晩のように映画番組を見ていた。それに対してフレッドは、勉強を終えてから球技の番組を見るようにしていた。ようやくフィリスは問題の深刻さに気づき、テレビを見る時間を減らして勉強時間を増やすために、ケーブルテレビの契約をやめることにした。確かに、ケーブルテレビの契約をやめれば問題行動の先行事象（ケーブルテレビの映画）が撤去され、問題行動が起きにくくなるはずである。さて、この先行子操作の間違いはどこか？

6．パトリックは知的障害のある成人で、グループホームで生活し、昼間は地域での仕事に就いていた。彼がグループホームで起こしていた問題行動は、家事や身だしなみに関する訓練活動を拒否することだった。もっとも拒否が目立つのは、若い職員が彼に指示したときだった。年配の職員が指示したときにはその活動に取り組むことが多かった。若い職員からの指示が問題行動の先行事象になっていると考えられたので、そのグループホームの責任者は年配の職員だけにパトリックに関わらせることにした。さて、この先行子操作の問題点は何か？

第17章　弱化の応用：タイムアウトとレスポンスコスト

学習のポイント

■ タイムアウトは、どのようにして問題行動を減らすことができるか？

■ タイムアウトの2つのタイプとは何か？

■ レスポンスコストとは何か？　問題行動を減らすために、レスポンスコストをどのように使うか？

■ タイムアウトやレスポンスコストを、強化と組み合わせて用いることの重要性は何か？

■ タイムアウトやレスポンスコストを適用する際に留意すべきことは何か？

　第6章で見たように、弱化は基本的な行動原理の1つである。弱化とは、ある行動が生起した後にある結果事象が後続し、その結果、その行動の将来の生起確率が低下する過程をいう。行動に後続する結果事象は、嫌悪的な事象の提示（正の弱化）の場合と、強化的な事象の撤去（負の弱化）の場合がある。いずれの場合も、その行動は弱められる。

　問題行動を減らすために、さまざまな弱化を用いることができる。しかし、**弱化は一般に機能的で非嫌悪的な介入法（消去手続き、分化強化、先行子操作）が適用されたり、その適用が検討された後にのみ適用されるものである**。もし、これらの手続きによって問題行動が軽減すれば、弱化を適用する必要はない。しかし、もし機能的な介入法を用いても効果が見られない（あるいは十分な効果が見られない）場合や、何らかの理由によりそれらの介入法の適用が制限されたり不可能である場合には、弱化の検討がなされるべきである。

　弱化の適用については、多くの議論がある。嫌悪刺激を提示したり、強化刺激を撤去したりする弱化は、対象者の権利を侵害するものだと主張

する人もいる（たとえば、LaVigna & Donnelan, 1986）。さらに、正の弱化の場合には嫌悪刺激が提示されるが、それはときとして痛みや不快感を与えることがあり、対象者に無用の痛みや不快感を与える介入法であると主張する人もいる（しかし、ここで留意してほしいことは、嫌悪刺激は、痛みや不快感によって定義されるものではないということである。行動変容法では機能的定義を採用しており、行動に及ぼす効果により定義される。すなわち、嫌悪刺激という場合、それが行動に随伴して提示されるとその行動の将来の生起確率が低くなる刺激や、それが行動に随伴して撤去されるとその行動の将来の生起確率が高くなる刺激を指している（Reynolds, 1968））。

　これらに加えて、そのほかの理由（第6章と第18章参照）のため、一般に、弱化の適用は、問題行動を減らすための介入法の第一選択肢とはならない。弱化を適用する場合には、問題行動が生起した後に強化子を撤去する負の弱化が用いられることが多い。本章では、一般によく用いられる2つの負の弱化である、タイムアウトとレスポンスコストについて解説する。

タイムアウト

　チェリルは他の幼稚園児と一緒にテーブルの周りに座って粘土遊び、フィンガーペインティン

グ、工作などをしていた。しばらくして、チェリルは自分の粘土を投げつけて他の園児が作ったも

のを壊してしまった。これを見ていた教師はチェリルにそっと近づき、「チェリル、一緒においで」と言った。教師はそう言うとチェリルの腕を取り、部屋の隅の椅子のところに連れていった。そして「チェリル、物を投げたり壊したりするのであれば、遊んじゃいけません。遊んでいいと言うまで、ここに座っていなさい」と告げた。教師は元のテーブルに戻ると、他の園児が作ったものを褒めた。2分後、教師はチェリルのところへ戻り、「チェリル、テーブルに戻って遊んでいいよ」と言った（図17‐1参照）。チェリルが元のテーブルに戻り、それ以上問題を起こさないでいると、教師はチェリルに話しかけ、上手に遊んでいる彼女を褒めた。この手続きは、問題行動の生起に随伴してチェリルが保育室の強化事態から数分間離されるというもので、タイムアウト（time-out）と呼ばれる。教師がこのタイムアウトを適用すると、チェリルの問題行動は次第に減っていった。

ここ1年ほど5歳のケニーは両親に口答えをするようになり、両親の言うことを聞かなくなった。この問題行動が見られるのは、通常、ケニーがテレビを見ているかゲームをしているときだった。両親はケニーと話し合い、言うことを聞かないとどうなるかについて警告を与えたが、ケニーはいつもテレビやゲームから離れず、両親から言われたことをしようとしなかった。両親はこの問題を小児科医に相談し、次のような計画を立てた。第1に、両親がケニーに何かを頼むときは彼の近くに行って、彼の目を見て、彼にしてほしいことをはっきりと告げる（Stephenson & Hanley, 2013）。第2に、両親は厳しい表情でその場に立ち続け、彼が言われたことにすぐ（10～15秒間以内）に従わないときは、「言いつけに従わないんだったら、自分の部屋で座っていなさい」と告げ、ケニーの手を取って、彼の部屋に連れて行く。その部屋には、おもちゃやテレビなどの遊ぶ物はなかった。両親が自室から出てもよいと許可するまで、彼はその部屋から出ることができなかった。この間、もしケニーが反論や不満を言ったり口答えをしても、両親は一切返答をしなかった。数分後、母親か父親がケニーの部屋に行き、さっき彼が従わなかった言いつけを、もう一度告げる。

図17‐1　チェリルが保育室で問題行動を起こすと、彼女は部屋の隅の椅子に座らされ、他の園児が楽しそうに遊ぶ様子を数分間見ていなければならない。**随伴観察法**（contingent observation）と呼ばれるこのタイムアウトでは、問題行動を起こした後、チェリルはすぐに保育室の強化事態から数分間離される。

もし彼がこの時点でそれに従えば、両親は言いつけを守ったことを褒め、テレビを見たりゲームをすることを許可する。もし再び言いつけを守らなければ、前よりも長い時間自分の部屋にいるようにさせる。さらに数分後、両親はケニーのところに戻り、同じプロセスを、彼が言いつけに従うまで続ける。ケニーが口答えせずに両親の言いつけに従った場合には、両親は笑顔で感情を込めて褒めるようにした。

　この2つの事例では、タイムアウト（他の手続きとの併用）が適用され、問題行動はそれぞれ異なるが、どちらもその生起率が減少している。いずれの事例でも、問題行動が生起した後に、対象児は強化的な事態から短時間離された。チェリルの場合には、粘土や工作、他児との関わりが強化的な事態であり、そのような強化事態から彼女は移動させられた。ケニーの場合には、テレビを見たりゲームをすることが強化事態であり、これらの活動を続けることから離されるというタイムアウトが行われたのである。

Q. これらの事例では、タイムアウトと組み合わせて、他にどのような行動的方法が適用されているか？

　この2つの事例では、いずれも代替行動分化強化（DRA）が適用されている。チェリルが他児と仲良く遊んでいると、教師は注目を与えて強化した。ケニーも両親の言いつけに従えば褒められ、テレビを見たりゲームをすることができた。さらに、ケニーの両親は刺激性制御も用いており、彼の前に立ち、目を見つめ、言いつけを明確に伝え

た。言いつけ、接近、視線の一致が弁別刺激となり、その弁別刺激があるときにケニーが言いつけに従えば強化を受け、従わない行動は、（タイムアウトによって）弱化を受けた。そして、両親がケニーに何かを言いつける場合はいつもこのやり方で行い、拒否行動はタイムアウトによって弱化され、次第に減っていった。

タイムアウトのタイプ

　タイムアウトは、問題行動の生起に随伴して、短時間、正の強化子に触れる機会を撤去する方法である（Cooper, Heron, & Heward, 1987）。**その結果、問題行動の将来の生起確率が低下する。**すなわち、タイムアウトは、**正の強化からのタイムアウト**（中断）である。これには、隔離型タイムアウト（exclusionary timeout）と非隔離型タイムアウト（nonexclusionary timeout）の2つのタイプがある。

　チェリルの場合は、**非隔離型タイムアウト**にあたる。問題行動を起こした後もチェリルはそのまま部屋にいて、他児が遊んでいるところから離れた場所に座らされた。これが強化的活動から引き離されることである。ケニーの場合は、**隔離型タイムアウト**である。問題行動を起こしたら、テレビや遊びができる部屋を出なければならなかった。彼は強化子に触れることができない部屋に移動させられた。

　非隔離型タイムアウトは、（1）問題行動を起こした人がその部屋にとどまっていても強化的な活動や相互作用から離れられるとき、（2）その人がその部屋にいても周囲の人たちに迷惑がかか

隔離型タイムアウト

■ 問題行動を起こした人を、その部屋（強化的環境）から別の部屋に移す。これは、正の強化源からその人を引き離す方法である。

非隔離型タイムアウト

■ 問題行動を起こした人をその部屋から連れ出すことはしないが、その場の正の強化子に触れることができない場所に移す。

らないときに、**よく用いられる**。これらの条件が満たされない場合には、隔離型タイムアウトが適用される。たとえば、もしチェリルが部屋の隅にあるタイムアウト用の椅子に座らされても、相変わらず問題行動を起こし、他児の邪魔をする場合には、非隔離型タイムアウトは適用できない。また彼女にとって、他児が遊んでいるのを見ることが、自分が遊んでいるのと同じくらいに強化的である場合にも、非隔離型タイムアウトは効果的ではない。この手続きが効果的であるためには、その人が正の強化子に触れることができないようにする必要がある。チェリルの場合では、彼女が問題行動をするたびに園長室や隣室に連れて行き、数分間そこにある椅子に座らせるというやり方で隔離型タイムアウトが適用できる。あるいは、チェリルを壁に向かって椅子に座らせれば、非隔離型タイムアウトでも有効的になるかもしれない。

タイムアウトと強化を組み合わせる

タイムアウト（あるいは他の弱化の場合でも）を適用する際はいつも、分化強化を併用すべきである。タイムアウトは問題行動の生起確率を低下させるので、分化強化を併用して問題行動に代わる代替行動を増やしたり（代替行動分化強化：DRA）、問題行動が起きていないときに強化子を提示する（他行動分化強化：DRO）ことなどを併せて行うべきである（同時に問題行動には消去を適用する）。**タイムアウトは問題行動の生起に随伴した形で正の強化子に触れさせないようにする方法であるため、DRA や DRO（もしくは非随伴強化：NCR）と併用することで、適切な行動によって正の強化子を得られるようにしておく必要がある**。分化強化や NCR を併用せずにタイムアウトだけを適用すると、強化システムに適切な行動が組み込まれず、介入終了後に問題行動が再発しやすくなる。

タイムアウトを適用する際の留意事項

タイムアウトを効果的に適用するためには、問題行動の生起の直後に、子どものすぐそば（手が届く範囲）に行き、タイムアウトエリアの方向を指差ししながら、子どもにそのエリアに行くように指示する。もし、子どもがタイムアウトエリアに行く指示に従わなかった場合、身体ガイダンスを行う。タイムアウト中、問題行動には反応しない（Donaldson & Vollmer, 2011）。さらに、ドナルドソンとヴォルマーは、タイムアウトの開始と終了を大きな音で知らせるタイマーの使用を推奨している。上記の推奨に加えて、タイムアウトを有効に適用するためには多くの留意事項がある。

問題行動の機能は何か：タイムアウトは、社会的強化子や具体物強化子による正の強化で維持されている問題行動に適した方法である。タイムアウトは、問題行動の生起に随伴して、その行動を強化している強化子やその他の強化子に触れさせないようにし、その結果として問題行動を減らす方法である。さらに、**タイムアウトが効果的であるためには、タイムイン環境（問題行動が起きた環境）では正の強化的な活動や遊びなどが続いている必要がある**。環境からその人を引き離すことが正の強化からのタイムアウトとして機能するのは、タイムイン環境が正の強化の機能を持ち、タイムアウト環境が強化的でないか、タイムイン環境と比べて強化力が弱い場合である（Solnick, Rincover, & Peterson, 1977）。

タイムアウトは、問題行動が負の強化や感覚刺激（自動強化）によって維持されている場合には用いるべきではない。**タイムアウトはその部屋で続いている活動や遊びなどからその人を引き離す方法であるため、逃避機能により維持されている行動の場合には、タイムアウトによってかえってその行動が負の強化を受ける可能性がある**（Plummer, Baer, & LeBlanc, 1977; Taylor & Miller, 1997）。たとえば、ある生徒が教室で攻撃行動を起こしていて、その行動が学習課題からの逃避によって強化されている場合を考えてみよう。教師がタイムアウトを適用すると、この生徒は教室から連れ出され、学習課題の中断という形になり、かえって攻撃行動が負の強化を受けることになる。タイムアウトでは、その場で続いている活動よりもタイムアウト環境の嫌悪性の方が低い場合には、問題行動は負の強化を受けてしまうので、注意が必要である。

参考：タイムアウトを適用する際、その機能について考慮すべき事項

プラマーら（Plummer and colleagues, 1977）、ソルニックら（Solnick and colleagues,1977）やテイラーとミラー（Taylor and Miller,1997）はタイムアウトの有効性に影響を与える機能的な状況を設定している。タイムアウトは問題行動に随伴して、短い間、強化的な環境から引き離すため、もしタイムイン環境が嫌悪的である、強化子を欠いている、もしくはタイムアウトの環境よりも強化が少ない場合、タイムアウトは有効とはならない。たとえば、プラマーらは授業中の逸脱行動に対するタイムアウトの有効性を評価した。彼らはタイムアウトが授業からの逃避として機能しているとき（負の強化）、逸脱行動は増加することを示した。ソルニックらは同様に、強化子が豊富なタイムイン環境（強化子で満たされている）では、タイムアウトは有効であるが、強化子が貧しいタイムイン環境（強化子が欠けている）では、タイムアウトは有効ではないことを示している。同様に、ソニックらはタイムアウト期間、自己刺激行動に従事する機会を得ている場合、すなわちタイムアウト環境がタイムイン環境よりも強化的であるので、タイムアウトは有効でないことを示している。最後にテイラーとミラーは、タイムアウトは教師からの注目によって維持されている逸脱行動には有効であるが、課題からの逃避で維持されている逸脱行動には有効ではないことを示した。逸脱行動が注目によって維持されている場合には、タイムアウトは注目を取り除くことになり、負の弱化として機能する（したがって、逸脱行動が軽減する）。逸脱行動が逃避によって維持されている場合、タイムアウトは逃避する機会を提供しており、負の強化として機能してしまう（したがって、問題行動は増加する）。

同様に、問題行動が感覚刺激によって維持されている場合にも、タイムアウトは用いるべきではない。タイムアウトを適用しても、正の強化からのタイムアウトにならないからである。タイムイン環境での活動や遊びなどから引き離されても、タイムアウトされた場所に一人でいる間に問題行動をする機会はなくならない（Solnick et al., 1977）。問題行動は感覚刺激によって自動的に強化されており、タイムアウトはかえって強化となってしまう。すなわち、その人は誰からも邪魔されずにその行動ができ、自動的に強化される機会となってしまうのである。

タイムアウトの適用は、その状況で妥当か：タイムアウトの適用が妥当なのは、介入実行者がこの手続きに習熟していて、かつこの方法を適用する状況がタイムアウトに適している場合である。タイムアウトを適用する場合には、対象となっている人を問題行動が起きた場所から別の場所に移す必要がある。その際、身体的にガイドして別室に連れて行かなければならないこともしばしばある。場合によっては、対象者はタイムアウト室に連れて行かれることに抵抗を示すこともある。その際に身体的に抵抗してきたり攻撃を加えてくることもあり、特に対象者の体格が大きい場合（たとえば、知的障害や精神障害を伴う成人の場合）には、タイムアウトの適用が難しくなる。これらの要因については、タイムアウトの適用の前に十分検討しておく必要がある。

第2の実際的な留意点は、タイムアウトに用いる部屋や空間があるかどうかということである。隔離型タイムアウトでは、別室や廊下が使用される。しかし、タイムアウト用の場所は、対象者にとって正の強化子に触れることができない場所でなければならない。対象者がタイムアウト室に連れて行かれても、そこにテレビやラジオ、おもちゃがあれば、その部屋はタイムアウト室としてふさわしくない。もし、タイムアウト中に誰かと話したり遊んだりできる場所であれば、その場合もタイムアウト室としては不向きである。たとえば、生徒が廊下に座らされていても、そこへ友人たちがやってきてぶらぶらするようなことがあれば、タイムアウトの効果はなくなる。**対象者を正の強化子から引き離せる適当な部屋や場所が見つから**

なければ、タイムアウトは導入できない。

　タイムアウト用に小部屋を作ったり、既存の部屋を改修することもある。そのような部屋は、安全（尖った物や壊れ物がない）で、明るく（壊される心配がない天井照明）、殺風景な状態（椅子以外何もない）にすべきである。さらに、タイムアウト中の対象者の様子が観察できるよう、観察窓を設けるべきである。観察者が見えないように、ワンウェイミラーにする方がよい。また、タイムアウト室は、対象者が介入実行者を閉め出さないように、あるいは対象者を閉じ込めてしまわないように鍵を付けてはいけない。この予防措置は、タイムアウト室の誤用に備えるものである。**タイムアウトが誤って適用され、介入実行者が鍵をかけたり、対象者を中に長時間閉じ込めるようなことがあってはならない。**

　タイムアウトは安全か：すでに述べたようにタイムアウト室には対象者が自分自身を傷つける可能性のある物を置いてはならない。さらに、介入実行者はタイムアウト中の対象者と関わることはできないが、その間、対象者の行動を観察し、ケガをすることがないように気をつけなければならない。このことは、特に、危険で攻撃的な行動や自傷行動を起こす可能性の高い対象者の場合には重要な点である。

　タイムアウトの時間は短いか：タイムアウトは、正の強化子を短時間撤去する方法である。問題行動を起こすと、強化的なタイムイン環境から即時に引き離される。しかし、対象者はできるだけ早くタイムイン環境に戻され、通常の活動（教育活動、職業活動、余暇活動など）に参加できるようになる方がよい。タイムアウトの時間は、一般に1分から10分とされている。しかし、**対象者がタイムアウトの場所に移っても、そこでタイムアウトの時間が終わるまで問題行動が持続しているような場合には、タイムアウトは対象者が問題行動をしなくなるまで短時間（10秒〜1分程度）延長される。**このように、タイムアウトの時間が終わるためには問題行動をしていないことが条件となるため、タイムアウトの終了は問題行動にとって負の強化とはならない。このようなタイ

ムアウトの時間的延長は**随伴的時間延長**（contingent delay）と呼ばれる。この随伴的時間延長を扱ったメイスら（Mace, Page, Ivancic, & O'Brien, 1986）、ドナルドソンとヴォルマー（Donaldson & Vollmer, 2011）は、タイムアウト自体は随伴的時間延長を用いた場合と用いなかった場合で、その効果に差がなかったことを明らかにしている。一方でエルフォード（Erford, 1999）は随伴的時間延長を用いたタイムアウトは、用いなかったタイムアウトよりも有効であることを示している。このように複数の研究で結果は一致していないが、タイムアウトからの逃避による、問題行動の偶発的な強化が成立しないように、現時点では随伴的時間延長は用いた方がよいだろう。また対象者がタイムアウトを終了しタイムイン環境に戻ってきた際に、介入実行者は望ましい行動を見つけて強化しなければならない。

　タイムアウトから逃避できないようにされているか：隔離型タイムアウトであれ非隔離型タイムアウトであれ、タイムアウトの時間が終了する前に対象者がその場所を離れないようにしなければならない。タイムアウトを正確に適用すれば、タイムアウトは対象者にとって嫌悪的であり、そこから逃れようとするかもしれないが、タイムアウトが有効であるためには、タイムアウトの時間が終了するまで、対象者をそこから逃してはいけない。たとえば、親が5歳の子どもをタイムアウト用の椅子に座らせるとき、所定の時間が終了するまでその子を座らせておかなければならない。子どもが立ち上がったときには、親は（椅子の近くにいて）その子に椅子に座るように穏やかに言うべきである。子どもが言うことを聞かずに何度も立ち上がろうとしたら、身体ガイダンスによって椅子に座らせる。その場合、肩に手を置くだけで済む場合もあれば、椅子に押しとどめることが必要な場合もある（McNeil, Clemens-Mowrer, Gurwitch, & Funderburk, 1994）。タイムアウト室を使うときには、親は子どもがその部屋から抜け出そうとしたときには、すぐに連れ戻さなければならない。あるいは、子どもがドアを開けようとしたら、しっかり押さえて閉めておかなければならない。いずれの場合も、大騒ぎしないで手早

くするのが重要である。というのは、その際に手間取って子どもといろいろな関わりを持ってしまうと、それが子どもを強化し、タイムアウトの効果が弱くなってしまうからである。**子どもがタイムアウトの部屋や場所から離れることを阻止できなかったり、その際に子どもを強化してしまうようであれば、タイムアウトは用いない方がよい。**

タイムアウト中の関わりは避けられるか：タイムアウトは、介入実行者が情動的な反応を示さず、速やかに実施する必要がある。さらに、対象者をタイムアウトの部屋や場所に連れて行くときや、タイムアウトを実施している最中には、介入実行者は対象者と関わりをもってはならない。タイムアウト中には、叱ったり、説明したり、その他注目することになるようなことはすべて避けなければならない。もしそういうことがあると、タイムアウトの効果は弱くなる。たとえば、子どもがタイムアウト用の椅子に座って泣いたり、叫んだり、親の名前を呼んだり、「嫌いだ！」と言ったり、出してくれと懇願したり、「よい子になる」と約束しても、親はタイムアウトの時間が終わるまで、子どものそばに立って、こうした行動を無視しなければならない。子どもがタイムアウト室や椅子に連れて行かれる際に抵抗しても、親は叱ったり言い聞かせてはならない。最低限必要な身体ガイダンスだけで、子どもをタイムアウト室や椅子に連れて行くべきである。

その状況でタイムアウトの実施は許されるか：知的障害を伴う人に対する支援場面など、場合によっては、タイムアウトやその他の弱化の適用が規定や規則で制限されていることがある。タイムアウトを適用するか否かを検討する前に、その支援場面においてそれらの介入法が適用可能かどうかを確認しておく必要がある。さらに、両親と協力して行う場合には、タイムアウトをどの程度受け入れられているのかを判断する必要がある。タイムアウトの理論的根拠やタイムアウトの使用によって起こりうる結果に関する肯定的な行動変容の説明を分かりやすく話すことによって親が取り組んでくれる可能性は高くなる。最終的にタイムアウトを忠実に実行するためには、親がタイムアウトの実施を受け入れなければならない。

タイムアウトの効果に関する研究

子どもや知的障害を伴う人へのタイムアウトの有効性は、数多くの研究で実証されている（Adams & Kelley, 1992; Bostow & Bailey, 1969; Handen, Parrish, McClung, Kerwin, & Evans, 1992; Hobbs, Forehand, & Murray, 1978; Mace, Page, Ivancic, & O Brien, 1986; McGimsey, Greene, & Lutzger, 1995; Roberts & Powers, 1990; Rolider & Van Houten, 1985; Taylor & Miller, 1997）。

ポーターフィールドら（Porterfield, Herbert-Jackson, & Risley, 1976）やフォックスとシャピロ（Foxx & Shapiro, 1978）は、非隔離型タイムアウトの2種類のバリエーションについて研究した。ポーターフィールドらは、デイケアプログラムで攻撃行動や逸脱行動を示す幼児に対するタイムアウトの効果を調べた。子どもが問題行動をするたびに、保育士はその遊びエリアからその子を引き離し、離れた場所の床に座らせ、他の子ども

タイムアウトを実施する際の留意事項

- 問題行動の機能は何か？
- タイムアウトはその状況で実施可能か？
- タイムアウトは安全に実施できるか？
- タイムアウトの時間は短いか？
- タイムアウト中にその場から離れてしまうことを防げるか？
- タイムアウト中の関わりを避けることができるか？
- その状況でタイムアウトの実施は許されるか？

318

たちが遊んでいるのを見させるようにした。おもちゃに触ったり、何か別の遊びをしたり、他の人との関わりが起きない状態で1分間座らせた後に、保育士はその子が遊びエリアに戻ることを許可した。保育士はまた、その子どもがうまく遊んでいたら褒めるようにした。ポーターフィールドらはこれを**随伴観察法**（contingent observation）と名づけた。問題行動の生起に随伴して、子どもは座らされ、他児が適切に遊んでいるのを観察させられたからである。この手続きによって、デイケア中の子どもの攻撃行動や逸脱行動は減少した。

フォックスとシャピロは知的障害を伴う5名の児童を対象に、彼らが特別支援学級で示したさまざまな問題行動（他児を叩く、物を投げる、叫ぶ、離席する、物を打ち鳴らす）に対処した。さまざまな教育活動が、子どもたちが1つのテーブルを囲んで座る形で行われた。2分間の観察インターバル中に子どもが問題行動を示さなければ、食物強化子と社会的強化子が与えられた。タイムイン条件では、各々の子どもはそれぞれ異なる色のリボンを襟元に付けた。子どもが問題行動を起こすと、教師はそのリボンを外し、その子にタイムアウトを実施する目印として教師自身の襟元にその

リボンを付けた。子どもがリボンを襟元に付けていない間は、あらゆる活動への参加が禁止され、強化子も与えられなかった。タイムアウトの時間は3分間であった。この非隔離型タイムアウトにより、5名全員の問題行動が減少した。

マシューズら（Mathews, Friman, Barone, Ross, & Christophersen, 1987）は、母親たちとそれぞれの1歳の子どもを対象に研究を行った。研究者は母親たちに、子どもが危険な行為（電気コードや電気器具に触れるなど）をしたときに行う隔離型タイムアウトのやり方を説明した。母親たちはまず、危険な物をできるかぎり取り除き、家の中を安全な場所にした。この先行子操作は、安全性を高めるために、小さな子どもをもつすべての親が行うべきである。それから母親たちは、子どもが遊んでいるときにタイムアウトと分化強化を組み合わせて適用した。子どもが適切なやり方で遊んでいるときに褒め、危険な行為が見られたときには即座にタイムアウトを適用した（図17-2参照）。母親は「ダメ！」と言い、子どもを遊び場から短時間（子どもが静かになるまで5～10秒間）ベビーベッドに移した。このタイムアウトにより、すべての子どもの危険行為が減った（図

© Cengage Learning®

図17-2　母親は子どもにタイムアウトを適用する。子どもが危険な行為をしたときにはいつも子どもをベビーベッドに移し、短時間、強化子になるようなものに近づけないようにした。

17 - 3参照）。

ロートベトとミルテンバーガー（Rortvedt &

Miltenberger, 1994）は、隔離型タイムアウトを用いて、4歳の女の子2名の指示に従わない行動

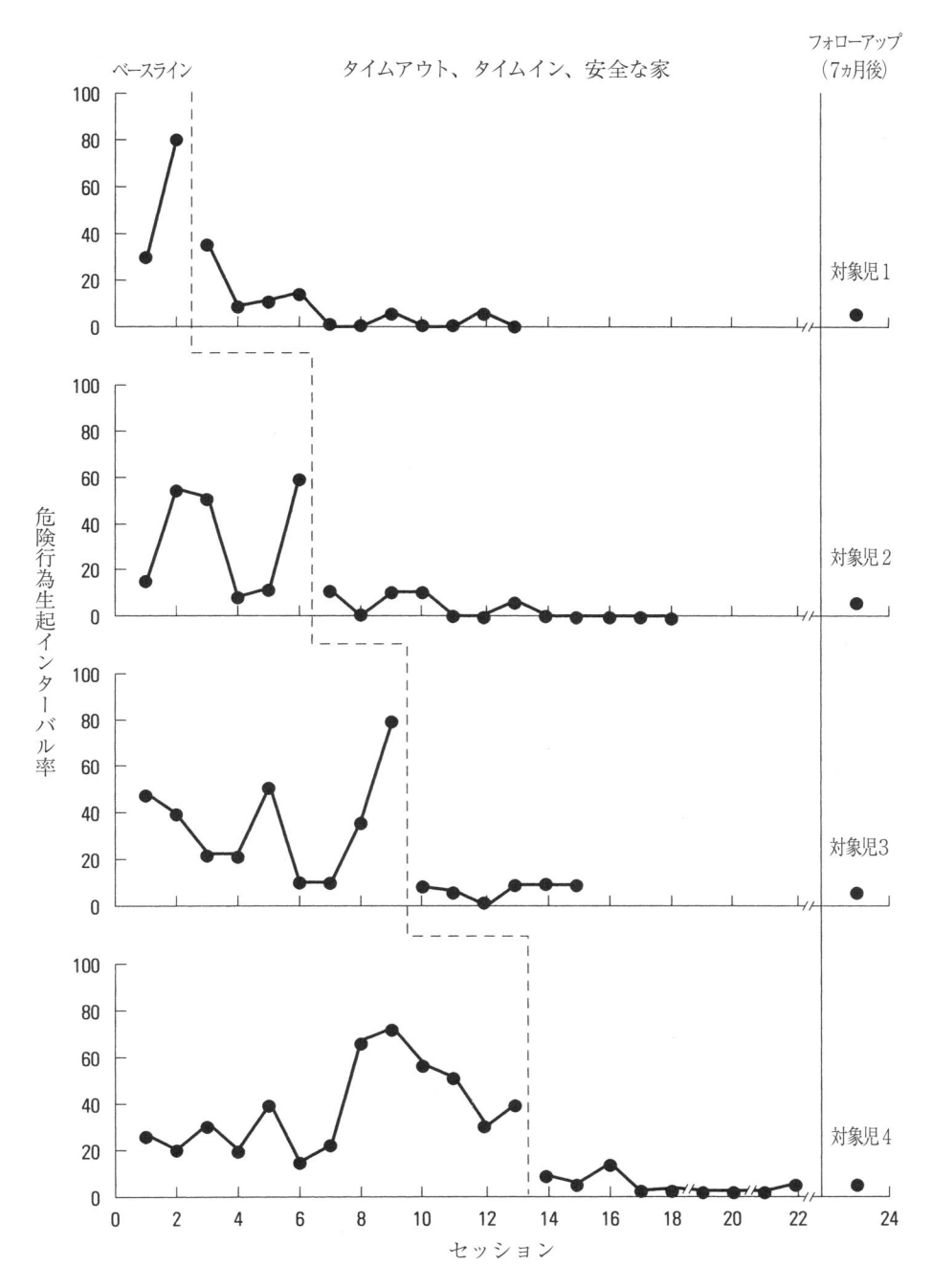

図 17 - 3　このグラフはマシューズらからの引用であり、4名の子どもが示した危険な行為について、タイムアウトと分化強化の適用前と適用後のレベルを示している。各々の子どもの危険な行為は、対象者間多層ベースラインデザインを用いた介入によって減少している。（Mathews, J. R., Friman, P. C., Barone, V. J., Ross, L. V., & Christopherson, E. R. [1987]. Decreasing dangerous infant behavior through parent instruction. *Journal of Applied Behavior Analysis, 20*, 165-169. Copyright © 1987 University of Kansas Press.）

参考：タイムアウト実施時の指示従事の促進

　タイムアウトは有効な介入方法であるが、親にとっては、子どもをタイムアウトエリアに行く指示に従わせなければならない点に1つの難しさがある。もし、子どもが初めタイムアウトエリアに行く指示に抵抗を示したら、子どもにタイムアウトの手続きに従わせるため、親は身体ガイダンスを使用する必要がある。ドナルドソンら（Donaldson, Vollmer, Yakich & Camp, 2013）は、就学前の子どもを対象にタイムアウトを実行するための指示への従事を増加させる手続きを評価した。研究者は2つの種類のタイムアウトを評価した。1つは、タイムアウトの時間を4分として、タイムアウトに連れて行くために、必要であれば身体ガイダンスを行う標準的な手続きを実施した。もう1つの手続きとしては、親が子どもにタイムアウトに行くように指示してから、子どもがすぐにタイムアウトエリアに行けば（10秒以内）、4分のタイムアウト時間を1分に減らした。ドナルドソンらは、4分のタイムアウトよりも1分のタイムアウトの方が、子どもがタイムアウトの指示にすぐに従事することを示した。さらに、2つの種類のタイムアウトは問題行動の減少においてはどちらも等しく有効であった。

を減らした。女の子たちは母親の言うことを聞かないことが多く、その結果、母親は指示を何度も繰り返し、また叱ったり、逆に下手に出て頼むこともあった。研究者はそれぞれの家庭で母親と娘のペアに介入した。母親には、娘が言うことを聞いた場合には褒め、従わない場合にはタイムアウトを適用するようにさせた。指示をしてから20秒の間に従わない場合には、母親は娘を別室に連れて行き、1分間椅子に座らせた。椅子に座らなければならない理由を説明した後は、タイムアウトの間、母親は娘と一切関わりを持たないようにした。タイムアウトの途中で子どもが問題行動を起こした場合には、静かになるまで少なくとも10秒間その時間を延長した。タイムアウトを適用することによって、この2人の女の子の指示に従わない行動は激減した。

レスポンスコスト

　マーティは家に帰ってテレビで野球を見ようと、急いで買い物をしていた。彼は店の正面にある、障害者用の駐車スペースに車を止めていた。付近に駐車スペースがなく、彼はほんの数分だけだから大丈夫だと考えていた。マーティは必要な物を買うと、急いで店を出た。車のところに行くと、「250ドル」と書かれた違反切符が貼ってあった。この出来事があってからというもの、彼はけっして障害者用の駐車スペースに車を止めなくなった。このような違法駐車に対する罰金は、レスポンスコストにあたる。

　ジェイクとジェレミーは8歳と7歳の兄弟である。彼らはしょっちゅうけんかをしていた。誰が先にゲームをするかで言い争ったり、おもちゃやテレビのリモコンを奪い合ったりした。両親はけ

んかを減らすためのプログラムを導入することにした。兄弟は毎週土曜日にお小遣いとしてそれぞれ5ドルをもらっていたが、両親はけんかをするたびに50セント減らすことを宣言した。両親は、怒鳴り合ったり、暴言を吐いたり、大声を出したり、泣いたり、押したり、突き飛ばしたり、叩いたり、取っ組み合ったりすることを、すべてけんかと定義した。両親は台所にある小さなボードに表を貼った。その表にはジェイクとジェレミーの名前が書かれ、それぞれの名前の下に8つの25セント硬貨が描かれていた。けんかのたびに、けんかを仕掛けた方の名前の下の25セント硬貨2枚に×印を描き入れた。両親はけんかを見たら兄弟に近づき、穏やかな調子で「けんかをしたから、50セント取り上げるよ。けんかはいけない

と言ったはずでしょ。これ以上お金を失わないようにね」と告げた。そして両親は表に×印を付けた。さらに兄弟に、意見の不一致があるとき問題を解決する方法と妥協する方法を教えた。両親は、兄弟が問題を上手に解決したり、お互いに妥協したりしたときには褒めた。数週間後、兄弟げんかは減り、25 セント硬貨を没収されることはほとんどなくなった。

レスポンスコストの定義

　この 2 事例は、**レスポンスコスト**（response cost）と呼ばれる行動的技法を表している。**この技法は、問題行動の生起に随伴して強化子を一定量没収することと定義される。レスポンスコストは負の弱化であり、その適用によって問題行動は減少する。**マーティは、障害者用の駐車スペースに車を止めたことによって 250 ドルを失った。その結果、彼は二度とその行動を繰り返すことはなかった。ジェイクとジェレミーは、けんかという問題行動をするたびに 50 セントを失った。このことによって、2 人のけんかは減少した。

　レスポンスコストは、法執行機関や行政機関でも広く用いられている方法である。行政機関が市民の行動を統制するために正の強化を用いることはめったにない。税金を納めなかったり、納税額をごまかしたりすると、国税庁から罰金が科せられる。違法駐車やスピード違反で捕まると、違反切符を切られ、罰金を支払うことになる。不渡り小切手を出すと、銀行に罰金を支払う。図書館の本の返却が遅れると、罰金を取られる。どの場合も強化子（お金）を一定量失い、それによって不適切行動が減る。レスポンスコストではお金が最もよく用いられるが、それはお金が誰にとっても強化子となり、量に換算するのも簡単だからである。失う量は、不適切行動の程度による。他によく用いられる強化子は、お菓子、おもちゃ、トークン、自家用車の使用機会などの具体物強化子や、映画を見に行ったり、ゲームをしたり、遊びに出かけるといった活動強化子である。問題行動が起きたときに何らかの特典をなしにする方法も、レスポンスコストである。

レスポンスコストと分化強化の併用

　問題行動を減らすためにレスポンスコストを用いる場合には、分化強化によって望ましい代替行動を増やしたり（DRA）、問題行動が起きていないときに強化する（DRO）方法も併用すべきである。すでに述べたように、分化強化（もしくは非随伴強化：NCR）は弱化や消去の手続きと組み合わせて用いるべきである。

消去手続き、タイムアウト、
レスポンスコストの比較

　消去手続き、タイムアウト、レスポンスコストは、いずれも問題行動を減らすために用いられるという点で類似している。しかし、手続きの面では次のような違いがある。
- 消去手続きでは、それまで問題行動を維持していた強化子を随伴しないようにする。
- タイムアウトでは、問題行動が起きたらあらゆる強化子を撤去する。
- レスポンスコストでは、問題行動が起きたら、その人が既に所有している強化子から一定量の強化子を没収する。

　この 3 つの手続きの違いは、次の例を見るとよく分かる。

　ジョーイは他の幼稚園児たちと一緒にテーブルで、おもちゃや工作で遊んでいた。教師たちも子どもたちと遊び、できないときには手伝い、一定時間ごとに注目を与えていた。この場面における強化子は、おもちゃ、工作、教師からの注目、他児からの注目である。ここでジョーイが問題行動を起こすと、その行動は教師からの注目によって強化されていた。教師はジョーイにどうしてその行動がいけないかを説明し、抱きしめ、上手に遊ぶように話して聞かせていた。ジョーイが問題行動を起こすたびに、このようなことが起こっていた。

Q. ジョーイに対して、教師はどのように消去手続き、タイムアウト、レスポンスコストを実施することができるか？

消去手続きでは、教師はジョーイの問題行動を無視する。教師が注目することが、問題行動の強化子となってしまうからである。問題行動を無視することによって、その行動に強化的な結果事象が随伴しないようにすることができる。しかしこの場合、消去手続きは第一選択肢とは言えないかもしれない。というのは、ジョーイの問題行動がさらにエスカレートし、他児に迷惑をかけたり傷つけたりする可能性が考えられるからである。

タイムアウトでは、教師はジョーイをテーブルから離し、廊下や別室あるいは部屋の隅にある椅子に数分間座らせる。ジョーイをテーブルからその椅子に移すことで、教師は問題行動が起きた環境にあった強化子をジョーイから撤去することができる。テーブルから離れているタイムアウトの間、ジョーイは他児の邪魔ができないので、タイムアウトは適切な手続きである。

レスポンスコストでは、教師はジョーイが問題行動を起こすたびに、ジョーイが既に持っている強化子の一部を没収する。たとえば、教師は彼が問題行動を起こすと、短時間お気に入りのおもちゃを取り上げる。お気に入りのおもちゃは、問題行動が起こるたびにジョーイが失う強化子だが、問題行動の強化子ではない。注目が問題行動の強化子である。レスポンスコストは、おもちゃを取り上げることによってジョーイの問題行動がエスカレートしない場合には適切な方法である。

レスポンスコストを適用する際の留意事項

レスポンスコストがうまくいくためには、多くの事項に注意しなければならない。

どの強化子を没収するか：まず、レスポンスコストで没収する強化子と、没収する量を決める。その強化子は介入実行者が管理し、問題行動が起きたときに没収できなければならない。没収する強化子の量は、問題行動が確実に減るほどの量でなければならない。25セントは子どもにとっては大きな打撃となるが、大人のスピード違反は、25セントの罰金では食い止めることは難しい。強化子を決めたら、強化子を永久に没収するのか、一時的に没収するのかを決める。スピード

違反で罰金を支払う場合、お金の没収は永久である。しかし、強化子の没収が一時的な場合もある。たとえば、親が子どもの問題行動に対する弱化として1週間だけ自転車を取り上げることがある。自転車に乗れないのは1週間だけで、最終的には子どもの元に自転車は戻ってくる。

強化子を即時に没収するか、後で没収するか：レスポンスコストでは、問題行動が起きたら即時に強化子を没収する場合がある。たとえば、ある生徒が教室で逸脱行動をしたら、その生徒は即座にトークンを没収される。しかし、トークン強化プログラムが用いられていない場合には、レスポンスコストとしての強化子の没収は通常、後で行われる。たとえば、スピード違反の罰金は後日支払うし、子どもは週末にもらうお小遣いを減らされたり、その日の午前中に問題行動を起こしたために、その日の午後にするはずだった遊びを禁止されたりする。

一般に強化子は後で没収されることが多いが、その場合でも問題行動が起きたらすぐに、後で強化子が没収されることを告げておく。さらに強化子の没収は後で行うが、即座に何らかの結果事象を随伴させる場合もある。たとえば、ジェイクとジェレミーの両親は、お小遣いを減らすことの印として、記録用紙の所定欄に×印を付けた。スピード違反の反則切符は、後日罰金を支払うことの印である。黒板上の生徒の名前に×印をつけて、休憩なしを示す場合もある。強化子を没収することを言葉で伝えたり、印を付けることは、その後で強化子が没収されることになるので、条件性弱化子となる。このように強化子の実際の没収が後になっても、効果的な弱化子となりうる。

レスポンスコストを重度知的障害のある人に適用する場合には、強化子を即時に没収する方が効果的である。重度知的障害のある人の場合、問題行動と強化子の没収に時間的なずれがあると、レスポンスコストの効果が弱くなる。したがって、重度や最重度の知的障害のある人にレスポンスコストを適用する際には、トークン強化プログラムと組み合わせて用いるべきである。トークン強化プログラムでは、望ましい行動の強化子としてトークンが与えられ、逆に問題行動を起こすたびに

レスポンスコストを適用する際の留意点

- どの強化子を没収するか？
- 強化子をすぐに没収するか、後で没収するか？
- 強化子を没収することに倫理的な問題はないか？
- レスポンスコストの適用は実用的で受け入れられるものか？

即座にトークンが没収される。

強化子を没収することに倫理的な問題はないか：レスポンスコストにおける強化子の没収が、その人の権利を侵すものでなく、またその人を傷つけるものでないことは、きわめて重要である。子どもの問題行動の結果事象として両親はその子のおもちゃや他の所有物を取り上げるが、大人から所有物を取り上げると権利の侵害にあたる。さらに、治療プログラムであっても、対象者に食事を与えないといったやり方は、人権侵害にあたる。両親がレスポンスコストとして、子どもが問題行動を起こしたときにお菓子やデザートを与えないことはあっても、子どもに必要な栄養を与えずに危険にさらすということは許されない。

レスポンスコストは実用的で受け入れられるものか：レスポンスコストは実用的な方法であるべきだ。介入実行者がこの方法の適用を受け入れていなければならない。レスポンスコストは問題行動を起こした人に汚名を着せたり、恥をかかせるような方法であってはならない。この方法を用いたことのある介入実行者は、この方法が問題行動を減らすための方法として受け入れられるものであることを知っているはずである。もしこの方法が実用的でなかったり、介入実行者に受け入れられないものであったならば、別の選択肢を考えるべきである。

レスポンスコストの効果に関する研究

多様な対象者のさまざまな問題行動に対してレスポンスコストの効果を評価した研究が数多くある。レスポンスコストは、家族で買い物に出かけた際の子どもの問題行動（Barnard, Chris-tophersen, & Wolf, 1977）、精神病院に長期入院中の患者の不適切行動（Doty, McInnis, & Paul, 1974）、幼児の就寝時の問題行動（Ashbaugh & Peck, 1998）、知的障害児者の睡眠障害（Piazza & Fisher, 1991）、多動のある児童の課題非従事行動（Rapport, Murphy, & Bailey, 1982）、両親の指示に従わない行動（Little & Kelley, 1989）、指しゃぶりや抜毛（Long, Miltenberger, & Rapp, 1999; Long, Miltenberger, Ellingson, & Ott, 1999）、教室での逸脱行動（Barrish, Saunders, & Wolf, 1969; Conyers, Miltenberger, Maki, et al., 2004）、大学生の発話非流暢性の問題（Siegal, Lenske, & Broen, 1969）などに応用されている。その他、レスポンスコストに関する様々な検討について、以下で詳しく見ていきたい。

マーホリンとグレイ（Marholin & Gray, 1976）は、あるレストランの売上金不足の問題にレスポンスコストを適用し、その効果を検討した。レスポンスコストを導入する前は、毎日閉店時に集計した売上金額よりもレジのお金が平均して4％少なかった。この研究には6名のレジ係が参加した。レスポンスコストが導入されると、閉店時に過不足率が集計され、1％以上の不足の場合には6名が割り勘で給料から天引きされることになった。レジ係の集団に対してレスポンスコストを適用することによって、閉店時に集計された不足率は1％以下まで減った（図17-4参照）

アラゴナら（Aragona, Cassady, & Drabman, 1975）は、親子を対象とした減量プログラムの中で、レスポンスコストを用いた。親子は週1回のグループミーティングに12回参加した。ミーティングの中で、彼らは摂取カロリーを管理するため、また運動療法を開始してそれを継続するためのさまざまなスキルを学び、実践した。減量プログラムの開始時に親は研究者に一定額のお

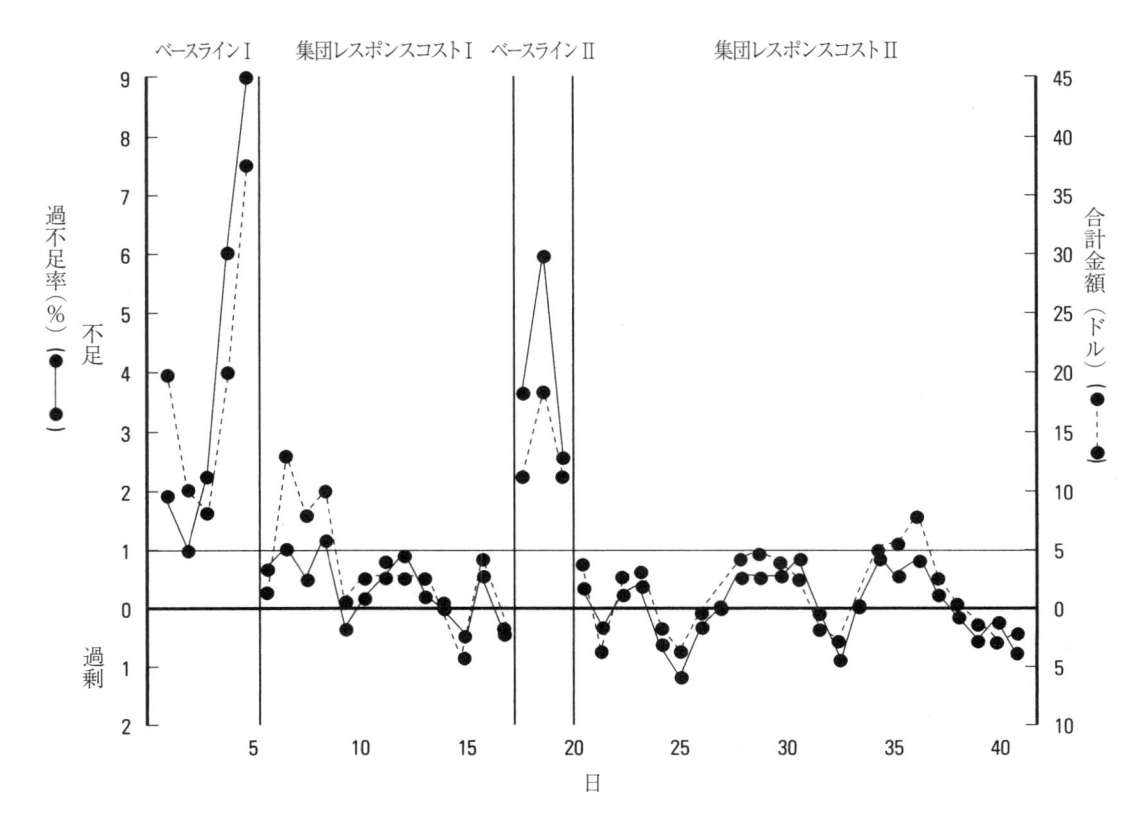

図 17 - 4　このグラフは、小さなレストランの毎日の売上金がレジ記録と比べて不足（過剰）していたことに対するレスポンスコストの効果を示している。破線は、レジの中に残っていた実際の売上金額が、レジ記録の売上金額よりもどれだけ少なかったかあるいは多かったかを示している。実線は、閉店時の売上金の過不足率を示している。毎日の売上金の不足率が 1 ％以上になるとレスポンスコストが適用された。レスポンスコストは ABAB 反転デザインにより適用され、導入されたフェイズでは基準値を下回る過不足率になった。（Marholin, D., & Gray, D. [1976]. Effects of group response cost procedures on cash shortages in a small business. *Journal of Applied Behavior Analysis, 9*, 25-30. Copyright © 1976 Society for the Experimental Analysis of Behavior.）

金を預けた。このプログラムで用いられたレスポンスコストは、週ごとのミーティングに参加しなかった場合や、体重の増減のグラフを持参しなかった場合、あるいは週ごとに設定された減量目標に子どもが到達できなかった場合に、預けておいたお金が減額されるというものだった。その結果、12 週間のプログラムに参加したすべての子どもが減量に成功した。この研究では、減量に随伴してレスポンスコストを用いたが、減量それ自体は多くの行動の結果としてもたらされるものである。注意すべき点は、レスポンスコストは、特定の行動に随伴させた方がより効果的だという点である。

マクスニー（McSweeny, 1978）は、大都市の全住民を対象にしたレスポンスコストの実践例を報告している。1974 年まで、オハイオ州シンシナティ市では電話番号案内が無料であった。1971 年から 1973 年の間には、1 日に 70,000 ～ 80,000 件の電話番号案内を交換手が行っていた。そこで 1974 年に、電話会社が電話番号案内に 20 セントの手数料を徴収することにしたところ、1 日約 20,000 件減り、1 日 50,000 ～ 60,000 件まで減った。これは、利用者が番号案内で手数料を徴収されるようになると、この行動は減少し、電話帳を使うという代替行動が増加したことを示していると考えられる。

まとめ

1. タイムアウトでは、問題行動を起こすとすべての強化子への接近機会が制限される。タイムアウトは負の弱化の 1 つである。

2. 非隔離型タイムアウトでは、問題行動を起こした場所に留まったままで、すべての強化子への接近機会が制限される。隔離型タイムアウトでは、タイムアウト室やタイムアウトエリアに連れて行かれ、その場面から離される。

3. レスポンスコストでは、問題行動が起こると特定の強化子が一定量没収される。問題行動が起こると、即座に強化子が没収され、将来のその行動の生起確率は低下する。

4. タイムアウトやレスポンスコストと組み合わせて強化が適用される。それは、これらの弱化によって軽減する問題行動に代わって、望ましい代替行動を強めるためである。

5. タイムアウトが効果的であるためには、タイムイン場面が強化的でなければならない。逃避や自己刺激によって維持されている問題行動の場合は、タイムアウトは効果を発揮しない。タイムアウトは実用的で、安全で、養育者から受け入れやすく、短時間でなければならない。タイムアウトから逃れたり、タイムアウト中に他児と関わるようなことがあってはならない。レスポンスコストが成功するためには、撤去すべき強化子を介入実行者が完全に管理できていなければならない。さらに、強化子を撤去することによって対象者が傷ついたりその権利が損なわれる場合には、その強化子を撤去してはならない。介入実行者は、レスポンスコストの適用中に没収する強化子を適切に選定し、その強化子の没収を即時に行うのか、後で行うのかを判断しなければならない。レスポンスコストは介入実行者にとって実施可能で、受け入れやすいものでなければならない。

キーワード

随伴観察法
隔離型タイムアウト
非隔離型タイムアウト
レスポンスコスト

タイムイン
タイムアウト
正の強化からのタイムアウト

練習問題

1. 弱化とは何か？　また、正の弱化と負の弱化の違いを説明しなさい。

2. タイムアウトについて説明しなさい。また、なぜタイムアウトが負の弱化にあたるかを述べなさい。

3. 非隔離型タイムアウトとは何か？　隔離型タイムアウトとは何か？　また、それぞれのタイムアウトの例を挙げなさい。

4. 隔離型タイムアウトよりも非隔離型タイムアウトを用いる方がよいのはどのような状況のときか、述べなさい。

5. タイムアウトの有効性は、問題行動の機能やタイムイン場面の質とどのような関連性があるか、説明しなさい。

6. 適切なタイムアウト室とタイムアウトエリアを説明しなさい。

7. タイムアウトする時間を短くすべき理由を述べなさい。

8. 親がタイムアウトを用いる場合、子どもがタイムアウト室やタイムアウトエリアにいると

きに、すべきことと、してはならないことを述べなさい。

9. レスポンスコストを説明しなさい。また、レスポンスコストのどの部分が負の弱化にあた

るかを述べなさい。

10. レスポンスコストの例を2つ挙げなさい。

11. 消去手続き、タイムアウト、レスポンスコストの違いを述べなさい。

適用例

1. あなた自身の自己管理プログラムで、どのようにレスポンスコストを導入するかを述べなさい。またその手続きが適切である理由を説明しなさい。

2. ある家庭に4歳、5歳、6歳のきょうだいがいて、一緒によく遊んでいた。ヒラリーという子は、自分の思い通りにいかないときや、自分のお気に入りのおもちゃをきょうだいが使っているときに、しばしばかんしゃくを起こした。彼女は泣き叫んで要求し、思いを通そうとしたり、ときには手に持っていたおもちゃを投げつけたりした。結局、彼女が思いを通すか、親が仲裁をして、子どもたちは遊び続けるかであった。ヒラリーのかんしゃくを減らすためにあなたは両親に対してどのようにタイムアウトを教えるか、説明しなさい。

3. ヒラリーのかんしゃくを減らすために両親にレスポンスコストを教えるとしたら、どのよ

うな方法をとるか、説明しなさい。

4. ルイスは重度知的障害を伴う10歳の男子で、13名の児童が在籍する特別支援学級で教育を受けている。教師と補助教師が、集団指導と個別指導を行っている。ルイスは、他児の髪を引っ張る攻撃行動をよくしていた。この教師から、あなたは相談を受けたとする。あなたは数日間クラスを観察して、教師と補助教師がめったに褒めないこと、他の強化子もあまり用いられていないことが分かった。また、ルイスは髪を引っ張ったときに、教師から注意され、椅子に座らされることも分かった。しかし注意されても、髪を引っ張る行動は減らなかった。教室の環境がもっと強化的になるためには、どんな助言が必要だろうか？ また、教室（タイムイン環境）において他の変更を行ってから、ルイスの攻撃行動に対してどのようなタイムアウトと分化強化を用いるべきか、説明しなさい。

間違った適用例

1. メアリーベスは5歳の女の子で、母親の言いつけを聞かずに遊び続けたりテレビを見続けていた。たとえば、台所で食器を洗うように指示されても、無視したり、「後で」と言ってブランコで遊び続けていた。彼女は母親が10～12回も繰り返し言わなければ、なかなか指示に従わなかった。指示に従わない彼女の行動を減らすために、母親はタイムアウトを適用することにした。メアリーベスが言うことをきかないと、母親は近づいて彼女を食堂に連れて行き、椅子に座るように言った。

2分間タイムアウトしている間、母親はそばに立っていた。メアリーベスは椅子に座って不満を訴えた。母親はそのたびに、静かにするよう声をかけ、座っていなければならない訳を説明し、静かにしなければ座る時間を延長すると伝えた。タイムアウトの際に、このようなやりとりがいつも繰り返されていた。このタイムアウトの手続き上の問題点はどこにあるか？ また、手続きをどう改善すべきかを説明しなさい。

2．フェリックスは 25 歳の男性で、最重度の知的障害を伴い、グループホームで生活をしていた。夕食は、テーブルで他の 5 名の知的障害のある居住者たちと一緒にとっていた。彼はしばしば、他の人のお皿の食べ物をつかみ、食べてしまうことがあった。これは他の利用者を怒らせ、食事場面での問題になっていた。職員は食事時間の問題行動を減らすために、レスポンスコストを導入した。フェリックスが他の人の食べ物をつかむや否や、彼をテーブルから離し、残りの食べ物を没収した。このレスポンスコストを導入した後、他の人の食べ物を取る行動は週 2 ～ 3 回に減った。しかし、このレスポンスコストには問題がある。それは何か？

3．サムは中学 1 年生だったが、多くの科目で落第していた。彼はよく学校をさぼり、「学校は嫌いだ」と言っていた。彼は教室で、他の生徒たちをいじめる問題行動を起こしていた。授業中に机の上の本やノートを取ったり、他の生徒にちょっかいを出したりしていた。教師はサムにタイムアウトを適用することにした。問題行動が起きたらすぐに 15 分間、廊下の椅子に座らせた。15 分後に声をかけ、教室に戻ってもよいと告げた。教師は数週間このタイムアウトをやってみたが、問題行動は減らなかった。このタイムアウトの問題点は何か、説明しなさい。

第18章　正の弱化手続きと弱化に関する倫理的問題

学習のポイント

■ 嫌悪的活動の適用とは何か？

■ 嫌悪的活動の適用による5つの正の弱化手続きとは何か？

■ 嫌悪刺激の適用とは何か？

■ 正の弱化手続きを適用する前に検討すべきことは何か？

■ 弱化の適用に関わる倫理的問題は何か？

　第17章では、問題行動の生起に随伴して強化事態が撤去される、タイムアウトやレスポンスコストといった負の弱化手続きについて説明した。本章では、問題行動を減らすために用いられる正の弱化手続きについて解説する。正の弱化手続きでは、問題行動の生起に随伴して嫌悪事象が提示され、その結果として、その行動の将来の生起確率が低下する。第17章で述べたように、弱化の適用、特に正の弱化手続きの適用についてはさまざまな議論がある。弱化手続きを適用する前には、

常に機能的な介入アプローチが試みられるべきであり、また弱化手続きを用いる場合も、常に強化手続きを組み合わせて適用すべきである。本章の後半では、弱化手続きの適用に関する倫理的な留意事項について説明をする。

　正の弱化手続きでは、主に2つのタイプの嫌悪事象が用いられる。すなわち、嫌悪的活動の適用と嫌悪刺激の活用である（Sulzer-Azaroff & Mayer, 1991）。

嫌悪的活動の適用

　ある土曜日の朝、5歳のアリソンはクレヨンでぬり絵をしていた。彼女の父親は忙しく、別室で仕事をしていた。アリソンは、父親が公園に連れて行ってくれないことに腹を立てていた。彼女はクレヨンを手にして台所の壁に大きな円を描いて落書きを始めた。1つの壁面に大きな落書きをしているとき、父親がやって来て彼女がしていることを目撃した。彼女は泣きながら謝った。父親はゆっくりと近づき、毅然とした声で「壁に落書きをしちゃいけないよ。すぐにきれいにしなさい」と言った。父親は洗剤と水の入ったバケツを、アリソンが落書きをした壁のところまで運び、彼女に洗剤のついたボロ布を渡して、壁をきれいにするよう指示した。父親はその場でアリソンがふき

取るのをジッと見ていたが、一言も口をきかなかった。彼はアリソンの口答えに耳を貸さず、彼女が手を休めようとすると、壁をふき続けるよう手を貸した。クレヨンで落書きした壁面がすっかりきれいになると、別の壁面もきれいにするよう指示した。再び父親は、アリソンが手を休めたときに身体ガイダンスをする以外、一切の関わりを持たないようにした。掃除を開始してから15分が経って、父親は壁がきれいになったので遊んでよいことを伝えた。この手続きを行った結果、アリソンはいくら腹を立てても壁に落書きするようなことはなくなった。

　午前2時に、サイモンのベッドの横でブザーが鳴り、ベッドがぬれ始めたことを通知した。彼の

ベッドのシーツの下のパッドにセンサーが設置され、ぬれるとブザーが作動するようになっていた。やはりブザーで起こされた母親は、彼の部屋に行った。そして、パジャマとシーツを取り替え、それらを洗濯室に持って行き、パッドをふき、清潔なシーツを敷くように指示した。サイモンがこれらの作業を終えると、母親は彼に、夜中にベッドを出てトイレに行く練習をしなければならないことを話した。母親の指示に従い、彼はベッドにいったん入った後、もう一度ベッドから起きて、トイレに歩いていき、便器の前に立った。サイモンは母親に文句を言ったが、母親は彼が再びベッドに入る前に 10 回この練習を繰り返された。この練習がすむと、母親はサイモンに「おやすみ」と言った後、今度夜中におしっこをしたくなったら、自分で起きてトイレに行くようにと念を押した。この方法を始めて数週間後には、サイモンはめったに夜尿をしなくなった。

この 2 つの事例はいずれも、問題行動が起きた直後に**嫌悪的な活動をさせる**（application of aversive activities）ことによって、問題行動が減ったことを示している。**問題行動を起こすと、子どもは嫌悪的活動を行わなければならなかった。その結果、その問題行動の将来の生起頻度が減った。**嫌悪的活動は、その人がいつもはあまりしようとはしない低頻度行動である。アリソンの場合の嫌悪的活動は、壁をふくことであった。サイモンの場合は、繰り返しベッドから出て、トイレに行くことであった。このタイプの正の弱化手続きは、プレマックの原理に基づいており、この原理は、高頻度行動（問題行動）に随伴して低頻度行動（嫌悪的な活動）をさせると、高頻度行動がやがて減弱するというものである（Miltenberger & Fuqua, 1981）。

嫌悪刺激は弱化子となりうる「環境事象」であるが、嫌悪的活動は別の行動に対して弱化子となりうる「行動」である。人には、嫌悪的な活動を回避したり、その活動から逃れようとする傾向がある。そのため、介入実行者は対象者が問題行動を起こしたときに、嫌悪的活動をするように身体ガイダンスをしなければならないことが多い。アリソンは壁をふくことに対して不平を言い、作業の手を緩めようとしていたが、これは壁をふくと

いう活動が嫌悪的であったという証拠である。これに対して彼女の父親は、身体ガイダンスによって、アリソンに壁ふきをするよう促している。サイモンの場合も、夜トイレに行く練習を繰り返すことに不平を言っていたが、これもこの練習が嫌悪的であった何よりの証拠である。この練習はたいへん嫌悪的であったけれども、母親の指示が彼の行動全般にわたる刺激性制御を獲得していたので、途中でやめてしまうことはなかった。

正の弱化子として嫌悪的活動を適用する場合、介入実行者は対象者に対して、問題行動を起こしたらただちに嫌悪的活動をするように指示しなければならない。もし、対象者が指示に従わず、その活動をしない場合には、介入実行者は身体ガイダンスを用いて、対象者にその活動をさせなければならない。そして、最終的には、対象者は身体ガイダンスを避けようとして、結果的に指示に従ってその活動をしなければならないようになる。たとえば、アリソンが壁ふきをやめると、父親はすぐに身体ガイダンスによって、それを続けさせていた。その結果彼女は、指示が与えられると、父親からの身体ガイダンスをさらに受けるのを避けるために、指示に従って壁ふきを続けるようになった。

多くの種類の正の弱化手続きがあり、多様な嫌悪的活動が適用される。嫌悪的活動の種類については以下で説明する。

過剰修正法

過剰修正法（overcorrection）は、施設において知的障害のある人たちが示す攻撃行動や逸脱行動を軽減する方法として、フォックスとアズリン（Foxx & Azrin, 1972, 1973）によって開発された手続きである。過剰修正法では、対象者は問題行動を起こすたびに、その問題行動をしていた時間よりも長い時間、労力を要する行動をすることが求められる。過剰修正法には、積極的練習法と原状回復法の 2 つのタイプがある。

積極的練習法：積極的練習法（positive practice）**では、対象者は問題行動を起こすたびに、その問題に関連した正しい行動の練習をさせられる。**

対象者は、必要な場合には身体ガイダンスを受けながら、所定の時間（5〜15分くらい）、あるいは所定の回数だけ正しい行動を繰り返し行う。対象者は正しい行動を何回も繰り返し行うことになるため、過剰修正法の1つとも言える。積極的練習法は、前に述べたサイモンにも用いられていた。彼は問題行動（夜尿）を起こすたびに、ベッドから出てトイレに行くという正しい行動の練習を10回繰り返さなければならなかった。

　別の例を考えてみよう。ある小学生は、教師に提出する宿題にたくさんのスペルの間違いがあった。急いで宿題を行い、見返しをしないためのケアレスミスであった。

Q. この生徒のスペルの間違いを減らすために、教師はどのような積極的練習法を行うことができるか？

　教師は彼女の宿題のスペルの間違いを全部チェックした上でそれを返却し、間違えた単語をそれぞれ10回ずつ書き直させた。正しいスペルを繰り返し練習することは、積極的練習法の1つの例である。スペルを間違えるたびにこの嫌悪的な活動をしなければならないので、スペルを間違える行動は将来減っていくはずである。

　さまざまな研究で、主として知的障害のある人の問題行動を軽減するために適用された積極的練習法による過剰修正の有効性が報告されている（Foxx & Bechtel, 1983; Miltenberger & Fuqua, 1981）。たとえばウェルズら（Wells, Forehand, Hickey, & Green, 1977）は、重度知的障害のある10歳の男児2名の常同行動（物の不適切な操作、およびその他の反復的な身体揺らし）を減らすための積極的練習法の効果を評価した。この2名のどちらかがプレイルームで問題行動（常同行動）を起こすたびに、教師は積極的練習法を適用した。これは、教師がその子どもに、おもちゃで適切に遊ぶように、2分間の身体ガイダンスを行うというものであった。積極的練習法により、この子どもたちの問題行動はゼロにまで減った。

原状回復法：原状回復法（restitution）は、問題行動が起こるたびに、問題行動によってもたらされた環境への影響を対象者に修復させ、問題行動が起こる前よりもよい状態に環境を原状回復させる、という方法である。対象者に原状回復をさせるために、必要に応じて身体ガイダンスが用いられる。原状回復法では、対象者に問題行動が環境に及ぼした影響を過剰修正させることになる。

　前述のアリソンの場合にも、原状回復法が用いられていた。彼女がクレヨンで壁に落書きしたとき、父親は彼女に、落書きした壁だけでなく台所の他の壁もきれいにさせた。この修正は、問題行動によってもたらされた影響の範囲を超えて行われた。別の例を挙げると、サイモンの場合にも単純な修正法が用いられていた。彼の場合、ぬれたシーツを取り替え、衣服を着替え、ベッドに新しいシーツを敷くというものであった。これは、問題行動が環境に及ぼした影響の原状回復はしているが、過剰修正というほどではなかった。

　次の例を考えてみよう。行動障害のある生徒が教室で居残りをさせられていて、他に生徒がいないときに、突然暴れ出し、机をひっくり返したとする。

Q. 教師は、この生徒に原状回復法をどのように行うことができるか？

　教師はその生徒に、倒した机を元に戻し、置かれていた場所に並べさせる。さらに、その教室にあるすべての机をきちんと並べさせ、各列を真っすぐにさせる。このようにして、生徒は彼自身が起こした問題を修正し、問題行動が起こる前よりもよい状態になるように教室内環境を修復したのである。

　知的障害のある人たちの問題行動の軽減に原状回復法が有効であることは、他の研究でも実証されている（Foxx & Bechtel, 1983; Miltenberger & Fuqua, 1981）。原状回復法は知的障害のある成人に対しても適用されており、たとえば、排泄に伴う問題を軽減するために実施されたトイレットトレーニングの一部として（Azrin & Foxx, 1971）、盗食をやめさせるために（Azrin & Wesolowski, 1975）、攻撃行動や逸脱行動、自己刺激行動の軽減のために（Foxx & Azrin, 1972, 1973）用いられてきた。フォックスとアズリン

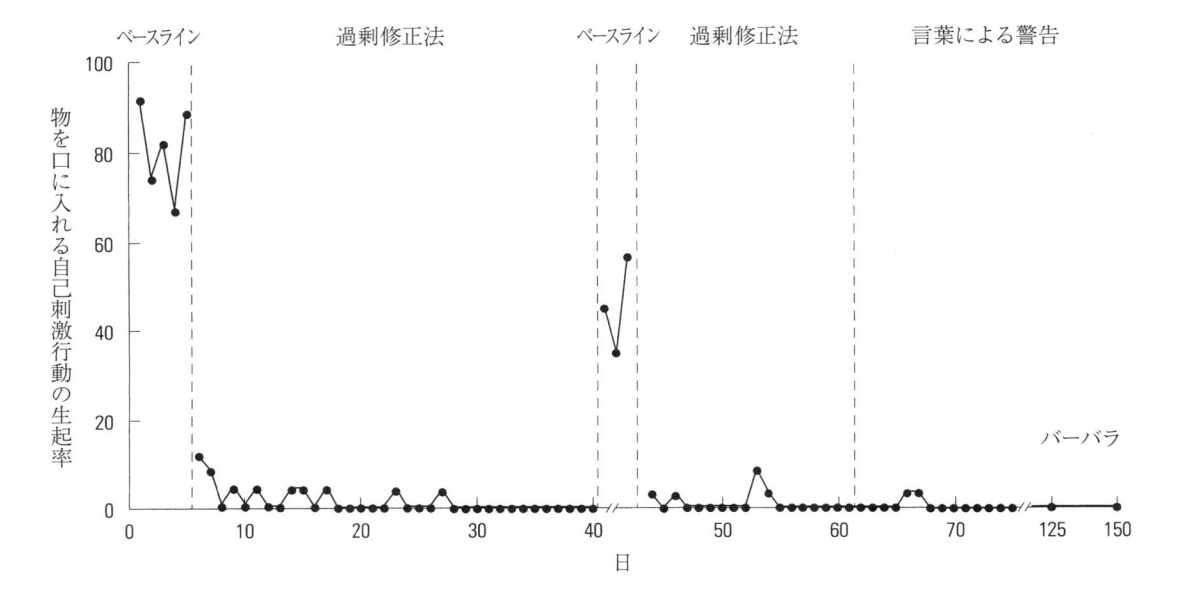

図 18 - 1　このグラフは、フォックスとアズリン（Foxx & Azrin, 1973）の結果の一部である。この研究では、バーバラという重度知的障害のある 8 歳の女の子の問題行動（物を口に入れる）を減らすために過剰修正法が適用された。この過剰修正法は、物を口に持っていくたびに、2 分間、殺菌用洗口液で歯磨きをして口を布でふくというものだった。この手続きは、物を口に入れたときの影響を減らし、口の中をきれいにするために行われた。過剰修正法は ABAB 反転デザインで実施され、介入のたびに、問題行動はすぐに低いレベルに減り、やがて起きなくなった。このように問題行動がすぐに減っていくのは、弱化の典型的な効果である。最後のフェイズでは、言葉による警告だけで、問題行動がゼロ付近の水準で維持されていることに注目してほしい。これは、警告を与えることが過剰修正法と対提示されたために、条件性弱化子として機能するようになったことを意味している。（Foxx, R. M., Azrin, N. H. [1973]. The elimination of autistic self-stimulatory behavior by overcorrection. *Journal of Applied Behavior Analysis, 6,* 1-14. Copyright © 1973 University of Kansas Press.）

（Foxx & Azrin, 1973）による結果の一部を、図 18 - 1 に示した。

随伴練習法

　随伴練習法（contingent exercise）は、嫌悪的活動を適用するもう 1 つの正の弱化手続きである。**随伴練習法では、対象者は問題行動を起こすたびに、何らかの身体運動をさせられる**（Luce, Delquadri, & Hall, 1980; Luce & Hall, 1981）。その結果、問題行動の将来の生起確率が低下する。随伴練習法は、嫌悪的活動の適用に関して過剰修正法と異なる。すでに見たように、過剰修正法における嫌悪的活動は、問題行動に関する修正された形での正しい行動（積極的練習法）であったり、問題行動によってもたらされた環境への影響を修

復する行動（原状回復法）であった。これとは対照的に、**随伴練習法では、嫌悪的活動は問題行動とは関係のない身体運動である**。その練習内容は、対象者が痛みを伴わずに実行できる身体運動である。過剰修正法や嫌悪的活動を用いた他の方法と同様、必要であれば、対象者に対して随伴練習法に取り組めるように身体ガイダンスを用いる。次の例を考えてみよう。

　ジョニーは、弟たちに悪口を言い始め、この行動が両親の目に留まった。両親は悪口を言わないように注意し、特にわざわざ弟たちの近くまで行って、悪口を言うのはやめるように言った。ジョニーは両親から受けた注意に従うことを約束したが、ある日、父親はジョニーが相変わらず悪口を言っている現場を目撃した。父親はジョニーがしていることをただちにやめさせ、ボロ布と窓ふ

き用洗剤を渡し、家の窓ガラスを 10 分間ふくよう指示した。ジョニーは、父親に監視されながら、嫌々窓ガラスふきを始めた。ジョニーが指示された窓ガラスふきを終えると、父親は、今後も悪口を言っている現場を目撃したら、そのつど同じことをさせると告げた。父親がこの随伴練習法を導入して間もなく、ジョニーが家族に聞こえる場所で悪口を言うことはなくなった（Fisher & Neys, 1978 からの引用）。

　ルースら（Luce et al., 1980）は、発達に遅れのある 2 名の男の子が示す教室内での攻撃行動と威嚇行動を減らすために、随伴練習法を用いた。2 名の男の子のどちらかが問題行動を起こすたびに、教師はその男児に、スクワット運動を 10 回繰り返させた。教師は男児が立ったり座ったりする際にかけ声をかけ、必要な場合には身体ガイダンスをした。その結果、2 人の問題行動は低い水準にまで減った。

指示従事ガイダンス

　ある人が指示に従わなければならない場面（その人がある活動をするように、指示されたり要請されている場面）で問題行動を起こした場合には、その問題行動を減らす正の弱化手続きとして**指示従事ガイダンス**（guided compliance）を用いることがある。**指示従事ガイダンスでは、対象者が問題行動を起こすと、指示された活動（学習課題など）にその人が取り組むように、身体ガイダンスがなされる。**指示に従わない場面での身体ガイダンスは、ほとんどの人にとってある種の嫌悪事態となる。問題行動を起こすと、指示された活動に取り組むよう身体ガイダンスがなされるので、それはその問題行動の弱化子として機能する（も

し、対象者にとって身体ガイダンスが弱化子として機能しない場合には、指示従事ガイダンスを用いるべきではない）。**対象者が指示された活動に取り組み始めたら、指示従事ガイダンスはしない。**指示された活動に取り組む（指示従事）ことによって身体ガイダンスがなくなるので、指示に従う行動は負の強化を受ける。すでに見たように、指示従事ガイダンスには 2 つの機能がある。1 つは、問題行動に対する正の弱化としての機能であり、それは問題行動が起きた後に嫌悪刺激（身体ガイダンス）が提示されるためである。もう 1 つは、指示された活動に取り組む行動に対する負の強化としての機能であり、指示に従った後に嫌悪刺激が撤去されるためである。さらに、もし指示された活動をしないままでいることによって、その問題行動が負の強化を受けているのであれば、指示従事ガイダンスによって強化子（逃避）が撤去されることになり、この場合は、正の弱化と負の強化の両方の機能が含まれることになる。

　次の例を考えてみよう。リンジーは 8 歳の女の子で、両親から、夕方お客が来る前に、床に散らかっているおもちゃを片付けるようにと言われても、テレビを見ている。両親の指示に対して、リンジーはぶつぶつ不平を言いながら、テレビを見続けている。父親はリンジーに近づき、穏やかな調子で、おもちゃを片付けるようにと繰り返し言った。父親はそう言うと、リンジーの手を取って（身体ガイダンス）、床の上に散らかったおもちゃを 1 つひとつ彼女に片付けさせた。父親は不平には一切耳を貸さなかったが、彼女が自分でおもちゃを拾い上げ始めると手を離し、彼女が自分の手でおもちゃを片付けられるように仕向けた。リンジーが（自分で散らかした）おもちゃを片付け終えると、父親は彼女を褒め、またテレビを見て

先行事象	行動	結果事象
リンジーの父親は、彼女におもちゃを片付けるように言う	リンジーはぐずり、不平を言う	父親は指示従事ガイダンスを行う

その結果：ぐずったり不平を言うことに身体ガイダンスが随伴することによって、将来、父親が指示したときにリンジーがぐずったり不平を言うことが減る。

もよいと伝えた。両親が、リンジーが指示に従わないたびにこの手続きを適用すれば、彼女は両親から指示されたときに問題行動をしなくなるだろうし、両親の指示に以前よりも従うようになるだろう。

ハンデンら（Handen, Parrish, McClung, Kerwin, & Evans, 1992）は、知的障害のある児童の示す、指示に従わない行動を減らすために行った指示従事ガイダンスの効果を調べた。指導者が指示をし、子どもがそれに従わなかった場合、指導者は子どもの手を持って（身体ガイダンス）、指示した活動をやり遂げさせた。研究者はタイムアウトの効果も併せて評価し、この研究の対象児童の指示に従わない行動に対して、指示従事ガイダンスとタイムアウトはいずれも同じように効果的であったことを明らかにした。

身体抑制

身体抑制（physical restraint）**は弱化手続きの1つであり、問題行動が起こると、介入実行者がその問題行動に関連する対象者の身体部位を動けなくする方法である。**その結果、対象者は身体的に抑制されているために、その問題行動を続けることができなくなる。たとえば、知的障害のある

生徒が攻撃行動（隣に座っている同級生を平手で叩く）を行ったとき、教師は1分間、その生徒の腕を固定する。**身体抑制されている間、その生徒は問題行動ができないばかりでなく、他の行動もまったくできなくなる。教師は身体抑制している間は、その生徒と関わりを持たないようにする**（図18-2参照）。

多くの人にとって、身体的に抑制されることは嫌悪事態として働く。すなわち、多くの人にとって身体抑制は弱化子として機能する。しかし、人によっては身体抑制が強化子として機能することもある（Favell, McGimsey, & Jones, 1978）。したがって、身体抑制が弱化子として機能するか強化子として機能するかを、身体抑制を適用する前に対象者ごとに評価することが重要である。

身体抑制のバリエーションとして、反応阻止（response blocking）がある。この方法では、介入実行者が問題行動の生起を物理的に阻止することによって、その問題行動が起こるのを防ぐ（Lerman & Iwata, 1996a）。対象者が問題行動を始めたらすぐに、介入実行者はその行動ができないように阻止する。たとえば、知的障害があり、手を口に入れる行動の見られる生徒について考えてみよう。手を口の中に入れるこの行動は、指しゃぶりに似ているとも言える。この場合の反応阻

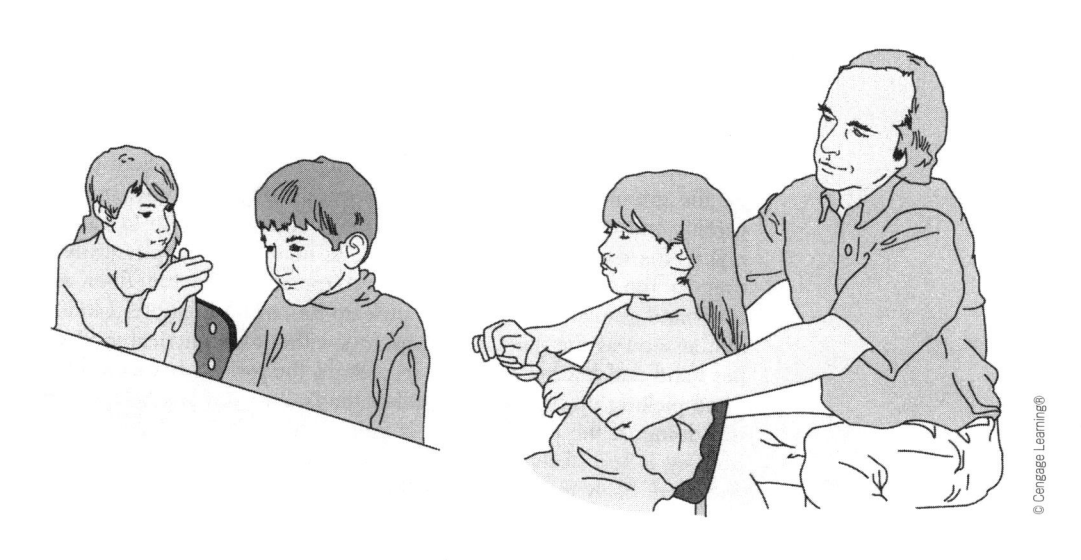

© Cengage Learning®

図18-2　ある生徒が他の生徒を平手で叩いたとき、教師はその生徒の腕を固定して、1分間身体抑制を行った。その生徒は、身体抑制をされている間、強化的な活動が何もできず、教師からの注目も得られない。

止は、その生徒が手を口に近づけるや否や、教師がその手をつかみ、手が口に入るのを阻止するというものである（Reid, Parsons, Phillips, & Green, 1993）。反応阻止は短時間の身体抑制とともに使用することもできる。たとえば、この場合、介入実行者は反応を妨害し、その際に身体抑制を短時間行う（Rapp et al., 2000）。

　シャピロら（Shapiro, Barrett, & Ollendick, 1980）は、知的障害のある３名の女の子を対象に、手を口に入れる行動に対する身体抑制の効果を調べた。対象児が手を口に入れるたびに、指導者はその手を口から出させ、両手をテーブルの上に30秒間置かせた。この手続きにより、対象者３名ともにその問題行動は減った。短時間の身体抑制は、知的障害のある人の異食（食べ物以外の物を飲み込む）に対しても有効な介入法である（Bucher, Reykdal, & Albin, 1976; Winton & Singh, 1983）。異食のような行動に対して反応阻止が望ましいのは、食べられないものを口に入れるのを防ぐことができ、身体抑制も短時間ですむからである。

嫌悪的活動を適用する際の留意事項

　正の弱化手続きで用いられるさまざまな嫌悪的活動についてのこれまでの考察から、この手続きを適用する場合、介入実行者と対象者の身体的接触がしばしば必要となるのは明らかである。介入実行者は、対象者にとって嫌悪的活動を身体ガイダンスによって行わせなければならないことがしばしばあり、その際に留意すべきことは、以下に示すようにたくさんある。

　■嫌悪的活動の適用は、介入実行者が身体ガイダンスを行うことが可能なときだけ行うべきである。

　■介入実行者は少なくとも最初のうちは対象者が抵抗を示すことを予測しておくべきであり、対象者の抵抗があっても身体抑制を続けることができなければならない。

　■介入実行者は、手続きに関わる身体ガイダンスが対象者にとって強化子とならないようにしなければならない。仮に身体ガイダンスに伴う身体接触が強化的である場合、弱化子として機能しなくなってしまう。

　■介入実行者は、対象者がケガをしたり、介入実行者自身がケガをすることがないように、実施しなければならない。手続きを実施する際に、対象者の介入実行者への抵抗やあがきが大きかった場合は、両方がケガをする危険性があり、この点は特に留意すべきである。

参考：緊急時の対応としての身体抑制の使用

　この章で述べたように、身体抑制は問題行動を減少させるため、問題行動に随伴させて実行する行動変容手続きである。それが正の弱化として機能することによって、問題行動は減少する。身体抑制をする前に、支援者は決められた通りに手続きを実行できるように、またデータ収集をしてその手続きが実際に問題行動を減少させていることを確認できるように研修を受ける必要がある。しかしながら、対象者が自傷行動や攻撃行動のような危険な行動に従事している場合に、対象者自身（あるいは他者）の安全を確保するための緊急的対応として身体抑制を使うこともある。緊急的対応としての身体抑制は、対象者自身や他者がケガしないようにすることを目的として実行される。しかし身体抑制に対して対象者が抵抗することが予想されるため、より激しい攻撃行動につながる可能性もあり、ケガの危険性が増すかもしれない。身体抑制の緊急的使用は、不適切に行われれば、対象者や支援者に深刻な危険をもたらす可能性がある。そのため、緊急時の対応として、いつ使用するか、どのように使用するかについて支援者は研修を受けなければならない（十分な研修を受けた場合にのみ、その使用が許可される）。さらに、政府機関、学校、もしくは法的権力の管轄区域（たとえば、州）には、身体抑制についての規則、規制、法律があり、身体抑制を使用する前に支援者はそれに関しても適切な研修を受けておかなければならない。

嫌悪刺激の適用

最重度の知的障害のある女性が「歯ぎしり（bruxism）」と呼ばれる行動を行っていた。その行動は、上の歯と下の歯を擦り合わせるものであり、その行動があまりに激しいため、大きな音が発生するだけでなく、結果的に歯にも悪影響が出ていた。職員は、彼女が歯ぎしりをするたびに顎に氷を当てるという弱化手続きを行った。氷は顎に6〜8秒間当てられた。この手続きの結果、歯ぎしりの頻度は大幅に減少した（Blount, Drabman, Wilson, & Stewart, 1982）。

生後6カ月の赤ちゃんが、低体重と栄養不良のために病院に担ぎ込まれた。その赤ちゃんは、「反すう（rumination）」と呼ばれる生命を脅かす行動をしていた。つまり、飲み込んだ食物をすぐに口に吐き戻していた。反すうは毎食後20〜40分続き、食べた物のほとんどがなくなってしまうまで続いた。もしこの赤ちゃんが治療を受けずにこの行動を続けていれば、やがて死んでしまう。その病院の心理士は、赤ちゃんが反すうを始めたらすぐに少量の濃縮レモン果汁を口に入れるという弱化手続きを計画し、看護師に実施してもらった。レモン果汁を口に入れると赤ちゃんは顔をしかめ、手で口と舌を叩いた。そうして、反すうをやめた。その後も、赤ちゃんが反すうを始めるたびに、看護師は少量のレモン果汁を口の中に入れるようにした。毎食後の反すうに対してこの弱化手続きを導入することによって、生命を脅かす反すうはなくなった。この赤ちゃんは入院中に順調に体重を回復し、2カ月後には退院した（Sajwaj, Libet, & Agras, 1974）。

この2つの例は、深刻な問題行動を減らすことを目的とした、**嫌悪刺激の提示**（application of aversive stimulation）による正の弱化手続きを示している。最初の事例では、顎に当てられた氷が嫌悪刺激である。2番目の事例では、口に入れたレモン果汁が嫌悪刺激である。嫌悪的活動の適用の場合には、対象者は問題行動を行うたびに特定の行動に取り組まなければならないが、**嫌悪刺激の提示の場合には、問題行動が起こるたびに嫌悪刺激が提示される。それによって、問題行動はや**がて減っていく。正の弱化手続きでは、これまでさまざまな嫌悪刺激が用いられてきた。たとえば、電気刺激、臭いのきついアンモニア水、顔面への霧の吹きつけ、目隠し、音、叱責などである。

電気刺激は、自傷行動などの重度の問題行動に弱化子として用いられた。リンシェイドら（Linscheid, Iwata, Ricketts, Williams, & Griffn, 1990）は、重度知的障害のある児童と成人5名が示す頭叩き（危険な行動であるだけでなく、生命を脅かす危険性もある）を減らすために、遠隔操作の電気刺激装置の効果を評価した。対象者は頭部に感知器を装着した。その感知器が頭叩きを感知すると、電気刺激を与える電波信号を送る装置を足に装着していた。頭叩きをすると脚に瞬時の電気刺激が与えられるようになっていた。電気刺激によって痛みが生じたが、対象者がケガをするようなものではなかった。嫌悪刺激として電気刺激が提示されると、5名全員において頭叩きはほとんどゼロにまで減少した。対象者の一人から得られた結果を、図18-3に示した。

アンモニア水を用いて、自傷行動（Tanner & Zeiler, 1975）や攻撃行動（Doke, Wolery, & Sumberg, 1983）といった問題行動を軽減した例もある。問題行動が起こるたびに、介入実行者がアンモニア水の入った小瓶を開けて、対象者の鼻の下でそれを揺らした。アンモニアの臭いが嫌悪刺激となり、問題行動は減っていった。このアンモニア水の入った小瓶は、気を失ったボクサーやアメフト選手を起こすために用いられる気付け薬（smelling salts）と同じ臭いのするものであった。

霧の吹きつけを用いた弱化手続きでは、重度の問題行動を示す人に対して、問題行動が起こるたびに、容器に入った水を霧状にしてその人の顔に吹きつける。容器の水は絶えず新しいものに換えられ、対象者には無害である。ドーシーら（Dorsey, Iwata, Ong, & McSween, 1980）はこの霧吹きつけ手続きを用いて、最重度の知的障害のある児童と成人9名の重度の問題行動を軽減させた。

目隠しを用いた弱化手続きでは、タオル、あるいは介入実行者の手で、ごく短時間対象者の目

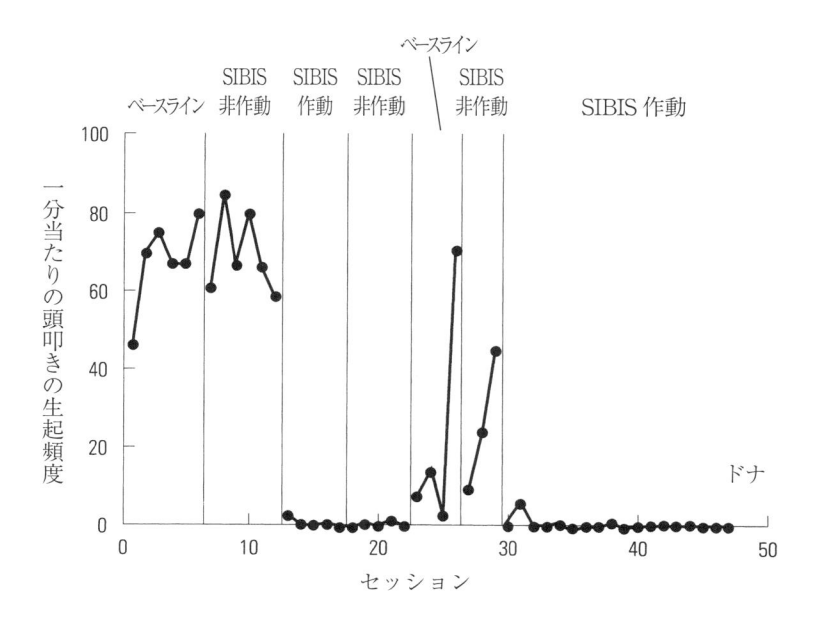

図 18 - 3　このグラフは、最重度知的障害のある 17 歳のドナの自傷行動 （頭叩き）に対する弱化子として使用した随伴的な電気刺激の効果を示している。実験者は、自傷行動抑制システム（SIBIS）装置を用いて、頭叩きを感知したら即座に脚に電気刺激を与えた。このグラフから次のことが分かる。SIBIS を装着しているものの、まだ電気刺激が与えられなかったベースライン期では、頭叩きは 1 分当たり 50 〜 80 回生じた。別の言い方をすれば、彼女は頭叩きを平均毎秒 1 回以上行っていた。弱化子として随伴的な電気刺激が与えられると、頭叩きはすぐにほとんどゼロにまで減少し、急速に消失に向かった。頭叩きがほとんどゼロにまで減少したため、ドナに与えられた電気刺激の合計数は、少なくてすんだ。第 4 フェイズで SIBIS 装置が非作動状態にされても、頭叩きはゼロ付近のままとなっていることに注目してほしい。その前のフェイズでは頭叩きに対して SIBIS 装置によって電気刺激が与えられていたので、この装置は行動に対して刺激性制御を持った。そのため、装着しているだけで（非作動であっても）行動が抑制され続けたのである。しかし、第 2 ベースライン期で頭叩きが増加した後、非作動の装置は刺激性制御を失い、電気刺激を再度提示しなければならなかった。電気刺激を再度随伴提示することにより、再び行動は急速にゼロにまで減少した。（Linscheid, T., Iwata, B. A., Williams, D., & Griffin, J. [1990]. Clinical evaluation of the self-injurious behavior inhibiting system [SIBIS]. *Journal of Applied Behavior Analysis, 23,* 53-78. Copyright © 1990 Society for the Experimental Analysis of Behavior.）

を覆うようにする。この方法の効果は、たとえば、シンら（Singh, Watson, & Winton, 1986）による研究で評価されている。彼らは、施設に居住していて頭や顔を叩いたりこすったりする行動を示す知的障害のある女子 3 名を対象にした。対象児はそれぞれタオル地のよだれかけをしていたが、自傷行動が起こると、研究者はこのよだれかけで 5 秒間対象者の顔を覆った。この手続きは痛みを伴うことなく、呼吸も楽にできた。この手続きによって、3 名の対象児の自傷行動はいずれもほぼゼロにまで軽減した。

　先行研究では、抜毛や指しゃぶりといった行動に随伴して提示するアラームブザー音に似た雑音が弱化子として機能することが示されている（Ellingson, Miltenbverger, Sticker, Garlinghouse et al., 2000; Rapp, Miltenberger, & Long. 1998; Stricker et al., 2001, 2003）。ラップら（Rapp, Miltenberger, & Long, 1998）は、手首とシャツの襟に装着する介入装置を作った。重度の抜毛を示す女性（彼女は自分の髪の毛を半分引き抜いてしまっていた）はこの装置を身につけ、髪の毛を引き抜こうとして腕を上げると、この装置から大きな音が発生した。その雑音は、髪の毛から腕を下ろすまで鳴り続けた。この女性の抜毛は、この装置を装着している限りゼロにまで減少した。エリンソンら（Ellingson& Cooleagues, 2000）とストリッカーら（Stricker & Colleagues, 2001）は、指しゃぶりをする子どもにこの装置を装着し、指

しゃぶりに随伴して雑音を発生させると指しゃぶりはゼロに減った。

バン・ホーテンら（Van Houten, Nau, MacKenzie-Keating, Sameoto, & Colavecchia, 1982）の研究では、弱化子としての叱責の効果を評価した。その結果、小学生に対して、不適切行動をやめるように注意し、目線を合わせ、子どもの肩をギュッとつかむ叱責が、弱化子として効果的であるこ とを見いだした。またこの叱責は、自分自身は叱責を受けず他児が叱責を受けているのを見ていた子どもたちの問題行動の軽減ももたらした。ドレイズら（Doleys, Wells, Hobbs, Roberts, & Cartelli, 1976）も、知的障害のある児童の指示に従わない行動に対して、叱責が効果的な弱化子であることを見いだした。

正の弱化手続き：最後の選択肢

これまで、嫌悪刺激を用いた弱化手続きのさまざまな介入例を紹介してきたが、弱化手続きそのものは可能なかぎり用いるべきではない。機能的で非嫌悪的な介入アプローチに関する研究によって、弱化手続きに代わる介入法が開発されており、また行動変容の領域における倫理も変わり、特に知的障害のある人たちに適用する介入法としては、弱化手続きは許容されない方法になってきている（Horner et al., 1990; Miltenberger, Lennox, & Erfanian, 1989）。専門家の中には、正の弱化 手続き、特に嫌悪刺激の適用は、決して使用すべきものではないと見なしているものもいる。一方でそれ以外の専門家も、正の弱化手続きは最後の選択肢と見なしている。この手続きが用いられるのは、最も重度な問題行動で、その改善がきわめて困難であり、機能的な介入が有効でなかった場合に限られる。タイムアウトやレスポンスコストのような負の弱化手続きには嫌悪事態の適用は含まれていないため、正の弱化手続きよりも受け入れられやすく、広く用いられている。

参考：弱化手続きの受容性

正の弱化手続きは、今日以上に、過去数十年に渡ってより頻繁に使用されていた。弱化手続きの使用が減った要因の1つとして、問題行動を維持している要因を特定し、それを変容させるための機能的アセスメントとそれに基づく介入法の開発がある。さらに弱化手続きの使用を減らした要因として、1970年代後半に現れた社会的妥当性の尊重である。1978年にモントローズ・ウォルフ（Montrose Wolf）は、標的行動・行動的介入、そしてその成果に関する社会的妥当性の重要性を啓発するための論文を発表している。社会的妥当性とは下記の点についての個人の主観的判断を意味する。それらは、（1）標的行動の適切性、（2）介入手続きの受容性、（3）介入の成功に関して、である。1980年にアラン・カズディン（Alan Kazdin）は、社会的妥当性の一側面である介入手続きの受容性を評価した。カズディンは、子どもの問題行動の介入において、負の弱化手続き（タイムアウト）や正の弱化手続き（電気刺激）よりも、正の強化手続きの方が、受容性が高く、正の弱化手続きは行動的介入の中で最も受容性が低いことを明らかにした。他の介入受容性に関する研究でも、正の弱化手続きが最も受容性が低い行動的介入として評価されていることから、これらの手続きの使用が大きく減っていった。

正の弱化手続きを適用する際の留意事項

正の弱化手続きを適用する際には、以下に示す ように、検討すべき事柄がたくさんある。

■ **最初に、機能的な手続きを適用すること**：弱化手続きの適用を考える場合には常に、問題行動を減らして適切な代替行動を増やす機能的な手続きの適用を、先に考えるべきである。もし、消去、分化強化、先行子操作を用いても、満足のいく問題行動の軽減がなかった場合にかぎり、弱化手続きの適用を検討することが可能となる。

■ **弱化手続きを適用する場合には、必ず分化強化も併用すること**：弱化手続きを適用する場合には、代替行動分化強化（DRA）や他行動分化強化（DRO）を併用すべきである。そうすることで、介入の焦点として、問題行動の軽減だけでなく、適切行動の増加にも重点がおかれるようになる。

■ **問題行動の機能を検討すること**：介入法の選定を行う前に、必ず問題行動の機能的アセスメントを行うべきである。そうすることで、最も適切な機能的介入（たとえば、消去、分化強化、先行子操作など）の選定が可能になる。機能的アセスメントによって得られた情報は、問題行動に対する最も適切な弱化手続きを検討する際にも役立つ。社会的注目や他の正の強化子によって維持されている問題行動に対しては、タイムアウトが適切である。しかし、タイムアウトは、問題行動が逃避によって維持されている場合には適切ではない。同様に、嫌悪的活動の適用は、逃避によって維持される問題行動には適切であっても、社会的注目によって維持されている問題行動には適切ではない。過剰修正法や随伴練習法、指示従事ガイダンス、身体抑制の適用についても、介入実行者がある程度の社会的注目を対象者に与えることは避けられず、注目によって維持されている問題行動に対しては適切ではない。しかし、介入実行者が最小限の社会的注目だけで嫌悪的活動に従事させることができ、その嫌悪的活動が十分に嫌悪的なものであれば、これらの手続きであっても社会的注目によって維持されている問題行動に対して効果を発揮する可能性もある。

■ **提示する嫌悪刺激は慎重に選ぶこと**：嫌悪刺激の提示による正の弱化手続きを計画する場合には、その刺激が本当に嫌悪的かどうかを最初に検討する必要がある（Fisher et al., 1994）。**対象者や文脈が違うと、強化子や弱化子として機能する刺激が異なることがある。**たとえば、叱責はある

生徒には嫌悪刺激（弱化子）として機能しても、別の生徒には強化子として機能することがある。同様に、叱責は教師が適切な行動に対して称賛を与えている教室では弱化子として機能するが、教師が適切な行動に対してまったく注意を払っていない教室では、むしろ強化子として機能してしまうことがある。お尻を叩くことは、ある人々には嫌悪刺激であり、弱化子として働く可能性があるが、他の人々には強化子もしくは中性刺激として働く可能性がある刺激である（注；お尻を叩くことは広く使用されているが、行動変容手続きとしては推奨されない。この例は、ある特定の刺激が、人によって異なる働きをすることを示している）。**嫌悪刺激は常に、その刺激が随伴された行動にもたらされる効果によって定義される、ということをよく覚えておいてほしい。**

嫌悪刺激の弱化子としての効果を高めるためには、1つの弱化子ではなくさまざまな弱化子を用いる方がよい。チャーロップら（Charlop, Burgio, Iwata, & Ivancic, 1988）は、さまざまな弱化子を（3種類の刺激を交互に）用いて、児童の攻撃行動と逸脱行動の軽減に成功した。その際、弱化子を単独で適用するよりも、複合的に適用する方がより効果的であった。

■ **介入法を決める際には、前もってデータを集めること**：弱化手続きを適用すると、問題行動は急速に軽減するはずである。**弱化手続きを適用したにもかかわらず、導入後すぐに問題行動の軽減が生じていないことをデータが示していれば、その弱化手続きは再評価すべきであり、中止も検討しなければならない。**問題行動が十分に軽減しないということは、その手続きが対象者にとって弱化として機能していない（おそらく、嫌悪刺激が弱いため）ことや、手続きが正しく実施されていなかったり、問題行動が引き続き強化されていて、強化の効果の方が弱化の効果より大きいことなどを示唆している。介入がうまくいかなかった原因については、さらに詳しいアセスメントが必要となる。

■ **弱化手続きの適用に関する倫理的問題を十分検討すること**：弱化手続きを適用する際に検討すべき倫理的問題については、次の節で詳しく述べる。

弱化手続きの倫理的問題

弱化手続きの適用を決める前には、それ以外の代替的な介入法を十分に検討しなければならない。弱化手続きには、強化子の没収、活動の強制、身体的な抑制、嫌悪刺激の提示などが含まれるので、それを適用するということは、対象者の権利を一部制限することになる。その結果、弱化手続きはしばしば**制約付き手続き**（restrictive procedures）と呼ばれる。さらに、弱化手続きの誤用や過剰適用によって、対象者に危害が及ぶこともある（Gershoff, 2002）。

最後に、嫌悪刺激の提示は人道的でなく、どんな理由があろうとも許されるものでないと考える人や組織もある（LaVigna & Donnellan, 1986; The Association for Persons with Severe Handicaps, 1987）。これらの理由により、**弱化手続きを導入するかしないかを決める前に、以下に挙げる倫理的問題に、常に注意を払う必要がある。**

インフォームド・コンセント

適用される弱化手続き、その方法を適用する理論的根拠、その方法をいつどのように適用するか、予想される効果と副作用、及びその方法に代わる介入法について、対象者は十分に理解していなければならない。その方法が適用される前に対象者は十分な説明を受け、自ら進んでその方法の適用に同意していなければならない。**インフォームド・コンセント**（informed consent）は、成人に対してだけである。したがって、未成年やインフォームド・コンセントができない成人（たとえば、知的障害や精神障害のある対象者の場合）に弱化手続きを適用する場合には、あらかじめ弁護人や法的後見人が対象者の代理としてインフォームド・コンセント手続きをしなければならない。インフォームドコンセントはすべての行動変容手続きの使用で必要となる（Bailey & Burch, 2011）。

代替的な介入法

前にも述べたように、弱化手続きはほとんどの

事例において第一選択肢とはならない。弱化手続きを適用する前に、制約が少なく非嫌悪的である機能的な介入法が使用される。多くの場合、重度の問題行動であっても、機能的アセスメントに基づく非嫌悪的で機能的な介入法の適用によってなくすことができる。弱化手続きを適用しなければならない場合には、可能であれば、制約の大きな嫌悪手続きを適用する前に、制約の少ない非嫌悪的介入法をまず適用すべきである。また、常に強化手続きを弱化手続きと併用すべきである。

対象者の安全

弱化手続きは対象者にとってけっして有害なものであってはならない。嫌悪的活動を適用する際に身体ガイダンスが用いられるが、介入実行者が行動を身体的に導く際に、対象者を傷つけることがあってはならない。嫌悪刺激によって対象者が身体的に傷つく恐れがある場合には、その嫌悪刺激はけっして用いてはならない。

問題の深刻度

弱化手続きは、より深刻な問題行動に対して適用すべきである。痛み刺激、不快刺激、あるいはイライラさせるような刺激の使用は、問題行動によって対象者の健康が脅かされたり、他の人に害が及ぶ場合にのみ許容される。

実施ガイドライン

弱化手続きを適用する場合には、その手続きの実施を厳正に定めたガイドラインが必要である。ガイドラインによって、手続きをどのように行うか、いつどこで行うか、誰が行うかが明確になる。実際、すべての行動変容の適用ではガイドラインが書かれるべきである。

研修とスーパービジョン

弱化手続きのガイドラインを定めることに加え、その手続きを実施する職員、教師、その他の専門職は、手続きを正しく実施するために、全員が行動的スキル指導による研修を受けなければならない。行動的スキル指導には、教示、モデル提示、リハーサル、フィードバックがあり、手続き適用上の誤りがなくなるまでリハーサルが行われる。研修を受けた専門職は、これらのスキルを正確に使いこなせるようになって初めて弱化手続きを実施することができる。弱化手続きの適用が始まると、手続きが正確に実施されていることを保証するために、継続的なスーパービジョンを行う。すべての行動変容手続きの使用では上記の研修手続きが用いられるべきである。

同僚評価（ピアレビュー）

用いられる弱化手続きは、プログラム内容が詳細に書面化され、それは同僚による委員会で審査を受ける。その委員会のメンバーには、行動分析学や行動変容法の専門家が含まれていなければならない。同僚による相互チェックで、その弱化プログラムを評価し、その手続きがよく計画されていて当該事例への使用の根拠が示されていれば承認される。同僚評価（peer review）によって、選定された介入法が専門的にチェックされ、弱化手続きの誤用を防ぐことができる。

説明責任：誤用と過剰適用の予防

弱化手続きを適用するという行動そのものも、問題行動が軽減することによって負の強化を受けるため、弱化手続きが誤用されたり過剰適用される危険性が常にある。したがって、弱化手続きを用いる一人ひとりが、弱化手続きの正しい適用の仕方を説明できるだけでなく、誤用や過剰適用を予防する措置について説明できるようにしておく必要がある。**実施ガイドライン、研修、スーパービジョンが、説明責任を果たす上で役に立つ。弱化手続きを導入した後に、問題行動のデータや適用の実際を頻繁に検討することも、説明責任を果たすという点で重要である。**フォックスら（Foxx, McMorrow, Bittle, & Bechtel, 1986）は、電気刺激を使用するプログラムの説明責任を果たすために、次のようなステップを勧めている。（ a ）プログラムを実行する前に、スタッフ全員が手続きを熟知しているかどうかをテストする。（ b ）プログラムを実行するすべての人にプログラムを実施する前に、その電気刺激を経験させておく。（ c ）各日のプログラム実行責任者を明確にする。（ d ）スーパーバイザーと職員の責任者によってプログラム実施についての日々の正確な記録を残す。これらのステップは電気刺激を使用するプログラムについて策定されたものだが、嫌悪刺激の提示を含むあらゆる弱化の適用についても検討すべきことである。

まとめ

1．嫌悪的活動の適用では、対象者は問題行動を起こすたびに、問題行動を軽減するために嫌悪的活動（低頻度行動もしくは好まない）をさせられる。その際に、必要であれば身体ガイダンスが用いられる。

2．嫌悪的活動の適用による弱化には、積極的練習による過剰修正法、原状回復による過剰修正法、随伴練習法、指示従事ガイダンス、身体抑制などがある。

3．嫌悪刺激の提示による弱化では、問題行動が起こるたびに嫌悪刺激が提示される。この場

合、嫌悪刺激は機能的に定義される。すなわち、問題行動の生起に随伴して嫌悪刺激を提示した結果、問題行動がその後減っていくということである。

4．弱化手続きは、機能的で非嫌悪的な介入法を実施し、それが有効でなかったり、部分的にしか問題行動が軽減しなかった場合にかぎって適用されるべきである。また、分化強化を弱化手続きと併用すべきである。そして弱化手続きの効果を検証するためにデータを集める。適用する弱化子は、問題行動の機能に基

づいて慎重に選ばなければならない。

5．弱化手続きの適用に関する倫理的問題として、インフォームド・コンセント、代替介入法の

適用可能性、対象者の安全確保、問題の深刻度、実施ガイドライン、研修とスーパービジョン、同僚評価、説明責任などがある。

キーワード

嫌悪的活動の適用
嫌悪刺激の適用
随伴練習法
指示従事ガイダンス
インフォームド・コンセント

過剰修正法
身体抑制
積極的練習法
反応阻止
原状回復法

練習問題

1．正の弱化と負の弱化の違いを説明しなさい。またそれぞれの弱化の例を示しなさい。

2．正の弱化手続きとしての嫌悪的活動の適用の形式について説明しなさい。また、その方法がプレマックの原理に基づいていることを説明しなさい。

3．積極的練習法を説明しなさい。また、その例を挙げなさい。

4．原状回復法を説明しなさい。また、その例を挙げなさい。

5．随伴練習法を説明しなさい。また、それは過剰修正法とはどこか違うのか？　問3と問4の例において、過剰修正法の代わりに随伴練習法を用いるとしたらどのようになるか？

6．教師の立場で考えると、教室では過剰修正法や随伴練習法はやりやすいと言えるだろうか、あなたの考えを述べなさい。

7．指示従事ガイダンスを説明しなさい。それはどのような場面で適用されるか？　また、この方法が過剰修正法や随伴練習法の一部になっていることを説明しなさい。

8．身体抑制について説明しなさい。また、その

例を挙げなさい。さらに、反応阻止の例も挙げなさい。

9．正の弱化手続きの1つとして嫌悪刺激の提示を説明しなさい。

10．ある人に対して特定の刺激が嫌悪刺激になるかどうかをどのようにして知ることができるか、説明しなさい。

11．正の弱化手続きで用いられてきた嫌悪刺激を6つ挙げなさい。

12．なぜ弱化手続きの適用は減っているのか、説明しなさい。

13．弱化手続きを適用する際に検討すべき事項を5つ挙げなさい。

14．インフォームド・コンセントを説明しなさい。

15．問題行動の深刻度は、弱化手続きの適用とどのような関連があるか、説明しなさい。

16．同僚評価とは何か？　また、弱化手続きの適用との関連を説明しなさい。

17．弱化手続きを適用する際の説明責任を果たすために、どのようなステップがあるか、説明しなさい。

適用例

1．自己管理プログラムに正の弱化手続きをどの

ように組み込むことができるか、述べなさい。

もし正の弱化手続きを組み込むことができない場合は、その理由を述べなさい。

2．トムとディックはハロウィンの夜に出かける前に、冷蔵庫から卵を6個取り出した。学校に立ち寄って、5年生の教室の窓にその卵を投げるつもりだった。闇に包まれた校舎の裏手に回り、窓を目がけて卵を投げつけた。2人はその後、校舎を一回りしているところを校長先生に見つかった。この場合、トムとディックが二度とこのようなことをしないよう、校長先生が取りうる原状回復法はどのようなものだろうか？

3．ジェラルディーンは、20名の幼児を受け持つ幼稚園の先生である。彼女は保育室でたくさんの自由活動や設定活動を、個別と集団で行っている。あまり構造化されていない集団活動（たとえば、大きなテーブルで一緒にお絵かきや工作をする）の際に、何人かの子どもが活動から逸脱する様子を彼女は見た。子どもたちの逸脱行動はそれほど大きなものではなかったが、周囲の子どもたちからの注目によって維持されていた。確かに、周囲の子どもたちに害を与えるものではないが、明ら

かな逸脱であり、他児にとって望ましいモデルとはならない。ジェラルディーンは彼らの逸脱行動を減らすために、どのような叱責をしたらよいだろうか？

4．都心周辺街のある病院には、毎年数多くの子どもたちが毒素排出のために担ぎ込まれる。その子どもたちは、家の壁から剥がれ落ちたペンキに含まれる鉛を食べてしまって入院するのである。アパートの家主たちは建物の修繕をきちんとせず、そのために、壁は傷んだままである。剥がれ落ちたペンキ片などから鉛が体内に入って蓄積すると脳に悪影響を与え、知的障害を引き起こすこともある。子どもたちは1週間入院し、医師の治療を受ける。子どもたちは入院中、多くの時間を他児と一緒にプレイルームで過ごし、児童発達の専門家が彼らの面倒を見る。プレイルームは清潔で安全なのだが、子どもたちはしばしばおもちゃなどを口に入れてしまう。これは、清潔な院内でなく汚染された環境では危険な行為となる。おもちゃなどを口に入れるという問題行動をなくすために、職員は反応阻止と短時間の身体抑制をどのように適用することができるだろうか？

間違った適用例

1．テッドは重度知的障害と自閉スペクトラム症を併せもつ青年で、紙ちぎりなどの常同行動を頻繁にしていた。彼は紙（新聞紙、ノート、レポート用紙、プログラムなど）を1枚取ると、その紙が粉々になるまでちぎり続ける。彼は、紙を見つけて一心不乱にちぎり始めると、周囲にいる人や出来事に一切目が向かなくなる。この行動は数年来続いており、そのために学習課題に取り組めないという問題や、ときには重要書類まで破ってしまうといった問題があった。テッドは紙を手に入れようとして攻撃的になることはなかったが、手に持っている紙を取り上げられると攻撃性を示すことがあった。職員はいろいろな強化法や先

行子操作を行ってみたが、その行動は減らなかった。職員は今では、電気刺激を用いた弱化の適用を検討していた。その場合、テッドは上腕部に、遠隔操作ができる装置を着けることになる。一人の職員がスイッチを持ち、紙ちぎりが始まったらすぐにスイッチを押し、電気刺激を与える。電気刺激による痛みは軽く、害になるようなものではない。電気刺激を使用する職員は全員、研修とスーパービジョンを受けることになっていた。この手続きの効果を検討するためにデータも集めることになっていた。この弱化の適用には、どのような問題があるだろうか？

2. ベティは重度知的障害があり、体重が約90kg あった。彼女はグループホームに住み、毎日ワゴン車に乗せてもらって仕事場に出かけていた。彼女は郊外にある部品組み立て工場で、他の知的障害者5人と一緒に、ジョブコーチの下で働いていた。彼女には、朝ワゴン車に乗るのを拒否したり、午前と昼食後の休憩時間が終わったときに休憩室から出ることを拒否するといった問題行動があった。また、その体格ゆえに、欲しい物を威嚇してでも手に入れるという問題行動もあった。ジョブコーチがワゴン車に乗ったり作業に戻るようにと指示をしても、大声で「イヤ！」と拒否し、拳をジョブコーチに振りかざし、その場に座り込んでしまう。彼女は最終的にはワゴン車に乗り、仕事に戻るが、それはジョブコーチが説得した後に限られていた。彼女は仕事に関連した場面で指示に従わない行動が目立っていたので、ジョブコーチは指示従事ガイダンスを検討しており、身体ガイダンスによってワゴン車に乗せたり仕事に戻らせようと考えていた。この状況で身体ガイダンスを用いるのは、どのような点で問題があるだろうか？

3. ジョンは知的障害のある10代の青年で、障害のある他の青年たちと一緒に、グループホームで生活していた。彼には、顔叩きや耳叩きなどの自傷行動が見られた。職員は、この状態が続くと、聴力が損なわれる危険性があることを心配していた。職員の報告によると、ジョンの自傷行動は、職員が他の利用者の訓練プログラムに忙殺されているときに起きやすかった。グループホームの責任者は研究論文を読み、アンモニア水が自傷行動の軽減に効果があることを知った。彼は、ジョンにもこの方法が効くと考えた。そして、介入計画を立案して書面にし、行動介入審査委員会に介入計画の審査を依頼した。また、手続きを習得するスタッフ研修を行う前に、その手続きが本当に効果的であるかどうかを調べるために、パイロット・プログラムを実施することにした。責任者はジョンの担当職員にアンモニア水の小瓶が入った箱を渡し、ジョンが自傷行動を始めたらその小瓶を開け、ジョンの鼻の下で揺らすように指示した。責任者は職員にこの方法を数日間適用して、顔叩きが減るかどうかを調べるよう求めた。もし顔叩きが減れば、弱化手続きを適用する場合に必要となるすべての手順を踏んだ上で、正式な適用に踏み切る予定にしていた。このアプローチの間違いはどこにあるだろうか？

第 19 章　般化の促進

学習のポイント

- ■ 行動変化の般化を促進するために、どのような方略が用いられるか？
- ■ 般化において、自然な強化随伴性がどのような役割を果たしているか？
- ■ 般化を促進するために、指導で使用される刺激のどのような側面が重要となるか？
- ■ 機能的に等価な行動は、般化とどのような関係があるか？
- ■ 問題行動の減少の般化を促進するために、どのような方法があるか？

行動変容プログラムによってもたらされた行動の変化を般化するように計画することは、いかなる場合でも重要である。般化を計画することによって、対象者の生活に関連するすべての状況や環境において、行動の変化が引き続き生起する可能性を高めることができる。

般化計画の例

第 15 章で述べた老人ホームを利用しているウィリアムズさんの例を思い出してほしい。彼女は、ほとんど前向きな会話をせず、職員に頻繁に不平不満を訴えていた。職員は、前向きな会話を増やし、不平不満を減らすために、代替行動分化強化を用いた。ウィリアムズさんの場合の行動変化の般化は、すべての場面においてすべての人々に対して、前向きな会話が増え不平不満が減ること、と定義された。この目標を達成するため、すべての職員（看護師、介護士、医師など）、訪問者、老人ホームの他の利用者がウィリアムズさんに対して一貫して分化強化を用いることにした。もしある人が彼女の不平不満に耳を傾け、それを強化することがあれば、不平不満を言うことは維持され、その人との、そして場合によっては他のすべての人々との前向きな会話があまり生起しなくなるかもしれない。般化計画の立案は、ウィリアムズさんに対する分化強化の適用を職員に指導した心理士が担当した。すべての職員に適切な実施法を指導し、その方法をいつも用いるように教示した。さらにウィリアムズさんの家族と面接し、分

化強化の重要性とそのやり方を指導した。最後に、ウィリアムズさんの不平不満を無視し前向きな会話に関心を示すように、老人ホームの他の利用者にプロンプトする方法を、看護師たちに指導した。看護師長が分化強化の実施を監督し、必要なときは追加の指導を行う責任者とされた。すべての関係者が計画どおりに分化強化を行うことができ、ウィリアムズさんの行動変化の般化はうまくいった。

マルシアの事例（第 12 章）を思い出してみよう。彼女は、行動的スキル指導で主張スキルを学んでいた。マルシアの主張スキルの般化は、同僚からの不当な要求に対しても、適切に主張反応が生起することと定義された。言い換えれば、必要なすべての場面で主張反応ができるようになれば、般化がうまくいった証拠となる。心理学者のミルズ博士は、想定されるさまざまな不当な要求に対する主張スキルを教えることによって、般化を計画した。マルシアが思い出せる、もしくは予想しうる、同僚からのあらゆる不当な要求の例が指導で用いられた。マルシアは、自分が特定したすべて

の場面に関するロールプレイにおいて、適切な主張反応をうまくリハーサルすることができた。ミルズ博士は、段階的にロールプレイの難易度を上げていった。そして、同僚役を演じながら、彼女が不当な要求に対してできるだけうまく対応できるように仕向けた。ロールプレイでシミュレートされたすべての困難な状況に、マルシアが主張的に反応できるようになったとき、博士はこれらの主張スキルが職場に般化するだろうと考えた。ところが、主張スキルはロールプレイの文脈においてのみ強化されていたため、実際の職場への般化は難しかった。

次の例をもとに、般化の失敗について考えてみよう。第10章の例を振り返ってみると、ピッチャーのデイブが投げたボールをトレバーが打つのを手助けするために、マッコールコーチは身体プロンプトを行った。デイブが投げたとき、バットを正しく振るように手助けしたのである。最終的

に、手助けがなくてもボールを打てるように、身体プロンプトを徐々にフェイディングした。次に、もっと難しいボールの打ち方を教えるために、より速く、しかもより難しいコースにデイブは投げた。しかし練習ではボールをうまく打てるようになったものの、残念ながら試合では相手チームのピッチャーのボールを打てなかった。練習でボールを打つ能力は、試合に般化しなかったのである。その理由の1つとして、試合での投球が練習でヒットを打つために学習した投球と異なっていたことが考えられる。言い換えると、指導刺激（練習）が、基準となる状況（試合）に般化するための刺激として十分ではなかったのである。般化を計画するためには、試合で打たなくてはならない投球（基準刺激）にできるだけ近づけた形での練習（指導刺激）で、ボールを投げてもらう必要がある。練習中にさまざまなピッチャーに投球させることによって、これが可能となる。

般化の定義

第7章で述べたように、弁別指導では、ある刺激（弁別刺激：S^D）が存在している状態で行動が生起したときにのみ強化される。この過程によって刺激性制御が確立され、その後、そのS^Dが提示されると、その行動が生起しやすくなる。**般化とは、指導中に提示されたS^Dと似ている次元を持つ刺激のもとで行動が生起すること、と定義される。** 別の言い方をすると、1つの刺激クラスが当該の行動に刺激性制御を及ぼすようになるということである。**行動変容法では、般化は、指導場面以外の場面で、すべての関連する刺激のもとで標的行動が生起するようになること、と定義される。**

行動変化の般化は、行動変容法において重要な問題である。望ましい行動の形成、増加、維持の

ために行動変容法が適用されたとき、指導場面以外の場面でも、すべての関連する刺激のもとで標的行動が生起することが目標の1つとされている。たとえば、実際の職場で、不当な要求をする同僚に対してマルシアが主張的な反応をした場合、それは般化である。彼女の主張反応は指導場面（ロールプレイ）の刺激性制御のもとで形成され、指導場面以外の似たような場面でも新しく生起するようになった。試合で相手ピッチャーがボールを投げたとき、もしトレバーがヒットを打ったとしたら、その場合も般化が起きたことになる。ボールを打つ行動は、デイブが投げる練習のボールの刺激性制御を受けていた。似たような場面（試合での投球）に行動が般化してはじめて、その指導は成功したと言える。

行動変化の般化を促進する方略

本章では、行動変化の般化を計画するために用いられる方略（表19-1）について解説する。

これらの方略は、ストークスとベアー（Stokes & Baer, 1977）およびストークスとオスネス（Stokes

表 19 - 1　行動変化の般化促進方略

- ■ 般化が生じたときに、その行動を確実に強化する。
- ■ 自然な強化随伴性に合ったスキルを指導する。
- ■ 自然な強化随伴性や自然な弱化随伴性を変える。
- ■ 指導場面に、関連するさまざまな刺激事態を取り入れる。
- ■ 指導場面に共通の刺激を取り入れる。
- ■ 機能的に等価な行動を形成する。
- ■ 自然な環境で手がかりを提示する。
- ■ 自己生成般化媒介刺激を取り入れる。

© Cengage Learning®

& Osnes, 1989）のレビュー論文に基づいている。

般化が起きたら強化する

　般化を促進する１つの方法は、般化が生起したときにその行動を強化することである。言い換えると、指導場面以外の関連する刺激のもとで標的行動が生起したときに強化するのである。この方法によって、関連するすべての刺激が標的行動に対して刺激性制御を持つようになる。バッケンら（Bakken, Miltenberger, & Schauss, 1993）は、知的障害のある親に養育スキルを指導する際にこの般化方略を用いた。目標は、親が家庭で必要なときに養育スキルを発揮することであった。養育スキルが家庭場面に般化するために、指導セッションを家庭で行い、その場面で養育スキルが生起したときに強化子を与えた。その結果、養育スキルが家庭場面に般化した。

　臨床心理学を専攻する大学院生に介入セッションを行う方法を教える際に、教授は教示とモデル提示を行い、セッションのロールプレイでスキルをリハーサルさせた。リハーサルの後で毎回フィードバックを与えた。すなわち正しい行動を強化するために称賛し、修正のために教示を行った。

Q. 教授は実際のセラピー場面にスキルを般化させるためにどうしたらよいか？

　１つの方法は、般化が生起したらそれを強化する方法である。実際の介入セッションで学生と座り、学生が適切な介入スキルを行うたびに、教授

はうなずいたりほほ笑んだりして支持を与える。ワンウェイミラー越しに学生の介入セッションを観察する方法もある。セッションが終わった直後に教授は、セッション中に正しくできたスキルについて褒める。また、学生にイヤホンを着けさせる方法もある。セッションで適切なスキルができたらすぐ、イヤホンを通して褒める。実際のセッションにおいてスキルが正しくできれば、般化が生じたと言える。般化が起きれば強化するということは、般化を促進するためのおそらく最も直接的なアプローチであろう。この方法は、指導場面と般化場面の区別を曖昧にする方法である。というのは、関連するすべての場面で指導が行われることになるからである。ストークスとベアー（Stokes & Baer, 1977. p.350）は、般化を「別の未指導条件のもとで、関連する行動が生起すること」と定義したが、この方法の場合には、事実上、指導が行われない条件はないと言える。

　この方法の欠点の１つは、指導場面以外の場面で常に行動を強化できるとはかぎらないことである。たとえば、ミルズ博士がマルシアの職場に出かけて行って、彼女が主張的な行動をするたびに褒めることはできない。ほとんどの育児教室でも、それぞれの家庭を訪問し、そこで行われる養育スキルに強化を与えることはできない。もし、般化が起きたことを強化できなければ、般化を促進するために別の方略を考える必要がある。

自然な強化随伴性に合ったスキルを指導する

　別の般化促進方略として、関連する場面におけ

る**自然な強化随伴性**によって維持されるスキルを指導する方法がある。**指導場面以外の関連する場面において標的行動を強化できない場合、すでに存在している自然な強化子が重要となる。**たとえば、高校を卒業し、地域のグループホームやアパートでの生活が予定されている障害のある青年たちにどんな余暇スキルを教えるかを決定するとき、その地域で彼らができる好みの余暇活動を指導することが重要になる。それによって、彼らは強化子となる余暇活動を行う機会を得られる。もし強化子とならない、あるいは利用できない余暇活動が指導されても、その余暇スキルは地域場面に般化しないだろう。恥ずかしがり屋の青年にデートのスキルを教えるとき、相手が好意的に反応するような関わり方を教えることが大切である。そうすると、当該のスキルが自然な環境での関連する場面で強化される可能性が高くなる（なぜなら、楽しい交流が持てるデートとなるからである）。

適切な行動が強化されるために、生徒は他者や教師から注意を引くことを具体的に教えられることがある（たとえば、Stokes, Fowler, & Bear, 1978）。たとえば、ある生徒に「私の勉強はどうですか」のように先生に質問することを指導する。そうした質問によって学業遂行の強化子として働く教師からの注目が生じる。生徒に対して自分の勉強に注目を引く行動を教えることは、学業遂行の般化や維持に貢献する可能性がある（たとえば、Craft, Albert, & Heward, 1998）。

デュランドとカー（Durand & Carr, 1992）は、発達障害のある生徒たちを対象として、コミュニケーションスキルが指導場面以外に般化することを証明した。その生徒たちには、教師の注目によって強化されている行動問題があった。デュランドとカーは、より望ましい行動によって教師の注目を得る方法として、「ちゃんと勉強しているでしょ」と教師に尋ねる行動を教えた。この質問をされたら、教師は注目を与えた。そうして教師は子どものコミュニケーション行動を分化強化した。その結果、コミュニケーション行動は増加し、問題行動は減少した。生徒がコミュニケーションスキルを習得したことを知らない教師に対しても般化が見られた。それは、担任以外の教師に同じ質問をしても、指導対象となった教師と同じように

彼の質問に注目して応えたからである。

その後に実施された研究で、デュランド（Durand, 1999）は障害のある5名の生徒を対象に機能的コミュニケーション指導を評価した。生徒らの問題行動は、注目、援助、食べ物を得ることによって維持していた。彼らは注目、援助、食べ物を補助コミュニケーションデバイスで要求することを習得することによって、彼らの問題は減っていった。コミュニケーション行動を地域場面で使用し、彼らの要求に大人が反応した際に、般化が生じたと言える。両方の研究において、生徒の質問は自然な強化随伴性によって促されたため、般化が生じた。デュランド（Durand, 1999）の結果を図19-1に示した。

自然な強化随伴性に合ったスキルを指導することに努力すべきであるが、これはいつもできるとはかぎらない。たとえば、マルシアが同僚に初めて主張反応をしたとき、その同僚が怒ってしまう場合もあるだろう。あるいは、さらに不当な要求を繰り返すかもしれない。また、無発語の生徒が教師とコミュニケーションする方法としてサイン言語を習得したとしても、そのスキルは教師以外の人に対するときには般化しないかもしれない。他の人がサイン言語を知らなければ、その生徒がサイン言語を使っても、それを強化するような対応をすることができないだろう。というのは、自然な強化随伴性に合ったスキルではないからである。**指導場面以外の状況で生起したスキルが自然に強化されない場合には、別の般化方略を考える必要がある。**

自然な強化随伴性や弱化随伴性を変える

もし、指導場面以外の状況で行動が強化されれば（そして、弱化随伴性がそれらの状況になければ）、指導場面以外の関連する状況で望ましい行動が生起しやすくなる。指導者が般化の生起を強化できないときや、自然な強化随伴性が存在していないときは、関連する場面の強化随伴性を変えることによって、般化が促進されるかもしれない。言い換えると、**もし指導者自身が自然な環境で行動の強化ができなければ、指導者は自然な環境にいる他者に行動を強化するように教えるべきであ**

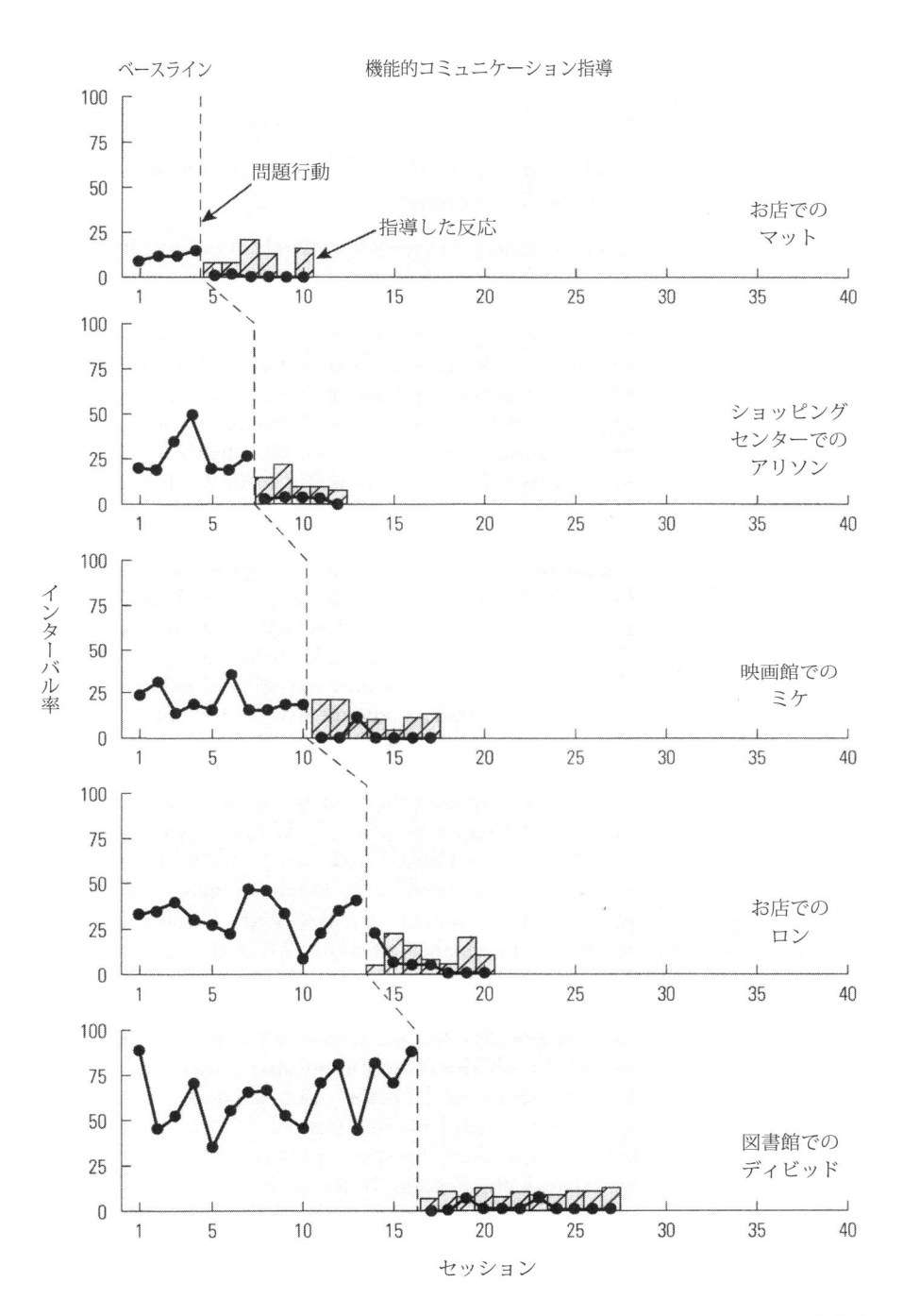

図 19 - 1　表は、ベースラインと機能的コミュニケーション指導後における地域の各施設での各生徒の問題行動（円形）とコミュニケーション反応（棒グラフ）のインターバル率を示している。機能的コミュニケーション指導後において、コミュニケーション反応を使うようになるにつれて、問題行動は減少している。Durand（1999）に基づく。

る。次の例を考えてみよう。

　ナオミは少年鑑別所に入っている 13 歳の少女

である。年上の少女から挑発されると、しばしば攻撃行動や物壊し行動を行っていた。彼女のカウ

ンセラーは、仲間の挑発に穏やかに反応するスキルを教えることにした。カウンセラーとのロールプレイにおいて、「無視して、離れて、トラブルに近づかない」と自分に言い聞かせて、その場から立ち去ることを習得した。般化を促進するため、彼女が挑発から立ち去るのを見かけたときは、いつも褒めるように、すべての職員に依頼した。また、入所者はトークン強化プログラム（第22章）を受けていたため、このスキルを発揮したときにはナオミにトークンを与えることも説明した。職員がナオミの自己制御スキルに即時強化を行ったことによって、挑発されるたびにこのスキルを発揮するようになり、仲間から離れていられるようになった。

ウィリアムズさんの例を思い出してみよう。分化強化が実施されると、老人ホームの人々との前向きな会話が増加した。

Q. ウィリアムズさんの前向きな会話の般化を促進するために、心理士は何をしたか？

心理士は、ウィリアムズさんの行動に対して分化強化を適用するように、すべての職員に依頼した。また、ウィリアムズさんに話しかけるすべての人にそのやり方を教えるよう、職員に指導した。ウィリアムズさんの前向きな会話は、彼女と話すすべての人から強化された。すなわち、心理士は彼女の前向きな会話に関する自然な強化随伴性を変えたのである。

ときには、自然な弱化随伴性によって望ましい行動の般化が起きにくくなっていることがある。指導において望ましい行動を学習しても、指導場面以外の状況でその行動が弱化されることがあれば、般化は生じないだろう。**般化を促進する1つの方法は、指導場面以外の状況で望ましい行動を抑制しているすべての弱化随伴性を取り除くことである。** 次の例を考えてみよう。

ある学区で、障害のある生徒を通常学級に統合することが決定された。ハンソン先生の3年生のクラスでは、発達障害のある3名の児童を新しく迎えることになった。新しい児童がクラスに入る前に、先生は行動的スキル指導を用いて、新しい児童に対して尊重して対応する方法や、必要な

ときに手助けしたり、友達になったりする方法を、クラスの子どもたちに指導した。新しい児童が入ってきたとき、クラスの子どもたちは新しい友達とうまく関わることができた。クラスの子どもたちに指導したスキルは、新しい児童が入った学級に般化した。ところが、新しい児童と校庭で伸良く遊んでいる子どもたちを、他のクラスの子どもたちがいじめたりからかったりしていることに、先生は気づいた。それらの弱化随伴性のため、ハンソン先生のクラスの子どもたちは、新しい児童としだいに関わらなくなってしまった。先生は、新しい児童との関わりを続けさせるために、弱化随伴性を取り除く必要があると考えた。言い換えると、子どもたちが障害のある児童と関わっているときに、別のクラスの子どもたちのいじめやからかいをやめさせなければならなかった。他のクラスの子どもたちがからかわなくなったら、子どもたちは教室で新しい児童と再び関わり始めた。その後、新しい児童との関わりは、校庭にも般化した。

これまでに述べた3つの般化方略は、いずれも指導場面以外の状況で行動を強化することに焦点を当てたものであった。その他にも、指導中に関連する刺激事態を設定したり、バリエーションのある反応を教えることによっても、般化を促進することができる。 それらの方略を次に述べる。

関連する多様な刺激事態を指導に取り入れる

般化を計画する目標が、指導の終了後に関連するすべての場面で標的行動が生起することであれば、般化を促進する方法の1つは、指導場面に多くの関連する状況を組み入れることである。ストークスとベアー（Stokes & Baer, 1977）およびストークスとオスネス（Stokes & Osnes, 1989）は、この方略を、行動般化するまで、**多刺激事例**へ反応するように学習者に指導することと言及している。**理論的には、関連する多様な刺激事態（刺激事例［stimulus exemplars］）に正しく反応できるように指導されると、すべての関連する刺激事態に般化しやすくなるはずである。** たとえば、ミルズ博士は、主張行動の指導のロールプレイで、さまざまな不当な要求に対して主張的に反応

するようにマルシアを指導した。その際、博士は、同僚たちが最も言い出しそうな要求を、特定の刺激事例として選んだ。ポチェらが就学前の子どもに誘拐防止スキルを教えたときも、多様な誘い方を指導に組み入れていた（Poche, Brouwer, & Swearingen, 1981; Poche, Yoder, & Miltenberger, 1988）。指導でさまざまな誘いかけのすべてに正しく反応できれば、誘拐防止スキルが実際の誘拐場面に般化する可能性は高いだろうと、ポチェは論じている。

　ストークスら（Stokes, Baer, & Jackson, 1974）は、知的障害のある子どもたちに挨拶を指導した際に、般化を促進するためにこの方略を用いた。職員の一人に対して挨拶として手を振るように子どもたちに教えたときには、子どもたちに関わっている 20 名の職員に挨拶はほとんど般化しなかった。ところが、2 番目の職員に手を振ることを習得すると、すぐに残りの職員にも挨拶が般化した。最初に一人だけが挨拶を強化したとき、その人は挨拶の刺激性制御を獲得した。しかし、もう一人が挨拶を強化すると（第 2 の事例が指導に組み入れられると）、施設内のすべての職員が挨拶行動の刺激性制御を持つ刺激クラスに含まれることになった。

Q. 2 人目の職員によって強化された後も、すべての職員に挨拶が般化しなかったとする。その場合、般化を促進するためにストークスらは他にどんなことができるか？

　般化を促進するために、さらに職員を追加して挨拶行動をプロンプトしたり強化させ、その後、他の職員への般化を評価する。挨拶行動を強化するために追加された職員は、もう 1 つの新しい刺激事例となる。最終的に、指導に十分な刺激事例が組み入れられたときに、すべての職員が 1 つの刺激クラスとなり、挨拶行動が般化した。残念ながら、般化が生じるためにはどれくらいの事例で十分なのかをあらかじめ決めることはできない。デービスら（Davis, Brady, Williams, & Hamilton, 1992）の研究を考えてみよう。彼らは、障害のある 2 名の少年を対象に、大人からの指示に従う行動を増やした。指導者は、まずいくつかの高

従事課題（子どもにとって楽しい簡単な課題）を指示し、次にいつもは取り組もうとしない課題（低従事課題）を指示した。一人の指導者がこの方法を用いたとき、その子はその指導者の指示には従いやすくなったものの、他の指導者に対してはそうならなかった。言い換えると、子どもの指示従事の増加は般化しなかった。指示従事の増加が、その子に対してこの方法を用いたことのない指導者に般化するためには、何人の指導者がこの方法を適用しなければならないかを明らかにすることに、デービスは関心があった。一人の子どもについては、2 名の指導者がこの方法を適用した後に行動が般化し、もう一人の子どもについては、3 名の指導者がこの方法を適用した後に般化が見られた。この研究の結果は、図 19 - 2 に示した。

　ホーナーは、**代表例教授法**（general case programming）と呼ばれる般化促進方略を考案している（Horner, Sprague, & Wilcox, 1982）。**代表例教授法は、関連する刺激事態と反応バリェーションの範囲を代表する複数の指導事例（刺激事例）を用いること、と定義されている。**ニーフらは、代表例教授法を用いて、知的障害のある成人に洗濯機と乾燥機の使い方を指導した（Neef, Lensbower, Hockersmith, DePalma, & Gray, 1990）。何人かの対象者にはさまざまな機種の洗濯機と乾燥機の使い方を教え、異なる操作方法をすべて習得させた。別の何人かには、洗濯機と乾燥機それぞれ 1 台の操作方法を習得させた。さまざまな機種で指導された対象者は、単一の製品で指導された対象者よりも、未知の製品の操作がうまくできたことが明らかになった。言い換えると、代表例教授法の適用によって、スキルが般化しやすくなったのである。

共通の刺激を組み入れる

　般化を促進するためのもう 1 つの方略は、指導場面に般化環境（標的とする場面）の刺激を組み入れる方法である。別の言い方をすれば、指導場面と般化場面に共通した特徴や刺激があると、般化が起きやすくなるのである。この方略は、関連するさまざまな刺激事態を指導場面に組み入れる方法と似ている。しかしこの方略では、標的場

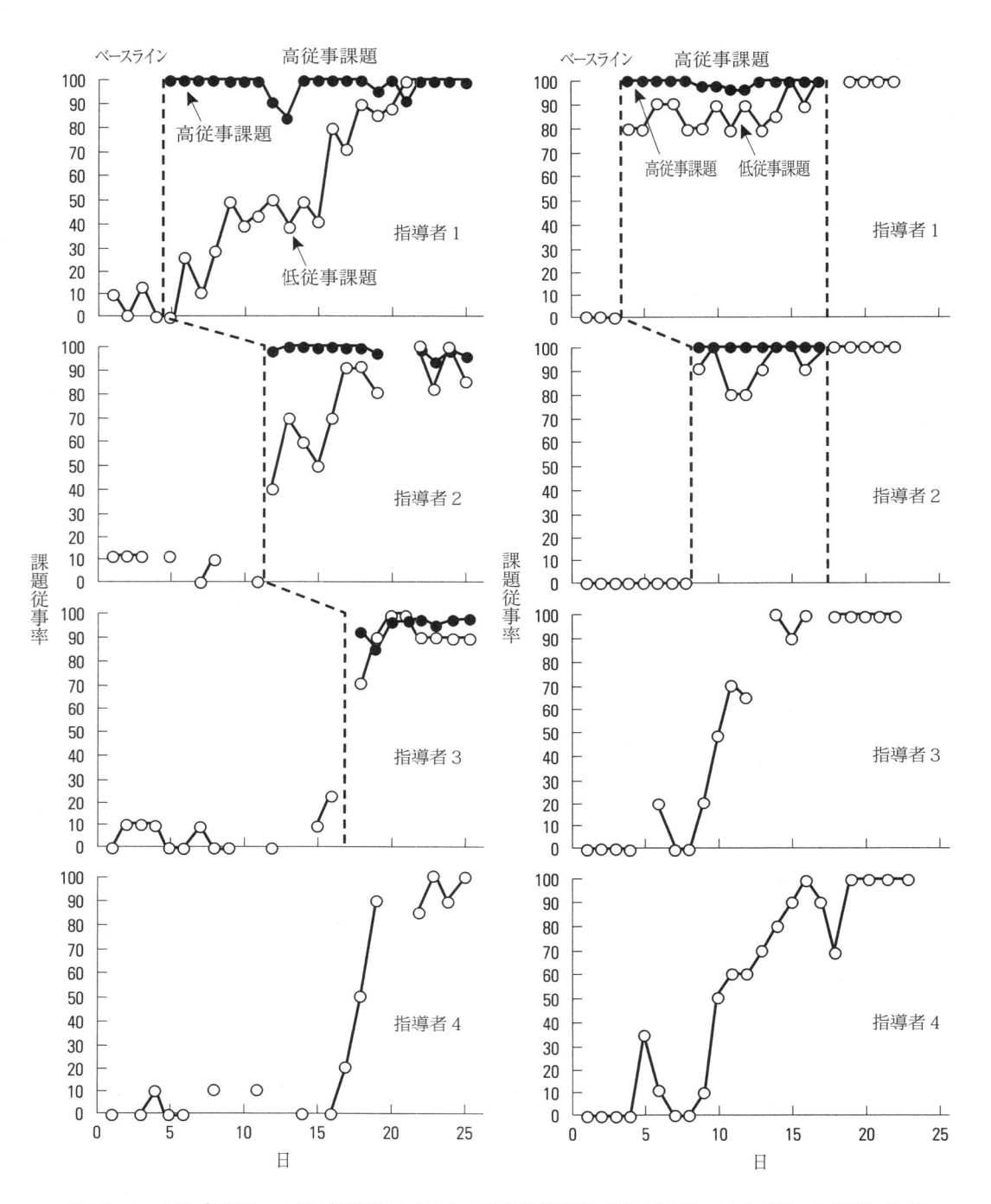

図19‐2　左のグラフは、4名の指導者から与えられる高従事課題と低従事課題に対するポビーの課題従事行動の出現率を示している。著者らは、低従事課題への従事行動を増やすために高従事課題を用いた。このケースでは、3つの刺激事態（指導者達）を使用した後に般化が生じた。右のグラフは、4人の指導者が提示した高従事課題と低従事行動におけるダレンの従事行動の課題従事率を示している。ダレンにおいては、2つ刺激事態を使用した後に般化が生じた。（Davis, C. A., Brady, M. P., Williams, R. E., & Hamilton, R. [1992]. Effects of high probability requests on the acquisition and generalization of responses to requests in young children with behavior disorders. *Journal of Applied Behavior Analysis, 25*, 905-916. Copyright © 1992 Society for the Experimental Analysis of Behavior.）

面のある側面（物理的刺激や社会的刺激）が指導の中で使用される。たとえば、ポチェらは指導で多様な誘いかけを用いていたが、関連する刺激事例や状況を指導の中に組み入れていたのである（Poche et al., 1981）。また遊び場以外で指導したときには、共通の物理的刺激（誘拐が起こりそうな場所）を指導場面に組み入れていたのである。

Q. マルシアの主張スキルの般化を促進するために、ミルズ博士は指導セッションの中に共通の刺激をどのように組み入れることができるか？

もし、ミルズ博士がマルシアの実際の職場でロールプレイを行い、主張スキルのリハーサルをさせれば、共通の刺激（職場環境）を組み入れることになる。この方略の論理は、標的場面の刺激が指導中に行動の刺激性制御を持つようになる、というものである。指導後に標的場面でその刺激が提示されたときに、その行動が生起しやすくなる。

社会的スキル指導において、指導セッションに時々他のセラピストやアシスタントが参加することによって、クライエントは未知の人とのスキルのリハーサルができる。たとえば、女性とうまく付き合うスキルを身につけようとしている男性クライエントと、女性セラピストがロールプレイを行う。もし、セッションで会った別の女性とロールプレイでうまくスキルを遂行できれば、女性を紹介される他の場面（パーティなど）でスキルの般化が起きやすくなる。この場合、指導場面に組み入れる共通刺激は、以前にそのクライエントに会ったことのない女性である。

機能的に等価な多様な反応を教える

指導場面に多様な刺激事例や共通刺激を組み入れることに加えて、クライエントにとって同じ結果がもたらされる多様な反応を教えることも有効である。同じ結果事象をもたらす異なる反応は、**機 能 的 に 等 価 な 反 応**（functionally equivalent responses）と呼ばれる。言い換えると、それぞれ異なる反応がその人に同じ作用を及ぼすのである。たとえば、知的障害のある人に自動販売機の使い方を教えるときに、販売機を操作するための

多様な反応を指導する。品物を選ぶ際、ある販売機ではボタンを押し、ある販売機ではノブを引く。しかし、どちらの反応も同じ結果事象をもたらす。両方の反応を教えれば、指導後にさまざまな販売機を使える可能性が高くなる。つまり、般化しやすくなる。

これまで述べてきたように、代表例教授法はスキルに関連するさまざまな刺激や反応のバリエーションを抽出し、自然な場面で必要とされるすべてのバリエーションを対象者に習得させる。スプラーギュとホーナー（Sprague & Homer, 1984）は代表例教授法を用いて、知的障害のある青年に自動販売機の使い方を指導した。他の指導法を用いたときよりも、代表例教授法を用いたときの方が、般化が生じやすかったことが明らかになった。代表例教授法によって、対象者は利用可能なすべての自動販売機の操作に必要なさまざまな反応をすべて習得したのである。

もう 1 つの例を考えてみよう。社会的スキル指導では、多様な場面で用いるさまざまなスキルを学習する。そして、同じ結果事象をもたらすいくつかの異なる反応を習得させる。たとえば、恥ずかしがり屋の青年が、女性をデートに誘うためのいくつかの異なる方法を習得する。ある特定の場面で 1 つの誘い方に失敗しても、もう 1 つの方法は成功するかもしれない。もし 1 つの方法しか習っていなければ成功しないかもしれないし、そのスキルは別の女性や別の場面には般化しないかもしれない。主張訓練においてマルシアは、不当な要求に多様な方法で「嫌です」と言うことを習得した。ある主張反応がうまくいかなくても、成功するまで次々に別の主張反応をやってみることができる。

自然な環境内で行動の手がかりを提示する

般化を促すもう 1 つ方略は、標的行動が正しい刺激状況で生起する可能性を高めるために、自然な環境内で行動の手がかりやリマンダーを提示することである。行動分析家（もしくはスーパーバイザー）は、自然環境を構成する刺激状況がその行動に対する刺激性制御を十分に持たない場合、追加の手がかりによって行動が喚起されることを

354

期待して、自然な環境内でその手がかりを提示する。たとえば、駐車サービスの係員は施設（たとえば、ホテルやレストラン）の入り口から離れた駐車場まで、客の車を運転する。安全上の理由から、彼らは客の車を運転する際にシートベルトを着用するよう研修を受けている。しかし、彼らは常にシートベルトを着用しているわけではないため、スーパーバイザーが係員にシートベルトの着用を促すために言語プロンプトを提示することで、係員が仕事中にシートベルトを着用することを増やすことができた（たとえば、Austin, Sigurdsson, & Rubin, 2006）。

別の例を考えてみよう。障害者のグループホームで働き始めると、職員は決まった方法とタイミング（調理の前、トイレを使用した後）で、手を洗うように研修を受ける。手洗いが自然な環境に般化して、必要な状況のすべてにおいて生起することが期待されている。般化を促すために、グループホームのマネージャーは、手洗いの手がかりとしてリマインダーとなる目印シールをトイレと台所に貼った。手がかりとしての目印シールの使用は看護師の手洗い（Creedon, 2005）、自動車に乗る際のシートベルトの着用（Rogers et al., 1988）、職場の安全行動（Fellner & Sulzer-Azaroff, 1974）のように多くの行動の般化を促すために使用されている。

般化を促すために自然環境の中で手がかりを提示するもう1つの方法は、電子機器を使ってブザー音や振動を与えて、親・教師・職員に適切なタイミングで適切な行動をとるように思い出させることである。たとえば、クラインエントに肯定的な関わりをもつように指導された職員は、肯定的な関わりをもつことを思い出せるように、60秒ごとに振動するポケットベルを着用するように言われるかもしれない（たとえば、Mowery, Miltenberger, & Weil, 2010）。同様に、行動プログラムを実施するように指導された教員は、正しいタイミングで介入プログラムを実行できるようにリマンダーとして、ポケットベルの振動や携帯電話の文章メッセージを受け取ることもできる（たとえば、Petscher & Bailey, 2006）。

重要なことは、手がかりやリマインダーによって正しい行動が喚起され、標的行動の般化が促進

されるかもしれないが、その行動が維持されるためには、自然環境においてその行動に強化子が随伴しなければならないということである。

自己生成般化媒介刺激を組み入れる

ストークスとオスネス（Stokes & Osnes, 1989, p.362）は、般化の媒介刺激を「介入の一部としてクライエント自身によって媒介され維持される刺激」と定義した。媒介刺激（手がかりやリマインダー）には、物理的な刺激や人によって示される行動がある。**媒介刺激は標的行動に対して刺激性制御を持つため、指導場面以外の場面に媒介刺激が存在していれば標的行動が般化しやすくなる。**たとえば、親が育児講座に出席してノートを取ったとする。後でそのノートを見ながら、自分の子どもにその方法を実践する。この場合、ノートが**自己生成般化媒介刺激**（self-generated mediator of generalization）であり、家庭場面への養育スキルの般化を促進したのである。同じようなこととして、「子どものよいところを見つけて褒めなさい」「ささいな問題は無視しなさい」などのいくつかのルールを講座で教えられて、親は記憶する。後ほど家庭でこのルールを繰り返して口に出して唱えることによって、子どもが望ましい行動をしたときに褒めるようになり、小さな問題はいちいち注意しなくなる。自分で暗唱するこのルールが、養育スキルの自己生成般化媒介刺激となる。基本的に、親は自分自身に手がかりやリマインダーを提示して正しいタイミングで正しい行動に従事している。

自己記録（self-recording）は、**自己生成般化媒介刺激の1つである。**たとえば、ある若い女性が吃音の問題を心理士に相談した。治療は心理士から調整呼吸法（regulated breathing technique）を習い（第21章）、それを毎日練習することであった。彼女は、セッションでは調整呼吸法ができたが、セッション以外での練習はうまくいかなかった。般化を促進するために、心理士は、セッション以外の場面で自己記録をさせた。職場の机の上や自宅の冷蔵庫の前に記録用紙を置かせ、練習するたびにその用紙に記録させた。記録用紙の存在と自己記録の行為が、セッション以外の場面

参考：社会的スキルの般化

　スキルを指導する際は、常に指導セッション時にスキル習得の状況を測定すること、またスキルが必要とされている状況での般化を測定することが重要である。デュシャームとホルボム（Ducharme & Holborn, 1997）の研究では、指導後に社会的スキルの般化を測定することの重要性を実証している。著者らは未就学の子どもに社会的スキル（適切に共有して遊ぶなど）を指導し、指導前後で指導場面と般化場面（子どもが社会的スキルを行う必要がある別の教室）でスキルを測定した。結果は、子どもは社会的スキルを習得し指導場面ではそれを使用できていたが、異なるおもちゃや教師がいる他の教室へは般化しなかった。著者はその後、般化を促す方略（たとえば、自然環境とより関連のある刺激状況を指導に取り入れたり、般化状況により似た状況を設定する）を実施し、スキルが新しい状況に般化した。この研究と他の研究（たとえば、Hughes, Harmer, Killian, & Niarhos, 1995）によれば、スキルの般化を確実に起こすためには、般化場面のアセスメントを実施した上で介入を計画されなければならないことを示している。

での練習頻度を高める自己生成般化媒介刺激となった。

　自己教示は、もう１つの般化媒介刺激である。自己教示をすることが、適切なタイミングで適切な行動を行う手がかりとなる。前述の親たちは、育児講座で習った養育スキルを行うために、自己教示を用いた。自己教示は、養育スキルを家庭に般化させる手助けとなった。前の例で、ナオミが仲間からの挑発に「無視して、離れて、トラブルに近づかない」と自分に言い聞かせているときにも、自己教示が用いられている。自己教示を暗唱することによって、けんかから離れる行動の生起頻度を高めた。自己教示の暗唱によって、カウンセラーとのセッションから、実際の仲間との問題場面に、標的行動の般化が促進されたのである。

　標的場面において適切な行動の手がかりとなるすべての行動を、自己生成般化媒介刺激と見なすこともできる。第 16 章で検討した先行子操作のいくつかも、自己生成般化媒介刺激と考えられる。というのは、ある行動の生起が適切な場面において他の行動に影響を与えるからである。たとえば、キャルが健康的な食べ物の買い物リストを作成したとき、そのリストは健康的な食べ物を買いやすくする自己生成般化媒介刺激となる。第 20 章で、自己生成般化媒介刺激についてもっと詳しく論議する。

般化促進方略の実施

　行動変容法の実施前、実施中、実施後に、それぞれ行動変化の般化を検討することが重要である。**般化促進方略の実施にあたっては、以下のガイドラインに従うとよい。**

　１．**標的となる刺激場面を特定する**：行動変容プログラムの目標は、関連するすべての刺激場面に行動変化を般化させることにある。言い換えれば、新しい行動を形成したり、既存の行動の生起頻度を高める場合、その行動が適切なタイミングで適切な環境（標的となる刺激場面）において生起するようにすることである。それらの場面への般化を促進するためには、指導を開始する前に標的となる刺激場面を特定しておく必要がある。行動に関連する場面が明らかになれば、それらの場面で行動の生起頻度を高める般化方略を実施することができる。指導前に標的となる刺激場面が明確になっていなければ、般化の機会を逸してしまう。

　２．**自然な強化随伴性を特定する**：標的行動に対する自然な強化随伴性を明らかにすると、その強化随伴性に合った行動の生起頻度を高めること

を指導の焦点とすることができる。前もって随伴性が分析されていなければ、標的行動が指導場面以外で機能しないかもしれない。その結果、般化がほとんど起きなくなってしまう。

　３．般化を促進するために適切な方略を実施する：指導場面以外の場面での行動を三項随伴性で分析することによって、般化を促進するための適切な方略を選ぶことができる。

　般化すべき場面を分析することによって、般化場面にある多様な刺激を指導場面に組み入れることができる。加えて、指導場面に組み入れる共通刺激を選択したり、般化を促進するための媒介刺激を選ぶことができる。また、指導を行う前に般化場面を分析することによって、般化が起きたときにそれを見逃すことなく、確実に強化子を提示することができる。

　既存の強化随伴性を分析することによって、最も強化されやすい行動を選ぶことができる。強化随伴性に最もつながりやすいスキルを指導するこ

とによって、それが般化する可能性も高くなる。また、般化を促進するために自然な強化随伴性や弱化随伴性をいつどのように変えるかを決める際にも、既存の随伴性を分析しておく必要がある。

　４．行動変化の般化を測定する：般化を促進する方略がうまくいったかどうかを見きわめるためには、般化すべき場面における標的行動の生起に関するデータを収集する必要がある。もし般化場面に標的行動が般化した場合には、般化した行動が長期にわたって維持されるように般化場面での定期的な行動評価を継続する。また、般化場面で行動が強化され続けるかどうかを確かめるために、自然な随伴性についても時々評価しておくべきである。もしこの評価によって、標的場面に行動が般化していないことが明らかになった場合には、般化を促進するためにさらに別の方略を実施し、般化と維持の証拠が示されるまで、標的行動と自然な随伴性に関する評価を続けるべきである。

問題行動の減少の般化を促進する

　問題行動への介入の成果は、クライエントの生活機能が向上することである。**生活機能の向上とは、問題行動が減少したり起きなくなることだけを意味しているわけではない。もっと重要なのは、新しいスキルが形成され維持されることによって、あるいは既存の代替行動の生起頻度が増えることによって、正の強化の回数が増すことである。**たとえば、小学校３年生のワレンは、クラスメートとよくけんかをしていたので、周囲から乱暴な子どもと見なされていた。彼に適切な社会的スキルが形成され、それらのスキルを仲間との関わりの中でいつも発揮し、仲間から社会的強化を受け、けんかをしなくなったときに、行動変容法は成功したと言える。ワレンの問題行動（けんかをする）をなくすことは、介入に期待される成果の１つにすぎない。社会的スキルを高め、仲間からの社会的強化を増やすことも、期待される成果である。そのことによって、ワレンの生活の質が向上し、問題行動の再発防止につながるからである。

　問題行動への介入が成功したと言えるもう１つ

の成果は、介入が終結した後も、関連するすべての場面で行動変化が般化していくことである（Horner, Dunlap, & Koegel, 1988）。先の例では、ワレンが適切な社会的スキルを発揮し、学校、家庭、友達の家、近所の遊び場、キャンプなど、仲間と関わるすべての場面でけんかをしなくなったときに、般化が達成されたと言える。また、介入が終結した後も、長期にわたってすべての関連する場面で適切な社会的スキルが発揮され、けんかを我慢できるようになれば、その介入は成功したと言える。

　問題行動の減少の般化を達成するためには、問題行動に代わる社会的に適切で機能的に等価な代替行動を形成することに、力を注ぐ必要がある（Carr et al.,1994; Durand, 1990; Reichle & Wacker, 1993）。機能的に等価な代替行動が形成されると、以前に問題行動が起きていたすべての場面で、その代替行動が生起しやすくなり、また強化を受けやすくなる。問題行動を減らすために消去や弱化だけを用いた介入計画では、問題行

動の減少の般化は期待できない（Durand & Carr, 1992）。それは、問題行動が起きていたあらゆる場面で消去や弱化を行うことが難しいため、時々問題行動が強化されるという状態が続くからである。また、問題行動が機能的に等価な行動に代わっていかなければ、以前に強化されていた場面で問題行動は引き続き起きやすくなる。

適切な代替行動の形成と増加に焦点を当てることは、問題行動への建設的（construction）アプローチとして知られている（Goldiamond, 1974）。そのアプローチの目的は、対象者にとってより適切で機能的な行動レパートリーを形成することにある。行動レパートリーの形成とは、機能的スキルを教え、自然な文脈でそれらの行動の生起を強化することである。建設的アプローチによって望ましい代替行動の増加に焦点が当てられたとしても、問題行動が対象者にとって機能的でなくなるまで、問題行動の消去（しばしば弱化）も長期にわたって続ける必要がある（Wacker et al., 1990）。問題行動が強化されなくなれば、期待される代替行動が問題行動に置き換わりやすくなるはずである。

問題行動の減少の般化を達成するためには、次のガイドラインに従うとよい（Dunlap, 1993）。

1．問題行動の機能的アセスメントを実施する：これまで見てきたように、機能的アセスメントは常に、問題行動に対処するための最初のステップとなる。問題行動と代替行動の先行事象と結果事象を十分に理解することが、行動変容法による介入の成功の鍵となる。きちんとした機能的アセスメントは、行動変化の般化の計画立案のためにも必要である。行動が生起するすべての場面で適切な介入を計画・実施するためには、機能的アセスメントによって得られた情報が重要な資料となる。

2．般化をあらかじめ計画する：問題行動への介入では、問題行動の減少の般化を最大限にするために、開始時点から般化のための方略を計画しておくべきである。介入計画を立てる際に、般化を促進する方略を組み入れておく必要がある。本章では、8つの般化促進方略を紹介した。これらの中で対象者の問題行動に適用できるすべての方略を、問題行動の減少の般化を達成するために実施すべきである。

3．問題行動と置換する機能的に等価な代替行動に焦点を当てる：問題行動の減少が最も般化しやすいのは、問題行動と同じ機能を持つ社会的に適切な代替行動が形成され、それが般化する場合である（Carr, 1988）。ワレンは望ましい社会的スキルを習得し、仲間から社会的強化を受けるようになったため、ほとんどけんかをしなくなった。もし、社会的スキルが仲間と関わるすべての場面に般化すれば、それらすべての場面で問題行動が減少することになる。

4．どの場面でも常に消去（あるいは弱化）随伴性を維持する：問題行動が続いている間は、あらゆる場面で問題行動の強化子を撤去する（できるだけ少なくする）ことが重要である。もし消去（あるいは弱化）の随伴性が中途半端に中断されると、問題行動がより頻繁に起きるようになる危険がある。行動変容法の開始以前に問題行動には長い強化の歴史がある。そのため、たとえ問題行動の頻度がゼロにまで減ったとしても、以前、その行動に強い刺激性制御が働いていた状況では再び問題行動が生起するかもしれない（自発的回復）。もし自発的回復が生じ、消去（あるいは弱化）が早くに中止されていたり、一貫した形で実施されてない場合には、問題行動が強化され、再び問題行動の生起が増加しやすくなる。

まとめ

1．表 19 - 1 に般化促進方略を示した。それらの方略には、指導中に用いる刺激、指導される行動の範囲、般化場面の強化随伴性の操作が含まれる。

2．指導対象の行動が般化場面の自然な強化随伴性に合うものであれば、その場面への般化は起きやすくなり、維持されやすくなる。

3．指導で用いられる刺激が般化場面の刺激と同

じであれば、般化場面で標的行動に刺激性制御を及ぼすようになる。指導場面の刺激が般化場面の刺激に類似しているほど、般化場面に行動が般化しやすくなる。

4. もし、異なる多様な行動がすべての般化場面で強化事態をもたらすものであれば、それらの行動は般化場面に般化しやすくなる。また、望ましい行動が般化場面において問題行動と同じ強化事態をもたらすのであれば、その望ましい行動は般化場面で起きやすくなる。

5. 問題行動の減少の般化を促進するためには、問題行動の先行事象や強化子を特定するために機能的アセスメントを実施し、本章で紹介した8つの般化促進方略を用いてあらかじめ般化計画を立案し、問題行動に代わる機能的に等価な代替行動に焦点を当て、またどの場面でも常に消去や弱化を行わなければならない。

キーワード

機能的に等価な反応
代表例教授法
般化

自然な強化随伴性
自己生成般化媒介刺激
刺激事例

練習問題

1. 般化とは何か？　行動変容プログラムではなぜ般化が重要か、説明しなさい。

2. 本章で紹介したもの以外で、般化の例を挙げなさい。また、般化の失敗例も挙げなさい。

3. 本章では、8つの般化促進方略を紹介した。それぞれの方略について説明しなさい。また、それぞれの例を示しなさい。

4. 般化促進方略の1つは、般化した標的行動を確実に強化することである。もう1つは、自然な強化随伴性に合致するスキルを指導することである。どのような場合にそれぞれの方略を選ぶべきか、またその理由を述べなさい。

5. 知的障害のある子どもに、水道の蛇口から水を飲む方法を教えている場面を想定しなさい。指導中に用いる刺激事例の種類と反応のバリエーションを述べなさい。

6. 代表例教授法とは何かを説明し、その例を挙げなさい。

7. 般化を促進するために、機能的に等価な行動を教えることが重要である。その理由を述べなさい。

8. 般化を促進する指導において、どのように共通刺激を用いるかを説明しなさい。

9. 行動変容プログラムを開始する前に、自然場面における行動を三項随伴性によって分析することが重要である理由を説明しなさい。

10. もし、標的行動の自然な強化随伴性が存在しないとしたら、般化を促進するために何をしたらよいか？

11. 般化を促すために自然な環境において提示できる手がかりにはどのようなものがあるか、例を2つ述べなさい。

12. 授業で学習したスキルの般化を促進するために、自己生成般化媒介刺激をどのように用いることができるか述べなさい。

13. 問題行動に対する建設的アプローチとは何か、説明しなさい。

14. 問題行動の減少の般化とは何か、説明しなさい。

15. 問題行動の減少の般化を達成するための4つのガイドラインについて、説明しなさい。

16. 問題行動の生起頻度がゼロになった後も、消去（あるいは弱化）の随伴性を続ける必要があるのはなぜか、その理由を説明しなさい。

適用例

1. あなた自身の自己管理プロジェクトによって得られた行動変化の般化と維持を促進するために、あなたが用いる方略を述べなさい。般化方略を選び、それをどのように実施するかを述べなさい。

2. ナイトコーチは、試合で使う新しい戦術を自分のバスケットボールチームに教えようとしていた。戦術を図で示し、それぞれの選手がすべきことを教えた。次に、正確に実行できるまでチームで練習をした。試合で正確にプレーできるよう般化を促進するために、コーチが適用できる方略を説明しなさい。

3. 行動変容法を専門とする教授が、知的障害のある子どもにスキルを教えるための漸減型ガイダンスの適用方法を講義している。受講している学生が障害のある子どもと関わるときに漸減型ガイダンスをうまく使えるように、教授が用いることのできる般化促進方略を述べなさい。

4. あなたの友人である特別支援学級の教師が、クラスの生徒に言葉を教えている。地域生活のために覚えなくてはならない重要な言葉（たとえば、入口、出口、進め、止まれ、入れる、男、女）を、それぞれフラッシュカードにした。彼女は単語の読み方を教えるために、プロンプト・フェイディングを用いている。般化を計画する際の参考になるように、友人に与えるアドバイスを述べなさい。

5. ハイジは、乱暴な言葉を言わないことを目標とした自己管理プロジェクトを実施している。ポケットに入れたメモ帳に印を付けて、毎日、乱暴な言葉を言った頻度を自己記録した。乱暴な言葉を言わなくなるまで、毎日その頻度を減らすために、自分でその日の目標を設定した。目標を上回った日には、台所に置いた瓶に2ドル入れるようにした。週末にルームメートがそのお金を数え、慈善団体に寄付した。このレスポンスコストに加え、行動変容法の授業を受けている友人に、乱暴な言葉を使っているのを聞いたら注意してくれるように頼んだ。ソフトボールをする日を除いて、彼女は目標を毎日達成できるようになった。ソフトボールの日は、試合後に輪になって反省をする際に、よく乱暴な言葉でののしったりしていたのである。ソフトボールの日に乱暴な言葉を言わないようにするために、ハイジが用いることのできる般化促進方略を述べなさい。

6. メルビン教授は、普段から無作法で言うことも辛辣であったため、職員たちから嫌われていた。彼女はけっして笑わず、職員と会話することもなかった。職員に何かを頼むときも、「お願い」とか「ありがとう」と言うこともなく、命令口調で指示していた。職員は教授をイライラさせないように、いつも自分のしていることを中断し、すぐに教授の仕事をした。もし、他の仕事や締め切りを理由に、今すぐには仕事に取りかかれないと言ったら、教授は職員が指示に従うまで何度も自分の要求を繰り返した。頼んだ仕事が正確でなかったり、締切に合わなかったときも、怒った口調で辛辣に批判した。そのような形で職員に接するのをやめるようにと学部長から助言された後、教授は心理士に援助を求めた。職員との否定的な関わりを減らし、その行動の般化を確実にするために、心理士が用いるべき介入方略を述べなさい。

間違った適用例

1. 高校野球チームのアンダーソンコーチは、数週間にわたって難しいボールを生徒たちが打てるように指導をしてきており、彼は部員たちに実戦での投球に対する準備をさせようと考えた。コーチは最初、その地区で最も強いチームと練習試合をすることを計画した。そのチームには、アンダーソンコーチのチームよりも上手な選手がそろっていた。ピッチャーは、シーズンを通して対戦するチームの中でも、最も素晴らしいピッチングをしていた。コーチは、最も強いチームと最初に対戦することが選手にとってよいことであると考えていた。選手のバッティング・スキルの般化を促進するためにコーチの取った方略の、よい面と悪い面を挙げなさい。

2. ノーラン博士は、地域のグループホームやアパートで暮らす知的障害のある人を対象に、怒りのマネジメントに関する集団指導を行っている。集団セッションにおいて、博士は怒りのマネジメント方略（たとえば、リラックス法、自分自身に言葉をかけることによって気持ちを落ち着かせる方法、その場を立ち去るなどの対処方法）を説明し、それぞれの方略のモデルを示し、複数のロールプレイですべての参加者にスキルをリハーサルさせた。各リハーサルの後、参加者にフィードバック（強化と改善への教示）を与えた。指導の開始時に、怒りをコントロールすることが難しい場面を明らかにするよう参加者に求めた。そして、それらの場面を指導のロールプレイで用いた。指導中に、グループの特定の人々の間で互いに感情的なトラブルが発生することもあった。その場合は、その特定の参加者に、互いにロールプレイで怒りのマネジメントスキルを練習させた。10 セッションが行われ、すべての参加者が各セッションに積極的に参加できるように促した。博士は、般化を促進するためにどんな方略を用いているか？　それとは別に他にどんな方略を用い

ることができるか？

3. コミュニティカレッジで、パソコンの入門コースが開講された。コースの要項によると、学校、職場、家庭でパソコンを使えるように、その基礎を学ぶことをねらいとしていた。コースは週 2 回で 10 週間にわたって開講され、文章の作成、表計算、簡単なグラフと統計が教えられた。パソコン教室には Mac のパソコンと Mac 用のソフトが用意された。受講生は、履修内容を教室のパソコンで練習した。このコースでは、般化を促進する重要な方略が見落とされているが、それは何か？

4. アンジーは 8 歳で、小学校 2 年生である。現在、問題行動のある児童を対象としたクラスで学んでいる。クラスには 10 名の児童、1 名の教師、1 名の補助教師がいる。アンジーの問題行動は、他の児童の物を取る、いやな顔をしたり小突いたりして他児童をいじめる、髪の毛や服を引っ張る、などであった。問題行動は、自習時間に教師の注目が他の児童に向けられているときに起きていた。アンジーの問題行動を維持している結果事象は、相手の子どもが泣いたり「やめて！」と言うことや、教師が不適切行動を叱るといった、他の児童や教師から向けられる注目であった。教師は問題行動に随伴して 5 分間、他の児童から離して教室の後方の席に座らせるタイムアウトを実施した。この介入は、般化を促進するためには不十分であるといえるが、その理由は何か？　あなたが行動変化の般化を促進するために、この介入の他にどんな方略を適用するか？

5. ペイジは重度知的障害のある 10 代の女性で、両親と暮らしている。今年高校に入学した。高校は自宅から近いため、両親は徒歩通学をさせようとした。ところが、徒歩通学の練習をしているとき、ペイジは左右を見ないで交

差点を横断しようとした。両親は、確認なしに交差点を横断する行動をなくし、代わりに交差点の前で立ち止まり、信号を見て、さらに左右を確認して、青信号で交差点に車が通っていないときに渡るようにしたかった。彼らは、自宅と学校の間の信号で練習した。ペイジが交差点に差しかかると、適切な行動を行うように両親はプロンプトを与えた。左右を確認しないで、あるいは青信号が点灯していないときに交差点を渡ろうとしたときは、「ダメ」と強く言い、ペイジの腕をつかみ、両親が近くにいなくても左右を確認しないで渡ろうとすることがなくなるまで、少しずつプロンプトをフェイディングしていった。般化を促進するためには、この道路横断指導が不十分な理由は何か？　般化を促進するため両親は何をすべきか？

その他の方法

第20章　自己管理

学習のポイント
- ■ 自己管理の問題をどう定義するか？
- ■ 自己管理とは何か？
- ■ ソーシャルサポートとは何か？　ソーシャルサポートは、自己管理の一部としてどういう点が重要か？
- ■ 自己管理の手続きには、どのような種類があるか？
- ■ 自己管理プログラムのステップには、どのようなものがあるか？

　本章では、自分自身の行動を変えるために用いられる行動変容法について述べる。多くの場合、行動変容法は介入実行者（保護者）が他の人の行動を変えるために用いられる。たとえば、知的障害がある人々の支援者、子どもの行動を変容させようとしている保護者などによってである。**自分自身の行動を変えるために行動変容法を用いる場合、その技法は自己管理（self-management）と呼ばれる。**

自己管理の例

マレーに継続的にジョギングさせる

　マレーはここ2～3年、毎週5日、5～8kmのジョギングをしていた。こうした運動をすることで、体重や血圧は適正値に保たれ、健康状態もよかった。そして、健康を維持するために、これからもずっとジョギングを続けようと思っていた。ところが、大学を卒業してフルタイムの仕事に就いた途端、ジョギングの時間を取れないことが徐々に増えてきた。仕事から帰宅すると疲れと空腹のため、テレビの前に座り込んでお菓子を食べるようになった。食べ終わると、走る意欲がなくなってしまっていた。マレーはそんな状態を何とか変えることにした。そのとき、マレーは大学の行動変容法の授業で自己管理について習ったことを思い出し、それをやってみることにした。

　マレーはまず手始めにパソコンで記録用紙を作った。この記録用紙は1週間で1枚使い、日付、走った時間と距離、その日の目標距離を記入する

ようになっている。週の初めに、その週の1日ごとの目標距離を記入した。週5日間、毎日8km走ることを最終目標にした。初めは、週に3日間、毎日5km走ることを目標とした。まずは走る日数を徐々に増やし、その後は距離を徐々に長くし、週5日間、毎日8km走る最終目標に近づけることとした。毎日、走り終わって帰宅したときに、走った時間と距離を記録用紙に記入した。記録用紙はいつでも見ることができるように、自宅の自分の机の決まったところに置くようにした。

　マレーは週ごとに走った距離を集計し、グラフも作った。グラフにはまず週の目標距離を記入しておき、週末には実際に走った距離の合計をプロットするようにした。そして、このグラフを机の前のコルクボードに貼っておき、いつもジョギングのことを覚えておくようにした。図20-1と図20-2に、この記録用紙とグラフを示した。

　次に、仕事が終わった後にジョギングしやすいように、午後3時の休憩時間におやつを食べるよ

曜日	日付	時間	距離	目標距離
月				
火				
水				
木				
金				
土				
日				

© Cengage Learning®

図20-1　マレーが毎日のジョギング行動の記録に用いた記録用紙。曜日ごとに、日付、走った距離と時間、事前に決めておいた目標距離を記入する欄がある。

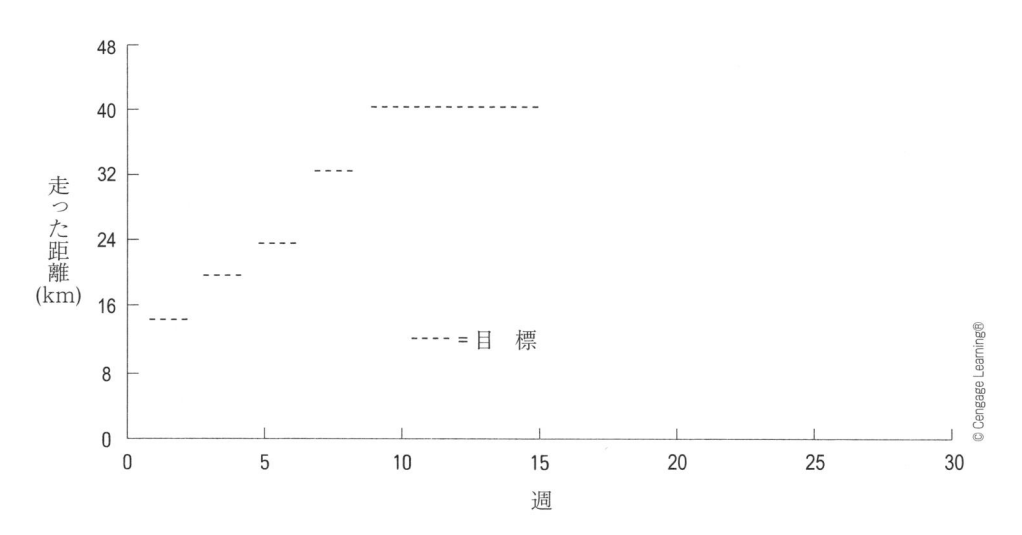

図20-2　マレーが走った距離を週ごとに示すグラフ。グラフ上の ┈┈┈┈ は事前にマレー自身が設定したその週の目標距離である。

うにした。こうすることで、仕事が終わった時に空腹にならないようにした。空腹でなければ仕事が終わった直後に食べることはなくなり、その代わりにジョギングがしやすくなる。

また、一緒に走ってくれる人を見つけることも計画に入れた。地域のジョギングクラブに入り、近所で、仕事の後にジョギングをしている人たちと知り合いになった。その人たちと一緒に走る計画を立てることで、ショギングが自分だけのものではなく、ある面で公的な意味合いを持つようになった。これによりジョギング仲間からソーシャルサポートを受けることにつながった。走ってい

る時に新しい友人と一緒の時間を過ごすので、ジョギングはさらに楽しいものになった。

アネットに整理整頓を教える

アネットは大学の近くのアパートに、友人のシャノンと住んでいた。2人は大学1年のときから、友達付き合いをしていた。2年生になったときに、2人で今のアパートに引っ越した。1学期が終わって、シャノンは、アネットがあまりに散らかし放題にするため苦言を呈した。アネットは使った食器をその辺に置いたままにし、食べ物も冷蔵庫や棚に戻さずそのままにし、食器も洗わず、洗面所にも自分の物を散らかしたままにしていた。アネットが使ったものはいつもシャノンが片付けていた。アネットの部屋も散らかり放題で、シャノンはそんな部屋の様子を見たくないので、アネットの部屋のドアをいつも閉めていた。シャノンの苦情を聞いたアネットは、このまま散らかり放題にしているとシャノンとの友達関係にひびが入ると思い、自分自身の行動を変えることとした。アネットは自己管理のさまざまな方法をやってみることにした。

まず、自分が使った物を片付けることを思い出すために、台所と洗面所に貼り紙をした。1枚は洗面所の鏡に貼っておき、もう1枚は台所の冷蔵庫に貼った。その紙には、「アネット、今すぐ片付けなさい！」と書いてあった。

次に、片付けやすいように紙コップと紙皿を買ってきた。それから、料理で残った食材を冷蔵庫や棚に戻さずにすむように、食材を一人分ずつ小分けした。化粧品を全部入れるカゴも買ってきて、洗面所の棚へ出し入れしやすくした。

さらに、自分が台所、洗面所、リビングを散らかしたままにしていたら、そのつど、罰金として2ドルを支払うという契約をシャノンと結んでサインした。この契約書には、どういったことが散らかり放題にあてはまるかも明記した。また、記録用紙を台所に置いて、自分の行動をチェックした。散らかったままにしたときがあったら、そのつど記録用紙に記録した。散らかったままと記録された後に、アネットがそれを片付けたら、1ドル返してもらえるようにした。一方で、アネットが散らかったままにしておいたのをシャノンが見つけて片付けたときには、シャノンはそれを記録し、アネットからの2ドルを没収した。つまり、契約書によってアネットは、散らかったままにしておくとお金を失うが、それを片付けるとその金額が少なくてすむようにしたのである。

最後に、きれいに片付けたのを見たときには褒めてくれるように、シャノンに頼んだ。これにより、アネットが自分で片付けたときに、シャノンから社会的強化を受けるようにした。

自己管理の問題の定義

ここまでで2例の自己管理の問題を取り上げ、その問題に対する自己管理手続きの適用について述べてきた。どちらも行動の不足の問題であり、つまり望ましい行動ができないということであった。望ましい行動とは、その行動をすることによって、将来その人の生活にポジティブな結果がもたらされるものである。しかし、その行動によって将来ポジティブな結果がもたらされるといっても、その行動をして即時に強化されるわけではないし、またその行動と競合する行動が即時強化されてしまうために、望ましい行動が起きないということもよくある。ポジティブな結果は将来起こ

ることであり、望ましい行動が起きたそのときに影響を与えるものではない。マレーの場合、ジョギングの回数や距離が思うようには伸びなかったし、アネットの場合も、散らかした後に片づけることができていなかった。ジョギングはマレーの健康に将来よい効果をもたらすはずだが、現時点では、テレビを見ながらお菓子を食べるという競合行動の方が即時強化を受けていた。散らかしたらきれいにすることは、アネットとシャノンの友達関係を良好にするはずだが、現時点では、散らかったままにして好きなことをする方が即時強化されていた。自己管理の目的は、現状では生起し

表 20 - 1　即時の随伴性と将来の結果から見た自己管理の問題としての行動の不足と過剰

行動の不足	即時の随伴性	将来のポジティブな結果
勉強	強化子がない 反応労力が大きい 競合行動の強化（テレビを見る、パーティへの 　　出席、電話）	優秀な成績 卒業 就職や大学院進学
運動	弱化（筋肉痛）が伴う 反応労力が大きい 競合行動の強化（食べる、テレビを見る、昼寝）	健康増進 減量 よりよい体形
健康的な食事	食事の強化力の低下 健康的な食事を準備する反応労力が大きい 競合行動の強化（スナック菓子を食べる）	健康増進 減量 エネルギーの増強 便秘の改善

行動の過剰	即時の随伴性	将来のネガティブな結果 *
喫煙	即時強化（気分転換、リラックス） 反応労力が小さい 代替行動の反応労力が大きい	肺ガン 肺気腫 心臓病 歯の汚れ
避妊手段を取らない性交渉	即時強化 反応労力が小さい コンドームを使用することによる強化子の減少 　　と反応労力の大きさ	妊娠 HIV によるエイズの診断 その他の性感染症
スナック菓子を食べる	即時強化 強化力が高い 反応労力が小さい 至る所で目につく手がかり（広告）	虫歯 肥満 にきび・吹き出物

© Cengage Learning®

*これらの遅延した結果の多くは、不明確な結果でもある。その理由として、過剰な行動をした人すべてにこうした結果が起きるとは限らないためである。たとえば、喫煙者は全員が肺ガンになるわけではない。しかし、過剰な行動をすることによって、こうした将来のネガティブな結果を受ける可能性は高くなる。

ていないが、将来その人にポジティブな結果をもたらす行動を増やすことである。

　自己管理が対象とするもう 1 つの問題のタイプは、望ましくない行動の過剰である。ある行動をすることによって、将来その人にネガティブな結果がもたらされる場合、その行動は望ましくない行動とされる。行動の過剰としての望ましくない行動の例は、食べ過ぎ、喫煙、アルコール依存、ギャンブルなどである。これらの行動は将来その人にネガティブな結果をもたらすが、その行動の直後に即時強化を受けることによって、あるいはそれと競合する代替行動がないことによって維持されている。ネガティブな結果が生じるのが将来

であるために、行動が生じる時点ではネガティブな結果が望ましくない行動に影響しないのである。自己管理の目的は、過剰な行動を減らしたりなくしたりすることによって、将来ネガティブな結果が起きないようにすることである。

　表 20 - 1 には、自己管理の問題に該当する行動の不足と過剰の例を示した。どの行動も、現時点での即時の随伴性がその行動の生起に影響を及ぼしており、将来の遅延された随伴性はその行動に影響を及ぼしていない。自己管理の問題の多くは、即時の随伴性と将来の随伴性との葛藤状態を反映していると考えることができる（Malott, 1989; Watson & Tharp, 1993）。

参考：即時強化と遅延強化

　行動分析学の研究において、即時強化は遅延強化よりも行動に対してより強力な効果を持つとされている。行動と結果事象の間の遅延が長ければ長いほど、結果事象がその行動に対する強化子として機能する可能性は低くなる。ある研究者はこの現象を**遅延価値割引**と呼び（たとえば、Critchfield & Kollins, 2001）、即時の強化子が遅延された強化子より小さくても、行動に強い影響を与えることを示した。遅延価値割引の概念は自己管理に直接的な示唆をもたらしている。なぜなら、即時の結果事象は遅延された結果事象よりも行動に強い影響をもたらすためである。たとえ遅延された結果事象がその人にとって重要なものであっても（たとえば、健康、成績、癌の回避など）である。自己管理の目標の1つは、望ましくない行動に対する即時強化の影響を克服するために、人に何らかの行動を取らせることである。遅延価値割引の研究では、人がより小さな即時強化よりも大きな遅延強化を選択するようになる手続きが検討されている。こうした手続きには、大きな強化子の遅延時間を徐々に長くすることや、遅延時間を埋めるような活動の生起を促すことなどがある（Dixon & Cummings, 2001; Dixon & Holcomb, 2000; Dixon, Homer, & Guercio, 2003; Dixon Rehfelt, & Randich, 2003）。

自己管理の定義

　自己管理とは基本的には、後で別の行動（標的行動）が生起するように、前もってある行動を行うことである（Watson & Thrp, 1993; Yates, 1986）。スキナー（Skinner, 1953a）によれば、自己管理は制御行動（controlling behavior）と被制御行動（controlled behavior）から成り立つ。**制御行動**とは、標的行動や代替行動の先行事象や結果事象を操作して自己管理を行う行動であり、それによって**被制御行動**（標的行動）が起きやすくなる。上記の例では、マレーはジョギング（被制御行動）をしやすくするために、目標設定、自己監視、職場でおやつを食べる、誰かと一緒に走る、などのさまざまな制御行動を行っていた。アネットの場合も、散らかした後すぐに片付ける行動が起きやすくなるように、片付けるのを忘れないように貼り紙をする、紙コップと紙皿を使う、社会的強化をシャノンに頼む、自己監視、シャノンと契約書を交わす、といったさまざまな制御行動を行っていた。以下では、将来標的行動を起きやすくするための制御行動として行う自己管理のさまざまなタイプを紹介する（Karoly & Kanfer, 1982; Thoreson & Mahoney, 1974）。

自己管理のタイプ

　自己管理では、その人自身が標的行動を決めて定義し、その行動の生起に影響を及ぼすために1つ以上の行動変容技法をアレンジする。これから紹介するものは、自己管理でよく用いられる技法である。

目標設定と自己監視

　自分自身で目標を設定することによって、標的行動が実現する可能性を高めることができる。**目標設定**（goal-setting）では、標的行動の基準レベルと、標的行動を起こすタイミングを書き出す。たとえば、マレーは次の一週間で走る日数と距離を目標設定した。記録用紙に書き込まれた毎日の目標は、その日に走ることの手掛かりとして機能した。見てきたように、マレーは他にも様々な自己管理の方法を行った。目標設定は、単独では必ずしも効果的な自己管理の方法ではないが、自己

監視など他の自己管理の方法と併用すると効果的である（Doerner, Miltenberger, & Bakken, 1989, Suda & Miltenberger, 1993）。たとえば、ワックら（Wack, Crosland, & Miltenberger, 2014）は、運動量を増やしたい人のランニング距離を伸ばすために、目標設定と自己監視の有効性を検証した。ワックらは、毎日または毎週、目標設定し、その目標に対する自己監視を行うことで、すべての参加者がランニング距離を伸ばすことができたことを明らかにした。

目標は達成可能なものを設定する必要がある。 目標が達成可能であれば、望ましいレベルの標的行動を示すことができる可能性が高くなる。目標達成は、自己管理の初期において特に重要である。なぜなら、目標達成は強化随伴性の基準となることが多く、一般的に早期の強化によって、その人がプログラムを継続する可能性が高くなるからである。さらに、目標達成は多くの人にとって条件性強化子である。または、目標達成したときに他の強化子が提示されることで、目標達成が条件性強化子となる可能性がある。

目標設定はほとんどの場合、自己監視と併せて行われる。 自己監視では、標的行動が生起するごとに記録する。これにより、目標に向けた進捗を評価できる。さらに、自己監視は反応性（reactive）を持つことが多い。つまり、自己監視すること自体が、記録している標的行動に有益な変化をもたらすことがある（例：Later & Wilson, 2002）。たとえば，アネットが自分の掃除行動を自己監視し始めたら、他の自己管理の方法を行わなくても掃除行動が増える可能性が高くなる．本章の後の節で説明するように、目標設定と自己監視はいずれも自己管理の実施のステップの1つである。

先行子操作

標的行動を増やしたり減らしたりするための様々な先行子操作については、第16章で紹介した。先行子操作は、自己管理でもよく用いられる。ここで思い出してほしいことは、先行子操作では標的行動の将来の生起する可能性に影響を与えるために、標的行動が起こる前に何らかの環境の調整をする（Epstein, 1996）。第16章で述べたように、標的行動が起きやすくするための先行子操作には、次の6タイプがある。
- 望ましい標的行動の弁別刺激（S^D）や手がかりを提示する。
- 競合する望ましくない行動のS^Dや手がかりを取り除く。
- 望ましい標的行動の確立操作を提示する。
- 競合行動に対する無効操作を提示する。
- 望ましい標的行動の反応労力を減らす。
- 競合する望ましくない行動の反応労力を高める。

Q. これらの先行子操作の詳細について第16章を参照しながら、アネットが散らかした物を片付ける行動を増やすために、どのような先行子操作を行ったかを考えてみよう。

アネットはまず、台所と洗面所に、片付けすることを思い出すための貼り紙をしたり、台所に記録用紙を置いたりすることで、標的行動の手がかりを設定した。次に、紙コップと紙皿を買ってきて、食材を一食分に小分けにすることで、標的行動の反応労力を減らした。そうすることで、片付ける量そのものを減らした。さらに、化粧品などを入れるカゴを買って洗面所に置いたのも、片付ける反応労力を減らすこととなった。カゴに化粧品を入れるのは簡単にできるからである。最後に、ルームメートのシャノンと契約書を交わし、片付けたときに褒めてくれるよう頼んだ。こうした先行子操作によって、アネットが片付ける可能性は高くなったのである。

標的行動を起きにくくする先行子操作は、標的行動を起こりやすくする方法とは逆の方法である（第16章）。すなわち、①標的行動のS^Dや手がかりを取り除き、望ましい代替行動のS^Dや手がかりを提示する、②標的行動の無効操作を提示し、望ましい代替行動の確立操作を提示する、③標的行動の反応労力を高め、望ましい代替行動の反応労力を減らす、という方法である。これらの方法の詳細については、すでに第16章で説明した。

重要なのは、すべての自己管理手続きに先行子操作が含まれているのは、被制御行動である標的行動の前に何らかの制御行動を行うからである。 つまり、自己管理を行う場合、標的行動が起こる

前に、その行動が起きやすいようにアレンジをするということである。先行子操作よりも結果操作を重視した自己管理であっても、その結果操作は標的行動の前にアレンジされている。したがって、専門的には、自己管理自体が先行子操作に含まれていると言える。

行動契約

　行動契約（behavioral contract）は、書面によって標的行動を定義し、所定の期間に所定のレベルで生起した標的行動に対する随伴性を明記したものである。明記された結果事象を与えるのが他者（契約の管理者）であっても、行動契約は自己管理の1つである。というのは、契約書を作るという行動そのものは、標的行動の将来の生起に影響を及ぼすように計画された制御行動だからである。行動契約（第23章参照）では、変えるべき標的行動を特定し、明確な形で定義し、データの収集方法も明記し、契約で定められた特定の期間に達成すべき標的行動の基準レベルも決め、標的行動に影響を与える随伴性を実行する人およびその随伴性を明記する。これらの行動は、行動契約に基づいて行う自己管理としての制御行動である。

　自己管理で利用できる行動契約には、契約に特定の管理者を置かず、自分向けだけの書面にした契約も含まれる。この方法では、上記のように契約書を作るが、契約書に明記された随伴性の操作は自分自身で行う。この自分自身で実施する行動契約も自分の標的行動を変容するために役に立つかもしれないが、契約管理者を置いた方法と比べて効果が下がるかもしれない。

Q. 契約管理者を置かず、自分自身で行動契約書に明記された随伴性を実行する場合に、どのような問題が起こるか？

　問題は、行動契約書に明記された随伴性の操作を自分で実行できない場合に生じる。例として、1日に家庭学習を3時間やることにし、それを守れたら強化子として夕方テレビを1時間見ると、行動契約書に明記した場合を考えてみよう。この場合、家庭学習を3時間しなかった場合でも、夕方にテレビを見てしまうことがあるかもしれない。そうなると、行動契約書に明記された随伴性が守れなくなってしまう。マーチンとペアー（Martin & Pear, 1992）は、これを**随伴性ショート**（short-circuiting the contingency）と呼んでいる。随伴性ショートは標的行動に対する強化子を設定する際に、標的行動を行わなくても強化子となるものを提示してしまうことである。また、随伴性ショートは標的行動に対する弱化子を設定する際に、標的行動が起きた際に弱化子を提示しないことでもある。随伴性ショートは自分だけで行動契約を行うときに必ず起きるわけではない。しかし、その可能性があることには留意しておくべきである。**契約管理者を置くメリットは、契約管理者は明記された随伴性の操作を実行してくれて、随伴性ショートが起きにくいことである。**

強化子と弱化子の設定

　行動契約に類似した方法に、契約書を作成せずに、強化子や弱化子を設定する方法がある。つまり強化随伴性や弱化随伴性を自分自身で設定するということであり、たとえば、朝1時間勉強したときだけ朝食を食べるようにするなどである。朝食をとることを、勉強の強化子としたのである。しかし、強化随伴性を自分自身で実施しているので、この場合も随伴性ショートが起こる可能性がある。朝1時間勉強せずに朝食をとることも、しようと思えばできてしまう。随伴性ショートが起こる可能性のあることが欠点ではあるが、自分自身で随伴性を設定する長所は他の人の助けを借りずにすむという点である。

　強化子や弱化子を他の人から与えてもらうようにアレンジすることもできる。その人が所定の随伴性を実行すれば、随伴性ショートは起きにくくなる。たとえば、母親と同居している学生の場合、朝1時間勉強している姿を見なかったら朝食の用意をしないようにと、母親に頼むのである。学生自身がこの随伴性（朝1時間勉強したときだけ朝食を食べる）を実行するよりも、母親が実行した方がより正確にできるはずである。

Q. 強化随伴性や弱化随伴性の実行を他の人に頼

む場合、どのような問題が起こるか？

1つの問題は、行動変容プログラムに加わってくれる友人や家族がいない場合がある。また別の問題としては、友人や家族が強化子を撤去したり弱化子を提示したりしたときに、その人に対して怒りを感じる可能性があることである。前もって随伴性の実施に同意していたとしても、である。このような問題が起こる可能性はあるが、強化随伴性や弱化随伴性の実行を他の人に頼むことによって、自己管理がうまくいく可能性は高くなる。他の人の助けがないと、私たちは自分で決めた強化随伴性や弱化随伴性を無視してしまいがちである。

正の強化随伴性だけでなく、弱化随伴性や負の強化随伴性を設定することもできる。よく用いられる例としては、レスポンスコストと呼ばれる方法や嫌悪的活動の除去や適用がある。たとえば、2人のルームメートと一緒に住んでいる女子学生が、自分が喫煙したらルームメートたちに10ドル払うと宣言する。その女子学生は、喫煙本数を減らそうとして、喫煙に対する弱化子として罰金（レスポンスコスト）を設定したのである。また、喫煙した日には部屋の掃除をすることにしてもよい。部屋の掃除は嫌悪的な活動であり、喫煙本数を減らすように機能することが期待できる。あるいは負の強化随伴性として、決められた日に3時間勉強しなかったら、夕食後の食器洗いを全部受け持つことにする（あるいは、ルームメートに10ドル払う）ことも考えられる。この場合、3時間勉強することによって食器洗いをせずに済み

（あるいは、10ドル払わずに済み）、勉強する行動は負の強化を受ける。

ソーシャルサポート

ソーシャルサポート（social support）は、対象者の生活に関係のある人たちが、標的行動が生起するための自然な文脈や手がかりを設定したり、あるいは標的行動が生起したときに自然な形で強化子を提示することである。標的行動の生起に影響を与えるソーシャルサポートを自分自身で設定した場合には、自己管理の一種となる。

Q. マレーはジョギングを続けるために、どのようにソーシャルサポートを設定したか？

マレーは地域のジョギングクラブに入り、週に数日は誰かと一緒に走るようにした。ジョギングクラブの友人と一緒に走るようにして、標的行動の生起に効果を持つ自然な文脈を自分で作り出したのである。友人と一緒に走る予定の日は、ジョギングする可能性は高くなる。友人と一緒に走ることは、自然な強化としても機能している。すなわち、友人と時間を過ごすことが、友人と走る行動に随伴した正の強化子となっているのである。友人と一緒に走るように計画を立てることは、ジョギングに対する自然な先行事象であり、結果事象である。

自己管理としてのソーシャルサポートの例を、もう少し考えてみよう。マーサはビールを飲む量を減らすために、お酒を飲まない友人と過ごす機

ソーシャルメディアとソーシャルサポート

ソーシャルサポートは、親しく日常的に会う人（家族、友人、同僚）から直接受けることが多いが、ソーシャルメディアを通じて受けることもできる。自分の行動を変えようとする場合に（たとえば、毎週走る距離を増やすなど）、Facebookなどのソーシャルメディアサイトに自分の目標や、達成したことを投稿することができる。それに対して、誰かが（たとえば、Facebookでの友達が）、励まし、称賛、祝福などの反応を投稿するかもしれない。さらに、誰かと自分の目標や成果を共有することが、目標達成に役立つ行動を行うことへの確立操作として機能することがある。インターネットを利用したフィットネスや減量プログラムの中には、このようなソーシャルサポートを促進するために、ソーシャルメディアへのリンクを提供しているものがある（たとえば、Fibbit.com）。

会を増やし、お酒を飲む友人との付き合いの予定を入れないようにした。その結果、付き合いでお酒を飲む量が減った。それは、お酒を飲まない友人と過ごすときには、ノンアルコール飲料を飲むことが多くなったという自然な随伴性のためであった。ロジャーは、その学期の最後の4週間に多くの課題を行う必要に迫られていた。友人の中には、ほとんど勉強をしないグループもあった。その友人たちはいつもテレビを見たり、ゲームをしたり、おしゃべりをしていた。その一方で、大きな家にルームシェアをして住み、平日の夜はたいてい勉強をしている友人グループもあった。そこでロジャーは平日には毎晩、後者の友人の家に行くようにしたところ、その自然なソーシャルサポートにより、勉強時間が格段に増えた。

　可能であれば、自己管理プログラムにはソーシャルサポートを含めるとよい。誰かが関与することによって、随伴性ショートを予防でき、プログラムが成功する可能性が高くなる。他の人が随伴性を実行したり、自己管理の一部として他の人が随伴性を実行しているのを見たりすることで、随伴性ショートが起こる可能性が下がる。

自己教示と自己称賛

　ある特定の方法で自分自身に話しかけることによって、自分の行動をコントロールできることがある（Malott, 1989）。第25章で詳しく述べるが、適切なタイミングで適切な行動の合図となる自己教示を暗唱することで、自分の行動をコントロールできる。この自己教示（self-instruction）とは、標的行動を行うべき状況で、何をどのようにするかを自分に教示するということである。また、適切な行動をしたらすぐに、自分自身の行動に対してポジティブな評価である自己称賛（self-praise）の言葉を暗唱する方法もある。たとえば、ローランダが上司の部屋に行くとき、「しっかり目を見て、しっかりした口調で、ストレートに質問しなくちゃ」と自分自身に話しかける。これらの行動ができたら、「その調子。しっかり言えたよ」と自分を褒める。ローランダは自己教示と自己称賛を行うことによって、上司の部屋で自分の言うべきことを言えた。しかし、ローランダが上司の部屋で自己教示や自己称賛を暗唱できるようになるためには、前もって練習しておく必要がある。自己教示と自己称賛は自分自身に向けた行動であり、標的行動をコントロールするために必要な場面でその行動が起きるよう前もって学習しておく必要がある。

　第25章で詳しく述べるが、実際の場面とよく似た状況を作り、そこで自己教示と自己称賛をロールプレイによって学習するのが最もよい。自己管理プログラムの中で自己教示と自己称賛を使うためには、（a）どのように言うかを決め、（b）それをいつ、どこで言うのが一番適切なのか決めて、（c）ロールプレイで練習したり、頭の中でその場面を思い浮かべながら練習したりし、（d）十分に学習した後で実際の場面に臨むとよい。

自己管理計画のステップ

　これまで述べてきた方法を用いた自己管理計画には、以下のような9つのステップがある。

　1. 自己管理を適用することを決める：自分自身の行動に長い間悩んだ後、自己管理プログラムを行う決断をするのが一般的である。自分の行動に悩み、またどうしたら直すことができるか悩むことによって、何らかのアクションを起こす動機づけが高まる（Kanger & Gaelick-Buys, 1991）。そして講義を受けたり本を読んだりして自己管理のやり方を知っている場合には、すぐに自己管理を始めることができる。自己管理を始めるきっかけとなるのは、標的行動を変えることができるかもしれないという期待である。努力すればよい方向に変わるはずだという期待を持っていれば、以下のステップはやりやすくなる。

　2. 標的行動と競合行動を定義する：自己管理の目的は、標的行動のレベルの上昇もしくは下降である。まず、変えようとしている標的行動を定義する。そうすることで、標的行動を正確に記

録でき、自己管理を正しく実行できるようになる。標的行動と競合する行動を特定し、明確に定義することも重要である。標的行動が行動の不足に該当し、その行動を増やす場合には、望ましくない競合行動を減らすことになる。反対に、標的行動が行動の過剰に該当し、その行動を減らす場合には、望ましい競合行動を増やすことになる。

3．**目標設定**：目標とは、自己管理プロジェクトで達成すべき標的行動の望ましいレベルである。目標を設定する際には、自分の生活に何らかの改善をもたらすような、標的行動の適切なレベルを決める。目標を決めたら、それを紙に書き出すとより明確になる。自分の目標を公表することで、身近な人たちにそれを知ってもらうことも価値あることである。また、最終目標を少しずつ達成していくつもりなら、中間目標をいくつか書いておくのもよい。時には、標的行動のベースラインレベルを決定するための自己監視を一定期間行った後でなければ、中間目標を設定できないこともある。中間目標は、段階的に最終目標に近づくために、行動のベースラインレベルを基にして設定する。

4．**自己監視**：標的行動を決定したら、自己監視の方法を計画し、実施する。記録用紙などの記録媒体（第2章参照）を用いて、標的行動が起こるたびに記録する。自己管理を行う前に、ある程度の期間（たとえば、1〜2週間）、標的行動の記録を行い、その結果から標的行動のベースラインレベルを決める。目標設定と自己監視をするだけで、標的行動が望ましい方向に変わっていくこともある。したがって、標的行動が安定したレベルになるまで、自己管理は実施しない。目標設定と自己監視だけで標的行動が目標のレベルに達した場合には、それを続け、自己管理の適用は見送ることにする。自己監視だけでは標的行動が目標のレベルに維持されない場合、自己管理技法を適用すればよい。自己監視は、自己管理の有効性と行動変化の維持を継続的に判断するために、自己管理プログラムの実施中も継続される。

5．**機能的アセスメント**：ベースライン時の自己監視の実施と同時に、標的行動とその競合行動の先行事象と結果事象を特定するために、機能的アセスメントを行う。機能的アセスメントの実施

方法については、第13章で説明した。機能的アセスメントの目的は、標的行動や競合行動の生起の有無に関係する変数を見つけることにある。そして、機能的アセスメントによって特定された先行事象や結果事象を変えるような自己管理の方法を選ぶ。

6．**適切な自己管理技法を選ぶ**：この時点で、標的行動を変容させるための自己管理の戦略を選ぶ。まず、標的行動の先行事象を操作する方法、または標的行動と競合する行動の先行事象を操作する方法を選ぶ。操作すべき先行事象は、機能的アセスメントによって得られた情報に基づいて決める。先行子操作の種類については本章でも簡単に紹介したが、詳しくは第16章を参照してほしい。次に、標的行動や競合行動の結果事象を操作する技法を選ぶ。望ましくない標的行動を減らす場合には、次の方法から1つ以上を組み合わせて行う。（a）標的行動の強化子を取り除く。（b）標的行動が生起したときに弱化子を提示する。（c）望ましい代替行動が生起したときに強化子を提示する。（d）望ましい代替行動が起きたときに弱化が起きないようにする。または、望ましい代替行動を教えるスキルトレーニングを行う。逆に、望ましい標的行動を増やす場合には、次の方法から1つまたは複数を組み合わせて行う。（a）標的行動の強化子を設定する。（b）標的行動に対する弱化随伴性を取り除く。（c）競合する望ましくない行動の強化子を取り除く。（d）競合する望ましくない行動が生起したときに弱化子を提示する。これらの方法について表20 - 2に示した。

以上のことから分かるように、自己管理の計画では、標的行動に直接影響を及ぼす先行子操作や結果操作を選択したり、あるいは標的行動に間接的に影響を及ぼす形での先行子操作や結果操作を選択したりする。

7．**変化の評価**：自己管理を実施した後も、自己監視によるデータの収集を続け、標的行動が望ましい方向に変化しているかどうかを評価する。標的行動が望ましい方向に変化していれば、その自己管理の技法を続け、また目標達成されたかどうかを調べるために自己監視も継続する。標的行動が望ましい方向に変化していない場合には、適

表 20 - 2　標的行動のレベルをコントロールするための自己管理技法のカテゴリー

望ましい行動を増やし、望ましくない行動を減らすための先行子操作

- 望ましい行動の弁別刺激（S^D）や手がかりを提示する。
- 望ましくない行動の S^D や手がかりを取り除く。
- 望ましい行動の確立操作を設定する。
- 望ましくない行動の無効操作を行う。
- 望ましい行動の反応労力を減らす。
- 望ましくない行動の反応労力を高める。

望ましい行動を増やし、望ましくない行動を減らすための結果操作

- 望ましい行動の強化子を提示する。
- 望ましくない行動の強化子を取り除く。
- 望ましい行動の弱化子を取り除く。
- 望ましくない行動の弱化子を提示する。
- 望ましい行動を教えるスキルトレーニングを実施する。

用した自己管理技法を再検討し、必要な変更を加える。

8．自己管理技法の再評価：自己管理を適用しても標的行動が望ましい方向に変化しない場合には、自己管理がうまくいかない理由として、次の2つの問題を検討する必要がある。第一の可能性として、自己管理が正しく行われているかどうかを検討する。実施方法が間違っていた場合（たとえば、随伴性ショート）には、標的行動は望ましい方向に変わっていかない。実施方法の間違いがはっきりしたらすぐに、正しいやり方に修正する。正しいやり方で実施できない場合には、実施可能な別の自己管理の方法を改めて選び直す。たとえば、自分一人で行動契約を作っても、結局、随伴性ショートが起きてしまう場合には、誰かに随伴性の実施を頼む形での行動契約に変更する方がよい。

第二の可能性としては、そもそも実施している自己管理の戦略が不適切である可能性がある。自己管理を正しく実施しているにもかかわらず、望ましい変化が生じていない場合には、適用する方法そのものを再検討する必要がある。あるいは、自己管理で操作している先行事象や結果事象が適切でない場合も考えられる。その場合には、機能的アセスメントの情報を検討し直したり、再度機能的アセスメントしたりする必要がある。

9．維持促進の方法の実施：自己管理プログラムで目標が達成されたら、次は標的行動を望ましいレベルで維持するための戦略を実行する段階となる。理想的には、自己管理の戦略の適用を中止し、自然な強化随伴性や弱化随伴性だけで、標的行動や競合行動の望ましいレベルが維持できれば、それが一番よい。たとえばアネットの場合、片付けができるようになれば、ルームメートが彼女に感謝し、以前よりもよい関係になる。こうしたことは、片付け行動に対する自然な強化随伴性として働く。さらに、きれいに片付いた台所やリビングや洗面所自体も、自己管理で提示された強化子と対提示されてきたことによって条件性強化子となる。マレーの場合も、ジョギングに対する自然な強化随伴性が働くようになる。彼は友人のソーシャルサポートによって、ジョギングの手がかりを与えられたり、社会的に強化されていた。さらに、走る回数と距離が増えることによってマレーの体調は整い、それにより反応労力も減り、走ること自体がより強化的になる。しかし、多くの人は、自然な強化随伴性だけでジョギングを続けるという標的行動は維持されない。場合によっては、自然な強化随伴性が問題となることもある。減量を維持しようとしている人の場合を考えてみよう。友人と一緒にビザやハンバーガーを食べに行ったり、野外で食事をしたり、必ず食べ過ぎとな

るパーティに行くことは自然に強化されることが多い。したがって、少なくても定期的に、何らかの自己管理の方法を継続する必要がある。目標設定し、自己監視を続けることは、多くの人にとって有益なことである。このような自己管理の方法は時間がかからず、やり方も簡単である。通常は、目標設定と自己監視を続けるだけで、標的行動が十分維持されることが多い。特に、自己監視は標的行動が継続的に生起しているかどうかを知る情報を得ることでもあり重要である。自己監視を続けることで、標的行動が維持されているかどうかの判断が即座にできるし、必要なときにはすぐに自己管理の技法を再度実施することもできる。

臨床上の問題

本章では、個人が自分の行動を変えるために使える自己管理の方略について説明している。これらの方略は、自己改善のために変えたいと思うような、様々な行動の過剰や不足に幅広く適している。しかし、問題の中にはより深刻なもの（たとえば、薬物中毒、アルコール依存症、ギャンブル問題、虐待行為など）もあり、専門家の助けが必要な場合もある。生活に大きな支障をきたすような深刻な臨床的問題については、行動療法士、心理士など、そのような問題に対処する訓練を受けた専門家の助けを求めるべきである。

自己管理計画のステップ

1. 自己管理を行うことを意思決定する
2. 標的行動と競合行動を定義する
3. 目標設定する
4. セルフモニタリングを行う
5. 機能的アセスメントを行う
6. 適切な自己管理の方法を選ぶ
7. 行動変容を評価する
8. 必要に応じて自己管理の方法を再評価する
9. 行動変容の維持のための方法を行う

まとめ

1. 自己管理の問題のほとんどは、標的行動に対する即時の結果事象と長期の結果とが食い違うときに生じる。特に、（a）たとえ長期的な結果がネガティブなものであっても、減少させるべき標的行動は、即時の結果事象によって強化されている、または（b）増加させるべき望ましい標的行動は、長期的な結果はポジティブなものであっても、即時の結果事象によって抑制されている。

2. 自己管理とは、自分自身の行動を変えるために行動変容法を用いることである。特に、被制御行動の将来の生起に影響を及ぼすために、自分自身で制御行動を行うことである。この場合、制御行動は自己管理であり、被制御行動は変容すべき標的行動である。

3. ソーシャルサポートでは、適切な行動が起こりやすくするために身近な人に先行事象や結果事象を提示してもらう。ソーシャルサポートが自己管理の一部として重要である理由は、身近な人に関与してもらうことによって、随

伴性ショートを防止することができ、自己管理の成功率が高くなるからである。

4．自己管理の方法には、目標設定、自己監視、先行子操作、行動契約、強化随伴性や弱化随伴性の設定、ソーシャルサポート、自己教示と自己称賛がある。

5．自己管理プログラムは、一般に、次のようなステップで実施される。（1）特定の行動を変えることを決める。（2）標的行動とその競合行動を定義する。（3）自己管理プログラムの最終目標を設定する。（4）自己監視を計画し実施する。（5）標的行動とその競合行動の先行子と結果事象について、機能的アセスメントを実施する。（6）適切な自己管理の方法を選択し実施する。（7）標的行動の変化を評価する。（8）その結果、標的行動が望ましい方向に変化していない場合には、適用する自己管理の方法を再検討する。（9）維持の方法を実施する。

キーワード

行動契約　　　　　　　　　制御行動
自己教示　　　　　　　　　自己称賛
随伴性ショート　　　　　　ソーシャルサポート
被制御行動　　　　　　　　目標設定
自己管理

練習問題

1．行動の不足とは何か？　また、行動の不足に関係する自己管理の問題を説明しなさい。

2．行動の不足に関係している即時の結果事象と、その行動の長期的な結果を例示しなさい。

3．行動の過剰とは何か？　その行動の過剰に関係する自己管理の問題を説明しなさい。

4．行動の過剰に関係している即時の結果事象と、その行動の長期的な結果を例示しなさい。

5．自己管理の基本要素を説明しなさい。

6．制御行動とは何か、例を挙げて説明しなさい。

7．被制御行動とは何か、例を挙げて説明しなさい。

8．行動の不足に関する自己管理の問題で、標的行動とその競合行動の関係について説明しなさい。

9．行動の過剰に関する自己管理の問題で、標的行動とその競合行動の関係について説明しな

さい。

10．自己管理で用いられる先行子操作のタイプについて説明しなさい。

11．自己管理で用いられる行動契約について、例を挙げて説明しなさい。

12．行動契約とは別の方法で強化子や弱化子を設定する方法を説明しなさい。また、行動契約との相違点を述べなさい。

13．ソーシャルサポートとは何か？　また、自己管理プログラムにおけるソーシャルサポートの例を挙げて説明しなさい。

14．自己管理プログラムにおける自己教示の例を挙げなさい。自己管理で用いられる自己教示はどのようにして学習するか説明しなさい。

15．自己管理プログラムの9ステップを説明しなさい。

適用例

1. クリスは最近、家庭学習ができないことに悩んでいた。毎日家庭で勉強に取り組みたいと思っていたができていなかったのである。行動変容法の授業を受けていたが、自分で自己管理ができるとは思っていなかった。クリスに対して、自分の勉強行動を変えるために自己管理プログラムを実行させるには、どのように言ったらよいだろうか。

2. あなたは、クリスが自己管理プログラムを開始するのを助けているとする。彼女は「勉強する」という標的行動を定義し、その勉強行動の自己監視をし始める。彼女が勉強行動を変容するための自己管理の方略を選ぶ前に、彼女は勉強行動とそれを妨害する競合行動の機能的アセスメントをしなければならない。機能的アセスメントの情報を得るために、クリスにすべき質問をまとめなさい。

3. クリスは夕方、テレビをつけながら寮の部屋で勉強しているという。クリスが勉強していると、ルームメートや友人がやって来る。勉強を中断してテレビを見たり、友人たちとおしゃべりをしたり、また時には外出したりもしている。勉強中も、テレビを見るために手を止めたり、食べたり飲んだりすることも多い。毎日、勉強しようとせずに友人と過ごすことも多い。クリスが勉強しようとすると、友人たちは、彼女を退屈な人間だと言い、楽しむことを放棄していると言う。さて、クリスが勉強行動を増やすために用いる先行子操作と結果操作を含む自己管理の方略にはどのようなものが考えられるだろうか、説明しなさい。

4. あなたは指の爪を噛む癖があるとしよう。爪が少し伸びて白い部分が目につくたびに爪を噛んでいる。白い部分を噛んでしまうと、また爪が伸びて白い部分ができるまでは、爪噛みは起きない。しかし、ほんの少しでも白い部分ができると、すぐに爪噛みが始まる。爪噛みが起きやすいのは、テレビや映画を見ているときや講義中、そして勉強をしているときである。爪噛みをやめるための自己管理技法（先行子操作と結果操作）を説明しなさい。

間違った適用例

1. コートニーは、大学に入ってからずっと喫煙していた。勉強しているとき、車の運転中、朝起きたとき、食後、イライラしたとき、友達と外出したときなど、四六時中タバコを吸っていた。4年生になったとき、喫煙が健康に有害であることをいろいろな記事で知り、禁煙を決意した。そこで、月曜日に禁煙することにした。月曜日までに手持ちのタバコを全部吸ってしまうか、吸い終えていなければ残りを捨てることにした。コートニーの計画は自己教示を用いたものであった。月曜日の朝、タバコを吸いたくなるたびに、「吸っちゃだめ！身体に悪いのよ！」と自分自身に言うようにした。このような自己教示によって、外出してタバコを買ったり友人からタバコをもらったりすることが減ると考えていた。また、最初の数日は実行が難しくても、それが過ぎてしまえば順調にいくと考えていた。コートニーの計画の問題点は何か？　コートニーにアドバイスするとしたら、何と言うか？

2. レニーは食器を洗うのが嫌で、何日分かの食器が山積みになってからやっと洗い始めていた。それだけでなく、アパートの部屋には汚れた服が散らかっていて、洗濯物は1週間以上ためていた。郵便物も数日は台所のテー

ブルの上に開封せずに置いたままになっているし、学校から持って帰った本や文房具も床やテーブルに散らかり放題になっていた。レニーは一人暮らしだったが、こんな生活に悩み始めていた。散らかったものを片付けてみたが、すぐに元どおりになってしまった。学校から帰ると、長時間テレビを見て過ごしていた。勉強していない時間はほとんどテレビを見ており、テレビを見ながら勉強することもあった。毎晩3〜4時間テレビを見ていた。そこで、テレビを見ることを、片付けと掃除の強化子として用いることにした。本を机に戻し、洗濯物はカゴに入れ、食後すぐに食器を洗い、料理が終わったら残った食材をすぐに冷蔵庫に戻し、郵便物はすぐに読んで机に置くことにした。そして、これらのことを全部やり終えたときだけ、その強化子としてテレビを見ることにした。この計画の問題点は何か？　どうアドバイスするか？

3．ジョージは長年お酒をたくさん飲んでいた。毎晩、しかも多くの場合は一人で飲んでいて、ほとんど毎日二日酔いの状態だった。朝からお酒を飲む日もあった。ある日、このままではたいへんなことになると思い、お酒を飲むのを控えるために自己管理を実行することにした。大学で使っていた行動変容法の教科書を取り出し、自己管理の章を読んでみた。そして、その章に書いてあったステップに従って自己管理計画を立てた。この例では何が問題となるか？　ジョージにどういったアドバイスするか？

第21章　習慣逆転法

学習のポイント

■ 習癖行動とは何か？　習癖行動が習癖障害になるのはどのようなときか？

■ 習癖行動の3つのカテゴリーとは何か？

■ 習慣逆転法の構成要素は何か？

■ 習慣逆転法は習癖行動の各カテゴリーにどのように適用されるか？

■ 習慣逆転法が有効なのはなぜか？

　本章では、習癖行動のある人に対して行われる介入手続きを紹介する。この介入法は**習慣逆転法**（habit reversal）と呼ばれ、望ましくない習癖行動の頻度を減らすために用いられる。習癖行動によってその人の社会的能力が広範囲に阻害されるということはあまりない。むしろ、その人や周囲の人たちにとって悩みの種である場合が多い。しかし、習癖行動の頻度や強度が大きくなると、周囲にマイナスのイメージを与え、その人の社会的容認度が低くなることもある（Boudjouk, Woods, Miltenberger, & Long, 2000; Friedrich, Morgan, & Devine, 1996; Friman, MoPherson, Warzak, & Evans, 1993; Long, Woods, Miltenberger, Fuqua, & Boudjouk, 1999）。習癖行動が高頻度で生じたり、強い強度で生じている場合には、何らかの治療的介入が必要になる。そのような場合、習癖行動は**習癖障害**（habit disorder）として扱われる（Hansen, Tishelman, Hawkins, & Doepke, 1990）。

習癖行動の例

　ジョエルは心理学の授業に出席して、教授の話を熱心に聞いていた。ジョエルは授業中、爪をずっとかんでいた。知らず知らずのうちに、指を口にもっていき爪をかんでいた。しかも、爪が同じ長さになるようにかんでいて、一度かんだところから滑らかになっていないところを探してかんでいた。爪が非常に短くなってこれ以上かめなくなるまでかみ続けた。ジョエルは爪かみについて特に悩んではいなかった。しかし、ガールフレンドからは、爪の形がとても変だとよく言われていた。

　ジョゼは大学の野球部に所属し、毎日筋力をつけるためにウェイトルームでトレーニングし、正規の練習以外にもバッティング練習をしていた。激しい練習をした後、ジョゼは首や肩に凝りを感じた。そのようなときは、首をすばやく一方の側に動かし、回しながら戻した。この首の動作は筋肉の凝りを取り除く効果があった。少なくとも一時的にだが。野球のシーズン中、ジョゼは打順を待っているときや、バッターボックスで投球を待つ間に、頻繁に首を動かしていることに気がついた。試合の動画を見ると、この行動がとても多いことが分かった。首を動かすことによって、成績が悪くなったというわけではないが、何か異常があるのではないかと心配になるほど頻繁に首を回していた。

　バーバラは医学部の最終学年の学生だった。バーバラは小児科の研修で、子ども病院の小児科医に必要な技術を学んでいた。バーバラは小児科医と一緒に病院内を回診した。一人の患者の診察が終わるごとに、小児科医はバーバラたち医学生に、

その患者の医学的問題について質問をした。そういうときバーバラはしばしば緊張し、小児科医の質問に答える際に言葉に詰まってしまうことがあった。単語が出にくくなり、単語や音節を何度も繰り返して、やっとのことで言い終えるという状態であった。たとえば、「先生、それを確認する

ために、さ、さ、さらにX線をとる必要があると思います」と言った。この吃音のために大学で困ることはなかったが、バーバラ自身は気にし始めていた。吃音はバーバラの成績や将来の就職に影響するかもしれなかった。

習癖行動の定義

上記の3つの例は、**習癖行動**（habit behavior）の3つのタイプ、すなわち神経性習癖、運動チック、吃音の例を示している（Woods & Miltenberger, 1995）。

神経性習癖

最初の例の爪かみは、一般的な**神経性習癖**（nervous habit）である。神経性習癖はこの他、髪の毛（あるいは、口ひげやあごひげ）をくるくると指に巻きつけたりなでたりする、鉛筆で机などをトントンと叩く、ペンをかむ、指の関節を鳴らす、親指を吸う、クリップなどを繰り返しいじる、ポケットの中でお金をチャリチャリと鳴らす、紙（レストランの紙ナプキンなど）を折りたたんだり破ったりする、爪のささくれをむしるなど、物や自分の身体の一部を繰り返し操作する行為である（Woods, Miltenberger, & Flach, 1996）。神経性習癖は、繰り返す操作的な行動で、人が緊張しているときに最も起きやすいと考えられている。

神経性習癖は、一般に社会的機能を持つことはないとされる。それが他人から強化されることはないからである。その代わり、神経の緊張を低減させると考えられている。また、神経性習癖が自己刺激の機能を持っている可能性もある（Ellingson, Miltenberger, Stricker, Garlinghouse, et al., 2000, Rapp, Miltenberger, Galensky, Ellingson &

Long, 1999; Woods & Miltenberger, 1996b）。神経性習癖は、他の自発的な機能的行動と一緒に生じることもある。神経性習癖には手を使ったものが多い。また、唇をかむ、歯ぎしりするなど、口に関連した行動も多い。

神経性習癖の多くは、その頻度や強度が極端にならないかぎり、困った問題を引き起こすことはない。たとえば、たまにペンをかんだり、クリップを拡げたりすることは、困った問題とは言えない。しかし一日中ペンをかんでいたり、1日に何百個もの紙留めクリップを拡げたりしてしまうことは、その頻度が過度であるという点で問題となる可能性がある。同じように、たまに爪をかんだり、ささくれを取ったりすることは、多くの人にとって問題ではないが、爪から血が出たり痛くなったりするまで、かんだりささくれを取ったりすると問題となる。髪の毛を引っ張る場合も、その強度が問題となる。髪の毛を指でくるくる回したりなでたりすることは問題ではないが、髪の毛が束になって抜けるほど強く引っ張ると問題である。同じように、歯が欠けたりあごの筋肉に痛みが出たりするほどの歯ぎしりは、その行動の強さゆえに問題となる。神経性習癖の頻度や強度が過剰になると、その行動をなくすために何らかの援助が必要になる。テングら（Teng, Woods, Twohig, & Marcks, 2002）は身体損傷やネガティブな社会的評価につながる神経性習癖を指して、**身体焦点**

習癖行動	例
神経性習癖	爪かみ、抜毛
運動チック	首ひねり、顔をしかめる
吃音	語の繰り返しや引き伸ばし

化反復行動の問題という用語を用いた。

運動チックと音声チック

　上記の例で、野球選手のジョゼがやっていた首ひねりは**運動チック**（motor tic）の例である。運動チックは、ある特定の筋肉群における反復性動作と定義される。首や顔の筋肉と関連している場合が多いが、肩・腕・脚・胴の筋肉で生じることもある。首で生じる運動チックは、頭の前後左右の動作、首ひねりなどの回転動作、あるいはその組み合わせの動作などである。顔面チックは、眼を細める、力強く瞬きする、眉を上げる、口の端を引き下げてしかめっ面をする、あるいはそれらの組み合わせの動作である。他の運動チックには、肩を上げる、腕を横に拡げる、胴体をねじるといった身体の反復動作などがある。

　運動チックは筋緊張の高まりと関係していると考えられている（Evers & Van de Wetering, 1994）。チックは、特定の筋肉の緊張を高めるケガや出来事と関係して出現することがあるが、原因となったケガや出来事がなくなった後でも持続することがある（Azrin & Nunn, 1973）。たとえば、背中の下の辺りに筋緊張を感じた人が、ある方法で胴を回転させることでその筋緊張が低減した。しかし、その人は背中の筋緊張がなくなった後も長らく、胴を回転させることを続けているとする。これはチックの一例である。子どもの場合、単純な運動チックが見られても、発達に伴って見られなくなることもよくある。運動チックは長期間持続したり、その頻度や強度が過剰になったりした場合に問題とされ、治療的介入が必要となる。

　運動チックに加えて、**音声チック**（vocal tic）を示す人もいる。音声チックは社会的機能を持たない反復的な音声表出である。音声チックには、理由なく起こる「咳払い」や、病気と関係なく生じる「咳」などがある。音声チックには、他の音や語が含まれることもある。長い間カゼをひいていた小学生の男の子が、カゼが治った後何カ月も咳払いをしたり、咳をし続けていた例がある（Wagaman, Miltenberger, & Williams, 1995）。咳や咳払いは、最初はカゼと関係していたが、カゼが治った後何カ月も続いている場合には、音声チックと考えられる。

　トゥレット障害（Tourette's disorder）は、多くの運動チックと音声チックが生じるチック障害である。トゥレット障害と他のチック障害の原因は現在、環境的要因、遺伝的要因、神経生物学的要因の複合的な相互作用と考えられている（Lechman & Cohen, 1999）。2つ以上のチック（少なくともその1つは音声チック）が少なくとも1年以上続いている子どもは、トゥレット障害と診断される。トゥレット障害は幼少期に発症し、生涯にわたって持続する障害と考えられている。

吃　音

　前述の3つ目の例は、バーバラの**吃音**であった。吃音は発話の非流暢性の一種であり、語や音節の繰り返しや引き伸ばし、語の難発（話そうとして、一定時間、音が出ないこと）がある。吃音は、多くの子どもで、言葉を学習する最初期に見られる。しかし、大部分の子どもでは問題とならずに、成長とともに見られなくなる。しかし、さまざまな程度や状態で、大人になっても持続する場合がある。かろうじて気がつく程度のものもあれば、発話が困難なものもある。話をするたびに周囲からの注目を集めてしまう状態になった人は、治療的介入を求めることが多い。これらの習癖障害は、習慣逆転法と呼ばれる行動変容法を用いて介入されており、その有効性が実証されてきた（Miltenberger, Fuqua, & Woods, 1998; Miltenberger & Woods, 1998; Piacentini et al. 2010; Woods & Miltenberger, 1995, 2001）。

習慣逆転法

　アズリンとナン（Azrin and Nunn, 1973）は、神経性習癖とチックを消失させる介入プログラムを開発した。彼らはそれを「多様な介入要素で構成された習慣逆転法（multicomponent treatment

習慣逆転法の介入要素

- ■ 意識化訓練
- ■ 競合反応訓練
- ■ ソーシャルサポート
- ■ 動機づけ方略

habit reversal)」と呼んでいる。それに続く研究で、アズリンとナン及びその他の多くの研究者が、神経性習癖、チック、吃音などさまざまな習癖障害の介入において、習慣逆転法の効果を実証している（Azrin & Nunn, 1974, 1977; Azrin, Nunn, & Frantz, 1980a; Finney, Rapoff, Hall, & Christopherson, 1983; Miltenberger & Fuqua, 1985a, Piacentini ct al., 2010, Twohig & Woods, 2001a, b; Wagaman, Miltenberger, & Arndorfer, 1993, Woods, Twohig. Flessner, & Roloff, 2003）。

習慣逆転法は、習癖障害を示す患者に対する介入セッションで導入される。クライエントは、習癖障害がセッション以外の場所で生じたときに、それを制御するためにセッションで教えられた手続きを実行する。習慣逆転法では、神経性習癖（あるいは、チックや吃音）のある人は、その行動を記述することを最初に教えられる。習癖の行動的定義を学習した後に、それが生じたとき、あるいは生じる予兆があったときに、それを確認することを学ぶ。以上の手続きは、習慣逆転法における**意識化訓練**（awareness training）の介入要素である。その後、クライエントは**競合反応**（competing response: 習癖行動と両立しない行動）を学び、習癖が生じるたびにセッション内で競合反応の練習をする。次にクライエントは、自分がセッション以外の場所で習癖を抑制するために競合反応を使用している状況をイメージする。最後にクライエントは、セッション以外の場所で習癖が生じたときや生じる予兆があったときには必ず競合反応を行うよう指示を受ける。以上の手続きが、**競合反応訓練**（competing response training）で

ある。

クライエントの関係者（両親や配偶者など）は、セッション以外の場所で習癖が生じたときに、クライエントに競合反応を実行させるように指示を受ける。また、クライエントが習癖行動を起こさなかったり、競合反応をうまくできたりしたときには、褒めるように指示を受ける。関係者を介入に関与させることは、**ソーシャルサポート**（social support）と呼ばれる。最後にセラピストは、習癖がどのような状況で生じるか、そして習癖がいかに不自由と困惑を引き起こすかについて、クライエントと確認する。これは**動機づけ方略**（motivating strategy）と呼ばれ、クライエントが介入セッション以外の場所で、習癖を制御するために競合反応を用いる可能性を高めるために行われる。

習慣逆転法の介入セッションでは、クライエントは2つの基本的スキルを学習する。習癖の生起を弁別すること（意識化訓練）と、習癖の生起に随伴して、あるいは習癖の生起に先行して競合反応を行うこと（競合反応訓練）である。習癖に気づくことは、競合反応を行うための必要条件である。クライエントは、競合反応を習癖に対して即座に用いるために、習癖を認識できるよう訓練を受ける必要がある。競合反応は、1分から3分程度行うあまり目立たない（他の人には気づかれにくい）行動とする場合が多い。関係者（両親や配偶者）は、介入セッション以外の場所で合図を出したり強化したりすることで、クライエントがこれらのスキルを使用できるよう継続的に手助けする（ソーシャルサポート）。

習慣逆転法の適用

習癖障害のタイプによって、習慣逆転法の競合 反応の特徴は異なっている。クライエントの示

している神経性習癖、チック、吃音に応じて、競合反応を選ぶ。著者らは、習癖障害のタイプに応じた習慣逆転法の適用方法について検討してきた（習慣逆転法のレビューについては、ウッズとミルテンバーガー〔Woods & Miltenberger, 1995, 2001〕を参照）。

神経性習癖

多くの研究者が、神経性習癖の介入における習慣逆転法の効果について検証している（Azrin, Nunn, & Frantz-Renshaw, 1980, 1982; Miltenberger & Fuqua, 1985a; Nunn & Azrin, 1976; Rapp, Miltenberger, Long, Elliott, & Lumley, 1998; Rosen baum & Ayllon, 1981a, b; Twohig & Woods, 2001a; Woods, Miltenberger, Lumley, 1996b; Woods et al., 1999）。習慣逆転法の介入対象となる神経性習癖には、爪をかむ行動、抜毛、指しゃぶり、唇をかむ行動、歯ぎしりなどがある。それぞれの習癖において**適用される競合反応は、クライエントが簡単に実行できて、なおかつ神経性習癖と両立しない行動である**。たとえば、教室で爪をかむという生徒の習癖に対する競合反応は、1〜3分間鉛筆を握ること、あるいは1〜3分間こぶしを握りしめることである。その生徒は、自分がいつ爪をかみ始めるかを確認することから学ぶ。爪かみに気がついたら（たとえば、指が歯に触れたとき、手が口の方に動いたとき）、すぐにそれをやめて、鉛筆を握るようにする。鉛筆を握ることは教室では自然な行動であり、競合反応によって生徒が周囲から注目されることはない。同じ競合反応は、抜毛など手を使った別の習癖にも用いることができる。鉛筆やペンを利用できない教室以外の場所では、1〜3分間こぶしを握ることや、1〜3分間ポケットに手を入れることが、爪かみや抜毛に対する競合反応になる。あるいは、手の上に座る、胸の前で腕組みする、膝の上で手を握り締める、爪かみの妨げとなる手を使った動きなどが候補になるかもしれない。

唇をかむ、歯ぎしりするといった口に関する習癖に対する競合反応としては、上下の歯を軽く合わせる行動を2分程度行うことが適している。その行動は、口に関する習癖とは両立しないからである。

習慣逆転法を子どもに対して用いる場合、両親は子どもに競合反応を習得させるために、身体的にガイダンスする必要がある。たとえば、抜毛と爪かみをする5歳の女の子が、動きが伴う活動をしていないとき（たとえば、テレビを見ているときや座って待っているとき）に習癖が生じていたとする。この場合の競合反応は、手を組み合わせてひざに置くことであった。母親は、娘が髪の毛を引っ張る、爪をかむのを見たときは、必ず「手をひざに」と言いながら身体的にガイダンスするよう、指導を受けた。まもなく、母親が「手をひざに」と言うと、娘はすぐに手をひざにもっていくようになった。やがて娘は、爪かみや抜毛を始めるとすぐに手をひざに置くようになってきた。娘がひざに手をのせて座っているときには、母親は必ず褒めるようにした。競合反応は両親からの援助（ソーシャルサポート）によってできるようになり、その結果として2つの習癖行動は減少した。

運動チックと音声チック

習慣逆転法は、運動チックの介入でもその効果が実証されている（Azrin & Nunn, 1973; Azrin, Nunn, & Frantz, 1980b; Azrin & Peterson, 1989, 1990; Finney et al., 1983; Miltenberger, Fuqua, & McKinley, 1985; Piacentini et al., 2010; Sharenow, Fuqua, & Miltenberger, 1989; Woods, Miltenberger, & Lumley, 1996a; Woods & Twohig, 2002）。**運動チックに対する習慣逆転法で競合反応として使用されるのは、チックに関連する筋肉を緊張させることであり、それによりその部位を動かせなくさせる**（Carr, 1995）。たとえば、首ひねりをしていた野球選手のジョゼの場合、頭を前に突き出した状態で、適度に首の筋肉を緊張させる競合反応を用いた。ジョゼはチックが生じるときや、それが生じそうになる時に気づくことを、最初に学んだ。そして、チックが起きたとき、あるいは起きそうなときに随伴して、2〜3分間競合反応を行った。首の筋肉を適度に緊張させ、頭をまっすぐな状態に保つことは、目立った行動ではない。それによって注目されることもな

表21-1　反応の定義と競合反応

チックの種類	反応の定義	競合反応
首ひねり	首の前後左右の動き	あごを首にくっつけた状態で首の筋肉を緊張させる
瞬き	直前の瞬きから3秒以内に生じる瞬き	目を大きく開き、約10秒ごとに視線を動かしながら、5秒ごとにゆっくりと瞬きをする
顔面チック	頭を急に前に倒す動き	固く口を閉じる
顔面チック	片方、あるいは両方の口角が後に引っ張られる動き	ほほを押し上げながら唇を閉じて歯を食いしばる
頭の前屈	頭を急に前に倒す動き	首ひねりの場合と同じ
肩の持ち上げ	肩か胸や腕を前や上に急に動かす	肩を下げながら、腕を身体にしっかりとくっつける

出展：Miltenberger, Fuqua, & McKinley, 1985

い。アズリンとピーターソン(Azrin & Peterson, 1990, p.310)は、咳や咳払い、吠えるような声を出すといった音声チックに対する競合反応について、以下のように述べている。「口を閉じ、鼻で、ゆっくりとしたリズムの深い呼吸をしてください。息を吐くことを、吸うよりもわずかに長くしてください(たとえば、5秒吸って7秒吐く)。彼らは、トゥレット障害と関連して生じている運動チックや音声チックを、習慣逆転法で治療したことを示した。一般には、トゥレット障害のチックには神経学的な原因があり、薬物治療が必要と考えられている(Shapiro, Shapiro, Bruun, & Sweet, 1978)。多くの人のチックはトゥレット障害とは無関係で、習慣逆転法によって効果的に治療される。ミルテンバーガーら(Miltenberger et al., 1985)は、9人が示す異なる6つの運動チックを治療した。表21-1には、6つの運動チックの行動的定義と、それぞれのチックに対して用いられた競合反応を示した。競合反応としては、チック運動を抑制するために拮抗筋を緊張させる方法が用いられた。

吃音

多くの研究において、吃音に対する習慣逆転法の有効性が実証されている(Azrin & Nunn, 1974; Azrin, Nunn, & Frantz, 1979; Elliott, Miltenberger, Rapp, Long, & McDonald, 1998;

Ladoucher & Martineau, 1982: Miltenberger, Wagaman, & Amdorfer, 1996; Wagaman et al. 1993; Wagaman, Miltenberger, & Woods, 1995; Waterloo & Gotestam, 1988; Woods et al., 2000)。吃音に対して用いられる競合反応は、神経性習癖やチックに対して用いられる反応とは大きく異なる。吃音は声帯を通過する空気の流れを妨げ、流暢な発話の妨げになるため、競合反応としては、発話の際にリラックスし、空気の流れを妨げないでいることが挙げられる。吃音に対する習慣逆転法における競合反応は、調整呼吸(regulated breathing)とも呼ばれる。クライエントはまず、自分の吃音に気づくことから指導される。次に、自分の吃音のタイプを証明することを学ぶ。そして、セラピストの援助を受けながら、セッションで話をしている最中に吃音が起こることを確認する。クライエントが自分の吃音に気づくことができるようになったら、セラピストは調整呼吸を教える。

調整呼吸の要素の1つは、腹式呼吸(diaphragmatic breathing)であり、これは短時間で実行できるリラクゼーション法である。クライエントは一定のリズムで横隔膜の筋肉を使って、肺に深く息を吸い込む呼吸法を学ぶ。クライエントがスムーズでリズミカルな呼吸をしているときに、セラピストは息を吐きながら発話するよう教示する。クライエントはリラックスしており、呼気もスムーズに流れ出ているので、そのときの発話では

参考：トゥレット障害に関する行動論の研究

　トゥレット障害に伴うチックの介入として習慣逆転法を評価するだけでなく、行動論の研究者はトゥレット障害の他の側面についても調べている。ドウ・ウッズらは、チックの生起に影響する要因、子どものチックを制御する能力、介入を受けたチックと受けていないチックに対する習慣逆転法の影響について、多くの研究を行っている（Woods et al., 2008）。例を１つ挙げると、ウッズら（Woods, Watson, Wolfe, Twohlg, & Friman, 2001）は、トゥレット障害がある２人の男児が示すチックの生起に対して、チックと関連した発話の影響を評価した。その結果、大人が子どもの前で子どものチックについて話した場合、大人がチックについて話さなかった場合に比べて、子どもはより高いレベルのチックを行うことがわかった。また別の研究で、ウッズとハイムル（Woods & Himle, 2004）は子どもたちがチックを抑えるよう教示された際に、抑えられるかどうか調べた。その結果、トゥレット障害がある子どもたちにチックを抑えるように言っても、ほとんどチックを抑えることができないことがわかった。しかし、子どもたちはチックを示していないときにトークンを受け取った場合（他行動分化強化：DRO）、チックをより制御できた。これらの結果は、適切な条件づけを行えば子どもたちがチックを制御できることを示唆しており、介入への直接的な示唆を示している。ウッズら（Woods & colleagues, 2003）は、トゥレット障害がある子どもたちが示す声帯チックに対して、習慣逆転法の効果を評価し、声帯チックに対する介入が運動チックにも相応の変化をもたらすかどうかを検討した。習慣逆転法によりすべての子どもの音声チックが減少したが、その効果が運動性チックに般化したのは５人中１人だけであった。

吃音は起こらない。実は、このときの発話パターンと吃音のパターンとは競合状態にある。クライエントは一語から始めて、二語、短文、というように、この発話パターンの練習を繰り返していく。練習の途中で吃音が起きたら、クライエントはすぐに話すのをやめて、もう一度腹式呼吸をして、息を吐きながら発話を再開する。そして、セッション以外の場所でもこの発話の練習をするよう教示される。両親や配偶者などの関係者は、クライエントに練習するよう促したり、流暢に話せたときに褒めたりする（ソーシャルサポート）。介入が成功するかどうかは、クライエントが毎日練習するかどうか、吃音が起きたときにそれに気づくことができるかどうか、調整呼吸が確実にできるかどうかによる（Elliott et al, 1998; Miltenberger et al., 1996; Wagaman, Miltenberger, & Woods, 1995; Woods et al., 2000）。４人の子どもの吃音に対する介入の結果を、図 21 - 1 に示した（Wagaman et al., 1993）。

習慣逆転法が有効なのはなぜなのか

　研究から、神経性習癖、チック、吃音の軽減に対して、その効果に最も影響する習慣逆転法の要素は、意識化訓練と競合反応であることが示されてきた（Elliott et al., 1998, Miltenberger & Fuqua, 1985a; Miltenberger et al., 1985; Rapp. Miltenberger, Long, Elliott, & Lumley, 1998; Wagaman et al. 1993; Woods et al., 1996a）。意識化訓練が重要な要素である理由は、クライエントが競合反応を行うためには、自分の神経性習癖、チック、吃音を弁別できる必要があるためである。**このとき競合反応は２つの機能を持っていると考えられる。** 第一の機能は、習癖行動を抑制する代替行動の機能である。第二の機能は弱化子としての機能であり、過剰修正法や随伴練習法のような嫌悪的活動が競合反応として用いられた場合がこれに該当する（第 18 章参照）。

　ミルテンバーガーらの研究（Miltenberger & Fuqua, 1985a; Miltenberger et al., 1985; Sharenow et al., 1989; Woods et al, 1999）は、運動チックや神経性習癖の場合、競合反応が弱化子として機能している可能性を示唆している。つまり競合反応は習癖やチックに随伴して行われたときにそれを減少させる効果を持つが、必ずしも習癖やチックに競合する必要がないことが明らかとな

388

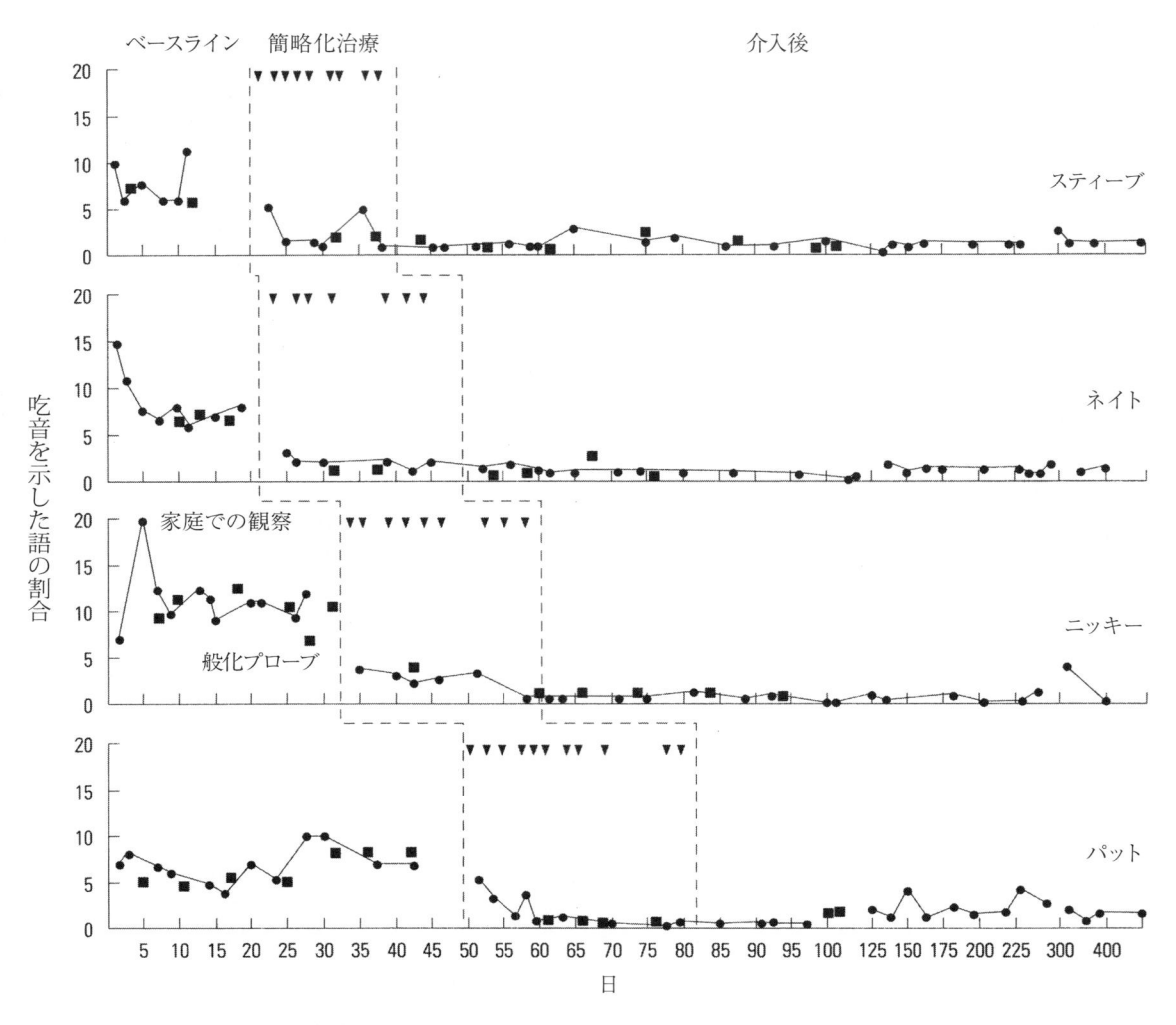

図21-1　この対象者間多層ベースラインデザインのグラフは、4人の子どもが介入前後において吃音を示した語の割合を示している。この介入は意識化訓練、競合反応訓練、および両親からのソーシャルサポートによって構成されていた。介入実施後、すべての子どもにおいて吃音は低いレベルへ減少した。黒丸 (●) は家庭での観察データ、黒四角 (■) は, 学校での観察データを示している。学校での観察は、吃音の改善に関して家庭から学校への般化効果を測定するために行われた。簡略化介入の期間中の矢印 (▼) は、治療セッションが行われた日を示している。(Wagaman, J., Miltenberger, R., & Arndorfer, R, [1993]. Analysis of a simplified treatment for stuttering in children. *Journal of Applied Behavior Analysis, 26*, 53-61. Copyright © 1993 University of Kansas Press.)

った。言い換えれば、クライエントに習癖やチックの生起に随伴して、ある程度の労力を要する行動（3分間の筋肉の緊張）をさせることによって、その行動が競合しているかどうかに関係なく、習癖やチックが減ったのである。たとえば、顔面チックがある人に対して、それに随伴して上腕二頭筋を緊張させる介入を行った結果、顔面チックの頻度が減少した（Sharenow et al., 1989）。しか

し注意しなければならないのは、意識化訓練と競合反応はいつも一緒に用いられていたということである。それゆえ、競合反応を除いた意識化訓練のみの効果は検証されていない。たとえばラドーチャー（Ladoucher, 1979）は、習慣やチックに対する意識の高まりこそが、習慣逆転法の成功の要因であると示唆している。

　意識化訓練は、大学生1名（Wright & Milten-

習慣逆転法の新たな適用例

　習慣逆転法は神経性習癖、チック、吃音の介入として多くの研究において有効性が示されてきたが、習慣逆転法は他の問題にも適用されてきている。ある新しい適用例では、アレン（Allen , 1998）は 14 歳の男児のセスがテニスの試合中に示す破壊的で暴力的な行為を減らすために習慣逆転法を用いた。その暴力的行為とは、自分に向かって怒鳴る、ラケットをコートに叩きつける、帽子で自分を叩く、腕を振り回すといったものであった。アレンは、セスがいつ暴力的行為を起こすか、あるいは起こり始めるかを特定できるように意識化訓練を行った。そして、その行為が起こったときや、起こりそうなときに、リラックスした呼吸を伴う競合反応を用いるよう指導した。最後に、アレンは保護者に、セスが暴力的行為に気づけるよう援助し、競合反応を行ったときに称賛などの報酬を与えることによって、ソーシャルサポートを提供することを教えた。また、セスがその行為を止めるために競合反応を行わなかった場合には、保護者はレスポンスコストを行った。習慣逆転法のもう 1 つの新たな適用として、マンキューソとミルテンバーガー（Mancuso & Miltenberger, 2016）は、大学生が人前で話すときに「あの」「あー」「えーと」「みたいな」など、話の間の「つなぎ言葉」を減らすために、意識化訓練と競合反応の訓練を行った。この研究において研究者は学生に対し、つなぎ言葉が生じたことに気づけるように意識化訓練を行った。そして、つなぎ言葉を減らすための競合反応（つなぎ言葉が生じたとき、または生じそうになったとき、何も言わずに 3 秒間沈黙する）を行った。このような習慣逆転法を 1 ～ 2 回のセッションで学ぶことで、学生たちはスピーチにおいてつなぎ言葉を話すことが大幅に減少した。

berger, 1987）と小学生 2 名 （Ollendick, 1981; Woods et al., 1996a）の 3 名において、競合反応を加えることなく、運動チックを減少させる効果があったことが示されている。しかしながらこの 3 名の事例ではいずれも、意識化訓練に加えて自己監視も行っていた。自己監視では、結果としてチックに随伴する行動（つまり、チックを記録する）を行う必要があったために、自己監視行動が競合反応と同じ機能を果たしていた可能性がある。意識化訓練のみで子どもの首ひねりを減少させ、ほぼ取り除いた事例を報告する研究（Woods et al., 1996a）もあるが、効果があったのは 1 名のみで、他の 3 名の運動チックには効果がなかった。習癖やチックに対する意識化訓練の具体的効果を決定するためには、さらなる研究が必要である。

　吃音の場合、意識化訓練と競合反応の使用は、吃音を抑制し、吃音の代替行動を生み出しているようである。吃音の場合、競合反応は筋肉の緊張と関連した単純な運動反応ではなく、むしろ代替となる発話パターンである。クライエントは、この発話パターンを吃音のパターンに代替するものとして練習する。神経性習癖とチックにおいては、競合反応がその行動に随伴して使用されるが、吃音の場合には、吃音に随伴して使用されるだけでなく、吃音が生じていない通常の発話においても用いられる。この点からも、吃音における競合反応の機能は、習癖やチックとは異なっていると考えられる。

その他の習癖障害に対する介入手続き

　習慣逆転法は、習癖障害の治療に効果的であることが一貫して実証されてきており、よく使用されている（Friman, Finney, & Christopherson, 1984; Miltenberger, Fuqua, & Woods, 1998; Woods & Miltenberger, 1995, 1996a; Woods et al., 2000）。しかし、**習慣逆転法は、幼児や知的障害者の習癖障害には効果がない可能性があることも示唆されている**（Long, Miltenberger, Ellingson, & Ott, 1999; Long, Miltenberger, & Rapp, 1999; Rapp, Miltenberger, Galensky, Roberts, & Ellingson, 1999; Rapp, Miltenberger, & Long, 1998)。

ロングら（Long, Miltenberger, Ellingson, & Ott, 1999）やラップら（Rapp, Miltenberger, & Long, 1998）は、習慣逆転法が、知的障害のある大人の抜毛、指しゃぶり、爪かみに効果がなかったことを明らかにしている。習慣逆転法の効果が確認できなかった後、ラップらは、知的障害のある女性が髪を引っ張ろうと手を伸ばすたびにアラームが鳴る意識化促進装置の効果を検討した。その女性の手首と首の周辺に小さな電子装置を装着し、抜毛のために手を上げると、装置がその動きを感知し、アラームが鳴った。アラーム音は、頭から手を離すと止まった。この装置を使用することによって、彼女の抜毛は起きなくなった。ハイムルら（Himle, Perlman, & Lokers, 2008）も同じような装置が抜毛の減少に効果的であることを明らかにした。エリングソンら（Ellingson, Miltenberger, Strieker, Garlinghouse, et al., 2000）、ストリッカーら（Stricker et al., 2001）、ストリッカーら（Strieker, Miltenberger, & Tulloch, 2003）は、意識化促進装置が子どもの指しゃぶりに対して効果的な介入であることを示した。

ロングら（Long, Miltenberger, Ellingson, & Ott, 1999）は、習慣逆転法の効果が確認できなかった知的障害のある人の指しゃぶりと爪かみに対して、それを減少させるために他行動分化強化（DRO）とレスポンスコストを適用した。ロングらは別室にいるクライエントの様子を、ビデオモニターで観察した。そして、一定時間、習癖が生じなかった場合に、部屋に入って強化子（たとえば、トークン）を与えた。習癖が生じたときには、部屋に入って強化子を1つ没収した。ロングら（Long, Miltenberger, & Rapp, 1999）は同様の手続きを、習慣逆転法の効果が確認できなかった6歳児の指しゃぶりと抜毛をなくすために使用した。同じように、ラップら（Rapp. Miltenberger, Galensky, Roberts, & Ellingson, 1999）はDROと社会的弱化子の提示が、習慣逆転法の効果が確認できなかった5歳児の指しゃぶりの減少に効果的であったことを示した。

他の研究では、反応妨害は子どもの抜毛や指しゃぶりをなくすことを明らかにした（Deaver, Miltenberger, & Strieker, 2001; Ellingson, Miltenberger, Strieker, et al. 2000）。たとえば、ディーバーら（Deaver and colleagues, 2001）は、夜間の就寝時や午睡の際に、髪の毛をくるくる回して引っ張る幼児に反応妨害を用いた。その幼児が寝るときに毎回、保護者や保育士が薄い手袋（ミトン）を手にはめさせた。ミトンによって幼児は、

表21-2 習癖障害に対して用いられた他の行動変容手続き

治療手続き	習癖障害	著者
味覚嫌悪療法	指しゃぶり	Friman & Hove（1987）
反応阻止	指しゃぶり	Watson & Allen（1993）
反応困止とDRO（多様な強化子）	指しゃぶり	Van Houten & Rolider（1984）
DRO（キャンディ）	指しゃぶり	Hughes, Hughes, & Dial（1979）
DRO（お金）	音声チック	Wagaman, Miltenberger, & Williams（1995）
タイムアウト	音声チック	Lahey, McNees, & McNees（1973）
タイムアウト	吃音	James（1981）
タイムアウトとトークン強化	抜毛	Evans（1976）
レスポンスコスト	吃音	Halvorson（1971）
レスポンスコストとトークン強化	吃音	Ingham & Andrews（1973）
手を叩くこととトークン強化	抜毛	Gray（1979）
手首のゴムバンドを弾く	抜毛	Mastellone（1974）
行動契約	抜毛	Stabler & Waren（1974）

髪の毛をくるくる回すことや引っ張ることが妨害された。

　最後に、ラップら（Rapp and colleague, 2000）は、DRO、反応妨害、短時間の身体抑制が、知的障害の青年の抜毛に対して効果的な介入であったことを示した。ラップらはクライエントに抜毛

が見られなかったときに褒め、抜毛し始めたらその反応を妨害し、30 秒間その腕が動かないようにした。上記の方法に加えて、分化強化、先行子操作、弱化手続きに基づくさまざまな行動変容法が、習癖障害に対する介入として評価されてきた。これらの手続きの例を表 21 - 2 に示した。

まとめ

1．習癖行動は、自動的に強化されている反復的行動であり、本人が気づかないうちに生じていることが多い。つまり、その人は自分の習癖行動を感知できていないということである。習癖行動の頻度と強度が過剰なレベルにある場合、習癖障害と見なされる。
2．神経性習癖、チック、吃音は習癖行動の 3 つのカテゴリーである。
3．習慣逆転法は、以下の介入要素で構成されている。習癖行動に気づくことを教える意識化訓練、習癖行動に随伴する競合反応の使用、そして競合行動の使用を動機づけるためのソーシャルサポート手続きである。
4．競合反応は、対象となる習癖行動によって異

なる。運動チックの場合、チックに関連した筋肉の緊張を競合反応として行う。神経性習癖の場合、習癖行動と競合する行動（たとえば、爪かみの場合はそれと競合するボールを握る行動など）を行う。吃音に関する競合反応は、調整呼吸と呼ばれる吃音と競合する呼吸や発話のパターンである。
5．習慣逆転法の効果は、競合反応の使用と関係している。競合反応は弱化子（習癖とチックの場合）あるいは習癖行動に対する代替行動（吃音の場合）として機能している。意識化自体の効果については、まだ十分には研究されていない。

キーワード

意識下訓練
習癖障害
調整呼吸
競合反応
習慣逆転
ソーシャルサポート
競合反応訓練
動機づけ方略

吃音
腹式呼吸
運動チック
トゥレット障害
習癖行動
神経性習癖
音声チック

練習問題

1．習癖障害とは何か？
2．神経性習癖とは何か、例を挙げて説明しなさい。

3．運動チックとは何か？　音声チックとは何か？　チックは神経性習癖とどのような違いがあるのか？　また、運動チックの例を挙げ

なさい。

4．吃音における発話の非流暢性のタイプを述べ
なさい。

5．習慣逆転法について説明しなさい。

6．神経性習癖である指鳴らしに対して用いられ
る競合反応を示しなさい。

7．歯ぎしりに対して用いられる競合反応を示し
なさい。

8．首ひねりのような運動チックに対して用いら
れる競合反応を示しなさい。咳払いのような
音声チックに対して用いられる競合反応を示
しなさい。

9．吃音に対する競合反応である調整呼吸につい

て説明しなさい。

10．習慣逆転法におけるソーシャルサポートの要
素はどのようなものか説明しなさい。

11．意識化訓練について説明しなさい。また、ど
のような目的で行われるかを述べなさい。

12．習慣逆転法において競合反応が果たしている
と考えられる2つの機能とは何か？　また、
神経性習癖とチックにおける競合反応の機能
と、吃音における競合反応の機能の違いを述
べなさい。

13．習癖障害をなくするために適用される習慣逆転
法以外の強化手続きと弱化手続きの名前を挙
げなさい。

適用例

1．読者自身の自己管理プロジェクトにおいて、
習慣逆転法をどのように適用できるか、説明
しなさい。習慣逆転法が適さない場合は、そ
の理由を説明しなさい。

2．ビッキーは瞬きチックのある大学生である。
そのチックは、周囲に人がいるときに頻発す
る。特に、積極的な参加が期待されている授
業など、評価を受ける状況において顕著であ
る。チックには、瞬きと目を細める反応が含
まれている。この運動チックに対する習慣逆
転法について説明しなさい。

3．ドミニクはたくさんの姉と兄がいる4歳の少
年であった。2カ月前あたりから吃音が始ま
った。ドミニクの吃音は、語や音の反復であ
った。たとえば、「次はぼ、ぼ、ぼ、ぼ、ぼ

くの番」「り、り、り、りんごジュースが欲
しい」などと言っていた。興奮すると吃音を
起こしやすかった。きょうだいたちはドミニ
クの吃音を面白がっており、ときには親がド
ミニクのためを思って、しゃべるのをやめさ
せることもあった。もしこの家族がドミニク
の吃音を減らすためにアドバイスを求めてき
たら、あなたはどのようなアドバイスをする
か。

4．タニャは5歳で、昼間テレビを見ているとき
や何もしていないとき、そして夜眠るときや
就寝中にも時折、指しゃぶりをしていた。両
親は、タニャの夜間と日中の指しゃぶりを減
らすために、分化強化と先行子操作（反応妨
害）をどのように適用したらよいか、説明し
なさい。

間違った適用例

1．ハーベイは抜毛の習癖障害について心理士に
相談した。そこでハーベイは、習慣逆転法を
教えられた。その手続きは、抜毛に気づくこ
と、そして抜毛しようとしたときに物をつか
む競合反応を行う、というものであった。ハ

ーベイは工学部の学生で、内容が難しいと思
っていた授業が2つあった。この2つの授業
では、抜毛に気づく時間も気力もなく、競合
反応をするのも不可能であると考えていた。
そこで、それ以外の時間にこの手続きを忠

実に実行した。習慣逆転法のこの適用方法は、どこが間違っているか？

2. 家族と一緒に別の地域に引っ越しした直後から、ダーレンは頻繁に咳や咳払いをするようになった。両親が1週間カゼ薬を飲ませたが。咳は治らなかった。さらに数週間、咳や咳払いが続いた。両親は習慣逆転法を適用することにし、ダーレンに自分の咳や咳払いに気づき、競合反応を行うよう教えた。またDROも実施し、咳や咳払いをしていないときにダーレンに強化子を与えた。この事例において、習慣逆転法とDROの適用で間違っている点はどこか？

3. マーカスは重度の知的障害のある10歳の男の子で、家族と一緒に生活していた。マーカスは、親に注目により維持されている逸脱行動をたくさん行っていた。その問題はそれほど重篤ではなかったため、両親は介入を求めたことはなかった。また、爪をかむという神経性習癖も示していた。両親は爪かみに対して習慣逆転法を適用することにした。しかし、マーカスには知的障害があったので、爪かみをするたびに競合反応をプロンプトする必要があった。爪かみが見られたら、そのたびに、両親のどちらかがマーカスの近くで「マーカス、爪をかんではいけません」と言って、両手をひざの上にのせさせた。両手をひざの上に1～2分間置かせて、爪かみがなぜいけないかを言って聞かせ、爪をかむ代わりに両手をそろえるよう話した。この事例において、習慣逆転法を誤って適用しているところはどこか？

第22章　トークンエコノミー

本章では、教育や治療プログラムの参加者に対して条件性強化子を体系的に用いることによって、望ましい行動を増加させる、行動変容プログラムについて解説する。最初に、以下の例について考えてみよう。

サミーのリハビリテーション

サミーは14歳の女の子で、器物破損、窃盗、暴行の罪を犯したために、少年犯罪に関する治療プログラムに参加させられていた。この入所型治療プログラムの目標は、入所者に望ましい社会的行動を獲得させ、それを持続的に発揮させること、また入所の理由となった反社会的行動を起こさせないようにすることであった。各入所者は、いくつもの望ましい行動を毎日するよう求められていた。望ましい行動は、時間どおりの起床、シャワー、ベッドメイキング、時間どおりの食事、授業への出席、割り当てられた日課作業（たとえば、食事の準備や掃除）、集団治療セッションへの参加、時間どおりの就寝などであった。望ましい行動の一覧はカードに書かれ、入所者が常に携帯していた。これらの行動の遂行状況は、プログラムカウンセラーによって常に監視されていた。入所者はそれぞれの行動ができた場合、1ポイントが与えられた。その行動が観察されたら、そのたびにカウンセラーは入所者のカードにポイントを加え、そのポイントは管理カードにも記録された。入所者は、そのポイントを自分が望む特典と交換することができた。その特典は、ゲームルームでテレビゲーム、ピンボールやビリヤードで遊ぶこと、就寝時間を遅らせること、治療プログラムに参加せず散歩に出かけること、テレビの視聴時間を延長すること、監視のない休暇が許可されること、などであった。これらの特典は、社会的行動によって得られたポイントとの交換でしか得ることができないものであった。

ポイントは、社会的行動に対する強化子としてだけではなく、入所者の示した反社会的行動に対する弱化子としても使用されていた。反社会的行動に応じてポイントを没収する手続きは、レスポンスコストと呼ばれる。ポイント没収の対象とされる反社会的行動の種類、および各行動で没収されるポイント数のリストも、入所者全員に渡されていた。たとえば、他人をののしること、けんか、盗み、嘘をつくこと、集団で暴力的な発言や活動をすること、授業中のカンニング、カウンセラーへの脅しや暴行、許可なしの休憩、散歩からの帰りが遅くなることなどが、反社会的行動のリストに含まれていた。入所者が反社会的行動を行った

場合、カウンセラーは入所者のカードから、その違反で取り消されるポイントを消した。カウンセラーはまた、管理リストにもポイント没収を記録した。

このプログラムが進行し、ポイントの提示とカウンセラーからの称賛が伴うことによって、サミーの社会的行動が増えた。当初、サミーは他者へののののしり、脅し、けんか、授業中のカンニングなどの反社会的行動を行っていた。しかし、これらの行動を起こすたびにポイントを失い、その結果特典を得られなくなってしまうことで、時間が経つにつれて反社会的行動は減っていった。その後サミーは、2週間連続で、1日に得られる最大ポイント数を獲得し続けた上に、1ポイントも失うことがないという実績を残した。その結果、カードを持たずに過ごすことが許され、自由にゲームルームに行ったりテレビを見たりすることができるようになった。カウンセラーはサミーの行動

をモニターし続け、社会的行動を褒め続けた。もし、社会的行動を継続できなくなったり、反社会的行動を再び起こすようになったら、特権は取り上げられ、再びカードを持つことになっていた。そして、その特権を再び得るためには、決められたポイント数を獲得しなければならなかった。再び2週間連続で最大ポイント数を獲得し、一度もポイントを失わなければ、カードを所持する必要がなくなり、ゲームルームに自由に行くことができ、テレビも自由に見られる。さらにそれ以降、問題なく過ごせれば、2週間ごとにより大きな特典（たとえば、プログラムを1時間休む、散歩する、日中の外出、外泊、週末の外出）が与えられた。サミーは4カ月間何の問題もなく社会的行動を続けてプログラムを卒業し、その後はカウンセラーによる週1回のフォローアップ面接を自宅で受けた。

トークンエコノミーの定義

上記の例は、思春期の入所治療プログラムで適用された**トークンエコノミー**（token economy）の例である。トークンエコノミーは望ましい行動に対してトークンと呼ばれる条件性強化子を提示する強化システムである。トークンは後にバックアップ強化子と交換される。トークンエコノミーの目的は、構造化された治療環境や教育場面において、頻度の少ない望ましい行動を増加させること、および望ましくない行動を減少させることである。望ましい行動を行うことによって、サミーが獲得していたポイントが、**トークン**（token）である。トークンは望ましい行動の直後に与えられ、後で**バックアップ強化子**（backup reinforcers）と交換される。トークンは他の強化子（バックアップ強化子）と対提示されるため、条件性強化子となり、それが随伴された行動を強める働きをする。バックアップ強化子は、トークンとの交換によってのみ獲得可能で、トークンは望ましい行動をしたときにのみ獲得することができる。バックアップ強化子は、治療環境における対象者にとって強力な強化子となるものから選択される。

それによって、対象者が望ましい行動を行い、望ましくない行動をやめることを動機づける。

以下に、**トークンエコノミーの基本的な構成要素**を示した。
1．強化する望ましい標的行動
2．条件性強化子として使用されるトークン
3．トークンと交換されるバックアップ強化子
4．トークンを与える際の強化スケジュール
5．バックアップ強化子と交換されるトークンの比率
6．トークンとバックアップ強化子を交換する時間と場所
※レスポンスコストが構成要素となる場合もある。レスポンスコストは望ましくない行動を減らすために用いられるもので、望ましくない行動の生起に対して一定の比率でトークンを没収する手続きである。

表22-1に、サミーに対するトークンエコノミーの構成要素を示した。

表 22 - 1　サミーに対するトークンエコノミーの構成要素

望ましい標的行動	獲得ポイント	望ましくない標的行動	没収ポイント
7 時起床	2	人をののしる	1
シャワー	1	怒鳴る、他人を脅す	1
髪をとかす	1	けんかする	4
洋服の洗濯	1	盗む	4
ベッドを整える	1	うそをつく	4
時間通りの朝食	1	集団で暴力的な発言をする	2
時間通りの授業出席（午前）	1	集団で暴力的な活動をする	2
時間通りの昼食	1	授業中のカンニング	4
時間通りの授業出席（午後）	1	カウンセラーを脅す	1
時間通りに集団カウンセリングを受ける	1	カウンセラーへの暴力	5
日課（雑用）を行う	1	許可のない外出	5
就寝前の部屋の掃除	1	外出から戻る時間が遅れる	3
時間通りの就寝	1	各活動における定刻からの超過や遅刻	2
宿題を行う	6		
1 日の全ポイント数	<u>20</u>		

ボーナスポイント	
テストでAを獲得する	10
小テストでAを獲得する	5
テストでBを獲得する	5
小テストでBを獲得する	2

バックアップ強化子	交換比率	特権の許可に関する行動基準
ビリヤード 30 分	10	1．ゲームルームへの自由な入室：最大ポイント数（1 日当たり）の獲得を 2 週間続ける。
テレビゲーム 30 分	10	2．1 日 1 時間の自由時間：最大ポイント数（1 日当たり）の獲得を 4 週間続ける。
パソコンゲーム 30 分	10	3．丸 1 日の自由時間（土曜日か日曜日）：最大ポイント数（1 日当たり）の獲得を 6 週間続ける。
ピンボール 30 分	10	4．外泊（金曜日か土曜日）：最大ポイント数（1 日当たり）の獲得を 8 週間続ける。
卓球 30 分	10	5．週末を完全に自由に過ごす：最大ポイント数（1 日当たり）の獲得を 10 週間続ける。
テレビ 30 分	10	
映画のレンタル	15	
日課（雑用）の自由選択	5	
外出（監視あり）	10	
■ デイリークイーン（ファストフード店）		
■ ミニゴルフ		
■ ファストフード（ディリークイーン以外）		
■ その他		

トークンエコノミーの実施

治療プログラムにおいて、対象者の望ましい行　動を強めるためにトークンエコノミーを実施する

表22-2　トークンエコノミーで使用されるトークンの例

ポーカーチップ	ビーズ、ビー玉
笑顔シール	幾何図形（丸や四角など）に切ったプラスチックや厚紙
硬貨、コイン	印刷されたカードやクーポン
おもちゃの紙幣	カードに開けた穴
スタンプ、シール、星印	カードに押したスタンプ
インデックスカードに書いたチェックマーク	貯めて組み合わせることができるパズルピース
黒板に書いたチェックマーク	

© Cengage Learning®

ことが決まったら、プログラムを成功させるために、トークンエコノミーの構成要素について注意深く計画を立てる必要がある。以下では、この構成要素の一つ一つについて検討してみよう。

標的行動を定義する

　トークンエコノミーの目的は、対象者の望ましい行動を強めることである。トークンエコノミーを計画するときの最初のステップは、プログラムにおいて強化する望ましい行動を決定し、それを定義することである。サミーの標的行動は、家族や友人とうまく生活するために必要な社会的行動であった。この行動は、社会の規範やルールに従って、責任を持って振る舞うために必要であった。トークンエコノミーにおける標的行動は、介入対象者や介入環境によってさまざまである。標的行動の例としては、「教育場面における教科学習」「職場での職業スキル」「リハビリテーション場面における自助スキル」「施設環境における社会的スキル」などがある。標的行動を決める際の主な基準は、その行動が社会的に重要であるか、あるいはプログラムに参加している対象者にとって意味があるかどうか、という点である。

　標的行動を決定したら、それを注意深く定義することが大切である。標的行動を客観的に定義することによって、自分にどのような行動が期待されているかを対象者に知らせることができる。標的行動を行動的に定義することで、プログラム実行者は一貫性を持って記録をとり、トークン強化を実行することができる。

トークンとして使うアイテムを決める

　トークンは、プログラム実行者が標的行動の生起した直後に提示できるような具体物である必要がある。トークンは、プログラム実行者が標的行動の生起する環境に持ち運んで提示するのに便利なものがよい。またトークンは対象者が貯められるものでなければならず、持ち運べるものがよい。しかし、貯めることはできても所有できないトークンもある。たとえば、壁に貼られたグラフ上の印、黒板に書かれた得点、ナースステーションにある容器に入れられたポーカーチップなどである。サミーの場合、携帯できるカードに記入されたポイントがトークンとして用いられた。カードに記入されたポイントは具体性があり、プログラム実行者が容易に提示でき、対象者が貯めるのも簡単である。

Q. トークンエコノミーでトークンとして使うことのできるアイテムを挙げなさい。

　使用可能なアイテムを表22-2に示した。
　トークンとして使うアイテムは、プログラム実行者以外から手に入るものであってはならない。もし、対象者が別の場所からそれを入手できれば、プログラムはあまりうまくいかない。つまりプログラム実行者は、対象者がトークンを、別の対象者や実行者から盗んだり、偽造したり、プログラム内外の別のところから獲得できないようにしなければならない。

　サミーの場合、カウンセラーは望ましい行動に対するトークンとして、カードに記入するポイントを用いた。予防的措置として、カウンセラー

表 22 - 3　小学生に対するバックアップ強化子の例

音楽を聴く	クラスで使うゲームを選択する
切り絵や貼り絵	座席を移動する
フィンガーペインティング	先生と一緒に昼食を食べる
ビー玉で遊ぶ	特別な自由時間が与えられる
クラスメートに自分のコレクションを披露する	保健室への訪問
クラスメートに物語を読み聞かせる	朝の放送をする
別の学級を訪問する	今後の予定を見せてもらう
先生のお手伝いをする	黒板を消す当番
図書室でお手伝いをする	連絡帳で特別に誉めてもらえる
休み時間に最初におもちゃを選ぶ	学習センターを利用する
掲示板を飾り付ける	自宅に電話をかける
本を 1 冊借りる	校長先生を訪問する
学級の列の先頭に立つ	

表 22 - 4　中学生、高校生に対するバックアップ強化子の例

音楽を聴く	活動に加わらないで休息する
友達に手紙を書く	座席を移動する
本を借りる	友達と内緒話をする
音楽ビデオを見る	電話をかける
友達とおしゃべりをする	おやつを食べる、炭酸飲料を飲む
自分のコレクションをクラスメートに披露する	特別な自由時間を得る
友達と昼食を食べる	ゲームで遊ぶ
友達に手紙を渡す	小テストを免除される
放課後、体育館の器具を利用する	他の学級に行く
学級の活動を選択する	学級の模様替えをする
フィルムプロジェクターを操作する	パソコンゲームで遊ぶ
先生の用事を引き受ける	趣味の活動を行う
先生の手伝いをする	宿題を免除される

は各個人の管理リストにもポイント数を記録した。この方法を用いることで、各対象者が獲得したポイントの記録を、対象者の手元から離れた形でも管理した。もし、対象者が自分のカードのポイントを勝手に変更しても、カウンセラーはそれを発見し、対処することができる。

バックアップ強化子を決める

　トークンは、バックアップ強化子と対提示されることによって、条件性強化子としての効果を獲得する。つまり、トークンエコノミーの効果は、バックアップ強化子によって支えられていると言える。強化子の効果は人によって違うので、バックアップ強化子も治療プログラムに参加する対象者ごとに決定する必要がある（Maag, 1999）。バックアップ強化子には、お菓子や飲み物のような飲食物、おもちゃなどの具体物、ゲームやビデオ、テレビなどの活動性の強化子、あるいは名誉的なものなどがある。サミーの場合、バックアップ強化子の大部分は、プログラムに参加している対象者の望む活動性の強化子であった。表22 - 3には、小学生に対するバックアップ強化子の例を、表22 - 4には、中学生、高校生に対するバックアップ強化子の例を示した。

　バックアップ強化子は、トークンとの交換以外

の手段で入手できるものであってはならない。バックアップ強化子への接近が制限されることによって遮断の状態が保たれ、それによってその強化力が高まるのである。しかし、対象者が基本的な権利として持っているものに関しては、制限してはならない。そのような基本的な権利には、栄養を摂取するための食事、快適な生活環境、痛みがない状態、適度な余暇活動、身体を鍛えるための活動、適度な移動の自由などがあり、それをトークンエコノミーの対象者から取り上げてはならない。トークンエコノミーにおいて使用される強化子は、対象者の基本的なニーズや権利以外のものにすべきである。たとえば、栄養摂取に必要な食事の制限はできないが、特別食、デザート、あるいはおやつをトークンと交換するという条件設定は可能である。同じように、一般的な余暇活動（たとえば、本を読んだり、運動すること）は制限できないが、ゲームや映画、あるいはビリヤード台や卓球台が置いてあるゲームルームの使用などの特別な余暇活動については、トークンとの交換という条件設定が可能である。

強化スケジュールを決める

　プログラム実行者は、望ましい標的行動の生起に随伴してトークンを与える。トークンエコノミーを行う前に、プログラム実行者はトークンを与える強化スケジュールを決めておく必要がある。プログラムの最初には、標的行動に対して連続強化スケジュールでトークンを与える場合が多い。そして、標的行動が一定頻度以上に生起するようになった後、定率強化スケジュール（FR）や変率強化スケジュールのような間欠強化スケジュールが、その行動の維持のために適用される。たとえば、特別支援学級に在籍する生徒が、1対1の指導場面において正答するたびにトークンをもらっていたとしよう。生徒の成績が上がるにしたがって、指導者は2問正答するごとに1回の強化（FR2）するスケジュールを行う。さらに生徒の成績に応じて、5問（FR5）、10問（FR10）の正答に対してトークンを与える条件まで比率を大きくしていく。

　トークンエコノミーの導入初期の段階では、生徒に十分な数のトークンを獲得させることが大切である。それは、トークンをバックアップ強化子と定期的に交換可能な状況にするためである。それによって、トークンは条件性強化子としての効力を速やかに獲得し、生徒は望ましい標的行動が強化される機会を持つことになる。

トークンの交換比率を決める

　バックアップ強化子は、望ましい行動によって得られたトークンと交換される。その際、バックアップ強化子の値段、つまりトークンとの交換比率か決められていなければならない。小さなアイテムは少ないトークンと交換され、大きなアイテムは多くのトークンと交換される。それに加えて、プログラム実行者は、対象者が1日に獲得可能なトークンの最大数を決め、その数に見合った交換比率を決定する必要がある。バックアップ強化子との交換比率は、対象者が望ましい標的行動をある程度の頻度で行うことによって強化子が手に入るように設定するべきであり、強化子に対する飽和が生じてしまうほど多く獲得させてはならない。交換比率の設定においては、トークンエコノミーに参加している対象者ごとに、このバランスを見つけなければならない。プログラム実行者は、最高の結果を生み出すために、トークンエコノミーを開始してからも交換比率を調整すべきである。

　たとえば、サミーが治療プログラムにおいて完璧な行動をした場合、1日最大15ポイントを獲得可能であったとしよう。そして、テレビを1時間見るのに30ポイントが必要だとすれば、彼女はそのために二日間完璧に過ごす必要がある。さらに、他のバックアップ強化子を得るためのトークンは残らないということにもなる。これに対して、1時間テレビを見るためには2ポイントが必要で、他のバックアップ強化子も1～2ポイントで獲得可能だとすれば、サミーは望ましい社会的行動をそれほど多く行わなくても、いろいろなバックアップ強化子を毎日得ることができる。このような交換比率ではあまりに寛容過ぎて、多くの社会的行動を行うようにサミーを動機づけることはできないだろう。

トークンを交換する時間と場所を決める

　対象者は治療プログラムに参加している間、望ましい行動によって得られたトークンを貯めることができる。また定期的に、そのトークンをバックアップ強化子と交換することができる。交換する時間と場所はあらかじめ決めておく必要がある。たとえば、バックアップ強化子が置いてある特定の部屋（トークンストア）を設置する場合もある。トークンを獲得した対象者は、決められた時間以外にこの店に行くことはできない。決められた時間になったら、対象者はトークンストアに行き、交換可能なさまざまなバックアップ強化子を見る。交換したいものが決まったら、所定の数のトークンとバックアップ強化子を交換する。この過程は、それぞれのプログラムにおけるトークンエコノミーの特性に応じて変わる。トークンストアが毎回何時間も開店しているプログラムであれば、交換する時間を対象者が選ぶことができる。またプログラムによっては、トークンストアがない場合もある。この場合、対象者がプログラムを運営している職員に、交換したい活動や特典を伝えることになる。たとえば、サミーはテレビを見るために必要なトークンが貯まったときに、好きな番組が放送されている時間にテレビが見られるようにしてほしいと職員に知らせた。職員はその時間に彼女をテレビ室に連れて行き、その番組を見せた。

　精神病院では、適切な行動によってトークンを得た患者が、そのトークンを病院内の売店でお菓子やジュースなどと交換する場合もある。売店は、営業時間があらかじめ決まっている。患者はトークンを貯めて、欲しいもの（バックアップ強化子）を買いに営業時間内に売店に行く。売店の営業時間内にしか患者は欲しいものを得ることができない。

　特別支援学級の例では、生徒は教科の成績に応じてポーカーチップを受け取る。朝1回、放課後に1回、彼らはポーカーチップをバックアップ強化子と交換するためにトークンストアに行く。トークンストアは改装された倉庫にあり、そこにはおもちゃ、ゲーム、食べ物、あるいは好きな活動との引換券が置いてある。生徒はトークンストアに行き、好きな物品を選び、店員（補助教員）に必要な数のトークンを渡してそれを受け取る。このようにポーカーチップは、定期的にバックアップ強化子と対提示されているので、条件性強化子としての効力を持ち続ける。さらに、生徒はストアでトークンを交換する際に、計算スキルを発揮する機会を持つこともできる。

　条件設定はプログラムごとに異なるかもしれないが、トークンをバックアップ強化子と交換できる時間や場所については、あらかじめ決めておく必要がある。このような設定をあらかじめすることによって、プログラムを一貫性のある形で実行することができる。

レスポンスコストを適用するかどうかを決める

　レスポンスコストは、トークンエコノミーで常に適用されるというわけではない。トークンエコノミーの目標は望ましい行動を強めることであり、その行動と競合する問題行動が存在しない場合には、レスポンスコストを使う必要はない。望ましい行動に競合する問題行動が生じている場合は、レスポンスコストをトークンエコノミーとともに使用できる。

　レスポンスコストを適用する場合、ある一定期間、トークンエコノミーの効果が示された後に導入した方がよい。というのは、**レスポンスコストでトークンを没収することが弱化として機能するためには、トークンが対象者にとって条件性強化子として十分に確立している必要がある**からである。

　レスポンスコストは、プログラム実行者が対象者からトークンを没収できる条件でのみ使用される。もし、対象者がトークンの没収に強く抵抗して攻撃的になった場合、レスポンスコストが適用できなくなる可能性がある。このような場合、レスポンスコストを適用する際の抵抗や攻撃を防ぐために、対象者がトークンを所有できない形態（たとえば、グラフや黒板におけるポイントなど）がよいかもしれない。これによって、レスポンスコストの適用によって生じる抵抗や攻撃行動を予防できるだろう。

　レスポンスコストを実行する際に、プログラム実行者は、減らすべき望ましくない行動を定義し、

その行動が起きたときに没収するトークン数を決めておく必要がある。レスポンスコストプログラムの対象となる問題行動は、レスポンスコストの適用が妥当な社会的に重要な問題でなければならない。問題行動によって没収されるトークン数は、その問題の重篤さ、1日に得ることができる最大トークン数、バックアップ強化子との交換比率に応じて決める必要がある。レスポンスコストプログラムにおいて、トークンの没収はバックアップ強化子の獲得機会を減らす手続きであるが、すべてのトークンを失うような状態にしてはいけない（非常に重大な問題行動を除いて）。レスポンスコストによってすべてのトークンが失われると、対象者は望ましい行動によって得られたトークンをバックアップ強化子と交換できなくなってしまい、望ましい行動に対する正の強化の効果をなくすことになる。それに加えて、貯めていたトークンをレスポンスコストによってすべて失ってしまうと、対象者はもう何も失うものがないので問題行動を起こし続ける可能性もある。

スタッフ研修と管理

トークンエコノミーを実行する前に、スタッフはその正しい適用方法について研修を受ける必要がある。プログラムを計画どおりに行うためには、プログラムのすべての構成要素についての書面による指示と行動的スキル指導が必要である。また、新しいスタッフが採用されるたびに、同じ研修を繰り返す必要がある。スーパーバイザーやマネジャーは、一貫してプログラムが遂行できるように、スタッフのプログラム遂行を継続的にモニターし、必要であれば管理手続き（たとえば、称賛、フィードバック、再研修）を実施することが求められる。

トークンエコノミーは、標的行動が改善している間は一貫して遂行する必要がある。そのために、スタッフは以下のような責任を果たす必要がある。

- 標的行動が起きたときに、そのすべてを弁別する。
- 標的行動が起きた直後に、決められた強化スケジュールにしたがってトークンを提示する。
- あらかじめ決められた問題行動が起きた場合、そのすべてを弁別する。
- 問題行動が起きたら、即座にレスポンスコストを実行する。
- トークンの厳密性を保持し、盗みや偽造を防ぐ。
- 交換比率と交換機会を知り、交換に関するルールを守る。

実施上の留意点

すでに述べたトークンエコノミーの基本的な構成要素に加えて、**トークンエコノミーを成功させるためには、以下の事項にも注意する必要がある。**

第一に、プログラム実行者は、常に、望ましい標的行動が生起した直後にトークンを提示しなければならない。そのためには、トークンの携帯性と提示に関する利便性が必要である。

第二に、プログラム実行者は、望ましい行動に対してトークンを提示するのと同時に、言語称賛も行うべきである。言語称賛は多くの人にとって自然な条件性強化子であり、それがトークンと対提示されることで、強化子としての効力がより大きくなる。トークンエコノミーの手続きを中止する際も、プログラム実行者は望ましい行動に対する強化子として言語称賛を与え続けた方がよい。

第三に、幼児や重度知的障害がある人々に対しては、プログラムの初期段階において、バックアップ強化子はトークンが提示されるのと同時に対象者に提示するようにする。これにより対提示が即時で行われ、トークンが条件性強化子として機能しやすくなる。

最後に、トークンエコノミーは人為的なものであり、学校、職場、家庭場面など多くの日常環境では実施されていない。そのため、対象者が治療プログラムを終了する前には、必ずフェイドアウトする必要がある。対象者が一貫して望ましい行動をするようになったら、トークンエコノミーの手続きを中止して、自然な強化随伴性（たとえば、言語称賛、良好な成績評価、仕事の成果）を望ましい行動の維持のために使用する。手続きをフェ

参考：トークンによる強化の様々な実践例

　先行研究においてトークンエコノミーの実践例が数多く報告されているが、本章で示したすべての構成要素を含む正式なトークンエコノミーではなくても、望ましい行動を促進するためにトークン強化が用いられる場合もある。研究者や実践者は、ある特定の行動を強化するために、別の介入プログラムと併用してトークンを用いることもありうる。たとえば、カーンら（Kahng, Boscoe, & Byrne, 2003）は、食事を拒否し、哺乳瓶で食事が与えられていた 4 歳の女児に介入した。一口分の食べ物を受け入れることを強化するために、漫画のキャラクター付のトークンを用いた。指定された数のトークンを受け取ると、少女はそれを交換して食事を終えることができた。時間が経過とともに、食事を止めるのに必要なトークンの数が増えていった。マクギニスら（McGinnis, Friman, & Carlyon, 1999）は、星マークをトークンとして使うことで、学業不振だった 2 人の男子中学生の学業成績が向上したことを示した。数学のワークシートを完成させたときに星マークをもらったことで、学習時間と完了した課題量がともに大幅に増加した。その星マークは様々な小さな具体物強化子と交換できた。いくつかの研究では、トークンは他行動分化強化（DRO）において用いられた。カウドリーら（Cowdery, Iwata, & Paco, 1990）は、一人でいるときに自傷でひっかき行為をする男児に介入した。観察窓から男児を観察し、ひっかき行為がない時間が続いたらトークン（1 セント硬貨）を提示した。ひっかき行為がなくなるまで、DRO の間隔を徐々に長くしていった。トークンを用いた DRO のもう 1 つの実践例として、コンヤーズら（Conyers & colleague, 2004a）は、幼稚園の幼児たちが一定時間、問題行動を示さなかったら、教室内のボードに星マークを貼り付けた。指定された数の星マークをもらったら、授業終了後にお菓子と交換することができた。コンヤーズらは、DRO 手続きは逸脱行動を減少させるが、レスポンスコスト手続き（逸脱行動を示した際にトークンを撤去する手続き）は、逸脱行動をさらに減らすことを示した。

イドアウトすることによって、治療プログラムの効果が日常環境に般化する可能性も高まる。サミーの例では、2 週間連続で最大ポイント数を獲得するたびに、トークンエコノミーの実行が段階的にフェイドアウトされていった。トークンエコノミーがなくなった後は、称賛、作業の完成、名誉などの自然な強化によって行動が維持された。

　フィリップスら（Phillips, Phillips, Fixsen, & Wolf, 1971）は、トークンエコノミーの適用をフェイドアウトする 1 つの方法を示した。非行少年の入所治療プログラムにおいて、部屋の掃除に対してトークンを毎日与える手続きを行った。2 週間連続で部屋の掃除が行われ、それに対してトークンが毎日与えられた後、1 日おきにトークンを与える手続きにプログラムを変更した。8 日後はトークンを 3 日に 1 回与えることにした。そして、部屋の掃除に対して 12 日に 1 回トークンを受け取る条件へと移行するまで、4 段階のステップでフェイドアウトを行った。この少年たちは、トークンが毎日提示される条件から 12 日に 1 回の条件へとフェイドアウトされる 2 カ月間、部屋を掃除し続けた。

トークンエコノミーの適用

　トークンエコノミーは、行動変容において、さまざまな場面で多くの対象者に対して幅広く使用されている（Glynn, 1990; Kazdin, 1977, 1982; Kazdin & Bootzin, 1972）。トークンエコノミーは、これまで以下のような対象者に対して適用さ

れている。たとえば、精神疾患の入院患者（Ayllon & Azrin, 1965, 1968; Nelson & Cone, 1979; Paul & Lentz, 1977）、行動障害のある青年（Foxx, 1998）、多動な児童（Ayllon, Layman, & Kandel, 1975; Hupp & Reitman, 1999; Robinson, Newby,

& Ganzell, 1981)、幼稚園児（Swiezy. Matson, & Box, 1992)、小学生（McGinnis, Friman, & Carlyon, 1999; McLaughlin & Malaby, 1972; Swain & McLaughlin, 1998)、学習障害のある児童生徒（Cavalier, Ferretti, & Hodges, 1997)、大学生（Everett, Hayward, & Meyers, 1974)、刑務所の受刑者（Milan & McKee, 1976)、矯正施設あるいは治療プログラムの非行少年（Hobbs & Holt, 1976; Phillips, 1968; Phillips et al., 1971)、工場の労働者（Fox, Hopkins, & Anger, 1987)、入院患者（Carton & Schweitzer, 1996; Magrab & Papadopoulou, 1977）などである。トークンエコノミーの幅広い適用例を示すために、これらの研究のうちいくつかを、ここでより詳細に紹介する。

ロビンソンら（Robinson, Newby, & Ganzell, 1981）は、多動で学業不振の小学校3年生の男子児童18名に対して、読みと語彙の成績を向上させるためにトークン強化を用いた。トークンは色原紙で作成された円盤型のチップで、学習課題を終えるたびに与えられ、リストバンドに貼られた。トークンは15分間のピンボールかテレビゲームと交換することができた。この研究では、トークンを強化子として使用したことで、課題の完成数が飛躍的に増加したことが示された。多動な児童3名を対象とした別の研究では、トークン強化を算数と読みの学習に使用した結果、すべての対象児において、正答した問題数の増加と多動行動の減少が示された（Ayllon et al., 1975)。これらの結果は、トークン強化プログラムが多動行動を、投薬治療と同程度に低減させたことを示している。しかし、投薬は学業成績に直接影響を与えないが、トークン強化は成績を向上させる効果も示していた。この研究においては、トークン（インデックスカードに書かれたポイント）は、具体物強化子（お菓子やおもちゃなど）あるいは活動性強化子と交換された。

ミランとマッキー（Millan & McKee, 1976）は、最高警備刑務所にいる33名の受刑者に対して、トークンエコノミーを実施した。このプログラムで、受刑者は日課や学習活動などを行うことによってトークンを受け取った。トークンはポイントの獲得であり、小切手帳に記録された。貯まった

ポイントのうち、必要ポイント数を小切手に書き込み、さまざまな具体物強化子や活動性強化子と交換することができた。表22-5には、標的行動とバックアップ強化子の一覧を示した。ミランとマッキーは、トークンエコノミーを適用することで、受刑者の標的行動の改善をもたらした。

マクローリンとマラビー（McLaughlin & Malaby, 1972）は、小学校5、6年生の学級にトークンエコノミーを導入した。このトークンエコノミーでは、児童は学習成績に応じてポイントを得ることができた。さらに、問題行動によってポイントが没収されるレスポンスコストプログラムも用いられた。バックアップ強化子としては、学級内での特権が利用された。このトークンエコノミーにおけるポイントの一覧を、表22-6に示した。さらに、マクローリンとマラビーの研究で、各児童の獲得ポイントと没収ポイントを記録するために用いられた記録用紙を、図22-1に示した。トークンエコノミーを実施した結果、児童の学習成績は向上した。

産業の領域において、事故件数やケガ人の数の減少に対するトークンエコノミーの長期的効果を実証した研究がある（Fox et al., 1987)。このプログラムでは、炭鉱労働者が作業グループ内で誰一人として事故や時間の遅れ（すなわち、生産時間を失うことを意味する）を起こさなかった場合、あるいは責任者が採用に値すると判断した安全性に関するアイデアを提案した場合、トークンが与えられるという手続きを含んでいた。また、事故やケガで時間を浪費した場合や事故やケガを報告しなかった場合には、作業グループのメンバーからトークンが没収された。トークンはスタンプであり、商品引換所にある何千という商品と交換することができた。トークンエコノミーは10年間実施され、ケガによって失う時間を大きく減少させた。さらに、このトークンエコノミープログラムは、事故やケガによって発生する金銭的負担を1年当たり約30万ドル減らした。

ホッブスとホルト（Hobbs & Holt, 1976）は、矯正施設にいる125名の思春期少年を対象として、トークンエコノミーの効果を実証した。トークンは、「規則に従う」「日課の実行」「容認される社会的行動を行う」「適切に列に並ぶ行動（た

表 22 - 5　代表的な標的行動とバックアップ強化子のポイント数

標的行動	獲得できるポイント数
朝の活動	
時間通りの起床	60
ベッドを整える	60
部屋の整頓と掃除	60
身なりを整える	60
学習活動[a]	
生徒としての活動	1 分当たり 2
チューターとしての活動	1 分当たり 2
割り当てられた仕事[b]	
ホールの掃除	60
レクリエーション室のゴミ箱のゴミを捨てる	60
正面階段と踊り場のモップがけ	120
テレビ室にある家具のホコリをとり、場所を調整する	120

バックアップ強化子	必要なポイント数
生活棟での利用	
テレビ室の利用	1 時間当たり 60
ビリヤード室の利用	1 時間当たり 60
休憩室の利用	1 時間当たり 60
食堂での利用[c]	
コーヒー 1 杯	50
ソフトドリンク 1 缶	150
ハムとチーズのサンドイッチ	300
タバコ 1 箱	450
生活棟での余暇時間	1 分当たり 1

[a] 時間ではなく成績に随伴してポイントが与えられる。学習教材の 1 単元に割り当てられたポイント数は、経験的に見積もられた所要勉強時間に基づいたもの。単元のテストに合格した場合に、そのポイントが与えられた。
[b] ここでは 4 種類の仕事しか示していないが、受刑者全員が 120 ポイントを得ることができるだけの仕事が用意されていた。それに加えて、さらにポイントを増やすために、自発的に仕事を追加することも可能であった。
[c] ここでは 4 種類しか示していないが、トークンエコノミーによって多くの品目が食堂で利用できた。
（Millan, M. A., & McKee, J. M. [1976]. The cellblock token economy: Token reinforcement procedures in a maximum security correctional institution for adult male felons. *Journal of Applied Behavior Analysis, 9,* 253-275. Copyright © 1976 University of Kansas Press.）

とえば、食事を待つために列に並ぶ）」を強化するために適用された。1 日の終わりに、少年たちはその日に獲得したトークンの数が記入された証明書を受け取った。その証明書をトークンシステム用の銀行に貯金することができ、具体物強化子（たとえば、ソーダ、キャンディ、スナック、おもちゃ、ゲーム）や活動性強化子（たとえば、余暇活動や帰宅の許可）と交換することができた。このプログラムの結果、参加者の行動は顕著に改善した（図 22 - 2 参照）。

　トークンエコノミーの適用例のうち、初期のいくつかは、精神病院の入院患者に対して行われたものであった（Ayllon & Azrin, 1965, 1968）。そのような患者は、激しい問題行動を示す場合もあった。病院外で必要とされるスキルを持っていないことも多かった。入院施設の中でトークンエコノミーは、問題行動を減少させることと、自分の衛生管理、自分の行動管理、対人スキル、職業

表 22 - 6　標的行動と望ましくない行動のポイント

標的行動	獲得できるポイント数
単元ごとのテストに合格	6-12
午前 8:50 〜 9:15 の勉強	1 日当たり 5
動物の餌やり	1 − 10
動物におが屑をやる	1 − 10
芸術活動	1 − 4
リスニングテストに合格	1 授業で 1 − 2
特別な授業単位を取得する	割り当てられたポイント
整理整頓	1 − 2
宿題	5
ノートをとる	1 − 3
昼食の列に静かに並ぶ	2
食堂で静かにしている	2
昼食時間を適切に過ごす	3

望ましくない行動	没収されるポイント数
宿題をしてこない	宿題ごとに 25
授業中にガムやキャンディを食べる	100
不適切な発言	15
不適切な振る舞い	15
けんか	100
カンニング	100

(McLaughlin, T. F., & Malaby, J. [1972]. Intrinsic reinforcers in a classroom token economy. *Journal of Applied Behavior Analysis, 5,* 263-270. Copyright © 1972 University of Kansas Press.)

スキルのような適切な行動を増加させることを目的として用いられた。表 22 - 7 は、ネルソンとコーン（Nelson & Cone, 1979）が精神病院の 16 名の患者に適用したトークンエコノミーで増加した標的行動をリストアップして定義を示したものである。

トークンエコノミーの長所と短所

　トークンエコノミーの適用には、以下のように多くの長所がある（Ayllon & Azan, 1965; Kazdin & Bootzin, 1972; Maag, 1999）。

■ トークンは、生起した標的行動を、その直後に強化するために使用できる。

■ トークンエコノミーは高度に構造化されたシステムである。そのため、望ましい標的行動を一貫して強化できることが多い。

■ トークンはさまざまな他の強化子と対提示されるため、般性条件性強化子となっている。

■ その結果、トークンはその時点での対象者の確立操作の状況にかかわらず、強化子として機能する。

■ トークンは容易に与えることができ、受け取る側が貯めることも簡単にできる。

■ トークン強化は量として表しやすい。そのため、行動によって強化量を多くしたり少なくしたりすることができる（つまり、行動に応じて、ト

	獲得ポイント					没収ポイント	
言語						課題をしない	
綴り							
書字						おしゃべり	
理科							
社会							
読み						勝手に休む	
算数							
ノート						ガムを噛む	
宿題							
ハムスターにおが屑をやる							
ハムスターに餌をやる						図書室での迷惑行動	
静かにする							
綴りテスト							
自主学習						離席	
その他							
						獲得合計	没収合計

名　前＿＿＿＿＿＿＿＿＿＿＿＿＿＿＿＿＿＿＿＿＿＿＿＿

番　号＿＿＿＿＿＿＿＿＿＿＿＿＿＿＿＿＿＿＿＿＿＿＿＿

図 22 - 1　この記録表は、教室でのトークンエコノミーに参加した生徒が、自分の獲得したポイントや失ったポイントを記録するために使用したもの。望ましい標的行動が、獲得したポイントを記録する欄と並記されている。この表によって、どのような行動が期待されているか、どの程度自分がうまくやっているかを明確に示すことができる。（McLaughlin, T. F., & Malaby, J. [1972]. Intrinsic reinforcers in a classroom token economy. *Journal of Applied Behavior Analysis, 5*, 263-270. Copyright © 1972 University of Kansas Press.）

ークンの数を多くしたり少なくしたりできる）。

■ レスポンスコストは、貯めていたトークンを問題行動の生起に随伴して没収するという形で、トークンエコノミーのプログラムに、容易に組み込むことができる。

■ トークンを貯めるということは、より大きな買い物をするためにトークンを無駄遣いしないことであり、将来を見通して計画を立てるスキルを学習させることにもつながる。

トークンエコノミーの短所は、プログラムの計画と実行のために必要な時間と労力、バックアップ強化子の購入に必要な金銭的負担の問題である。スタッフ研修とその管理も課題である。特に、適用するトークンエコノミーが複雑な手続きで構成されている場合や、長期間にわたって実施する場合には、大きな課題となる。

　トークンエコノミーを適用する際には、以下の３つの基本的問題について検討する必要がある。
第一に、職員やプログラム実行者に対して一貫性のあるプログラムの遂行を研修できるかどうか、という問題である。**第二**に、プログラムを実行す

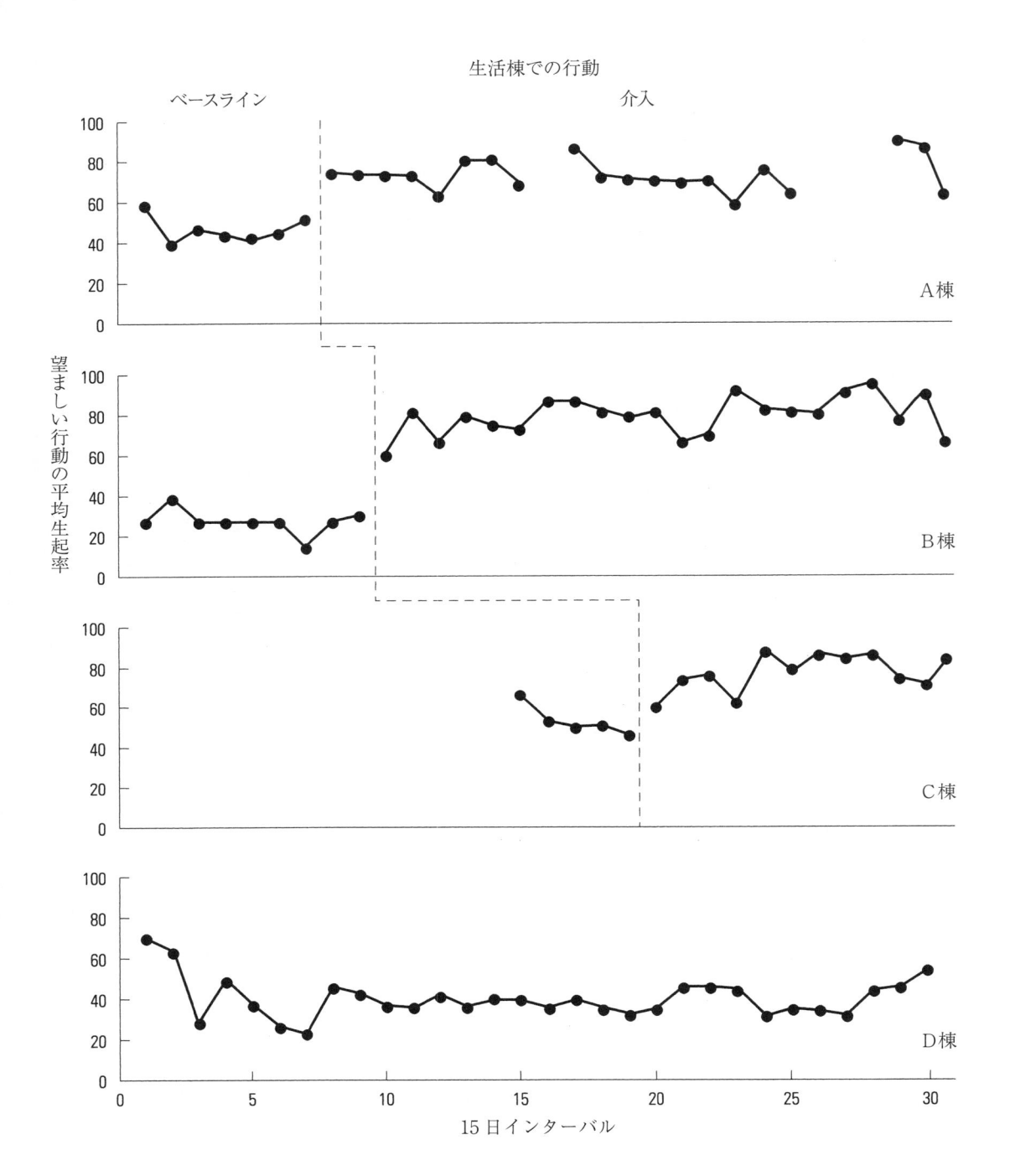

図22-2 このグラフは矯正施設に入所している少年が、トークンエコノミーの実施前後で示した望ましい行動（規則に従う行動、適切な社会的行動、攻撃行動を自制すること）の割合を示したものである。グラフは、施設の3つの生活棟において順番に導入されたトークンエコノミーの効果を示している。このグラフから、トークンエコノミーが実施された生活棟の入所者だけに行動の改善が見られたことが分かる。D棟の入所者の行動は改善しておらず、トークエコノミーが導入されなかったためである。（Hobbs, T. R., & Holt, M. M. [1976]. The effects of token reinforcement on the behavior of delinquents in cottage settings. *Journal of Applied Behavior Analysis, 9,* 189–198. Copyright © 1976 University of Kansas Press.）

表 22 - 7   標的行動、獲得できるトークン数、行動の定義

標的行動	トークン数	行動の定義
個人の衛生管理		
顔を洗う	1	顔の3分の2以上に水をつける（その後タオルでふく）。
髪をとかす	1	クシやブラシで1回以上髪をとかす（髪が整うまで）。
ひげ剃り	1	（1）かみそりで1回以上、顔から首にかけて剃る（余分なシェイビングクリームをタオルでふいて、きれいに仕上げる）、（2）電気かみそりで顔や首を剃る（きれいに仕上げる）。
歯磨き	1	（1）歯ブラシを口に入れて磨く（口をすすぎ、タオルで口の周りをふく）、（2）水道水で入れ歯を洗う。
個人の生活管理		
服をきちんと着る	1	シャツは一番上以外のボタンを留めて、裾をズボンに入れる。ズボンのチャックを閉めて、ベルトをする。靴下を履いて靴紐を結ぶ。裾を入れなくてもよいシャツやセーター、あるいはベルトを必要としないズボンは例外とする。
ベッドを整える	1か2	シーツと毛布をベッドカバーで完全に覆う。ベッドカバーの端を枕の下に押し込んで、ベッドの頭板のところで折り返す。トークン強化が与えられた後、ベッドカバーが8センチ以内で揃っており、床に触れておらず、しわが6メートル離れて見えなければ、2個目のトークンが与えられる。
引き出しを整頓する	1	すべての物を順序よく並べて置く。衣服はすべてたたまれており、ゴミやホコリはない。
運動	1か2	体力（強さ・持続性・柔軟性）増強に関して、通常の歩行以上の効果が期待できる2分以上の身体的活動。毎日10分間行われる集団運動セッションにおいて、その活動を半分行えばトークンが1個与えられ、すべての運動を行った場合はトークンが2個与えられる。
病棟の仕事（例）		
灰皿の掃除	1	生活上の雑用や、病棟を管理・維持する職員の手伝いとなる
たばこの監視役	2	2分間以上の活動。25以上の仕事について、その時間、場所、
シーツをたたむ	4	必要な道具、行うべき内容、管理者によるチェックの方法が
生活寮の掃除	2	記述され、適用される。仕事に対して、1～4個のトークンが与えられる。
社会的スキル		
スタッフに挨拶をする	1	管理職や助手が病棟に来てから30分以内に、「おはようございます」「こんにちは」「お元気ですか」などの適切な挨拶を自分から言う。
現状認識に関する応答	3	病院に関係することや最近のニュースについて、あらかじめ決められていた質問（たとえば、開放病棟に移ることのメリットは何ですか？　州知事に立候補しているのは誰ですか？）に正しく答える。
集団討議での発言	1か2	毎週1回の病棟ミーティングで、他の入院患者の生活について具体性のある発言をすること。1回発言があったらトークン1個が、2回以上の発言にはトークンが2個与えられる。

(Nelson, G. L., & Cone, J. D. [1979]. Multiple-baseline analysis of a token economy for psychiatric inpatients. *Journal of Applied Behavior Analysis, 12,* 255–271. Copyright © 1979 University of Kansas Press.)

るのに十分な予算があるかどうか、という問題である。確かに、バックアップ強化子に関する金銭的負担は検討しなければならないが、マクローリンとマラビー（McLaughlin & Malaby, 1972）が示したように、金銭的負担の必要のない活動性強化子を利用することも可能である。**最後**に、期待される成果（行動上の改善）が、費やす時間や労力、金銭的負担に見合っているかどうか、という問題である。

まとめ

1. トークンエコノミーは、治療・教育プログラムに参加する対象者の望ましい行動を強めるために、トークンと呼ばれる条件性強化子を使用する行動変容プログラムである。これまでの研究は、トークンエコノミーが多くの介入場面で子どもから大人まで幅広く適用され、有効であることを示している。

2. トークンエコノミーでは、標的行動が定義され、トークンがその行動の生起に随伴して提示される。トークンはあらかじめ決められた交換比率に従って、バックアップ強化子と交換される。

3. 問題行動の生起によってトークンを没収する方法を、レスポンスコストという。レスポンスコストは、望ましくない行動の減少が目標の1つである場合に、トークンエコノミーの構成要素として実施されることがある。

4. トークンエコノミーでは、さまざまなアイテムがトークンとして用いられる（例として、表22 - 2を参照）。トークンは、プログラム実行者にとって持ち運びが容易で、標的行動の直後に提示できるアイテムにすべきである。トークンエコノミーで対象者が獲得するトークンは、貯められるものでなければならない。

5. トークンエコノミーの長所は、「トークンを標的行動の生起直後に提示できる」「配布や貯蓄が容易にできる」「数値化できる」「強化子としての価値を失うことがない」という点である。トークンエコノミーはシステムとして高度に構造化されており、レスポンスコストと併用でき、貯蓄管理スキルを教えることができる。トークンエコノミーの短所は、時間、労力、金銭的負担がかかる点である。

キーワード

バックアップ強化子
トークン

トークンエコノミー

練習問題

1. トークンとは何か？　トークンとして使用可能なアイテムについて示しなさい。また、トークンエコノミーにおいてトークンはどのように使用されるか、説明しなさい。

2. 般性条件性強化子とは何か？　また、トークンはどのようにして般性条件性強化子となるか、説明しなさい。

3. 望ましい標的行動の生起直後にトークンを与えることが重要なのはなぜか、説明しなさい。

4. トークンエコノミーの基本的な構成要素は何か？　また、本章の冒頭に示したサミーの例の中で、これらの構成要素それぞれがどの手続きに該当するか、説明しなさい。

5. バックアップ強化子とは何か？　また、バッ

クアップ強化子の例を挙げなさい。バックアップ強化子はどのようにして選ぶか、説明しなさい。

6．トークンエコノミーにおいて、連続強化スケジュールはどの時点で適用されるか？　また、間欠強化スケジュールはどの時点で適用されるか？

7．バックアップ強化子との交換比率を決める際の留意点を説明しなさい。

8．トークンを提示するときに言語称賛を行うことが重要である理由を説明しなさい。

9．トークンの使用をフェイドアウトすることはなぜ重要か？　また、サミーの場合、トークンをどのようにしてフェイドアウトしているのか説明しなさい。

10．トークンエコノミーを導入することの長所を述べなさい。また、短所についても説明しなさい。

11．トークンエコノミーを適用した例を5つ挙げ、それぞれの例において、「標的行動」「トークンとして使用されたアイテム」「バックアップ強化子」について書きなさい。

適用例

1．読者自身の自己管理プロジェクトにおいて、トークンエコノミーを適用するとすれば、どのようなやり方が考えられるか述べなさい。

2．読みのスキルが当該学年のレベルに達していない4人の小学校3年生を対象に、読み介入プログラムを行っていると仮定しよう。そして、あなたは標準的な読みプログラムを適用しているとする。つまり、「単語とそれに対応する音を一致させる」「短文を声に出して読ませる」「理解しているかどうかを確認するために、文章の内容に関する質問をして答えさせる」というプログラムである。あなたは児童たちの前に座って指導し、小集団指導の中で反応する機会を数多く持たせた。しかし、児童たちには、提示されている教材以外のものに注意がそれる傾向があった。これらの児童に対してトークンエコノミーを適用する方法を説明しなさい。

3．上記の読み介入プログラムに参加している子どもたち全員が、離席したり、指導の最中におしゃべりしたり、大声を出したり、押し合うなど、学習の妨げとなる逸脱行動を示したとしよう。問題行動を減少させるために、レスポンスコストをトークンエコノミーと組み合わせて導入するとすればどのようになるか、その具体的方法について述べなさい。

4．トークンエコノミーを導入して2カ月が経った後、児童たちは指導に注意を向けることができるようになり、また課題に対しても正しく答えられるようになり、問題行動も抑制されてきたとしよう。そして、この児童たちにはもはやトークンエコノミーを使用する必要がないと考えられた。トークンエコノミーをフェイドアウトする方法について説明しなさい。

間違った適用例

1．オマリー先生は、自分の学級の生徒たちがたいへん扱いづらいことを、教師同士の雑談の中で話した。特別支援学級の生徒6人の指導を担当していたが、生徒たちは複数の問題行動を示していた。特別支援学級のベテラン教

師がオマリー先生に、トークンエコノミーを使って過去にうまくいったという話をした。その先生はオマリー先生に、生徒の名前を黒板に書いて、生徒がうまく振る舞ったときにその名前のところにポイントを書き、問題を

起こしたときにはそのポイントを消す方法がよいのではないかと提案した。各授業の終了時に最大ポイントを獲得していた生徒に対して、何か特典を与えるというものである。オマリー先生はこれは妙案であると考え、さっそく次の日から実行した。この例で、トークンエコノミーの適用方法として間違っていることは何か？

2. ターナー家は、触法行為をした少年6名のためのグループホームを運営していた。少年たちはみな、毎日の生活の中で望ましい数多くの行動をすることになっていた。さらに、青年たちはそれぞれ複数の問題行動を示していた。ターナー家では、望ましい行動を増やし問題行動を減らすために、トークンエコノミーを適用することにした。そこで、問題行動を定義し、ポイントをトークンとして使用することにした。ある決まった強化スケジュールで望ましい行動を強化し、問題行動が示されたときにはポイントを没収した。バックアップ強化子として使用するために、ピンボールの機械とテレビゲームを購入した。これらをゲームルームに設置し、トークンはこの部屋の使用時間（分）と交換することにした。このトークンエコノミーで間違っていることは何か？

3. 最高警備連邦刑務所のフレンチ所長は、受刑者に対してより強い動機づけのためのシステムが必要であるという結論に達した。この問題に関する専門書を読み、受刑者がより多く望ましい行動をするように、トークンエコノミーを実施することにした。社会復帰につながる望ましい標的行動と、それを妨害する望ましくない行動を定義した。そしてすべての受刑者に、期待される行動のリストを渡した。トークンとしてのポイントを受け取る電子装置を各受刑者が持ち歩く高度先端技術システムを導入した。看守は、ポイントを与えるための電子装置を携帯した。受刑者が標的行動を行ったとき、看守は自分のスキャナーで受刑者の電子装置のコードを読み取り、電子ポイントを与えた（スーパーマーケットのレジのスキャナーと同じ）。受刑者が問題行動を起こしたときには、そのスキャナーを使ってポイントを没収した。所長は、各標的行動に与えるポイント数と、バックアップ強化子との交換比率を決めた。所長は、トークンシステムが受刑者の行動をよりよい方向へと変えるためには、バックアップ強化子をより強力なものにする必要があると考えた。そして、受刑者が食事時間に食堂へ入るときに、一定のトークンを必要とするシステムを実施することを決めた。食堂に入るために必要なトークン数は、無理のないレベルにした。食堂に入るためにはある程度の望ましい行動を示す必要がある、といった数であった。彼は受刑者にきちんと行動してほしかった。特に、プログラムを始めた直後は、その気持ちが強かった。受刑者が食事のときに必要な数のトークンを持っていなかったら、食事ができずに、次の食事までに必要なトークンを獲得しなければならなかった。所長は、食べ物は常に強化子となりうるものであり、また1日に4回の強化機会、すなわち3度の食事とおやつの時間があると考えていた。また、食事を1、2回食べ損ねた受刑者は、次の食事までにトークンを得ることに関して高い動機づけを持つとも考えていた。さらに、受刑者は食事のときは食べたいものは何でも食べることができたので、前の食事で摂れなかった栄養も、そこで補うことができると考えていた。このトークンエコノミーで、間違っていることは何か？

第23章　行動契約

学習のポイント

■ 行動契約とは何か？

■ 行動契約の構成要素は何か？

■ 行動契約の２つのタイプは何か？　それらにはどのような違いがあるか？

■ 行動契約はどのように交渉するか？

■ 行動契約は、なぜ行動に影響を与えることができるか？

前章で見たように、トークンエコノミーは構造化された治療環境において、対象者の行動を管理する目的で、強化と弱化の随伴性を系統的に適用する手続きである。本章では、自分自身の行動を管理する目的で、強化と弱化の随伴性を適用するもう１つの手続きである行動契約（behavioral contract）について解説する。

行動契約の例

スティーブの博士論文を完成させる

スティーブは大学院生で、すでに必修単位は取得していたものの、博士論文と、それと一緒に提出するレビュー論文１編を書き上げていなかった。この２つの論文を完成させなければ博士課程を修了できないが、この１年以上、まったく手をつけていない状態だった。スティーブは、日中の仕事が片付いた夜と週末に論文を書かなければならないと分かっていたが、いつもその時間に他のことをして過ごしてしまっていた。スティーブは臨床心理学の専門家に、博士論文を完成させるための助言をしてもらうために、大学のカウンセリングセンターに行くことにした。そして、その相談室で大学院生インターンのレイに会った。レイは、スティーブのために、行動契約による介入計画を立てることにした。

レイはまず、無理のない目標を決めるように求めた。スティーブは、妥当な範囲として週に平均９ページ（ダブルスペースで）書くことを目標にした。これは、月曜日から金曜日までが１日１ページ、土日が１日２ページという計算であった。実際には、好きな日に９ページ書けばよいことになっていた。９ページ書けたかどうかを確認するために、週１回のレイとの面接日にプリントアウトした原稿を持ってくることに、スティーブは同意した。次に、スティーブとレイは、スティーブが９ページの原稿を毎週書くことを動機づける、強化随伴性を決めた。以下の計画が決定された。スティーブは古いジャズのアルバムを集めていて、とても大切にしていた。レイとの週１回の面接のときに、もし９ページ書いていなかったら、そのアルバムのうちの１枚を大学の図書館に寄贈しなければならないとした。

Q. これが負の強化随伴性である理由を述べなさい。

これは間違いなく負の強化随伴性である。なぜなら、原稿を９ページ書いてレイに見せることに

行動契約書

　私、スティーブ・スミスは、週の初め_____（日）から終わり_____（日）までの間に、博士論文またはレビュー論文のいずれかを９ページ書くことに同意する。

　９ページの原稿はダブルスペースでワープロで清書したものであり、そのうち８ページは全面に書かれており、９ページ目については１文字でも書かれていればよい。

　さらに、私は９ページの原稿を書き上げたことを証明するために、レイ・ジョーンズ（セラピスト）との面接日_____（日）にそれを持参することに同意する。

　もしレイとの面接日に９ページの原稿を持参できなかった場合には、レイに私のアルバム箱の中から１枚を選んでもらい、それを大学図書館に寄贈する。

署名　_____　　_____
　　　　　スティーブ・スミス：クライエント　　レイ・ジョーンズ：セラピスト

図23‐1　スティーブが自分の博士論文を書き上げるために、治療者であるレイと交わした一方向型契約の契約書。

よって、スティーブは嫌悪事態（アルバムが図書館に寄贈されてしまう）を回避できるからである。この随伴性は、スティーブの執筆行動を強化すると考えられた。スティーブとレイは、この案に同意できた段階で、それを契約書に書き、それぞれが署名した。この契約書の書式を図23‐1に示した。

　スティーブはこの随伴性を実行するために、自分のジャズアルバムの入った箱を相談室に置いた。１週目、スティーブが９ページの原稿を持参したので、レイはスティーブがその年初めて原稿を書いたことを褒めた。そしてレイは、今の目標が妥当なものであるかどうかをスティーブに質問した。スティーブはそれに同意し、次の週のために同じ契約書に署名をした。ところが２週目、スティーブは９ページの原稿を書くことができなかった。スティーブは面接日に、その週に書いた５ページの原稿を持参し、約束の９ページを書けなかった言い訳をたくさんした。レイは署名入りの契約書を彼に見せ、どんな言い訳も認めないという点で両者が同意していることを思い出させた。レイは鍵のかかったキャビネットからアルバムの箱を取り出し、その中の１枚を図書館に持っていくと告げた。

　レイは契約を実行した後、スティーブに原稿執筆の邪魔になったのは何だったかを質問した。その結果、執筆の障害となる特別な出来事はなかったこと、その週の多くの時間、テレビを見たり小説を読んだりして過ごしてしまったことなどが判明した。このようなやりとりの後、スティーブは最初のものと同じ契約書に署名をした。スティーブは、それ以降、約束の９ページを書けずにアルバムを失うということは二度となかった。実際には、２本の論文が完成するまでに、平均して週に11ページの原稿を書いた。週１回の面接は、レイが原稿の枚数をチェックして、スティーブを褒め、そして次の週の契約書に署名をするたった10分程度で終わった。スティーブは博士論文の原稿のことを考えるとき、いつも２回目の面接で寄贈したアルバムのことを思い出した。これは、テレビを見るなどの競合行動よりも、机に向かって原稿を書く行動を生じさせる可能性を高める働きをした。次に、行動契約のもう１つの例を考えてみよう。

ダンと両親がうまくやるために

　ダンは小さな町で育ち、16歳になるまで一度も大きな問題を起こしたことはなかった。16歳になった頃、ダンは友達と夜遅くまで車を乗り回

行動契約書

契約期間：＿＿＿月＿＿＿日＿から＿＿＿月＿＿＿日

　私、ダン・ヘンダーソンは、次の行動を今週行うことに同意する。
　1．私は日曜日から木曜日まで、夜 11 時までに帰宅する。
　2．私は学校から帰宅後すぐ、外出するまでに宿題を終わらせる。そして、終わった宿題を、両親からチェックを受けるために、食卓に置いておく。

　その見返りとして、私たち、ピート・ヘンダーソンとポーラ・ヘンダーソンは、以下のことに同意する。もしダンが日曜日から木曜日まで毎日、午後 11 時までに帰宅し、なおかつ宿題を終えていれば、金曜日と土曜日の夜のデートで車を使うことを許可する。もしダンが 1 回違反した（一晩帰宅が遅れたり、一日宿題をやらない）場合は、週末の一晩だけ車を使うことを許可する。

. . . .

　私たち、ピート・ヘンダーソンとポーラ・ヘンダーソンは、次の行動を今週行うことに同意する。
　1．私たちはダンに対して、宿題と掃除について指示をしない。
　2．私たちはダンに、夕食時の在宅を要求しない。

　その見返りとして、私、ダン・ヘンダーソンは、以下のことに同意する。もし両親が私に宿題や部屋の掃除について指示をしなかったら、私は 2 週間に 1 回、自分の部屋の掃除をする。これは自分の部屋の「すべてのものを元の位置に戻す」「掃除機をかける」「ゴミを捨てる」ということである。それに加えて、私は少なくとも週に 3 日は家で夕食を食べる。

　この契約書に記載された標的行動はすべて、それが生じたときにダンと両親が記録用紙に記録することによって証明される。

署名 ＿＿＿＿＿＿＿＿＿＿＿　　＿＿＿＿＿＿＿＿＿＿＿＿＿＿＿＿
　　　　ダン・ヘンダーソン　　　ピート・ヘンダーソン / ポーラ・ヘンダーソン

図 23 - 2　ダンと両親が交わした双方向型契約（並列型契約）。それぞれの当事者の標的行動とそれに対する結果事象が明記されている。

し、町のメインストリートをブラブラして過ごすようになった。この頃から、ダンは夕食を家族と食べなくなり、遅くまで外出し、部屋を片付けなくなり、そして宿題をやらなくなった。また、しょっちゅう両親と口論をし、外出を禁じられても、勝手に出て行った。ダンと両親はこの問題を解決するために心理士と面談をしに行った。

　ホーリハン博士はダンの家族と話をする中で、家族がダンの行動に手を焼いているのと同じように、ダンも家族に対して不愉快な思いをしていることが分かってきた。ダンは両親から「自分で部屋を片付けろ」「早く帰ってこい」「夕食を家で食べろ」などと、いつも怒鳴られていることに不満を感じていた。また、両親が自分を外出させないようにすることや、デートのときに車を使わせないことに不満を感じていた。両親は、自分たちの言いつけが守れないようであれば車を使わせないし、自分たちがしょっちゅう怒鳴らなければならない原因はダンにあると考えていた。ダンは両親に、自分に対する行動を改めてもらいたかったし、同じように両親もダンに行動を変えてもらいたかった。ホーリハン博士は、ダンと両親の間で行動契約を交わさせた。

　最初に、ホーリハン博士は、ダンと両親に対

して、誰もが今より幸せになれる小さな妥協が可能かどうかを考えさせた。次に、ダンと両親に対して、お互いに希望する行動上の変化を決めさせ、双方が容認できる妥協点を見いだすよう援助した。たとえば、両親はダンに対して、平日は午後9時には帰宅してもらいたいと思っていた。しかしダンは、深夜0時を過ぎるまで家に帰らずに遊んでいたかった。ダンはもうすでに深夜0時過ぎまで外出する生活をしていたので、両親は16歳という年齢で許容できる妥協点を午後11時と考え、それを門限とすることに同意した。ダンは両親に、部屋の掃除や宿題などをしつこく指示しないでほしいと思っていた。一方で両親は、ダンに宿題も掃除もやってもらいたいと思っていた。話し合いの結果、両親は掃除や宿題のことを毎日言うのをやめることに同意した。その代わり、ダンは学校から帰宅後すぐに宿題をすることと、2週間に1回、部屋の掃除をすることに同意した。両親は、部屋の掃除は宿題ほど重要だとは思っていなかったので、部屋の掃除を毎日しないこの条件に同意した。ホーリハン博士の指導によって、ダンと両親は、これ以外にもいくつかの点で同意することができた。ホーリハン博士は、お互いが行動を変えることによって全員が利益を得ることを、この家族に理解させた。ホーリハン博士がダンおよび彼の両親とまとめた行動契約の書式を、図23-2に示した。

行動契約の定義

行動契約（随伴性契約やパフォーマンス契約とも呼ばれる）は、契約の当事者間の同意事項が書かれたものであり、その中で、一方あるいは双方の当事者が複数の標的行動をある決まったレベルで遂行することが同意されている。さらに、契約にはその標的行動の生起（あるいは非生起）に随伴する結果事象についても書かれている（Homme, Csary, Gonzales, & Reche, 1970; Kirschenbaum & Flanery, 1983; O'Banion & Whaley, 1981）。

最初の例で、スティーブは1週間に9ページの原稿を書くことに同意した（標的行動の遂行レベル）。契約書に書かれた結果事象は、標的行動を行わなかった場合にレコードを1枚失うというものであった。別の言い方をすれば、この随伴性は「スティーブは標的行動を行うことによって、アルバムを失うことを回避できる」と表現すること

もできる。つまり、この行動は負の強化で維持されていたと考えられる。この例からも分かるように、契約には同意に関する時間枠（1週間）と結果事象を管理する責任者（レイ：介入実行者）が明記されている。

第二の例では、当事者双方がある決まった標的行動を行うことに同意していた。ダンは両親が望む2つの標的行動に同意し、両親はダンが望む2つの標的行動を行うことに同意していた。一方の当事者（ダン）の行動が、もう一方の当事者（両親）の行動によって強化され、またその逆の関係も成立していた。この例でも、最初の例と同じように、契約には1週間という時間制限があった。また契約上の問題については、それを修正するための交渉が頻繁に行われ（たとえば、週1回）、その結果に基づいて契約書が書き直された。

行動契約の構成要素

行動契約には、以下の5つの基本的な構成要素が含まれている。

1. 標的行動を決める：行動契約書を作成する最初のステップは、契約に含まれる標的行動を明確に定義することである。他の行動変容法と同じように、契約に含まれる標的行動は明確な客観的用語で書かなければならない。標的行動は、減らすべき望ましくない行動、増やすべき望ましい行

動、あるいは両方かもしれない。契約管理者の援助を受けながら、対象者は変えたい行動を標的行動として選ぶ。スティーブの標的行動は1週間に論文原稿を9ページ書くことであった。ダンの標的行動は、午後11時までに帰宅することと、毎日宿題をすることであった。ダンの両親の標的行動は、ダンに対して宿題や部屋の掃除について指示を出さないこと、および毎日家で夕食を食べるという要求をしないことであった。これらの標的行動が変化することによって、彼らの生活はさまざまな面で改善することが期待された。

2. **標的行動の測定方法を記載する**：行動契約の実行に責任を持つ人（契約管理者と契約参加者）は、標的行動の生起について客観的な証拠を持たなくてはならない。言い換えれば、随伴性を正確に実行するために、対象者は標的行動が生じたかどうかを証明できなければならない。そのため、契約書を作成する際に、対象者と契約管理者は、標的行動を測定する方法についても同意しておかなくてはならない。測定方法の選択肢としては、「時間が経過しても変化しない行動の産物」あるいは「契約管理者かあるいは第三者による行動の直接観察と証明」がある。最初の例では、スティーブの契約には行動の産物記録法が用いられた。彼は契約管理者であるレイに対して、その週に書き上げた原稿を見せた。行動産物に関するその他の測定例としては、「体重減少に関する契約における体重」「爪噛みをやめる契約における爪の長さ」「作業の生産性を増加させる契約における組み立てられた部品の数」などがある。

Q. 第二の例で、ダンと両親は契約で同意した標的行動を、どのような方法で測定したか？

彼らは、直接観察と行動の産物による測定を使用した。食堂のテーブルの上に残されたダンがやり終えた宿題は、その行動の生起を証明する行動の産物である。夜、帰宅する時間については、ダンと両親がその行動を直接観察した。両親の標的行動についても、ダンと両親が直接観察した。標的行動が観察されたら、彼らはホーリハン博士から与えられた記録用紙に、その行動を記録した。

標的行動が客観的に測定されれば、その行動が生起したかどうかについての曖昧さはなくなる。その結果、契約書に記載された随伴性の実行について、言い争いにならずにすむ。

3. **その行動をいつ行うべきかを記載する**：契約書には、随伴性を実行するために標的行動がいつ起きる必要があるか（あるいは起きない必要があるか）を記載する時間枠が必要である。スティーブは1週間に原稿を9ページ書く必要があった。その週であればいつ論文原稿を書いてもかまわなかったが、嫌悪的な結果事象を回避するためには、書いた論文を次の面接日にレイに見せる必要があった。ダンの契約における時間枠も1週間であった。それに加えて、ダンの標的行動のいくつかは時間と関連しており（「毎晩決まった時間に家に帰る」および「毎日宿題をする」）、その時間枠は標的行動の定義の一部として契約に盛り込まれていた。

4. **強化と弱化の随伴性を決める**：契約管理者は正の強化、負の強化、正の弱化、負の弱化を適用して、契約書に記載された標的行動が遂行できる（あるいは、抑制できる）ように対象者を援助する。強化と弱化の随伴性は、契約書の中に明記される。対象者は、標的行動のレベルと、それに随伴される強化と弱化の結果事象に同意する。行動契約で適用される4種類の随伴性を、表23-1に示した。

5. **その随伴性を誰が実行するかを決める**：契約には二人の当事者が必要である。一方の当事者が標的行動の一定レベルの遂行に同意し、他方が契約書に記載された強化と弱化の随伴性を実行する。契約書には、誰が標的行動に対する随伴性を実行するかが明記される。最初の例では、レイが随伴性の実行について責任を持つ契約管理者の役割を果たしていた。レイは契約の要件（9ページの原稿執筆）が満たされているかどうかを見きわめ、もし面接時にスティーブが9ページの論文原稿を見せることができなければ、スティーブのジャズのアルバム1枚を取り上げた（契約随伴性）。

行動契約の中には、当事者双方があるレベルの標的行動の遂行に同意し、それぞれの行動変容を、他方の当事者の行動変容によって強化する場合もある。ダンと両親の間の行動契約はその例である。ダンは2つの標的行動に同意し、両親はその見返

表 23‐1　行動契約における随伴性のタイプ

正の強化

もし行動X（望ましい行動）が遂行されたら、結果事象Y（強化子）が提示される。

負の強化

もし行動X（望ましい行動）が遂行されたら、結果事象Y（嫌悪刺激）が撤去されるか、その提示が中止される。

正の弱化

もし行動X（望ましくない行動）が遂行されたら、結果事象Y（嫌悪刺激）が提示される。

負の弱化

もし行動X（望ましくない行動）が遂行されたら、結果事象Y（強化子）が撤去される。

© Cengage Learning®

行動契約の構成要素

1．標的行動を決める。
2．標的行動の測定方法を記載する。
3．標的行動をいつ行うべきかを記載する。
4．強化の随伴性や弱化の随伴性を決める。
5．その随伴性を誰が実行するかを決める。

りとして車の使用を許可することに同意した。両親もまた2つの標的行動に同意し、ダンはその見返りとして部屋の掃除と週に3回家で夕食を食べることに同意した。この場合、両親はダンの標的行動に対する随伴性を実行し、ダンは両親の標的行動に対する随伴性を実行している。

行動契約のタイプ

上記の例から分かるように、行動契約には2つのタイプがある。1つは一方の当事者の行動に関する契約であり、もう1つは当事者双方の行動に関する契約である。

一方向型契約

一方向型契約（one-oarty contract; キルシェンバウムとフラネリー［Kirschenbaum & Flanery, 1984］は**片務契約**［unilateral contract］と呼んでいる）では、ある人が標的行動の変容を希望し、随伴性を実行する契約管理者とともに、強化もしくは弱化の随伴性を設定する。一方向型契約が用いられるのは、当事者が望ましい行動（たとえば、運動、勉強や学校に関する行動、よい食習慣、仕事に関連した行動）を増加させたいとき、および

望ましくない行動（たとえば、過食、爪かみ、テレビの見過ぎ、授業や仕事への遅刻）を減らしたいときである。契約管理者は、心理士、カウンセラー、行動分析家などの対人援助の専門家の場合もあれば、契約の実行に同意した友人や家族の場合もある。

一方向型契約の場合、契約管理者が契約で設定した随伴性で得をするような状況を作ってはならない。たとえば、スティープが1週間に9ページの論文原稿を書けなかったときに、自分のジャズアルバム1枚をレイが自分自身のコレクションに加える手続きを設定したとすると、それは倫理的に問題となる。もしレイがそのアルバムを所持し続けて、契約から利益を得ることになれば、随伴性が公平に実行されない可能性がある。

契約管理者は、契約書に記載された随伴性を

忠実に実行しなければならない。しかし、実行が困難な場合もある。家族や友達が管理者の場合は、特にそうなりやすい。したがって、家族や友達が契約管理者の役割を果たすのは賢明ではない場合もある。たとえば、契約の要件を満たせなかったときに、対象者が友達や家族に弱化の随伴性を実行しないように懇願するかもしれないし、あるいは随伴性を実行した友達や家族に対して怒りをぶつけるかもしれない。懇願されたり怒りをぶつけられることによって、友達や家族は、対象者の行動を弱化したり、強化を保留する手続きを行うことが困難になってしまう可能性がある。それゆえ、**契約管理者は、契約書を書く人（契約者）と個人的な関係を持たず、しかも行動変容法の研修を受けた人が最も適している。** 契約者と個人的な関係を持っている契約管理者には、その人間関係にかかわらず、契約の条件をしっかりと実行するよう知らせておくべきである。これは、契約管理者が契約者との人間関係の中である程度の権威を持っている場合、たとえば、子どもの契約を親が管理する場合には、それほど大きな問題とはならない。

双方向型契約

　行動契約は、標的行動の変化をそれぞれが望んでいる 2 者の間で交わされることがある。このタイプの行動契約は**双方向型契約**（two-party contract）あるいは双務契約（bilateral contract；Kischenbaum & Fkanery, 1984）と呼ばれ、当事者の双方が、変えるべき標的行動とその行動に対して実行される随伴性を決定する。双方向型契約は、関係のある人同士で交わされる。たとえば、配偶者、親子、きょうだい、友人、職場の同僚などである。この場合一般に、それぞれの当事者は、他方の当事者の何らかの行動を快く思っていない。そして、この契約は当事者双方が満足する行動変化を確認するものである。お互いに家事を積極的にやらないことで、相手に対して不満を持っていた夫婦について考えてみよう。彼らが結んだ契約の書式を、図 23 - 3 に示した。
　ボブ・スミスとバーブ・スミスの間で交わされた契約（図 23 - 3）は双方向型契約であり、お互いが実行すべき標的行動を決めて、一方の行動

変化が、他方の行動変化の強化として作用するという形式の契約である。ボブの標的行動はバーブが望むものであり、バーブの標的行動はボブが望むものである。したがって、ボブは、バーブが彼女自身の標的行動を実行してくれることを期待して、自分の標的行動を遂行する。また、バーブも同様である。ヤコブソンとマーゴリン（Jacobson & Margolin, 1979）は、これを**交換条件型契約**（quid pro quo contract；「相手へのお返しとして標的行動を行う」という意味）と呼んでいる。この契約は、どちらか一方が契約書に記載された行動を行わなかった場合に、問題が生じる可能性がある。つまり、片方の当事者が標的行動を行わないことで、もう一方の当事者が自分の標的行動を行うことを拒否するかもしれない。たとえば、ボブが芝を刈る仕事とカーペットに掃除機をかける仕事をしなかった場合、バーブは自分がすべき標的行動を全部やめてしまうか、いくつかをやめてしまうかもしれない。一方の当事者の標的行動がもう一方の当事者の標的行動と強く結びついているので、片方の当事者が契約を守らないと、契約全体がうまくいかなくなってしまう可能性が高い。このような状況を避けるためには、一方の当事者の標的行動を他方の当事者の結果事象とする契約ではなく、それぞれの標的行動に関して分離した随伴性を設定した方がよい。図 23 - 4 は、それぞれの標的行動に対して分離した随伴性を組み込んだ形で、ボブとバーブの契約書を書き直したものである。このような双方向型契約は、**並行型契約**（parallel contract）と呼ばれている（Jacobson & Margolin, 1979）。
　この契約におけるバーブとボブの標的行動は、最初の契約と同じものである。しかし、両者の標的行動に対する随伴性は「週末に友達とゴルフをする機会が与えられる」に変更されている。バーブもボブもゴルフが大好きで、プレーの機会は標的行動の遂行に対する大きな報酬となりうる。さらに、どちらか一方が標的行動を行わなかったとしても、その行動はもう一人の標的行動に随伴していないので、影響を受けることはない。むしろ、それぞれの行動には分離した随伴性が設定されているのである。

行動契約書

契約期間： ___ 月 ___ 日 から ___ 月 ___ 日

　　私、ボブ・スミスは、次の週、以下の仕事をすることに同意する。
- 私はゴミの収集日にゴミを集積場に出す。
- 私はすべてのカーペットに掃除機をかける。
- 私は芝刈りをする。

　　その見返りとして、私、バーブ・スミスは、以下の仕事をすることに同意する。
- 私は風呂掃除をする。
- 私は植物に水やりをする。
- 私は1日に1回、食器洗い機に食器を入れ、それが満杯になったら稼働させる。

署名 _____　　_____
　　　　　　バーブ・スミス　　　　　　　　　　ボブ・スミス

© Cengage Learning®

図 23 - 3　ボブ・スミスとバーブ・スミスの間に交わされた交換条件型の双方向型契約。双方の変えるべき標的行動が決められている。この契約では、一方の標的行動の変化が、もう一人の行動変化によって強化されている。

行動契約書

契約期間： ___ 月 ___ 日 から ___ 月 ___ 日

　　私、ボブ・スミスは、次の週、以下の仕事をすることに同意する。
- 私はゴミの収集日にゴミを集積場に出す。
- 私はすべてのカーペットに掃除機をかける。
- 私は芝刈りをする。

　　土曜日までに上記の仕事を行った場合、私は土曜日の午後か日曜日の午前中に、友達とゴルフを18ホール、プレイすることできる。

　　私、バーブ・スミスは、次の週、以下の仕事をすることに同意する。
- 私は風呂掃除をする。
- 私は植物に水やりをする。
- 私は1日に1回、食器洗い機に食器を入れ、それが満杯になったら稼働させる。

　　土曜日までに上記の仕事を行った場合、私は土曜日の午後か日曜日の午前中に、友達とゴルフを18ホール、プレイすることできる。

署名 _____　　_____
　　　　　　バーブ・スミス　　　　　　　　　　ボブ・スミス

© Cengage Learning®

図 23 - 4　並行型契約の形式に書き直した、ボブ・スミスとバーブ・スミスの双方向型契約。

行動契約における交渉

　行動契約の当事者はその内容について交渉しなければならない。それにより、契約がすべての関係者から容認されるものとなる。一方向型契約の場合、「標的行動の適正レベル」「妥当な結果事象」「契約の時間枠」について同意が得られるまで、契約管理者は対象者と交渉しなければならない。行動変容法の研修を受けている契約管理者は、次のような援助を行う。まず、対象者が契約の時間枠内で達成可能で適切な標的行動を決めるよう援助する。次に、対象者が標的行動の遂行を十分動機づけられる結果事象を決める手助けをする。対象者が遂行可能なレベルで標的行動を設定できれば、対象者の目標達成のための努力は強化され、さらに次の契約を結ぶ可能性が高まる。もし達成が難しい目標を設定してしまったら、対象者は結局それができずに落胆し、次の契約を結ぶことに同意しなくなる可能性がある。また、標的行動を簡単過ぎるレベルに設定した場合には、行動変化の最終目標に到達するまでのステップが多くなり、かえって多くの時間がかかってしまうかもしれない。

　双方向型契約における交渉は、さらに難しい場合がある。契約に関わる当事者同士が対立関係にあったり、お互いの行動に不満を感じているなど、個人間の問題を抱えていることが多いからである。それぞれの当事者は、自分自身の行動にはまったく問題がないと信じている一方で、相手には問題があると考えている場合が多い。その結果、それぞれが自分の行動を変えなければならない理由に気づかず、相手の方が行動を変えることを期待している。心理士は、双方が容認できる契約を交わすための交渉をしなければならない。これは、心理士が、それぞれの当事者に、自分の行動のある面が変わることによって自分自身が得をすることに気づかせるよう、援助しなければならないということである。心理士は、当事者双方に対して、契約に参加して相手が喜ぶように自分自身を変えなければ、対立した状況が改善できない、ということを理解させなければならない。対立関係にある人たちの間で双方向型契約を結ぶためには、行動変容法に関する特別な研修を受けた人がその交渉にあたるべきである（Jacobson & Margolin, 1979; Stuart, 1980）。

行動契約はなぜ行動に影響を及ぼすか

　行動契約は、自分が変えたい行動とその行動の結果事象を明確にする。しかし、標的行動に対する結果事象は遅延された結果事象である。すなわち、結果事象は、標的行動が生起した直後に提示されるわけではない。標的行動を強めたり弱めたりするためには、強化子と弱化子はその行動の直後に随伴提示されなければならないということを思い出してほしい。つまり行動契約は、単純な強化や弱化の過程によって行動変化を生み出しているわけではない。それは別の学習過程に基づいていると考えられる。

　第 16 章で示したように、行動契約は先行子操作の 1 つである。契約者は、特定の標的行動を行うことを書面で表明し、その標的行動の生起によ

い影響を持つことを期待して契約書に署名する。つまり行動契約は、契約者にとって、「標的行動に関する公的約束」として作用している可能性がある。言行一致（実行することを表明して、それを実際に行うこと）の強化歴がある人においては、標的行動について表明するという行為は、その標的行動を実際に行う可能性を高めるように作用するに違いない（Stokes, Osnes, & DaVerne, 1993）。さらに、契約管理者、契約参加者、あるいは契約上の約束事を知る他の人たちは、契約者が標的行動を行うように援助したり、必要な手がかりを出したり、さらにその行動を契約者が行っているのを観察したときにそれに対して強化的な結果事象や弱化的な結果事象を提示するかもしれない。こ

なぜ行動契約は機能するのか？

- ■ 行動の結果事象
- ■ 公的約束
- ■ ルール支配行動
- ■ 確立操作

のように、標的行動が生起すべき場面では周囲から手がかりが出されたり、標的行動に対する結果事象もすぐに提示される可能性かある。

契約が標的行動に影響を及ぼす第2のメカニズムは、**ルール支配行動**（rule-governed behavior）によるものである。契約では、契約者自身が後で標的行動を行うべき状況になったときに、自己プロンプトや自己教示として自分自身に言い聞かせるルールを設定する。たとえば、スティーブが契約を交わした後のルールは、「今週中に9ページ書かないと、アルバムが取り上げられる」だった。スティーブは家で論文を執筆する時間があるときに、そのルールを自分自身に向けて言い、それが執筆を開始するきっかけになる。この場合のルールは、標的行動が生起する手がかりとなったり、それをプロンプトする自己教示として作用する。つまり、契約に署名することによって、標的行動のことを考えたり、標的行動を実行するように自分に言い聞かせたりする可能性が高くなる。

ルール支配行動は、別の方法で標的行動に影響を与えている可能性もある。契約者はルールを自分に言っているときに、嫌悪的な生理状態（不安）を経験しているかもしれない。その場合、標的行動を行うことは、この嫌悪的状態から逃避する結果をもたらす（Malott, 1986）。たとえば、スティーブが「9ページ書けなかったら、アルバムを取り上げられるぞ」と独り言を言うとき、それは不愉快な心理状態をもたらす。約束の論文執筆に関して神経質になり、不安にもなる。しかし、スティーブが論文執筆を開始したら、すぐに不安は低減する。つまり、負の強化によって執筆行動が維持される。スティーブが9ページ書いたときには、次の週の契約に署名するまで不愉快な状態を経験しないですむ。この例では、ルールを自分に言い聞かせることと不安を経験することは、スティーブの執筆行動の可能性を高める確立操作として作用している。つまり、ルールを言うことによって嫌悪的状態（不安状態）がもたらされ、執筆行動はその嫌悪的状態を低減させる働きをしていると言える。

行動契約の適用例

行動契約は、子どもや大人のさまざまな標的行動に対して適用されてきた（Allen, Howard, Sweeney, & McLaughlin, 1993; Cars & Cams, 1994; Dallery Meredith, & Glenn, 2008; Leal & Galanter, 1995; Puson, 1980, 1981; Ruth, 1996）。ダレリーら（Dallery et al., 2008）は禁煙を支援するために行動契約を用いた。この研究では、喫煙者は50ドルを預け、まず喫煙本数を減らし、最終的には喫煙本数をゼロ（禁煙）にすることで返金してもらった。著者らは一酸化炭素（CO）をモニタリングして、参加者の喫煙レベルを判断し、禁煙していることを示す一酸化炭素の測定値に随伴して返金した。本研究と関連する研究（Dallers & Glenn, 2005; Glenn & Dallery, 2007; Reynolds, Dallery, Schroff, Patak, & Leras, 2008）の興味深い側面は、参加者が自宅に一酸化炭素の測定装置を置き、ウェブカメラで研究者に一酸化炭素の測定結果を送った。このように、研究者たちは研究実施場面まで足を運ぶことなく、自宅での日常の測定を行うことができた。

多くの研究者が行動契約を、大人の体重減少とその維持のために使用してきた（Jeffery, Bjomon Benson, Rosenthal, Kurth, & Dunn, 1984; Kramer, Jeffery, Snell, & Forster, 1986; Mann, 1972）。マ

ン（Mann, 1972）による研究では、減量プログラムに参加した対象者は、行動契約に使用するために高価な物品（たとえば、衣類、宝石、トロフィー）をクリニックに持参した。そして、対象者は実験者とともに、一定の体重減少を達成しなければその貴重品を返してもらえない、という行動契約を作成した。その契約によって、すべての対象者において体重減少が達成された。ジェフリーら（Jeffery et al., 1984）は、対象者たちが減量プログラムに参加する際に 150 ドルを保証金として預けさせた。そして対象者は、週ごとに決められた体重減少の目標が達成された場合に、その週の分のお金を取り戻すことができる、という行動契約に署名をした。この対象者たちは行動契約プログラムへの参加で体重を減少させることができたが、プログラムが終結した後、体重が若干戻ってしまうという結果になった。これらの研究では、食事行動を観察するのではなく、体重を測定している点に注目してみよう。

Q. 行動契約では、なぜ、運動や食事行動ではなく、体重減少を標的としたのだろうか？

　食事行動の変化は体重減少をもたらすために重要ではあるが、それは契約管理者によって確認することができない。なぜなら、契約管理者は契約者が食事をしているそばに常にいるわけにはいかないからである。それゆえ、契約随伴性は、セッション中に管理者によって測定することが可能な体重減少に基づいて行われている。しかし、近年の技術の進歩により、加速度計を装着することで自動的に運動を記録することができるようになった。加速度計は、歩いたり走ったりした歩数、距離、運動強度、消費カロリーを記録することができる。さらに、ウェブベースのフィットネスプログラムでは、加速度計の情報が保存されたウェブサイト（例：fibit.com、myfitnesspal.com、nike.com）にアップロードすることができる。契約管理者は、そのウェブサイトにアクセスし、契約の随伴性の実行に使用するデータを収集することができる。

　ウィソキーら（Wysocki, Hall, Iwata, & Riordan, 1979）は、大学生の毎週のエアロビクス体操の運動量を増やす目的で、行動契約を使用した。まず学生たちは、実験者に自分が大切にしているものを預けた。学生は、その週のエアロビクス体操において一連の運動を行ったら、預けた物を返してもらえる、という行動契約に署名した。エアロビクス体操での対象者の様子は他の参加者や実験者によって記録され、それに基づいて標的行動が実行されたかどうかが決定された。行動契約を作成した後、学生たちがエアロビクス体操で取り組む運動課題は増えた。

　行動契約は、児童や生徒、あるいは大学生の学校での行動改善のためにも使用されている（Bristol & Sloane, 1974; Cantrell, Cantrell, Huddleston,

---

参考：行動契約スキルの研修

　多くの研究でさまざまな領域における行動契約の効果が示されているが、行動契約スキルの研修手続きについて検討した研究がある。ウェルチとホルボン（Welch & Holbom, 1988）は、非行少年の入所施設において、行動情緒障害を示す 11 歳から 15 歳の少年たちを担当する支援員に、行動契約のスキルの研修のための簡易トレーニングマニュアルを開発した。支援員は少年たちが行動問題を示した際に、その問題を減らすために、行動契約を結ぶ必要があった。マニュアルには、行動契約の際の交渉方法と契約書の書き方に関する指示が書かれていた。対象者間多層ベースラインで研修マニュアルの効果を評価した結果、4 人の支援員全員がマニュアルに沿うことで行動契約での交渉方法やその書き方を学べたことが示された。著者らは研究者が少年を演じる疑似場面と、実際に行動問題を抱える少年が参加した場面で行動契約スキルを評価した。その結果、支援員が行動問題を示す少年たちと行動契約を結ばなければならない実際の状況でも行動契約スキルが般化したことが示された。本研究の重要な示唆は、効率的な研修手続き（指導マニュアル）は、行動変容法を定期的に使用する必要のある支援員の研修に効果的であるということである。

行動契約書

　次のものを、毎日家に持って帰る：宿題帳・ワークブック・教科書・鉛筆。

　アンがこれらをすべて持ち帰ったら、次のご褒美のうち１つを選ぶことができる：「ガム」または「10セント硬貨」。

　しかし、アンが宿題に必要なものを持って帰るのを忘れたら、就寝前のおやつを食べることができない。

　アンが目標の90〜100％を達成できたら、次のご褒美のうち１つを選ぶことができる：「寝る時間を遅らせる（20分）」または「シール２枚」。

　目標の75〜80％を達成できたら、次のご褒美のうち１つを選ぶことができる：「ソーダ」または「シール１枚」。

　アンが１週間に３日以上、目標の80％以上を達成できたら、次の特別なご褒美から１つを選ぶことができる：「レンタルビデオ」または「放課後に友達を家へ連れてくる」。

　子どものサイン ＿＿＿＿＿＿＿＿＿＿＿　　　親のサイン ＿＿＿＿＿＿＿＿＿＿＿

図23 - 5　小学生の宿題への取り組みを改善することを目的とした一方向型契約（Miller, D. L., & Kelley, M. L. [1994]. The use of goal setting and contingency contracting for improving children's homework. *Journal of Applied Behavior Analysis, 27,* 73–84. Copyright © 1994 University of Kansas Press.)

& Woolbridge, 1969; Kelley & Stokes, 1982; 1984; Miller & Kelley, 1994; Schwartz, 1977）。ケリーとストークス（Kelley & Stokes, 1982）は、職業・教育プログラムに参加している恵まれない高校中退者に対して、彼らが学習課題を完成させるのを援助するために行動契約を使用した。生徒は、それぞれワークブックの中から１日の達成目標と１週間の達成目標を決めて、行動契約に署名した。契約書に記載された目標を達成したら、彼らはあらかじめ決められた金額のお金を受け取った。行動契約を使用することによって、すべての生徒の成績が向上した。

　ミラーとケリー（Miller & Kelley, 1994）は、小学校４、５、６年生の保護者に対して、子どもに宿題をさせるための行動契約の作成方法を指導した。行動契約には、「完成すべき宿題」「宿題を完成させたときのご褒美」「契約に記載された目標が達成できなかった場合の結果事象」が記載された。保護者が作成した契約書によって、すべての子どもに行動の改善が見られた。この研究での契約書の例を図23 - 5に、研究の結果を図23 - 6に示した。

　行動契約がよく用いられるもう１つの領域に、夫婦療法あるいはカップル・セラピーがある（Jacobson & Margolin, 1979; Stuart, 1980）。問題を抱えたカップルを、夫婦セラピストが調整し、双方向型契約を作成する。お互いが相手の望む行動をすることに同意し、その同意したことを並行型契約か交換条件型契約にまとめる。この行動契約が実行されると、お互いの行動が変わっていき、それぞれが新しい関係に満足するようになる。

まとめ

1．行動契約は、望ましい標的行動を増やしたり、　　望ましくない標的行動を減らすことを希望す

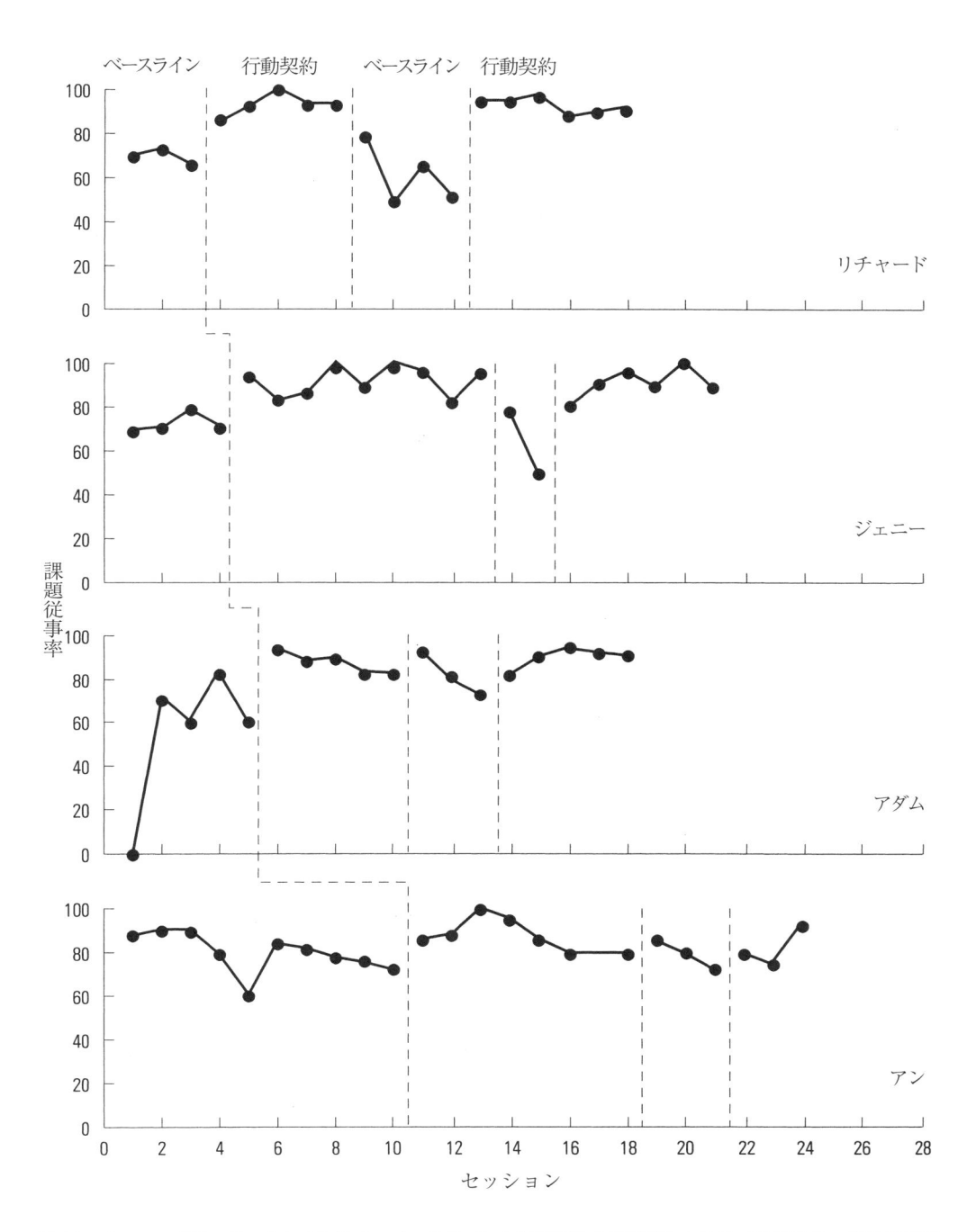

図23-6　このグラフは、4人の生徒の、ベースラインと行動契約の適用時における「宿題をやった時間の割合」を示したものである。行動契約の効果を検証するために、ABAB デザインが用いられている。(Miller, D. L., & Kelley, M. L. [1994]. The use of goal setting and contingency contracting for improving children's homework. *Journal of Applied Behavior Analysis, 27,* 73–84. Copyright © 1994 University of Kansas Press.)

る人によって書かれた同意事項である。

2．行動契約書は、「標的行動」「標的行動が生起した場合と生起しなかった場合の結果事象」「同意の時間枠」「標的行動の測定方法」「標的行動に関する結果事象を実行する人」が記載された文書である。

3．一方向型契約は、契約者（自分の行動を変えることを望んでいる対象者）と契約管理者（契約に書かれた随伴性を実行する人）の間の同意事項である。双方向型契約では、当事者双方が、お互いに変えることが望ましいと考えられる標的行動を決定する。交換条件型契約では、一方の当事者の行動変化が、もう一方の当事者の行動変化の強化子となる。並行型契約では、それぞれの当事者がお互いに望まれる行動変化について同意し、両方の当事者がそれぞれの行動変化に関する随伴性を決める。

4．一方向型契約を取り決めるためには、契約管理者は、契約者が「標的行動の望ましいレベル」「理にかなった結果事象」「標的行動の達成に関する時間枠」を決定できるように援助をする。双方向型契約を取り決めるためには、契約管理者は、当事者双方が「望ましい標的行動」「結果事象」「契約の時間枠」に同意できるよう援助する。契約管理者は交換条件型契約や並行型契約を取り決めるよう援助し、当事者双方が契約内容に同意するようにしなければならない。

5．行動契約書を作成することは、契約で決められた標的行動の遂行可能性を高める先行子操作である。行動契約は、公的約束、ルール支配行動、あるいは標的行動の遂行に関する強化力を高める確立操作の過程を通して、行動に影響を及ぼすと考えられる。

キーワード

ルール支配行動	交換条件型契約
双方向型契約	行動契約
並行型契約	一方向型契約

練習問題

1．行動契約とは何か、説明しなさい。

2．行動契約の構成要素を挙げなさい。

3．それぞれの構成要素について、本章の最初の例の中で、スティーブとレイの間で交わされた行動契約のどの手続きに該当するかを述べなさい。

4．行動契約において、標的行動を測定する方法にはどのようなものがあるか、例を挙げて説明しなさい。

5．一方向型契約とは何か？　一方向型契約の別の名称は何か？　また、その例を挙げなさい。

6．双方向型契約とは何か？　双方向型契約の別の名称は何か？　また、その例を挙げなさい。

7．交換条件型契約と並行型契約にはどのような違いがあるか、説明しなさい。

8．公的約束とは何か？　また、公的約束が行動契約の成功とどのように関係していると考えられるか、説明しなさい。

9．行動契約の有効性に、ルール支配行動が果たしていると考えられる役割を、説明しなさい。

10．行動契約を成人の体重減少プログラムに適用する方法を述べなさい。

11．行動契約を児童生徒の勉強への取り組みを改善するために適用する方法を述べなさい。

適用例

1. 読者自身の自己管理プログラムにおいて、行動契約をどのように適用できるかを説明しなさい。もし行動契約の適用が、あなたの自己管理プログラムに適していないとすれば、その理由を述べなさい。

2. マーティは17歳の高校3年生で、両親と農場に住んでいた。彼は週末の夜、家族の車を使って、友達と出かけたり、デートに行ったりしていた。両親は、彼に車の手入れの責任を持たせていた。毎週、彼は車を洗い、車内に掃除機をかけ、ふき掃除をすることになっていた。それは、家までの砂利道を行き来することで、車がすぐに汚れるからだった。最近、マーティは車を洗うという自分の責任を果たさなくなっていた。毎週の車の手入れをマーティにさせるために、両親がマーティとの間で交わすことができる行動契約の例を書き出しなさい。

3. スティーン先生は小学校3年生を受け持っているが、夏休みの間、児童たちに本を読ませようとして、夏休み前の最後の授業で、各児童との行動契約書を作成した。契約では、それぞれの児童が、3カ月の夏休み中に6冊の本を読むことに同意していた。スティーン先生は、その地域にあるファストフード店に、その契約のご褒美として使用するクーポンを寄贈してもらった。契約では「もし君が夏休み中に6冊の本を読んだら、秋に登校してき たときにファストフード店のクーポンを受け取ることができる」となっていた。スティーン先生が子どもたちにクーポンを与えるかどうかを決めるためには、どのような方法で標的行動（6冊の本を読む）を測定すればよいか、説明しなさい。

4. ビルとルースは2人ともフルタイムで働いており、家事や子どもに関する義務を分担していた。彼らが抱えていた問題は、ビルが週末に行うべき家事をやらないことが多いということであった。ビルの行うべき家事は、「台所と浴室の床の掃き掃除とふき掃除」「家のカーペットに掃除機をかける」「台所の掃除」であった。週末が来るたびに、ビルはコンピュータで遊んだり、ゴルフをしたり、フットボールや野球やバスケットボールの試合を見たり、子どもたちと遊んで過ごしていた。その結果、ビルの家事は行われないままか、あるいはルースが代わりにやっていた。ビルは「家事をやろうと思うんだけれど、いつも別にやりたいことが出てきてしまう」と言っていた。ビルは、家事を分担することと、その仕事を自分が行うことが重要だという点について、ルースと同意していた。そこで、彼が毎週家事を行うようにするために、ルースと行動契約を結ぶことについても同意した。ビルが家事を行うようにするために、ビルとルースの間で交わす行動契約の例を書きなさい。

間違った適用例

1. キャンベル博士は、大学の学生相談センターで、行動契約に関するサービスを行っていた。彼は、学生がより多く勉強して学業課題をこなすことを助けるために、行動契約を使用していた。彼のもとに来る学生は、毎週、一方向型契約を結んでいた。契約書には、その週 に達成すべき標的行動（たとえば、勉強量や完成させる課題）が書かれていた。学生たちは、同意した金額を小切手に書いて、毎週キャンベル博士に渡していた。もし、学生が契約書に記載された要件を達成できなかったら、キャンベル博士は小切手を現金化して、そ

のお金をもらうことになっていた。その結果、学生たちはお金を失うことを回避するために、高い確率で契約の要件を達成するようになった。大部分の学生が、キャンベル博士と行動契約を交わした結果として、勉強への取り組みがよくなり、学業成績が向上した。この行動契約で、間違っているところはどこか？

2. ラリーは何年も自分の体重と闘ってきた。最近の健康診断でも、医者から、約23kg の体重オーバーであり、何らかの対策を立てる必要があると言われた。彼は栄養士に相談し、食事の摂り方を変える必要性があること、つまり、脂肪の摂取を減らし、ビールを減らし、複合炭水化物の摂取を増やす必要があると言われた。ラリーの友人のジェーンは、行動変容法の授業を受けており、ラリーが食事を変えて体重を減らせるように、行動契約を提案した。ラリーが決めた標的行動は、ビールは1週間に6本までにすること、肉は赤身しか食べないこと、お代わりをしないこと、複合炭水化物（たとえば、野菜、果物、サラダ、ご飯、ポテト、マカロニ）を昼食と夕食で3種類食べること、バターを低脂肪のマーガリンに替えること、であった。ラリーは毎日食べた物を記録用紙に書いた。ジェーンに 200 ドルの保証金を預け、契約書に記載された約束を破った週は 20 ドルを失うと契約書に書いた。彼とジェーンは、契約違反がないかどうかを確認するために毎週会い、記録用紙をチェックした。もし契約違反があったら、ジェーンは決められたお金を保証金から引いて、それを地元の慈善団体に献金した。この行動契約において、間違っているところはどこか？

3. クラウディアは、健康上の問題を理由にタバコをやめようと決心した。その時点で、毎日1箱半を吸っていた。彼女はカウンセラーに会い、行動契約をすることになった。クラウディアは 500 ドルの保証金をカウンセラーに預け、次の月曜日まで完全に禁煙するという契約書に署名した。その週にタバコを吸った日があれば、彼女は違反1回につき 100 ドルを失うことになっていた。彼女がタバコを吸ったかどうかを測定するために、カウンセラーは、彼女の尿の化学分析をある研究所に依頼した。その分析では、24 時間以内に吸ったタバコのニコチンと喫煙による他の副産物を検出できる。クラウディアは分析を受けるために、毎日その研究所に尿のサンプルを送った。彼女はその研究所が入っている病院に勤めていたので、尿のサンプルを毎日送るのは難しいことではなかった。クラウディアは毎週カウンセラーと会い、分析結果に基づいて、彼女が喫煙をやめているかどうか、そして契約した随伴性を実行すべきかどうかを判断してもらった。この行動契約において、間違っているところはどこか？

第24章　恐怖・不安を軽減する方法

学習のポイント

■ 恐怖とは何か？　不安とは何か？

■ 恐怖や不安を軽減するリラクゼーション訓練はどのように行うか？

■ リラクゼーション訓練にはどのようなタイプがあるか？　それらの訓練の共通点は何か？

■ 系統的脱感作法とは何か？　系統的脱感作法によって、どのようにして恐怖感が軽減されるか？

■ 現実脱感作法は系統的脱感作法とどこが違うか？　両者の長所と短所は何か？

　本章では、恐怖や不安に関連した障害を克服するための方法を紹介する。最初に、恐怖や不安に関連した問題を、オペラント行動とレスポンデント行動の観点から説明する。次に、これらの問題に適用される方法を紹介する。恐怖と不安を軽減する方法は、オペラント条件づけとレスポンデント条件づけに基づいている。そのためこの方法では、恐怖と不安の問題に関連するオペラント行動とレスポンデント行動の両方に焦点を当てている。

恐怖と不安の軽減の例

人前で話す恐怖心を克服したトリーシャ

　トリーシャは、一人ひとりが他の学生の前で発表することが義務となっている授業を受けていた。トリーシャはクラスのみんなの前で発表したことはこれまでに一度もなく、そのことを考えるだけでとても不安になった。鼓動が速くなり、吐き気を催し、手のひらに冷や汗が出てきた。トリーシャの発表の順番は学期の終わり頃だったので、そのことを考えないようにしていた。考えないようにしていれば、何も問題はなかった。しかし、学期の終わりが近づくにつれて、それを考える機会が増え、不快な症状を感じることが増えてきた。クラスの前に立って何を話すか分からなくなっている自分の姿を想像することもあった。このような想像をするたびに、不快な症状を感じた。発表の当日、トリーシャの鼓動は速くなり、手は冷たく、冷や汗でびっしょりとなり、胃が痛くなり、身体中が緊張で堅くなった。発表を始めたときに

はこれらをすべて感じ、クラスのみんながとても緊張している自分を見ていると思った。この思考によって、トリーシャはますます緊張してしまった。発表を終えて教室後方の自分の席に戻るまで、この状態は続いた。クラスで発表するのは、トリーシャにとって初めての経験だった。というのは、これまでは、クラスで発表しなければならないことが分かった時点で、その授業を受けるのをやめていたのである。授業を放棄したとき、トリーシャは発表をしなくてもすんだという安心感を味わっていた。

　ある日、トリーシャは、クラスの前で話すことに恐怖を感じていることを、心理士に話してみることにした。思い切ってこのような決心をしたのは、次の学期では、クラスで発表することが義務になっている授業をたくさん取らなければならず、もう二度と同じような経験をしたくないと思ったからである。心理士のゴンザレス博士は、まず、**不安**と呼ばれる不快な神経症状を感じたときに適

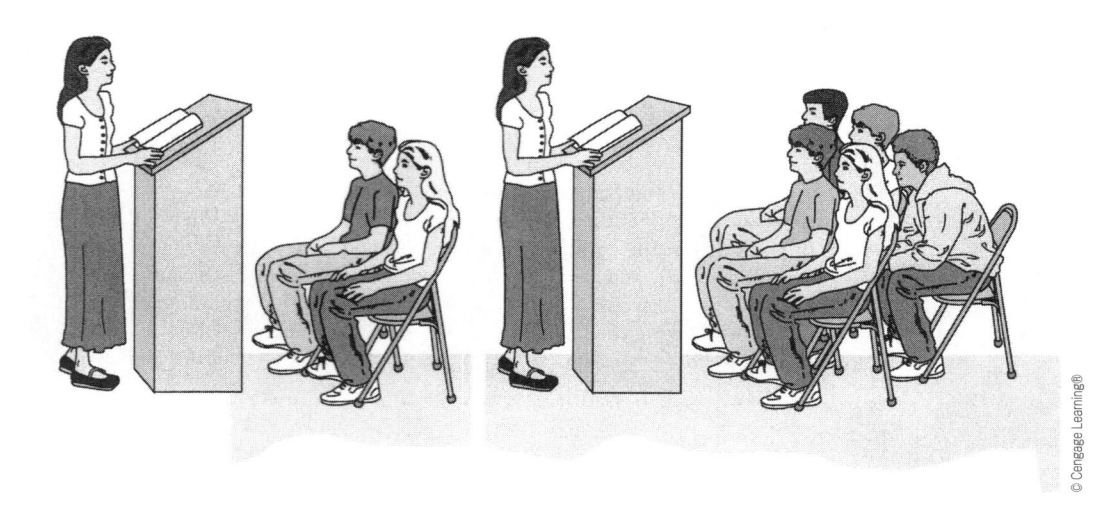

図24‐1　トリーシャはリラクゼーション状態を維持し、少しずつ友達の数を増やしながら、彼らの前で発表する練習を積む。

用するリラクゼーション訓練の仕方を教えた。呼吸法と筋肉の動きの練習によって、トリーシャは、低いレベルの不安であればリラックスできるようになった。次に博士は、自分のクリニックで、彼女が博士に話しているときにリラクゼーション訓練をさせた。トリーシャがクリニックで博士に話しているときに不安を感じなくなったら、友達一人だけがいる教室で、その友達に向かって話す練習をさせた。その際、トリーシャはリラクゼーションができ、小さな不安は感じたものの、その友達の前で話ができた。次に、リラクゼーション訓練をした上で、同じ教室で友達2人に話す練習をさせた。それもうまくいくと、博士は話す相手となる友達の数を少しずつ増やしていき、最終的には発表するクラスの学生数になるようにした。最後には、授業がある教室で、多くの友達の前で話せるようになった。発表当日、トリーシャはリラクゼーション訓練を行い、ほとんど不安を感じずに発表を終え、クラスの前で話すことに自信を持った（図24‐1）。

クモ恐怖を克服したアリソン

アリソンは学生相談室にライト博士を訪ね、クモに対して強い恐怖を感じることを訴えた。アリソンはクモを見るといつも大声を上げて夫を呼び、クモを殺してもらっていた。一人のときは、その部屋から逃げ出し、誰かがクモを殺してくれるまで、その部屋に入れなかった。ドアにぶら下がっているクモを見て、窓から外に出たこともあった。アリソンは、クモを見たときの恐怖反応について話した。それは、トリーシャと同じような症状で、鼓動が速くなり、筋肉が緊張し、発汗し、胃痛と吐き気を感じ、身体がカチカチになり、目まいがし、顔面が紅潮した。これらの症状はとても不快で、その症状から解放されるのは、クモから離れたり、そのクモが死んだのを見たときだけだった。

ライト博士は、アリソンの恐怖感のアセスメントを始めた。博士は大きな部屋のテーブルの上に瓶を一個置き、その中にクモを一匹入れた。そして、アリソンにできるだけ瓶に近づいていくように言い、瓶に近づくごとに、そのとき感じた恐怖のレベルを報告させた。恐怖のレベルは、0〜100で報告させた。治療を始める前、瓶から約1mのところまで近づくことができたが、そのとき感じた恐怖のレベルは100だった。瓶の近くに立って恐怖を感じたといっても、それは瓶の中に入ったクモであって、瓶の外に出たクモに対してではなかった。博士はまず、アリソンにリラクゼーション訓練を教えた。アリソンがこの方法を習得すると、リラクゼーション訓練を行った上で、徐々にクモに近づくようにさせた。その際、博士

はアリソンの横に付き添っていた。最初、アリソンはクモから約 6 m 離れたところに立ち、リラクゼーションを行った。そのときアリソンは、強い恐怖は感じなかった（レベル 25 と報告した）ので、一歩近づいた。その際、博士は横にいて、彼女が恐怖感をほとんど感じなくなるまでリラクゼーション訓練をさせた。この方法を 3 カ月間続け、徐々にクモに近づいていった。治療の最終段階では、アリソンはクモを殺すことができるほどの距離に近寄ることができ、しかも、ほとんど恐怖を感じなかった。この時点で治療の目標が達成でき、強い恐怖を感じることなく、クモを見ても自分で殺せるようになった（この事例は、ミルテンバーガーら [Miltenberger, Wright, & Fuqua, 1986] に掲載）。

恐怖と不安の問題の定義

　多くの人が恐怖や不安の問題を訴えて、心理士のもとを訪れる。恐怖や不安の問題の治療の話に入る前に重要なのは、これらに関連する行動を操作的に定義することである。

　恐怖（fear）とは、オペラント行動とレスポンデント行動が組み合わさったものである。一般に、人は特定の刺激や場面に対して恐れを感じる。その刺激が現れると、不快な身体反応（自律神経系の興奮）を体験し、その刺激からの逃避行動や回避行動を起こす。その身体反応はレスポンデント行動であり、**不安**（anxiety）と呼ばれる。不安を伴う自律神経系の興奮は確立操作として働き、その場面で逃避行動や回避行動が起きやすくなる。

Q. アリソンの例で、条件刺激（CS）および恐怖に関連したレスポンデント行動としての条件反応（CR）を特定しなさい。

　目の前にいるクモの姿が条件刺激（CS）であり、自律神経系の興奮によって次のような条件反応（CR）が誘発される。鼓動が速くなり、手のひらに冷や汗をかき、筋緊張が高まり、胃が痛くなり、目まいがし、顔が紅潮してくる。CR は不安と呼ばれる不快な身体感覚が伴う。

Q. アリソンの例で，オペラント行動とその行動に対する強化を特定しなさい。

　アリソンのクモ恐怖に関係するオペラント行動は、クモを見たときに夫を大声で呼ぶことや、そこから逃げ出すことである。夫を大声で呼ぶ行動は、クモが取り除かれる（夫がクモを殺す）ことによって強化され、その場から逃げ出す行動は、クモから逃げる（クモを見た場所から離れる）ことによって強化されている。クモがいなくなったり見えなくなると、クモを見たことによって誘発された不安（不快な身体感覚）が軽減する。したがって、大声を上げたり逃げる行動は、クモからの逃避や不安の軽減によって負の強化を受けていると言える。

Q. トリーシャの例で、人前で話すことの恐怖に関係するオペラント行動とレスポンデント行動を特定しなさい。

　トリーシャの場合、発表のために教室の前方に出ていることが CS となり、自律神経系の興奮である CR を誘発している。しかし、クラスの前で発表している自分を考えたり想像することも CS となり、CR を誘発していた。すでに見たように、彼女自身の内潜的行動（考えることや想像すること）も CS として機能している。この場合のオペラント行動は、クラスの前で発表しなければならない授業を放棄することである。授業を放棄する行動は、発表することに伴う不安が軽減されることによって強化される。同様に、発表することを頭の中で考えたときに、不安を引き起こすことではなく別のことを考えたり行うことも、不安の軽減によって負の強化を受ける。たとえば、トリーシャが、発表のことを考えて**不安**を感じたときに、友達に電話をかける。電話をかけるとすぐ、不安をもたらす考えが消え、友達に電話する行動は負

の強化を受ける。

恐怖や不安と呼ばれる問題のほとんどは、特定のCSによって誘発される身体反応であるレスポンデント行動と、恐怖をもたらす刺激や不快な不安反応が取り除かれることによって強化される逃避行動や回避行動などのオペラント行動が組み合わさったものである。オペラント行動とレスポンデント行動がその問題に関係しているので、治療アプローチのほとんどはオペラント行動とレスポンデント行動の両方に関連した要素で構成されている。

Q. 暗闇を怖がる子どもについて、そのオペラント行動とレスポンデント行動を述べなさい。

明かりの消えた（真っ暗な）部屋にいることがCSとなり、CRとして自律神経系の興奮である不安反応が誘発される。子どもが「暗闇が怖い」と言うとき、子どもは暗闇の中で不快な身体反応を感じていることを訴えているのである。この場合のオペラント行動は、部屋の明かりをつけたり、廊下につながっているドアを開けることである。これらの行動の結果、暗闇が明るくなり、不安が軽減する。その他にも、泣いたり、親を呼んだりする行動が起きるかもしれない。これらの行動も、親がやってきて、暗闇の中で感じていた不安が軽減することによって強化される。

レスポンデント行動もこの恐怖の構成要素になっていることは間違いないが、恐怖反応がどのようにしてレスポンデント条件づけによって条件づけられたかは、はっきりしないことも多い。すなわち、CS（恐怖をもたらす刺激）が、どのよう

にしてCRである不安反応を誘発するように条件づけられたか、よく分からないことも多い。第8章で解説したように、もともとは中性刺激であった刺激は、無条件刺激（US）や別の条件刺激（CS）と対提示されることによってCSとなることを思い出してほしい。このような対提示の結果、中性刺激はCSとなり、もともとUSが誘発していたのと同じ反応を誘発するようになる。たとえば、イヌにぶつかって倒されたりかみつかれた子どもは、イヌに対して恐怖心を持つようになる。この場合、痛み刺激（倒されたり、かみつかれたときの痛み）がUSとなり、自律神経系の興奮をもたらし、無条件反応（UR）を誘発する。イヌ自体はもともとは中性刺激であったが、その姿が痛み刺激と対にされたことによってCSとなる。そして、イヌにかまれたことのある子どもがイヌ（CS）を見ると、前にイヌにかまれた痛み刺激によって生じたURとよく似たCRが誘発される。

イヌにかみつかれて、レスポンデント条件づけによって恐怖感が生み出されるプロセスは、分かりやすい。しかし、一般には、恐怖心を持っている人自身、恐怖刺激が条件づけられた出来事を覚えていないことの方が多い。その恐怖刺激によってCRとしての不安が誘発されるのがはっきりしていても、その恐怖刺激がどのようにしてCSになったかはよく分からないことが多いのである。しかし、恐怖が条件づけられるプロセスについての知識は、恐怖の克服を援助するのに必要ではない。重要なことは、現在CSとして機能していて、不安反応（CR）を誘発している刺激をすべて特定することである。

恐怖や不安の問題を理解する上でもう1つ重

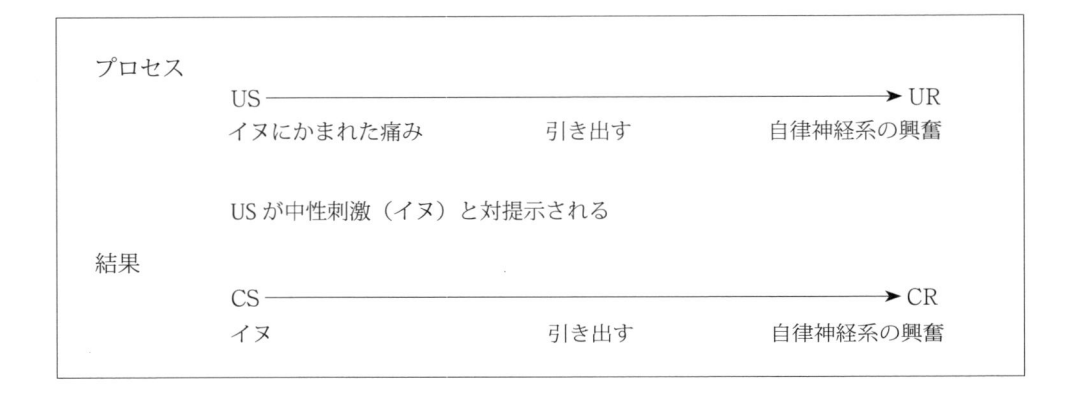

プロセス

US ──────────────────────────────→ UR
イヌにかまれた痛み　　　　　引き出す　　　　　自律神経系の興奮

US が中性刺激（イヌ）と対提示される

結果

CS ──────────────────────────────→ CR
イヌ　　　　　　　　　　　引き出す　　　　　自律神経系の興奮

要なこととして、恐怖や不安の問題のように見えるものの中には、単にオペラント行動の問題で、レスポンデント行動や恐怖とは関係ないものが時々ある。たとえば、泣き叫びながら、学校に行くのが怖いと訴える子どもの場合、学校恐怖症である場合もあるが、単に正の強化を受けるためにオペラント行動を起こしているだけの場合もある（Kearney & Silverman, 1990）。もしそれが恐怖反応であれば、子どもは不安と呼ばれる自律神経系の興奮であるレスポンデント行動を体験している。この不安は、学校や学校に関連した刺激によって誘発される。一方、大声を上げたり、泣き叫んだり、登校を拒否する行動はオペラント行動であり、学校に行かなくてすむことや、学校に関連した不安が軽減することによって強化を受ける。しかし、学校と関連した不安がない場合もあり、大声を上げたり、泣いたり、怖いと訴えて登校を拒否する行動が、親からの注目、学校に行かずにテレビを見る、お菓子を食べる、ゲームをする、ことなどによって強化を受けている場合もある。**重要なのは、それらの行動がその子どもにどのような機能を果たしているかを調べるために、恐怖と思われる行動について、機能的アセスメントを実施することである**（Lee & Miltenberger, 1996）。

もう 1 つの例は、暗闇恐怖である。それが本当に恐怖反応であれば、暗闇によって自律神経系の興奮（不安）が誘発され、暗闇がなくなったり、不安が軽減することによって、回避行動や逃避行動が強化されている。しかし、夜になると泣いて、「怖い、怖い」と訴える子どもの中には、親がやってきて、やさしくしてくれることによって強化を受けている場合もある。「怖い」と訴えることは、身体反応としての不安を感じていることの証拠にならない場合も少なくない。

恐怖や不安を軽減する方法

　恐怖や不安の問題を克服するために、さまざまな行動変容法が用いられている。これらの方法には、リラクゼーション訓練、系統的脱感作法、現実脱感作法（Masters, Burish. Hollon, & Rimm, 1987; Spiegler & Guevremont, 1998, 2010）などがあり、いずれもレスポンデント条件づけ、オペラント条件づけ、あるいはその両方の条件づけの原理に基づいた方法である。

リラクゼーション訓練

リラクゼーション訓練（relaxation training）は、恐怖や不安の問題を構成している自律神経系の興奮を軽減するために用いられる。あるリラクゼーション行動を行うと、自律神経系の興奮とは逆の身体反応が生じる。筋緊張、速い心拍、冷たい手、速い呼吸などの身体反応は自律神経系の興奮に伴う。それに対して、リラクゼーションは筋緊張や心拍数や呼吸数の低下をもたらし、手を温かくする。これら反対の身体反応が生じると、不安の軽減が報告される。一般によく用いられるリラクゼーション訓練は 4 つあり、漸進的筋弛緩法、腹式呼吸法、注意集中訓練（Davis, Eshelman, & McKay, 1988）、行動的リラクゼーション訓練（Poppen, 1988）がある。

漸進的筋弛緩法：漸進的筋弛緩法（progressive muscle relaxation; PMR）は、身体の主な筋肉群を系統的に緊張させたり弛緩させたりする技法である。筋肉の緊張と弛緩を繰り返すことによって、筋肉が最初よりもずっと弛緩した状態になる。この技法は、エドムンド・ジェイコブソン（Edmund Jacobson, 1938）によって開発され、その後、広く用いられるようになった（Benson, 1975; Bernstein & Borkovec, 1973）。

PMR を適用するためには、身体の主要な筋肉のそれぞれを、緊張させたり弛緩させる方法を習得する必要がある。その方法は、セラピストから教わることもできるし、そのやり方の録音を聴いたり、方法を説明した本を読むことによっても習得できる。表 24- 1 は、主要な筋肉群と、PMRでその筋肉を緊張させる方法をまとめたものである（Masters et al., 1987）。

筋肉群の緊張や弛緩のさせ方を習得したら、ク

表24-1 漸進的筋弛緩法における筋肉群と緊張法

筋肉群	緊張法
利き腕と利き手	拳をギュッと握って肩に向け、腕を曲げる。
反対側の腕と手	同上
額と目	目を大きく開け、まゆを上げる。額にできるだけたくさんしわを寄せる。
頬の上部と鼻	顔をしかめ、目を細め、鼻にしわを寄せる。
顎、顔の下部、首	歯をくいしばり、顎を突き出す。口角は下げる。
肩、背中の上部、胸	肩をすくめ、肩甲骨をできるだけ後ろに反らす。
腹部	ウェストのところで少し前に突き出し、腹部の筋肉にできるだけ力を入れて硬くする。
臀部	左右の臀部に力を入れ、椅子に向けて押し下げるようにする。
利き脚の上部	立った状態で、大腿部の筋肉すべてに力を入れ、硬くする。
利き脚の下部	手でつま先をできるだけ上方に引き上げる。ふくらはぎの筋肉を硬くしたり伸ばしたりする。
利き足	つま先を外側と下側に向け、筋肉を伸ばす。
反対側の脚の上部	利き脚の上部と同じ
反対側の脚の下部	利き脚の下部と同じ
反対側の足	利き足と同じ

（Masters, J., Burish, T., Hollon, S., & Rimm, D. [Eds.]. [1987]. *Behavior Therapy: Techniques and Empirical Findings,* 3rd edition. Copyright © 1987 Harcourt Brace Jovanovich.）

ライエントはそのリラクゼーション法を実際に使うことができるようになる。クライエントはまず、リクライニングチェアのようなゆったりした椅子に、楽な姿勢で座る。次に、目を閉じ、表24-1に示した筋肉群それぞれの緊張と弛緩を行う。最初の筋肉群（利き腕）から始め、5秒間しっかり緊張させた後、いっぺんにその緊張を解く。このやり方によって、クライエントは特定の筋の緊張と弛緩の違いをはっきりと感じることができる。クライエントは5〜10秒間、筋肉が弛緩した状態に注意を向けるようにし、その後でリストに示した次の筋肉群（もう一方の腕）に移る。クライエントはもう一度しっかり筋肉を緊張させた後、再びその緊張をいっぺんに解く。筋肉を緊張させた後に急に弛緩させることによって、クライエントは筋緊張が解けて弛緩した状態を心地よく感じ、その違いを認識するようになる。クライエントはすべての筋肉群の緊張と弛緩が終わるまで、このプロセスを続ける。このプロセスが終了すると、身体の筋肉の緊張は緩み、リラクゼーション訓練を始めたときと比べてずっとリラックスした状態になっているはずである。

初めての場合、録音やセラピストの指示を聞きながらPMRを行うことが多い。セラピストの指示や録音テープの助けなしにPMRを実施する場合は、最初は、それぞれの筋肉群について緊張と弛緩の練習をし、正しいやり方を覚えるようにすべきである。

PMRを何回も繰り返し行うことによって、クライエントはそれぞれの筋肉群の緊張と弛緩をしなくても、リラックスできるようになる。それは、PMRを行うことによって自分自身の筋緊張をコントロールすることを学習し、緊張感を感じたときに筋緊張を緩めることができるようになるからである。このプロセスをより効率的にするために、PMRの練習のときにキューとなる言葉を言うようにし、実際の場面でもその言葉を言うことで、早くリラックスできることが多い。たとえばトリーシャの場合、寮の自分の部屋でPMRを練習して、筋肉をリラックスさせるときに、自分に向かって「リラックス」と繰り返し言う。このキューの言葉はリラクゼーション反応と結びつき、そしてトリーシャがクラスの前で発表しようとする際に、筋肉をリラックスさせるために自分自身に「リラックス」という。このキューの言葉はCSとなり、CRとしてのリラクゼーションを誘発するように

リラクゼーション訓練の技法

- ■ 漸進的筋弛緩法
- ■ 腹式呼吸法
- ■ 注意集中訓練
- ■ 行動的リラクゼーション訓練

なる。このキューの言葉を言うことは、不安を誘発することを考えなくする働きもする。クラスでの発表の順番を待っているときに、トリーシャが自分自身に向かって「リラックス」と言えば、失敗することや、その他の不安を引き起こすことを考えずにすむ可能性が高くなる。

腹式呼吸法：リラクゼーション訓練の技法には、**腹式呼吸法**（diaphragmatic breathing; Poppen, 1988）と呼ばれる方法もある（**深呼吸法**［Davis et al., 1988］や**リラックス呼吸法**［Mayo Clinic Foundation, 1989］と呼ばれることもある）。この方法は、ゆっくりしたリズムで深呼吸するものである。息を吸い込むときに横隔膜を下げて肺に大量の酸素を入れるようにする。不安なときや自律神経系が興奮したときには、呼吸が浅く速くなることが多く、腹式呼吸によって、ゆったりした呼吸に戻すことができ、それによって不安が軽減される。例として、びっくりしたり怖い思いをしたときを考えてみよう。そのとき、呼吸は浅く速くなったり、ハッとして息をのんだりしているはずである。過呼吸でも、同じような症状が見られる。そのときの呼吸の仕方は、十分リラックスした状態である熟睡時のゆっくりした深い呼吸とは対照的である。

腹式呼吸法を学習する際には、楽な姿勢で椅子に座り、肋骨の下のお腹に片手を当てる。その部分に横隔膜がある。息を吸うときには、横隔膜が下に動く感覚を感じながら、肺に空気が大量に入るようにする（Poppen, 1988）。腹式呼吸の間、肩を動かしてはいけない。息を吸い込むときに肩が上に動いたならば、肺の奥まで空気が入っておらず、肺の上の部分だけの浅い呼吸しかしていないということである。息を吸い込むときには腹腔が上がると思っている人が多いが、実際はその逆

である。横隔膜を使って深く息を吸い込むときには、腹腔は下に動く（Mayo Clinic Foundation, 1989）。この正しい呼吸法を習得し、息を吸い込むときに腹部が膨らむようになったら、次の呼吸練習に進んでよい。

不安を軽減するための深呼吸法を練習する際は、楽な姿勢であれば、椅子に座っても立っても、仰臥の姿勢でもよいが、目を閉じて、3～5秒間、肺が空気で心地よく満たされるまでゆっくり息を吸い込む。息を吸い込むとき、横隔膜によって腹部が膨らむ。その後、3～5秒間、ゆっくりと息を吐き出す。息を吐くときは、横隔膜が上がる。深呼吸法の練習では、鼻で呼吸する方がよい。息を吸ったり吐いたりするときには、呼吸に関連している身体感覚（たとえば、肺が膨らんだり小さくなったりする感覚、肺に空気が入ったり出たりする感覚、横隔膜が動く感覚）に注意を集中するようにする。これらの感覚に注意を向けることによって、不安を引き起こすことを考える余地がなくなる。練習の場で、深呼吸によって不安を軽減できるようになったら、実際に不安が生じる場面で、自律神経系の興奮を軽減させるために深呼吸を使ってみる。たとえば、アリソンの場合であれば、治療セッションで、クモから約3m離れたところに立ったときに、自律神経系の興奮を抑制したり低いレベルに保つために、この腹式呼吸法をやってみることができる。

腹式呼吸法は、他の多くのリラクゼーション技法の一部であることも、覚えておいてほしい。たとえばPMRでは、筋肉の緊張と弛緩の練習効果を高めるために、最初に正しい呼吸法を習得する。浅く速い呼吸のままでは、PMRは効果を発揮しないのである。以下で見るように、深呼吸は注意集中訓練の一部にもなっている。

注意集中訓練：注意集中訓練（attention-focusing exercise）は、不安を生み出す刺激に向けていた注意を、中立的な刺激や楽しい刺激に向けることによって、リラクゼーションを行う方法である。瞑想（meditation）、誘導イメージ（guided imagery）、催眠（hypnosis）などの方法はいずれも、注意集中のメカニズムによってリラクゼーションを作り出す（Davis et al., 1988）。瞑想では、視覚刺激、聴覚刺激、筋感覚刺激に注意を集中させる。たとえば、ある物を凝視したり、呪文やお経（語音）に注意を集中したり、自分自身の呼吸運動に注意を集中する。瞑想練習で物、呪文、呼吸に注意を集中できれば、不安を生み出す刺激に注意が向かなくなる。

　誘導イメージあるいは視覚化練習（visualization exercise）では、楽しく心地よい場面を頭の中にイメージしたり想像する。この練習で注意が集中できるようになれば、不安を生み出す考えやイメージに注意が向かなくなる。具体的には、楽しく心地よい場面やイメージを想像させる録音やセラピストの声に注意を集中するという方法をとる。楽な姿勢で椅子に座るか仰臥の姿勢をとり、目を閉じ、その場面を思い浮かべる。録音テープやセラピストの声は、思い浮かべる場面に関係した景色、音、匂いを想像させる。たとえば、海辺の景色を思い浮かべる場合、セラピストは「太陽の暖かさを肌に感じる。足の下の砂も温かく心地よい。浜辺にゆるやかに打ち寄せる波の音が聞こえる。日焼けオイルの甘い匂いがする」のように言う。数多くの感覚を用いると、その場面を思い浮かべやすくなり、不安を生み出す考えやイメージを消しやすくなる。

　催眠の場合は、セラピストや録音テープの催眠誘導の言葉に注意を集中する。催眠状態に入ると、セラピストの声だけに集中するようになり、不安を生み出す考えやイメージを含め、それ以外の外的刺激は知覚しないようになる。リラックスした状態を作り出すために、あらかじめ書かれた催眠誘導の言葉を唱えることによって、自己催眠の練習もできる。

　注意集中訓練は、一般に、他のリラクゼーション法の一部として用いられることが多い。PMRでは、緊張したり弛緩させている筋肉群に注意を集中させる。腹式呼吸法では、息を吸ったり吐いたりするときの身体感覚に注意を集中させる。同時に、リラックスした姿勢も、腹式呼吸法、誘導イメージ練習、の重要要素である。読者も気づいたと思うがリラクゼーションのためのこの３つの方法には共通点が多い。

行動的リラクゼーション訓練：行動的リラクゼーション訓練（behavioral relaxation training）はポッペン（Poppen, 1988）によって開発された方法で、リラックスした姿勢をとることによって、それぞれの筋肉群を弛緩させる。これは、各筋肉群を緊張させたり弛緩させたりはしないということを除いて、PMRに似ている。クライエントはリクライニングチェアに座り、全身を椅子に委ねる。セラピストは、身体の各部位を正しい姿勢にするように教示する。表24 - 2に、ポッペン（Poppen, 1988）が記した10のリラックス状態を示した。

　行動的リラクゼーション訓練には、他のリラクゼーション法の要素も含まれている。正しい呼吸法だけでなく、10のリラックス状態に注意を集中させることも、他の技法との共通点である。この方法には、次の３つの要素が含まれている。筋肉の緊張と弛緩への注意集中、正しい呼吸法、注意の集中である。

　リラクゼーション法の習得が重要なのは、リラクゼーション訓練が恐怖を軽減する方法の一部だからである。以下で、恐怖を軽減する方法について紹介する。

系統的脱感作法

系統的脱感作法（systematic desensitization）はウォルピ（Wolpe, 1958, 1961, 1990）によって開発された方法で、恐怖症の患者が、リラクゼーションをしながら、恐怖をもたらす刺激場面をイメージするものである。**恐怖症**（phobia）とは、不安や逃避・回避行動のレベルが、その人の生活に支障をきたすほど深刻な恐怖のことである。ウォルピは、不安をもたらす場面をあらかじめリストアップした階層表を作り、セラピストがその階層表に基づいて、不安の小さい場面から徐々に

リラクゼーションに不可欠な３つの要素

　本章で説明した４つのリラクゼーション手続きは、それぞれ焦点が異なる。しかし、いずれも以下の３つの要素を含んでいる。これらの要素は効果的なリラクゼーション訓練の効果に不可欠である。その理由は、不安の３つの重要な側面である、筋肉の緊張の増大、浅く速い呼吸、不安を誘発する思考に対処するからである。

１．筋肉の緊張を和らげる。PMR の焦点は筋肉の緊張を減らすことだが、他の３つの手続きはリラックスした姿勢を通して筋肉の緊張を減らす。

２．リラックスした呼吸。腹式呼吸の手続きの焦点はリラックスした呼吸だが、他の３つの手続きも短いリラックスした呼吸の要素から始まる。

３．注意の集中。注意集中訓練はこの要素を強調しているが、すべてのリラクゼーション手続きではその一部としてセラピストの指示にクライエントの注意を集中させる。

表 24 - 2　10 のリラックスした行動

　行動的リラクゼーション訓練では、リクライニングチェアなどに仰臥した姿勢で、十分リラックスした状態を示す姿勢や動作を 10 にまとめたものを使用する。それぞれ、身体の特定の部位について、目に見える形での姿勢や動作を示している。違いをはっきりさせるために、それぞれの部位について、リラックスした状態とリラックスしていない状態の両方を記載している。

１．頭
　リラックスした状態：頭はリクライニングチェアに載せた状態で動かず、身体の正中線上に鼻がある。身体の正中線は、シャツのボタンや V ネックの切れ込みの位置にある。鼻孔の一部やあごの下側が見える。
　リラックスしていない状態：(a) 頭が動く。(b) 頭が正中線からずれる。鼻が正中線上にない。(c) 頭が下方に傾く。鼻孔やあごの下の部分が見えない。(d) 頭がリクライニングチェアに載っていない。(e) 頭が上方に傾く。あごの下の部分全部が見える。

２．目
　リラックスした状態：まぶたを軽く閉じ、まゆの間にしわが寄らず、まぶたの奥で目が動かない。
　リラックスしていない状態：(a) 目が開いたまま。(b) 目は閉じているが、まゆの間にしわが寄ったり、まぶたがピクピク動く。(c) まぶたの奥で目が動く。

３．口
　リラックスした状態：唇の中央部が 7 ～ 25mm 開き、前歯も同じくらい開いている。
　リラックスしていない状態：(a) 歯がしっかりとかみ合った状態にある。(b) 唇が閉じている。(c) 唇が上下に 25mm 以上開いた状態にある。(d) 唇をなめるなど、舌が動く。

４．喉
　リラックスした状態：動かない。
　リラックスしていない状態：喉や首が動く。たとえば、飲み込む動きやその他の喉頭の動きが見られたり、首の筋肉がピクピクと動く。

５．肩
　リラックスした状態：肩が上がった状態ではなく、両肩が水平の位置にある。両肩がリクライニングチェアについた状態で、呼吸の動き以外の動きがない。
　リラックスしていない状態：(a)肩が動く。(b)両肩が水平の位置からずれている。(c)肩が上がったり、あるいは下がりすぎている。

次ページに続く

表24-2　10のリラックスした行動（前ページの続き）

6．体幹
　リラックスした状態：胴、腰、脚が正中線で左右対称の位置にあり、リクライニングチェア上で動きがない状態。
　リラックスしていない状態：(a) 呼吸の動き以外にも、胴が動く。(b) 胴、腰、脚が正中線からずれている。(c) 手や足が動いた結果ではなく、腰、脚、腕そのものが動く（それぞれの部位が1つでも動く）。(d) 背中、臀部、脚がリクライニングチェアについていない。

7．手
　リラックスした状態：両手がリクライニングチェアの肘掛けの上や膝の上にあり、手のひらが下を向き、指が若干曲がった状態。指（親指以外）は、鉛筆が楽に通るくらい曲がった状態。
　リラックスしていない状態：(a) 肘掛けを手でつかんだ状態。(b) 指が伸びてまっすぐになっている。(c) 指が曲がりすぎて、爪が肘掛けの表面につく。(d) 指が重なっている。(e) 手が動く。

8．足
　リラックスした状態：両脚が60〜90度の角度で離れた状態。
　リラックスしていない状態：(a) 足が動く。(b) 両足が垂直になっていたり、60度以下の角度。(c) 両足が90度以上の角度。(d) 両足が足首のところで交差している。(e) 一方のかかとが他方よりも25mm以上前あるいは後ろにある。

9．静かさ
　リラックスした状態：声を出さず、呼吸の音も小さい。
　リラックスしていない状態：話したり、ため息をついたり、うなったり、いびきをかいたり、速い息づかいをしたり、咳払いをするなど、声や音を出す。

10．呼吸
　リラックスした状態：呼吸数がベースラインレベルよりも少なく、呼吸の休止もない。吸気と呼気で1呼吸になっている。呼吸は、吸気の始まりから呼気の終わりまでを1呼吸として、数えることができる。
　リラックスしていない状態：(a) 呼吸数がベースラインレベルと同じかそれよりも多い。(b) 呼吸のリズムが一定でなく、咳をしたり、笑ったり、あくびをしたり、くしゃみをしたりする。

(Poppen, R. [1988]. *Behavioral Relaxation Training and Assessment*, pp. 30-34. Copyright © 1988 Pergamon Press.)

不安の高い場面をイメージするように教示し、クライエントがその場面をイメージしながらリラックスした状態を作り出すことで、恐怖反応を軽減できることを見いだした。たとえば、アリソンに対する系統的脱感作法のセッションでは、アリソンは自分でリラクゼーションを行った上で、自分が8m離れたところにいるクモを見ている場面をイメージするようにと言うセラピストの声に耳を傾ける。アリソンがこの場面をイメージでき、しかもリラックスした状態を維持できていたら、セラピストは今度は6m離れたところにいるクモを見ている場面をイメージするように言う。ここでもアリソンがリラックスした状態を維持できれば、セラピストはさらにクモに近づいた場面をイメージするように言う。ここで重要なことは、ア

リソンが不安をもたらす刺激をイメージしていながらも、リラックスした状態を維持できていることである。ウォルビはこのプロセスを「**逆制止**（reciprocal inhibition）」と呼んでいる。というのは、リラクゼーション反応によって、恐怖反応の生起が制止あるいは抑制されているからである。

　系統的脱感作法には、次の3つの重要なステップがある。

1．クライエントは最初に、どの方法でもよいからリラクゼーションの方法を習得しておく。
2．セラピストはクライエントと話し合って、恐怖をもたらす刺激の階層表（「不安階層表」）を作成する。
3．クライエントはリラクゼーション法を行いながら、セラピストが不安階層表に基づいてイ

メージするように教示した場面を思い浮かべる。

クライエントが不安階層表のすべての場面をイメージしながらリラクゼーション反応を維持できた段階で、系統的脱感作法は終了となる。この時点で、クライエントは実際の生活場面で恐怖をもたらす刺激に出会っても、恐怖反応（不安、回避行動、逃避行動）を起こさずにすむようになっているはずである。

不安階層表の作成：クライエントがリラクゼーション法を習得した段階で、セラピストとクライエントは恐怖をもたらす刺激の**階層表**を作成する。クライエントは恐怖の評定尺度を用い、恐怖刺激に関連したさまざまな場面によってもたらされる恐怖感の強さを階層化する。恐怖評定尺度は「**主観的不安尺度**（subjective units of discomfort scale; SUDS）」（Miltenberger et al., 1986）と呼ばれる。SUDS は 0 〜 100 の尺度で、0 は恐怖や不安をまったく感じないレベル、100 は恐怖や不安が最も強いレベルである。たとえば、アリソンの場合、自分の腕にクモが止まっている場面が、イメージできる最も強い恐怖場面だとすれば、その場面が SUDS 100 となる。さらに、1.5 m 離れたクモを見ている場面は SUDS 75、3 m 離れたクモを見ている場面が SUDS 50、6 m 離れたクモを見ている場面が SUDS 25、リビングに夫と一緒にいてクモがいない場面はまったく恐怖を感じないので SUDS 0 となる。不安階層表は、クライエントが 10 〜 20 の場面を挙げ、恐怖の強さが 0 から徐々に強くなるように、それぞれの場面を並べていく形で作成していく。恐怖をもたらす場面は、恐怖のレベルに偏りなく、すべてにわたって特定しなければならない。そのためには、恐怖のレベルを軽度、中度、強度に分け、それぞれの場面を挙げておいて、その中でレベル分けしていく方がやりやすい。表 24 - 3 に、実際に系統的脱感作法で用いられた 4 つの不安階層表を示した（Morris, 1991）。

不安階層表による漸次的接近：リラクゼーション法を習得し、セラピストと一緒に不安階層表を作った後、クライエントは系統的脱感作法を不安階層表に従って進めることになる。セッションの開始時に、クライエントはまずリラクゼーション法を行う。クライエントがリラックスできたことを伝えた後、セラピストは不安階層表の最初の一番弱い不安をもたらす場面について話をする。クライエントはリラックスしたままその場面をイメージする。クライエントがその場面をイメージしてもリラックスしたままであれば、不安階層表の次の場面に進む。セラピストは前よりも少し強い不安をもたらす場面について話をする。クライエントはリラックスしたままで、その場面をイメージする。セラピストは、クライエントがリラックスした状態を維持しながらその場面をイメージできているかどうかを確認するために、同じ場面を何回か繰り返すこともある。このようにして、不安階層表に従って順次、前の場面よりも少し強い不安をもたらす場面に移り、そのたびにクライエントはその場面をイメージしながらリラックスした状態を維持していく。この治療過程は、クライエントが階層表のすべての場面でリラックスした状態を維持できるようになるまで、治療セッションの中で続けられる。

このように、系統的脱感作では、クライエントは恐怖をもたらす刺激をイメージしながらリラックスした状態を保つ。つまり、クライエントはセッション中に不安をもたらす刺激には実際には接触していない。この方法は、クライエントがリラックスした状態を保ちながら、徐々に実際に恐怖を引き起こす刺激に接触していく現実脱感作法と対照的である。

現実脱感作法

現実脱感作法（in vivo desensitization）は系統的脱感作法と同様の方法だが、違うのはクライエントが不安をもたらす刺激に、実際に徐々に近づいたり、少しずつ触れることである（Walker, Hedberg, Clement,& Wright, 1981）。**現実脱感作法を適用する場合には、クライエントは以下のことを行う。**
（1）リラクゼーションスキルを学ぶ。
（2）恐怖をもたらす刺激について不安階層表を

表24-3　不安階層表の例

一人でいるときの恐怖
　10.　昼でも夜でも、研究室に何人かと一緒にいる。
　20.　別の女性一人と部屋にいる。
　30.　昼一人で自宅にいる場面を想像する。
　40.　早朝、2、3人がいる道を、学校に向かって歩いている。
　50.　昼、自宅の寝室に一人でいる。
　60.　夜、一人で車を運転し、誰か男の人がついてきている感じがする。
　70.　夜、女友達と2人だけで町中の道を歩いている。
　80.　ベビーシッターをしている幼児と2人だけで家にいる。
　90.　夜、実際に一人きりになる数時間前に、一人になったときのことを考えている。
　100.　夜、ドアを閉めて一人で自宅のリビングの椅子に座っている。

飛行機に乗ることに対する恐怖
　10.　飛んでいる飛行機が上下したり傾いたりする映画を見ている。
　20.　地上でエンジンをかけたまま止まっている自己所有の飛行機の座席に座っている。
　30.　地上で自己所有の飛行機の座席に座り、パイロットが滑走路を移動し始める。
　40.　地上で自己所有の飛行機の座席に座り、パイロットが滑走路を移動し、エンジンの回転数を上げている。
　50.　旅行の3カ月前に、友人一人とジェット機での旅行のプランを立てている。
　60.　ジェット機での旅行の1カ月前。
　70.　ジェット機での旅行の3週間前。
　80.　ジェット機での旅行の3日前。
　90.　離陸する自己所有の飛行機の中にいる。
　100.　空を飛んでいるジェット機の中にいる。

高いところで車を運転する際の恐怖
　10.　立体駐車場の1階入り口に入る。
　20.　立体駐車場の2階から3階に上がる。
　30.　友人が運転する車に一緒に乗り、ミシガン通りのシカゴ川に架かっている橋に近づく。
　40.　友人一人を乗せて車を運転し、シカゴ川に架かっている橋に近づいている。
　50.　友人一人を乗せて車を運転し、シカゴ川に架かっている橋を渡っている。
　60.　友人一人を乗せて車を運転し、モーリンの近くのミシシッピ川の橋を渡っている。
　70.　一人で車を運転し、モーリンの近くのミシシッピ川の橋を渡っている。
　80.　友人一人を乗せて、ウィスコンシン州の丘陵の道路を運転している。
　90.　友人一人を乗せて、ウィスコンシン州の丘陵の道路を運転し、急勾配の坂道を半分まで登る。
　100.　友人一人を乗せて車を運転し、急勾配の坂道の上まで登る。坂道の一番上で車を降り、下の谷を見回し、近くのレストランに入った後、車で坂道を下る。

外出恐怖
　10.　車で店に行くために玄関を出る。
　20.　車に乗って、走り始める。
　30.　車に乗って、敷地から出る。
　40.　街路に出て、自宅を離れていく。
　50.　車を運転し、自宅から店に向かって2ブロック走った。
　60.　車が店の駐車場に着いた。
　70.　店の中に入る。
　80.　ショッピングカートを押しながら、メモしておいた品物を探し始める。
　90.　品物を全部カートに入れ、レジに向かう。
　100.　品物を全部カートに入れたまま、レジの前の長い行列に並んで順番を待つ。

（Morris, R. J., [1991]. Fear reduction methods. In F. H. Kanfer and A. P. Goldstein [Eds.], *Helping People Change: A Textbook of Methods*, 4th edition, pp. 161-201.）

作る。

（3）恐怖反応の代替反応としてリラクゼーショ
　　ンを維持しつつ階層表の状況それぞれを経
　　験する。

　トリーシャとアリソンの場合にも、恐怖を克服
するために現実脱感作法を適用することができる。
　トリーシャの場合、授業での発表に対する恐怖
が強かった。ゴンザレス博士はトリーシャにまず
リラクゼーション法を習得させた後、以下のよう
な不安階層表を作成した。（　）の中は SUDS を
示している。

1．クリニックでゴンザレス博士に話す（20）
2．教室でゴンザレス博士に話す（25）
3．教室で友人 1 人に話す（30）
4．教室で友人 2 人に話す（40）
5．教室で友人 5 人に話す（50）
6．教室で友人 10 人に話す（60）
7．教室で友人 20 人に話す（75）
8．授業が実際に行われる教室で友人 20 人に話
　　す（80）
9．知らない学生 20 人に話す（90）
10. 実際の授業で学生 20 人に話す（100）

　現実脱感作法では、トリーシャはゴンザレス博
士から教わったリラクゼーション法を用いながら、
階層表に示された状況それぞれを経験することが
求められる。階層表の各ステップで成功するにつ
れて、クラスの前で話をすることへの恐怖を克服
することに一歩近づく。

Q. アリソンのクモ恐怖を克服するために、現実
脱感作法をどのように適用できるか？

　ライト博士はまず、アリソンにリラクゼーショ
ン法を教えた。次に、2 人で不安階層表を作成し
た。不安階層表はクモとの距離を基準にして作ら
れた。すなわち、彼女がクモに近づくに従って恐
怖の度合いが強くなる。現実脱感作法の第一段
階では、彼女はクモから 6 m 離れたところに立
ち、リラクゼーション法を行った。その距離では
強い恐怖反応は生じず、彼女が自分で作り出した
リラクゼーション反応で、その弱い恐怖反応は簡

単に抑制できた。次に、不安階層表に従ってステ
ップを 1 つ進めた。つまり、今度はクモから 5 m
80cm 離れたところに立ち、リラクゼーション法
を行い、リラクゼーション反応によって恐怖反応
を抑制した。ライト博士のサポートを受けながら、
アリソンはこのプロセスを進め、最後には、不安
階層表の一番不安の強い場面であるクモを殺す場
面まで進んだ。

　**現実脱感作法では、クライエントが不安階層表
のステップを進める際に、強い不安を体験しない
ことが重要である。** すでに見たように、そのため
には、不安階層表のそれぞれのステップで、クラ
イエントがリラクゼーション法を確実に実施する
ことが大切である。しかし、現実脱感作法でいつ
もリラクゼーション法を使うとは限らない。**クラ
イエントが階層表のステップを前進する際に、不
安の増加を予防するために、他の 3 つの方法を用
いることもできる。**

（1）セラピストは単に階層表の各ステップの
刺激に接近した行動に対して強化の提示だけ行
う（実際、リラクゼーション法を用いる場合でも、
クライエントは階層の新たなステップごとに、セ
ラピストからの称賛などの正の強化を受ける必要
がある）。

（2）あるいは、セラピストはクライエントに
階層表の各ステップで他の強化的活動（Croghan
& Musante, 1975; Erfanian & Miltenberger,
1990）や、気をそらす活動に従事させることも
できる。たとえば、クライエントは不安に対処す
る言葉を暗唱させることもできる（Miltenberger
et al., 1986）。

（3）最後に、セラピストは、クライエントが
階層を進むにつれて、手を握ったり、クライエン
トの背中に手を置いたりして、安心できる身体的
接触を行うかもしれない。この現実脱感作法は**接
触的脱感作法**（contact desensitization）という
（Ritter, 1968, 1969）。

　エルファニアンとミルテンバーガー（Erfanian
& Miltenberger, 1990）は、イヌ恐怖を示す知的
障害の人に現実脱感作法を適用した。この研究で
は、クライエントはリラクゼーション法の学習は
せず、イヌを見たときに、逃げる代わりに何か正

参考：現実脱感作法の例

　現実脱感作法は、発達障害の有無にかかわらず、子どもや大人のさまざまな恐怖に対して用いられてきた。ギーベンハインとオデル（Giebenhain & O'Dell, 1984）は、定型発達の子どもを対象とした研究で、暗闇恐怖に対する介入として、保護者による現実脱感作法の実施を評価した。3歳から11歳の子どもの保護者6名が、手続きについて書かれた指導マニュアルを読み、現実脱感作法を行った。この研究では、レオスタット（調光器）で制御しながら寝室を徐々に暗くしていくというステップが設定された。ベースラインでは、子どもたちはレオスタットをかなり明るく設定した状態で就寝した。数週間かけて、子どもはレオスタットの設定をどんどん下げていき、部屋を暗くして寝るようになった。毎晩寝る前に、子どもたちはリラックスして、自分に向けてポジティブな発言をする練習をした。子どもは毎晩、レオスタットを低く設定して寝ることに対して報酬を受けた。またラブら（Love, Matson, & West, 1990）の研究では、保護者もセラピストとして現実脱感作法を行った。この研究では自閉スペクトラム症児1名が外出恐怖を示し、もう1名の自閉スペクトラム症児はシャワーに対する恐怖を示していた。いずれの対象児も、恐怖刺激に対する段階的エクスポージャーと接近行動に対する強化手続きにより成功した。指導後、いずれの子どももこれまでは回避していた行動を、行えるようになり、恐怖反応を示すことはなくなった。さらに別の研究で、コンヤーズら（Conyers & colleagues, 2004）は、知的障害のある成人が歯医者に行くことへの恐怖を克服することを援助するために、現実脱感作法を用いた。歯医者に行くことに関する行動の階層表を作成し、対象者が歯医者の模擬場面において段階的に階層表の行動を行うごとに強化子を提示した。現実脱感作法は、支援者が階層表の行動を行っている動画を視聴するビデオモデリングよりも、効果があったことが示された。

の強化を受ける活動を行うようにした。実際の治療セッションでは、セラピストはクライエントが実際に生活している寄宿舎の余暇室を使い、彼らがトランプで遊んでいたりお菓子を食べているときに、イヌを徐々に近づけていった。2人のクライエントの結果を、図24-2に示した。

系統的脱感作法と現実脱感作法の長所と短所

　現実脱感作法の長所は、クライエントが実際に恐怖刺激に接する点である。実際に恐怖刺激がある場面で起きた望ましい行動（たとえば、接近行動）は、逃避行動や回避行動の代替行動として強化される。したがって、イメージした恐怖場面から実際の恐怖場面への般化という問題は起きない。クライエントが不安階層表のステップを進むことは、彼らが恐怖をもたらす場面でうまく対処できるようになっていることを示している。しかし、現実脱感作法の短所としては、系統的脱感作法に比べ、実施が難しく、時間と費用もかかることが挙げられる。これは、セラピストが不安階層表の恐怖場面を実際に準備する必要があり、クリニックを出て、クライエントに実際に恐怖をもたらす刺激を体験させる必要があるためである。恐怖をもたらす刺激を、実際には準備できないこともある。たとえば、ある地方では、冬にクモを見つけることができない。しかし、**それが可能であれば、現実脱感作法は系統的脱感作法よりも恐怖や恐怖症の介入として適した方法である**。というのは、イメージした場面ではなく実際の生活場面でうまく対処できた行動は強化を受けやすく、その結果、その行動が実際の生活場面でより起きやすくなるからである。

　一方、系統的脱感作法の長所は、恐怖刺激に実際に触れるよりも、それをクライエントにイメージさせる方が、商単でやりやすいという点である。たとえば、飛行機に乗ることに対する恐怖を持っているクライエントであれば、セラピストは空港に行った場面、飛行機の中に入った場面、飛行機が空を飛んでいる場面の情景を話すだけですむ。この場合、実際に恐怖刺激に触れさせるのは、費用の面でも時間の面でも負担が大きくなる。し

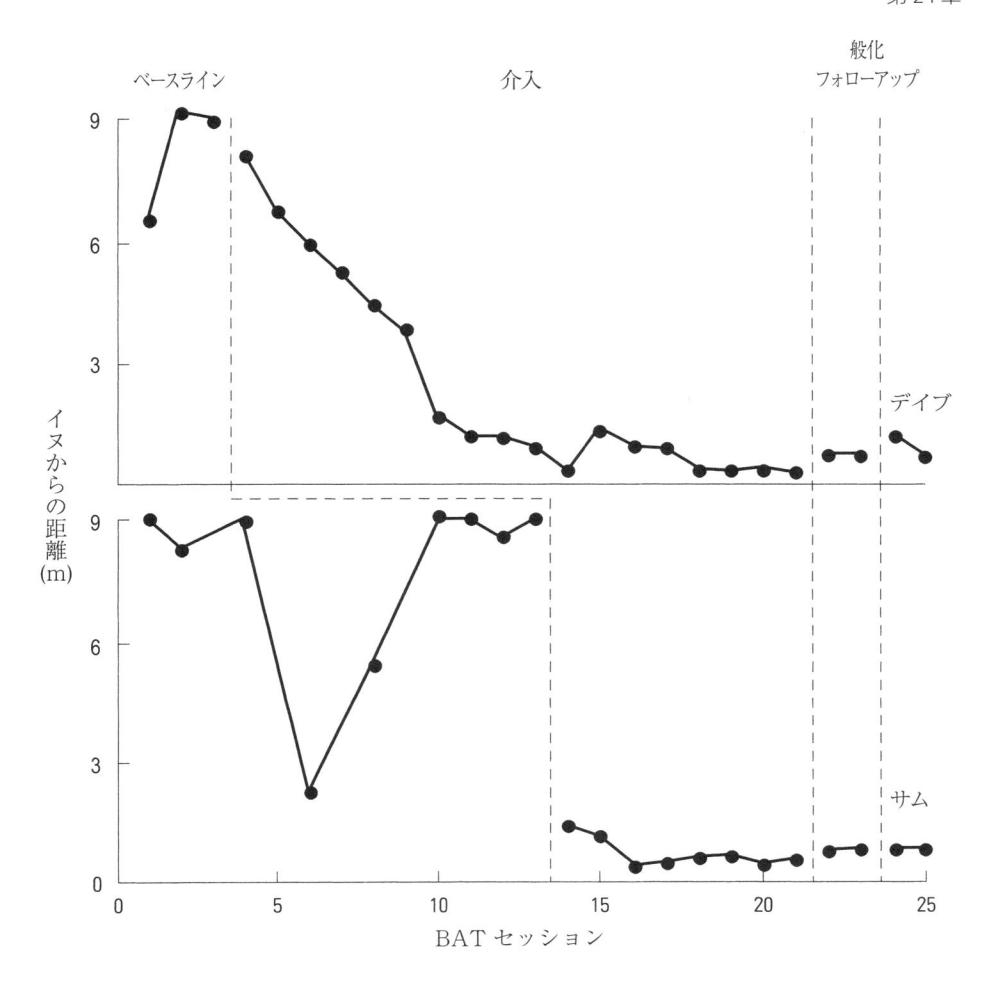

図 24 - 2　この対象者間多層ベースラインデザインのグラフは、知的障害のある 2 人のクライエントに対する現実脱感作法の効果を示している。このグラフは、できるだけイヌに近づくように教示された行動的回避テスト（BAT: behavioral avoidance test）セッションにおける、2 人のクライエントの接近行動を表している。BAT セッションの最初の段階では、イヌは大きな部屋で 9 m 以上離れていた。セッションはクライエントが接近をやめた時点で終了し、そのときのクライエントとイヌの距離を測定した。グラフは、介入の前後において、クライエントがイヌにどれだけ近づけたかを示している。般化フェイズでは、2 人のクライエントは、研究助手に連れられて歩道にいるイヌの横を通り過ぎることができた。（Erfanian, N., & Miltenberger, R. [1990]. Contact desensitization in the treatment of dog phobias in persons who have mental retardation. *Behavioral Residential Treatment, 5*, 55–60.）

かし、系統的脱感作法の短所は、治療の成果が実際の生活場面に十分般化しないこともあるという点である。クライエントが恐怖をもたらす場面をイメージしながらリラックスした状態を維持できるようになっても、実際の生活の中でその場面に出合ったときにそうはいかないこともある。

系統的脱感作法の成果を十分般化させるためには、実際の恐怖をもたらす場面におけるクライエントの恐怖の強さをきちんとアセスメントしてお

くことが重要である。系統的脱感作法の成果が十分般化しないときには、効果を確かなものにし、十分般化するように、追加的に現実脱感作法を行うこともある。

恐怖を軽減させるその他の方法

系統的脱感作法や現実脱感作法の他にも、恐怖を克服する方法として、大人や子どもを対象に有

効性が実証されている方法がいくつかある。

フラッディング：フラッディング（flooding）は、クライエントに十分な時間、十分な強度で、恐怖刺激を体験させる方法である（Barrios & O'Dell, 1989; Houlihan, Schwartz, Miltenberger, & Heuton, 1994）。恐怖刺激を体験した場面で、クライエントは最初はきわめて強い不安を示すが、時間の経過に伴って、レスポンデント消去のメカニズムによって、その不安のレベルは徐々に下がっていく。たとえば、イヌ恐怖を示すクライエントの場合は、イヌがいる部屋に長時間在室させる（その際には、セラピストも一緒にその部屋にいる）。最初、クライエントは強い不安を示すが、時間が経つに従って、不安は軽減し、イヌと一緒にいても特別な不安を感じないようになる。US（かまれたり驚かされる）と対にしないでCS（恐怖刺激としてのイヌ）を長時間（たとえば、2時間）提示すると、CS は CR（恐怖や不安）を誘発しなくなる。

フラッディングは、専門家によって実施されなければならない。この方法は最初にクライエントを恐怖刺激にさらして強い恐怖を体験させる方法であり、クライエントにとって嫌悪的な方法であるため、クライエントがその場から逃避して恐怖が悪化することもあるからである。現実脱感作法でも、クライエントは実際に恐怖刺激を体験するが、その場合には恐怖刺激の強度を徐々に強めるという方法をとり、フラッディングの最初の段階のようなきわめて嫌悪的な体験をするわけではない。

モデル提示：モデル提示（modeling）は、特に子どもに用いられる方法である。モデル提示法では、子どもは、他の人が恐怖刺激に触れたり恐怖をもたらす活動に取り組んでいるのを見ることによって、その後、同じような行動ができるようになる。モデルを提示する方法としては、現実のモデル（Klesges, Malott, & Ugland, 1984）や、ビデオや映画によるモデル（Melamed & Siegel, 1975）などがある。ビデオや映画によるモデル提示は、手術や他の医療・歯科処置に対する恐怖心を軽減する目的で、子どもに対して広く用いられている（Melamed, 1979; Melamed & Siegel, 1975）。

臨床的問題

読者は、行動変容法の授業で、恐怖や不安を軽減する方法の基本は学ぶことができるが、自分自身や他の人の恐怖や不安に関する実際の問題に、これらの方法を適用しようとしてはならない。もし適用するとしても、生活上大きな支障をきたしていない軽微な恐怖や不安の問題に限るべきである。その問題が生活に大きな支障をきたし重症である場合には、必ず、行動療法士、心理士、その他対人サービスの有資格者の助けを借りるべきである。その問題の重症度がよく分からないときは、専門家に相談したり援助を求めるとよい。

まとめ

1. 恐怖は、オペラント行動とレスポンデント行動から構成されている。特定の刺激事態によって誘発される自律神経系の興奮がレスポンデント行動であり、恐怖をもたらす刺激が現れたときに起こる逃避反応や回避反応がオペラント行動である。自律神経系の興奮によっ

てもたらされる身体反応は、不安と呼ばれる。

2. リラクゼーション法は、不安をもたらす場面で起こる自律神経系の興奮を、リラクゼーション反応によって抑制する方法である。

3. リラクゼーションを作り出す基本的な方法には、次の4つがある。身体の主要な筋肉群を

緊張させたり弛緩させたりする「漸進的筋弛緩法」。ゆっくり深く呼吸する「腹式呼吸法」。不安をもたらす刺激から注意をそらし、穏やかな落ち着いた情景に注意を集中させる「注意集中訓練」。リラックスした姿勢に注意を集中させる「行動的リラクゼーション訓練」。いずれのリラクゼーション法も、筋肉の弛緩、正しい呼吸法、注意の集中が重要な要素となっている。

4．系統的脱感作法と現実脱感作法は、恐怖の克服のために用いられる。系統的脱感作法では、クライエントはリラックスした状態で、不安階層表に従って、不安の小さな場面から徐々に不安の大きな場面をイメージする。

5．現実脱感作法では、弱い恐怖をもたらす場面から強い恐怖をもたらす場面へと、漸次的な

方法で、実際にその場面を体験させ（各々の場面は、不安階層表に基づいて提示される）、その一方で、リラックスした状態を維持させ、逃避行動や回避行動の拮抗反応をさせる。系統的脱感作法と現実脱感作法でともに重要なことは、不安階層表に従って段階的に進めていくことであり、体験する恐怖をもたらす刺激や場面を、弱いものから徐々に強いものにしていくことである。現実脱感作法の長所は、クライエントが実際に恐怖刺激に接するために、般化がしやすくなることである。短所は、手続きの実施に時間がかかり、負担も大きいことである。一方、系統的脱感作法の長所は、実施が容易で負担が小さいことである。短所は、成果が実際の恐怖をもたらす場面に十分般化しない場合があることである。

キーワード

不安	リラクゼーション訓練
恐怖	接触的脱感作法
漸進的筋弛緩法（PMR）	現実脱感作法
注意集中訓練	系統的脱感作法
フラッディング	腹式呼吸
行動的リラクゼーション訓練	恐怖症
階層表	

練習問題

1．恐怖や不安の問題にレスポンデント行動がどのように関わっているか、説明しなさい。また、具体例を挙げ、その例の CS と CR を述べなさい。

2．恐怖や不安の問題にオペラント行動がどのように関わっているか、説明しなさい。また、具体例を挙げ、その例におけるオペラント行動と強化を説明しなさい。

3．クラスの前で発表することに対する恐怖を示したトリーシャの場合、何がレスポンデント行動か説明しなさい。

4．クモに対する恐怖を示したアリソンの場合、

何がオペラント行動か説明しなさい。

5．漸進的筋弛緩法について説明しなさい。

6．腹式呼吸法について説明しなさい。

7．注意集中訓練について説明しなさい。

8．行動的リラクゼーション訓練について説明しなさい。

9．問題 5 ～ 8 で挙げた 4 つのリラクゼーション法のそれぞれについて、筋肉の弛緩法、呼吸法、注意の集中の仕方を説明しなさい。

10．系統的脱感作法について説明しなさい。また、不安階層表について説明し、系統的脱感作法におけるその役割を述べなさい。

11. 現実脱感作法について説明しなさい。また、系統的脱感作法との違いを述べなさい。

12. 系統的脱感作法の長所と短所を述べなさい。

13. 現実脱感作法の長所と短所を述べなさい。

14. 暗闇への恐怖を示す子どもに対して、あなたは系統的脱感作法と現実脱感作法のどちらを選ぶか、またその理由を述べなさい。

適用例

1. ジェシーは高所恐怖症だった。彼は2階より上の窓から外を見ると、自律神経系の興奮(不安)を感じた。上の階に行くほど、その感覚は強くなった。その結果、彼は高いところに行くことをできるだけ避けるようになり、それは彼の生活に支障をきたすようになっていた。たとえば、最近も友人が7階にあるレストランに誘ってくれたが、恐怖心のために彼はその誘いを断ってしまった。それ以外にも、高いところに行く活動への参加を断っていた。ジェシーが高所恐怖症を克服するのを助けるために、現実脱感作法をどのように適用したらよいか、説明しなさい。

2. マーサは飛行機に乗るときに、いつも少し神経質になる。彼女のそうした不安は仕事に支障をきたすほどではなく、仕事で毎週3回は飛行機を利用していた。しかし、離着陸のときに、鼓動が速くなり、呼吸も浅く速くな

った。彼女は、この不安を何とか軽減し、快適に飛行機に乗れるようになりたいと思っていた。マーサが飛行機の中でリラックスできるように、腹式呼吸法を教えたい。どのように腹式呼吸法を教えるか、説明しなさい。

3. 次の学期、あなたは、実験でラットを使う心理学実習の授業を履修することになっている。その授業では、飼育ケージから実験装置まで、あなたはラットを運ぶことになっている。ところがあなたは、ラットに触ることを考えただけでも気分が悪くなる。次の学期が始まるまでに、この恐怖心を何とか克服したい。ラットに対する恐怖を軽減するために、現実脱感作法をどのように適用したらよいか、説明しなさい。ただし、あなたが飼育ケージのある部屋に入ることを教授は許可し、ラットは人になれていてかみつかないものとする。

間違った適用例

1. クリスティーナは6歳の女の子で、暗闇をひどく怖がっていた。夜ベッドの中で泣いたり大声を出して、両親を呼んでいた。両親が部屋にやってくると、彼女は泣きやんだ。両親が部屋にいてくれると、彼女は眠りに落ち、「怖い、怖い」と泣いたりすることもなかった。また、夜も部屋の電灯をつけたままにしておくと、泣いたり大声を出すことはなかった。しかし、数カ月後、両親は彼女が暗闇を怖がるのを何とかしなければと考えた。そこで、両親は彼女が眠る前に部屋の電灯を消し、部屋を出て行くことにした。暗闇が怖いと泣

いたり大声を出しても無視し、部屋に入っていかないことにした。両親は、この方法で、最終的には彼女は暗闇に対する恐怖を克服するはずだと考えた。この計画で、間違っているところを指摘しなさい。また、クリスティーナの暗闇恐怖を軽減するためには、どのような方法がよいか説明しなさい。

2. ガースは大学1年生だった。彼は小さな町の出身で、大勢の人の中に入ったことがなかった。パーティやその他大勢の人が集まる場で、彼は神経質になり気分も悪くなった。彼の筋

肉は緊張し、呼吸も速くなり、胃も痛くなった。彼は我慢してパーティにしばらくとどまったが、その場を離れるとすぐに気分は回復した。彼はカウンセラーに会いに行き、この不安を何とか解決したいと相談した。カウンセラーは彼に、リラクゼーション法を習得する必要があると話し、漸進的筋弛緩法（PMR）の教示を録音したテープを渡した。そして、そのテープを聴けば、パーティでもリラックスできるはずだと話した。この PMR の使い方で、間違っている点を指摘しなさい。また、正しい適用の仕方を説明しなさい。

3. ルイスは歯科医院に行くのを怖がっていた。彼は 3、4 年前から歯科医院には行っていなかった。予約するのも嫌だった。前に予約を

したときも、結局、行かなかった。この問題を何とかしようと心理士のクリニックに行ったところ、系統的脱感作法を適用してみることになった。ルイスと心理士は、歯科医院に関連する場面について、不安階層表を作成した。また、ルイスはリラクゼーション法を習得し、心理士が不安階層表に従って教示するそれぞれの場面をイメージしながら、リラクゼーション法を試みた。系統的脱感作法を 6 セッション実施したところで、ルイスは歯科医院の椅子に座って治療を受けている場面をイメージしながら、リラックスした状態を維持できるようになった。この時点で、心理士は治療の終結を告げた。この場合の系統的脱感作法で間違っているのはどの点か、説明しなさい。また、正しい適用方法を述べなさい。

第25章　認知行動変容法

　行動変容法の多くは、顕在的行動の分析と変容に焦点を当てている。本書の章の多くも、独立した観察者によって観察し記録することができる標的行動について、その増加と減少を図るための手続きについて解説したものである。しかしながら、標的行動の中には内潜的行動、すなわち他者が観察できないような行動もある。第24章では、内潜的な標的行動の1つである不安や恐怖の問題に関係した生理的反応について論じた。本章では、もう1つ別のタイプの内潜的行動である**認知的行動**（cognitive behavior）に関する分析と変容について解説する。

　行動分析学の訓練を受けた人は、さまざまな理由から、「認知的（cognitive）」という用語を好まないことに注意してほしい（Skinner, 1974, 1977）。しかしこの用語は、臨床心理学や行動療法の領域において広く用いられており、学生も日常的にこの用語に接している。そのため、本書においては、ある特定の内潜的行動、およびその行動に対して行われる行動変容法に対してこの用語を使用する。「認知的」と命名される行動と、認知的行動を変容させるために用いられる手続きについては、操作的定義をその都度示す。

認知行動変容法の例

ディオンが怒りをコントロールすることを援助する

　ディオンは高校3年生である。高校2年のときにアメリカ合衆国に移住し、そのときから現在の高校に在籍していた。他の生徒がディオンに悪口を言ったり、人種差別的な言葉を投げかけることがあった。ディオンは悪口や人種差別的言葉に反応してけんかすることが多かった。ディオンは相手の生徒に悪態をつき、それでも相手が悪口などを止めず、立ち去らないときには、殴りかかって取っ組み合いのけんかになった。けんかはたいてい、教師や他の生徒が仲裁して止めた。そして、

ディオンはけんかが多いために停学処分を受けていた。この問題を解決するために、ディオンは学校カウンセラーのウッズ博士の面接を受けることになった。

　ディオンに対する面接から、ウッズ博士はけんかのきっかけとなる先行事象が複数存在していることを確認した。主な先行事象は、他の生徒がディオンの悪口を言うこと、あるいは人種差別的な発言をすることであった。しかし、その他に内潜的な先行事象も複族存在していた。ディオンは自らが「怒り」と表現した自律神経系の興奮状態（心拍の増加、筋緊張、速い呼吸など）になっていた。

その時、怒りのこもった自己陳述、たとえば「こんなことを言わせてたまるか、」「あいつをこのままにしておけない」などの言葉を自分の頭の中で言っていた。悪口や差別的な言葉を言われるのは、自律神経系の興奮（怒り）と怒りのこもった自己陳述に対する先行事象であり、この自律神経系の興奮と自己陳述も、けんかの先行事象になっていた。また、ディオンのけんかにはさまざまな結果事象が伴っていた。あるときは、けんかを始めた後、相手が後ずさりしたり逃げ出したりすることが結果事象になっていた。またあるときは、教師や第三者によって仲裁されることが結果事象になっていた。いずれの場合も、けんかをすることによって、悪口や人種差別的な発言をされることが一時的になくなっていた。つまり、このけんかは負の強化で維持されている行動であった。けんかの後にディオンが経験する自律神経系の興奮の低減もまた、けんかを負の強化によって維持させる一要因と考えることができる。

ウッズ博士は、ディオンに対して強化や弱化の手続きは適用しにくいと考えていた。その理由は、ディオンがけんかをするときに、博士がそばにいることはできないからであった。さらに、他の生徒に、ディオンへの悪口や人種差別的な発言をやめさせるのも難しく、最初の先行事象を撤去する手続きもできなかった（この高校には人種差別的行動を禁止する規則があり、そのための指導も行われていた。しかしそれだけでは、これらの行動をなくすことはできなかった）。ウッズ博士は、けんかに対する内潜的な先行事象である「怒りのこもった自己陳述」と「自律神経系の興奮」を変容するために、ディオンに対して認知行動変容法を適用することにした。まず、ウッズ博士はディオンに、けんかをしている状況で自分の中で沸き起こる怒りのこもった自己陳述を、すべて列挙させた。ディオンは、人種差別的発言に反応して起こる怒りのこもった自己陳述（思考）が自律神経系の興奮を喚起し、その結果としてけんかをする可能性が高くなるということを学んだ。ディオンは自分の怒りの思考に気づき、それが果たしている役割を理解した後で、けんかを少なくする1つの方法として、その思考を変容させる援助をウッズ博士から受けることに同意した。

ウッズ博士はディオンに、「怒りの思考（angry thoughts）」を「対処的自己陳述（coping self-statements）」に置き換えることを教えた。そして、ディオンはいくつかの対処的自己陳述、たとえば「けんかをするな！　停学になるぞ」「立ち去った方がいい！　あいつは人種差別主義者だ。相手にする価値はない」「自分を相手のレベルまで落とすな！」と、頭の中で自分自身に向かって言うことを学んだ。けんかの場面を再現したロールプレイの中で、ウッズ博士はディオンに、これらの対処的自己陳述を声に出して言うこと、そして悪口を言われたり人種差別的発言をされたりしたらその場から立ち去ることを教えた。ロールプレイの中で、けんかの場面から立ち去ったら、ディオンは自分を褒めた。「いいぞ、その調子！　うまく立ち去ることができた」「けんかをしないのが、本当の男だ」「自分はこの場をコントロールできた」などと、自己陳述することを学んだ。ディオンは、この1年間に学校で耳にしてきた人種差別的発言や悪口のすべてをロールプレイの中で再現して、対処方法を練習した。ウッズ博士は、ディオンに適切な対処的自己陳述を教えるために教示やモデル提示を行い、ロールプレイでは、称賛やフィードバックを与えた。ディオンはロールプレイの中でさまざまな対処行動的自己陳述を声に出して言えるようになると、その次は、声を出さずにそれを言うことを学んだ。というのは、実際の場面で対処的自己陳述を声に出して言うことは不適切だからである。

怒りの思考の代わりとなる対処的自己陳述の学習に加えて、ディオンは怒りを感じたときにそれを落ち着かせるためのリラクゼーションの技法を学習した。ウッズ博士は適切な主張スキル、すなわち、他の生徒が人種差別的発言をする可能性を減らすような相互作用の持ち方を教えるために、行動的スキル指導を用いた。最後に、ウッズ博士はディオンとの間で、けんかをしないで1週間過ごしたときに特別な強化子を与える、という行動契約を結んだ。ディオンは、ウッズ博士と一緒に問題に取り組み、自分の行動をコントロールする方法を学ぶことを楽しんだ。けんかを回避することが、強化として機能するようになってきた。なぜなら、自己称賛を援助なしに行い、面接でそ

の状況を話すことで、ウッズ博士からも褒められるからである。

Q. ウッズ博士がディオンに対して実施したのは、本書で紹介したどの行動変容技法に該当するか？

　ウッズ博士は、最初、けんかの先行事象と結果事象を特定するために、ディオンに対してインタビューによる機能的アセスメントを実施した。さらに、対処的自己陳述と主張スキルを教えるために、行動的スキル指導（ロールプレイ、リハーサル、モデル提示、称賛、フィードバック）を用いた。また、けんかしそうな状況で、ディオンが自分で自律神経系の興奮を低減するように、リラクゼーション法を教えた。最後に、けんかをやめることを動機づけるために、行動契約を用いた。この事例においても、他の多くの事例と同じように、問題に対処するために複数の行動変容技法を組み合わせて使用している。

クレアが授業に集中できるよう援助する

　クレアは、小学校2年生の7歳で、授業中に何度も離席するために、教師との間で問題を起こしていた。クレアは友達と話をするために通路をはさんだ隣の席に近づいたり、他の生徒をからかったり、他の生徒の机の上のものを奪い取ってしまうなどの逸脱行動をしていた。クレアは注意欠如・多動症（ADHD）の診断を受けており、両親はクレアに服薬させようと考えていた。しかし、薬物療法に頼る前に、行動変容法によってクレアを椅子に座らせることや、授業に集中させることができるかどうかを確かめたいと思っていた。

　両親はクレアを児童心理学者であり、自己教示訓練を行っているクルーズ博士のところへと連れていった。クルーズ博士は、自己教示訓練をクレアと家族に次のように説明した。「自己教示訓練とは、教室で自分の行動をコントロールするために、自分自身に言い聞かせる方法を、子どもに教える指導法です。この方法で、クレアは着席して教師の方に注目するよう、自分自身に教示することを学びます」。

　クルーズ博士は研究室で、クレアに自己教示を

教えるために、行動的スキル指導を実施した。まず、その行動のモデル提示をした。博士は椅子に座って、パーディー先生の教室にいるかのような振りをした。自分が離席しようとしたときに、その動きを止めて、「待て、私は席から離れようとしているぞ。自分の席に座っていないと、問題を起こしてしまう」と、声に出して言った。博士は、自己教示を唱えるとすぐに自分の席に戻った。そして、「いいぞ、席に座っている。パーディー先生も褒めてくれるね」と、声に出して言った。自己教示とそれに続く適切な行動のモデルを示した後で、クルーズ博士はクレアに、お手本と同じようにやってみるように言った。クレアはロールプレイの中で自己陳述とそれに続く標的行動をリハーサルしクルーズ博士はそれに対して称賛とフィードバックを与えた。クレアがすべての行動を正しく実行できるようになるまで、繰り返し練習した。離席したら着席するよう自己教示を行い、すぐに着席できるようになったら、クルーズ博士は彼女に、自己教示をもっと静かに行うよう指示した。そして自己教示が誰にも聞こえなくなるくらいになるまで練習した。クルーズ博士は、クレアが行動的スキル指導で研究室に来るたびに、称賛と強化子（シールや小さなお菓子）を与えた。すべてのセッションが終了したとき、クルーズ博士はクレアに対して、離席しそうになるたびに自己教示を行うこと、すぐに席に戻ること、そして練習したとおりにできたら自分を褒めることと話した。

　自己教示訓練に加えて、クルーズ博士は別の2つの手続きも行った。担任教師に、クレアが着席して授業に集中していたら定期的に褒めるよう依頼した。パーディー先生に、クレアが着席していることを、1時間に最低2回褒めるように頼んだのである。パーディー先生はクレアの席に行って、「がんばってるわね」とささやき、机の上に置かれた小さな用紙にスマイリーのシールをそっと貼った。このようにして、パーディー先生がクレアを褒めていることに、クラス全体の注意が引きつけられないようにした。クレアが離席してすぐに戻らなかったときは必ず、パーディー先生は言葉かけをせず席に戻した。こうしてクレアは、離席行動を強化する可能性のある教師からの注目を

452

受けることなく自分の席に戻された。クルーズ博士が用いたもう1つの手続きは、自己監視であった。この手続きでは、クレアは定期的に自分が席に座っているかどうかを記録するように求められた。クレアは30分ごとに振動する腕時計を着け、それが振動した時に自分が着席していれば、机の上にある自己監視用の記録用紙にチェックをつけた。離席していたときは、その振動はクレアに対して着席を促す合図となった。パーディ一先生も30分ごとに記録をつけ、その日の終わりにクレアに、クレアの記録とパーディ一先生の記録を見比べさせた。これにより、自分の行動を正確に記録することをクレアに促した。これらの手続きが実施された後、クレアは授業中に着席して授業に集中することが非常に増えた。その結果、学校での学習が改善し、成績も上がった。

認知行動変容法の定義

認知行動変容法（cognitive behavior modification）は「認知」と呼ばれる行動を変えるために用いられる。認知行動変容法について説明する際に重要なのは、認知的行動の行動的定義を示すことである。

認知的行動の定義

行動変容法が標的行動を変えるために用いられる場合、その標的行動は、その生起を正確に記録できるように、客観的な用語で定義する必要がある。これは、顕在的行動はもちろんのこと、認知のような内潜的行動についても当てはまる。標的行動はどの行動か、その行動はいつ起こるか、について正確に知ることができなければ、その標的行動を変えることはできない。顕在的行動の場合には、独立した観察者あるいは標的行動を示す人自身（自己監視）によって、行動が直接観察され、記録される必要がある。認知的行動は内潜的行動であるため、独立した観察者が直接観察し記録することはできない。むしろ、認知的行動を行っている人自身が、その行動の生起を確認し記録しなければならない。思考や自己陳述は内潜的行動であるため、その生起を確認できるのは本人だけである。

人間は、考え、自分自身に語りかけ、問題を解決し、自分自身を評価し、計画を立て、具体的な行動や状況を思い浮かべるなどする。これらはすべて、認知的行動の例である。すなわちそれらは内潜的で、他者が観察できない、内言や心的イメージによる反応である。認知的行動に対して効果的に働きかけるには、対象者と一緒にこれらの行動を客観的に定義しなければならない。たとえば、人は、ある時間に考えたことを報告できる、自分自身に語りかけた内容を説明できる、自分がイメージした行動や状況を説明できる、そして自分自身に対する評価について話すことができる。認知的行動を行動的に定義するためには、思考、イメージ、あるいは自己陳述という行動を、それを行っている人自身が明確な形で記述しなければならない。認知的行動に対して付けられたラベルは、行動的定義ではない。たとえば、「対象者の自尊心は低下している」というのは、その認知的行動を定義しているとは言えない。これは、認知的行動の、ある1つのクラスに対するラベルに過ぎない。それは、「私はあらゆることがうまくできない」「私は太っていて醜いから、誰からも好かれない」「私は本当に何もできない」などの否定的な自己陳述に、ラベルを付けたにすぎない。このような自己陳述は「自尊心の低下」と名づけられた認知的行動である。認知行動変容法を用いて、クライエントのこうした認知的行動（自己陳述）を変容させるためには、これらの行動の存在を確認する必要がある。表25-1は、認知的行動に関する行動的定義の例と、それらの行動に付けられるラベルを示したものである。

認知行動変容法の標的行動となる認知的行動の場合にも、「行動の過剰」と「行動の不足」がある。行動の過剰とは、対象者が減らしたいと思っている望ましくない認知的行動が存在していることである（表25-1の被害妄想的思考、自殺願望的思考、低い自己信頼感は、認知的行動の過剰に該

表 25 - 1　認知的行動の行動的定義とそれに対するラベル

行動的定義	ラベル
人が話をしているのを見たときに、「彼らは私のことを言っている」と思うこと。誰かが自分の後ろを歩いているときに、「私は後をつけられている」と思うこと。	被害妄想的思考
「私にはこれができる。この仕事を成功させることができる。それをうまくやれる」と思うこと。	自己効力感
「死にたい。死んだらどうなるんだろうか。誰もそのことに気づいてくれないと思う。みんなも私が死んだほうがいいと思っている」と思うこと。	自殺願望的思考
ソフトボールの試合でバッターが、次のように自分に語りかけること。「私はこのピッチャーから打てる。私の方が力が上。この試合に勝つ」	自己信頼感
右翼手が、次のようにつぶやくこと。「こっちに打たないでくれ。捕れないかもしれない。早く試合が終わってくれないかな」	低い自己信頼感
運転している人が道を探しながら、次のように考えること。「最初の信号を左に曲がって、一時停止の標識まで 3 ブロック進む。それから左に曲がって、左に白い家が見えるまで進めばいい」	自己教示

当する）。行動の不足は、増えることが期待される望ましい認知的行動のことである（表 25 - 1 の自己効力感、自己信頼感、自己教示は、認知的行動の不足に該当する）。

認知的行動の機能

　なぜ私たちは、認知的行動の変容に興味を持つのだろうか？　その理由の 1 つは、認知的行動が人を悩ませる可能性があるからである。**その場合の認知的行動は、不快な条件反応（CR）を喚起する条件刺激（CS）として機能しうる。**たとえば、恐怖に関する思考は、自律神経系の興奮（不安：CR）を喚起する CS として機能する可能性がある。ディオンの怒りに関わる思考は、「怒り」と名付けられる自律神経系の興奮を喚起した。このような望ましくない条件反応を喚起する認知的行動は、認知行動変容法によって減少させるべき過剰な行動である。

　認知的行動は、望ましい行動の弁別刺激（S^Ds）として機能する場合もある。ルールの暗唱や自己教示をした後、その人はルールや自己教示によって明示された望ましい行動をする可能性が高くなる。たとえば、指示（「メインストリートを左に

曲がって、5 番街を右に曲がる」）を繰り返し口にした人は、目的地に到着する可能性が高くなる。クレアは自己教示により着席して授業に集中する可能性が高まった。自己教示やルールの中で言及されている行動は、認知行動変容法によって頻度を高める必要がある不足した行動と考えることができる。

　認知的行動は、結果事象の強化子や弱化子としての効力に影響を与える動機づけ操作（MO）としても機能することがある。私たちが日常生活の出来事について独り言を言うとき、その出来事の強化子や弱化子としての効力が変化する可能性がある。たとえば、ある従業員が「私の上司はひどいやつで、嘘つき野郎だ」と思っていたら、上司からの褒め言葉はその従業員にとって強化子として機能しないだろう。逆に、その従業員が上司の振る舞いを否定的に解釈していなければ、あるいは上司やその意図を肯定的に捉えていたら、上司の褒め言葉はその従業員にとって強化子として機能する可能性が高い。

　認知的行動は、それが他の行動の後に生じた場合には、強化子あるいは弱化子として機能する可能性がある。他者からの褒め言葉や批判的な言葉は、それぞれ強化子や弱化子として機能しうる。

同様に、自分自身による褒め言葉や批判的な言葉もまた、自分自身行動に対する強化子や弱化子として機能しうる。ディオンやクレアは、自分の望ましい行動に対して自分自身で褒めることを学んだ。

認知行動変容法の技法

認知行動変容法は、認知的行動を変容させるために用いられる。その中で、**認知再構成法**（cognitive restructuring）と呼ばれる技法は、適応的ではない認知的行動を、より適応的な行動に置き換えるための手続きである。認知再構成法は、行動が過剰な場合に用いられる。すなわち、既存の不適応な認知的行動が問題となっている場合である。もう1つの手続きである**認知的対処スキル訓練**（cognitive coping skills training）は、望ましい行動の生起を促すことを目的に、新しい認知的行動を教えるために用いられる。この技法は、行動が不足している状態、すなわち問題となる状況に効果的に対処するために必要な認知的行動を対象者が持っていない場合に適用される（Spiegler & Guevremont, 2003, 2010）。これらの技法について、以下で詳しく見ていきたい。

本章のこれ以降では、「**思考**（thought）」という用語は、認知的行動、すなわち、内潜的なレベルで考えたり、自己陳述したり、話したりしていることを指して用いられていることに注意してほしい。この用語が意味している個々の認知的行動は、それぞれ行動的に定義されなければならない。

認知再構成法

認知再構成法では、セラピストはクライエントに対して、問題を引き起こしている認知的行動を特定させ、その不快な思考を取り除き、それをより望ましい思考に置き換えるよう援助する。この不快な思考は、恐怖、不安、怒りのような情動反応を喚起するか、もしくは不愉快な気分、問題行動、仕事や勉強がうまくできない状態などを引き起こす。たとえば、トリーシャ（第24章）が「授業で発表することは死ぬほどつらい」と思ったとき、不安を感じ、回避行動（その授業を放棄する）を起こす可能性が高くなる。ディオンが「僕はあ

いつを見過ごすなんてできない！」と独り言を言ったとき、自律神経系の興奮（怒り）を感じており、けんかをする可能性が高くなる。**認知再構成法は、以下の3つの基本的ステップで構成されている。**

1．クライエントが、不快な思考とそれが生じている状況に気づくように、援助する。これはクライエントに、ある場面で経験している不快な思考を報告させることによって、達成できる。これは、場面と思考の結びつきについてのクライエントの記憶に依存した方法である。不快な思考を特定するもう1つの方法は、クライエントに自己監視を行わせることである。つまり、その思考とそれが生じた場面について、記録させる。

2．不快な思考の後に生じている情動反応、不愉快な気分、あるいは問題行動について、クライエントに確認させる。これはクライエントに、不快な思考が不愉快な情動反応や気分、あるいは問題行動の先行事象になっていることに気づかせるために行う。クライエントは、そうした先行事象について記憶を頼りに、あるいは自己監視によって報告することになる。表25-2は、クライエントが不快な思考、それが生じている場面、その思考に後続する情動反応や行動を記録するために用いられる記録用紙の記入例である。この記入例は、例をたくさん挙げるために、4人の対象者のものをまとめて記載したものである。もちろん、実際には、対象者1人につき1枚の記録用紙を使う。

3．クライエントが不快な思考を中断し、より合理的で望ましい思考ができるように、援助する。問題が生じている場面で、クライエントが不快な思考の代わりに、より合理的な思考をするようになれば、不快な情動反応や問題行動が生じる可能性は低くなる。しかし、クライエントの思考パターンを変えるための援助は容易なことではない。

表25‐2　認知再構成法における記録用紙の例

場面	思考	情緒的・行動的結果
歴史の授業を受けている	「ああ、授業で発表したくないなあ。そんなことできないよ。死にたいよ」	不安を感じる
友達と一緒に外出する準備をしている	「みんな私のこと好きじゃない。きっと私のことかわいそうだと思って誘っただけだわ」	抑うつ状態にある 友達と外出しない
夫の帰宅時間が遅い	「誰と一緒にいるのかしら。バーにいるに違いない。不倫しているに決まってる」	怒りを感じる 帰宅後の夫を無視する 帰宅が遅くなったことを大声で責める
パーティーで、ガールフレンドがフットボール選手と笑顔で会話している	「あいつは彼女に言い寄っているに違いない。彼女はどうして俺に対してそんなことができるんだ」	嫉妬と怒りを感じる 酔っぱらう ガールフレンドをののしって、パーティー会場を去る

認知再構成法は、原則として、心理士などこの技法について特別な研修を受けた専門家によって行われるべきである。セラピストは、クライエントに不快な思考について論理的・合理的に分析するよう促す質問、あるいはその場面について違った解釈を行わせる質問をすることによって、クライエントの不快な思考に挑んでいく。表25‐2の2番目の例について考えてみよう。クライエントのダニエルは抑うつ状態にある。つまり、仕事以外の活動に参加する機会が減ってきており、抑うつ的な思考の報告が増えてきている。表25‐2の例では、ダニエルは夕方に友達と外出する準備をしていたときに、いくつもの不快な思考を体験した。

この思考が生じた直後、ダニエルはより強く抑うつ的な気分となり、結局外出しないことにした。この不快な思考をやめるよう援助するために、セラピストは以下の質問をすることになる。「友達があなたのことを本当は好きではないと、どうして分かるのですか」「その証拠はどこにありますか」「友だちがあなたのことを同情して誘っているだけだという証拠はありますか」などである。これらの質問によって、ダニエルは自分の考えに根拠がないことを理解する。このようなやり取りを経て、最終的には、ダニエルが歪んだ形で思考していることがはっきりする。セラピストの質問は、ダニエルにより現実的もしくは合理的な考えを促し、合理的でない不正確な思考を追い出すことを意図している（Burns, 1980; Hollon & Jacobson, 1985）。認知再構成法は、これらの歪んだ思考が、抑うつ的な気分や不適切な行動を導かないよう、より適切な思考へと置き換わったときに、成功したといえる。

認知再構成法のステップ

1. 不快な思考とそれが生じる場面を同定する。
2. その思考に伴う情動反応や行動を同定する。
3. 不快な思考を減らし、それをより合理的で望ましい思考へと置き換える。

認知療法

多くの研究者によって、認知再構成法に含まれるさまざまな技法が開発されている。これらの方法の中には、「論理情動療法（rational-emotive therapy）」「系統的論理再構成法（systematic rational restructuring）」「認知療法（cognitive therapy）」などがある（Beck, 1976; Beck & Freeman, 1989; Ellis & Bernard, 1985; Ellis & Dryden, 1987; Freeman, Simon, Beutler, & Arkowitz, 1989; Goldfried, 1988; Goldfried, Decenteceo, & Weinberg, 1974）。本章ではこのうち、**認知療法**について詳しく紹介する。ディビッド・ハーンズ（David Burns, 1980）はアーロン・ベックの研究（Beck, 1972; Beck, Rush, Shaw, & Emery, 1979）に基づいて、うつ病に対する認知療法について優れた解説をしている。

うつ病の治療の一部として、バーンズはクライエントの歪んだ思考を変容する援助を行うために、**認知療法**と呼ばれる認知再構成法の1つの技法を用いた。抑うつ状態を報告する人たちは強化的活動が以前よりも減り、生活上の出来事を否定的に評価したり解釈したりする歪んだ思考をしていた。

うつ病に対する認知療法では、まず、クライエントがより多くの強化的活動を行えるように援助をする。第二段階では、歪んだ認知を修正するために、認知再構成法の手続きを使用する。クライエントがより多くの強化的活動を行い、歪んだ自己陳述がより合理的で正確な自己陳述に置き換わったとき、クライエントは抑うつ状態を訴えることが少なくなる。

表25-3に、うつ病のクライエントが訴える歪んだ思考を示した。バーンズはこれらの、生活の出来事のネガティブな評価や解釈、ネガティブな気分やうつ症状の行動を引き起こす、思考の論理的な間違いを、**認知的歪み**（cognitive distortion）と呼んでいる。

クライエントの歪んだ思考が特定されたら、次のステップは、クライエントに自分の思考について評価させ、歪んだ思考をより論理的な思考へと置き換える試みをさせることである。**以下の3種類の質問をすることによって、歪んだ思考に挑んでいく。**

■ その思考の根拠はどこにあるのか？

■ 別の説明の仕方はあるか？

■ それが意味することは何か？

次の例について考えてみよう。ルースは抑うつ的な気分について診察を受けるために、心理士の面接を受けた。ルースは最近、製造業の大企業に中間管理職として勤務しはじめた。仕事の出来が悪いと言われたことはないにもかかわらず、しばしば仕事の成果について不安を覚えていた。ある日、ルースは間違った発注をしてしまった。上司にそのことを指摘され、この失敗を今後どう正すかを説明するよう求められた。このことがあってから、ルースは「私はこの仕事に向いていない。すごく馬鹿だもの。きっとそのうちクビになる。上司も私のこと、能力がないと思っているし」と自分自身に言うようになった。職場でも家庭でも、このようなことを自分自身に向けて言っていた。このようなことを自分に向けて言っていると

行動活性化（クライエントに強化的活動をより多く行わせる）

うつ病に対する認知療法では、（a）強化的活動をより多く行わせること、（b）歪んだ思考を変容させることに焦点が当てられるが、強化的活動をより多く行わせることだけに焦点を当てた介入もある。**行動活性化**（behavioral activation）による介入では、セラピストは毎週、クライエントにさまざまな強化的活動をより多く行うことに集中させる（Hopko, Lejuez, Ruggiero, & Eifert 2003; Lejuez, Hopko, & Hopko, 2001; Martel, Addis, & Jacobson, 2001）。ここでの仮説は、うつ病となる理由の1つは、以前は強化として機能していた行動を行わなくなるためとしている。そこで、行動活性化は、強化的活動の数や種類を増やしていくことで、うつ病に対処する方法である。これにより、うつ病が軽減され、より活動的な状態が維持されると報告されている。

表 25 - 3　認知的歪みの例

全か無の思考
　すべてのものを、中間色を含まない白か黒に分けてとらえること。もし完璧にできなければ、容認できないと考える。

過度の一般化
　1つの否定的な出来事を、何か悪いこともしくは悪くなることの証拠として考えること。

マイナス化思考
　ある場面や出来事において、通常、肯定的な側面と否定的な側面の両方が存在している。肯定的な側面を見過ごしたり無視する一方で、否定的側面に焦点を当てる。たとえ、その出来事の大部分が肯定的なものであっても、否定的に捉える。

結論の飛躍
　事実が立証していない否定的な結論に、根拠なく飛躍してしまう。これには、他者が考えていることを勝手に推測すること（心の読みすぎ）、あるいは何の証拠もなく悲観的な将来を予測することが含まれる。

誇張と過小評価
　否定的出来事を誇張し、肯定的出来事の重要性を過小評価する。

レッテル貼り
　ある出来事や自分自身に対して否定的なレッテルを貼ること。それによって、その出来事や自分自身の見方に否定的な影響を与える。

自己関連づけ
　否定的な出来事が起きたことを自分の責任にする。たとえ自分に責任があることを示す証拠がない場合でも、そのようにする。

出典：Bums（1980）.

き、いっそう抑うつ的な気分を感じていた。

Q. ルースの自己陳述における認知的歪みを指摘しなさい。

　ルースは1つの事例（たった一回の失敗）を過度に一般化し、自分は役立たずだと自分に言っている。自分を馬鹿だとさえ言っている。また、上司がルースを無能だと思っており、近いうちに解雇されると、飛躍した結論を導いている。認知行動変容法におけるセッションのスクリプトを以下に示したが、その中で心理士が、ルースの歪んだ思考を修正するために、どのような質問をしているかに注目してほしい。ルースは「私は役立たずで、近いうちに解雇される」と言っており、このことを考えると抑うつ的になると言っている。

心理士：ルースさん、あなたが役立たずだという証拠はどこにありますか？
ルース：ええと、私にはわかるんです。
心理士：そうですね。あなたはそう言っていますね。でも、そう言う根拠はどこにあるんですか？
ルース：ええと、私は上司から「いい仕事をしている」って言われたことがないんです。
心理士：そうですか。あなたの上司はこれまであなたに対して「いい仕事をしている」と言ったことはないかもしれません。でもそれはあなたが役立たずだということなのでしょうか？
ルース：そうに違いありません。私がいい仕事をしているんであれば、上司は私にそう言うはずです。
心理士：上司があなたに「いい仕事をしている」と言わない理由について、別の説明はできませんか？

ルース：思い当たりません。

心理士：上司から「いい仕事をしている」と言われた人はいますか？

ルース：いませんね。

心理士：同僚はいい仕事をしていると思いますか？

ルース：ええ思います。

心理士：でも、上司は彼らに良くやっているとは言わないわけですよね。上司が認めるような発言をしないとしても、あなたがいい仕事をしているという可能性はありませんか？

ルース：そう言えば、あるかもしれませんね。

心理士：そうですね。私もそう思いますよ。上司が、あなたや同僚に対して、「いい仕事をしている」と言わない理由について、他の説明は成り立ちませんか？

ルース：そうですね、もしかしたら、忙し過ぎるからかもしれません。

心理士：それはたいへん合理的な説明ですね。他にも説明できますか？

ルース：ええと、人がいい仕事をしたときに、そのことを伝えるということは、上司の管理スタイルではないのかもしれません。

心理士：すばらしい。あなたに対して「いい仕事をしている」と上司が言わない理由について、2つの可能性が出てきました。それでは、あなたが近いうちに解雇されるかもしれないという根拠はどこにあるのか私にお話しください。

心理士は、ルースが自分の思考が不正確なものであり、より合理的で正確な自己陳述にその思考を置き換えることができたという結論に到達するまで、上記のような質問を続ける。ルースが自分の歪んだ否定的な自己陳述を、より合理的なものへと置き換えていくにつれて、抑うつ的な気分を訴えることが少なくなるだろう。加えて、ルースは上記と同じような歪んだ思考に関する質問を、自分自身に向けて発していく方法を学ぶことができるし、将来、歪んだ思考が再び頭に浮かんできたときに、ここで学んだ方法を適用することもできるだろう。ここで重要なのは、セラピストがクライエントに、歪んだ思考の代わりに何を考えるべきかを具体的に指示しないよう注意することである。それよりも、セラピストはクライエントに質問をして、クライエントが自分自身の考えを評価するよう促し、それによって変容をもたらす。

認知的対処スキル訓練

認知的対処スキル訓練では、セラピストはクライエントに対して、問題が生じている場面で、自分自身の反応遂行を改善したり、その場での自分自身の行動に影響を与えるような自己陳述の仕方を教える。本章で例として取り上げたディオンとクレアの場合にも、問題となった場面で彼らが自分自身の行動をコントロールするために、認知的対処スキル訓練が用いられている。ディオンの場合は、学校で自分の悪口を言われたり、人種差別的な発言をされたときに、対処的**自己陳述**を行っていた。この場面で対処的自己陳述を自分に向けて発したときに、怒りを感じることが少なくなり、けんかをせずにその場から立ち去ることができるようになった。クレアの場合は、教室で離席しそうになったときに、**自己教示**と呼ばれる対処的自己陳述を自分自身に行った。自分自身に対して、席に戻ることと、教師の方に集中することを自己教示したのである。ディオンもクレアも、問題が生じている場面をシミュレートしたロールプレイ場面で、教示、モデル提示、リハーサル、フィードバックによって、対処的自己陳述を学習した。さらに彼らは、問題が生じている現実場面においても、対処的自己陳述を用いることによって、その場面での行動が改善した。

シュピーグレルとゲベルモン（Spiegler & Guevremont, 2003）は認知的対処スキル訓練に含まれる手続きとして、自己教示訓練、ストレス免疫訓練（stress inoculation training）、問題解決療法（problem solving therapy）の3つについて解説している。本章では、このうち特に自己教示訓練について詳しく紹介する（認知的対処スキル訓練に含まれる他の手続きについて、次の文献を参照してほしい。Spiegler & Guevremont, 2003, 2010; D'Zurilla, 1986; D'Zurilla & Goldfried, 1971; Meichenbaum, 1977, 1985; Nezu, Nezu, &

Perri, 1989; Novaco, 1977)。

　自己教示訓練（self-instruction training）は、以下の３つの基本的なステップで構成されている。

　１．**問題が生じている場面を特定し、その場面に最も適した行動を定義する。**さらに重要なのは、その場面において望ましいとされる行動の生起を妨害している競合行動を特定することである。ディオンの場合、望ましい行動は他の生徒の挑発から遠ざかることであった。この場合の競合行動は、けんかをすること（顕在的行動）、怒りに関連した自己陳述（内潜的行動）であった。クレアの場合は、望ましい行動は椅子に座って教師の方を注目する行動であった。この場合の競合行動は、離席して他の生徒の授業参加を妨害することであった。

　２．**問題が生じている場面において最も有効な自己教示の仕方を特定する。**ディオンは、他の生徒による挑発から遠ざかるきっかけとなる自己陳述の仕方を学習した。この自己陳述は、問題が生じている場面で、興奮（怒り）を喚起する自己陳述を抑制する効果も持つ。自己教示により、怒る可能性が低くなり、そこから立ち去る可能性が高くなった。クレアは、着席し続けることと授業中教師に注目することの自己教示を学習した。この自己陳述は、７歳の子どもの発達レベルに適した単純な内容の自己教示であった。

　３．**自己教示を教えるために行動的スキル指導を用いる。**クライエントは、行動的スキル指導が終了した後に、問題が生じている場面に自己教示を般化させるために、その場面をシミュレートしたロールプレイにおいて、自己教示を練習する必要がある。

　行動的スキル指導では、セラピストは最初、ロールプレイの中で自己教示と望ましい標的行動のモデルを示す。たとえば、クルーズ博士は椅子に座って、クレアが教室でとるべき行動のモデルを示した。博士は自分が着席しようとするたびに、自己教示を声に出して唱え、すぐ席に戻った。そして、席に戻るたびに、自分を褒めた。

　自己教示と標的行動のモデルを数回示した後に、クルーズ博士はクレアに自分と同じようにやってみることを求めた。そこで、クレアは席に座り、立ち上がりそうになるたびに自己教示を唱え、すぐに席に戻った。そして、座席に戻った後で、自分を褒めた。クレアがリハーサルを行うたびに、クルーズ博士はうまくいったところを褒めた。クルーズ博士の援助によって自己教示と標的行動ができるようになった後、自分だけでそれをやってみるように指示された。このとき、クレアは自分が座席から立ち上がりそうになると、声を出して自己教示を唱え、そして席に戻ってから、自分を褒めた。クルーズ博士の援助なしに、自己教示と標的行動の連鎖ができるようになった。クルーズ博士も、クレアがうまくできるたびに褒めた。

　クルーズ博士は同じロールプレイを、あと何度かクレアにさせた。そして、クレアの自己教示の暗唱は、ロールプレイのたびに静かになっていった。最終的に博士は、他の人に聞かれないように自分自身につぶやく程度で言うように指示した。こうすることで、自己教示と自己称賛は教室の他の誰からも注目を集めず内潜的にできるようになった。自己教示を教えるために使用した行動的スキル指導のステップの流れは、表25 - 4に示した。

　問題が生じている場面をシミュレートしたロールプレイにおいて自己教示を学習できた段階で、クライエントは現実場面で自己教示をするよう指示される。自己教示訓練が効果的であれば、問題状況が自己教示の弁別刺激となるはずである。問題が生じている場面で自己教示を唱えることができれば、望ましい標的行動が生起する可能性は高

自己教示訓練のステップ

１．問題状況を特定し、増やしたい望ましい行動を定義し、競合行動を特定する。

２．問題状況において用いる自己教示を特定する。

３．行動的スキル指導により自己教示を教える。

表25-4　自己教示を教えるために用いられる行動的スキル訓練のステップ

1．セラピストは、自己教示を声に出して唱えてから標的行動を行う。
2．セラピストとクライエントは、自己教示を声に出して唱えてから標的行動を行う。
3．クライエントは、セラピストの援助なしに、自己教示を声に出して唱えてから標的行動を行う。
4．クライエントは、自己教示を少しずつ小さな声で唱えるようにし、標的行動を行う。
5．クライエントは、声を出さずに自己教示を唱えてから標的行動を行う。
6．クライエントは、唇を動かさずに内潜的に自己教示を唱えてから標的行動を行う。

© Cengage Learning®

くなる。なぜなら、ロールプレイ場面において自己教示と望ましい標的行動は連鎖して生起しており、それにより自己教示は標的行動の弁別刺激として機能したからである。

ドナルド・マイケンバウムは自己教示訓練を開発し、人が自分の行動をコントロールするのを助ける効果を評価した。たとえば、マイケンバウムとグッドマン（Meichanbaum & Goodman, 1971）は、年少の子どもに、自分自身の衝動的な行動をコントロールするために自己教示を用いることを教えた。同様に他の研究者も、子どもを対象とした自己教示訓練の有効性を示している（Bryant & Budd, 1982; Guevremont, Osnes, & Stokes, 1988; Kendall & Braswell, 1985）。マイケンバウムは統合失調症の患者を対象とした自己教示訓練も行っている（Maichenbaum & Cameron, 1973）。この研究の患者は、「健全な会話」を増加させ「病的な会話」を減少させるために、また集中力を高めてさまざまな課題への取り組みを改善するために、自己教示を用いた。他の研究者も、

統合失調症患者に対する自己教示訓練の有効性を示している（Meyers, Mercatoris, & Sirota, 1976）。自己教示訓練は、障害のない成人のさまざまな問題についても有効であることが明らかにされている（Masters, Burich, Hollon, & Rimm, 1987; Spiegler & Guevremont, 2003）。

アクセプタンスに基づくセラピー

認知再構成法と認知的対処スキル訓練の目標は、これまで述べてきたように、否定的な感情や行動をよりよいものへと変化させるために、クライエントの思考を変容することであった。しかし、否定的な思考や感情を変えるのではなく、クライエントがそれを受け入れるよう援助することを目標としている治療法もある（Hayes, Strosahl, & Wilson, 1999; Hayes & Wilson, 1994; Kohlenberg & Tsai, 1991）。「アクセプタンスに基づくセラピー（acceptance-based therapy）」は、本章で示した伝統的な認知行動変容法に代わる別のタイプ

参考：自己教示訓練における行動の言語による制御

自己教示訓練が教室での成績向上につながることは多くの研究によって示されているが、ある研究では特に、成績向上の制御に対する子どもの言語化の重要性を示した。ガベルモンら（Guevremont, Osnes, & Stokes, 1988）は、プレスクールの教室で4歳児と5歳児に対して自己教示訓練を行った。子どもたちは、簡単な読みのワークシートを行うことに対して自己教示することを学んだ。子どもたちが指導場面において自己教示を行うようになると、ワークシートの正答が増えることが示された。しかし、子どもたちは別の教室場面で同じワークシートを行ったところ、自己教示を行わず、ワークシートの正答数もそれほど多くなかった。別の教室場面で自己教示を行うよう教え、子どもたちが自己教示を行い始めると、その場面においても同様にワークシートの成績が改善した。この研究は、自己教示訓練が学業成績の改善につながること、しかしそれは子どもが自己教示を行うことが観察されたときのみであったことを示した。つまり、自己教示が学業成績にして機能的な役割を果たしていることを示していた。

の方法として開発されたものである。「**アクセプ
タンス＆コミットメントセラピー**（acceptance &
commitment therapy）」（ACT, Hayes, 1995; Hayes, Strosahl, & Wilson, 1999））と呼ばれる治療
法では、クライエントは「不快な思考や感情をこ
れまでコントロールできなかったこと」「思考や
感情をコントロールするように試みることが、結
果として当該の問題を悪化させていたこと」を学
習する。この過程でクライエントは、その思考と

感情が起きていても、有意義な行動的変化が達成
可能であると受け容れることを学習する（Hayes,
luoma, Bond, Masuda, & Lillis, 2006, Paul, Marx,
& Orsillo, 1999; Twohig. Schoenberger, & Haves,
2007）。クライエントが否定的な思考や感情を受
け入れたとき、そうした思考や感情はクライエン
トの生活を妨げる効力を失い、クライエントは有
意義な行動変化に対して前進することが可能にな
る。

臨床的問題

　本章は認知行動変容法の導入に過ぎず、それを
実際の臨床的問題に通用することを学生に教える
には不十分である。うつ病のような重篤な感情障
害がある対象者については、心理士など有資格の
精神保健専門職に援助を求めるべきである。自分
自身の問題の改善に認知行動変容法を用いる場合
であっても、重篤な問題については、専門家の診
療を受けるべきである。

まとめ

1．認知的行動は、内潜的に生じる思考、イメー
　ジ、自己陳述として定義される。
2．認知的行動は、それが別の行動に先行すると
　きには、条件刺激、弁別刺激、あるいは動機
　づけ操作して機能する。また、他の行動の結
　果事象である場合には、強化子や弱化子とし
　て機能する。
3．認知再構成法では、セラピストはクライエン
　トに不快な思考を特定させ、それをより望ま
　しい思考に置き換えるよう援助する。
4．クライエントの思考を変容させるためにセラ
　ピストが最初に行うことは、情緒的問題や行
　動上の問題を引き起こしている不適切な思考
　を、特定させることである。セラピストは、

一連の質問によって、クライエントが自分の
思考の非合理性や不正確性を批判的に評価で
きるように援助する。この過程を通じて、ク
ライエントは、より正確もしくはより論理的
に考えられるようになり、その結果として、
情緒的問題や行動問題が軽減する。
5．自己教示訓練は、2つの基本要素から成って
いる。行動的スキル指導を用いて、セラピス
トはクライエントに、自己陳述や自己教示を
行うよう指導する。問題が生じた場面をシミ
ュレートしたロールプレイ場面において、自
己教示と望ましい授的行動の練習をする。ク
ライエントはその後、現実場面において、自
己教示を唱えて標的行動を実行する。

キーワード

行動活性化

認知的対処スキル訓練

認知療法

認知的行動

自己教示訓練

認知行動変容法

認知の歪み

認知再構成法

練習問題

1. 認知的行動とは何か？　例を挙げて説明しなさい。

2. ディオンのけんかに関係している認知的行動を挙げなさい。

3. 私たちが罪悪感と呼んでいるものの中に含まれる認知的行動の例を挙げなさい。

4. 認知行動変容法の２つの大きなカテゴリーを挙げて、それぞれを簡潔に説明しなさい。

5. 認知再構成法において、セラピストはクライエントが経験している不快な思考を特定するよう援助する。その際、クライエントの思考を明らかにするために用いられる２つの方法を説明しなさい。

6. 「認知的歪み」とは何か？　また、バーンズ（Burns, 1980）が示した認知的歪みのタイプについて述べなさい。それぞれの例も示しなさい。

7. 認知再構成法の目標は何か、説明しなさい。

8. バーンズ（1980）によって示された、セラピストがクライエントの歪んだ思考に挑む際に用いる３つの質問とは何か、説明しなさい。

9. 認知的対処スキル訓練の目標は何か、説明しなさい。

10. 対象者に自己教示を教える際に用いられる行動的スキル指導について述べなさい。

11. 自己教示訓練において、自己教示を実際の問題場面に般化させるための手続きについて述べなさい。

12. これまでに自己教示訓練が有効であることが報告されている２つのタイプの臨床的問題を挙げなさい。

13. クレアの例で、自己教示訓練に加えて、他にどのような行動変容法が用いられていたか？

14. 認知行動変容法は、本書で紹介した他の行動変容法とどのような違いがあるか、説明しなさい。

15. アクセプタンス＆コミットメント・セラピーの目標は何か？　また、認知行動変容法の目標とどのような違いがあるか、説明しなさい。

適用例

1. 認知行動変容法を、読者自身の自己管理プロジェクトの一部として適用する方法について述べなさい。適用できないとすれば、その理由を述べなさい。

2. チャドは軽度知的障害のある 22 歳の男性で、良好な言語スキルを持ち、会話もでき、複雑な指示も理解できる。工場で働いていて、よく仕事をしていたが、同僚のロッカーから物を盗んで捕まった。その問題は、休憩中など誰も周りにいない状況で、彼がロッカーのそばにいたときに起きた。そうした機会があると、チャドは他人のロッカーを開けて、そこから缶ジュースを盗むか、小銭を盗んで自動販売機でジュースを買っていたのである。このまま盗癖が解決しなければ、職を失う可能性が高かった。盗みで捕まったとき、チャドは謝って二度と同じことをしないと約束した。しかし、その問題は依然として続いている。チャドに盗みをやめさせるために自己教示訓練を適用する方法を述べなさい。

3. お金とジュースを他人から盗むチャドの行動をやめさせるために、自己教示と一緒に適用することが望ましいと考えられる他の行動変容法を説明しなさい。

4. ヴィッキーは毎日午後５時に退社し、郊外にある自宅へと車で帰宅する。家に到着するまで、混雑時には 30 分かかる。交通渋滞にはまると、イライラして怒り（自律神経系の興奮）を感じる。「この町大嫌い。どうして

みんな運転の仕方を覚えないの。急げ馬鹿！　どけ！　のろま野郎！」と怒りのこもった陳述を、自分の頭の中で何度も繰り返す。このような怒りのこもった陳述を発するたびに、怒りがより強くなり、場合によっては攻撃行動、たとえば他のドライバーに対して卑猥なゼスチャーをしたり、前の車に煽り運転したり、他のドライバーに怒鳴ったりしていた。ヴィッキーが帰宅途中の車内で感じる怒りや攻撃行動を減少させるために実行可能な認知的対処スキル訓練について、具体的に説明しなさい。

間違った適用例

1.　ウェンディは、大学に入学して以来、何カ月もの間、ひどい状態に陥っていた。大学で友達がまったくできなかったし、新しく知り合った人たちに対して不満を感じていた。活動に参加せず、友達を作ることもしなかった。パーティや他の活動に参加しようと考えると、「私と話したい人なんて誰もいない。何の役にも立たないし。新しい人と出会うのは難しい。興味もないし、みんな私と話をしたって退屈するだけだわ」と、頭の中でつぶやいていた。このように考え始めると抑うつ状態になり、パーティや活動に参加できなくなった。ウェンディはこの問題を克服するためにカウンセラーの面接を受けた。カウンセラーは最初、ウェンディの問題を理解するために、アセスメント・インタビューを実施した。カウンセラーは、ウェンディの自尊心は低下しており、それが問題の原因であると結論づけた。カウンセラーはウェンディに対して、低い自尊心を取り除く手助けをすることで、より幸せになれるし、活動にも参加できるようになり、友達もできるという話をした。この例で間違っているところはどこか？　カウンセラーが行うべき別の方法は、どのようなものか？

2.　アーニーは認知行動変容法を学ぶために、行動変容法の授業を受講していた。教科書の1章に、認知再構成法などの手続きが説明されていた。アーニーには、抑うつ状態を訴えている友達がいた。アーニーは認知行動変容法を用いることで、抑うつ状態を克服できるとその友達に話した。教科書を取り出して、認知行動変容法の章をもう一度読み、勉強しなおした。認知的歪みと歪んだ思考を変えるために用いられる質問について書かれた部分を注意深く読んだ。その章を読み終えた後で、アーニーはその友達と会って、友達の抑うつ状態を解決するために、認知行動変容法を始めた。この例における誤りは何か？　アーニーはどうすべきだったか？

3.　キャロルは4歳の女の子で、最近まで一人っ子であった。キャロルの下に赤ちゃんが生まれた後、キャロルはかんしゃく行動を起こすようになった。母親が赤ちゃんの世話をする、パソコンの前に座って仕事するなど他の活動をしているときに、キャロルは泣き叫び、母親に対して自分に注目するよう要求した。このようなときには、母親はいつも自分のしていることをやめて、キャロルが泣きやむまで一緒に過ごした。何カ月か過ぎた後、母親はキャロルのかんしゃく行動をやめさせるために、何か手立てを講じることとした。そしてキャロルに対して、自己教示訓練を実施することにした。母親は、キャロルと一緒にするごっこ遊び（ロールプレイ）を設定した。この設定では、キャロルがかんしゃくを起こすとすぐに、「ママは忙しい」「静かにしなきゃだめ」「ママはいい子が好きなの」と、自分自身に対して言う決まりになっていた。母親はキャロルに対して、ロールプレイの中でこのような自己陳述を教えた。そして、キャロルが援助なしでこれらを言えるようになったら、イライラしたときに自己教示を行うように、と言った。この例における誤りは何か？

母親が本来すべきだったことは何か？

4. ペリーは、人前で話をするときに強い不安を感じる大学生であった。彼は授業での発表のことを考えると、不安でたまらなかった。彼はカウンセラーに面接をしてもらった。そのカウンセラーは。彼の不安の原因となっている認知的行動を変容させるために、認知再構成法を適用しはじめた。最初にカウンセラーは、ペリーが授業での発表に不安を感じた際の自己陳述について、アセスメントした。ペリーの自己陳述は、「みんな、僕が不安になっているのに気づいて、馬鹿だと思うだろう。僕は他の人のようにうまくできない」などであった，以下はセッションにおけるペリーとカウンセラーの会話の一部である。この例で間違っている部分はどこか？　カウンセラーは、どうすべきだったか？

カウンセラー：ペリー、君が不安になっていることに、みんなが気づくと言ったよね。そんな証拠はないよ。君が不安に思っているなんて、みんなは分からないんじゃないかな。

ペリー：はい。私もそう思います。

カウンセラー：それに、みんなが君のことを馬鹿だと思うという証拠はどこにもないんじゃないの。みんなはおそらく、君が不安がっているとは分からないし、もし分かったとしても、不安に思うのは普通のことだよ。だから彼らは君を馬鹿だとは思わないよ。

ペリー：思わないですかね。

カウンセラー：もちろん。そんなふうに考える必要はないんだ。君はクラスの他の人たちのようにうまくやることができないとも言ったね。いいかい、ペリー。これについても証拠はないんだ。君は他の学生と同じくらいうまくやっていると思うよ。みんなも、発表の仕方を勉強している最中なんだよ。だから、君たちはみんな、同じ状況にあるんだよ。

ペリー：そうですね。そうだと思います。

用語解説

【A〜S】

ABAB 反転デザイン A-B-A-B reversal design

　１つのベースライン期と１つの介入期に続いて、介入の撤去（２回目のベースライン）と２回目の介入の実施で構成された研究計画法。

ABC 観察 ABC observation

　先行事象（A: antecedent）、標的行動（B: behavior）、結果事象（C: consequence）を直接観察する機能的アセスメント手続き。通常は標的行動が生起する自然な場面で実施される。

AB デザイン A-B design

　１つのベースライン期と１つの介入期からなる研究計画法。AB デザインは介入条件が再導入されないため、本当の意味での研究計画法とは言えない。しかし、臨床実践の場で行動変化を実証する際には最もよく用いられる方法である。

MSWO

　「多刺激アセスメント」を参照。

S デルタ（S^△） S-delta

　行動が強化されないときに存在している刺激。弁別訓練では、弁別刺激が提示されているときに生起した行動は強化され、S デルタが提示されているときに生起した行動は強化されない。

【ア】

アナログ場面 analogue setting

　クライエントの日常生活とは異なる観察場面。典型例としては、実験者によってすべての刺激と活動が制御された個別の部屋のような場面。

インターバル DRL interval DRL

　DRL の１つのタイプで、セッションを連続したインターバルや時間に分け、それぞれのインターバル内で標的行動が１回しか生起しなかったときに強化する手続き。

インターバル記録法 interval recording

　行動記録法の１つ。観察時間を多数の連続したインターバルに分けて、それぞれのインターバルで標的行動が生起したかどうかを記録する方法。

インターバル終了時 DRO momentary DRO

　DRO の１つ。DRO インターバル終了時に問題行動が生起していない場合に、強化子が提示される。問題行動はそのインターバル全体において生起していない必要はなく、インターバル終了時に生起していなければよい。DRO は全インターバル DRO が続けて適用されなければ効果的ではない。

インターバル内頻度記録法 frequency-within-interval recording

　連続したインターバル内で生起した標的行動の頻度を記録する方法。

インフォームド・コンセント informed consent

　適用する行動変容法の技法をクライエントに十分に説明し、その技法の実施に対して書面で同意を得るプロセス。正の弱化を用いた技法を適用する場合には、必ず行われなければならない。

オペラント行動 operant behavior

　その行動をすることで環境に直接的な結果をもたらし、その結果によって強められる行動。

オペラント条件づけ operant conditioning

　ある特定の状況で、ある行動が生じた後に強化的な結果が生じると、その行動が将来同じような状況で生起しやすくなること。

【カ】

グラフ graph

　行動の経時的な生起を視覚的に描写したもの。

コミュニケーション行動分化強化（DRC） differential reinforcement of communication

　DRA の一種。問題行動と置き換えるために、適切なコミュニケーション行動を分化強化する。機能的コミュニケーション訓練とも呼ばれる。

【サ】

シェイピング shaping

　標的行動に少しずつ近づくように強化すること。新しい行動の型や次元を形成するために用いられる。

スキャタープロット scatter plot

　機能的アセスメントの中で、30分毎に行動が生起したかどうかを記録する方法。標的行動の生起に関する時間的パターンを把握するために用いられる。

ソーシャルサポート social support

　習慣逆転法の要素の1つ。クライエントが不適切な習慣行動が生起しそうなタイミングで、うまく競合行動を実行したときに、身近な人がそれを褒めたり、あるいは競合行動をクライエントに実行するように身近な人が促したりすること。一般に、クライエントが自己管理の目標が達成できるように、あらかじめ決められた随伴性の設定を身近な人が日常環境で実施するときにソーシャルサポートが生じる。

【タ】

タイムイン time-in

　タイムアウトが適用された際に、子どもが退出しなければならない環境のこと。タイムイン環境は、タイムアウトが効果的になるためには、強化的であることが必要。

タイムサンプル記録法 time sample recording

　行動記録法の1つ。観察時間をインターバルに分け、それぞれのインターバルの一部分の行動を記録する。観察するインターバルは連続しなくてもよい。

チェイニング chaining procedures

　行動連鎖を形成する方法。逆行チェイニング、順行チェイニング、全課題提示法、課題分析書、写真プロンプト、自己教示などがある。

テスト条件 test condition

　機能分析の1つの条件で、標的行動の確立操作（EO）を提示し、その行動が生起した場合には強化を提示する条件。

トゥレット障害 Tourette's disorder

　複数の運動チックと音声チックが生じるチック障害で、少なくとも1年以上継続しているもの。

トークン token

　トークンエコノミーで使用される条件性強化子。トークンは人に与えることができ、貯めることができるものであればよい。望ましい行動が生起したときに与えられ、後でバックアップ強化子と交換できるので、その点でトークンは条件性強化子である。

【ハ】

バックアップ強化子 backup reinforcer

　トークンエコノミーで用いられる強化子。クライエントは望ましい行動をするとトークンを獲得し、トークンが一定数貯まると様々なバックアップ強化子のいずれかと交換することができる。

反応性 reactivity

　行動記録のプロセスが、標的行動に介入が実行される前であっても、行動変化に影響を与える現象。

ビデオモデリング video modeling

　連鎖化手続きの1つで、行動連鎖に従事できるよう促すプロンプトとして、その連鎖の一部、あるいはすべての映像を見る。

フィードバック feedback

　行動的スキル指導においてスキルの遂行が改善する過程で、行動リハーサルや教示によって、うまく遂行できたときに称賛すること。

フェイディング fading

　弁別刺激があるときに特定の行動が持続的に生起するために、プロンプトを徐々に取り除いていくこと。

フラッディング flooding

　恐怖刺激の下で不安が収まるまで、恐怖刺激を最大の強度で長時間暴露する手続き。

プレマックの原理 Premack principle

　正の強化の1つのタイプ。生起率の低い行動に随伴して、生起率の高い行動の機会を設定することによって、生起率の低い行動を増加させる。

プロンプト prompt

　適切なときに、適切な行動が起きやすくするために用いられる。指導者の行動によるプロンプト（反応プロンプト）と、補助的な環境刺激を提示するプロンプト（刺激プロンプト）に大別される。

プロンプト・フェイディング prompt fading

　「フェイディング」を参照。

プロンプト遅延 prompt delay

　この方法では、指導者が弁別刺激を提示し、一定の時間が経過した後に（たとえば、4秒後に）、プロンプトを提示する。弁別刺激の提示からプロンプトの提示までを遅延することで、指導の進行

に従って、プロンプトが提示される前に適切な行動が行うことが期待される。

ベースライン baseline

介入が行われない条件またはフェイズ。

モデル提示（モデルプロンプト） modeling（model prompt）

プロンプト法の 1 つで、指導者が標的行動のモデルを示す方法。教示と組み合わせ、ロールプレイでその行動をリハーサルすると、より効果的である。

リアルタイム記録法 real-time recording

行動記録法の 1 つ。観察時間内で標的行動が生起するたびに、その行動が生起した時刻と終結した時刻を記録する方法。標的行動の頻度と持続時間、および生起した時刻の正確な情報が得られる。

リハーサル rehearsal

教示やモデル提示の後、ロールプレイにおいて標的行動を練習すること。リハーサルでの遂行状況に合わせてフィードバックが与えられる。

リラクゼーション訓練 relaxation training

競合反応としてリラックス状態を作り出すことによって、自律神経の興奮（不安）を軽減するために必要なリラクゼーションの仕方をクライエントに教える方法。漸進的筋弛緩法、腹式呼吸法、注意集中訓練、行動的リラクゼーション訓練などがある。

ルール支配行動 rule-governed behavior

行動と結果事象の随伴性に関する言語的叙述（ルール）の制御を受ける行動。

レスポンスコスト response cost

負の弱化を用いた方法の 1 つ。ある行動の生起に随伴して強化子を一定量撤去する手続き。

レスポンデント行動 respondent behavior

先行刺激によって喚起される行動。無条件反応（UR）と条件反応（CR）はレスポンデント行動である。なぜならば、それぞれ無条件刺激（US）と条件刺激（CS）によって喚起される行動であるからである。

レスポンデント消去 respondent extinction

「消去（レスポンデント）」を参照。

レスポンデント条件づけ respondent conditioning

中性刺激を無条件刺激（US）と対提示するプロセス。US は無条件反応（UR）を喚起する。中性刺激を US と対提示する結果は、中性刺激が UR と類似した反応、すなわち条件反応（CR）を喚起する条件刺激（CS）となる。

意識化訓練 awareness training

習慣逆転法の構成要素の 1 つ。クライエントに習癖行動が起きたときにそれに気づくことを教える。

維持 maintenance

行動変容プログラム終了後も、もたらされた行動変化が長期間持続すること。あるいは、オペラント行動が間欠強化によって持続すること。

一方向型契約 one-party contract

行動契約の 1 つで、一人の人が標的行動を変えようとするときに用いられる。その人は、随伴性を実行する契約管理者と契約を交わす。

運動チック motor tics

身体の特定の筋肉群の、反復的でけいれん様の動作。

応用行動分析学 applied behavior analysis

人間の行動を分析し、変容するという意味で、行動変容法（behavior modification）と同義の用語としてよく用いられる。

音声チック vocal tic

コミュニケーション機能をもたない反復的な音声や語。

階層表 hierarchy

系統的脱感作または現実脱感作手続きにおいて使用される。階層表（または不安階層表と呼ばれる）においては、不安の喚起する程度が最も弱い状況から最も強い状況へとリスト化される。階層表でリスト化される状況は、直前の状況よりもわずかに不安を喚起する程度が強いものとなる。

介入受容性 treatment acceptability

当該の介入手続きをどのくらいの人たちがふさわしい方法として受容できるかを意味し、通常、評定尺度を用いて判断する。

介入整合性 treatment fidelity

計画通りに正確に手続きを実行すること。介入厳密性や実行整合性と呼ばれることもある。

回避行動 avoidance behavior

　　嫌悪的事態が起こるのを未然に防ぐ行動。その行動は嫌悪的事態を回避することで負の強化を受ける。

学習試行 learning trials

　　弁別刺激を提示し、反応をプロンプトし、強化子を与える一連の流れを学習試行と呼ぶ。

獲得 acquisition

　　強化を通じて新しい行動が形成されること

隔離型タイムアウト exclusionary time-out

　　タイムアウトの1つ。問題行動を起こした場合、それに随伴してその強化的な場面からその人を短期間、移動させる（通常は、別の部屋に移動させる）。

確立操作(EO) establishing operation

　　動機づけ操作の1つ。特定の強化子の効力を一次的に増加させ、その強化子を生み出す行動を喚起する事象。遮断は確立操作の1つのタイプ。

過剰修正法 overcorrection

　　正の弱化を用いた方法で、対象者が問題行動を起こすと、短時間、労力を要する活動への従事を求める。積極的練習法と原状回復法の2種類がある。

仮説検証型機能分析 hypothesis-testing functional analysis

　　すべての潜在的な機能を評価するのではなく、仮説の証明・反証を目標とした機能分析。この機能分析では、1つの条件（テスト条件）として、推定された確立操作（EO）が提示され、仮に問題行動が生起すれば、推定された強化子が提示される。またもう1つの条件（統制条件）として、推定された無効操作（AO）が提示され、仮に問題行動が生起した場合でも、推定された強化子が提示されない。

課題分析 task analysis

　　行動連鎖における各々の単位行動の弁別刺激と反応を特定すること。

課題分析書 written task analysis

　　行動連鎖の単位行動それぞれの弁別刺激と反応のリストを書いたもの。課題分析書は、行動連鎖を教える文字プロンプトとして用いることもできる。

間欠強化スケジュール intermittent reinforcement schedule

　　行動が生起するたびに強化子を提示するのではなく、間欠的な方法で強化子を提示する強化スケジュール。固定比率、固定間隔、変率、変間隔ス

ケジュールなどがある。

観察期間 observation period

　　行動変容プログラムに参加しているクライエントの行動を、観察者が観察・記録する期間。

観察者間一致率 interobserver agreement

　　2名の観察者が同時に独立して同じ行動を観察したときの、行動生起の記録の一致の程度。

観察者間の信頼性 interobserver reliability

　　「観察者間一致率」を参照。

間接アセスメント indirect assessment

　　他者からの情報収集に基づくアセスメント方法。問題行動、及びその行動の先行事象や結果事象についての情報を直接観察によって収集するのではなく、インタビューや質問紙を用いて回想的に収集する方法。

基準変更デザイン changing-criterion design

　　介入期に、標的行動にいくつかの異なる基準（目標）を順次設定する研究計画法。基準を変えるたびに標的行動がその基準まで増加（または減少）すれば、介入と標的行動に関数関係のあることが実証される。

吃音 stuttering

　　非流暢な発話。語や句の繰り返し、語音の引き延ばしや難発（言葉を発しようとしたときになかなかその言葉が出ない）など。

機能的アセスメント functional assessment

　　標的行動の生起と先行事象および結果事象の関係性を明らかにするために、その行動の前後に生じている事象についての情報を収集するプロセス。インタビューや質問紙による間接アセスメント、自然な場面で先行事象や結果事象を直接観察する方法、環境事象を操作する機能分析などがある。

機能的介入 functional intervention

　　弱化を使用せずに、問題行動を制御している先行事象と結果事象を変容させることによって問題行動を減少させる介入（消去・分化強化・先行子操作）。

機能的（関数）関係 functional relationship

　　特定の環境事象があるときに、特定の行動が生起する関係を示す用語。ある環境事象を操作し、その環境事象があるとき（だけ）に、特定の行動が生起することが示された場合、機能的関係、あるいは関数関係があると言われる。

機能的コミュニケーション訓練 functional communication training

「コミュニケーション行動分化強化」を参照

機能的に等価な反応 functionally equivalent response

代替行動と同じ強化的な結果をもたらす反応。その反応は代替反応と同じ機能を果たす。

機能分析 functional analysis

機能的アセスメントの1つ。環境事象（先行事象と結果事象）と標的行動の機能的関係を実証するために、環境事象を操作する方法。

逆行条件づけ backward conditioning

レスポンデント条件づけの1つで、条件刺激（CS）の前に無条件刺激（US）を提示する方法。レスポンデント条件づけとしては最も効果が弱い。

逆行チェイニング backward chaining

チェイニングの方法の1つで、行動連鎖の最後の単位行動から教える方法。行動連鎖の最後の単位行動が、その行動の弁別刺激が提示されたときに確実に生じるようになったら、行動連鎖の後ろから2番目の単位行動を教え、先に教えた最後の単位行動と最後から2番目の単位行動で行動連鎖を作る。このやり方で、行動連鎖の後ろから順に教えて、最終的に行動連鎖のすべての単位行動を教える。

強化 reinforcement

ある行動の生起後に、特定の結果が伴うことで、その行動の将来の生起する可能性が高くなるプロセス。

強化スケジュール schedule of reinforcement

どの反応に強化子を提示するかを明示するもの。連続強化スケジュールでは、すべての反応に強化子が提示される。間欠強化スケジュールでは、すべての反応に強化子が提示されるわけではない。

強化子アセスメント reinforcer assessment

好みのアセスメントの対象アイテムをある行動に随伴させることで、その行動が増加するかどうかを観察するプロセス。行動が増加したら、そのアイテムは強化子として機能していることになる。

競合反応（拮抗反応） competing response

標的行動に代わって生起する別の行動。一般的に、競合反応は標的行動と物理的に両立せずに、標的行動の生起と競合することが多い。

競合反応訓練 competing response training

習慣逆転法を構成する技法の1つ。クライエントに、習癖行動が生起したとき、あるいはその行動をしたくなったときに競合反応を行うことを学習させる技法。

教示 instructions

遂行すべき行動を言語的に記述したもの。行動的スキル指導の構成要素の1つ。教示はモデル提示と一緒に用いられることが多く、ロールプレイでその行動のリハーサルを行うと、より効果的である。

強度 intensity

行動の次元の1つで、行動の物理的な力やその規模の大きさを意味する。記録機器や評定尺度を用いて測定されることが多い。

恐怖 fear

ある刺激事態によって自律神経系の興奮が喚起され、その人がその刺激事態を回避したり、逃避したりする行動を行うときに生じているもの。

恐怖症 phobia

不安あるいは逃避行動や回避行動が、クライエントの生活の支障をきたすほど強いレベルになっている恐怖。

訓練刺激 training stimuli

訓練セッションで提示される弁別刺激やその他の刺激。

系統的脱感作 systematic desensitization

不安・恐怖や恐怖症の治療法として用いられる技法。クライエントはまずリラクゼーション法を習得する。その後、不安をもたらす場面の階層表を作成する。最後に、不安階層表に従って、最も不安の弱い場面から徐々に不安を強い場面に進み、リラクゼーション法を実施しながら、そのつどその不安場面をイメージする。最終目標はそれぞれの不安場面をイメージしたときに、不安反応がリラクゼーション反応に置換されることである。

結果事象 consequence

行動の直後に生じた刺激または事象。

嫌悪刺激 aversive stimulus

その刺激がある行動の生起に随伴して提示されると、その行動が将来生起する可能性を低めるような刺激。弱化子とも言われる。

嫌悪刺激の適用 application of aversive stimulation

正の弱化手続きの1つ。望ましくない行動の将来の生起確率を低めるために、その行動の生起に随伴して嫌悪刺激を提示する方法。

嫌悪的活動の適用 application of aversive activities

正の弱化手続きの1つ。望ましくない行動の将来の生起確率を低めるために、その行動の生起に随伴してクライエントに嫌悪的活動（低頻度行動）

の従事を求める方法。

研究計画法 research design

　行動変容法では、実施した介入と行動変化との関数関係を実証するために、研究計画法として、一人または複数のクライエントを対象に、ベースライン期と介入期を実施する時期を規定している。

言語プロンプト verbal prompt

　プロンプトの1つのタイプ。弁別刺激が提示されているときに対象者が正しい行動をしやすいように、他の人が行う言語行動。

顕在的行動 overt behavior

　その行動をしている人以外の人も観察と記録が可能な行動

現実脱感作法 in vivo desensitization

　不安や恐怖の治療法として用いられる技法。まずはリラクゼーションン法を習得する。次にクライエントは、不安をもたらす場面として最も弱い場面から強い場面までをリストアップし、不安階層表を作成する。最後に、クライエントは恐怖反応と拮抗する反応としてリラクゼーションしながら、不安階層表のステップ順に恐怖を生み出す状況に実際に身を置く。

原状回復法 restitution

　過剰修正法の1つ。クライエントが問題行動を起こしたときに、その問題行動によって生じた環境変化を元の状態よりも、よい状態に戻させる方法。

現地アセスメント in situ assessment

　スキルが必要な日常環境の中で、対象者本人に意識されないように行うスキルのアセスメント。

現地指導 in situ training

　現地アセスメントで子どもがスキルを使用できていないことが明らかになった後、日常環境の中で実施される指導。

顕著性 salient

　刺激は、その強度が強かったり、気付かれやすかったりするときに、顕著であると言われる。

効果の法則 law of effect

　環境に好ましい効果をもたらす行動は、将来も繰り返される可能性が高くなるという状態

交換条件型契約 quid pro quo contact

　双方向型契約の1つ。両者がそれぞれ標的行動を決めて、お互いに相手の行動変化の見返りとして、標的行動を変更する。

高次条件づけ higher-order conditioning

　中性刺激を条件刺激（CS）と何回も対提示した結果、その中性刺激がCSとなり、同じ条件反応（CR）を誘発するようになるプロセス。

構造化観察 structured observation

　観察者が、観察時間に行動が生起するように、指示を与えたり、特定の事象や活動を設定したりすること。

行動 behavior

　行動変容法の対象。人が言ったりしたりすることで、人の様々な活動からなる。

行動アセスメント behavioral assessment

　行動変容法で標的行動（あるいは行動）を測定すること。標的行動の先行事象と結果事象の測定を指すこともある。

行動活性化 behavioral activation

　クライエントに多くの幅広い強化的活動に従事させることに焦点を当てた、うつ症状に対する治療法。

行動間多層ベースラインデザイン multiple-baseline-across behaviors design

　研究計画法の1つ。同じ対象者の複数の行動それぞれに対してベースライン期と介入期を実施する。それぞれの行動に対して同じ介入を行うが、介入を開始する時期を行動ごとにずらす。

行動契約 behavioral contract

　クライエントの標的行動、および特定の期間内のその行動の生起または非生起に随伴して提示される結果事象を書面に記したもの。

行動主義 behaviorism

　行動科学の哲学。行動主義の中核となる考え方は、行動は法則性があり、行動と密接な時間的関係で発生する環境事象によって制御されるというものである。

行動的スキル指導（BST） behavioral skills training procedure

　新しい行動やスキルを教える方法。教示、モデル提示、リハーサル、フィードバックからなる。

行動的リラクゼーション訓練 behavioral relaxation training

　リラクゼーション法の1つ。リラックスした状態を作り出すために、身体の主要な筋肉群すべてがリラックスした姿勢や格好になるようにする。

行動の過剰 behavioral excess

　頻度、持続時間、強度を軽減する必要のある望ましくない標的行動

行動の不足 behavioral deficit

頻度、持続時間、強度を増強する必要のある望ましい標的行動

行動変容法 behavior modification

人間の行動を分析し変容する方法、およびそれに関係する心理学の領域。

行動連鎖 behavioral chain

連続して生起する複数の単位行動からなる複雑な行動。それぞれの単位は、その弁別刺激と反応からなる。刺激―反応連鎖と呼ばれることもある。

好みのアセスメント preference assessment

対象者に潜在的強化子を提示し、それに関して接近、操作、消費するかを測定することで、強化子を決めるプロセス。好みのアセスメントは、少なくても３つの方法で実施可能である。それは単一刺激提示法、対刺激提示法、多刺激提示法の３つである。

痕跡条件づけ trace conditioning

レスポンデント条件づけの１つ。まず条件刺激（CS）を提示し、その CS が終結した後に無条件刺激（US）を提示する。

【さ】

三項随伴性 three-term contingency

行動が生起したときに存在する先行事象、行動、そして強化的な結果事象。また強化随伴性とも呼ばれる。

産物記録法 product recording

行動記録法の１つ。標的行動の結果として算出された成果や事物を、その行動の生起の指標として記録する。

刺激 stimulus（stimuli）

ある感覚器官で感知される環境事象

刺激外プロンプト extrastimulus prompt

刺激プロンプトの一種で、正反応を生起させるために何らかの刺激を付加する方法。

刺激クラス stimulus class

特定の行動に同じ機能的効果をもたらす刺激群。たとえば、同じ刺激クラスに属する刺激は、特定の行動の弁別刺激として共通に機能する。

刺激性制御 stimulus control

刺激弁別訓練の結果としてもたらされるものである。ある行動が特定の弁別刺激が存在しているときにだけ強化されると、その弁別刺激が存在している時に生起しやすくなる。この弁別刺激は、その行動に対して刺激性制御をもっていると言われ

る。

刺激性制御の転移 transfer of stimulus control

プロンプトを撤去しても弁別刺激が提示されたときに標的行動が生起するようになるプロセス。プロンプトから弁別刺激に刺激性制御を転移させるために、プロンプト・フェイディングやプロンプト遅延が用いられる。

刺激内プロンプト within-stimulus prompt

刺激プロンプトの１つ。正しい弁別できるように、弁別刺激や S デルタのある次元を変容させる。

刺激の範例 stimulus exemplars

指導後に当該行動が生起すべき刺激状況の範囲を示す刺激群。般化を促進する方略の１つは、十分な刺激の範例に関して指導をすることである。

刺激―反応連鎖 stimulus-response chain

「行動連鎖」を参照。

刺激フェイディング stimulus fading

弁別刺激が存在するときに標的行動が生起しやすくなるのに応じて、刺激プロンプトを段階的に減らしていくこと。

刺激プロンプト stimulus prompt

正反応が起きやすくするために、先行刺激の一部を変更したり、先行刺激の一部を付け加えたり、あるいはその一部を取り除いたりすること。

刺激弁別訓練 stimulus discrimination training

ある行動を、弁別刺激が存在しているときだけ強化し、S デルタが存在しているときに強化しないようにすること。その結果、その行動は弁別刺激が存在しているときに生起しやすくなる。弁別訓練と同義。

次元 dimension

測定・変容可能な行動の側面。このような側面には、頻度、持続時間、強度、および潜時などがある。

自己監視 self-monitoring

クライエントが自分自身の行動の生起を観察・記録する、直接観察によるデータ収集。

自己管理 self-management

自分で自分自身の行動を変えるために用いられる行動変容法の技法。自己管理では、標的行動や代替行動の先行事象や結果事象を自分で変えるための行動を行う。

自己教示 self-instruction

特定の場面で標的行動を生起しやすくするために、自分で自分に対して教示を出すこと。

自己教示訓練 self-instruction training

　　認知行動変容法の１つの技法。特定の場面で標的行動が起きやすくするために、クライエント自身に特定の自己教示をさせる方法。

自己称賛 self-praise

　　適切な行動ができたときに、自分自身でそのことを褒めること。

自己生成反応媒介刺激 self-generated mediator of generalization

　　正しいタイミングで標的行動を実行する可能性を高めるための行動。たとえば、自己教示は適切なタイミングで適切な行動をとるための手がかりとして使用される。

指示従事ガイダンス guided compliance

　　指示に従事しない行動を示す対象者に使用される正の弱化手続きである。出された指示に対象者が従事しないとき、その指示に従うように身体プロンプトを行う。身体プロンプトは、その指示に従事する程度に応じてフェイディングされる。指示従事ガイダンスは指示された行動からの逃避を防止する。また指示従事ガイダンスは、指示に従事しない行動が、指示された活動からの逃避によって負の強化をされている場合の消去手続きとして機能している。

自然な強化随伴性 natural contingency of reinforcement

　　ある特定の人の行動に対して、その人の生活の中で自然に起きている強化随伴性。

自然場面 natural setting

　　クライエントの日常的な生活パターンの中に設定された観察場面。標的行動は通常、自然場面で生起する。

持続時間 duration

　　行動の次元の１つで、行動が生起してから終結するまでの時間。持続時間は、その行動の１つの生起がどれだけの時間続いたかを示す。

実験行動分析 experimental analysis of behavior

　　ある行動と、その行動の生起と機能的に関係する環境事象に関する科学的研究。動物や人間を対象とした実験室での研究がある。

自発的回復（オペラント） spontaneous recovery（operant）

　　オペラント行動の消失後、以前強化された場面でその行動が再び生起すること。

自発的回復（レスポンデント） spontaneous recovery（respondent）

　　条件反応（CR）の消失後、条件刺激（CS）が再度提示されるとCRが再び生起すること。

写真プロンプト picture prompt

　　プロンプトの１つで、標的行動に従事している人の写真を提示する。この写真はプロンプトとして機能し、適切なときに適切な行動が起きやすくなる。複雑な一連の行動の生起を促すためには、複数の写真プロンプトを連続で提示する方法が有効である。

遮断 deprivation

　　特定の強化子をある一定期間、摂取できない状態におくこと。確立操作の１つで、その強化子が制限された人においては、その強化子の効力がそれ以前よりも強くなる。

弱化 punishment

　　ある行動の生起後に、特定の結果が伴うことで、その行動の将来の生起する可能性が低くなるプロセス。

弱化子 punisher

　　行動の生起に随伴して提示される刺激の中で、直前の行動の将来生起する可能性を低下させるもの。

従属変数 dependent variable

　　実験において、従属変数とは、独立変数を導入したときに変化する、測定対象となる標的行動のことである。

習癖行動 habit behavior

　　反復的な行動で、次の３種類がある。神経性習癖、チック、吃音。

習癖障害 habit disorder

　　苦痛となるような反復的行動。習癖障害には、神経性習癖、運動チックや音声チック、吃音がある。

瞬間タイムサンプリング記録法 momentary time-sampling recording

　　タイムサンプリング記録法の１つで、インターバル終了時に行動が生起しているかどうかにおいてのみ記録される。

順行チェイニング forward chaining

　　行動連鎖を形成する方法。その行動連鎖の最初の単位行動をプロンプト・フェイディングで形成し、次いで、２番目の単位行動を同様に形成し、その後で３番目の単位行動を同様に形成する。以後、同様の方法で、行動連鎖のすべての単位行動が液性されるまで続ける。

消去（オペラント） extinction（operant）

以前に強化されていた行動がその強化子によって、強化されなくなったときに、その行動の生起頻度が低下していくプロセス。

消去（レスポンデント） extinction（respondent）

条件刺激（CS）が無条件刺激（US）と対提示されなくなったときに、CS が徐々に条件反応（CR）を誘発しなくなるプロセス。

消去抵抗 resistance of extinction

ある行動に対して消去が実行されたとき、その後もその行動が生起し続ける傾向。連続強化スケジュールよりも間欠強化スケジュールの方が、消去抵抗は大きくなる。

消去バースト extinction burst

行動が強化されなくなったときに、その行動の頻度、持続時間、強度が低下する前に、それが一時的に増大する現象。消去バーストの間に、新しい行動や情動反応が生じる場合もある。

条件交代デザイン（ATD） alternating-treatment design

ベースライン条件と介入条件（または 2 つの介入条件）が、交代で導入される研究計画法。通常は、1 日あるいは 1 セッションごとに条件が交代される。ベースライン期と介入期の結果が、同じ期間の範囲内で比較できる。

条件刺激（CS） conditioned stimulus

無条件刺激と対提示された、元々は中性刺激であった刺激。この対提示が繰り返されることによって、CS は無条件刺激によって誘発される無条件反応と類似した条件反応を誘発するようになる。

条件性強化子 conditioned reinforcer

中性刺激であった刺激に対して、明確に強化子となっているものと何回も対提示することによって、強化子としての機能をもつようになった刺激。

条件性弱化子 conditioned punisher

中性刺激であった刺激に対して、明確に弱化子となっているものと何回も対提示することによって、弱化子としての機能をもつようになった刺激。

条件性情動反応（CER） conditioned emotional response

条件反応の 1 つのタイプ。レスポンデント条件づけの中で、条件刺激によって誘発された恐怖、不安、喜びなどの情動反応。

条件反応（CR） conditioned response

レスポンデント条件づけにおいて、条件刺激によって誘発される反応。条件刺激は、無条件刺激や他の条件刺激と繰り返し対提示されることによ

って、CR を誘発する機能を獲得する。

常同行動 stereotype behavior

その行動をしている人にとって、社会的機能をもたない反復的行動。これらの行動はその人に感覚刺激を起こさせるので、自己刺激行動とも呼ばれる。

神経性習癖 nervous habit

反復的な行動で、緊張が高くなったときに生じやすい。通常、その人にとって社会的な機能をもつことはない。

身体ガイダンス physical guidance

身体プロンプトの別の名称。

身体抑制 physical restraint

正の弱化の 1 つ。問題行動の生起に随伴して、支援者は問題行動と関与している身体部位を動かないように抑制する。その結果、クライエントはその行動を持続できなくなる。

随伴観察法 contingent observation

非隔離型タイムアウトの 1 つ。問題行動を起こしたら、その強化的な活動から短時間引き離し、所定の場所に座らせ、他の人がその活動をしている様子を見せる。

随伴性 contingency

行動と結果事象の関係性を示し、ある行動が生起したときに、ある結果事象が生起するというという関係があること。このような関係が存在する場合、その結果事象はその行動に随伴すると言われる。

随伴性ショート short-circuiting the contingency

自己管理において標的行動に対する強化子を自分自身で設定し、標的行動が生起していないにもかかわらず、強化子を手に入れてしまうこと。あるいは標的行動に対する弱化子を自身自身で設定し、標的行動が生起したにもかかわらず、弱化子の提示を行わないこと。

随伴練習法 contingent exercise

正の弱化による方法で、嫌悪的な活動を用いるもの。問題行動に随伴して、何らかの身体運動をさせる。

制御行動 controlling behavior

自己管理プログラムで、標的行動の先行事象や結果事象を変えて，代替行動を形成しようとする行動。

制御変数 controlling variables

ある特定の行動の生起に影響を与える環境事象

（先行事象と結果事象）。制御変数は、その行動と機能的に関係している先行事象と結果事象である。

生起率 rate

行動の頻度を観察時間で割ったもの。通常、1分当たりの反応数で表す。

正の強化 positive reinforcement

強化のタイプの1つ。ある行動の生起に随伴して、特定の刺激や事象が出現し、その結果、その行動の将来生起する可能性が高くなること。

正の強化からのタイムアウト time-out from positive reinforcement

負の弱化手続きの1つで、問題行動の生起に随伴して、短い時間、正の強化子へのアクセスができなくする方法。一般に、タイムアウト手続きにおいて、対象者は強化的な環境から退出することになる。

正の強化子 positive reinforcer

ある行動の生起に随伴して出現することによって、その行動が将来生起する可能性が高くなる刺激。

正の自動強化 automatic positive reinforcement

行動が自動的に正の強化子となる結果事象を生み出し、その行動が強められた場合、その行動は正の自動強化によって維持されていると言う。

正の社会的強化 social positive reinforcement

標的行動が生起した後、他者によって正の強化が結果事象として提示されたとき、その結果として、行動の生起する可能性が高まるプロセス。

正の弱化 positive punishment

弱化のタイプの1つ。ある行動の生起に随伴して嫌悪的な刺激や事象が出現して、その結果、その行動が将来生起する可能性が低下すること

積極的練習法 positive practice

過剰修正法の1つ。クライエントが問題行動を起こした後、その場面で適切な行動ややり方を何回も繰り返し従事するように指示される方法。

接触脱感作法 contact desensitization

現実脱感作法の一種で、不安階層表を先に進める際に、治療者がクライエントの手を握ったり、クライエントの背中に手を当てたりなど、身体的接触を実施する方法。

全インターバル DRO whole-interval DRO

DRO の1つ。所定のインターバル内で問題行動が一度も生起しなかったときに強化子が与えられる。DRO の多くは、全インターバル DRO である。

全インターバル記録法 whole-interval recording

全インターバル記録法において、行動がインターバル中のすべての時間を通じて生起していた場合にのみ、行動の生起と記録される。

全課題提示法 total task presentation

行動連鎖を形成する方法の1つ。指導者は行動連鎖のすべての単位行動を連続して提示しながら、必要な場面で必要なプロンプトを行う。プロンプトを徐々にフェイドアウトし、最終的にはプロンプトなしでその行動連鎖のすべてができるようにする。

漸減型ガイダンス graduated guidance

全課題提示法で用いられるプロンプト法。特定の行動を完遂するためのプロンプトとして、実際に対象者の手を持ってその行動を生じさせる方法。対象者がその行動を手助けなしにできるようになってきたら、そのプロンプトを徐々に減らす。ただし、対象者の手の動きに合わせ、少し離して手を動かし（シャドーイング）、必要なときにすぐにプロンプトができるように準備しておく。最終的に、少し離して手を動かすこともやめて、対象者が完全に一人でその行動ができるようにする。

先行事象 antecedent

標的行動に先行する刺激または事象。

先行子操作 antecedent control procedure

標的行動を変容させるために先行事象を操作する方法。標的行動やその代替行動の弁別刺激（S^D）や手がかりを操作する方法、確立操作を操作する方法、反応労力を操作する方法がある。

潜時 latency

行動の次元の1つで、刺激提示から標的行動が生起するまでの時間。

漸次的接近 successive approximation

シェイピングのプロセスの中で、標的行動により近い行動に徐々に近づけていくこと。シェイピングはまず、対象者のその時点で存在する行動で最も標的行動に近い行動を強化する。強化によってその行動が起きやすくなったら、今度はその行動を消去する。その際に標的行動により近い行動が生起したら、その行動を強化する。最終的に標的行動が生起するまで、このプロセスを続ける。

漸進的筋弛緩法（PMR） progressive muscle relaxation

リラクゼーション法の1つ。クライエントに、身体の主要な筋肉群の緊張と弛緩のやり方を教える。この方法を習得すると、筋緊張と自律神経系の興奮を低下させることができる。

全セッション DRL full-session DRL

　　特定の期間（セッション）において、指定された回数以下の反応しか起こらなかった場合に強化子を提示する。低頻度行動分化強化の手続き。行動の生起率を減少させるために使用される。

双方向型契約 two-party contract

　　行動契約の1つで、2名がそれぞれ変えるべき行動とその行動の結果事象を決める。

【た】

対象者間ベースラインデザイン multiple-baseline-across subjects design

　　研究計画法の1つ。複数の対象者が示す同じ行動に対して、ベースライン期と介入期を実施する。それぞれの対象者に同じ介入を行うが、介入を開始する時期を対象者ごとにずらす。

代替行動分化強化（DRA） differential reinforcement of alternative behavior

　　問題行動と置き換えるために、その問題行動と機能的に等価な代替行動（望ましい競合行動）を分化強化し、問題行動を低減させる方法。

代表例教授法 general case programing

　　般化を促進する方略の1つ。関連する刺激事態と反応バリエーションの範囲を代表する複数の指導事例（刺激事例）を用いること。

他行動分化強化（DRO） differential reinforcement of other behavior

　　問題行動が一定時間生起しなかったときに強化子を提示する方法。DRO は問題行動が存在していない状態を強化する。

多刺激提示法 multiple stimulus assessment

　　対象者に潜在的な強化子の配列を提示（たとえば、対象者の目の前の机の上に、8種類の刺激を提示）し、研究者は対象者が最初に接近または選択した刺激を記録する。この刺激は配列から除かれて、対象者が次に接近または選択した刺激を研究者は記録する。選択された刺激は順番に取り除かれ、この手順は対象者がすべての刺激に接近または選択するまで続けられる。この刺激配列は複数回提示され（毎回、テーブルの異なる場所に提示され）、刺激が選択される順番が確定するまで繰り返される。

多刺激非置換法（MSWO） multiple stimulus without replacement

　　「多刺激提示法」を参照。

縦座標 ordinate

　　グラフの縦軸（y 軸）。行動のレベルを表す。

探索的機能分析 exploratory functional analysis

　　機能分析の1つであり、行動分析家が問題行動を維持させている強化的な結果事象についての仮説をもってない場合に、機能分析の中でさまざまな可能性を調べる手法である。探索的機能分析では、一般に3～4つのテスト条件と統制条件がある。各テスト条件では、確立操作及び問題行動の潜在的な強化子を提示する。統制条件では、無効操作を行い、問題行動の潜在的な強化子を撤去する。

単刺激提示法 single stimulus assessment

　　潜在的強化子のうちの1つが、同時に1つ提示される（すなわち、子どもの目の前の机の上に置かれる）。そしてその潜在的強化子への接近があるかどうかを調べる。各刺激の繰り返しの提示が実施された後、研究者は各刺激が強化子としての可能性を調べるために、接近した回数の比率を計算する。

遅延条件づけ delay conditioning

　　レスポンデント条件づけの1つのタイプ。条件刺激（CS）が提示された後、その CS が終結する前に無条件刺激（US）が提示される。

注意集中訓練 attention-focusing exercises

　　不安を低減する方法の1つ。不安を喚起する刺激から注意をそらすために、楽しい刺激や中立的な刺激に注意を集中させる方法。

調整呼吸 regulated breathing

　　吃音に対する習慣逆転法で、競合反応として用いられる。

直接アセスメント direct assessment

　　行動を直接観察し、記録する行動アセスメント法。行動の先行事象と結果事象の直接観察・記録を意味する場合もある。

直接観察 direct observation

　　「直接アセスメント」を参照。

対刺激提示法 paired stimulus assessment

　　2つの潜在的強化子（候補から選択された2つ）が対象者に提示され、研究者はどちらの刺激に接近したかを記録する。各刺激は、他のすべての刺激と複数回提示され、研究者は対象者が各刺激へと接近した割合を計算する。それは、どの刺激が強化子となる可能性が高いのかを指し示している。

定間隔（FI）スケジュール fixed interval schedule

　　強化スケジュールの1つ。一定の時間が経過し

た後に始めて生起した反応に強化子を提示する手続き。時間間隔は一定。

低頻度行動分化強化（DRL） differential reinforcement of low rates of responding

　ある行動の生起率を減らすために、特定の行動が低頻度である状態を分化強化する。標的行動を取り除く必要はなく、その生起頻度を減少させることが目的である場合に用いられる。

定率スケジュール fixed ratio schedule

　強化スケジュールの１つ。一定数の反応が生起したときに強化子を提示する手続き。強化に必要な反応数は一定。

動機づけ操作（MO） motivating operation

　ある特定の強化子の価値あるいはその強化子を生み出す行動の生起確率を変更する先行刺激や先行事象。２種類の動機づけ操作として確立操作と無効操作がある。

動機づけ方略 motivation strategy

　習慣逆転法の一部で、クライエントが治療セッション以外でも競合反応を行いやすくするために用いられる。

同時条件づけ simultaneous conditioning

　レスポンデント条件づけにおいて、無条件刺激（US）と条件刺激（CS）が同時に提示されるプロセス。

統制条件 control condition

　機能分析において、当該行動の無効操作（AO）を提示し、その行動が生じる際の強化子を提示しない条件。

逃避行動 escape behavior

　嫌悪刺激の終結を導く行動。逃避行動は嫌悪刺激の終結によって、負の強化を受ける。

逃避消去 escape extinction

　負の強化によって維持される行動に対する消去。負の強化では、行動は嫌悪刺激からの逃避という結果を生み出す。逃避消去では、問題行動の後に逃避を生み出さないようにする。

独立変数 independent variable

　実験において、従属変数に影響を与えるために操作させる環境事象。

【な】

認知行動変容法 cognitive behavior modification

　認知的行動を変容するために用いられる方法。望ましくない認知的行動を減らす方法（たとえば、認知再体制法）と望ましい認知的行動を増やす方法（たとえば、認知的対処スキル訓練）がある。

認知的行動 cognitive behavior

　内潜的言語行動あるいはイメージ行動（imaginal behavior）。認知的行動には、思考、内言、特定の行動や状況の想像、過去の出来事の回想などが含まれる。

認知的再構成法 cognitive restructuring

　認知行動変容法の技法の１つ。クライエントが自分の悩みや苦悩の種となっている思考を特定し、その思考を頭の中から取り除いたり、別のもっと望ましい考えに置き換えることを学習させる方法。

認知的対処スキル訓練 cognitive coping skills training

　認知行動変容法の技法の１つ。問題の場面での対処能力を高めたり、その場面でうまく行動できるように、クライエントに特定の自己陳述を学習させる。自己教示訓練などがある。

認知の歪み cognitive detorsion

　生活上の出来事を否定的に評価・解釈したり、非合理的な考えを生じさせたりして、否定的な気分や抑うつ的な行動につながる思考の一種。

認知療法 cognitive therapy

　認知再構成法の１つ。ベックによって開発された方法。治療者はクライエントの歪んだ思考や自己陳述を特定し、それを変容させる方法。

【は】

場面間ベースラインデザイン multiple-baseline-across settings design

　研究計画法の１つ。同じ対象者の同じ行動に対して、複数の場面でベースライン期と介入期を実施する。それぞれの場面で同じ介入を行うが、介入を開始する時期を行動ごとにずらす。

般化 generalization

　行動が強化されたときに存在した弁別刺激と類似した先行刺激があるときに、その行動が生起するプロセス。般化は、指導後に指導していない場面で標的行動が生起することと定義される場合もある。

般性条件性強化子 generalized conditioned reinforcer

　他のさまざまな強化子と対提示された条件性強化子。お金や称賛は、多くの人にとって般性条件性強化子として機能する。

般性条件性弱化子 generalized conditioned punisher

　他のさまざまな弱化子と対提示された条件性弱化子。「ダメ」という言葉は、多くの人にとって般

性条件性弱化子として機能する。

反応間時間（IRT） interresponse time

連続して生起する反応間の時間

反応阻止 response blocking

対象者の問題行動が生じないように、支援者がその行動を物理的に阻止する手続き。短時間の身体抑制とともに用いられることが多い。

反応プロンプト response prompt

プロンプトの１つのタイプ。弁別刺激が提示されたときにクライエントが標的行動に従事するように促すために指導者が行う行動。言語プロンプト、身振りプロンプト、モデルプロンプト、身体プロンプトなどがある。

反応労力 response effort

反応を実行するための体力、労力、時間。１つの行動に必要な反応労力が増加すれば、その行動の生起確率は、機能的に等価な他の行動に対して減少する。

非隔離型タイムアウト nonexclusionary time-out

タイムアウトの１つ。問題行動が生じたときに、対象者をすべての強化源から引き離すが、問題行動が生起した場所や部屋から連れて出ることはしない。

非構造化観察 unstructured observation

観察時間において、特定の事象、活動、指示を与えない観察法。

被制御行動 controlled behavior

自己管理プログラムで変容の対象となる標的行動。

非両立行動分化強化（DRI） differential reinforcement of incompatible behavior

DRA の一種。問題行動と置き換えるために、その問題行動と物理的に両立できない行動を分化強化する。

標的行動 target behavior

行動変容法において、変容される行動。

頻度 frequency

行動の次元の１つで、一定の時間内に生起した行動の数。行動数（頻度）を時間で割ったものが生起率。

不安 anxiety

自律神経系の興奮（速い心拍、浅く速い呼吸、筋肉の緊張など）に伴うレスポンデント行動を記述するための用語。自律神経の興奮は逃避・回避反応を伴うオペラント行動の生起確率を高める確

立操作である。一般に、ある事象が条件刺激（CS）として機能し、条件反応（CR）としての自律神経系の興奮を誘発する。そしてオペラント行動はそのCSから逃避したり、回避したりする機能を果たす。

腹式呼吸法 diaphragmatic breathing

リラクセーション法の１つ。横隔膜を使って肺に大量の空気を吸い込む、ゆっくりした呼吸法。

負の強化 negative reinforcement

強化の１つのタイプ。標的行動の生起に随伴して嫌悪刺激の消失する（または撤去される）。その結果、標的行動の将来生起する可能性が高くなる。

負の自動強化 automatic negative reinforcement

負の自動強化は、標的行動がその行動の結果として自動的に嫌悪刺激を低減・除去させるときに生じ、それにより標的行動は強められる。

負の社会的強化 social negative reinforcement

他者が嫌悪的な相互作用、課題、活動を、標的行動が生起後に終結させたとき、その結果として標的行動の生起する可能性が高まるプロセス。

負の弱化 negative punishment

弱化の１つのタイプ。標的行動の生起に随伴して強化子が消失する（あるいは撤去される）。その結果、標的行動が将来生起する可能性が低くなる。

部分インターバル記録法 partial-interval recording

観察者は、行動がインターバル内のあらゆるタイミングで生じた場合でも、記録をつける。

分化強化 differential reinforcement

特定の望ましい行動のみを強化し、その他の行動は強化しない手続き。その結果、望ましい行動が増加し、その他の行動は消失する。

分散反応 DRL spaced-responding DRL

DRL のタイプの１つ。所定のインターバル後に反応が生起したときに、強化子が提示される。そのインターバルが経過する前に反応が生じたときには強化子は提示されず、インターバルはリセットされる。反応と反応のインターバルは、反応間時間（IRT）と呼ばれる。

並行型契約 parallel contract

２名が互いに行動変化を求めている場合に用いられる双方向型契約。両者が、それぞれに変化の対象とする行動とその行動の結果事象を決める。契約に含まれる行動と結果事象は、お互いに独立した形で契約を結ぶ。一方の行動が他方の行動の強化子となる交換条件型契約とは対照的な方法。

並列オペラント concurrent operants

同時に利用可能な2つ以上の異なる行動または反応の選択肢。各反応の選択肢は、特定の強化スケジュールと関連付けられている。

並列強化スケジュール concurrent schedules of reinforcement

強化スケジュールの1つのタイプで、複数の行動（並列オペラントと呼ばれる）に対して、それぞれ同時に特定の強化スケジュールが適用される。そのときにどの行動が生起するかは、その行動に適用されている強化スケジュール、強化の強度、強化の遅延、その行動の反応労力によって決まる。

変間隔(VI)スケジュール variable interval schedule

強化スケジュールの1つで、所定の時間間隔が経過した後の最初の反応が強化される。その時間間隔は所定の平均値近くで変動する。

弁別刺激(S^D) discriminative stimulus

ある特定の行動が強化されるときに提示される刺激。

変率(VR)スケジュール variable ratio schedule

強化スケジュールの1つで、所定の数の反応が生起したときに強化される。その反応数は所定の平均値の近くで変動する。

飽和 satiation

強化子の効力が徐々に弱まること（最終的にはまったくなくなる）。当該の強化子を直前に多量に摂取したときや、長時間曝露したときに、飽和が生じる。

【ま】

身振りプロンプト gestural prompt

弁別刺激があるときに正反応が生起するように提示される動作やジェスチャー

無効操作(AO) abolishing operation

動機づけ操作の一種。特定の強化子の効力を特定の時間に低下させ、その強化子を生み出す行動を起こりにくくする事象。飽和は無効操作の一種。

無条件刺激(US) unconditioned stimulus

無条件反応（UR）を自然に喚起する刺激。無条件反応は生存的価値をもつ。US が UR を喚起する

ためには、それ以前の条件づけのプロセスは不必要である。

無条件性強化子 unconditioned reinforcer

自然に強化の機能を果たす刺激や事象。その刺激や事象が生存のために価値を持つので、行動に対する強化力を有する。無条件性強化子が強化子として機能するために、それ以前の条件づけのプロセスは不必要である。例としては、食べ物、水、過剰なレベルの刺激からの逃避、性的接触などがある。

無条件性弱化子 unconditioned punisher

自然に弱化機能を果たす刺激や事象。その刺激や事象を回避したり最小限にすることが生存のために価値をもつもの。無条件性弱化子が弱化子として機能するために、それ以前の条件づけのプロセスは不必要である。例としては、痛みを伴う刺激や過剰なレベルの刺激などがある。

無条件反応(UR) unconditioned response

無条件刺激（US）によって喚起される反応。

目標設定 goal setting

自己管理技法の1つ。自己管理技法によって達成したいと考えている標的行動の希望するレベルを決め、それを書き記すこと。

文字プロンプト textual prompts

「課題分析書」を参照。

【や】

横座標 abscissa

グラフの平行軸（x軸）。時間の単位を示す。

【ら】

連続強化(CRF)スケジュール continuous reinforcement schedule

行動が生起するたびに強化子を提示する強化スケジュール。

連続記録法 continuous recording

行動が生起するたびに、その行動のある次元を記録する方法。頻度、持続時間、潜時、強度などが連続記録法で記録される。

参考文献

Ackerman, A. M., & Shapiro, E. S. (1984). Self-monitoring and work productivity with mentally retarded adults. *Journal of Applied Behavior Analysis, 17,* 403–407.

Adams, C. D., & Kelley, M. L. (1992). Managing sibling aggression: Overcorrection as an alternative to time out. *Behavior Therapy, 23,* 707–717.

Alavosius, M. P., & Sulzer-Azaroff, B. (1986). The effects of performance feedback on the safety of client lifting and transfer. *Journal of Applied Behavior Analysis, 19,* 261–267.

Alberto, P. A., & Troutman, A. C. (1986). *Applied behavior analysis for teachers.* Columbus, OH: Merrill.

Alberto, P. A., & Troutman, A. C. (2003). *Applied behavior analysis for teachers* (6th ed.). Columbus, OH: Merrill.

Albion, F. M., & Salzburg, C. L. (1982). The effect of self-instruction on the rate of correct addition problems with mentally retarded children. *Education and Treatment of Children, 5,* 121–131.

Allen, K. D. (1998). The use of an enhanced simplified habit reversal procedure to reduce disruptive outbursts during athletic performance. *Journal of Applied Behavior Analysis, 31,* 489–492.

Allen, K. D., & Stokes, T. F. (1987). Use of escape and reward in the management of young children during dental treatment. *Journal of Applied Behavior Analysis, 20,* 381–390.

Allen, L. J., Howard, V. F., Sweeney, W. J., & McLaughlin, T. F. (1993). Use of contingency contracting to increase on-task behavior with primary students. *Psychological Reports, 72,* 905–906.

Anderson, C. M., & Long, E. S. (2002). Use of a structured descriptive assessment methodology to identify variables affecting problem behavior. *Journal of Applied Behavior Analysis, 35,* 137–154.

Anderson, C. M., & McMillan, K. (2001). Parental use of escape extinction and differential reinforcement to treat food selectivity. *Journal of Applied Behavior Analysis, 34,* 511–515.

Aragona, J., Cassady, J., & Drabman, R. S. (1975). Treating overweight children through parental training and contingency contracting. *Journal of Applied Behavior Analysis, 8,* 269–278.

Arndorfer, R. E., & Miltenberger, R. G. (1993). Functional assessment and treatment of challenging behavior: A review with implications for early childhood. *Topics in Early Childhood Special Education, 13,* 82–105.

Arndorfer, R. E., Miltenberger, R. G., Woster, S. H., Rortvedt, A. K., & Gaffaney, T. (1994). Home-based descriptive and experimental analysis of problem behaviors in children. *Topics in Early Childhood Special Education, 14,* 64–87.

Ashbaugh, R., & Peck, S. M. (1998). Treatment of sleep problems in a toddler: A replication of the faded bedtime with response cost protocol. *Journal of Applied Behavior Analysis, 31,* 127–129.

Asmus, J. M., Ringdahl, J., Sellers, J., Call, N., Andelman, M., & Wacker, D. (2004). Use of a short-term inpatient model to evaluate aberrant behavior: Outcome data summaries from 1996 to 2001. *Journal of Applied Behavior Analysis, 37,* 283–304.

Asmus, J. M., Wacker, D. P., Harding, J., Berg, W. K., Derby, K. M., & Kocis, E. (1999). Evaluation of antecedent stimulus parameters for the treatment of escape-maintained aberrant behavior. *Journal of Applied Behavior Analysis, 32,* 495–513.

The Association for Persons with Severe Handicaps. (1987, May). Resolution on the cessation of intrusive interventions. *TASH Newsletter, 5,* 3.

Asterita, M. F. (1985). *The physiology of stress.* New York: Human Sciences Press.

Austin, J., Sigurdsson, S. O., & Rubin, Y. S. (2006). An examination of the effects of delayed versus immediate prompts on safety belt use. *Environment and Behavior, 38,* 140–149.

Axelrod, S., & Apsche, J. (Eds.). (1983). *The effects of punishment on human behavior.* New York: Academic Press.

Ayllon, T. (1963). Intensive treatment of psychotic behavior by stimulus satiation and food reinforcement. *Behaviour Research and Therapy, 1,* 53–61.

Ayllon, T., & Azrin, N. H. (1964). Reinforcement and instructions with mental patients. *Journal of the Experimental Analysis of Behavior, 7,* 327–331.

Ayllon, T., & Azrin, N. H. (1965). The measurement and reinforcement of behavior of psychotics. *Journal of the Experimental Analysis of Behavior, 8,* 357–383.

Ayllon, T., & Azrin, N. H. (1968). *The token economy: A motivational system for therapy and rehabilitation.* New York: Appleton-Century-Crofts.

Ayllon, T., Layman, D., & Kandel, H. J. (1975). A behavioral–educational alternative to drug control of hyperactive children. *Journal of Applied Behavior Analysis, 8,* 137–146.

Ayllon, T., & Michael, J. (1959). The psychiatric nurse as a behavioral engineer. *Journal of the Experimental Analysis of Behavior, 2,* 323–334.

Azrin, N. H., & Foxx, R. M. (1971). A rapid method of toilet training the institutionalized retarded. *Journal of Applied Behavior Analysis, 4,* 89–99.

Azrin, N. H., Hake, D., Holz, W., & Hutchinson, R. (1965). Motivational aspects of escape from punishment. *Journal of the Experimental Analysis of Behavior, 8,* 31–57.

Azrin, N. H., & Holz, W. (1966). Punishment. In W. K. Honig (Ed.), *Operant behavior: Areas of research and application* (pp. 380–447). New York: Appleton-Century-Crofts.

Azrin, N. H., Holz, W., Ulrich, R., & Goldiamond, I. (1973). The control of the content of conversation through reinforcement. *Journal of Applied Behavior Analysis, 6,* 186–192.

Azrin, N. H., Hutchinson, R. R., & Hake, D. F. (1963). Pain-induced fighting in the squirrel monkey. *Journal of the Experimental Analysis of Behavior, 6,* 620.

Azrin, N. H., Hutchinson, R. R., & Hake, D. F. (1966). Extinction produced aggression. *Journal of the Experimental Analysis of Behavior, 9,* 191–204.

Azrin, N. H., & Lindsley, O. R. (1956). The reinforcement of cooperation between children. *Journal of Abnormal and Social Psychology, 52,* 100–102.

Azrin, N. H., & Nunn, R. G. (1973). Habit reversal: A method of eliminating nervous habits and tics. *Behaviour Research and Therapy, 11,* 619–628.

Azrin, N. H., & Nunn, R. G. (1974). A rapid method of eliminating stuttering by a regulated breathing approach. *Behaviour Research and Therapy, 12,* 279–286.

Azrin, N. H., & Nunn, R. G. (1977). *Habit control in a day.* New York: Simon & Schuster.

Azrin, N. H., Nunn, R. G., & Frantz, S. E. (1979). Comparison of regulated breathing versus abbreviated desensitization on reported stuttering episodes. *Journal of Speech and Hearing Disorders, 44,* 331–339.

Azrin, N. H., Nunn, R. G., & Frantz, S. E. (1980a). Habit reversal versus negative practice treatment of nailbiting. *Behaviour Research and Therapy, 18,* 281–285.

Azrin, N. H., Nunn, R. G., & Frantz, S. E. (1980b). Habit reversal versus negative practice treatment of nervous tics. *Behavior Therapy, 11*, 169–178.

Azrin, N. H., Nunn, R. G., & Frantz-Renshaw, S. E. (1980). Habit reversal treatment of thumbsucking. *Behaviour Research and Therapy, 18*, 195–399.

Azrin, N. H., Nunn, R. G., & Frantz-Renshaw, S. E. (1982). Habit reversal versus negative practice treatment of destructive oral habits (biting, chewing or licking of the lips, cheeks, tongue or palate). *Journal of Behavior Therapy and Experimental Psychiatry, 13*, 49–54.

Azrin, N. H., & Peterson, A. L. (1989). Reduction of an eye tic by controlled blinking. *Behavior Therapy, 20*, 467–473.

Azrin, N. H., & Peterson, A. L. (1990). Treatment of Tourette syndrome by habit reversal: A waiting list control group comparison. *Behavior Therapy, 21*, 305–318.

Azrin, N. H., & Powell, J. (1968). Behavioral engineering: The reduction of smoking behavior by a conditioning apparatus and procedure. *Journal of Applied Behavior Analysis, 1*, 193–200.

Azrin, N. H., & Wesolowski, M. D. (1975). Theft reversal: An overcorrection procedure for eliminating stealing by retarded persons. *Journal of Applied Behavior Analysis, 7*, 577–581.

Baer, D. M. (1960). Escape and avoidance responses of pre- school children to two schedules of reinforcement withdrawal. *Journal of the Experimental Analysis of Behavior, 3*, 155–159.

Baer, D. M., Peterson, R. F., & Sherman, J. A. (1967). The development of imitation by reinforcing behavioral similarity to a model. *Journal of the Experimental Analysis of Behavior, 10*, 405–416.

Baer, D. M., & Sherman, J. A. (1964). Reinforcement control of generalized imitation in young children. *Journal of Experimental Psychology, 1*, 37–49.

Baer, D. M., Wolf, M. M., & Risley, T. R. (1968). Some current dimensions of applied behavior analysis. *Journal of Applied Behavior Analysis, 1*, 91–97.

Baer, D. M., Wolf, M. M., & Risley, T. R. (1987). Some still-current dimensions of applied behavior analysis. *Journal of Applied Behavior Analysis, 20*, 313–327.

Bailey, J. S. (1977). *Handbook of research methods in applied behavior analysis.* Tallahassee, FL: Copy Grafix.

Bailey, J. S., & Burch, M. R. (2002). *Research methods in applied behavior analysis.* Thousand Oaks, CA: Sage.

Bailey, J. S., & Burch, M. R. (2010). *25 essential skills & strategies for the professional behavior analyst: Expert tips for maximizing consulting effectiveness.* New York: Routledge.

Bailey, J. S., & Burch, M. (2011). *Ethics for behavior analysts* (2nd ed.). New York: Routledge.

Bailey, J. S., & Meyerson, L. (1969). Vibration as a reinforcer with a profoundly retarded child. *Journal of Applied Behavior Analysis, 2*, 135–137.

Bailey, J. S., & Pyles, D. A. (1989). Behavioral diagnostics. In E. Cipani (Ed.), *The treatment of severe behavior disorders: Behavior analysis approaches* (pp. 85–107). Washington, DC: American Association on Mental Retardation.

Bakke, B. L., Kvale, S., Burns, T., McCarten, J. R., Wilson, L., Maddox, M., & Cleary, J. (1994). Multicomponent intervention for agitated behavior in a person with Alzheimer's disease. *Journal of Applied Behavior Analysis, 27*, 175–176.

Bakken, J., Miltenberger, R., & Schauss, S. (1993). Teaching mentally retarded parents: Knowledge versus skills. *American Journal on Mental Retardation, 97*, 405–417.

Bambara, L. M., & Kern, L. (2005). *Individualized supports for students with problem behaviors: Designing positive behavior plans.* New York: Guilford Press.

Bandura, A. (1969). *Principles of behavior modification.* New York: Holt Rinehart & Winston.

Bandura, A. (1977). *Social learning theory.* Upper Saddle River, NJ: Prentice Hall.

Bandura, A., Ross, D., & Ross, S. (1963). Imitation of film mediated aggressive models. *Journal of Abnormal and Social Psychology, 66*, 601–607.

Barker, M., Bailey, J., & Lee, N. (2004). The impact of verbal prompts on child safety-belt use in shopping carts. *Journal of Applied Behavior Analysis, 37*, 527–530.

Barlow, D. H., & Hersen, M. (1984). *Single case experimental designs: Strategies for studying behavior change* (2nd ed.). New York: Pergamon.

Barnard, J. D., Christophersen, E. R., & Wolf, M. M. (1977). Teaching children appropriate shopping behavior through parent training in the supermarket setting. *Journal of Applied Behavior Analysis, 10*, 49–59.

Barrett, R. P. (Ed.). (1986). *Severe behavior disorders in the mentally retarded: Nondrug approaches to treatment.* New York: Plenum.

Barretto, A., Wacker, D., Harding, J., Lee, J., & Berg, W. (2006). Using telemedicine to conduct behavioral assessments. *Journal of Applied Behavior Analysis, 39*, 333–340.

Barrish, H. H., Saunders, M., & Wolf, M. M. (1969). Good behavior game: Effects of individual contingencies for group consequences on the disruptive behavior in a classroom. *Journal of Applied Behavior Analysis, 2*, 119–124.

Barton, L. E., Brulle, A. R., & Repp, A. C. (1986). Maintenance of therapeutic change by momentary DRO. *Journal of Applied Behavior Analysis, 19*, 277–282.

Baum, W. M. (1994). *Understanding behaviorism: Science, behavior, and culture.* New York: Harper Collins.

Beavers, G. A., Iwata, B. A., & Lerman, D. C. (2013). Thirty years of research on the functional analysis of problem behavior. *Journal of Applied Behavior Analysis, 46*, 1–21.

Beck, K. V., & Miltenberger, R. G. (2009). Evaluation of a commercially available program and in situ training by parents to teach abduction-prevention skills to children. *Journal of Applied Behavior Analysis, 42*, 761–772.

Becker, W. C., & Carnine, D. C. (1981). Direct instruction: A behavior theory model for comprehensive educational intervention with the disadvantaged. In S. W. Bijou & R. Ruiz (Eds.), *Behavior modification: Contributions to education* (pp. 145–210). Mahwah, NJ: Erlbaum.

Bellamy, G. T., Horner, R. H., & Inman, D. P. (1979). *Vocational habilitation of severely retarded adults.* Austin, TX: Pro-Ed.

Berkowitz, S., Sherry, P. J., & Davis, B. A. (1971). Teaching self-feeding skills to profound retardates using reinforcement and fading procedures. *Behavior Therapy, 2*, 62–67.

Berry, T. D., & Geller, E. S. (1991). A single subject approach to evaluating vehicle safety belt reminders: Back to basics. *Journal of Applied Behavior Analysis, 24*, 13–22.

Bijou, S. W. (1957). Patterns of reinforcement and resistance to extinction in young children. *Child Development, 28*, 47–54.

Bijou, S. W. (1958). Operant extinction after fixed interval schedules with young children. *Journal of the Experimental Analysis of Behavior, 1*, 25–29.

Bijou, S. W. (1976). *Child development: The basic stages of early childhood.* Englewood Cliffs, NJ: Prentice Hall.

Bijou, S. W., Peterson, R. F., & Ault, M. H. (1968). A method to integrate descriptive and experimental field studies at the level of data and empirical concepts. *Journal of Applied Behavior Analysis, 1*, 175–191.

Bijou, S. W., & Ruiz, R. (Eds.). (1981). *Behavior modification: Contributions to education.* Mahwah, NJ: Erlbaum.

Billingsley, F. F., & Romer, L. T. (1983). Response prompting and transfer of stimulus control: Methods, research, and a conceptual framework. *Journal of the Association for Persons with Severe Handicaps, 8*, 3–12.

Birnie-Selwyn, B., & Guerin, B. (1997). Teaching children to spell: Decreasing consonant cluster errors by eliminating selective stimulus control. *Journal of Applied Behavior Analysis, 30*, 69–91.

Bloom, S., Lambert, J., Dayton, E., & Samaha, A. (2013). Teacher-conducted trial-based functional analyses as the basis for intervention. *Journal of Applied Behavior Analysis, 46*, 208–218.

Blount, R. L., Drabman, R. S., Wilson, N., & Stewart, D. (1982). Reducing severe diurnal bruxism in two profoundly retarded females. *Journal of Applied Behavior Analysis, 15,* 565–571.

Blumenthal, J. A., & McKee, D. C. (Eds.). (1987). *Applications in behavioral medicine and health psychology: A clinician's source book.* Sarasota, FL: Professional Resource Exchange.

Borrero, J. C., Vollmer, T. R., & Wright, C. S. (2002). An evaluation of contingency strength and response suppression. *Journal of Applied Behavior Analysis, 35,* 337–347.

Bostow, D. E., & Bailey, J. (1969). Modification of severe disruptive and aggressive behavior using brief timeout and reinforcement procedures. *Journal of Applied Behavior Analysis, 2,* 31–37.

Boudjouk, P., Woods, D., Miltenberger, R., & Long, E. (2000). Negative peer evaluation in adolescents: Effects of tic disorders and trichotillomania. *Child and Family Behavior Therapy, 22*(1), 17–28.

Bowman, L. G., Piazza, C. C., Fisher, W. W., Hagopian, L. P., & Kogan, J. S. (1997). Assessment of preference for varied versus constant reinforcers. *Journal of Applied Behavior Analysis, 30,* 451–458.

Boyer, E., Miltenberger, R., Batsche, C., & Fogel, V. (2009). Expert video modeling with video feedback to enhance gymnastics skills. *Journal of Applied Behavior Analysis, 42,* 855–860.

Brigham, T. A. (1989). *Managing everyday problems.* New York: Guilford.

Bristol, M. M., & Sloane, H. N. (1974). Effects of contingency contracting on study rate and test performance. *Journal of Applied Behavior Analysis, 7,* 271–285.

Brobst, B., & Ward, P. (2002). Effects of public posting, goal setting, and oral feedback on the skills of female soccer players. *Journal of Applied Behavior Analysis, 35,* 247–257.

Brothers, K. J., Krantz, P. J., & McClannahan, L. E. (1994). Office paper recycling: A function of container proximity. *Journal of Applied Behavior Analysis, 27,* 153–160.

Bucher, B., Reykdal, B., & Albin, J. (1976). Brief physical restraint to control pica in retarded children. *Journal of Behavior Therapy and Experimental Psychiatry, 7,* 137–140.

Burns, D. D. (1980). *Feeling good: The new mood therapy.* New York: Wm. Morrow and Co.

Call, N., Wacker, D., Ringdahl, J., & Boelter, E. (2005). Combined antecedent variables as motivating operations within functional analyses. *Journal of Applied Behavior Analysis, 38,* 385–389.

Cantrell, R. P., Cantrell, M. L., Huddleston, C. M., & Woolbridge, R. L. (1969). Contingency contracting with school problems. *Journal of Applied Behavior Analysis, 2,* 215–220.

Carns, A. W., & Carns, M. R. (1994). Making behavioral contracts successful. *School Counselor, 42,* 155–160.

Carr, E. G. (1988). Functional equivalence as a means of response generalization. In R. H. Horner, G. Dunlap, & R. L. Koegel (Eds.), *Generalization and maintenance: Life-style changes in applied settings* (pp. 221–241). Baltimore: Paul Brookes.

Carr, E. G., & Carlson, J. I. (1993). Reduction of severe behavior problems in the community using a multicomponent treatment approach. *Journal of Applied Behavior Analysis, 26,* 157–172.

Carr, E. G., & Durand, V. M. (1985). Reducing behavior problems through functional communication training. *Journal of Applied Behavior Analysis, 18,* 111–126.

Carr, E. G., Levin, L., McConnachie, G., Carlson, J. I., Kemp, D. C., & Smith, C. E. (1994). *Communication-based intervention for problem behavior: A user's guide for producing positive change.* Baltimore: Paul Brookes.

Carr, E. G., McConnachie, G., Levin, L., & Kemp, D. C. (1993). Communication based treatment of severe behavior problems. In R. Van Houten & S. Axelrod (Eds.), *Behavior analysis and treatment* (pp. 231–267). New York: Plenum.

Carr, E. G., Newsom, C. D., & Binkoff, J. A. (1980). Escape as a factor in the aggressive behavior of two retarded children. *Journal of Applied Behavior Analysis, 13,* 101–117.

Carr, J. E. (1995). Competing responses for the treatment of Tourette syndrome and tic disorders. *Behaviour Research and Therapy, 33,* 455–456.

Carr, J. E. (2005). Recommendations for reporting multiple baseline designs across participants. *Behavioral Interventions, 20,* 219–224.

Carr, J. E., & Austin, J. (Eds.). (2001). *Handbook of applied behavior analysis.* Reno, NV: Context Press.

Carr, J. E., & Burkholder, E. O. (1998). Creating single-subject design graphs with Microsoft Excel. *Journal of Applied Behavior Analysis, 31,* 245–251.

Carroll, L. A., Miltenberger, R. G., & O'Neill, H. K. (1992). A review and critique of research evaluating child sexual abuse prevention programs. *Education & Treatment of Children, 15,* 335–354.

Carroll-Rowan, L., & Miltenberger, R. G. (1994). A comparison of procedures for teaching abduction prevention to preschoolers. *Education and Treatment of Children, 17,* 113–128.

Carstensen, L. L., & Erickson, R. J. (1986). Enhancing the environments of elderly nursing home residents: Are high rates of interaction enough? *Journal of Applied Behavior Analysis, 19,* 349–355.

Carton, J. S., & Schweitzer, J. B. (1996). Use of a token economy to increase compliance during hemodialysis. *Journal of Applied Behavior Analysis, 29,* 111–113.

Catania, A. C. (Ed.). (1968). *Contemporary research in operant behavior.* Glenview, IL: Scott Foresman.

Cautela, J. (1977). *Behavior analysis forms for clinical intervention.* Champaign, IL: Research Press.

Cavalier, A. R., Ferretti, R. P., & Hodges, A. E. (1997). Self-management within a token economy for students with learning disabilities. *Research in Developmental Disabilities, 18,* 167–178.

Chadwick, B. A., & Day, R. C. (1971). Systematic reinforcement: Academic performance of underachieving students. *Journal of Applied Behavior Analysis, 4,* 311–319.

Chance, P. (1988). *Learning and behavior* (2nd ed.). Belmont, CA: Wadsworth.

Charlop, M. H., Burgio, L. D., Iwata, B. A., & Ivancic, M. T. (1988). Stimulus variation as a means of enhancing punishment effects. *Journal of Applied Behavior Analysis, 21,* 89–95.

Chiesa, M. (1994). *Radical behaviorism: The philosophy and the science.* Boston, MA: Authors Cooperative, Inc.

Christophersen, E. R., & Mortweet, S. L. (2001). *Treatments that work with children: empirically supported strategies for managing childhood problems.* Washington, DC: APA.

Clark, H., Rowbury, T., Baer, A., & Baer, D. (1973). Time out as a punishing stimulus in continuous and intermittent schedules. *Journal of Applied Behavior Analysis, 6,* 443–455.

Clayton, M., Helms, B., & Simpson, C. (2006). Active prompting to decrease cell phone use and increase seat belt use while driving. *Journal of Applied Behavior Analysis, 39,* 341–349.

Coleman, C. L., & Holmes, P. A. (1998). The use of noncontingent escape to reduce disruptive behaviors in children with speech delays. *Journal of Applied Behavior Analysis, 31,* 687–690.

Conners, J., Iwata, B. A., Kahng, S., Hanley, G. P., Worsdell, A. S., & Thompson, R. H. (2000). Differential responding in the presence and absence of discriminative stimuli during multielement functional analyses. *Journal of Applied Behavior Analysis, 33,* 299–308.

Conyers, C., Miltenberger, R., Maki, A., Barenz, R., Jurgens, M., Sailer, A., et al. (2004a). A comparison of response cost and differential reinforcement of other behavior to reduce disruptive behavior in a preschool classroom. *Journal of Applied Behavior Analysis, 37,* 411–415.

Conyers, C., Miltenberger, R., Peterson, B., Gubin, A., Jurgens, M., Selders, A., et al. (2004b). An evaluation of in vivo desensitization and video modeling to increase compliance with dental procedures in persons with mental retardation. *Journal of Applied Behavior Analysis, 37,* 233–238.

Cooper, J. O., Heron, T. E., & Heward, W. L. (1987). *Applied behavior analysis.* Columbus, OH: Merrill.

Cooper, J. O., Heron, T. E., & Heward, W. L. (2007). *Applied behavior analysis* (2nd ed.). Upper Saddle River, NJ: Pearson.

Cope, J. G., & Allred, L. J. (1991). Community intervention to deter illegal parking in spaces reserved for the physically disabled. *Journal of Applied Behavior Analysis, 24,* 687–693.

Corte, H., Wolf, M., & Locke, B. (1971). A comparison of procedures for eliminating self-injurious behavior of retarded adolescents. *Journal of Applied Behavior Analysis, 4,* 201–213.

Cote, C., Thompson, R., & McKerchar, P. (2005). The effects of antecedent interventions and extinction on toddlers' compliance during transitions. *Journal of Applied Behavior Analysis, 38,* 235–238.

Cowdery, G. E., Iwata, B. A., & Pace, G. M. (1990). Effects and side-effects of DRO as treatment for self-injurious behavior. *Journal of Applied Behavior Analysis, 23,* 497–506.

Cox, C., Cox, B., & Cox, D. (2005). Long-term benefits of prompts to use safety belts among drivers exiting senior communities. *Journal of Applied Behavior Analysis, 38,* 533–536.

Cox, M. G., & Geller, E. S. (2010). Prompting safety belt use: Comparative impact on the target behavior and relevant body language. *Journal of Applied Behavior Analysis, 43,* 321–325.

Craft, M. A., Alber, S. R., & Heward, W. L. (1998). Teaching elementary students with developmental disabilities to recruit teacher attention in a general education classroom: Effects on teacher praise and academic productivity. *Journal of Applied Behavior Analysis, 31,* 399–415.

Creedon, S. A. (2005). Healthcare workers hand decontamination practices: Compliance with recommended guidelines. *Journal of Advanced Nursing, 51(3),* 208–216.

Critchfield, T. S., & Kollins, S. H. (2001). Temporal discounting: Basic research and the analysis of socially important behavior. *Journal of Applied Behavior Analysis, 34,* 101–122.

Cuvo, A. J., Davis, P. K., O'Reilly, M. F., Mooney, B. M., & Crowley, R. (1992). Promoting stimulus control with textual prompts and performance feedback for persons with mild disabilities. *Journal of Applied Behavior Analysis, 25,* 477–489.

Cuvo, A. J., & Klatt, K. P. (1992). Effects of community based, videotape, and flashcard instruction of community-referenced sight words on students with mental retardation. *Journal of Applied Behavior Analysis, 25,* 499–512.

Cuvo, A. J., Leaf, R. B., & Borakove, L. S. (1978). Teaching janitorial skills to the mentally retarded: Acquisition, generalization, and maintenance. *Journal of Applied Behavior Analysis, 11,* 345–355.

Dallery, J., & Glenn, I. M. (2005). Effects of an internet-based voucher reinforcement program for smoking abstinence: A feasibility study. *Journal of Applied Behavior Analysis, 38,* 349–357.

Dallery, J., Meredith, S., & Glenn, I. M. (2008). A deposit contract method to deliver abstinence reinforcement for cigarette smoking. *Journal of Applied Behavior Analysis, 41,* 609–615.

Dallery, J., Raiff, B., & Grabinski, M. (2013). Internet-based contingency management to promote smoking cessation: A randomized controlled study. *Journal of Applied Behavior Analysis, 46,* 750–764.

Dancer, D. D., Braukmann, C. J., Schumaker, J. B., Kirigin, K. A., Willner, A. G., & Wolf, M. M. (1978). The training and validation of behavior observation and description skills. *Behavior Modification, 2,* 113–134.

Dancho, K. A., Thompson, R. H., & Rhoades, M. M. (2008). Teaching preschool children to avoid poison hazards. *Journal of Applied Behavior Analysis, 41,* 267–271.

Daniels, A. C. (2000). *Bringing out the best in people: How to apply the astonishing power of positive reinforcement.* New York: McGraw Hill.

Daniels, A. C., & Daniels, J. E. (2006). *Performance management: Changing behavior that drives organizational effectiveness* (4th ed.). Atlanta, GA: PMP.

Davis, C. A., Brady, M. P., Williams, R. E., & Hamilton, R. (1992). Effects of high probability requests on the acquisition and generalization of responses to requests in young children with behavior disorders. *Journal of Applied Behavior Analysis, 25,* 905–916.

Davis, P., & Chittum, R. (1994). A group oriented contingency to increase leisure activities in adults with traumatic brain injury. *Journal of Applied Behavior Analysis, 27,* 553–554.

Dawson, J. E., Piazza, C. C., Sevin, B. M., Gulotta, C. S., Lerman, D., & Kelley, M. L. (2003). Use of the high-probability instructional sequence and escape extinction in a child with food refusal. *Journal of Applied Behavior Analysis, 36,* 105–108.

Day, H. M., Horner, R. H., & O'Neill, R. E. (1994). Multiple functions of problem behaviors: Assessment and intervention. *Journal of Applied Behavior Analysis, 27,* 279–289.

Deaver, C., Miltenberger, R., & Stricker, J. (2001). Functional analysis and treatment of hair twirling in a young child. *Journal of Applied Behavior Analysis, 34,* 535–538.

Deitz, S. M. (1977). An analysis of programming DRL schedules in educational settings. *Behaviour Research and Therapy, 15,* 103–111.

Deitz, S. M., & Malone, L. W. (1985). Stimulus control terminology. *The Behavior Analyst, 8,* 259–264.

Deitz, S. M., & Repp, A. C. (1973). Decreasing classroom misbehavior through the use of DRL schedules of reinforcement. *Journal of Applied Behavior Analysis, 6,* 457–463.

Deitz, S. M., & Repp, A. C. (1974). Differentially reinforcing low rates of misbehavior with normal elementary school children. *Journal of Applied Behavior Analysis, 7,* 622.

DeLeon, I., & Iwata, B. (1996). Evaluation of a multiple stimulus presentation format for assessing reinforcer preferences. *Journal of Applied Behavior Analysis, 29,* 519–533.

De Luca, R., & Holborn, S. (1992). Effects of a variable ratio reinforcement schedule with changing criteria on exercise in obese and nonobese boys. *Journal of Applied Behavior Analysis, 25,* 671–679.

Demchak, M. (1990). Response prompting and fading methods: A review. *American Journal on Mental Retardation, 94,* 603–615.

DeVries, J. E., Burnette, M. M., & Redmon, W. K. (1991). AIDS prevention: Improving nurses' compliance with glove wearing through performance feedback. *Journal of Applied Behavior Analysis, 24,* 705–711.

Dicesare, A., McCadam, D., Toner, A., & Varrell, J. (2005). The effects of methylphenidate on a functional analysis of disruptive behavior: A replication and extension. *Journal of Applied Behavior Analysis, 38,* 125–128.

Dixon, L. S. (1981). A functional analysis of photo–object matching skills of severely retarded adolescents. *Journal of Applied Behavior Analysis, 14,* 465–478.

Dixon, M. R. (2003). Creating a portable data-collection system with Microsoft®Embedded Visual Tools for the Pocket PC. *Journal of Applied Behavior Analysis, 36,* 271–284.

Dixon, M. R., & Cummings, A. (2001). Self-control in children with autism: Response allocation during delays to reinforcement. *Journal of Applied Behavior Analysis, 34,* 491–495.

Dixon, M. R., & Holcomb, S. (2000). Teaching self-control to small groups of dually diagnosed adults. *Journal of Applied Behavior Analysis, 33,* 611–614.

Dixon, M. R., Horner, M. J., & Guercio, J. (2003). Self-control and the preference for delayed reinforcement: An example in brain injury. *Journal of Applied Behavior Analysis, 36,* 371–374.

Dixon, M. R., Rehfeldt, R. A., & Randich, L. (2003). Enhancing tolerance to delayed reinforcers: The role of intervening activities. *Journal of Applied Behavior Analysis, 36,* 263–266.

Doerner, M., Miltenberger, R., & Bakken, J. (1989). Effects of staff self-management on positive social interactions in a group home setting. *Behavioral Residential Treatment, 4,* 313–330.

Doke, L. A., Wolery, M., & Sumberg, C. (1983). Treating chronic aggression: Effects and side effects of response-contingent ammonia spirits. *Behavior Modification, 7,* 531–556.

Doleys, D. M., Wells, K. C., Hobbs, S. A., Roberts, M. W., & Cartelli, L. M. (1976). The effects of social punishment on noncompliance: A comparison with time out and positive practice. *Journal of Applied Behavior Analysis, 9,* 471–482.

Donaldson, J., & Vollmer, T. (2011). An evaluation and comparison of time-out procedures with and without release contingencies. *Journal of Applied Behavior Analysis, 44,* 693–705.

Donaldson, J., Vollmer, T., Yakich, T., & Van Camp, C. (2013). Effects of a reduced time-out interval on compliance with the time-out instruction. *Journal of Applied Behavior Analysis, 46,* 369–378.

Dorsey, M. F., Iwata, B. A., Ong, P., & McSween, T. E. (1980). Treatment of self-injurious behavior using a water mist: Initial response suppression and generalization. *Journal of Applied Behavior Analysis, 13,* 343–353.

Doty, D. W., McInnis, T., & Paul, G. (1974). Remediation of negative side effects of an ongoing response cost system with chronic mental patients. *Journal of Applied Behavior Analysis, 7,* 191–198.

Drasgow, E., Yell, M. L., Bradley, R., & Shiner, J. G. (1999). The IDEA amendments of 1997: A school-wide model for conducting functional behavioral assessments and developing behavior intervention plans. *Education & Treatment of Children, 22*(3), 244–266.

Ducharme, D. E., & Holborn, S. W. (1997). Programming generalization of social skills in preschool children with hearing impairments. *Journal of Applied Behavior Analysis, 30,* 639–651.

Ducharme, J. M., & Van Houten, R. (1994). Operant extinction in the treatment of severe maladaptive behavior: Adapting research to practice. *Behavior Modification, 18,* 139–170.

Dunlap, G. (1993). Promoting generalization: Current status and functional considerations. In R. Van Houten & S. Axelrod (Eds.), *Behavior analysis and treatment* (pp. 269–296). New York: Plenum.

Dunlap, G., Kern-Dunlap, L., Clarke, S., & Robbins, F. (1991). Functional assessment, curricular revision, and severe behavior problems. *Journal of Applied Behavior Analysis, 24,* 387–397.

Durand, V. M. (1990). *Severe behavior problems: A functional communication training approach.* New York: Guilford Press.

Durand, V. M. (1999). Functional communication training using assistive devices: Recruiting natural communities of reinforcement. *Journal of Applied Behavior Analysis, 32,* 247–267.

Durand, V. M., & Carr, E. G. (1987). Social influences on "self-stimulatory" behavior: Analysis and treatment application. *Journal of Applied Behavior Analysis, 20,* 119–132.

Durand, V. M., & Carr, E. G. (1991). Functional communication training to reduce challenging behavior: Maintenance and application in new settings. *Journal of Applied Behavior Analysis, 24,* 251–264.

Durand, V. M., & Carr, E. G. (1992). An analysis of maintenance following functional communication training. *Journal of Applied Behavior Analysis, 25,* 777–794.

Durand, V. M., & Crimmins, D. B. (1988). Identifying the variables maintaining self-injurious behavior. *Journal of Autism and Developmental Disorders, 18,* 99–117.

Durand, V. M., Crimmins, D. B., Caufield, M., & Taylor, J. (1989). Reinforcer assessment I: Using problem behavior to select reinforcers. *Journal of the Association for Persons with Severe Handicaps, 14,* 113–126.

Durand, V. M., & Hieneman, M. (2008). *Helping parents with challenging children: Positive family intervention facilitator guide.* New York: Oxford University Press.

Durand, V. M., & Mindell, J. A. (1990). Behavioral treatment of multiple childhood sleep disorders: Effects on child and family. *Behavior Modification, 14,* 37–49.

Dwyer-Moore, K. J., & Dixon, M. R. (2007). Functional analysis and treatment of problem behavior of elderly adults in long-term care. *Journal of Applied Behavior Analysis, 40,* 679–683.

Dyer, K., Dunlap, G., & Winterling, V. (1990). Effects of choice making on the serious problem behaviors of students with severe handicaps. *Journal of Applied Behavior Analysis, 23,* 515–524.

Edelstein, B. A. (1989). Generalization: Terminological, methodological, and conceptual issues. *Behavior Therapy, 20,* 311–324.

Egemo-Helm, K. R., Miltenberger, R. G., Knudson, P., Finstrom, N., Jostad, C., & Johnson, B. (2007). An evaluation of in situ training to teach sexual abuse prevention skills to women with mental retardation. *Behavioral Interventions, 22,* 99–119.

Elder, J. P., Edelstein, B. A., & Narick, M. M. (1979). Adolescent psychiatric patients: Modifying aggressive behavior with social skills training. *Behavior Modification, 3,* 161–178.

Elder, S. T., Ruiz, Z. R., Deabler, H. L., & Dillenhofer, R. L. (1973). Instrumental conditioning of diastolic blood pressure in essential hypertensive patients. *Journal of Applied Behavior Analysis, 6,* 377–382.

Ellingson, S., Miltenberger, R., & Long, E. (1999). Survey of the use of functional assessment procedures in agencies serving individuals with developmental disabilities. *Behavioral Interventions, 14,* 187–198.

Ellingson, S., Miltenberger, R., Stricker, J., Galensky, T., & Garlinghouse, M. (2000). Functional assessment and treatment of challenging behavior in the classroom setting. *Journal of Positive Behavioral Intervention, 2,* 85–97.

Ellingson, S., Miltenberger, R., Stricker, J., Garlinghouse, M., Roberts, J., Galensky, T., et al. (2000). Functional analysis and treatment of finger sucking. *Journal of Applied Behavior Analysis, 33,* 41–51.

Elliott, A., Miltenberger, R., Bundgaard, J., & Lumley, V. (1996). A national survey of assessment and treatment techniques used by behavior therapists. *Cognitive and Behavioral Practice, 3,* 107–125.

Elliott, A., Miltenberger, R., Rapp, J., Long, E., & McDonald, R. (1998). Brief application of simplified habit reversal to stuttering in children. *Journal of Behavior Therapy and Experimental Psychiatry, 29,* 289–302.

Ellis, J., & Magee, S. K. (1999). Determination of environmental correlates of disruptive classroom behavior: Integration of functional analysis into public school assessment process. *Education & Treatment of Children, 22*(3), 291–316.

Engelman, K. K., Altus, D. E., Mosier, M. C., & Mathews, R. M. (2003). Brief training to promote the use of less intrusive prompts by nursing assistants in a dementia care unit. *Journal of Applied Behavior Analysis, 36,* 129–132.

Epstein, R. (1996). *Self help without hype.* Tucker, GA: Performance Management Publications.

Erford, B. T. (1999). A modified time out procedure for children with noncompliant or defiant behaviors. *Professional School Counseling, 2,* 205–210.

Etzel, B. C., & LeBlanc, J. M. (1979). The simplest treatment alternative: The law of parsimony applied to choosing appropriate instructional control and errorless learning procedures for the difficult-to-teach child. *Journal of Autism and Developmental Disabilities, 9,* 361–382.

Etzel, B. C., LeBlanc, J. M., Schilmoeller, K. J., & Stella, M. E. (1981). Stimulus control procedures in the education of young children. In S. W. Bijou & R. Ruiz (Eds.), *Behavior modification contributions to education* (pp. 3–37). Mahwah, NJ: Erlbaum.

Evans, B. (1976). A case of trichotillomania in a child treated in a home token program. *Journal of Behavior Therapy and Experimental Psychiatry, 7,* 197–198.

Evans, W. (1962). Producing either positive or negative tendencies to a stimulus associated with shock. *Journal of the Experimental Analysis of Behavior, 5,* 335–337.

Everett, P. B., Hayward, S. C., & Meyers, A. W. (1974). The effects of a token reinforcement procedure on bus ridership. *Journal of Applied Behavior Analysis, 7,* 1–9.

Evers, R. A. F., & Van De Wetering, B. J. M. (1994). A treatment model for motor tics based on a specific tension reduction technique. *Journal of Behavior Therapy and Experimental Psychiatry, 25,* 255–260.

Favell, J. E., McGimsey, J. F., & Jones, M. L. (1978). The use of physical restraint in the treatment of self-injury and as positive reinforcement. *Journal of Applied Behavior Analysis, 11,* 225–241.

Fawcett, S. B., & Fletcher, R. K. (1977). Community applications of instructional technology: Training writers of instructional packages. *Journal of Applied Behavior Analysis, 10,* 739–746.

Fellner, D. J., & Sulzer-Azaroff, B. (1974). Assessing the impact of adding assigned or participative goal-setting. *Journal of Organizational Behavior Management, 7,* 3–24.

Ferster, C. B. (1961). Positive reinforcement and behavioral deficits in autistic children. *Child Development, 32,* 347–356.

Ferster, C. B., & Skinner, B. F. (1957). *Schedules of reinforcement.* Upper Saddle River, NJ: Prentice Hall.

Finney, J. W., Rapoff, M. A., Hall, C. L., & Christopherson, E. R. (1983). Replication and social validation of habit reversal treatment for tics. *Behavior Therapy, 14,* 116–126.

Fisher, J., & Neys, R. (1978). Use of a commonly available chore to reduce a boy's rate of swearing. *Journal of Behavior Therapy and Experimental Psychiatry, 9,* 81–83.

484

Fisher, W., Iwata, B., & Mazaleski, J. (1997). Noncontingent delivery of arbitrary reinforcers as treatment for self-injurious behavior. *Journal of Applied Behavior Analysis, 30,* 239–249.

Fisher, W., Piazza, C. C., Bowman, L. G., Hagopian, L. P., Owens, J. C., & Slevin, I. (1992). A comparison of two approaches for identifying reinforcers for persons with severe and profound disabilities. *Journal of Applied Behavior Analysis, 25,* 491–498.

Fisher, W., Piazza, C. C., Bowman, L. G., Kurtz, P., Sherer, M., & Lachman, S. (1994). A preliminary evaluation of empirically derived consequences for the treatment of pica. *Journal of Applied Behavior Analysis, 27,* 447–457.

Fitterling, J. M., Martin, J. E., Gramling, S., Cole, P., & Milan, M. A. (1988). Behavioral management of exercise training in vascular headache patients: An investigation of exercise adherence and headache activity. *Journal of Applied Behavior Analysis, 21,* 9–19.

Fleece, L., Gross, A., O'Brien, T., Kistner, J., Rothblum, E., & Drabman, R. (1981). Elevation of voice volume in young developmentally delayed children via an operant shaping procedure. *Journal of Applied Behavior Analysis, 14,* 351–355.

Fogel, V., Miltenberger, R., Graves, R., & Koehler, S. (2010). Evaluating the effects of exergaming on physical activity among inactive children in a physical education classroom. *Journal of Applied Behavior Analysis, 43*(4), 591–600.

Forehand, R., Sturgis, E. T., McMahon, R. J., Aguar, D., Green, K., Wells, K. C., et al. (1979). Parent behavioral training to modify child noncompliance: Treatment generalization across time and from home to school. *Behavior Modification, 3,* 3–25.

Foster, S. L., Bell-Dolan, D. J., & Burge, D. A. (1988). Behavioral observation. In A. S. Bellack & M. Hersen (Eds.), *Behavioral assessment: A practical handbook* (3rd ed., pp. 119–160). New York: Pergamon.

Fox, D. K., Hopkins, B. L., & Anger, W. K. (1987). The long-term effects of a token economy on safety performance in open pit mining. *Journal of Applied Behavior Analysis, 20,* 215–224.

Foxx, R. M. (1998). A comprehensive treatment program for inpatient adolescents. *Behavioral Interventions, 13,* 67–77.

Foxx, R. M., & Azrin, N. H. (1972). Restitution: A method of eliminating aggressive–disruptive behavior of retarded and brain damaged patients. *Behaviour Research and Therapy, 10,* 15–27.

Foxx, R. M., & Azrin, N. H. (1973). The elimination of autistic self-stimulatory behavior by overcorrection. *Journal of Applied Behavior Analysis, 6,* 1–14.

Foxx, R. M., & Bechtel, D. R. (1983). Overcorrection: A review and analysis. In S. Axelrod & J. Apsche (Eds.), *The effects of punishment on human behavior* (pp. 133–220). New York: Academic Press.

Foxx, R. M., McMorrow, M. J., Bittle, R. G., & Bechtel, D. R. (1986). The successful treatment of a dually diagnosed deaf man's aggression with a program that included contingent electric shock. *Behavior Therapy, 17,* 170–186.

Foxx, R. M., & Rubinoff, A. (1979). Behavioral treatment of caffeinism: Reducing excessive coffee drinking. *Journal of Applied Behavior Analysis, 12,* 335–344.

Foxx, R. M., & Shapiro, S. T. (1978). The timeout ribbon: A nonexclusionary timeout procedure. *Journal of Applied Behavior Analysis, 11,* 125–136.

France, K. G., & Hudson, S. M. (1990). Behavior management of infant sleep disturbance. *Journal of Applied Behavior Analysis, 23,* 91–98.

Franco, D. P., Christoff, K. A., Crimmins, D. B., & Kelly, J. A. (1983). Social skills training for an extremely shy young adolescent: An empirical case study. *Behavior Therapy, 14,* 568–575.

Frederickson, L. W. (Ed.). (1982). *Handbook of organizational behavior management.* New York: Wiley.

Friedrich, W., Morgan, S. B., & Devine, C. (1996). Children's attitudes and behavioral intentions toward a peer with Tourette's syndrome. *Journal of Pediatric Psychology, 21,* 307–319.

Friman, P. C., Finney, J. W., & Christopherson, E. R. (1984). Behavioral treatment of trichotillomania: An evaluative review. *Behavior Therapy, 15,* 249–265.

Friman, P. C., & Hove, G. (1987). Apparent covariation between child habit disorders: Effects of successful treatment for thumb-sucking on untargeted chronic hair-pulling. *Journal of Applied Behavior Analysis, 20,* 421–425.

Friman, P. C., McPherson, K. M., Warzak, W. J., & Evans, J. (1993). Influence of thumb sucking on peer social acceptance in first grade children. *Pediatrics, 91,* 784–786.

Friman, P. C., & Poling, A. (1995). Making life easier with effort: Basic findings and applied research on response effort. *Journal of Applied Behavior Analysis, 28,* 583–590.

Fritz, J., Iwata, B., Hammond, J., & Bloom, S. (2013). Experimental analysis of precursors to severe problem behavior. *Journal of Applied Behavior Analysis, 46,* 101–129.

Fuller, P. R. (1949). Operant conditioning of a vegetative organism. *American Journal of Psychology, 62,* 587–590.

Fyffe, C., Kahng, S., Fittro, E., & Russell, D. (2004). Functional analysis and treatment of inappropriate sexual behavior. *Journal of Applied Behavior Analysis, 37,* 401–404.

Galensky, T. L., Miltenberger, R. G., Stricker, J. M., & Garlinghouse, M. A. (2001). Functional assessment and treatment of mealtime problem behaviors. *Journal of Positive Behavioral Interventions, 3,* 211–224.

Gambrill, E. D. (1977). *Behavior modification: Handbook of assessment, intervention, and evaluation.* San Francisco: Jossey-Bass.

Garcia, J., Kimeldorf, D. J., & Koelling, R. A. (1955). A conditioned aversion toward saccharin resulting from exposure to gamma radiation. *Science, 122,* 157–158.

Gast, D. L. (2009). *Single subject research methodology in behavioral sciences.* New York: Routledge.

Gatheridge, B. J., Miltenberger, R., Huneke, D. F., Satterlund, M. J., Mattern, A. R., Johnson, B. M., & Flessner, C. A. (2004). A comparison of two programs to teach firearm injury prevention skills to 6- and 7-year-old children. *Pediatrics, 114,* e294–e299.

Geller, E. S., & Hahn, H. A. (1984). Promoting safety belt use at industrial sites: An effective program for blue collar employees. *Professional Psychology: Research and Practice, 15,* 553–564.

Gentry, W. D. (Ed.). (1984). *Handbook of behavioral medicine.* New York: Guilford.

Geren, M. A., Stromer, R., & Mackay, H. A. (1997). Picture naming, matching to sample, and head injury: A stimulus control analysis. *Journal of Applied Behavior Analysis, 30,* 339–342.

Gershoff, E. T. (2002). Corporal punishment by parents and associated child behaviors and experiences: A metanalytic and theoretical review. *Psychological Bulletin, 128,* 539–579.

Glenn, I. M., & Dallery, J. (2007). Effects of internet-based voucher reinforcement and a transdermal nicotine patch on cigarette smoking. *Journal of Applied Behavior Analysis, 40,* 1–13.

Glynn, S. M. (1990). Token economy approaches for psychiatric patients: Progress and pitfalls over 25 years. *Behavior Modification, 14,* 383–407.

Goetz, E., & Baer, D. (1973). Social control of form diversity and the emergence of new forms in children's block-building. *Journal of Applied Behavior Analysis, 6,* 209–217.

Goh, H., & Iwata, B. A. (1994). Behavioral persistence and variability during extinction of self-injury maintained by escape. *Journal of Applied Behavior Analysis, 27,* 173–174.

Goldiamond, I. (1965). Self-control procedures in personal behavior problems. *Psychological Reports, 17,* 851–868.

Goldiamond, I. (1974). Toward a constructional approach to social problems: Ethical and constitutional issues raised by applied behavior analysis. *Behaviorism, 2,* 1–85.

Golonka, Z., Wacker, D., Berg, W., Derby, K. M., Harding, J., & Peck, S. (2000). Effects of escape to alone versus escape to enriched environments on adaptive and aberrant behavior. *Journal of Applied Behavior Analysis, 33,* 243–246.

Gras, M. E., Cunill, M., Planes, M., Sullman, M. J. M., & Oliveras, C. (2003). Increasing safety-belt use in Spanish drivers: A field test of personal prompts. *Journal of Applied Behavior Analysis, 36,* 249–251.

Gray, J. J. (1979). Positive reinforcement and punishment in the treatment of childhood trichotillomania. *Journal of Behavior Therapy and Experimental Psychiatry, 10,* 125–129.

Green, C. W., Reid, D. H., Canipe, V. S., & Gardner, S. M. (1991). A comprehensive evaluation of reinforcer identification processes for persons with profound multiple handicaps. *Journal of Applied Behavior Analysis, 24*, 537–552.

Green, C. W., Reid, D. H., White, L. K., Halford, R. C., Brittain, D. P., & Gardner, S. M. (1988). Identifying reinforcers for persons with profound handicaps: Staff opinion versus systematic assessment of preferences. *Journal of Applied Behavior Analysis, 21*, 31–43.

Green, R. B., Hardison, W. L., & Greene, B. F. (1984). Turning the table on advice programs for parents: Using placemats to enhance family interactions at restaurants. *Journal of Applied Behavior Analysis, 17*, 497–508.

Gross, A. M., & Drabman, R. S. (Eds.). (2005). *Encyclopedia of behavior modification and cognitive behavior therapy volume two: Child clinical applications.* Thousand Oaks, CA: Sage.

Guttman, N., & Kalish, H. I. (1956). Discriminability and stimulus generalization. *Journal of Experimental Psychology, 51*, 79–88.

Hagopian, L. P., Fisher, W. W., & Legacy, S. M. (1994). Schedule effects of noncontingent reinforcement on attention-maintained destructive behavior in identical quadruplets. *Journal of Applied Behavior Analysis, 27*, 317–325.

Hagopian, L. P., & Thompson, R. H. (1999). Reinforcement of compliance with respiratory treatment in a child with cystic fibrosis. *Journal of Applied Behavior Analysis, 32*, 233–236.

Hake, D., & Azrin, N. (1965). Conditioned punishment. *Journal of the Experimental Analysis of Behavior, 8*, 279–293.

Hall, C., Sheldon-Wildgen, J., & Sherman, J. A. (1980). Teaching job interview skills to retarded clients. *Journal of Applied Behavior Analysis, 13*, 433–442.

Halle, J. W. (1989). Identifying stimuli in the natural environment that control verbal responses. *Journal of Speech and Hearing Disorders, 54*, 500–504.

Halle, J. W., & Holt, B. (1991). Assessing stimulus control in natural settings: An analysis of stimuli that acquire control during training. *Journal of Applied Behavior Analysis, 24*, 579–589.

Halvorson, J. A. (1971). The effects on stuttering frequency of pairing punishment (response cost) with reinforcement. *Journal of Speech and Hearing Research, 14*, 356–364.

Handen, B. L., Parrish, J. M., McClung, T. J., Kerwin, M. E., & Evans, L. D. (1992). Using guided compliance versus time-out to promote child compliance: A preliminary comparative analysis in an analogue context. *Research in Developmental Disabilities, 13*, 157–170.

Handen, B. L., & Zane, T. (1987). Delayed prompting: A review of procedural variations and results. *Research in Developmental Disabilities, 8*, 307–330.

Hanley, G. P., Iwata, B. A., & McCord, B. E. (2003). Functional analysis of problem behavior: A review. *Journal of Applied Behavior Analysis, 36*, 147–185.

Hanley, G. P., Piazza, C. C., & Fisher, W. W. (1997). Non-contingent presentation of attention and alternative stimuli in the treatment of attention-maintained destructive behavior. *Journal of Applied Behavior Analysis, 30*, 229–237.

Hanley, G., Piazza, C. C., Fisher, W.W., & Maglieri, K. (2005). On the effectiveness of and preference for punishment and extinction components of function-based interventions. *Journal of Applied Behavior Analysis, 38*, 51–65.

Hansen, D. J., Tishelman, A. C., Hawkins, R. P., & Doepke, K. (1990). Habits with potential as disorders: Prevalence, severity, and other characteristics among college students. *Behavior Modification, 14*, 66–88.

Haring, T. G., & Kennedy, C. H. (1990). Contextual control of problem behaviors in students with severe disabilities. *Journal of Applied Behavior Analysis, 23*, 235–243.

Hartmann, D. P., & Wood, D. D. (1990). Observational methods. In A. S. Bellack, M. Herson, & A. E. Kazdin (Eds.), *International handbook of behavior modification and therapy* (2nd ed., pp. 107–138). New York: Plenum.

Hasazi, J. E., & Hasazi, S. E. (1972). Effects of teacher attention on digit reversal behavior in an elementary school child. *Journal of Applied Behavior Analysis, 5*, 157–162.

Haseltine, B., & Miltenberger, R. (1990). Teaching self-protection skills to persons with mental retardation. *American Journal on Mental Retardation, 95*, 188–197.

Hayes, S. C., Barlow, D. H., & Nelson-Gray, R. O. (Eds.). (1999). *The scientist practitioner: Research and accountability in the age of managed care* (2nd ed.). Boston: Allyn & Bacon.

Heard, K., & Watson, T. S. (1999). Reducing wandering by persons with dementia using differential reinforcement. *Journal of Applied Behavior Analysis, 32*, 381–384.

Hieneman, M., Childs, K., & Sergay, J. (2006). *Parenting with positive behavior support: A practical guide to resolving your child's difficult behavior.* Baltimore, MD: Brookes.

Heinicke, M. R., Carr, J. E., & Mozzoni, M. P. (2009). Using differential reinforcement to decrease academic response latencies of an adolescent with acquired brain injury. *Journal of Applied Behavior Analysis, 42*, 861–865.

Hermann, J. A., Montes, A. I., Dominguez, B., Montes, F., & Hopkins, B. L. (1973). Effects of bonuses for punctuality on the tardiness of industrial workers. *Journal of Applied Behavior Analysis, 6*, 563–570.

Hersen, M., & Bellack, A. S. (Eds.). (1985). *Handbook of clinical behavior therapy with adults.* New York: Plenum.

Hersen, M., & Rosqvist, J. (Eds.). (2005). *Encyclopedia of behavior modification and cognitive behavior therapy volume one: Adult clinical applications.* Thousand Oaks, CA: Sage.

Hersen, M., & Van Hasselt, V. B. (Eds.). (1987). *Behavior therapy with children and adolescents: A clinical approach.* New York: Wiley.

Higbee, T. S., Carr, J. E., & Patel, M. R. (2002). The effects of interpolated reinforcement on resistance to extinction in children diagnosed with autism: A preliminary investigation. *Research in Developmental Disabilities, 23*, 61–78.

Himle, J., Perlman, D., & Lokers, L. (2008). Prototype awareness enhancing and monitoring device for trichotillomania. *Behaviour Research and Therapy, 46*, 1187–1191.

Himle, M. B., & Miltenberger, R. G. (2004). Preventing unintentional firearm injury in children: The need for behavioral skills training. *Education & Treatment of Children, 27*, 161–177.

Himle, M. B., Miltenberger, R. G., Flessner, C., & Gatheridge, B. (2004). Teaching safety skills to children to prevent gun play. *Journal of Applied Behavior Analysis, 37*, 1–9.

Himle, M. B., Miltenberger, R. G., Gatheridge, B., & Flessner, C. (2004). An evaluation of two procedures for training skills to prevent gun play in children. *Pediatrics, 113*, 70–77.

Hobbs, S. A., Forehand, R., & Murray, R. G. (1978). Effects of various durations of time-out on noncompliant behavior of children. *Behavior Therapy, 9*, 652–656.

Hobbs, T. R., & Holt, M. M. (1976). The effects of token reinforcement on the behavior of delinquents in cottage settings. *Journal of Applied Behavior Analysis, 9*, 189–198.

Hoch, H., McComas, J. J., Johnson, L., Faranda, N., & Guenther, S. L. (2002). The effects of magnitude and quality of reinforcement on choice responding during play activities. *Journal of Applied Behavior Analysis, 35*, 171–181.

Hoch, H., McComas, J. J., Thompson, A. L., & Paone, D. (2002). Concurrent reinforcement schedules: Behavior change and maintenance without extinction. *Journal of Applied Behavior Analysis, 35*, 155–169.

Holland, J. G., & Skinner, B. F. (1961). *The analysis of behavior: A program for self-instruction.* New York: McGraw-Hill.

Holz, W. C., Azrin, N. H., & Ayllon, T. (1963). Elimination of the behavior of mental patients with response-produced extinction. *Journal of the Experimental Analysis of Behavior, 6*, 407–412.

Homme, L., Csany, A. P., Gonzales, M. A., & Rechs, J. R. (1970). *How to use contingency contracting in the classroom.* Champaign, IL: Research Press.

Honig, W. K. (Ed.). (1966). *Operant behavior: Areas of research and application.* New York: Appleton-Century-Crofts.

486

Horn, J., Miltenberger, R., Weil, T., Mowery, J., Conn, M., & Sams, L. (2008). Teaching laundry skills to individuals with developmental disabilities using video prompting. *International Journal of Behavioral Consultation and Therapy, 4,* 279–286.

Horner, R. D. (1971). Establishing use of crutches by a mentally retarded spina bifida child. *Journal of Applied Behavior Analysis, 4,* 183–189.

Horner, R. H., & Carr, E. G. (1997). Behavioral support for students with severe disabilities: Functional assessment and comprehensive intervention. *Journal of Special Education, 31,* 84–104.

Horner, R. H., & Day, H. M. (1991). The effects of response efficiency on functionally equivalent competing behaviors. *Journal of Applied Behavior Analysis, 24,* 719–732.

Horner, R. H., Day, H. M., Sprague, J. R., O'Brien, M., & Heathfield, L. T. (1991). Interspersed requests: A non-aversive procedure for reducing aggression and self-injury during instruction. *Journal of Applied Behavior Analysis, 24,* 265–278.

Horner, R. H., Dunlap, G., & Koegel, R. L. (Eds.). (1988). *Generalization and maintenance: Lifestyle changes in applied settings.* Baltimore: Paul Brookes.

Horner, R. H., & Keilitz, I. (1975). Training mentally retarded adolescents to brush their teeth. *Journal of Applied Behavior Analysis, 8,* 301–309.

Horner, R. H., Sprague, J. R., O'Brien, M., & Heathfield, L. T. (1990). The role of response efficiency in the reduction of problem behaviors through functional equivalence training: A case study. *Journal of the Association for Persons with Severe Handicaps, 15,* 91–97.

Horner, R. H., Sprague, T., & Wilcox, B. (1982). General case programming for community activities. In B. Wilcox & G. T. Bellamy (Eds.), *Design of high school programs for severely handicapped students* (pp. 61–98). Baltimore: Paul Brookes.

Howie, P. M., & Woods, C. L. (1982). Token reinforcement during the instatement and shaping of fluency in the treatment of stuttering. *Journal of Applied Behavior Analysis, 15,* 55–64.

Hughes, C., Harmer, M. L., Killian, D. J., & Niarhos, F. (1995). The effects of multiple-exemplar self-instructional training on high school students' generalized conversational interactions. *Journal of Applied Behavior Analysis, 28,* 201–218.

Hughes, H., Hughes, A., & Dial, H. (1979). Home-based treatment of thumb-sucking: Omission training with edible rein- forcers and a behavioral seal. *Behavior Modification, 3,* 179–186.

Hume, K. M., & Crossman, J. (1992). Musical reinforcement of practice behaviors among competitive swimmers. *Journal of Applied Behavior Analysis, 25,* 665–670.

Hupp, S. D., & Reitman, D. (1999). Improving sports skills and sportsmanship in children diagnosed with attention deficit/hyperactivity disorder. *Child and Family Behavior Therapy, 21(3),* 35–51.

Hussian, R. A. (1981). *Geriatric psychology: A behavioral perspective.* New York: Van Nostrand Reinhold.

Hussian, R. A., & Davis, R. L. (1985). *Responsive care: Behavioral interventions with elderly persons.* Champaign, IL: Research Press.

Ingham, R. J., & Andrews, G. (1973). An analysis of a token economy in stuttering therapy. *Journal of Applied Behavior Analysis, 6,* 219–229.

Isaacs, W., Thomas, J., & Goldiamond, I. (1960). Application of operant conditioning to reinstate verbal behavior in psychotics. *Journal of Speech and Hearing Disorders, 25,* 8–12.

Iwata, B. A., Bailey, J. S., Neef, N. A., Wacker, D. P., Repp, A. C., & Shook, G. L. (Eds.). (1997). *Behavior analysis in developmental disabilities 1968-1995: Reprint series* (Vol. 3). Lawrence, KS: Society for the Experimental Analysis of Behavior.

Iwata, B. A., Dorsey, M. F., Slifer, K. J., Bauman, K. E., & Richman, G. S. (1982). Toward a functional analysis of self-injury. *Analysis and Intervention in Developmental Disabilities, 2,* 3–20.

Iwata, B. A., & Dozier, C. (2008). Clinical applications of functional analysis methodology. *Behavior Analysis in Practice, 1,* 3–9.

Iwata, B. A., Pace, G. M., Cowdery, G. E., & Miltenberger, R. G. (1994). What makes extinction work: Analysis of procedural form and function. *Journal of Applied Behavior Analysis, 27,* 131–144.

Iwata, B. A., Pace, G. M., Kalsher, M. J., Cowdery, G. E., & Cataldo, M. F. (1990). Experimental analysis and extinction of self-injurious escape behavior. *Journal of Applied Behavior Analysis, 23,* 11–27.

Iwata, B. A., Vollmer, T. R., & Zarcone, J. R. (1990). The experimental (functional) analysis of behavior disorders: Methodology, applications, and limitations. In A. C. Repp & N. N. Singh (Eds.), *Perspectives on the use of nonaversive and aversive interventions for persons with developmental disabilities* (pp. 301–330). Sycamore, IL: Sycamore.

Iwata, B. A., Vollmer, T. R., Zarcone, J. R., & Rodgers, T. A. (1993). Treatment classification and selection based on behavioral function. In R. Van Houten & S. Axelrod (Eds.), *Behavior analysis and treatment* (pp. 101–125). New York: Plenum.

Iwata, B. A., Wong, S. E., Riordan, M. M., Dorsey, M. F., & Lau, M. M. (1982). Assessment and training of clinical interviewing skills: Analogue analysis and field replication. *Journal of Applied Behavior Analysis, 15,* 191–204.

Jackson, D. A., & Wallace, R. F. (1974). The modification and generalization of voice loudness in a fifteen-year-old retarded girl. *Journal of Applied Behavior Analysis, 7,* 461–471.

Jackson, J., & Dixon, M. (2007). A mobile computing solution for collecting functional analysis data on a pocket PC. *Journal of Applied Behavior Analysis, 40,* 359–384.

Jacobson, N. S., & Margolin, G. (1979). *Marital therapy: Strategies based on social learning and behavior exchange principles.* New York: Brunner Mazel.

James, J. E. (1981). Behavioral self-control of stuttering using time-out from speaking. *Journal of Applied Behavior Analysis, 14,* 25–37.

Jeffery, R. W., Bjornson-Benson, W. M., Rosenthal, B. S., Kurth, C. L., & Dunn, M. M. (1984). Effectiveness of monetary contracts with two repayment schedules on weight reduction in men and women from self-referred and population samples. *Behavior Therapy, 15,* 273–279.

Johnson, B. M., Miltenberger, R. G., Egemo-Helm, K., Jostad, C. M., Flessner, C., & Gatheridge, B. (2005). Evaluation of behavioral skills training for teaching abduction prevention skills to young children. *Journal of Applied Behavior Analysis, 38,* 67–78.

Johnson, B. M., Miltenberger, R. G., Knudson, P., Egemo-Helm, K., Kelso, P., Jostad, C., et al. (2006). A preliminary evaluation of two behavioral skills training procedures for teaching abduction prevention skills to school children. *Journal of Applied Behavior Analysis, 39,* 25–34.

Johnston, J. M., & Pennypacker, H. S. (1981). *Strategies and tactics of human behavioral research.* Mahwah, NJ: Erlbaum.

Jones, F. H., & Miller, W. H. (1974). The effective use of negative attention for reducing group disruption in special elementary school classrooms. *Psychological Record, 24,* 435–448.

Jones, R. T., & Kazdin, A. E. (1980). Teaching children how and when to make emergency telephone calls. *Behavior Therapy, 11,* 509–521.

Jones, R. T., Kazdin, A. E., & Haney, J. L. (1981). Social validation and training of emergency fire safety skills for potential injury prevention and life saving. *Journal of Applied Behavior Analysis, 14,* 249–260.

Jostad, C. M., Miltenberger, R. G., Kelso, P., & Knudson, P. (2008). Peer tutoring to prevent gun play: Acquisition, generalization, and maintenance of safety skills. *Journal of Applied Behavior Analysis, 41,* 117–123.

Kahng, S., Boscoe, J. H., & Byrne, S. (2003). The use of an escape contingency and a token economy to increase food acceptance. *Journal of Applied Behavior Analysis, 36,* 349–353.

Kahng, S., & Iwata, B. A. (1998). Computerized systems for collecting real-time observational data. *Journal of Applied Behavior Analysis, 31,* 253–261.

Kahng, S., & Iwata, B. A. (1999). Correspondence between outcomes of brief and extended functional analyses. *Journal of Applied Behavior Analysis, 32,* 149–159.

Kahng, S., Iwata, B. A., Fischer, S. M., Page, T. J., Treadwell, K. R. H., Williams, D. E., et al. (1998). Temporal distributions of problem behavior based on scatter plot analysis. *Journal of Applied Behavior Analysis, 31,* 593–604.

Kale, R. J., Kaye, J. H., Whelan, P. A., & Hopkins, B. L. (1968). The effects of reinforcement on the modification, maintenance, and generalization of social responses of mental patients. *Journal of Applied Behavior Analysis, 1,* 307–314.

Kanfer, F., & Gaelick-Buys, L. (1991). Self-management methods. In F. H. Kanfer & A. P. Goldstein (Eds.), *Helping people change: A textbook of methods* (4th ed., pp. 161–201). New York: Pergamon.

Karoly, P., & Kanfer, F. (1982). *Self-management and behavior change: From theory to practice.* New York: Pergamon.

Kazdin, A. E. (1977a). Assessing the clinical or applied significance of behavior change through social validation. *Behavior Modification, 1,* 427–452.

Kazdin, A. E. (1977b). *The token economy: A review and evaluation.* New York: Plenum.

Kazdin, A. E. (1980). Acceptability of alternative treatments for deviant child behavior. *Journal of Applied Behavior Analysis, 13,* 259–273.

Kazdin, A. E. (1982). The token economy: A decade later. *Journal of Applied Behavior Analysis, 15,* 431–445.

Kazdin, A. E. (1994). *Behavior modification in applied settings* (4th ed.). Pacific Grove, CA: Brooks/Cole.

Kazdin, A. E. (2010). *Single case research designs: methods for clinical and applied settings* (2nd ed.). New York: Oxford University Press.

Kazdin, A. E., & Bootzin, R. R. (1972). The token economy: An evaluative review. *Journal of Applied Behavior Analysis, 5,* 343–372.

Kazdin, A. E., & Polster, R. (1973). Intermittent token reinforcement and response maintenance in extinction. *Behavior Therapy, 4,* 386–391.

Kelley, M. L., & Stokes, T. F. (1982). Contingency contracting with disadvantaged youths: Improving classroom performance. *Journal of Applied Behavior Analysis, 15,* 447–454.

Kelley, M. L., & Stokes, T. F. (1984). Student–teacher contracting with goal setting for maintenance. *Behavior Modification, 8,* 223–244.

Kemp, D. C., & Carr, E. G. (1995). Reduction of severe problem behavior in community employment using an hypothesis-driven multicomponent intervention approach. *Journal of the Association for Persons with Severe Handicaps, 20,* 229–247.

Kendall, G., Hrycaiko, D., Martin, G. L., & Kendall, T. (1990). The effects of an imagery rehearsal, relaxation, and self-talk package on basketball game performance. *Journal of Sport and Exercise Psychology, 12,* 157–166.

Kendall, P. C. (1989). The generalization and maintenance of behavior change: Comments, considerations, and the "no-cure" criticism. *Behavior Therapy, 20,* 357–364.

Kennedy, C. H. (1994). Manipulating antecedent conditions to alter the stimulus control of problem behavior. *Journal of Applied Behavior Analysis, 27,* 161–170.

Kern, L., Childs, K., Dunlap, G., Clarke, S., & Falk, G. (1994). Using assessment-based curricular interventions to improve the classroom behavior of a student with behavioral challenges. *Journal of Applied Behavior Analysis, 27,* 7–19.

Kirschenbaum, D. S., & Flanery, R. C. (1983). Behavioral contracting: Outcomes and elements. In M. Hersen, R. M. Eisler, & P. M. Miller (Eds.), *Progress in behavior modification* (pp. 217–275). New York: Academic Press.

Kirschenbaum, D. S., & Flanery, R. C. (1984). Toward a psychology of behavioral contracting. *Clinical Psychology Review, 4,* 597–618.

Knight, M. F., & McKenzie, H. S. (1974). Elimination of bedtime thumbsucking in home settings through contingent reading. *Journal of Applied Behavior Analysis, 7,* 33–38.

Kodak, T., Miltenberger, R. G., & Romaniuk, C. (2003). The effects of differential negative reinforcement of other behavior and noncontingent escape on compliance. *Journal of Applied Behavior Analysis, 36,* 379–382.

Kramer, F. M., Jeffery, R. W., Snell, M. K., & Forster, J. L. (1986). Maintenance of successful weight loss over 1 year: Effects of financial contracts for weight maintenance or participation in skills training. *Behavior Therapy, 17,* 295–301.

Krantz, P. J., & McClannahan, L. E. (1993). Teaching children with autism to initiate to peers: Effects of a script-fading procedure. *Journal of Applied Behavior Analysis, 26,* 121–132.

Krantz, P. J., & McClannahan, L. E. (1998). Social interaction skills for children with autism: A script-fading procedure for beginning readers. *Journal of Applied Behavior Analysis, 31,* 191–202.

Kuhn, S. A., Lerman, D., Vorndran, C., & Addison, L. (2006). Analysis of factors that affect responding in a two-response chain in children with developmental disabilities. *Journal of Applied Behavior Analysis, 39,* 263–280.

Kurtz, P. F., Chin, M. D., Huete, J. M., Tarbox, R. S. F., O'Connor, J. T., Paclawskyj, T. R., et al. (2003). Functional analysis and treatment of self-injurious behavior in young children: A summary of 30 cases. *Journal of Applied Behavior Analysis, 36,* 205–219.

Ladoucher, R. (1979). Habit reversal treatment: Learning an incompatible response or increasing the subject's awareness? *Behaviour Research and Therapy, 17,* 313–316.

Ladoucher, R., & Martineau, G. (1982). Evaluation of regulated breathing method with and without parental assistance in the treatment of child stutterers. *Journal of Behavior Therapy and Experimental Psychiatry, 13,* 301–306.

Lahey, B. B., McNees, M. P., & McNees, M. C. (1973). Control of an obscene "verbaltic" through timeout in an elementary school classroom. *Journal of Applied Behavior Analysis, 6,* 101–104.

Lalli, J. S., Browder, D. M., Mace, F. C., & Brown, D. K. (1993). Teacher use of descriptive analysis data to implement interventions to decrease students' problem behaviors. *Journal of Applied Behavior Analysis, 26,* 227–238.

Lalli, J. S., Casey, S. D., & Cates, K. (1997). Noncontingent reinforcement as treatment for severe problem behavior: Some procedural variations. *Journal of Applied Behavior Analysis, 30,* 127–137.

Lalli, J. S., Mace, F. C., Livezey, K., & Kates, K. (1998). Assessment of stimulus generalization gradients in the treatment of self-injurious behavior. *Journal of Applied Behavior Analysis, 31,* 479–483.

Lalli, J. S., Zanolli, K., & Wohn, T. (1994). Using extinction to promote response variability in toy play. *Journal of Applied Behavior Analysis, 27,* 735–736.

Lane, K. L., Umbreit, J., & Beebe-Frankenberger, M. E. (1999). Functional assessment research on students with or at risk for EBD: 1990–present. *Journal of Positive Behavioral Interventions, 1,* 101–111.

Laraway, S., Snycerski, S., Michael, J., & Poling, A. (2003). Motivating operations and terms to describe them: Some further refinements. *Journal of Applied Behavior Analysis, 36,* 407–414.

Larson, P. J., & Maag, J. W. (1999). Applying functional assessment in general education classrooms: Issues and recommendations. *Remedial and Special Education, 19,* 338–349.

Latner, J. D., & Wilson, G. T. (2002). Self monitoring and the assessment of binge eating. *Behavior Therapy, 33,* 465–477.

Lavie, T., & Sturmey, P. (2002). Training staff to conduct a paired-stimulus preference assessment. *Journal of Applied Behavior Analysis, 35,* 209–211.

LaVigna, G. W., & Donnellan, A. M. (1986). *Alternatives to punishment: Solving behavior problems with nonaversive strategies.* New York: Irvington.

Leal, J., & Galanter, M. (1995). The use of contingency contracting to improve outcome in methadone maintenance. *Substance Abuse, 16*(3), 155–167.

Leckman, J., & Cohen, D. (1999). Evolving models of pathogenesis. In J. Leckman & D. Cohen (Eds.), *Tourette's syndrome: Ticks, obsessions, and compulsions* (pp. 155–176). New York: Wiley.

Leitenberg, H., Burchard, J. D., Burchard, S. N., Fuller, E. J., & Lysaght, T. V. (1977). Using positive reinforcement to suppress behavior: Some experimental comparisons with sibling conflict. *Behavior Therapy, 8,* 168–182.

Lennox, D. B., & Miltenberger, R. G. (1989). Conducting a functional assessment of problem behavior in applied settings. *Journal of the Association for Persons with Severe Handicaps, 14,* 304–311.

Lennox, D. B., Miltenberger, R. G., & Donnelly, D. (1987). Response interruption and DRL for the reduction of rapid eating. *Journal of Applied Behavior Analysis, 20,* 279–284.

488

Lerman, D. C., & Iwata, B. A. (1993). Descriptive and experimental analyses of variables maintaining self-injurious behavior. *Journal of Applied Behavior Analysis, 26,* 293–319.

Lerman, D. C., & Iwata, B. A. (1995). Prevalence of the extinction burst and its attenuation during treatment. *Journal of Applied Behavior Analysis, 28,* 93–94.

Lerman, D. C., & Iwata, B. A. (1996a). A methodology distinguishing between extinction and punishment effects associated with response blocking. *Journal of Applied Behavior Analysis, 29,* 231–233.

Lerman, D. C., & Iwata, B. A. (1996b). Developing a technology for the use of operant extinction in clinical settings: An examination of basic and applied research. *Journal of Applied Behavior Analysis, 29,* 345–382.

Lerman, D. C., Iwata, B. A., Shore, B. A., & DeLeon, I. G. (1997). Effects of intermittent punishment on self-injurious behavior: An evaluation of schedule thinning. *Journal of Applied Behavior Analysis, 30,* 187–201.

Lerman, D. C., Iwata, B. A., Shore, B. A., & Kahng, S. (1996). Responding maintained by intermittent reinforcement: Implications for the use of extinction with problem behavior in clinical settings. *Journal of Applied Behavior Analysis, 29,* 153–171.

Lerman, D. C., Iwata, B. A., & Wallace, M. D. (1999). Side effects of extinction: Prevalence of bursting and aggression during the treatment of self-injurious behavior. *Journal of Applied Behavior Analysis, 32,* 1–8.

Lerman, D. C., & Vorndran, C. M. (2002). On the status of knowledge for using punishment: Implications for treating behavior disorders. *Journal of Applied Behavior Analysis, 35,* 431–464.

Levy, R. L. (1987). Compliance and clinical practice. In J. A. Blumenthal & D. C. McKee (Eds.), *Applications in behavioral medicine and health psychology: A clinicians source book* (pp. 567–587). Sarasota, FL: Professional Resource Exchange.

Lewis, T. J., Scott, T. M., & Sugai, G. M. (1994). The problem behavior questionnaire: A teacher-based instrument to develop functional hypotheses of problem behavior in general education classrooms. *Diagnostique, 19,* 103–115.

Liberman, R. P., Teigen, J., Patterson, R., & Baker, V. (1973). Reducing delusional speech in chronic paranoid schizophrenics. *Journal of Applied Behavior Analysis, 6,* 57–64.

Lindberg, J. S., Iwata, B. A., Kahng, S., & DeLeon, I. G. (1999). DRO contingencies: An analysis of variable-momentary schedules. *Journal of Applied Behavior Analysis, 32,* 123–136.

Lindsley, O. R. (1968). A reliable wrist counter for recording behavior rates. *Journal of Applied Behavior Analysis, 1,* 77–78.

Linscheid, T., Iwata, B. A., Ricketts, R., Williams, D., & Griffin, J. (1990). Clinical evaluation of the self-injurious behavior inhibiting system (SIBIS). *Journal of Applied Behavior Analysis, 23,* 53–78.

Little, L. M., & Kelley, M. L. (1989). The efficacy of response cost procedures for reducing children's noncompliance to parental instructions. *Behavior Therapy, 20,* 525–534.

Long, E., Miltenberger, R., Ellingson, S., & Ott, S. (1999). Augmenting simplified habit reversal in the treatment of oral–digital habits exhibited by individuals with mental retardation. *Journal of Applied Behavior Analysis, 32,* 353–365.

Long, E., Miltenberger, R., & Rapp, J. (1999). Simplified habit reversal plus adjunct contingencies in the treatment of thumb sucking and hair pulling in a young girl. *Child and Family Behavior Therapy, 21*(4), 45–58.

Long, E., Woods, D., Miltenberger, R., Fuqua, R. W., & Boudjouk, P. (1999). Examining the social effects of habit behaviors exhibited by individuals with mental retardation. *Journal of Developmental and Physical Disabilities, 11,* 295–312.

Lovaas, O. I., Berberich, J. P., Perdoff, B. F., & Schaeffer, B. (1966). Acquisition of imitative speech by schizophrenic children. *Science, 151,* 705–706.

Lovaas, O. I., Newsom, C., & Hickman, C. (1987). Self-stimulatory behavior and perceptual reinforcement. *Journal of Applied Behavior Analysis, 20,* 45–68.

Lovaas, O. I., & Simmons, J. Q. (1969). Manipulation of self-destruction in three retarded children. *Journal of Applied Behavior Analysis, 2,* 143–157.

Luce, S. C., Delquadri, J., & Hall, R. V. (1980). Contingent exercise: A mild but powerful procedure for suppressing inappropriate verbal and aggressive behavior. *Journal of Applied Behavior Analysis, 13,* 583–594.

Luce, S. C., & Hall, R. V. (1981). Contingent exercise: A procedure used with differential reinforcement to reduce bizarre verbal behavior. *Education & Treatment of Children, 4,* 309–327.

Ludwig, T. D., & Geller, E. S. (1991). Improving the driving practices of pizza deliverers: Response generalization and moderating effects of driving history. *Journal of Applied Behavior Analysis, 24,* 31–44.

Ludwig, T. D., Gray, T. W., & Rowell, A. (1998). Increasing recycling in academic buildings: A systematic replication. *Journal of Applied Behavior Analysis, 31,* 683–686.

Luiselli, J., Woods, K., & Reed, D. (2011). Review of sports performance research with youth, collegiate, and elite athletes. *Journal of Applied Behavior Analysis, 44,* 999–1002.

Lumley, V., Miltenberger, R., Long, E., Rapp, J., & Roberts, J. (1998). Evaluation of a sexual abuse prevention program for adults with mental retardation. *Journal of Applied Behavior Analysis, 31,* 91–101.

Luthans, F., & Kreitner, R. (1985). *Organizational behavior modification and beyond: An operant and social learning approach.* Glenview, IL: Scott Foresman.

Lutzker, J., & Martin, J. (1981). *Behavior change.* Pacific Grove, CA: Brooks/Cole.

Luyben, P. D., Funk, D. M., Morgan, J. K., Clark, K. A., & Delulio, D. W. (1986). Team sports for the severely retarded: Training a side-of-the-foot soccer pass using a maximum-to-minimum prompt reduction strategy. *Journal of Applied Behavior Analysis, 19,* 431–436.

Maag, J. W. (1999). *Behavior management: From theoretical implications to practical applications.* San Diego: Singular Publishing Group.

MacDuff, G. S., Krantz, P. J., & McClannahan, L. E. (1993). Teaching children with autism to use photographic activity schedules: Maintenance and generalization of complex response chains. *Journal of Applied Behavior Analysis, 26,* 89–97.

Mace, F. C., Hock, M. L., Lalli, J. S., West, B. J., Belfiore, P., Pinter, E., et al. (1988). Behavioral momentum in the treatment of noncompliance. *Journal of Applied Behavior Analysis, 21,* 123–141.

Mace, F. C., & Lalli, J. S. (1991). Linking descriptive and experimental analyses in the treatment of bizarre speech. *Journal of Applied Behavior Analysis, 24,* 553–562.

Mace, F. C., Lalli, J. S., Lalli, E. P., & Shea, M. C. (1993). Functional analysis and treatment of aberrant behavior. In R. Van Houten & S. Axelrod (Eds.), *Behavior analysis and treatment* (pp. 75–99). New York: Plenum.

Mace, F. C., Page, T. J., Ivancic, M. T., & O'Brien, S. (1986). Effectiveness of brief time-out with and without contingent delay: A comparative analysis. *Journal of Applied Behavior Analysis, 19,* 79–86.

Mace, F. C., & Roberts, M. L. (1993). Factors affecting selection of behavioral interventions. In J. Reichle & D. P. Wacker (Eds.), *Communicative alternatives to challenging behavior: Integrating functional assessment and intervention strategies* (pp. 113–133). Baltimore: Paul Brookes.

Madsen, C. H., Becker, W. C., & Thomas, D. R. (1968). Rules, praise, and ignoring: Elements of elementary classroom control. *Journal of Applied Behavior Analysis, 1,* 139–150.

Magrab, P. R., & Papadopoulou, Z. L. (1977). The effect of a token economy on dietary compliance for children on hemodialysis. *Journal of Applied Behavior Analysis, 10,* 573–578.

Malott, R. W. (1986). Self management, rule-governed behavior, and everyday life. In H. W. Reese & L. J. Parrott (Eds.), *Behavioral science: Philosophical, methodological, and empirical advances* (pp. 207–228). Mahwah, NJ; Erlbaum.

Malott, R. W. (1989). The achievement of evasive goals: Control by rules describing contingencies that are not direct acting. In S. C. Hayes (Ed.), *Rule-governed behavior: Cognition, contingencies, and instructional control* (pp. 269–322). New York: Pergamon.

Malott, R. W., Malott, M. E., & Trojan, E. A. (2000). *Elementary principles of behavior* (4th ed.). Upper Saddle River, NJ: Prentice Hall.

Mann, R. A. (1972). The behavior-therapeutic use of contingency contracting to control an adult behavior problem: Weight control. *Journal of Applied Behavior Analysis, 5,* 99–109.

Marcus, B. A., & Vollmer, T. R. (1995). Effects of differential negative reinforcement on disruption and compliance. *Journal of Applied Behavior Analysis, 28,* 229–230.

Marholin, D., & Gray, D. (1976). Effects of group response cost procedures on cash shortages in a small business. *Journal of Applied Behavior Analysis, 9,* 25–30.

Marholin, D., & Steinman, W. (1977). Stimulus control in the classroom as a function of the behavior reinforced. *Journal of Applied Behavior Analysis, 10,* 465–478.

Martin, G., & Pear, J. (1992). *Behavior modification: What it is and how to do it* (4th ed.). Upper Saddle River, NJ: Prentice Hall.

Martin, G., & Pear, J. (1999). *Behavior modification: What it is and how to do it* (6th ed.). Upper Saddle River, NJ: Prentice Hall.

Martin, G. L., & Hrycaiko, D. (1983). *Behavior modification and coaching: Principles, procedures, and research.* Springfield, IL: Charles C. Thomas.

Mason, S. A., McGee, G. G., Farmer-Dougan, V., & Risley, T. R. (1989). A practical strategy for ongoing reinforce-assessment. *Journal of Applied Behavior Analysis, 22,* 171–179.

Mastellone, M. (1974). Aversion therapy: A new use for the old rubber band. *Journal of Behavior Therapy and Experimental Psychiatry, 5,* 311–312.

Mathews, J. R., Friman, P. C., Barone, V. J., Ross, L. V., & Christophersen, E. R. (1987). Decreasing dangerous infant behavior through parent instruction. *Journal of Applied Behavior Analysis, 20,* 165–169.

Mathews, J. R., Hodson, G. D., Crist, W. B., & LaRoche, G. R. (1992). Teaching young children to use contact lenses. *Journal of Applied Behavior Analysis, 25,* 229–235.

Matson, J. L., Sevin, J. A., Fridley, D., & Love, S. R. (1990). Increasing spontaneous language in three autistic children. *Journal of Applied Behavior Analysis, 23,* 227–233.

Matson, J. L., & Stephens, R. M. (1978). Increasing appropriate behavior of explosive chronic psychiatric patients with a social skills training package. *Behavior Modification, 2,* 61–76.

Mazaleski, J. L., Iwata, B. A., Vollmer, T. R., Zarcone, J. R., & Smith, R. G. (1993). Analysis of the reinforcement and extinction components in DRO contingencies with self-injury. *Journal of Applied Behavior Analysis, 26,* 143–156.

McClannahan, L. E., & Risley, T. R. (1975). Design of living environments for nursing home residents: Increasing participation in recreation activities. *Journal of Applied Behavior Analysis, 8,* 261–268.

McComas, J. J., Thompson, A., & Johnson, L. (2003). The effects of presession attention on problem behavior maintained by different reinforcers. *Journal of Applied Behavior Analysis, 36,* 297–307.

McComas, J. J., Wacker, D. P., Cooper, L. J., Asmus, J. M., Richman, D., & Stoner, B. (1996). Brief experimental analysis of stimulus prompts for accurate responding on academic tasks in an outpatient clinic. *Journal of Applied Behavior Analysis, 29,* 397–401.

McGill, P. (1999). Establishing operations: Implications for the assessment, treatment, and prevention of problem behavior. *Journal of Applied Behavior Analysis, 32,* 393–418.

McGimsey, J. F., Greene, B. F., & Lutzker, J. R. (1995). Competence in aspects of behavioral treatment and consultation: Implications for service delivery and graduate training. *Journal of Applied Behavior Analysis, 28,* 301–315.

McGinnis, J. C., Friman, P. C., & Carlyon, W. D. (1999). The effects of token reward on "intrinsic" motivation for doing math. *Journal of Applied Behavior Analysis, 32,* 375–379.

McKerchar, P., & Thompson, R. (2004). A descriptive analysis of potential reinforcement contingencies in the preschool classroom. *Journal of Applied Behavior Analysis, 37,* 431–444.

McLaughlin, T. F., & Malaby, J. (1972). Intrinsic reinforcers in a classroom token economy. *Journal of Applied Behavior Analysis, 5,* 263–270.

McNeil, C. B., Clemens-Mowrer, L., Gurwitch, R. H., & Funderburk, B. W. (1994). Assessment of a new procedure to prevent timeout escape in preschoolers. *Child and Family Behavior Therapy, 16*(3), 27–35.

McSweeny, A. J. (1978). Effects of response cost on the behavior of a million persons: Charging for directory assistance in Cincinnati. *Journal of Applied Behavior Analysis, 11,* 47–51.

Melin, L., & Gotestam, K. G. (1981). The effects of rearranging ward routines on communication and eating behaviors of psychogeriatric patients. *Journal of Applied Behavior Analysis, 14,* 47–51.

Meyer, L. H., & Evans, I. M. (1989). *Nonaversive interventions for behavior problems: A manual for home and community.* Baltimore: Paul Brookes.

Michael, J. L. (1982). Distinguishing between discriminative and motivational functions of stimuli. *Journal of the Experimental Analysis of Behavior, 37,* 149–155.

Michael, J. L. (1991). A behavioral perspective on college teaching. *The Behavior Analyst, 14,* 229–239.

Michael, J. L. (1993a). *Concepts and principles of behavior analysis.* Kalamazoo, MI: Society for the Advancement of Behavior Analysis.

Michael, J. L. (1993b). Establishing operations. *The Behavior Analyst, 16,* 191–206.

Milan, M. A., & McKee, J. M. (1976). The cellblock token economy: Token reinforcement procedures in a maximum security correctional institution for adult male felons. *Journal of Applied Behavior Analysis, 9,* 253–275.

Miller, D. L., & Kelley, M. L. (1994). The use of goal setting and contingency contracting for improving children's homework. *Journal of Applied Behavior Analysis, 27,* 73–84.

Miller, L. K., & Miller, O. L. (1970). Reinforcing self-help group activities of welfare recipients. *Journal of Applied Behavior Analysis, 3,* 57–64.

Miller, N., & Neuringer, A. (2000). Reinforcing variability in adolescents with autism. *Journal of Applied Behavior Analysis, 33,* 151–165.

Miller, W. H. (1975). *Systematic parent training: Procedures, cases, and issues.* Champaign, IL: Research Press.

Miltenberger, R. G. (1998). Methods for assessing antecedent influences on problem behaviors. In J. Luiselli & J. Cameron (Eds.), *Antecedent control procedures for the behavioral support of persons with developmental disabilities* (pp. 47–65). Baltimore: Paul Brookes.

Miltenberger, R. G. (1999). Understanding problem behaviors through functional assessment. In N. Wieseler & R. Hanson (Eds.), *Challenging behavior of persons with mental health disorders and severe developmental disabilities* (pp. 215–235). Washington, DC: AAMR.

Miltenberger, R. G. (2005). The role of automatic negative reinforcement in clinical problems. *International Journal of Behavioral Consultation and Therapy, 1,* 1–11.

Miltenberger, R. G. (2006). Antecedent intervention for challenging behavior maintained by escape from instructional activities. In J. K. Luiselli (Ed.), *Antecedent assessment & intervention: Supporting children & adults with developmental disabilities in community settings* (pp. 101–124). Baltimore: Brookes.

Miltenberger, R. G., & Crosland, K. A. (2014). Parenting. In F. McSweeney (Ed.), The *Wiley-Blackwell handbook of operant and classical conditioning* (pp. 509–531). New York: Wiley.

Miltenberger, R. G., Flessner, C. A., Gatheridge, B. J., Johnson, B. M., Satterlund, M. J., & Egemo, K. (2004). Evaluation of behavioral skills training procedures to prevent gun play in children. *Journal of Applied Behavior Analysis, 37,* 513–516.

Miltenberger, R. G., Fogel, V., Beck, K., Koehler, S., Shayne, R., Noah, J., et al. (2013). Efficacy of the Stranger Safety abduction-prevention program and parent conducted in-situ training. *Journal of Applied Behavior Analysis, 46,* 817–820.

Miltenberger, R. G., & Fuqua, R. W. (1981). Overcorrection: Review and critical analysis. *The Behavior Analyst, 4,* 123–141.

Miltenberger, R. G., & Fuqua, R. W. (1985a). A comparison of three treatment procedures for nervous habits. *Journal of Behavior Therapy and Experimental Psychiatry, 16,* 196–200.

490

Miltenberger, R. G., & Fuqua, R. W. (1985b). Evaluation of a training manual for the acquisition of behavioral assessment interviewing skills. *Journal of Applied Behavior Analysis, 18*, 323–328.

Miltenberger, R. G., Fuqua, R. W., & McKinley, T. (1985). Habit reversal with muscle tics: Replication and component analysis. *Behavior Therapy, 16*, 39–50.

Miltenberger, R. G., Fuqua, R. W., & Woods, D. W. (1998). Applying behavior analysis with clinical problems: Review and analysis of habit reversal. *Journal of Applied Behavior Analysis, 31*, 447–469.

Miltenberger, R. G., Gatheridge, B. J., Satterlund, M., Egemo-Helm, K., Johnson, B. M., Jostad, C., Kelso, P., & Flessner, C. (2005). Teaching safety skills to children to prevent gun play: An evaluation of in situ training. *Journal of Applied Behavior Analysis, 38*, 395–398.

Miltenberger, R. G., Lennox, D. B., & Erfanian, N. (1989). Acceptability of alternative treatments for persons with mental retardation: Ratings from institutional and community based staff. *American Journal on Mental Retardation, 93*, 388–395.

Miltenberger, R. G., Long, E., Rapp, J., Lumley, V., & Elliott, A. (1998). Evaluating the function of hair pulling: A preliminary investigation. *Behavior Therapy, 29*, 211–219.

Miltenberger, R. G., Rapp, J., & Long, E. (1999). A low tech method for conducting real time recording. *Journal of Applied Behavior Analysis, 32*, 119–120.

Miltenberger, R. G., Roberts, J., Ellingson, S., Galensky, T., Rapp, J., Long, E., & Lumley, V. (1999). Training and generalization of sexual abuse prevention skills for women with mental retardation. *Journal of Applied Behavior Analysis, 32*, 385–388.

Miltenberger, R. G., & Thiesse-Duffy, E. (1988). Evaluation of home-based programs for teaching personal safety skills to children. *Journal of Applied Behavior Analysis, 21*, 81–87.

Miltenberger, R. G., Thiesse-Duffy, E., Suda, K. T., Kozak, C., & Bruellman, J. (1990). Teaching prevention skills to children: The use of multiple measures to evaluate parent versus expert instruction. *Child and Family Behavior Therapy, 12*, 65–87.

Miltenberger, R. G., Wagaman, J. R., & Arndorfer, R. E. (1996). Simplified treatment and long-term follow-up for stuttering in adults: A study of two cases. *Journal of Behavior Therapy and Experimental Psychiatry, 27*, 181–188.

Miltenberger, R. G., & Woods, D. W. (1998). Disfluencies. In S. Watson & F. Gresham (Eds.), *Handbook of child behavior therapy* (pp. 127–142). New York: Plenum.

Mitchell, W. S., & Stoffelmayr, B. E. (1973). Application of the Premack principle to the behavioral control of extremely inactive schizophrenics. *Journal of Applied Behavior Analysis, 6*, 419–423.

Montesinos, L., Frisch, L. E., Greene, B. F., & Hamilton, M. (1990). An analysis of and intervention in the sexual transmission of disease. *Journal of Applied Behavior Analysis, 23*, 275–284.

Moore, J. W., & Edwards, R. P. (2003). An analysis of aversive stimuli in classroom demand contexts. *Journal of Applied Behavior Analysis, 36*, 339–348.

Moore, J. W., Edwards, R. P., Sterling-Turner, H. E., Riley, J., DuBard, M., & McGeorge, A. (2002). Teacher acquisition of functional analysis methodology. *Journal of Applied Behavior Analysis, 35*, 73–77.

Moore, K., Delaney, J. A., & Dixon, M. R. (2007). Using indices of happiness to examine the influence of environmental enhancements for nursing home residents with Alzheimer's disease. *Journal of Applied Behavior Analysis, 40*, 541–544.

Mowery, J., Miltenberger, R., & Weil, T. (2010). Evaluating the effects of reactivity to supervisor presence on staff response to tactile prompts and self-monitoring in a group home setting. *Behavioral Interventions, 25*, 21–35.

Munk, D. D., & Repp, A. C. (1994). The relationship between instructional variables and problem behavior: A review. *Exceptional Children, 60*, 390–401.

Ndoro, V., Hanley, G., Tiger, J., & Heal, N. (2006). A descriptive assessment of instruction-based interactions in the pre-school classroom. *Journal of Applied Behavior Analysis, 39*, 79–90.

Neef, N. A. (Ed.). (1994). Functional analysis approaches to behavioral assessment and treatment [Special Issue]. *Journal of Applied Behavior Analysis, 27*, 196–418.

Neef, N. A., Lensbower, J., Hockersmith, I., DePalma, V., & Gray, K. (1990). In vivo versus simulation training: An interactional analysis of range and type of training exemplars. *Journal of Applied Behavior Analysis, 23*, 447–458.

Neef, N. A., Mace, F. C., & Shade, D. (1993). Impulsivity in students with serious emotional disturbances: The interactive effects of reinforcer rate, delay, and quality. *Journal of Applied Behavior Analysis, 26*, 37–52.

Neef, N. A., Mace, F. C., Shea, M. C., & Shade, D. (1992). Effects of reinforcer rate and reinforcer quality on time allocation: Extensions of the matching theory to educational settings. *Journal of Applied Behavior Analysis, 25*, 691–699.

Neef, N. A., Shade, D., & Miller, M. S. (1994). Assessing influential dimensions of reinforcers on choice in students with serious emotional disturbance. *Journal of Applied Behavior Analysis, 27*, 575–583.

Neisworth, J. T., Hunt, F. M., Gallop, H. R., & Madle, R. A. (1985). Reinforcer displacement. A preliminary study of the clinical application of the CRF/EXT effect. *Behavior Modification, 9*, 103–115.

Neisworth, J. T., & Moore, F. (1972). Operant treatment of asthmatic responding with the parent as therapist. *Behavior Therapy, 3*, 95–99.

Nelson, G. L., & Cone, J. D. (1979). Multiple baseline analysis of a token economy for psychiatric inpatients. *Journal of Applied Behavior Analysis, 12*, 255–271.

Noell, G. H., Witt, J. C., LaFleur, L. H., Mortenson, B. P., Ranier, D. D., & LeVelle, J. (2000). Increasing intervention implementation in general education following consultation: A comparison of two follow up strategies. *Journal of Applied Behavior Analysis, 33*, 271–284.

Northup, J., Kodak, T., Grow, L., Lee, J., & Coyne, A. (2004). Instructional influences on analogue functional analysis outcomes. *Journal of Applied Behavior Analysis, 37*, 509–512.

Nunn, R. G., & Azrin, N. H. (1976). Eliminating nailbiting by the habit reversal procedure. *Behaviour Research and Therapy, 14*, 65–67.

O'Banion, D. R., & Whaley, D. L. (1981). *Behavioral contracting: Arranging contingencies of reinforcement*. New York: Springer.

O'Callaghan, P., Allen, K., Powell, S., & Salama, F. (2006). The efficacy of noncontingent escape for decreasing children's disruptive behavior during restorative dental treatment. *Journal of Applied Behavior Analysis, 39*, 161–171.

Oliver, C., Oxener, G., Hearn, M., & Hall, S. (2001). Effects of social proximity on multiple aggressive behaviors. *Journal of Applied Behavior Analysis, 34*, 85–88.

Ollendick, T. H. (1981). Self-monitoring and self-administered overcorrection: The modification of nervous tics in children. *Behavior Modification, 5*, 75–84.

Olsen-Woods, L., Miltenberger, R., & Forman, G. (1998). The effects of correspondence training in an abduction prevention training program. *Child and Family Behavior Therapy, 20*, 15–34.

O'Neill, G. W., Blanck, L. S., & Joyner, M. A. (1980). The use of stimulus control over littering in a natural setting. *Journal of Applied Behavior Analysis, 13*, 370–381.

O'Neill, G. W., & Gardner, R. (1983). *Behavioral principles in medical rehabilitation: A practical guide*. Springfield, IL: Charles C. Thomas.

O'Neill, R. E., Horner, R. H., Albin, R. W., Sprague, J. R., Storey, K., & Newton, J. S. (1997). *Functional assessment and program development for problem behavior: A practical handbook*. Pacific Grove, CA: Brooks/Cole.

O'Neill, R. E., Horner, R. H., Albin, R. W., Storey, K., & Sprague, J. R. (1990). *Functional analysis of problem behavior: A practical guide*. Sycamore, IL: Sycamore.

O'Reilly, M., Sigafoos, J., Edrisinha, C., Lancioni, G., Cannella, H., Choi, H., & Barretto, A. (2006). A preliminary examination of the evocative effects of the establishing operation. *Journal of Applied Behavior Analysis, 39*, 239–242.

Osborne, K., Rudrud, E., & Zezoney, F. (1990). Improving curveball hitting through the enhancement of visual cues. *Journal of Applied Behavior Analysis, 23,* 371–377.

Pace, G. M., Ivancic, M. T., Edwards, G. L., Iwata, B. A., & Page, T. J. (1985). Assessment of stimulus preference and reinforcer value with profoundly retarded individuals. *Journal of Applied Behavior Analysis, 18,* 249–255.

Pace, G. M., Iwata, B. A., Cowdery, G. E., Andree, P. J., & McIntyre, T. (1993). Stimulus (instructional) fading during extinction of self-injurious escape behavior. *Journal of Applied Behavior Analysis, 26,* 205–212.

Pace, G. M., Iwata, B. A., Edwards, G. L., & McCosh, K. C. (1986). Stimulus fading and transfer in the treatment of self-restraint and self-injurious behavior. *Journal of Applied Behavior Analysis, 19,* 381–389.

Page, T. J., Iwata, B. A., & Neef, N. A. (1976). Teaching pedestrian skills to retarded persons: Generalization from the classroom to the natural environment. *Journal of Applied Behavior Analysis, 9,* 433–444.

Patterson, G. R. (1975). *Families: Applications of social learning to family life.* Champaign, IL: Research Press.

Paul, G. L., & Lentz, R. J. (1977). *Psychological treatment for chronic mental patients: Milieu versus social learning programs.* Cambridge, MA: Harvard University Press.

Pavlov, I. P. (1927). *Conditioned reflexes* (G. V. Anrep, Trans.). London: Oxford University Press.

Paxton, R. (1980). The effects of a deposit contract as a component in a behavioral programme for stopping smoking. *Behaviour Research and Therapy, 18,* 45–50.

Paxton, R. (1981). Deposit contracts with smokers: Varying frequency and amount of repayments. *Behaviour Research and Therapy, 19,* 117–123.

Petscher, E. S., & Bailey, J. S. (2006). Effects of training, prompting, and self-monitoring on staff behavior in a classroom for students with disabilities. *Journal of Applied Behavior Analysis, 39,* 215–226.

Phillips, E. L. (1968). Achievement place: Token reinforcement procedures in a home-based style rehabilitation setting for "predelinquent" boys. *Journal of Applied Behavior Analysis, 1,* 213–223.

Phillips, E. L., Phillips, E. A., Fixsen, D. L., & Wolf, M. M. (1971). Achievement place: Modification of the behaviors of predelinquent boys within a token economy. *Journal of Applied Behavior Analysis, 4,* 45–59.

Piacentini, J. C., Woods, D. W., Scahill, L. D., Wilhelm, S., Peterson, A., Chang, S., et al. (2010). Behavior therapy for children with Tourette's Syndrome: A randomized controlled trial. *Journal of the American Medical Association, 303,* 1929–1937.

Piazza, C. C., & Fisher, W. (1991). A faded bedtime with response cost protocol for treatment of multiple sleep problems in children. *Journal of Applied Behavior Analysis, 24,* 129–140.

Piazza, C. C., Moes, D. R., & Fisher, W. W. (1996). Differential reinforcement of alternative behavior and demand fading in the treatment of escape-maintained destructive behavior. *Journal of Applied Behavior Analysis, 29,* 569–572.

Piazza, C. C., Patel, M. R., Gulotta, C. S., Sevin, B. M., & Layer, S. A. (2003). On the relative contributions of positive reinforcement and escape extinction in the treatment of food refusal. *Journal of Applied Behavior Analysis, 36,* 309–324.

Piazza, C. C., Roane, H. S., Keeney, K. M., Boney, B. R., & Abt, K. A. (2002). Varying response effort in the treatment of pica maintained by automatic reinforcement. *Journal of Applied Behavior Analysis, 35,* 233–246.

Pierce, W. D., & Epling, W. F. (1995). *Behavior analysis and learning.* Upper Saddle River, NJ: Prentice Hall.

Pinkston, E. M., Reese, N. M., LeBlanc, J. M., & Baer, D. M. (1973). Independent control of a preschool child's aggression and peer interaction by contingent teacher attention. *Journal of Applied Behavior Analysis, 6,* 115–124.

Plummer, S., Baer, D. M., & LeBlanc, J. M. (1977). Functional considerations in the use of procedural time-out and an effective alternative. *Journal of Applied Behavior Analysis, 10,* 689–705.

Poche, C., Brouwer, R., & Swearingen, M. (1981). Teaching self-protection to young children. *Journal of Applied Behavior Analysis, 14,* 169–176.

Poche, C., Yoder, P., & Miltenberger, R. (1988). Teaching self-protection skills to children using television techniques. *Journal of Applied Behavior Analysis, 21,* 253–261.

Polenchar, B. E., Romano, A. G., Steinmetz, J. E., & Patterson, M. M. (1984). Effects of US parameters on classical conditioning of cat hind-limb flexion. *Animal Learning and Behavior, 12,* 69–72.

Poling, A., & Grossett, D. (1986). Basic research designs in applied behavior analysis. In A. Poling & R. W. Fuqua (Eds.), *Research methods in applied behavior analysis: Issues and advances* (pp. 7–27). New York: Plenum.

Poling, A., & Ryan, C. (1982). Differential reinforcement of other behavior schedules. *Behavior Modification, 6,* 3–21.

Porterfield, J. K., Herbert-Jackson, E., & Risley, T. R. (1976). Contingent observation: An effective and acceptable procedure for reducing disruptive behavior of young children in a group setting. *Journal of Applied Behavior Analysis, 9,* 55–64.

Premack, D. (1959). Toward empirical behavior laws I: Positive reinforcement. *Psychological Review, 66,* 219–233.

Pryor, K. (1985). *Don't shoot the dog: The new art of teaching and training.* New York: Bantam.

Quinn, M., Miltenberger, R., & Fogel, V. (2015). Using TAGteach to enhance proficiency in dance movements. *Journal of Applied Behavior Analysis, 48,* 11–24. San Francisco: W.H. Freeman.

Rapp, J., Carr, J., Miltenberger, R., Dozier, C., & Kellum, K. (2001). Using real-time recording to enhance the analysis of within session functional analysis data. *Behavior Modification, 25,* 70–93.

Rapp, J., Miltenberger, R., Galensky, T., Ellingson, S., & Long, E. (1999). A functional analysis of hair pulling. *Journal of Applied Behavior Analysis, 32,* 329–337.

Rapp, J., Miltenberger, R., Galensky, T., Ellingson, S., Long, E., Stricker, J., et al. (2000). Treatment of hair pulling and hair manipulation maintained by digital-tactile stimulation. *Behavior Therapy, 31,* 381–393.

Rapp, J., Miltenberger, R., Galensky, T., Roberts, J., & Ellingson, S. (1999). Brief functional analysis and simplified habit reversal treatment for thumb sucking in fraternal twin brothers. *Child and Family Behavior Therapy, 21*(2), 1–17.

Rapp, J., Miltenberger, R., & Long, E. (1998). Augmenting simplified habit reversal with an awareness enhancement device: Preliminary findings. *Journal of Applied Behavior Analysis, 31,* 665–668.

Rapp, J., Miltenberger, R., Long, E., Elliott, A., & Lumley, V. (1998). Simplified habit reversal for hair pulling in three adolescents: A clinical replication with direct observation. *Journal of Applied Behavior Analysis, 31,* 299–302.

Rapport, M. D., Murphy, H. A., & Bailey, J. S. (1982). Ritalin vs. response cost in the control of hyperactive children: A within subject comparison. *Journal of Applied Behavior Analysis, 15,* 205–216.

Rasey, H. W., & Iversen, I. H. (1993). An experimental acquisition of maladaptive behavior by shaping. *Journal of Behavior Therapy & Experimental Psychiatry, 24,* 37–43.

Rehfeldt, R. A., & Chambers, M. R. (2003). Functional analysis and treatment of verbal perseverations displayed by an adult with autism. *Journal of Applied Behavior Analysis, 36,* 259–261.

Rehfeldt, R. A., Dahman, D., Young, A., Cherry, H., & Davis, P. (2003). Teaching a simple meal preparation skill to adults with moderate and severe mental retardation using video modeling. *Behavioral Interventions, 18,* 209–218.

Reichle, J., & Wacker, D. P. (Eds.). (1993). *Communicative alternatives to challenging behavior: Integrating functional assessment and intervention strategies.* Baltimore: Paul Brookes.

Reid, D., Parsons, M., & Green, C. (1989). *Staff management in human services: Behavioral research and application.* Springfield, IL: Charles C. Thomas.

Reid, D., Parsons, M., & Green, C. (2012). *The supervisor's guide book: Evidence-based strategies for promoting work quality and enjoyment among human service staff*. Morganton, NC: Habilitative Management Consultants.

Reid, D. H., Parsons, M. B., Phillips, J. F., & Green, C. W. (1993). Reduction of self-injurious hand mouthing using response blocking. *Journal of Applied Behavior Analysis, 26,* 139–140.

Rekers, G. A., & Lovaas, O. I. (1974). Behavioral treatment of deviant sex-role behaviors in a male child. *Journal of Applied Behavior Analysis, 7,* 173–190.

Repp, A. C. (1983). *Teaching the mentally retarded.* Upper Saddle River, NJ: Prentice Hall.

Repp, A. C., Barton, L. E., & Brulle, A. R. (1983). A comparison of two procedures for programming the differential reinforcement of other behaviors. *Journal of Applied Behavior Analysis, 16,* 435–445.

Repp, A. C., & Deitz, S. M. (1974). Reducing aggressive and self-injurious behavior of institutionalized retarded children through reinforcement of other behaviors. *Journal of Applied Behavior Analysis, 7,* 313–325.

Repp, A. C., & Horner, R. H. (1999). *Functional analysis of problem behavior: From effective analysis to effective support.* Belmont, CA: Wadsworth.

Repp, A. C., & Karsh, K. G. (1994). Hypothesis-based interventions for tantrum behaviors of persons with developmental disabilities in school settings. *Journal of Applied Behavior Analysis, 27,* 21–31.

Repp, A. C., & Singh, N. N. (Eds.). (1990). *Perspectives on the use of nonaversive and aversive interventions for persons with developmental disabilities.* Sycamore, IL: Sycamore.

Rescorla, R. A., & Wagner, A. R. (1972). A theory of Pavlovian conditioning: Variations in the effectiveness of reinforcement and nonreinforcement. In A. H. Black & W. F. Prokasy (Eds.), *Classical conditioning II.* New York: Appleton-Century-Crofts.

Reynolds, G. S. (1961). Behavioral contrast. *Journal of the Experimental Analysis of Behavior, 4,* 57–71.

Reynolds, G. S. (1968). *A primer of operant conditioning.* Glenview, IL: Scott Foresman.

Reynolds, B., Dallery, J., Shroff, P., Patak, M., & Leraas, K. (2008). A web-based contingency management program with adolescent smokers. *Journal of Applied Behavior Analysis, 41,* 597–601.

Richman, D. M., Wacker, D. P., Brown, L. J. C., Kayser, K., Crosland, K., Stephens, T. J., & Asmus, J. (2001). Stimulus characteristics within directives: Effects on accuracy of task completion. *Journal of Applied Behavior Analysis, 34,* 289–312.

Richman, D. M., Wacker, D. P., & Winborn, L. (2001). Response efficiency during functional communication training: Effects of effort on response allocation. *Journal of Applied Behavior Analysis, 34,* 73–76.

Richman, G. S., Reiss, M. L., Bauman, K. E., & Bailey, J. S. (1984). Training menstrual care to mentally retarded women: Acquisition, generalization, and maintenance. *Journal of Applied Behavior Analysis, 17,* 441–451.

Rincover, A. (1978). Sensory extinction: A procedure for eliminating self-stimulatory behavior in psychotic children. *Journal of Abnormal Child Psychology, 6,* 299–310.

Ringdahl, J. E., & Sellers, J. A. (2000). The effects of different adults as therapists during functional analyses. *Journal of Applied Behavior Analysis, 33,* 247–250.

Roberts, M. C., & Peterson, L. (Eds.). (1984). *Prevention of problems in childhood: Psychological research and applications.* New York: Wiley.

Roberts, M. L., Mace, F. C., & Daggett, J. A. (1995). Preliminary comparison of two negative reinforcement schedules to reduce self-injury. *Journal of Applied Behavior Analysis, 28,* 579–580.

Roberts, M. W., & Powers, S. W. (1990). Adjusting chair time-out procedures for oppositional children. *Behavior Therapy, 21,* 257–271.

Robinson, P. W., Newby, T. J., & Ganzell, S. L. (1981). A token system for a class of underachieving hyperactive children. *Journal of Applied Behavior Analysis, 14,* 307–315.

Rogers, R. W., Rogers, J. S., Bailey, J. S., Runkle, W., & Moore, B. (1988). Promoting safety belt use among state employees: The

effects of a prompting and stimulus control intervention. *Journal of Applied Behavior Analysis, 21,* 263–269.

Rogers-Warren, A. R., Warren, S. F., & Baer, D. M. (1977). A component analysis: Modeling, self-reporting, and reinforcement of self-reporting in the development of sharing. *Behavior Modification, 1,* 307–322.

Rolider, A., & Van Houten, R. (1985). Movement suppression time-out for undesirable behavior in psychotic and severely developmentally delayed children. *Journal of Applied Behavior Analysis, 18,* 275–288.

Roll, J. (2005). Assessing the feasibility of using contingency management to modify cigarette smoking by adolescents. *Journal of Applied Behavior Analysis, 38,* 463–467.

Romaniuk, C., & Miltenberger, R. (2001). The influence of preference and choice of activity on problem behavior. *Journal of Positive Behavioral Interventions, 3,* 152–159.

Romaniuk, C., Miltenberger, R., Conyers, C., Jenner, N., Jurgens, M., & Ringenberg, C. (2002). The influence of activity choice on problem behaviors maintained by escape versus attention. *Journal of Applied Behavior Analysis, 35,* 349–362.

Rortvedt, A. K., & Miltenberger, R. G. (1994). Analysis of a high probability instructional sequence and time-out in the treatment of child noncompliance. *Journal of Applied Behavior Analysis, 27,* 327–330.

Rosenbaum, M. S., & Ayllon, T. (1981a). The habit reversal technique in treating trichotillomania. *Behavior Therapy, 12,* 473–481.

Rosenbaum, M. S., & Ayllon, T. (1981b). Treating bruxism with the habit reversal technique. *Behaviour Research and Therapy, 19,* 87–96.

Rosenthal, T., & Steffek, B. (1991). Modeling methods. In F. Kanfer & A. Goldstein (Eds.), *Helping people change: A textbook of methods* (4th ed., pp. 70–121). Elmsford, NY: Pergamon.

Rusch, F. R., Rose, T., & Greenwood, C. R. (1988). *Introduction to behavior analysis in special education.* Upper Saddle River, NJ: Prentice Hall.

Ruth, W. J. (1996). Goal setting and behavior contracting for students with emotional and behavioral difficulties: Analysis of daily, weekly, and total goal attainment. *Psychology in the Schools, 33,* 153–158.

Sajwaj, T., Libet, J., & Agras, S. (1974). Lemon juice therapy: The control of life threatening rumination in a six month old infant. *Journal of Applied Behavior Analysis, 7,* 557–563.

Salend, S. J., Ellis, L. L., & Reynolds, C. J. (1989). Using self-instructions to teach vocational skills to individuals who are severely retarded. *Education and Training in Mental Retardation, 24,* 248–254.

Sarokoff, R. A., & Sturmey, P. (2004). The effects of behavioral skills training on staff implementation of discrete-trial teaching. *Journal of Applied Behavior Analysis, 37,* 535–538.

Sarokoff, R. A., Taylor, B. A., & Poulson, C. L. (2001). Teaching children with autism to engage in conversational exchanges: Script fading with embedded textual stimuli. *Journal of Applied Behavior Analysis, 34,* 81–84.

Sasso, G. M., Reimers, T. M., Cooper, L. J., Wacker, D., Berg, W., Steege, M., et al. (1992). Use of descriptive and experimental analyses to identify the functional properties of aberrant behavior in school settings. *Journal of Applied Behavior Analysis, 25,* 809–821.

Saville, B. K., & Zinn, T. E. (2009). Interteaching: The effects of quality points on exam scores. *Journal of Applied Behavior Analysis, 42,* 369–374.

Schaefer, H. H. (1970). Self-injurious behavior: Shaping "head banging" in monkeys. *Journal of Applied Behavior Analysis, 3,* 111–116.

Schaeffer, C. E., & Millman, H. L. (1981). *How to help children with common problems.* New York: Van Nostrand Reinhold.

Schleien, S. J., Wehman, P., & Kiernan, J. (1981). Teaching leisure skills to severely handicapped adults: An age-appropriate darts game. *Journal of Applied Behavior Analysis, 14,* 513–519.

Schlinger, H. D. (1993). Separating discriminative and function-altering effects of verbal stimuli. *The Behavior Analyst, 16,* 9–23.

Schreibman, L. (1975). Effects of within-stimulus and extra-stimulus prompting on discrimination learning in autistic children. *Journal of Applied Behavior Analysis, 8,* 91–112.

Schwartz, G. J. (1977). College students as contingency managers for adolescents in a program to develop reading skills. *Journal of Applied Behavior Analysis, 10,* 645–655.

Scott, D., Scott, L. M., & Goldwater, B. (1997). A performance improvement program for an international-level track and field athlete. *Journal of Applied Behavior Analysis, 30,* 573–575.

Scotti, J. R., McMorrow, M. J., & Trawitzki, A. L. (1993). Behavioral treatment of chronic psychiatric disorders: Publication trends and future directions. *Behavior Therapy, 24,* 527–550.

Shapiro, A. K., Shapiro, E., Bruun, R. D., & Sweet, R. D. (1978). *Glles de la Tourette syndrome.* New York: Raven.

Shapiro, E. S., Barrett, R. P., & Ollendick, T. H. (1980). A comparison of physical restraint and positive practice overcorrection in treating stereotypic behavior. *Behavior Therapy, 11,* 227–233.

Sharenow, E. L., Fuqua, R. W., & Miltenberger, R. G. (1989). The treatment of muscle tics with dissimilar competing response practice. *Journal of Applied Behavior Analysis, 22,* 35–42.

Shook, G. L. (1993). The professional credential in applied behavior analysis. *The Behavior Analyst, 16,* 87–102.

Siegal, G. M., Lenske, J., & Broen, P. (1969). Suppression of normal speech disfluencies through response cost. *Journal of Applied Behavior Analysis, 2,* 265–276.

Sigafoos, J., O'Reilly, M., Cannella, H., Edrisinha, C., de la Cruz, B., Upadhyaya, M., et al. (2007). Evaluation of a video prompting and fading procedure for teaching dish washing skills to adults with developmental disabilities. *Journal of Behavioral Education, 16*(2), 93–109.

Sigafoos, J., O'Reilly, M., Cannella, H., Upadhyaya, M., Edrisinha, C., Lancioni, G. E., et al. (2005). Computer-presented video prompting for teaching microwave oven use to three adults with developmental disabilities. *Journal of Behavioral Education, 14*(3), 189–201.

Singh, N. N., Dawson, M. J., & Manning, P. (1981). Effects of spaced responding DRL on the stereotyped behavior of profoundly retarded persons. *Journal of Applied Behavior Analysis, 14,* 521–526.

Singh, N. N., Watson, J. E., & Winton, A. S. (1986). Treating self-injury: Water mist spray versus facial screening or forced arm exercise. *Journal of Applied Behavior Analysis, 19,* 403–410.

Skinner, B. F. (1938). *The behavior of organisms: An experimental analysis.* New York: Appleton-Century-Crofts.

Skinner, B. F. (1953a). *Science and human behavior.* New York: Free Press.

Skinner, B. F. (1953b). Some contributions of an experimental analysis of behavior to psychology as a whole. *American Psychologist, 8,* 69–78.

Skinner, B. F. (1956). A case history in scientific method. *American Psychologist, 11,* 221–233.

Skinner, B. F. (1957). *Verbal behavior.* New York: Appleton-Century-Crofts.

Skinner, B. F. (1958). Reinforcement today. *American Psychologist, 13,* 94–99.

Skinner, B. F. (1966). What is the experimental analysis of behavior? *Journal of the Experimental Analysis of Behavior, 9,* 213–218.

Skinner, B. F. (1968). *The technology of teaching.* Upper Saddle River, NJ: Prentice Hall.

Skinner, B. F. (1969). *Contingencies of reinforcement: A theoretical analysis.* New York: Appleton-Century-Crofts.

Skinner, B. F. (1974). *About behaviorism.* New York: Knopf.

Slifer, K. J., Koontz, K. L., & Cataldo, M. F. (2002). Operant-contingency-based preparation of children for functional magnetic resonance imaging. *Journal of Applied Behavior Analysis, 35,* 191–194.

Smeets, P. M., Lancioni, G. E., Ball, T. S., & Oliva, D. S. (1985). Shaping self-initiated toileting in infants. *Journal of Applied Behavior Analysis, 18,* 303–308.

Smith, R. G., Iwata, B. A., Goh, H., & Shore, B. A. (1995). Analysis of establishing operations for self-injury maintained by escape. *Journal of Applied Behavior Analysis, 28,* 515–535.

Smith, R. G., Iwata, B. A., Vollmer, T. R., & Zarcone, J. R. (1993). Experimental analysis and treatment of multiply controlled self-injury. *Journal of Applied Behavior Analysis, 26,* 183–196.

Snell, M. E., & Gast, D. L. (1981). Applying the time delay procedure to the instruction of the severely handicapped. *Journal of the Association for the Severely Handicapped, 6,* 3–14.

Solnick, J. V., Rincover, A., & Peterson, C. R. (1977). Some determinants of the reinforcing and punishing effects of time-out. *Journal of Applied Behavior Analysis, 10,* 415–424.

Spiegler, M., & Guevremont, D. (2010). *Contemporary behavior therapy* (5th ed). Belmont, CA: Wadsworth.

Sprague, J. R., & Horner, R. H. (1984). The effects of single instance, multiple instance, and general case training on generalized vending machine use by moderately and severely handicapped students. *Journal of Applied Behavior Analysis, 17,* 273–278.

Sprague, J. R., & Horner, R. H. (1995). Functional assessment and intervention in community settings. *Mental Retardation and Developmental Disabilities Research Reviews, 1,* 89–93.

Stabler, B., & Warren, A. B. (1974). Behavioral contracting in treating trichotillomania: A case note. *Psychological Reports, 34,* 293–301.

Stajkovic, A. D., & Luthans, F. (1997). A meta-analysis of the effects of organizational behavior modification on task performance, 1975–95. *Academy of Management Journal, 40,* 1122–1149.

Starin, S., Hemingway, M., & Hartsfield, F. (1993). Credentialing behavior analysts and the Florida Behavior Analyst Certification Program. *The Behavior Analyst, 16,* 153–166.

Starke, M. (1987). Enhancing social skills and self-perceptions of physically disabled young adults: Assertiveness training versus discussion groups. *Behavior Modification, 11,* 3–16.

Steege, M. W., Wacker, D. P., Cigrand, K. C., Berg, W. K., Novak, C. G., Reimers, T. M., et al. (1990). Use of negative reinforcement in the treatment of self-injurious behavior. *Journal of Applied Behavior Analysis, 23,* 459–467.

Steinman, W. M. (1970). The social control of generalized imitation. *Journal of Applied Behavior Analysis, 3,* 159–167.

Stephenson, K. M., & Hanley, G. P. (2010). Preschoolers' compliance with simple instructions: A descriptive and experimental evaluation. *Journal of Applied Behavior Analysis, 43,* 229–247.

Stickney, M., & Miltenberger, R. (1999). Evaluation of procedures for the functional assessment of binge eating. *International Journal of Eating Disorders, 26,* 196–204.

Stickney, M., Miltenberger, R., & Wolff, G. (1999). A descriptive analysis of factors contributing to binge eating. *Journal of Behavior Therapy and Experimental Psychiatry, 30,* 177–189.

Stock, L. Z., & Milan, M. A. (1993). Improving dietary practices of elderly individuals: The power of prompting, feedback, and social reinforcement. *Journal of Applied Behavior Analysis, 26,* 379–387.

Stokes, T. F., & Baer, D. M. (1977). An implicit technology of generalization. *Journal of Applied Behavior Analysis, 10,* 349–367.

Stokes, T. F., Baer, D. M., & Jackson, R. L. (1974). Programming the generalization of a greeting response in four retarded children. *Journal of Applied Behavior Analysis, 7,* 599–610.

Stokes, T. F., Fowler, S., & Baer, D. M. (1978). Training preschool children to recruit natural communities of reinforcement. *Journal of Applied Behavior Analysis, 11,* 285–303.

Stokes, T. F., & Kennedy, S. H. (1980). Reducing child uncooperative behavior during dental treatment through modeling and reinforcement. *Journal of Applied Behavior Analysis, 13,* 41–49.

Stokes, T. F., & Osnes, P. G. (1989). An operant pursuit of generalization. *Behavior Therapy, 20,* 337–355.

494

Stokes, T. F., Osnes, P. G., & DaVerne, K. C. (1993). Communicative correspondence and mediated generalization. In J. Reichle & D. P. Wacker (Eds.), *Communicative alternatives to challenging behavior: Integrating functional assessment and intervention strategies* (pp. 299–315). Baltimore: Paul Brookes.

Stricker, J., Miltenberger, R., Garlinghouse, M., Deaver, C., & Anderson, C. (2001). Evaluation of an awareness enhancement device for the treatment of digit sucking in children. *Journal of Applied Behavior Analysis, 34,* 77–80.

Stricker, J., Miltenberger, R., Garlinghouse, M., & Tulloch, H. (2003). Augmenting stimulus intensity with an Awareness Enhancement Device in the treatment of finger sucking. *Education and Treatment of Children, 26,* 22–29.

Striefel, S., Bryan, K. S., & Aikens, D. A. (1974). Transfer of stimulus control from motor to verbal stimuli. *Journal of Applied Behavior Analysis, 7,* 123–135.

Stromer, R., Mackay, H. A., Howell, S. R., McVay, A. A., & Flusser, D. (1996). Teaching computer-based spelling to individuals with developmental and hearing disabilities: Transfer of stimulus control to writing tasks. *Journal of Applied Behavior Analysis, 29,* 25–42.

Stromer, R., Mackay, H. A., & Remington, B. (1996). Naming, the formation of stimulus classes, and applied behavior analysis. *Journal of Applied Behavior Analysis, 29,* 409–431.

Stuart, R. B. (1977). *Behavioral self-management: Strategies, techniques, and outcomes.* New York: Brunner Mazel.

Stuart, R. B. (1980). *Helping couples change: A social learning approach to marital therapy.* New York: Guilford Press.

Suda, K., & Miltenberger, R. (1993). Evaluation of staff management strategies to increase positive interactions in a vocational setting. *Behavioral Residential Treatment, 8,* 69–88.

Sugai, G., & Horner, R. (Eds.). (2005). *Encyclopedia of behavior modification and cognitive behavior therapy volume three: Educational applications.* Thousand Oaks, CA: Sage.

Sulzer-Azaroff, B., Drabman, R., Greer, R. D., Hall, R. V., Iwata, B. A., & O'Leary, S. (Eds.). (1988). *Behavior analysis in education 1967–1987: Reprint series* (Vol. 3). Lawrence, KS: Society for the Experimental Analysis of Behavior.

Sulzer-Azaroff, B., & Mayer, G. R. (1991). *Behavior analysis for lasting change.* Fort Worth, TX: Holt, Rinehart, & Winston.

Sundel, S. S., & Sundel, M. (1993). *Behavior modification in the human services* (3rd ed.). Newbury Park, CA: Sage.

Swain, J. C., & McLaughlin, T. F. (1998). The effects of bonus contingencies in a class-wide token program on math accuracy with middle school students with behavioral disorders. *Behavioral Interventions, 13,* 11–19.

Swan, G. E., & MacDonald, M. L. (1978). Behavior therapy in practice: A national survey of behavior therapists. *Behavior Therapy, 9,* 799–807.

Swiezy, N. B., Matson, J. L., & Box, P. (1992). The good behavior game: A token reinforcement system for preschoolers. *Child and Family Behavior Therapy, 14*(3), 21–32.

Tanner, B. A., & Zeiler, M. (1975). Punishment of self-injurious behavior using aromatic ammonia as the aversive stimulus. *Journal of Applied Behavior Analysis, 8,* 53–57.

Tasky, K. K., Rudrud, E. H., Schulze, K. A., & Rapp, J. T. (2008). Using choice to increase on-task behavior in individuals with traumatic brain injury. *Journal of Applied Behavior Analysis, 41,* 261–265.

Taylor, B. A., & McDonough, K. A. (1996). Selecting a teaching program. In C. Maurice, G. Green, & S. Luce (Eds.), *Behavioral intervention for young children with autism: A manual for parents and professionals* (pp. 63–177). Austin, TX: Pro-Ed.

Taylor, J., & Miller, M. (1997). When timeout works some of the time: The importance of treatment integrity and functional assessment. *School Psychology Quarterly, 12*(1), 4–22.

Teng, E. J., Woods, D. W., Twohig, M. P., & Marcks, B. A. (2002). Body-focused repetitive behavior problems: Prevalence in a nonreferred population and differences in perceived somatic activity. *Behavior Modification, 26,* 340–360.

Terrace, H. S. (1963a). Discrimination learning with and without "errors." *Journal of Experimental Analysis of Behavior, 6,* 1–27.

Terrace, H. S. (1963b). Errorless transfer of a discrimination across two continua. *Journal of the Experimental Analysis of Behavior, 6,* 223–232.

Thomas, D. R., Becker, W. C., & Armstrong, M. (1968). Production and elimination of disruptive classroom behavior by systematically varying teacher attention. *Journal of Applied Behavior Analysis, 1,* 35–45.

Thompson, R. H., Iwata, B. A., Conners, J., & Roscoe, E. M. (1999). Effects of reinforcement for alternative behavior during punishment of self-injury. *Journal of Applied Behavior Analysis, 32,* 317–328.

Thompson, R. H., Iwata, B. A., Hanley, G. P., Dozier, C. L., & Samaha, A. L. (2003). The effects of extinction, non-contingent reinforcement, and differential reinforcement of other behavior as control procedures. *Journal of Applied Behavior Analysis, 36,* 221–238.

Thompson, T. J., Braam, S. J., & Fuqua, R. W. (1982). Training and generalization of laundry skills: A multiple probe evaluation with handicapped persons. *Journal of Applied Behavior Analysis, 15,* 177–182.

Thoreson, C. E., & Mahoney, M. J. (1974). *Behavioral self-control.* New York: Holt Rinehart & Winston.

Thorndike, E. L. (1911). *Animal intelligence: Experimental studies.* New York: Macmillan.

Tiger, J., & Hanley, G. (2004). Developing stimulus control of preschooler mands: An analysis of schedule-correlated and contingency-specifying stimuli. *Journal of Applied Behavior Analysis, 37,* 517–521.

Touchette, P. E., MacDonald, R. F., & Langer, S. N. (1985). A scatter plot for identifying stimulus control of problem behavior. *Journal of Applied Behavior Analysis, 18,* 343–351.

Tryon, W. W. (1998). Behavioral observation. In A. S. Bellack & M. Hersen (Eds.), *Behavioral assessment: A practical handbook* (4th ed., pp. 79–103). Boston: Allyn & Bacon.

Tucker, M., Sigafoos, J., & Bushell, H. (1998). Use of non-contingent reinforcement in the treatment of challenging behavior: A review and clinical guide. *Behavior Modification, 22,* 529–547.

Turner, S. M., Calhoun, K. S., & Adams, H. E. (Eds.). (1981). *Handbook of clinical behavior therapy.* New York: Wiley.

Twohig, M. P., & Woods, D. W. (2001a). Habit reversal as a treatment for chronic skin picking in typically developing adult male siblings. *Journal of Applied Behavior Analysis, 34,* 217–220.

Twohig, M. P., & Woods, D. W. (2001b). Evaluating the duration of the competing response in habit reversal: A parametric analysis. *Journal of Applied Behavior Analysis, 34,* 517–520.

Twohig, M. P., Schoenberger, D., & Hayes, S. C. (2007). A preliminary investigation of Acceptance and Commitment Therapy as a treatment for marijuana dependence. *Journal of Applied Behavior Analysis, 40,* 619–632.

Ullmann, L. P., & Krasner, L. (Eds.). (1965). *Case studies in behavior modification.* New York: Holt Rinehart & Winston.

Ulrich, R., Stachnik, T., & Mabry, J. (Eds.). (1966). *Control of human behavior: Expanding the behavioral laboratory.* Glenview, IL: Scott Foresman.

Van Camp, C. M., & Hayes, L. (2012). Assessing and increasing physical activity. *Journal of Applied Behavior Analysis, 45,* 871–875.

Van Camp, C. M., Lerman, D. C., Kelley, M. E., Roane, H. S., Contrucci, S. A., & Vorndran, C. M. (2000). Further analysis of idiosyncratic antecedent influences during the assessment and treatment of problem behavior. *Journal of Applied Behavior Analysis, 33,* 207–221.

Vaneslow, N., & Bourret, J. (2012). Online interactive tutorials for creating graphs with Excel 2007 and 2010. *Behavior Analysis in Practice, 5,* 40–46.

Van Houten, R., & Axelrod, S. (Eds.). (1993). *Behavior analysis and treatment.* New York: Plenum.

Van Houten, R., & Nau, P. A. (1981). A comparison of the effects of posted feedback and increased police surveillance on highway speeding. *Journal of Applied Behavior Analysis, 14,* 261–271.

Van Houten, R., Nau, P., MacKenzie-Keating, S., Sameoto, D., & Colavecchia, B. (1982). An analysis of some variables influencing the effectiveness of reprimands. *Journal of Applied Behavior Analysis, 15*, 65–83.

Van Houten, R., & Rolider, A. (1984). The use of response prevention to eliminate nocturnal thumbsucking. *Journal of Applied Behavior Analysis, 17*, 509–520.

Van Houten, R., Van Houten, J., & Malenfant, J. E. L. (2007). Impact of a comprehensive safety program on bicycle helmet use among middle-school children. *Journal of Applied Behavior Analysis, 40*, 239–247.

Veltum, L. G., & Miltenberger, R. G. (1989). Evaluation of a self-instructional package for training initial assessment interviewing skills. *Behavioral Assessment, 11*, 165–177.

Verplanck, W. S. (1955). The control of the content of conversation: Reinforcement of statements of opinion. *Journal of Abnormal and Social Psychology, 55*, 668–676.

Vintere, P., Hemmes, N., Brown, B., & Poulson, C. (2004). Gross-motor skill acquisition by preschool dance students under self-instruction procedures. *Journal of Applied Behavior Analysis, 37*, 305–322.

Vollmer, T. R., Borrero, J. C., Wright, C. S., Van Camp, C., & Lalli, J. S. (2001). Identifying possible contingencies during descriptive analyses of severe behavior disorders. *Journal of Applied Behavior Analysis, 34*, 269–287.

Vollmer, T. R., & Iwata, B. A. (1991). Establishing operations and reinforcement effects. *Journal of Applied Behavior Analysis, 24*, 279–291.

Vollmer, T. R., & Iwata, B. A. (1992). Differential reinforcement as treatment for severe behavior disorders: Procedural and functional variations. *Research in Developmental Disabilities, 13*, 393–417.

Vollmer, T. R., Iwata, B. A., Zarcone, J. R., Smith, R. G., & Mazaleski, J. L. (1993). The role of attention in the treatment of attention-maintained self-injurious behavior: Non- contingent reinforcement and differential reinforcement of other behavior. *Journal of Applied Behavior Analysis, 26*, 9–22.

Vollmer, T. R., Marcus, B. A., & Ringdahl, J. E. (1995). Non-contingent escape as treatment for self-injurious behavior maintained by negative reinforcement. *Journal of Applied Behavior Analysis, 28*, 15–26.

Vollmer, T. R., Progar, P. R., Lalli, J. S., Van Camp, C. M., Sierp, B. J., Wright, C. S., et al. (1998). Fixed-time schedules attenuate extinction-induced phenomena in the treatment of severe aberrant behavior. *Journal of Applied Behavior Analysis, 31*, 529–542.

Vollmer, T. R., Ringdahl, J. E., Roane, H. S., & Marcus, B. A. (1997). Negative side effects of non-contingent reinforcement. *Journal of Applied Behavior Analysis, 30*, 161–164.

Vollmer, T. R., Roane, H. S., Ringdahl, J. E., & Marcus, B. A. (1999). Evaluating treatment challenges with differential reinforcement of alternative behavior. *Journal of Applied Behavior Analysis, 32*, 9–23.

Vorndran, C., & Lerman, D. (2006). Establishing and maintaining treatment effects with less intrusive consequences via a pairing procedure. *Journal of Applied Behavior Analysis, 39*, 35–48.

Wack, S., Crosland, K., & Miltenberger, R. (2014). Using a goal-setting and feedback procedure to increase running distance. *Journal of Applied Behavior Analysis, 47*, 181–185.

Wacker, D. P., & Berg, W. K. (1983). Effects of picture prompts on the acquisition of complex vocational tasks by mentally retarded adolescents. *Journal of Applied Behavior Analysis, 16*, 417–433.

Wacker, D. P., Berg, W. K., Berrie, P., & Swatta, P. (1985). Generalization and maintenance of complex skills by severely handicapped adolescents following picture prompt training. *Journal of Applied Behavior Analysis, 18*, 329–336.

Wacker, D. P., Berg, W. K., Wiggins, B., Muldoon, M., & Cavanaugh, J. (1985). Evaluation of reinforcer preferences for profoundly handicapped students. *Journal of Applied Behavior Analysis, 18*, 173–178.

Wacker, D. P., Steege, M. W., Northup, J., Sasso, G., Berg, W., Reimers, T., et al. (1990). A component analysis of functional communication training across three topographies of severe behavior problems. *Journal of Applied Behavior Analysis, 23*, 417–429.

Wagaman, J., Miltenberger, R., & Arndorfer, R. (1993). Analysis of a simplified treatment for stuttering in children. *Journal of Applied Behavior Analysis, 26*, 53–61.

Wagaman, J., Miltenberger, R., & Williams, D. (1995). Treatment of a vocal tic by differential reinforcement. *Journal of Behavior Therapy and Experimental Psychiatry, 26*, 35–39.

Wagaman, J., Miltenberger, R., & Woods, D. W. (1995). Long- term follow-up of a behavioral treatment for stuttering in children. *Journal of Applied Behavior Analysis, 28*, 233–234.

Wallace, M. D., & Iwata, B. A. (1999). Effects of session duration on functional analysis outcomes. *Journal of Applied Behavior Analysis, 32*, 175–183.

Wallace, M. D., & Knights, D. J. (2003). An evaluation of a brief functional analysis format within a vocational setting. *Journal of Applied Behavior Analysis, 36*, 125–128.

Warzak, W. J., Kewman, D. G., Stefans, V., & Johnson, E. (1987). Behavioral rehabilitation of functional alexia. *Journal of Behavior Therapy and Experimental Psychiatry, 18*, 171–177.

Warzak, W. J., & Page, T. J. (1990). Teaching refusal skills to sexually active adolescents. *Journal of Behavior Therapy and Experimental Psychiatry, 21*, 133–139.

Waterloo, K. K., & Gotestam, K. G. (1988). The regulated breathing method for stuttering: An experimental evaluation. *Journal of Behavior Therapy and Experimental Psychiatry, 19*, 11–19.

Watson, D. L., & Tharp, R. G. (1993). *Self-directed behavior: Self-modification for personal adjustment* (6th ed.). Pacific Grove, CA: Brooks/Cole.

Watson, D. L., & Tharp, R. G. (2007). *Self-directed behavior* (9th ed.). Belmont, CA: Thomson/Wadsworth.

Watson, J. B. (1913). Psychology as the behaviorist views it. *Psychological Review, 20*, 158–177.

Watson, J. B. (1924). *Behaviorism*. New York: W.W. Norton.

Watson, J. B., & Rayner, R. (1920). Conditioned emotional reactions. *Journal of Experimental Psychology, 3*, 1–4.

Watson, P. J., & Workman, E. A. (1981). The non-concurrent multiple baseline across individuals design: An extension of the traditional multiple baseline design. *Journal of Behavior Therapy and Experimental Psychiatry, 12*, 257–259.

Watson, T. S., & Allen, K. D. (1993). Elimination of thumb- sucking as a treatment for severe trichotillomania. *Journal of the American Academy of Child and Adolescent Psychiatry, 32*, 830–834.

Watson, T. S., & Gresham, F. (Eds.). (1998). *Handbook of child behavior therapy*. New York: Plenum.

Welch, S. J., & Holborn, S. W. (1988). Contingency contracting with delinquents: Effects of a brief training manual on staff contract negotiation and writing skills. *Journal of Applied Behavior Analysis, 21*, 357–368.

Wells, K. C., Forehand, R., Hickey, K., & Green, K. D. (1977). Effects of a procedure derived from the overcorrection principle on manipulated and nonmanipulated behaviors. *Journal of Applied Behavior Analysis, 10*, 679–687.

Wesolowski, M. D., Zencius, A. H., & Rodriguez, I. M. (1999). Mini-breaks: The use of escape on a fixed time schedule to reduce unauthorized breaks from vocational training sites for individuals with brain injury. *Behavioral Interventions, 14*, 163–170.

Whiting, S., & Dixon, M. (2012). Creating an iPhone application for collecting continuous ABC data. *Journal of Applied Behavior Analysis, 45*, 643–656.

Whitman, T. L., Mercurio, J. R., & Capronigri, V. (1970). Development of social responses in two severely retarded children. *Journal of Applied Behavior Analysis, 3*, 133–138.

Whitman, T. L., Scibak, J. W., & Reid, D. H. (1983). *Behavior modification with the severely and profoundly retarded: Research and application.* New York: Academic Press.

Whitman, T. L., Spence, B. H., & Maxwell, S. (1987). A comparison of external and self-instructional teaching formats with mentally retarded adults in a vocational training setting. *Research in Developmental Disabilities, 8,* 371–388.

Wilder, D. A., & Carr, J. E. (1998). Recent advances in the modification of establishing operations to reduce aberrant behavior. *Behavioral Interventions, 13,* 43–59.

Wilder, D. A., Chen, L., Atwell, J., Pritchard, J., & Weinstein, P. (2006). Brief functional analysis and treatment of tantrums associated with transitions in preschool children. *Journal of Applied Behavior Analysis, 39,* 103–107.

Wilder, D. A., Masuda, A., O'Connor, C., & Baham, M. (2001). Brief functional analysis and treatment of bizarre vocalizations in an adult with schizophrenia. *Journal of Applied Behavior Analysis, 34,* 65–68.

Williams, C. D. (1959). The elimination of tantrum behavior by extinction procedures. *Journal of Abnormal and Social Psychology, 59,* 269.

Williams, G. E., & Cuvo, A. J. (1986). Training apartment upkeep skills to rehabilitation clients: A comparison of task analysis strategies. *Journal of Applied Behavior Analysis, 19,* 39–51.

Williams, W. L. (Ed.). (2004). *Developmental disabilities: Etiology, assessment, intervention, and integration.* Reno, NV: Context Press.

Winett, R. A., Neale, M. S., & Grier, H. C. (1979). Effects of self-monitoring and feedback on residential electricity consumption. *Journal of Applied Behavior Analysis, 12,* 173–184.

Winton, A. S., & Singh, N. N. (1983). Suppression of pica using brief physical restraint. *Journal of Mental Deficiency Research, 27,* 93–103.

Wolf, M. M. (1978). Social validity: The case for subjective measurement or How applied behavior analysis is finding its heart. *Journal of Applied Behavior Analysis, 11,* 203–214.

Wolf, M. M., Risley, T. R., & Mees, H. L. (1964). Application of operant conditioning procedures to the behavior problems of an autistic child. *Behaviour Research and Therapy, 1,* 305–312.

Wolko, K. L., Hrycaiko, D. W., & Martin, G. L. (1993). A comparison of two self-management packages to standard coaching for improving practice performance of gymnasts. *Behavior Modification, 17,* 209–223.

Wolpe, J. (1958). *Psychotherapy by reciprocal inhibition.* Stanford, CA: Stanford University Press.

Woods, D. W., & Himle, M. B. (2004). Creating tic suppression: Comparing the effects of verbal instruction to differential reinforcement. *Journal of Applied Behavior Analysis, 37,* 417–420.

Woods, D. W., Himle, M. B., Miltenberger, R. G., Carr, J. E., Osmon, D. C., Karsten, A. M., et al. (2008). Durability, negative impact, and neuropsychological predictors of tic suppression in children with through tic disorders. *Journal of Abnormal Child Psychology, 36,* 237–245.

Woods, D. W., & Miltenberger, R. (1995). Habit reversal: A review of applications and variations. *Journal of Behavior Therapy and Experimental Psychiatry, 26,* 123–131.

Woods, D. W., & Miltenberger, R. (1996a). Are persons with nervous habits nervous? A preliminary examination of habit function in a nonreferred population. *Journal of Applied Behavior Analysis, 29,* 123–125.

Woods, D. W., & Miltenberger, R. (1996b). A review of habit reversal with childhood habit disorders. *Education and Treatment of Children, 19,* 197–214.

Woods, D. W., & Miltenberger, R. (Eds.). (2001). *Tic disorders, trichotillomania, and repetitive behavior disorders: Behavioral approaches to analysis and treatment.* Norwell, MA: Kluwer.

Woods, D. W., Miltenberger, R., & Flach, A. (1996). Habits, tics, and stuttering: Prevalence and relation to anxiety and somatic awareness. *Behavior Modification, 20,* 216–225.

Woods, D. W., Miltenberger, R., & Lumley, V. (1996a). Sequential application of major habit reversal components to treat motor tics in children. *Journal of Applied Behavior Analysis, 29,* 483–493.

Woods, D. W., Miltenberger, R., & Lumley, V. (1996b). A simplified habit reversal treatment for pica-related chewing. *Journal of Behavior Therapy and Experimental Psychiatry, 27,* 257–262.

Woods, D. W., Murray, L., Fuqua, R., Seif, T., Boyer, L., & Siah, A. (1999). Comparing the effectiveness of similar and dissimilar competing responses in evaluating the habit reversal treatment for oral-digital habits in children. *Journal of Behavior Therapy and Experimental Psychiatry, 30,* 289–300.

Woods, D. W., & Twohig, M. P. (2002). Using habit reversal to treat chronic vocal tic disorder in children. *Behavioral Interventions, 17,* 159–168.

Woods, D. W., Twohig, M. P., Flessner, C. A., & Roloff, T. J. (2003). Treatment of vocal tics in children with Tourette syndrome: Investigating the efficacy of habit reversal. *Journal of Applied Behavior Analysis, 36,* 109–112.

Woods, D. W., Twohig, M. P., Fuqua, R. W., & Hanley, J. M. (2000). Treatment of stuttering with regulated breathing: Strengths, limitations, and future directions. *Behavior Therapy, 31,* 547–568.

Woods, D. W., Watson, T. S., Wolfe, E., Twohig, M. P., & Friman, P. C. (2001). Analyzing the influence of tic-related talk on vocal and motor tics in children with Tourette's syndrome. *Journal of Applied Behavior Analysis, 34,* 353–356.

Wright, C. S., & Vollmer, T. R. (2002). Evaluation of a treatment package to reduce rapid eating. *Journal of Applied Behavior Analysis, 35,* 89–93.

Wright, D. G., Brown, R. A., & Andrews, M. E. (1978). Remission of chronic ruminative vomiting through a reversal of social contingencies. *Behaviour Research and Therapy, 16,* 134–136.

Wright, K. M., & Miltenberger, R. G. (1987). Awareness training in the treatment of head and facial tics. *Journal of Behavior Therapy and Experimental Psychiatry, 18,* 269–274.

Wurtele, S. K., Marrs, S. R., & Miller-Perrin, C. L. (1987). Practice makes perfect? The role of participant modeling in sexual abuse prevention programs. *Journal of Consulting and Clinical Psychology, 55,* 599–602.

Wurtele, S. K., Saslawsky, D. A., Miller, C. L., Marrs, S. R., & Britcher, J. C. (1986). Teaching personal safety skills for potential prevention of sexual abuse: A comparison of treatments. *Journal of Consulting and Clinical Psychology, 54,* 688–692.

Wysocki, T., Hall, G., Iwata, B., & Riordan, M. (1979). Behavioral management of exercise: Contracting for aerobic points. *Journal of Applied Behavior Analysis, 12,* 55–64.

Yates, B. T. (1986). *Applications in self-management.* Belmont, CA: Wadsworth.

Zarcone, J. R., Iwata, B. A., Hughes, C. E., & Vollmer, T. R. (1993). Momentum versus extinction effects in the treatment of self-injurious escape behavior. *Journal of Applied Behavior Analysis, 26,* 135–136.

Zeigler, S. G. (1994). The effects of attentional shift training on the execution of soccer skills: A preliminary investigation. *Journal of Applied Behavior Analysis, 27,* 545–552.

Zeiler, M. D. (1971). Eliminating behavior with reinforcement. *Journal of the Experimental Analysis of Behavior, 16,* 401–405.

Zlutnick, S., Mayville, W. J., & Moffat, S. (1975). Modification of seizure disorders: The interruption of behavioral chains. *Journal of Applied Behavior Analysis, 8,* 1–12.

索 引 ※見出し語は五十音順、下位項目は掲載ページ順

クイズ

第1章

■ クイズ1

1. 行動は、人が（　　　　　　）たり、（　　　　　　　）たりすることによって定義される。

2. 行動は、（　　　　　　）的環境や（　　　　　　）的環境に影響を及ぼす。

3. 行動変容法は、人間の行動の（　　　　　　）と（　　　　　　　）に関わる心理学の一領域である。

4. ある行動が多すぎることを、行動の（　　　　　　）と呼ぶ。

5. ある行動が少なすぎることを、行動の（　　　　　　）と呼ぶ。

6. 頻度、持続時間、強度、潜時は、行動の（　　　　　　）と呼ぶ。

7. 次の人物について、当てはまる行動変容法への貢献を選びなさい。
   a．スキナー　　b．ワトソン　　c．パブロフ　　d．ソーンダイク
   （　　　）条件反射を最初に記述した。
   （　　　）効果の法則を実証した。
   （　　　）オペラント行動の基本原理に関する研究を行い、行動変容法に関する基盤を整えた。

8. （　　　　　　）は、行動主義と呼ばれる心理学の流れを生み出した。

9. （　　　　　　）行動は、他の人から観察や記録が可能な行動である。

10. （　　　　　　）行動は、他者から観察できない行動である。

■ クイズ2

1. （　　　　　　）は、人が行ったり、言ったりすることによって定義される。

2. 測定可能な行動の4つの次元とは、（　　　　　）、（　　　　　）、（　　　　　）、及び（　　　　　）である。

3. （　　　　　　）は、人間の行動の分析と変容に関わる心理学の一領域である。

4. チャーリーは、毎日、コーヒーを飲みすぎてしまう。この行動は、行動の（欠如・過剰）と考えることができる。

5. クレアは毎日の食事で、果物と野菜を十分に摂取できていない。この行動は、行動の（欠如・過剰）と考えることができる。

6. ジョン・ワトソンは、（　　　　　　）と呼ばれる心理学の流れを生み出した。

7. エドワード・ソーンダイクの心理学における主な貢献は、（　　　　　　）に関して記述したことである。

8. （　　　　　　）は、基礎的行動原理を実証する実験研究を行った。

9. 顕在的行動の定義は、（　　　　　　　　　　　　　　　　　）。

10. 内潜的行動の定義は、（　　　　　　　　　　　　　　　　　）。

■ クイズ 3

1．行動の定義は、（　　　　　　　　　　　　　　　　　　　　　）。

2．ロンは、毎日、キャンディーを食べすぎである。これは、行動の（欠如・過剰）の
　　例である。

3．ロンは運動不足である。これは行動の（欠如・過剰）の例である。

　以下の定義について該当する用語を選択しなさい。
　　　　a．頻度　　　b．持続時間　　　c．強度　　　d．潜時

4．（　　　　）行動が持続している長さ。

5．（　　　　）行動が生起した回数。

6．（　　　　）行動の物理的な力。

7．顕在的行動の例は、（　　　　　　　）である。

8．内潜的行動の例は、（　　　　　　　）である。

9．（　　　　　　　　）は、効果の法則を発見した。

10．（　　　　　　　　）は、レスポンデント条件づけの研究を実施した。

第2章

■ クイズ1

1．行動アセスメントには、2種類ある。それは、（　　　　　　　）アセスメントと（　　　　　　　　　　　）アセスメントである。

2．行動記録を計画する際の最初のステップは、記録の対象となる（　　　　　　　　　）を定義することである。

3．（　　　　　　　　）は、人が行う特定の行動を、能動態で記述したものである。

4．同じ行動を2名の観察者が独立に観察し、その2名が行動の生起・不生起を記録する場合、これを（　　　　　　　）と呼ぶ。

5．（　　　　　　　　）は、観察者が標的行動を記録する期間のことである。

6．ジェイソンは、自分が下品な言葉を使用した回数を毎日記録した。ジェイソンが記録した行動の次元は何か。（　　　　　　　）

7．ケビンは、毎日何分ジョギングをしたのかを記録した。ケビンが記録した行動の次元は何か。（　　　　　　　）

8．航空レーダー技術者の指導者が、レーダー画面に飛行機が現れてからそれを技術者が見つけるまでの時間を記録していた。この指導者が記録していた行動の次元は何か。（　　　　　　　）

9．インターバル記録法において、行動の生起は（連続・非連続）する時間間隔で記録される。タイムサンプリング記録法においては、行動の生起は、（連続・非連続）する時間間隔で記録される。

10．（　　　　　　　　）は、行動の記録のプロセスが行動を変化させる原因となることである。

■ クイズ2

1．（直接・間接）アセスメントは、標的行動が生起したときに記録する。

2．（直接・間接）アセスメントは、インタビューや質問紙を使用して情報を収集する。

3．以下の用語の定義はどれか？

　　a．頻度　　b．持続時間　　c．潜時　　d．強度

　　（　　）　観察時間内に生じる行動の回数。

　　（　　）　ある刺激や出来事から、行動が開始されるまでの時間。

　　（　　）　行動の開始から終結までの時間。

4．長い時間で分割された短い時間間隔内の行動を記録する方法は、（　　　　　　　）と呼ばれる。

5．連続する時間間隔内の行動を記録する方法は、（　　　　　　　）と呼ばれる。

6．マークが自分の爪かみを記録したら、その結果として、その爪かみが減少し始めた。この現象を何と呼ぶか？（　　　　　　　）

7．標的行動の開始と終結の正確な時間を記録するのは、（　　　　　　　）記録法と呼ぶ。

8．ベルリンの時計は、10分毎にアラーム音を鳴らしていた。彼はアラーム音が鳴ったときに、自分の息子が適切に遊んでいるかどうかを記録していた。これは、（　　　　　　）記録法の例である。

9．クレイトンの時計は10分毎にアラーム音を鳴らしていた。彼はアラーム音が鳴ってから10分間、鼻をほじったかどうかを記録していた。これは、（　　　　　　　）記録法の例である。

10．リンダは、20分間で生徒が解答した数学の問題数を記録したワークシートを見た。

これは、（　　　　　　　）記録法の例である。

■ クイズ3

1. ジャニスは、1日に自分自身が電子メールの着信をチェックする回数を記録していた。これは、（　　　　　　　）記録法の例である。

2. ジャニスは、1日に電子メールを読んで過ごす時間の長さを記録した。これは、（　　　　　　　）記録法の例である。

3. 呼吸療法士は、患者が息を吐き出す力を測定する機器を使用していた。これは、（　　　　　　　）記録法の例である。

4. シムズさんは、彼女がコーチをしている水泳選手が、スタートのピストルが鳴ってから、どのくらいの時間で飛び込んでいるかを測定した。これは、（　　　　　　　）記録法の例である。

5. 15分毎に、スノークル先生は生徒を観察し、その瞬間におしゃべりをしている生徒がいるかどうかを記録した。これは、（　　　　　　　）記録法の例である。

6. チェスターはトゥレット症候群の子どもの運動チックに関する研究を行っていた。彼は子どもが運動チックを行っているかどうかを、観察期間を通じて連続する10秒ごとに記録した。これは、（　　　　　　　）記録法の例である。

7. マリアは果樹園で毎日、従業員が収穫したリンゴの数を機械で数えていた。これは、（　　　　　　　）記録法の例である。

8. 標的行動の記録を開始すると、その行動にどのようなことが生じる可能性があるか。
（　　　　　　　）

9. レイシーは、研究プロジェクトで親子間の相互作用を観察し、親子の行動の正確な開始時刻と終了時刻を記録した。これは、（　　　　　　　）記録法の例である。

10. 通常、直接的アセスメントと間接的アセスメントでは、どちらの方がより正確か？
（　　　　　　　）

第3章

■ **クイズ1**

1. （　　　　　　　　）は、時間経過の中で標的行動がどのように生起したかを視覚的に表したものである。

2. グラフの中で、（　　　　　　　　）軸は、標的行動のレベルを示す。

3. グラフの中で、（　　　　　　　　）軸は、時間単位を示す。

4. AB デザインにおいて、A は（　　　　　　）、B は（　　　　　　）である。

5. AB デザインは介入（独立変数）と標的行動（従属変数）の関数関係を示していない。なぜなら、（　　　　　　　　　　　　　　　　　　　　　　　）。

6. ある研究プロジェクトにおいて、ベースライン期間を1週間実施する。ベースラインの後、介入を1週間実施する。そして、2回目のベースラインをその1週間後、さらにその1週間後に2回目の介入を実施する。この記述は、どの研究デザインを説明したものか。（　　　　　　　）

7. （　　　　　　　）間多層ベースライン研究デザインでは、2つ以上の異なる場面において、1人の対象者の同じ行動に対する1つの介入が実施される。

8. （　　　　　　　）研究デザインでは、1つのベースライン期と1つの介入期で構成されており、介入期では標的行動に対する異なる基準レベルが存在する。

9. （　　　　　　　）間多層ベースライン研究デザインでは、2人以上の対象者の同じ標的行動に対する1つの介入が実施される。

10. （　　　　　　　）間多層ベースライン研究デザインでは、同じ対象者の2つ以上の行動に対して1つの介入が実施される。

■ **クイズ2**

1. グラフ内の y（横）軸は何を表しているか。（　　　　　　　　）

2. グラフ内の x（縦）軸は何を表しているか。（　　　　　　　　）

3. AB デザインの2つのフェイズ（期）は何か。（　　　　　　）と（　　　　　　）

4. 研究者が、標的行動が行動変容手続きによって変化したことを示すために、研究者は手続きと標的行動の間の（　　　　　　）を実証する。

5. ベースライン期の後に介入期が実施され、その後でベースライン期と介入期が繰り返される研究デザインは、（　　　　　　）デザインと呼ばれる。

6. 対象者間多層ベースラインデザインでは、異なる対象者に対して異なるタイミングで介入が実施されるとき、介入が時間を（　　　　　　）実施されたと呼ばれる。

7. （　　　　　　　）研究デザインでは、ベースライン条件と介入条件（あるいは異なる2つの介入条件）が交互に頻繁に繰り返し実施され、それぞれを比較する。

8. 行動間多層ベースラインデザインでは、同じ介入が同じ対象者に対して、2つ以上の（　　　　　　）に対して実施される。

9. （　　　　　　　）間多層ベースラインデザインでは、2つ以上の異なる場面において、1人の対象者の同じ行動に対して1つの介入が実施される。

10. （　　　　　　　）デザインは、本当の意味での研究計画法とは言えない。なぜな

ら再現（リプリケーション）が実施されていないからである。

■ **クイズ 3**

1．グラフは、時間経過の中で（　　　　　　　　）がどのように生起したかを視覚的に表したものである。

2．毎日、飲んだソーダの缶の数を記録したとする。そのグラフでは、x（縦）軸のラベルは（　　　　　　　）で、y（縦）軸のラベルは（　　　　　　　）である。

3．毎日、飲んだソーダの缶の数を2週間記録した後、飲む缶の数を減らすための介入を2週間実施する。この例は、どの種類の研究デザインを示しているか。（　　　　　　　）

4．行動変容の研究者は、介入手続きと標的行動間の（　　　　　　　）を実証するために研究デザインを用いる。

5．AB デザインは、本当の意味での研究デザイン（である・ではない）。

6．（　　　　　　　）研究デザインでは、ベースライン期の後、介入が一定期間実施される。介入後に、ベースライン期が再び実施され、その後介入が再導入される。

7．標的行動の変化が生じた後、介入を撤去することが危険であると想定される場合、（　　　　　　　）研究デザインを使用すべきではない。

8．子どもの「お願いします」「ありがとう」と言う行動を記録している。「お願いします」に関して、1週間のベースライン後に、その行動を増やすための強化手続きを実施する。そして、「ありがとう」に関するベースラインの測定が2週間経過した後、「ありがとう」と言う行動を増やすための強化手続きを導入する。この例は、どの研究デザインを示すものか。（　　　　　　　）

9．療育機関と家庭において、子どもの「お願いします」「ありがとう」と言う行動を記録している。ベースラインを1週間実施後、療育機関において、「お願いします」「ありがとう」という行動を増加させるために強化手続きを実施する。家庭でのベースラインの測定が2週間経過した後に、家庭において「お願いします」「ありがとう」と言う行動を増やすための強化手続きを実施する。この例はどの研究デザインを示しているか。（　　　　　　　）

10．学校で、異なる3名の対象児童に対して、「お願いします」「ありがとう」と言う行動を記録した。そのうちの1名であるサリーに対するベースラインを1週間測定した後で、その行動を増やすための強化手続きを実施する。第二の対象児童であるピートに対するベースラインの測定が2週間経過した後、強化手続きを導入する。第三の対象児童のパットに対するベースラインの測定が3週間経過した後、強化手続きを導入する。この例はどの研究デザインを示しているか。（　　　　　　　）

第4章

■ クイズ1

1. （　　　　　　　）行動は、強化のプロセスを通じて強められる。

2. 多くの量の強化子を摂取した直後は、その強化子の効力は強まるか、あるいは弱まるか。（　　　　　　　）

3. 行動が生起した後に刺激が撤去され、その行動の将来の生起する可能性が高まる。このように定義されるのは、（正あるいは負）の強化である。

4. 行動が生起した後に刺激が提示され、その行動の将来の生起する可能性が高まる。このように定義されるのは、（正あるいは負）の強化である。

5. 強化の効果を左右する5つの要因のうち、3つを書きなさい。（　　　　　　）（　　　　　　）（　　　　　　）

6. （　　　　　　　）強化子は、他の強化子と対提示されることで、強化子として確立される。

7. ある時点で人が行う行動のそれぞれに同時に働く強化スケジュールは、（　　　　　　）と呼ばれる。

　以下の強化スケジュールに当てはまるものを答えなさい。（CRF, FR, VR, FI, VI）

8. （　　　　）　すべての反応の直後に強化子が提示される。

9. （　　　　）　平均の反応数が生起した後、強化子が提示される。

10. （　　　　）　決められた時間が経過した後の最初の反応に対して強化子が提示される。

■ クイズ2

1. オペラント行動を強める結果事象は、（　　　　　　）である。

2. 長期間、ある特定の強化子を摂取していない場合、その強化子の効力は強まるか、それとも弱まるか。（　　　　　　）

3. トッドは、蚊に刺されたとき、薬を塗ってかゆみを和らげる。その結果、トッドは蚊に刺されたところに薬を塗ることが多くなった。これは、（正・負）の強化の例である。

4. フリーダは、弟を叩くと、両親に叱られる。その結果、フリーダは弟を叩くことが多くなる。これは、（正・負）の強化の例である。

5. 逃避行動と回避行動は、（正・負）の強化で維持される2種類の行動である。

6. 連続強化スケジュールは、行動の（獲得・維持）のために用いられる。

7. 負の強化において、行動の後に撤去される刺激は、（　　　　　　）刺激と呼ばれる。

8. 正の強化と負の強化は、両方とも行動を（　　　　　　）させる。

　以下の強化スケジュールに当てはまるものを答えなさい。（CRF, FR, VR, FI, VI）

9. （　　　　）　強化子は、決められた反応数の後に提示される。

10. （　　　　）　強化子は、決められた平均時間を経過した後の最初の反応に対して提示される。

■ クイズ3

1. オペラント行動は、（　　　　　　）のプロセスを通じて強められる。

2. すべての反応の後に強化子を提示する強化スケジュールは何か。（　　　　　　）

3．必ずしもすべての反応の生起後に強化子を提示されない強化スケジュールは何か。
　　（　　　　　　　）

4．摂取制限は強化子の効力を（強める・弱める）。

5．飽和は強化子の効力を（強める・弱める）。

6．正の強化と負の強化は、どのような点で類似しているか。（　　　　　　　　）

7．負の強化において、（　　　　　　　）は行動の後に撤去される。

8．正の強化において、（　　　　　　　）は行動の後に提示される。

9．シェイは一日中、定期的に電子メールをチェックしている。電子メールのメッセージは予測できない間隔で来るので、シェイはいつ電子メールが来るかわからない。電子メールをチェックするというシェイの行動は、どのような強化スケジュールで強化されるか？（　　　　　　　）

10．ロブは販売営業をしており、商品を売るために電話をかけている。ロブは、いつ誰が製品を買うことに同意するか予測はできないが、平均13回電話をかけなければならないという実績であった。ロブの電話をかけるという行動は、どのようなスケジュールで強化されるか？（　　　　　　　）

第5章

■ クイズ1

1. 消去の間、前に強化されていた行動に強化子が伴わなくなる。そして、その行動は将来的（　　　　　　　）なる。

2. 消去バーストの間、行動の（　　　　　　　）、（　　　　　　　）、そして（　　　　　　　）は一時的に増加する。

3. 正の強化を受けた行動の消去において、（　　　　　　　）は行動の後に提示されない。

4. 負の強化を受けた行動の消去において、（　　　　　　）行動の後に撤去されない。

5. （　　　　　　　）において、前に消去された行動が将来再び生起する。

6. 一時的な行動の増加のほかに、消去バースト中に起こりうることが他に2つあるとしたら何か。（　　　　　　　）と（　　　　　　　）

7. 消去に行動を無視することが伴う場合はどのような場合か。（　　　　　　　）

8. 連続強化よりも間欠強化後の消去において、行動は（急激に・緩やかに）減少する。

　子どもが店内で泣き、親がその子にキャンディをあげた。その結果、子どもは店内で泣く可能性が高くなる。

9. この事例において、泣く行動の強化子は何か。（　　　　　　　）

10. この事例において、泣く行動への消去を親が使用する場合に、どのように行うのか。（　　　　　　　　　　　　　　　　　）

■ クイズ2

1. 消去の間、前に強化されていた行動に（　　　　　　　）。そして、その行動は将来的に生起しなくなる。

2. 消去の間、行動が一時的に増加することを、（　　　　　　　）と呼ぶ。

3. （正・負）の強化を受けた行動の消去において、強化子は行動の後に提示されない。

4. （正・負）の強化を受けた行動の消去において、嫌悪刺激は行動の後に撤去されない。

5. 自発的回復において、消去の結果として生起しなくなった行動に何が生じるのか。（　　　　　　　　　　）

6. 消去バーストにおいて、行動は一時的に増加する可能性がある。それに加えて、（　　　　　　　）行動、あるいは（　　　　　　　）反応が生起する可能性がある。

7. 消去に影響を与える2つの要因として、消去前の強化スケジュールと消去後の（　　　　　　　）がある。

8. 間欠強化よりも連続強化後の消去において、行動は（急激に・緩やかに）減少する。

　母親が子どもの歯を磨いているときに子どもが泣き、母親が歯磨きをやめる。その結果、子どもは歯磨きをしてもらうときに泣く可能性が高くなる。

9. この例は、泣く行動に対する正の強化あるいは負の強化のいずれを示しているか。（　　　　　　　）

10. この事例において、母親が泣く行動に対して消去をどのように適用できるか。（　　　　　　　　　　　　　　）

■ クイズ3

1. 消去において、行動の生起直後に何が生じているのか。（

　　　　　　　　　　　　　　　　　）

2．消去バーストにおいて、行動の頻度・持続時間・強度が（　　　　　　）。

3．正の強化を受けた行動の消去において、正の強化子は行動の後に（　　　　　　）。

4．負の強化を受けた行動の消去において、嫌悪刺激は行動の後に（　　　　　　）。

5．行動が消去後に生起しなくなったにも関わらず、将来再び生起した場合、このプロセスは（　　　　　　）と呼ばれる。

6．消去バーストの間に生じる可能性のある2種類の行動とは何か。（　　　　　　）と（　　　　　　）

7．消去に影響する2つの要因は、消去前の（　　　　　　）と消去後の強化機会である。

8．消去前の強化スケジュールの中で、消去後に行動の最も急速な減少をもたらすものは何か。（　　　　　　）

　ジョーンズさんは車道を走るたびにガレージのドアオープナーのボタンを押す。そうするとドアが開く。

9．これは、正の強化あるいは負の強化のどちらの例か。（　　　　　　）

10．ガレージのドアオープナーのボタンを押す行動の消去について記述しなさい。（

　　　　　　　　　　　　　　　　　）

第6章

■ クイズ1

1. 弱化において、行動に結果事象が伴った結果、その行動の将来生起する可能性が（　　　　　）する。
2. （　　　　　）は行動に伴う結果事象であり、それによりその行動が将来生起する可能性を低減させる。
3. 正の弱化において、刺激は行動に伴って（　　　　　）される。
4. 子どもがコンセントに指を突っ込んで感電した。その結果、その子は二度とコンセントに指を突っ込まなくなった。これは（　　　　　）弱化の例である。
5. 負の弱化においては、行動の生起に伴って強化子が（保留される・撤去される）。
6. （　　　　　）は、般性条件性弱化子と考えられる。
7. （　　　　　）は、結果事象の弱化子としての効果をより高める出来事や条件のことである。
8. 般性条件性弱化子の例を挙げなさい。（　　　　　）
9. 無条件性弱化子の例を挙げなさい。（　　　　　）
10. 正の強化からのタイムアウトとレスポンスコストは、（正の弱化・負の弱化）の例である。

■ クイズ2

1. （　　　　　）は、行動に結果事象が伴った結果、その行動の将来生起する可能性が低減するプロセスとして定義されている。
2. 負の弱化において、刺激は行動に伴って（　　　　　）される。
3. ある子どもが車に乗っているとき、窓から野球カードを出して、カードが飛んでいってしまった。その結果、彼は二度と車の窓から野球カードを出さなくなった。これは（正の弱化・負の弱化）の例である。
4. （　　　　　）においては、行動の生起に伴って強化子の提示が保留される。そして（　　　　　）においては、行動が生起した後に強化子が撤去される。
5. 弱化子と対提示された刺激は、（　　　　　）弱化子となる。
6. 痛み刺激や強い刺激は、（　　　　　）弱化子である。
7. 弱化を経験したり観察したりした人は、その人自身が弱化を使用する可能性が（高い・低い）
8. 弱化に間欠スケジュールが適用された場合、その効果は（大きくなる・小さくなる）。
9. 弱化の使用は、それを使用する人の行動に対する（正の強化・負の強化）となる。
10. 弱化の使用に関する5つの課題のうちの1つを説明しなさい。（　　　　　）

■ クイズ3

1. 弱化は行動を（　　　　　）プロセスである。また強化は行動を（　　　　　）プロセスである。
2. 正の弱化において行動の後に提示される刺激は、（　　　　　）である。
3. 負の弱化において行動の後に撤去される刺激は、（　　　　　）である。

以下の説明に合致する用語を選びなさい。

  a．正の強化 b．負の強化 c．正の弱化 d．負の弱化

4．（ ）行動の後に嫌悪刺激が提示される。

5．（ ）行動の後に嫌悪刺激が撤去される。

6．（ ）行動の後に強化子が提示される。

7．（ ）行動の後に強化子が撤去される。

8．（ ）アリスはリンゴ園に忍び込むためにフェンスをよじ登った。フェンスには電気が通っていて、アリスは電気による痛み刺激を受けた。その結果、彼女は頻繁にフェンスに登るようになった。

9．（ ）ビリーは妹を叩いた結果、母親は彼の1週間分の小遣いを没収した。その結果、彼は妹を叩かなくなった。

10．（ ）フランシーヌはひどい発疹とかゆみに悩まされている。それを掻くとかゆみが治まる。その結果、彼女は頻繁に発疹を掻いてしまう。

第7章

■ **クイズ1**

1．行動が強化されたときに存在している先行刺激のことを、（　　　　　　）と呼ぶ。
2．行動が強化されないときに存在している先行刺激のことを、（　　　　　　）と呼ぶ。
3．（　　　　　　）は、特定の先行刺激が存在していると行動が生起しやすくなることをいう。
4．刺激性制御はどのように確立するのか。（　　　　　）
5．三項随伴性の3つの構成要素は何か。（　　　　　）（　　　　　）（　　　　　）
6．（　　　　　）において、S^D が存在しているときに行動は強化され、S^Δ が存在しているときには行動は強化されない。

　テディがクッキーを欲しがって、それがもらえないと分かると、彼は泣き叫ぶ。悲鳴を上げると、結局母親はクッキーをくれる。しかし、父親はテディが泣き叫んでもクッキーをくれることがない。その結果、テディは母親がいるときにクッキーを欲しがって叫ぶことが多くなる。
7．テディの泣き叫ぶ行動の S^D は何か。（　　　　　）
8．テディの泣き叫ぶ行動の S^Δ は何か。（　　　　　）
9．テディの泣き叫ぶ行動の強化子は何か。（　　　　　）
10．これは、泣き叫ぶ行動に関する正の強化の例か、あるいは負の強化の例か。（　　　　　）

■ **クイズ2**

1．弁別刺激とは、行動が（　　　　　）されたときに存在する先行事象である。
2．弁別訓練の結果、S^D が存在しているときに、何が生じるようになるのか。（　　　　　）
3．（　　　　　）は刺激弁別訓練のプロセスを通じて確立する。
4．弁別訓練において、行動は（　　　　　）が存在しているときには強化されない。
5．（　　　　　）は、S^D に類似した刺激がもとで行動が生起したときに生じる。

　マリアンヌが店内でキャンディーを盗むのは、店員がいないときだ。マリアンヌは店員がいるときにはキャンディーを盗まない。
6．キャンディを盗む行動の S^D は、（　　　　　）である。
7．キャンディを盗む行動の S^Δ は、（　　　　　）である。

　ファーレイは大学教授が強化の例を示したときに、「強化」と言う。教授が他の行動原理の例を示したときには「強化」とは言わない。
8．「強化」と言う行動の S^D は何か。（　　　　　）
9．「強化」と言う行動の S^Δ は何か。（　　　　　）
10．ファーレイが新しい強化の例に対して正しく命名できた場合、何と呼ばれるか。（　　　　　）

■ **クイズ3**

1．S^D は、行動が（　　　　　）された際に存在する先行刺激である。

2．弁別訓練の結果、S^D が存在しているときに将来的に何が生じるか。（　　　　　　）

3．刺激性制御は、（　　　　　　）のプロセスを通じて確立される。

4．弁別訓練においては、（　　　　　　）が存在しているときに行動が強化される。

5．般化は、S^D に（　　　　　　）している刺激が存在しているときに行動が生起した場合に生じる。

　パティは学校で雷を聞くと泣き叫ぶが、クラスメートは彼女を無視する。一方で、家で雷を聞いてパティが泣き叫ぶと、両親はパティを抱きしめて慰める。その結果、パティは家では泣くが、学校では雷を聞いても泣かなくなる。

6．雷を聞いたときにパティが泣く行動の S^Δ は何か。（　　　　　　）

7．雷を聞いたときにパティが泣く行動の S^D は何か。（　　　　　　）

8．この例が示している行動プロセスは何か。（　　　　　　）

9．祖父母の家で雷を聞いたときにパティが泣いたとしたら、（　　　　　　）が生じたと言われる。

10．刺激性制御の例を挙げなさい。（　　　　　　　　　　　　　　　　）

第 8 章

■ **クイズ 1**

1. （　　　　　　　）条件づけは先行刺激を操作するものであり、（　　　　　　　）条件づけは結果事象を操作するものである。

2. レスポンデント条件づけにおいて、US と CS という略語は（　　　　　　　）と（　　　　　　　）を表している。

3. レスポンデント条件づけにおいて、（　　　　　　　）は US と対提示される。

4. 無条件反応の例を挙げなさい（US と UR を明確にした記述をしなさい）。（　　　　　　　）

　以下の説明に合う用語を選びなさい。
　　　a．痕跡条件づけ　　b．遅延条件づけ　　c．同時条件づけ　　d．逆行条件づけ

5. （　　　）中性刺激（NS）が、US と同時に提示される。

6. （　　　）US が NS に先行する。

7. CER は何の略語か。（　　　　　　　）

8. レスポンデント消去の後、CS が提示されても、（　　　　　　　）はもう生じない。

9. 大学教授が授業中に銃（空砲を撃つスタータービストル）を撃つ。その大きな音が驚愕反射（自律神経の興奮）を引き起こす。その後、教授が空砲を鳴らさずに銃を構えるだけで同様の驚愕反応が起こる。この例の中で、以下に該当する事項を記載しなさい。
　　US（　　　　　　　）　UR（　　　　　　　）　CS（　　　　　　　）　CR（　　　　　　　）

10. レスポンデント条件づけに影響する 5 つの要因のうちの 1 つをあげなさい。（　　　　　　　）

■ **クイズ 2**

1. オペラント行動は、その（　　　　　　　）で制御されており、レスポンデント行動は、その（　　　　　　　）によって制御（喚起）される。

2. レスポンデント条件づけにおいて UR と CR は何を意味する略語か。（　　　　　　　）と（　　　　　　　）

3. レスポンデント条件づけの結果として、条件刺激（CS）は（　　　　　　　）を喚起するようになる。

4. 自律神経系の興奮に関与する 2 種類の身体反応を示しなさい。（　　　　　　　）と（　　　　　　　）

　以下の説明に合う用語を選びなさい。
　　　a．痕跡条件づけ　　b．遅延条件づけ　　c．同時条件づけ　　d．逆行条件づけ

5. （　　　）中性刺激（NS）が、US に先行する。

6. （　　　）NS が提示されてそれが終了する前に US が提示される。

7. CER の例を書きなさい。（　　　　　　　）

8. レスポンデント消去が生じた後に、CS が CR を喚起したとき、このプロセスを（　　　　　　　）と呼ぶ。

9. レスポンデント条件づけは、NS が US に（先行する・後続する）するときに、最も強くなる。

10. 動物園で子どもがライオンの檻のそばを通りかかる。ライオンはうなり声をあげ、子どもは驚愕反応（自律神経系の興奮）を起こす。その後、子どもはママのところに掛け寄り、慰められて落ち着く。次にライオンの檻を見たとき、子どもは自律神経の興奮を経験し、ママのところに駆け寄る。この例において、（　　　　　　）はレスポンデント行動であり、（　　　　　　）はオペラント行動である。

■ クイズ3

1. レスポンデント条件づけにおいて、中性刺激（NS）は（　　　　　　）と対提示され、NS は（　　　　　）となる。

2. 無条件反応は、（　　　　　）によって喚起される。

3. レスポンデント条件づけにおいて、US と対提示されることによって、NS には何が生じるのか。

4. パブロフが犬の口に肉粉を入れると、犬は唾液を分泌した。この例において、唾液の分泌は（　　　　　　）であり、口の中に入れた肉粉は（　　　　　）である。

　メトロノームの音が、肉粉を犬の口に入れるのと対提示したとき、犬はメトロノームの音だけで唾液を分泌するようになった。

5. メトロノームの音は（　　　　　　）である。

6. メトロノームの音に対する唾液の分泌は、（　　　　　）である。

7. このプロセスは、（　　　　　）と呼ばれる。

8. 高次条件づけにおいて、NS は（　　　　　）と対提示される。

9. レスポンデント消去において、US が存在しない状態で（　　　　　）が提示される。

10. 動物園で子どもがライオンの檻のそばを通りかかる。ライオンはうなり声をあげ、子どもは驚愕反応（自律神経系の興奮）を起こす。その後、子どもはママのところに掛け寄り、慰められて落ち着く。次にライオンの檻を見たとき、子どもは自律神経の興奮を経験し、ママのところに駆け寄る。この例での以下に当てはまるものを書きなさい。
US（　　　　　）　UR（　　　　　）　CS（　　　　　）　CR（　　　　　）

第9章

■ クイズ1

1．シェイピングは、標的行動の（　　　　　　　）を分化強化することである。
2．シェイピングにおいて、強化される最初の行動は（　　　　　　）と呼ばれる。
3．分化強化に含まれる2つの行動原理は、（　　　　　　）と（　　　　　　　　）である。
4．シェイピングを使ってイルカに芸を教える場合、トレーナーが条件性強化子として
　　利用できるものは、（　　　　　　）である。
5．シェイピングの実施中に、望ましい行動の直後に強化子を提示可能なため、（
　　　　　　　）強化子の使用が重要である。

　シェイピングは、3つの異なる結果を生み出すために使用可能である。
6．（　　　　　　）行動を生み出すこと。
7．（　　　　　　）行動を回復させること。
8．すでに存在している行動の特定の（　　　　　）を変化させること。

9．対象者を標的行動に従事させるのに、（　　　　　　）が使用できる場合、あなた
　　はシェイピングを使用しないであろう。
10．マイキィは、友だちと遊んでいるときに、たまにしかおもちゃを共有しない。あ
　　なたはもう少し共有してもらいたいと思っているとする。マイキィにおもちゃをよ
　　り頻繁に共有させるようにするための手続きとして、シェイピングは適しているか。
　　（　　　　　　）

■ クイズ2

1．シェイピングは、標的行動の漸次的接近を（　　　　　　）することである。
2．シェイピング手続きのステップは、（　　　　　　）と呼ばれている。
3．乳児に言葉を教えるときに強化される3つのシェイピングステップは何か。（
　　　　　　）（　　　　　　）（　　　　　　）

　シェイピングにおいて条件性強化子を使用することが重要である2つの理由について
4．それは、強化子が行動の（　　　　　　）に提示可能であるから。
5．それは、その強化子が（　　　　　）によって効果を失わないようにするため。

　以下の選択肢をシェイピングの例に当てはめよ。
　　a．新しい行動を生み出す　　　　b．以前にしていた行動を回復させる
　　c．すでに存在している行動の特定の次元を変化させる
6．（　　　）けがをした後、再び歩行ができるようにシェイピングを使用する。
7．（　　　）言語療法の治療において、大きな声で発話可能となるようシェイピング
　　を使用すること。
8．（　　　）乳児に「パパ」と言えるようにシェイピングを使用すること。

9．標的行動が少ない頻度ではあるが、すでに生起している場合、シェイピングはその
　　支援に適した手続きであるかどうか。（はい・いいえ）
10．標的行動が少ない頻度ではあるが、すでに生起している場合、その頻度を高めるた
　　めに使用される手続きは何か。（　　　　　　）

■ **クイズ3**

1．（　　　　　　　）は、標的行動の漸次的接近を分化強化することである。

2．シェイピングにおいて、（　　　　　　　）は、標的行動により類似した行動である。

3．実験箱内でラットにレバー押しを、シェイピングを使って教える場合、レバーを押すことは、（　　　　　　　）と呼ばれている。

4．1平方フィートの広さの実験箱内でラットにレバー押しを、シェイピングを用いて教える場合、起点となる行動として何を選ぶか。（　　　　　　　）

5．シェイピング中の飽和を防ぐために、（　　　　　　　）強化子の使用が重要である。

　シェイピングの使用が適した3つの例を挙げなさい。

6．（　　　　　　　　　　　　　　　　　　）

7．（　　　　　　　　　　　　　　　　　　）

8．（　　　　　　　　　　　　　　　　　　）

　以下の手続きで標的行動を教えることができる場合、シェイピングをする必要がない。

9．（　　　　　　　　　　　　　　　　　　）

10．（　　　　　　　　　　　　　　　　　　）

第10章

■ クイズ1

1. ダンスを習っている生徒にダンスステップのやり方について説明をする場合、これはどのような種類のプロンプトか。（　　　　　　）

2. ダンスの生徒にあなたがダンスをしているのを見せることは、どのような種類のプロンプトか。（　　　　　　）

3. 2種類の刺激プロンプトについて答えなさい。（　　　　　　）と（　　　　　　）

4. 弁別刺激のもとで行動が生じるようになるにつれて、段階的にプロンプトを撤去することを（　　　　　　）という。

5. 言語、身振り、モデル、そして身体プロンプトが含まれるプロンプトの種類は何か？（　　　　　　）

6. プロンプト・フェイディングは、プロンプトから（　　　　　　）へと刺激性制御を転移させる。

7. プロンプト遅延手続きでは、弁別刺激を提示して（　　　　　　）する。その後で、プロンプトを提示する。

8. 刺激プロンプトは、刺激プロンプトから弁別刺激へと刺激性制御を転移させるために、（　　　　　　）によって、取り除かれる。

9. 広告掲示板にフラッシュ灯が設置されていて（掲示板のフラッシュ灯が点灯していて、文字自体は点灯していない）、掲示板のメッセージを読むことができる場合、フラッシュ灯は、どの種類の刺激プロンプトの例であるといえるか。（　　　　　　）

10. フェイディングとは何か。（　　　　　　）

■ クイズ2

1. （　　　　　　）は、弁別刺激の提示時に行動が生起するように、行動の前に提示される刺激のことである。

2. （　　　　　　）プロンプトは、他の人によって行われる行動である。

3. （　　　　　　）プロンプトは、刺激を変化させたり、ある刺激を追加あるいは撤去したりするものである。

4. 4種類の反応プロンプトは何か？（　　　　　　）（　　　　　　）（　　　　　　）（　　　　　　）

5. 最も侵襲度の大きい反応プロンプトは何か？（　　　　　　）

6. 最も侵襲度の小さい反応プロンプトは何か？（　　　　　　）

7. 刺激外プロンプトと刺激内プロンプトは、どのような種類のプロンプトか？（　　　　　　）

8. プロンプト・フェイディング、刺激フェイディング、プロンプト遅延は（　　　　　　）のための3つの方法である。

9. 刺激フェイディングとは何か？（　　　　　　）

10. プロンプト遅延は、弁別刺激の提示後に何をするのか？（　　　　　　）

■ クイズ3

1. プロンプトは弁別刺激の（前・後）に提示される。

2. 野球コーチが、打者に対して、立つ場所やバットの握り方を身振りで示した場合、（　　　　　　）プロンプトを提示していることになる。

3．野球コーチが、打者にバットの振り方を教えるために、バットを持つ打者の手の上に自分の手を重ねて、打者と一緒にバットを振った場合、彼は（　　　　　）プロンプトを提示していることになる。

4．プロンプト・フェイディングによって、弁別刺激が提示されている状況で行動が生起するのに伴って、プロンプトは（　　　　　）に除去される。

5．プロンプト・フェイディングによって、刺激性制御は（　　　　　）から弁別刺激へと転移する。

6．弁別刺激を提示し、4秒間待ってからプロンプトを提示することを、（　　　　　）と呼ぶ。

7．刺激性制御の転移のための3つの方法とは何か？（　　　　　）（　　　　　）（　　　　　）

8．（　　　　　）は弁別刺激の後に提示され、弁別刺激が提示されている状況で正しい行動が生起させるために使用される。

9．最小プロンプトシステムは、（　　　　　）とも呼ばれている。

10．4種類の反応プロンプトとは何か？（　　　　　）（　　　　　）（　　　　　）（　　　　　）

第11章

■ **クイズ1**

1. 順番に生起する多くの単位行動で構成されている複雑な行動は、（　　　　　　　）と呼ばれている。

2. 行動連鎖のもう1つの名称は、（　　　　　　　）である。

3. 行動連鎖において、各反応は次の反応の（　　　　　　　）を作り出している。

4. 行動連鎖を個々の刺激−反応単位に細かく分ける過程を（　　　　　　　）を呼ぶ。

5. 逆行チェイニングでは、最初に、連鎖中の（　　　　　　　）の刺激−反応単位を教える。

6. 順行チェイニングでは、最初に、連鎖中の（　　　　　　　）の刺激−反応単位を教える。

7. 順行チェイニングと逆行チェイニングで刺激−反応単位を教えるのに必要とされる2つの手続きは何か？（　　　　　　　）と（　　　　　　　）

8. 対象者が最初から最後まで行動連鎖全体を行うようにプロンプトする手続きは（　　　　　　　）である。

9. 学習者が正しい行動に従事できるように手添えガイダンスとシャドーイングを用いる手続きは、（　　　　　　　）である。

10. 課題分析における各ステップの写真を対象者の行動を促すために使用する手続きは、（　　　　　　　）である。

■ **クイズ2**

1. 行動連鎖は、多くの（　　　　　　　）と（　　　　　　　）の単位で構成される複雑な行動である。

2. 刺激−反応連鎖のことを、別名で（　　　　　　　）と呼ぶ。

3. 行動連鎖において、（　　　　　　　）は次の反応の弁別刺激を生み出す。

4. 順行あるいは逆行チェイニングの実施では、行動連鎖の各反応後に称賛が提示される。その結果として、各反応の遂行が（　　　　　　　）として機能するようになる。

5. 課題分析を実施する3つの方法は、（　　　　　　　）である。

6. 連鎖の最終ステップから学習を開始するのは、（　　　　　　　）チェイニングである。

7. 漸減型ガイダンスでは、身体ガイダンスが使用される。対象者が正しい行動に従事し始めたら、対象者の手を（　　　　　　　）し始める。

8. （　　　　　　　）手続きでは、行動の連鎖に対象者が従事できるように、行動連鎖のステップを一覧表にしたものが渡される。

9. チャーリーの仕事は、広告会社で4種類の異なる色のパンフレットを正しい順番で封筒詰めすることである。彼の仕事に含まれるステップを暗唱すること（「あか」「きいろ」「あお」「みどり」）を教え、チャーリーは仕事をうまくできるようになる。チャーリーが正しく行動連鎖に従事できるようになったこの例で使用された手続きは何か？（　　　　　　　）

10. チャーリーの仕事は、広告会社で4種類の異なる色のパンフレットを正しい順番で封筒詰めすることである。チャーリーに正しい順番で封筒詰めができるように、チャーリーの目の前の壁に、4枚の写真を提示する。その結果、チャーリーは正しく仕事ができるようになる。チャーリーが正しく行動連鎖に従事できるようになったこの例で使用された手続きは何か？（　　　　　　　）

■ クイズ3

1. 課題分析は行動連鎖を、個々の（　　　　　　　　）と（　　　　　　　　）の要素に細かく分ける。

2. （　　　　　　　　）チェイニングでは、最初に、行動連鎖の最後の刺激—反応単位を教える。

3. （　　　　　　　　）チェイニングでは、最初に、行動連鎖の最初の刺激—反応単位を教える。

4. 漸減型ガイダンスは、行動連鎖を教えるために（　　　　　　　）が使用される際に、正反応をプロンプトするために用いられる。

5. （　　　　　　　）では、対象者が学習機会おいて行動連鎖のすべてを遂行する。

　　ピートの仕事は、ハンドルを機械に取り付けることである。ピートはベルトコンベアの前に座り、その横に設置された机の上にはハンドルが入った箱が用意されている。機械がベルトコンベアで彼の前に運ばれてくる毎に、ピートは机の上にある箱からハンドルを取り出して、機械の金属棒にハンドルを入れ、固く取り付けられるまでハンドルを回す。この説明に基づいて以下の課題分析を完成させなさい。

6. 最初の弁別刺激：机にはハンドルが入った箱が用意されている状況で、ベルトコンベアの上にある**機械**

　　　最初の反応：（　　　　　　　　　　　　　　　　　　　　　　　　　　　　）

7. 第二の弁別刺激：（　　　　　　　　　　　　　　　　　　　　　　　　　　　　）

　　　第二の反応：（　　　　　　　　　　　　　　　　　　　　　　　　　　　　）

8. 第三の弁別刺激：（　　　　　　　　　　　　　　　　　　　　　　　　　　　　）

　　　第三の反応：（　　　　　　　　　　　　　　　　　　　　　　　　　　　　）

9. 質問6〜8の課題分析に基づいて、逆行チェイニングにおいて最初に提示する弁別刺激は何かを答えなさい。（　　　　　　　　　　　　　　　　　　　　　）

10. 質問6〜8の課題分析に基づいて、順行チェイニングにおいて最初に提示する弁別刺激は何かを答えなさい。（　　　　　　　　　　　　　　　　　　　　　）

第12章

■ クイズ1

1．行動的スキル指導に含まれる4つの手続きは何か？（　　　　　　）（　　　　　　）
（　　　　　　）（　　　　　　）

2．行動的スキル指導の構成要素である（　　　　　　）は、対象者に正しい行動の従
事の仕方について説明することである。

3．行動的スキル指導の構成要素である（　　　　　　）は、対象者に正しい行動の従
事の仕方を見せることである。

4．行動的スキル指導の構成要素である（　　　　　　）は、対象者に正しい行動の練
習機会を与えることである。

5．行動的スキル指導の構成要素である（　　　　　　）は、対象者の標的行動の遂行
を称賛したり、修正したりすることである。

6．モデルが正しい行動に従事しているとき、（　　　　　　）がもたらされるように
するべきである。

7．モデル提示を最も効果的にするためには、モデルは対象者に（　　　　　　）して
いたり、高い（　　　　　　）であったりすべきである。

8．対象者は、モデルを観察した後、できるだけ早く（　　　　　　）する機会を与え
られるべきである。

9．行動的スキル指導において、教示は対象者にとって、（　　　　　　）な人から与
えられるべきである。

10．行動的スキル指導において、フィードバックは行動の（　　　　　　）に与えられ
るべきである。

■ クイズ2

1．（　　　　　　）は、教示・モデル提示・リハーサル・フィードバックを含む指導
手続きである。

　子どもに誘拐防止スキルを教える際に、以下の例は、行動的スキル指導のどの構成要
素の説明であるのかを答えなさい。

2．（　　　　　　）　誰か知らない人に「一緒に帰ろう」と誘われたときは、「いいえ」
と言って、その場から離れて、大人に伝えるように、子どもに対して説明する。

3．（　　　　　　）　誰か知らない人に「一緒に帰ろう」と誘われたときの対応として
正しい行動を見せる。

4．（　　　　　　）　誘拐目的の誘い掛けに関するロールプレイで、実際に子どもに「い
いえ」と言って、その場を離れて、大人に伝える練習をさせる。

5．（　　　　　　）　誘拐場面のロールプレイにおいて、子どもが正しく行動ができた
ら、称賛する。

6．（　　　　　　）モデル提示では、他者が適切な行動を示範する。一方で、（　　　　
　　　　　　）モデル提示では、正しい行動が映像、音声、あるいは漫画や映画で示される。

7．行動的スキル指導では、（　　　　　　）を促進するために、行動が多様な方法、多
様な状況で示範される。

8．教示やモデル提示に続いて、対象者には行動を（　　　　　　）する機会を与える
べきである。

9．行動的スキル指導では、フィードバックには（　　　　　　　）と（　　　　　　　）
がある。

10．行動的スキル指導の標的となった行動の般化を促進するために、ロールプレイは対
象者が日常場面で遭遇する可能性が高い現実場面で（　　　　　　）すべきである。

■ クイズ3

1．行動的スキル指導の教示とは（　　　　　　）。

2．行動的スキル指導のモデル提示とは（　　　　　　）。

3．行動的スキル指導のリハーサルとは（　　　　　　）。

4．行動的スキル指導のフィードバックとは（　　　　　　）。

以下の例は、行動的スキル指導の中のどの構成要素を説明しているか。

5．（　　　　　　）小学校1年生に、銃を見つけたときにどうすべきかを教える中で、
指導者はクラスの児童全員に、彼が棚の上の銃に近づき、それに触らず、部屋を飛
び出し、その銃のことを担任教師に話すのを見させる。

6．（　　　　　　）小学校1年生に正しい行動を示範した後、指導者は銃を棚に置き、
児童一人一人に銃に触らないようにすること、その部屋を飛び出し、その銃のこと
を担任に話をする練習をさせる。

7．モデルの行動を真似することが強化されてきた結果として、行動的スキル指導の中
で子どもがモデルの行動を見ると、何が生じる可能性が高くなるか。（　　　　　　）

8．モデル提示の間、モデルの行動は適切な（　　　　　　）で生じる必要がある。

9．行動的スキル指導において、正しい行動への称賛と、間違った行動の修正は、（　　　　
　　　　）の2つの形態である。

10．行動的スキル指導の後の般化を促進する2つの方法とは何か？
（　　　　　　　　　　　　　　　　　）
（　　　　　　　　　　　　　　　　　）

第13章

■**クイズ1**

1．問題行動の先行事象と結果事象を特定するために（　　　　　　）を実施する。
2．問題行動の機能の種類（もしくは結果事象）を4つ挙げなさい。（　　　　　　）（
　　　　　　　）（　　　　　　　）（　　　　　　　）
3．間接的アセスメント、直接観察、機能分析は3つの（　　　　　）法である。
4．実験的分析の別名は（　　　　　　）である。
5．間接的な機能的アセスメントに含まれる2つの方法を挙げなさい。（　　　　　　　）
　　と（　　　　　　　）
6．他者から情報を収集する機能的アセスメントの方法は何か。（　　　　　　）
7．実施前に最初にスキャタープロットを使用する機能的アセスメントとは何か。（
　　　　　）
8．先行事象・結果事象と問題行動の機能的な関係を実証する機能的アセスメント法を
　　挙げなさい。（　　　　　　）
9．機能的アセスメントを実施するための3つの直接観察法を挙げなさい。（
　　　　）（　　　　　　　）（　　　　　　）
10．機能分析において、行動への影響を決定するために、（　　　　　）ともしくは（
　　　　　　）を操作する。

■**クイズ2**

1．機能的アセスメントは問題行動の（　　　　　　　）と（　　　　　　　）を特定する
　　ために実施する。
2．問題行動によって自動的な強化事象（他者によって提示することができない強化的
　　な結果）が生じるとき、その行動は（　　　　　　）強化で維持されていると言う。
3．行動が生起した後に、他者が嫌悪的な関わり、課題、活動を終わらせている場合、
　　その行動は（　　　　　）強化で維持されていると言う。
4．機能的アセスメントを実施する3つの方法とは何か。（　　　　　　）（
　　　　　）（　　　　　　）
5．特定の時間間隔で連続的に問題行動やその行動の先行事象と結果事象を記録する機
　　能的アセスメントの方法とは何か。（　　　　　　）
6．問題行動の先行事象と結果事象に関するチェックリストを用意し、問題が起きた際
　　に先行事象と結果事象のそれぞれにチェックをつけるのは、どの機能的アセスメン
　　ト法を使用していることになるか。（　　　　　　）
7．自傷行動の前後に起きた出来事を記録するように自閉症の子どもの親に依頼してい
　　る場合、これはどの機能的アセスメントの方法を使用していることになるか。（
　　　　　）
8．記述法、チェックリスト法、インターバル記録法（リアルタイム記録法）は（
　　　　　）を実施する3つの方法である。
9．発疹のために痒みがある人がいる。痒みから解放されるため発疹を掻いている場合、
　　この掻くという行動は（　　　　　　）強化によって維持されていると言う。
10．友人が注目するという理由で、「とっぴな話」をする人がいる場合、この「とっぴな
　　話」をする行動は（　　　　　　）強化によって維持されていると言う。

■ クイズ3

1. 問題行動の生起と機能的な関係にある先行事象や結果事象の情報を集める手続きは（　　　　　　）である。

2. ある行動が自動的に嫌悪刺激を減少したり取り去ったりする時に、その行動は（　　　　　　）強化によって維持されていると言う。

3. 行動の後に正の強化的な結果が他者から提示されている場合、その行動は（　　　　　　）強化で維持されていると言う。

4. インタビューや質問紙を使用する機能的アセスメントの方法は何か。（　　　　　　　）

5. 問題行動が生起した際の先行事象や結果事象を観察する機能的アセスメントの方法は何か。（　　　　　　）

6. 記述もしくはチェックリストを用いる機能的アセスメントの方法は何か。（　　　　　）

7. 問題行動の先行事象あるいは結果事象を直接操作する機能的アセスメントの方法は何か。（　　　　　）

8. ナンシーは頭痛持ちであり、ブラインドを閉じて部屋を暗くすることで痛みが和ぐ。彼女が頭痛を感じた時にブラインドを閉じる行動は（　　　　　　）強化によって維持されていると言う。

9. ナンシーは頭痛持ちであり、ブラインドを閉じて部屋を暗くすることで痛みが和ぐ。彼女が頭痛を感じた時にボーイフレンドにブラインドを閉じるように頼む行動は（　　　　　　）強化によって維持されていると言う。

10. 問題行動と先行事象・結果事象との機能的関係を実証していることにならない機能的アセスメントの2つの方法とは何か。（　　　　　　）と（　　　　　　）

第14章

■ クイズ1

1．消去を用いるためには、まず問題を維持している（　　　　　　　）を特定し、それを撤去しなければならない。

2．ある行動がある刺激の提示を生じさせている場合、行動の問題は（　　　　　　）によって強化されている。

3．ある行動がある刺激からの逃避を生じさせている場合、行動の問題は（　　　　　　）によって強化されている。

4．問題行動を維持させている強化子を特定するためには、（　　　　　　　）を実施しなければならない。

5．子どもの問題行動が（　　　　　　　）によって強化されている場合、消去は問題行動が起きたとき、その行動を無視することが含まれる。

6．子どもの問題行動が（　　　　　　　）によって強化されている場合、消去は問題行動が起きたとき、子どもを課題から逸脱させないことが含まれる。

7．クレールには奇声と泣きを含むかんしゃくがある。親がそのかんしゃく行動に対して消去を用い始めたとき、行動が減少し始める前のしばらく、クレールはより強くより長く泣き喚いた。これは、（　　　　　　　　）の例である。

8．（連続・間欠）強化の後で消去をする際に、問題行動の減少はより早い。

9．（連続・間欠）強化の後で消去をする際に、問題行動の減少はより緩やかである。

10．消去手続きは（　　　　　　）と組み合わせて用いられるべきである。

■ クイズ2

1．消去で、いったん問題行動の強化子が行動に随伴しなくなると、その行動は将来的に（　　　　　　）。

2．ある子どもが靴ひもを結ぶように言われると泣いてしまい、結局、親が子どもの靴ひもを結んでしまう。この場合、親は子どもが泣く行動に対して、どのように消去を実行するか。（　　　　　　）

3．ある子どもはクッキーが欲しい時に毎回泣き、ベビーシッターがクッキーを子どもに与える。この場合、ベビーシッターは子どもの泣き行動に対して、どのように消去を実行するか。（　　　　　　）

4．もし問題行動の強化子を撤去できないとしたら、問題の減少のために、（　　　　　　）を試すべきではない。

5．消去バースト中、何が起きやすいか。（　　　　　　　　）

6．消去を正しく用いるために、問題行動の後、強化子は（　　　　　　）すべきである。

7．問題行動が時々でも強化されているとしたら、この手続きは消去というよりも（　　　　　　　）に相当する。

消去を利用しないと決定する2つの条件は何か？

8．（　　　　　　　　　　　　　　　　　　　　　　　　　　　　　　）

9．（　　　　　　　　　　　　　　　　　　　　　　　　　　　　　　）

10．代替行動が消去前の問題行動と同様の強化子を生じさせるとき、消去後に再び問題行動が起きる可能性は（高い・低い）。

■ クイズ3

1. （　　　　　　　）は行動の強化子を撤去することで、行動の生起頻度の減少が生じる基本的な行動原理である。

　ある子どもがテーブルの上で皿を回しており、それは皿が回る間に生じる音によって強化されていた。

2. これは、（　　　　　　　）強化の例である。

3. この場合、どのように消去を実施するか。（　　　　　　　）

　研究者は頭部を強打する等の自傷行動は注目、逃避、もしくは感覚刺激によって強化されている可能性を示している。

4. 頭部を強打することが大人からの注目によって強化されている場合、どのように消去を実施するか。（　　　　　　　）

5. 頭部を強打することが学習課題からの逃避によって強化されている場合、どのように消去を実施するか。（　　　　　　　）

6. 頭部を強打することが感覚刺激によって強化されている場合、どのように消去を実施するか。（　　　　　　　）

7. 消去を実施した際に行動の頻度、持続時間、強度が一時的に増加することは、（　　　　　　　）と言われる。

8. 連続強化の後に消去を用いると、問題行動の減少は（急速・緩やか）である。

9. 間欠強化の後に消去を用いると、問題行動の減少は（急速・緩やか）である。

10. 消去を用いた後、行動変化の（　　　　　　　）は、問題行動がすべての関連する環境において止まることを意味する。

第 15 章

■ **クイズ 1**

1. （　　　　　　　）は望ましい行動の頻度を増加させるために強化が用いられ、望ましくない行動の頻度を減少させるために消去が用いられる手続きである。

2. 分化強化手続きで用いる強化子を特定するための 2 種類の方法を挙げよ。（　　　　　　）と（　　　　　　）

3. DRA を用いるとき、はじめに連続強化を適用し、その後、行動を維持するために、（　　　　　　　）を用いる。

4. （　　　　　　　）は問題行動がないことに強化子を提示する手続きである。

5. DRO は何の略語か。（　　　　　　）

6. DRA は何の略語か。（　　　　　　）

7. DRL 手続きでは何を強化するか。（　　　　　　）

　下記の手続きから記述に当てはめなさい。
　　　a．分散反応 DRL　　　b．全セッション DRL　　　c．DRO

8. （　　　）　30 秒間隔で行動が起きていなければ、30 秒の終わりに強化子が提示される。

9. （　　　）　授業中に行動の生起が 5 回以下であれば、強化子は提示される。

10. （　　　）　ある行動が最後に生起して少なくとも 30 秒以上経過後に、行動が生起したら強化子が提示される。

■ **クイズ 2**

1. DRA に含まれる 2 つの行動原理は何か？（　　　　　　）と（　　　　　　）

2. （　　　　　　　）は、望ましい行動（少なくとも時々は生起する行動）の生起頻度を増加させたい時、そして有効な強化子を利用できる時に用いられるのが適切な手続きである。

3. （　　　　　　　）手続きでは、問題行動が起きたら強化子を提示せず、代わりに強化までの間隔を再設定する。

4. （　　　　　　　）DRO では、時間間隔の全体で問題行動がなければ、強化子が提示される。

5. （　　　　　　　）DRO では、時間間隔の最後で問題行動がなければ、強化子が提示される。

6. （　　　　　　　）DRL では、反応の生起が決められた回数より少なければ、強化子が提示される。

7. （　　　　　　　）DRL では、反応が生起してから一定時間経過した後に反応が生起した場合に、強化子が提示される。

　記述に下記の手続きを当てはめなさい。
　　　a．DRA　　　b．DRO　　　c．DRL

8. （　　　）　ネリーが手を挙げてから 10 分以上経過後に手を上げたら先生がネリーに声をかける。

9. （　　　）　ネリーが授業中に 10 分間おしゃべりしなければ、教師はネリーを褒めた。

10. （　　　）　ネリーがクラスメイトから無理矢理ハサミを奪わずに、「ハサミを貸して」と頼んだ時、教師はネリーを褒めた。

■ **クイズ3**

1. ウィリアムズさんの前向きな発言を強化して不平不満を無視する際に用いるのは、どの分化強化か。（　　　　　　　）

2. 負の強化による代替行動分化強化（DNRA）では、望ましい行動は何で強化されるか。（　　　　　　　）

次の例に適切な手続きを当てはめなさい。

  a．DRI b．機能的コミュニケーション指導

3. （　　　）ジェニーの抜毛を減らすために、ジェニーが手をひざに置く度に親が彼女を褒める。

4. （　　　）ジェニーは宿題から逃れるために妨害行動を行う。ジェニーの妨害行動を減らすために、ジェニーが妨害行動に従事するのではなく援助を求めてきたら、親はジェニーの宿題を手伝った。

5. DRO 手続きでは、強化子は（　　　　　　　）に随伴する。

6. ベースラインでの問題行動の生起頻度が高い場合、DRO の間隔は（短くする・長くする）、そしてベースラインでの問題行動の生起頻度が低い場合、DRO の間隔は（短くする・長くする）。

7. DRO では、問題行動が起きる度に何をするか。（　　　　　　　）と（　　　　　　　）

次の記述に手続きを当てはめなさい。

  a．DRA b．DRO c．DRL

8. （　　　）ペテが大声をあげずに2分間過ごせたら、職員は強化子を提示する。

9. （　　　）ペテが大声をあげる代わりに、「やさしい」言葉を使用する度に、職員は強化子を提示する。

10. （　　　）ペテの夕食時に、大声をあげるのが2回以下であった場合に、職員は強化子を提示する。

第16章

■ **クイズ1**

1．問題行動に対する機能的な介入の3つを書きなさい。（　　　　　　）（　　　　　　）（　　　　　　）

2．望ましい行動を生起させるために、その行動の刺激性制御を持つ（　　　　　　）を提示する。

3．望ましい行動をより生起しやすくするために、（　　　　　　）することで、行動の強化子を強力にすることができる。

4．望ましい行動をより生起しやすくするために、行動の反応労力を（　　　　　　）ことがある。

　記述に次の手続きを当てはめなさい。
　　a．S^{D}もしくは手掛かり　　b．確立操作を設定する　　c．反応労力を減らす

5．（　　　　）　勉強をしやすくするために、スケジュール帳に計画した勉強時間を記入する。

6．（　　　　）　夜に寝やすくするために、早起きをして、日中に昼寝を取らないようにする。

7．（　　　　）　毎日運動をしやすくするために、家の近くのジムと契約する。

8．行動の無効操作を設定することは、（　　　　　　）の効力が減るため、行動が起きにくくなる。

9．喫煙の代わりにニコチンガムをかむように机にガムを置いておく。ここで用いられている2つの先行子操作とは何か。（　　　　　　）と（　　　　　　）

10．高層道路の出口に駐車場を設置することで、一部の都市では相乗りが発生しやすくなった。この事例は、どの先行子操作を例を示しているか。（　　　　　　）

■ **クイズ2**

1．（　　　　　　）手続きは望ましい行動を生起させ、望ましくない行動を減らす。

2．望ましくない行動を減らすため、望ましくない行動に刺激性制御を持つ（　　　　　　）を取り除く。

3．望ましくない行動を減らすため、（　　　　　　）を設定することで強化子の効力を弱める。

4．望ましくない行動を生起しづらくするため、行動の反応労力を（　　　　　　）する。

　次の手続きを記述に当てはめよ。
　　a．S^{D}もしくは手掛かりを除去する　　　b．無効操作を設定する
　　c．反応労力を増加せる

5．（　　　　）　お店でジャンクフードを買う可能性を低めるため、食事を食べてから買い物をする。

6．（　　　　）　お店でジャンクフードを買う可能性を低めるため、ジャンクフードがある店に行かないようにする。

7．（　　　　）　お店でジャンクフードを買う可能性を低めるため、家や職場にジャンクフードを置かないようにする。

8．行動の確立操作を設定した際になぜ行動が起きやすくなるか。（

）

　難しい算数問題に取り組まなければならない時、フリッズは教室で問題行動に起こす。問題行動を起こすと、校長室に行かされたり、算数問題に取り組まなくてよくなったりする。

9．フリッズの問題行動の強化子は何か。（　　　　　　　　）

10．フリッズの問題行動を減少させるため、例としてどのような無効操作を設定できるか。（　　　　　　　　　　　　　　　　　　　　　　）

■ クイズ3

1．消去、分化強化、先行子操作の3つは問題行動への（　　　　　　　　）介入である。

2．望ましい反応が生起する可能性を増加させるために適用することができる3つの先行子操作には何があるか？（　　　　　　　）（　　　　　　　）（　　　　　　　）

3．望ましくない反応が生起する可能性を低減させるために適用することができる3つの先行子操作には何があるか？（　　　　　　　）（　　　　　　　）（　　　　　　　）

4．行動の反応労力を（　　　　　　　）することで行動が生起しやすくなる。そして、行動の反応労力を（　　　　　　　）することで行動が生起しにくくなる。

5．注目のために問題行動を起こす人がいるとして、どのようにその行動の無効操作を設定するか。（　　　　　　　　　　　　　　　　　　　　　　）

　　記述に次の手続きを当てはめなさい。
　　　　a．S^Dもしくは手掛かりの除去　　　　b．無効操作の設定
　　　　c．反応労力を減らす　　　　　　　　　d．S^Dもしくは手掛かりの提示
　　　　e．反応労力を増やす　　　　　　　　　f．確立操作を設定する

6．（　　　）夕食で食べる量を減らすために、空腹にならないように夕食前にたくさんの水を飲む。

7．（　　　）野菜を多く食べるために、野菜用の美味しいディップソースを買う。

8．（　　　）日常的に歯間を自分自身で掃除するために、目につく場所にフロスを置いておく。

9．（　　　）古紙を再利用するために、リサイクルボックスを部屋の端ではなく、自分の机の横のゴミ箱の隣に置く。

10．（　　　）キャンディーを食べることを少なくするために、食卓にキャンディーを置かずに、自分には見えない食器棚にしまう。

第 17 章

■ クイズ 1

1．正の弱化は行動の後に（　　　　　　　）を提示する。
2．負の弱化は行動の後に（　　　　　　　）を撤去する。
3．タイムアウトにおいては、問題行動の生起の後に何が起きるか。（

　）
4．タイムアウトは、どのような種類の強化子によって維持されている問題行動に適用
　　される手続きか。（　　　　　　　）
5．タイムアウトが適用されないのは、どのような種類の強化子によって維持されてい
　　る問題行動か。（　　　　　　）
6．タイムアウトが最も有効であるために、タイムイン環境はどのようにするべきか。（

　）
7．レスポンスコストにおいて、問題行動の生起の後に何が起きるか。（

　）

　下記の手続きを記述に当てはめよ。
　　　　a．レスポンスコスト　　　b．消去　　　c．タイムアウト
8．（　　　）問題行動の後に行動を維持している強化的な結果事象を随伴しない。
9．（　　　）問題行動の生起の後に、既にその人が所有している強化子から一定量を
　　撤去する。
10．（　　　）問題行動に随伴するすべての強化源へと接近できる場所から、対象者を
　　移動させる。

■ クイズ 2

1．（　　　　　　　）は、問題行動に随伴して、短い時間、正の強化子へのアクセスが失
　　われることと定義される。
2．2種類のタイムアウトとは何か？（　　　　　　）と（　　　　　　）
3．（　　　　　　　）手続きは必ずタイムアウトと組み合わせて用いるべきである。
4．（　　　　　　　）弱化は行動の後に嫌悪刺激を提示することであり、（　　　　　　　）
　　弱化は行動の後に強化的な刺激を撤去することである。
5．タイムアウトの一般的な時間はどのくらいか。（　　　　　　　　）
6．タイムアウト環境が非常に強化的である場合、タイムアウトの効果は（大きく・小
　　さく）なりやすい。
7．法律を破ることを止めさせるために、罰金を徴収する場合（スピード違反、違法駐
　　車等）、行政機関はどのような手続きを用いているか。（　　　　　　）

　以下の記述に当てはまる手続きを選択しなさい。
　　　　a．タイムアウト　　　b．消去　　　c．レスポンスコスト
8．（　　　）母親が電話に出ているときにサニーが泣きわめくと、母親はいつもすぐ
　　に電話を切り、何があったのかを確認し、サニーを落ち着かせ、なぐさめた。母親
　　は電話に出ているときのサニーの泣きわめく行動を止めさせようと、泣きわめいた
　　ときに母親はサニーから遠ざかった。
9．（　　　）母親が電話に出ているときにサニーが泣きわめくと、母親はいつもすぐ
　　に電話を切り、何があったのかを確認し、サニーを落ち着かせ、なぐさめた。母親
　　は電話に出ているときのサニーの泣きわめく行動を止めさせようと、母親はサニー

が泣きわめいたときには、毎回サニーを部屋に1人にして座らせた。

10.（　　　　　）母親が電話に出ているときにサニーが泣きわめくと、母親はいつもすぐに電話を切り、何があったのかを確認し、サニーを落ち着かせ、なぐさめた。母親は電話に出ているときのサニーの泣きわめく行動を止めさせようと、母親はサニーが泣きわめいたときに、毎回サニーのお気に入りの人形を取り上げた。

■ クイズ3

1．タイムアウトやレスポンスコストはどのような種類の弱化の例か？（　　　　　　　）

2．行動変容法において、弱化手続きはまず何の手続きを用いた後に用いられるか？（　　　　　　　）

3．行動変容法において弱化を用いられる場合、（正・負）の弱化の方が用いられやすい。

4．幼稚園の教室でベティーが他児を叩くと、彼女は教室の脇の椅子に2分間座わることになった。結果として、ベティーが他児を叩く回数が減少した。この例は、何という種類のタイムアウトの例か。（　　　　　　　）

5．幼稚園の教室でベティーは他児を叩くと、彼女は廊下の椅子に2分間座ることになった。結果として、ベティーが他児を叩く回数が減少した。この例は、何という種類のタイムアウトの例か。（　　　　　　）

6．タイムアウト中の子どもが、タイムアウト期間の終了時に問題行動を起こした場合、どうすべきか。（　　　　　　）

7．（　　　　　　　）は、問題行動の生起に随伴して、一定量の強化子を撤去することと定義されている。

8．（　　　　　　）手続きはレスポンスコストと組み合わせて必ず用いられるべきである。

9．（　　　　　　）手続きは行動の後に問題行動の強化子を撤去することであり、（　　　　　　）手続きは行動の後にその人が既に所有している強化子を撤去することである。

10．レスポンスコストにおいて、問題行動の後に即座に強化子を撤去できない場合、問題行動の生起後にするべきことは何か？（　　　　　　）

第18章

■ クイズ1

1. 正の弱化に用いられる2種類の主要な出来事（刺激）は何か。（　　　　　）と（
　　　　　　）
2. （　　　　　　　）過剰修正法では、問題行動に随伴させて、対象者にその問題に関連
した正しい行動への従事を求める。
3. （　　　　　　　）過剰修正法では、問題行動によってもたらされた環境への影響を対
象者に修復させる。
4. 指示従事ガイダンス手続きでは、問題行動が生起するごとに、介入実行者は何をす
るか。（　　　　　　）
5. 指示従事ガイダンス手続きでは、指示した活動に対象者が応じ始める度に、介入実
行者は何をするか。（　　　　　　）
6. 指しゃぶりを減らすために、それに随伴して雑音を提示するという例は（
　　　　）による弱化の例である。
7. 弱化は必ず（　　　　　　　）と組み合わせて用いられるべきである。

　　記述に下記の手続きを当てはめなさい。
　　　　a．原状回復法　　　　　　　b．積極的練習法　　　　c．随伴練習法
　　　　d．指示従事ガイダンス　　　e．身体抑制　　　　　　f．反応阻止
8. （　　　　）授業中の大騒ぎする行動に随伴させて、生徒に「立って座って」という
運動を5回繰り返させる。
9. （　　　　）手を口に入れる行動に随伴させて、教師が生徒に「気をつけ」の姿勢を
30秒間とらせる。
10. （　　　　）指示した課題への拒否に随伴させて、教師は生徒を身体的に誘導して課
題を行わせる。

■ クイズ2

1. 問題行動を減らすためには弱化を検討する前に、必ず（　　　　　　）手続きを用
いるべきである。
2. 過剰修正法に含まれる2種類の手続きは何か？（　　　　　　）と（　　　　　　）
3. （　　　　　　　）手続きにおいては、問題行動の生起に随伴させて、指示した活動中
を通じて身体ガイダンスをされる。
4. 随伴練習法において、問題行動が起こる毎に何が行われるか。（　　　　　　）
5. （　　　　　　　）手続きでは、介入実行者は問題行動に関連する対象者の身体の一部
を動かせないようにする。
6. （　　　　　　　）手続きでは、介入実行者は身体的に反応を妨害することで問題行動
の生起を予防する。
7. 弱化を用いる前に検討しなければならない2つの倫理的問題とは何か。（
　　　）と（　　　　　　）

　　記述に次の手続きを当てはめなさい。
　　　　a．原状回復法　　　　　　　b．積極的練習法　　　　c．随伴練習法
　　　　d．指示従事ガイダンス　　　e．身体抑制　　　　　　f．反応阻止

8．（　　　　）　運動場で「お漏らし」をするのに随伴させて、児童は運動場から戻ってきてトイレに行くことを5回連続で求められる。

9．（　　　　）　子どもが指しゃぶりしようと手を口に向けて上げた瞬間、父親はそれを防ぐため、自分の手を子どもの手の前に置く。

10．（　　　　）　子どもが台所の床で食べ物を散らかしたら、子どもは台所の床と浴室の床も掃除しなければならない。

■ クイズ3

1．正の弱化は（　　　　　　　）の適用、もしくは（　　　　　　　）の適用である。

2．原状回復法や積極練習法は（　　　　　　　）手続きを構成する2種類の手続きである。

3．（　　　　　　　）手続きでは、問題行動を起こす度に、その人は問題行動とは関係ない身体運動に従事しなければならない。

4．指示従事ガイダンスは2つの機能を持つ。身体ガイダンスが適応されるため問題行動への（　　　　　　　）と、身体ガイダンスが撤去されるため、指示従事への（　　　　　　）がある。

5．身体抑制手続きでは、問題行動が生起する度に介入実行者は何を行うか。（　　　　　　）

6．嫌悪刺激を適用する弱化において、嫌悪刺激がどのように用いられるか2つの例を挙げなさい。（　　　　　　）と（　　　　　　）

7．正の弱化は、行動が減少した後の嫌悪刺激の（　　　　　　　）、負の強化は、行動が増加した後の嫌悪刺激の（　　　　　　）が含まれる。

　記述に次の手続きを当てはめなさい。
　　　a．原状回復法　　　　　　b．積極的練習法　　　　c．随伴練習法
　　　d．指示従事ガイダンス　　e．身体抑制　　　　　　f．反応阻止

8．（　　　）　10代の若者が家で悪態をついたとき、親は10分間窓を若者に拭かせた。

9．（　　　）　親がサリーにおもちゃを片付けて夕食のためにキッチンに来るように言ったときに、サリーは泣き叫んだ。これに応じて、親は彼女の手を持ち身体プロンプトでおもちゃを片付けさせ、さらに彼女の手を持ってキッチンに導いた。

10．（　　　）　サリーが妹を叩こうとしたとき、父親は叩かせないようにするために、サリーの手の前に自分の手を置いた。

第 19 章

■ クイズ1

1. （　　　　　　　）を計画することで、その人の生活における関連するすべての状況や環境で行動変化が起きる可能性を高める。

2. 支援者が般化の生起を強化することができないときや行動の自然な強化随伴性が存在しないとき、関連する状況において（　　　　　　）を修正することで般化を促す。

3. 同じ結果（同じ機能を果たす）が得られる異なる反応は（　　　　　　　）行動と呼ばれる。

4. 育児講座で学んだ療育技術の使用を自分自身に促すために、家で自己教示を用いることを教えるとして、どのような般化方略を用いるか？（　　　　　　）

　　下記の定義に次の方略を当てはめよ。
　　　a．般化の生起を強化する。
　　　b．自然な強化随伴性に接するスキルを指導する。
　　　c．自然環境の強化随伴性や弱化随伴性を修正する。
　　　d．指導に関連する様々な種類の刺激事態を導入する。
　　　e．共通する刺激を導入する。
　　　f．様々な機能的に等価な反応を指導する。
　　　g．自然な環境で手がかりを提示する。
　　　h．自己生成般化媒介刺激を導入する。

5. （　　　）自然な環境において、関連する状況で強化子が得られる行動を指導する。

6. （　　　）指導において、できるだけ多くの関連する刺激事態を利用する。

7. （　　　）自然な環境において生起したときにその行動を強化する。

8. （　　　）指導環境において般化環境の刺激を用いる。

9. （　　　）自然な環境の中に存在する人たちに対して、標的行動に強化子や弱化子を使用することを指導する。

10. （　　　）クライエントに対して同じ結果が得られる様々な反応を指導する。

■ クイズ2

1. （　　　　　　　）指導中に存在する S^D といくつかの点で類似する刺激の存在によって、行動が生起することと定義される。

2. 行動がいくつかの状況で（　　　　　　）したとしたら、指導セッション外の関連するすべての状況において望ましい行動が起きるだろう。

3. 学習者が（　　　　　　）の範囲で反応することを指導されたら、すべての関連する状況で般化する可能性が高まるだろう。

4. （　　　　　　　）は、関連する刺激事態と反応の種類の範囲を代表するいくつかの指導例を用いる。

　　例に下記の方略を当てはめよ。
　　　a．般化の生起を強化する。
　　　b．自然な強化随伴性に接するスキルを指導する。
　　　c．自然環境の強化随伴性や弱化随伴性を修正する。
　　　d．指導において関連する様々な種類の刺激事態を導入する。
　　　e．共通する刺激を導入する。

  ｆ．様々な機能的に等価な反応を指導する。

  ｇ．自然な環境で手がかりを提示する。

  ｈ．自己生成般化媒介刺激を導入する。

5．（　　　　）指導セッションで教えた競合反応方略を用いることを促すために、家で爪かみが起きる度に自己監視することを指導した。

6．（　　　　）恥ずかしがり屋の 10 代の若者に対する社会的スキル指導の際、同じ学級の友人に練習に参加してもらうために、一緒に指導セッションに参加してもらった。

7．（　　　　）１年生に対して授業中に話す前に手を挙げることを指導した後に、それが実行できた際に、学級担当教員は児童を称賛する。

8．（　　　　）指導セッションで、モノを共有する指導を行った後、学級でそのような様子が観察される毎に教師は児童を褒めた。

9．（　　　　）知的障害がある人に自動販売機の使い方を指導した際、買いたい物を選択する方法のすべてのパターンを指導する。

10．（　　　　）理不尽な要求に「はい」と答えてしまう人に、主張スキルを教えた際に、できる限り数多くの要求でロールプレイを行い、彼女に主張的な反応をさせた。

■ クイズ３

1．行動変容法では、（　　　　　　　）は、指導外に存在するすべての関連する刺激で行動が生起することと定義される。

2．般化を促す１つの方法は、般化が生起したときにその行動を（　　　　　　　）することである。

3．共通する刺激を導入するという般化技術において、般化を促進するために、（　　　　　　　）環境にある刺激を指導環境に導入する。

4．代表例教授法は、（　　　　　　）と（　　　　　　）の範囲を代表する複数の刺激事例を用いることと定義される。

5．指導者が、学習者に正しい反応の中で、いくつかの異なるやり方を教える場合、この般化方略は何か。（　　　　　　）

  例に下記の方略を当てはめよ。

  ａ．般化の生起を強化する。

  ｂ．自然な強化随伴性に接するスキルを指導する。

  ｃ．自然環境の強化随伴性や弱化随伴性を修正する。

  ｄ．指導において関連する様々な種類の刺激事態を導入する。

  ｅ．共通する刺激を導入する。

  ｆ．様々な機能的に等価な反応を指導する。

  ｇ．自然な環境で手がかりを提示する。

  ｈ．自己生成般化媒介刺激を導入する。

6．（　　　）ペアレントトレーニング講座で学んだ療育スキルを親に使用してもらうために、指導者は一方の親が家で療育スキルを正しく使用できた際に褒めるように、もう一方の親に依頼した。

7．（　　　）ペアレントトレーニング講座で学んだ療育スキルを親に使用してもらうために、指導者は親に、療育スキルの正しい使用を促すように簡単な自己教示を指

導した。

8. （　　　　）　ペアレントトレーニング講座で学んだ療育スキルを親に使用してもらう
　　ために、指導者はその親の家を尋ねて、スキルが正しく使用できていたとき、指導
　　者が親を称賛した。

9. （　　　　）　ペアレントトレーニング講座で学んだ療育スキルを親に使用してもらう
　　ために、子どもが自然に好意的な反応をするような療育スキルを、指導者が親に指
　　導した。

10. （　　　　）　ペアレントトレーニング講座で学んだ療育スキルを親に使用してもらう
　　ために、指導者は親に子どもをセッションに連れてきてもらい、セッションで子ど
　　もと関わるスキルを練習した。

Q40

第 20 章

■ クイズ 1

1. 人が自分の行動を変えるために行動変容を用いる場合、そのプロセスは次のように呼ばれる。（　　　　　　　）

2. 人は自己管理の手続きを用いて、行動の（　　　　　　　）を増やしたり、行動の（　　　　　　　）を減らしたりすることができる。

3. 自己管理では、人は制御行動の将来の生起に影響を与えるために、（　　　　　　　）行動を行う。

4. （　　　　　　　）とは、自己管理の方法の 1 つで、標的行動の生起に影響するよう、標的行動が起きる前に何らかの方法で環境を変容することである。

5. 標的行動が起きる可能性を減少させたい場合には、弁別刺激の（　　　　　　）、標的行動に対する無効操作の（　　　　　　）、標的行動の反応労力の（　　　　　　）などができる。

6. （　　　　　　　）とは、標的行動の強化子を調整したが、標的行動を行うことなしに強化子が得られてしまう場合に起きる。

7. （　　　　　　　）とは、重要な他者が標的行動の生起に対して自然な文脈や手がかりを提示したり、標的行動に対する自然な強化子を提示したりすることを言う。

8. 標的行動を増やしたい場合には、標的行動に対する（　　　　　　）を提示したり、標的行動の（　　　　　　）を取り除いたりする。

9. 標的行動を減らしたい場合には、標的行動の（　　　　　　）を取り除いたり、標的行動の（　　　　　　）を提示したりする。

10. 行動契約書を書くときに、契約管理者がいるべき理由は何か？（　　　　　　　　　　　　　）

■ クイズ 2

1. 人が望ましい行動を行わない場合、その人は行動の（　　　　　　）を示している。

2. 人が望ましくない行動を過剰に行う場合、その人は行動の（　　　　　　）を示している。

3. 自己管理において（　　　　　　）行動とは、人が制御行動を行っているときに影響を受ける行動である。

4. 望ましい行動に対する弁別刺激を提示し、望ましくない行動の反応労力を高めることは、どのような自己管理の方法の例か？（　　　　　　）

5. （　　　　　　）とは、標的行動を具体化し、標的行動の特定のレベルに随伴する結果事象を調整することである。

6. （　　　　　　）とは、人が標的行動に対する弱化子を調整したが、標的行動を行っても弱化子が提示されないことを言う。

7. 標的行動を減らすための先行子操作を 1 つ挙げよ。（　　　　　　　　　　　　　）

8. 標的行動を増やすための先行子操作を 1 つ挙げよ。（　　　　　　　　　　　　　）

9. ある標的行動が求められる状況において、何をすべきか、どのようにすべきかを自分自身に言い聞かせる自己管理の方法は何か？（　　　　　　）

10. 行動変容のために自己管理の方法を用いた後に、その行動の維持を促進するために長期にわたり用い続けるべき自己管理の方法を 2 つ挙げよ。（　　　　　　）と（

）

■ クイズ3

1．（　　　　　　　）とは、自分自身の行動を変えるために行動変容法を用いることである。

2．人は、自己管理の手続きを用いて、行動の不足を（　　　　　　　）したり、行動の過剰を（　　　　　　　）したりすることができる。

3．行動の過剰が起こる理由は一般的に、その行動が即時に（　　　　　　　）されるためである。それに対して行動の不足が起こらない理由は一般的に、その行動が即時で（　　　　　　　）されないためである。

4．標的行動の可能性を高めたい場合には、その行動に対する弁別刺激や確立操作を（　　　　　　　）したり、その行動の反応労力を（　　　　　　　）する。

5．（　　　　　　　）とは、自分の標的行動に対する随伴性の調整が行えない場合のことをいう。

6．自分が宿題を行う量を増やすために随伴性をアレンジし、宿題を2時間行ったら10ドルなくなることが免れるようにした場合に、宿題をすることは、お金が無くなることを避けることにより（　　　　　　　）されている。

7．禁煙するために、タバコを吸うたびに10ドル失うという随伴性をアレンジした場合に、喫煙はお金が無くなることにより（　　　　　　　）されている。

8．標的行動を（　　　　　　　）場合には、標的行動に対する強化子を提示したり、弱化子を取り除いたりすることができる。

9．標的行動を（　　　　　　　）場合には、標的行動に対して弱化子を提示したり、強化子を取り除いたりすることができる。

10．行動のセルフモニタリングを始めると標的行動が起きる可能性はどうなるか？（
　　　　　　　　　　　　　　　　　　　　　　　　　　　　　　　　　　　　　　）

第21章

■ クイズ1

1. 習癖行動の3つのタイプは何か？（　　　　　）（　　　　　）（　　　　　）
2. 習癖行動が頻繁に、あるいは高い強度で起こり、その人が介入を求めることとなった場合、その習癖行動は（　　　　　）と見なされるかもしれない。
3. 身体に関する反復行動の問題の例は何か？（　　　　　）
4. （　　　　　）とは、習癖行動と競合する行動である。
5. （　　　　　）とは、複数の運動チックと音声チックを伴うチック障害である。
6. 頭を横にひねることを含む運動チックを示す人に対して、どのような競合反応を用いることができるか説明しなさい。（　　　　　　　　　）
7. 吃音に対する習慣逆転法における競合反応は、（　　　　　）とも呼ばれる。
8. ソーシャルサポートの手続きにおいて、クライエントが習癖行動を行ったときに、周囲の関係者は何をすることとなっているか？（　　　　　）
9. ソーシャルサポートの手続きにおいて、クライエントが習癖行動を行っていないときや競合反応を行っているときに、周囲にいる関係者は何をすることとなっているか？（　　　　　　　　　）
10. 研究から、習慣逆転法は（　　　　　）を示す習癖行動に対しては効果的でない可能性があることが示された。

■ クイズ2

1. 神経性習癖の例を挙げなさい。（　　　　　）　また、運動チックの例を挙げなさい。（　　　　　）
2. （　　　　　）は、神経性習癖、チック、吃音の介入に用いられる。
3. 爪かみの介入で用いられる可能性がある競合反応の例を2つ挙げなさい。（　　　　　）と（　　　　　）
4. 習慣逆転法の4つの主な要素とは何か？（　　　　　）（　　　　　）（　　　　　）（　　　　　）
5. 習癖行動が習癖障害になるのはどのような場合か？（　　　　　）
6. （　　　　　）の競合反応は、口を閉じたまま、鼻からゆっくりとリズミカルに深い呼吸をすることである。
7. 研究から、習慣逆転法の効果に最も寄与する要素は（　　　　　）と（　　　　　）であることが示された。
8. 競合反応訓練では、習癖行動が起こるたび、あるいは起ころうとするたびに、（　　　　　）を行うことを学習する。
9. 意識化訓練においてクライエントは何を学ぶのか？（　　　　　）
10. 習慣逆転法において競合反応が機能する可能性のある方法の1つは、習癖行動を抑制し、（　　　　　）を提示することである。

■ クイズ3

1. 神経性習癖、チック、吃音とは（　　　　　）である。
2. 音声チックの例を示しなさい。（　　　　　）
3. 吃音にはどのような行動が含まれるか？（　　　　　　　　　）

4．習慣逆転法の手続きにおいて（　　　　　　　　）とは、習癖行動が起きるたびに自覚することを学ぶ介入要素である。

5．習慣逆転法の手続きにおいて（　　　　　　　　）とは、習癖行動の生起に随伴して競合行動を行うことを学ぶ介入要素である。

6．習慣逆転法の手続きにおいて（　　　　　　　　）とは、周囲の関係者が、リマインドや強化子を介して、クライエントが指導セッション外で競合反応を行うことを援助する介入要素である。

7．習慣逆転法において、クライエントが介入セッション外で競合反応を行う可能性を高めるために、セラピストが動機づけ方略として行うことは何か？（　　　　　　　　）

8．習慣逆転法において競合反応を用いることには2つの機能が考えられる。1つは、習癖を抑制し、その代替行動を提示することである。あるいは、競合反応は習癖行動の（　　　　　　　）として機能する可能性がある。

9．習慣逆転法の他に、習癖障害の介入において効果的な手続きを2つ挙げなさい。（　　　　　　　）と（　　　　　　　）

10．幼児が夜寝ている時に、髪の毛を引っ張ることに対して介入するために、反応抑制をどのように用いることができるか？（　　　　　　　　）

第 22 章

■クイズ1

1. （　　　　　　　　）の目的は、構造化された介入環境や教育場面において、クライエントのほとんど生起しない望ましい行動を強め、望ましくない行動を減らすことである。

2. トークンエコノミーにおいて（　　　　　　　　）は、望ましい行動の直後に提示される。

3. トークンエコノミーにおいて、トークンはどのようにして条件性強化子として確立されるか？（　　　　　　　　）

4. トークンエコノミーにおいてトークンとして用いることができるものの例を3つ挙げなさい。（　　　　　　）（　　　　　　）（　　　　　　）

5. （　　　　　　）強化スケジュールはトークンエコノミーの初期段階で用いられ、（　　　　　　）強化スケジュールは標的行動が安定して生起するようになったプログラムの後半で用いられる。

6. バックアップ強化子へのアクセスを制限すると（　　　　　　）が増える。その理由は相対的な遮断化の状態が確立されるためである。

7. トークンエコノミーにレスポンスコストの手続きを加えるのに適切なのはいつか？（　　　　　　）

8. トークンエコノミーで獲得したトークンをクライエントはどうするのか？（　　　　　　　　）

9. トニーは刑務所の受刑者で、毎日の望ましい標的行動の数に対してトークンを獲得している。刑務官はトークンとしてお金を使い、トニーは毎日10種類の望ましい行動のそれぞれに対して25セントを獲得できる。1日の終わりに、トニーはその日に稼いだお金を刑務所の売店で使うことができる。この例で説明されているトークンエコノミーはどこが問題か？（　　　　　　）

10. 問9のトークンエコノミーの問題を解決するために、あなたなら何を変えるか？（　　　　　　　　　　　）

■クイズ2

1. トークンは望ましい行動に対して提示され、後で（　　　　　　）と交換される。

2. トークンとして用いることができるものの例を3つ挙げなさい。（　　　　　　）（　　　　　　）（　　　　　　）

3. トークンエコノミーにおいて、クライエントはバックアップ強化子をどのようにして獲得するのか？（　　　　　　）

4. トークンエコノミーを始めたばかりの頃では、トークンは（　　　　　　）強化スケジュールで提示される。

5. バックアップ強化子をクライエントが自由に使えると、トークンエコノミーの強化価は（増加・減少）する。

6. （　　　　　　）手続きにおいて、トークンは望ましくない行動が生起した際に取り上げられる。

7. トークンエコノミーにおいてレスポンスコスト手続きの目的は何か？（　　　　　　）

8. トークンエコノミーのメリットを1つ挙げると何か？（　　　　　　）

9. トークンエコノミーのデメリットを1つ挙げると何か？（　　　　　　）

10. 非行少年の介入プログラムの管理者は、入所者が1日を通して、向社会的行動に

対してトークンが得られ、1日の終わりにトークンをバックアップ強化子と交換するトークンエコノミーを開始した。レスポンスコストのプログラムも加えられ、入所者が何らかの不適切行動を示すと、その日のトークンをすべて失うこととなった。このプログラムのどこが問題なのか？（
　　　　　　　　　　　　）

■ **クイズ3**

1．（　　　　　　　）は望ましい行動が生起するたびに提示される具体物である。

2．クライエントはトークンエコノミーにおいて（　　　　　　　）を得るためにトークンを用いる。

3．トークンエコノミーにおいてトークンとして用いることができるものを3つ挙げよ。
　　（　　　　　　）（　　　　　　）（　　　　　　）

4．（　　　　　　　）では、クライエントは望ましい行動に対してトークンが提示され、後でバックアップ強化子とトークンを交換する。

5．トークエコノミーにおいてバックアップ強化子の強化価はどのようにして高めることができるか？（　　　　　　　　　　　　　　　　）

6．レスポンスコスト手続きがトークンエコノミーで用いられると、望ましくない行動が生起した際に何が起こるか？（　　　　　　）

　ジョニーは特別支援学級に在籍している。ジョニーが授業中に問題に正答すると必ず、教師はジョニーの近くに置いた珈琲の缶にポーカーチップを入れる。ポーカーチップを貯めると、放課後に飴、小さなおもちゃ、シール、好き活動の実施といったことを得るために、ポーカーチップを使うことができる。

7．この例でトークンは何か？（　　　　　　）

8．この例でバックアップ強化子は何か？（　　　　　　）

9．この例で標的行動は何か？（　　　　　　）

10．この例でどのような強化スケジュールが示されているか？（　　　　　　）

第23章

■ **クイズ1**

1．（　　　　　　　　）とは、二者間の書面による合意で、当事者の一方または双方が特定
　のレベルの標的行動を行うことに同意するものである。

2．行動契約を書く最初のステップは、変容する（　　　　　　　　）を明確に定義するこ
　とである。

3．レイは、スティーブが行動契約において標的行動を記録するために、毎週書いたペ
　ージ数を（　　　　　　　）で測定していた。

4．行動契約の２つのタイプは何か？（　　　　　　　）と（　　　　　　　　）

5．（　　　　　　　）契約では、契約管理者が契約の随伴性を実行する。

6．（　　　　　　　）契約では、一方の当事者が契約で特定された行動を行わなかったら、
　もう一方の当事者がその後、標的行動を行うことを拒否し、契約全体が不成立とい
　う結果になりうる。

　次の用語と契約の随伴性の記述を対応させよ。
　　　ａ．正の強化　　　ｂ．負の強化　　　ｃ．正の弱化　　　ｄ．負の弱化

7．（　　　）被契約者が望ましくない行動を行うと、嫌悪刺激が提示される。

8．（　　　）被契約者が望ましくない行動を行うと、強化子が取り除かれる。

9．（　　　）ある人が行動契約書を書いた後、その契約の随伴性を自らで言い、不安
　になると、不安を減らすために標的行動を行う可能性が高まる。

10．この場合、契約条件を言って不安になるのは（　　　　　　　　）であり、これにより
　標的行動を行う可能性が高まる。

■ **クイズ2**

1．行動契約の別名は何か？（　　　　　　　）

2．標的行動を増やすために行動契約で実施できる結果事象を２種類挙げよ。（　　　　
　　　　）と（　　　　　　　）

3．永続産物記録法だけでなく、行動契約では契約管理者や第三者による（　　　　　　）
　を介して標的行動を測定できる。

4．双方向型契約にはどのような種類があるか。（　　　　　　　）と（　　　　　　　）

5．交換条件型契約を用いる場合に起こりうる問題は何か。（　　　　　　　）

6．（　　　　　　　）契約では、個人が標的行動の変容を求めて、契約管理者と強化や弱
　化の随伴性を調整する。

　次の用語と契約の随伴性の説明を対応させよ。
　　　ａ．正の強化　　　ｂ．負の強化　　　ｃ．正の弱化　　　ｄ．負の弱化

7．（　　　）あなたは毎週末に芝生を刈ることに同意し、芝生を刈ったら、パートナ
　ーはあなたのその週のトイレ掃除を免除することに同意する。

8．（　　　）あなたはその週の間にタバコを吸ったら、ルームメイトに預けた10ド
　ルを失うことに同意する。

9．（　　　）あなたは毎週末に芝生を刈ることに同意し、芝生を刈ったら、パートナ
　ーがあなたにマッサージをすることに同意する。

10．強化や弱化以外に、行動契約がどのようにして行動に影響を与えるか、１つ述べよ。
　（　　　　　　　　　　　　　　　　　　　　　　　　）

■ クイズ3

1. 行動契約では、1つ以上の標的行動と、その標的行動を行った時と行わなかった時の（　　　　　　　　）を明確にする。

2. 標的行動を減らすために行動契約で実施できる結果事象を2種類挙げよ。（　　　　　　　　）と（　　　　　　　　）

3. 一方向型契約では誰が契約の随伴性を実行するか？（　　　　　　　　）

4. （　　　　　　　　）契約とは双方向型契約であり、一方の当事者の行動変容が、もう一方の当事者の行動変容の強化子として機能し、その逆もある。

5. （　　　　　　　　）契約とは双方向型契約であり、両当事者の標的行動の随伴性が別になっている。

次の各例ではどのようなタイプの契約が示されているか。
　　　　a．一方向型　　　b．交換条件型　　　c．並行型

6. （　　　）マーサは毎週芝生を刈ることに同意する。その代わりに、マニーは毎週浴室とトイレを掃除することに同意する。

7. （　　　）マーサは毎週芝生を刈ることに同意し、芝生を刈ったら、日曜日にボウリングに行ける。マニーは毎週浴室とトイレを掃除することに同意し、掃除したら、日曜日に釣りに行ける。

8. （　　　）マギーは、GRE（大学院入学試験に関連するテスト）の勉強をしながら毎週2つの模擬試験を受けることに同意し、模擬試験を2つ受けたら、契約管理者に渡した10ドルを失わずにすむ。

次の用語と契約の随伴性の説明を対応させよ。
　　　　a．正の強化　　　b．負の強化　　　c．正の弱化　　　d．負の弱化

9. （　　　）サリーは毎週0.5キロの減量をすることに同意し、減量できたら、ダイエットセラピストに渡した10ドルの保証金を失わずにすむ。

10. （　　　）サミーは自分の子どもたちを怒鳴りつけるたびに10ドルを失うという契約に同意する。

第24章

■ クイズ1

1．恐怖はオペラント行動と（　　　　　　　　）行動の両方から構成されている。
2．恐怖のオペラント行動には、恐怖刺激の（　　　　　　）が関わっている。
3．恐怖における身体反応とは、心拍数の上昇、筋肉の緊張、浅く速い呼吸などであり、（　　　　　　　）と呼ばれる。
4．クモに対する恐怖では、クモは（　　　　　　）であり、自律神経系の興奮という条件反応を誘発する。
5．（　　　　　　）弛緩法では、身体の主な筋肉群をそれぞれ系統的に緊張させたり弛緩させたりする。
6．（　　　　　　）リラクゼーションでは、リラックスした姿勢を決めて、それぞれの筋肉群を弛緩させることを教えられる。
7．（　　　　　　）脱感作法では、クライエントは不安階層表を進めながら、実際に恐怖をもたらす刺激にさらされる。
8．（　　　　　　）脱感作法では、クライエントは不安階層表を進めながら、恐怖をもたらす刺激を想像する。
9．系統的脱感作法にない現実脱感作の利点を1つ挙げよ。（　　　　　　）
10．（　　　　　　）では、長期にわたり最大限の強度で恐怖刺激にさらされる。

■ クイズ2

1．恐怖に関わるオペラント行動とは何か？（　　　　　　　）
2．恐怖に関わるレスポンデント行動とは何か？（　　　　　）
3．クモ恐怖の人がクモを見て自律神経の興奮を経験する。この恐怖において条件反応は（　　　　　　）であり、条件刺激は（　　　　　　）である。
4．恐怖に関して逃避行動や回避行動の強化子は何か？（　　　　　　）
5．本章に記載されているリラクセーション訓練法を2つ挙げよ。（　　　　　）と（　　　　　　）
6．（　　　　　　）とは、ゆっくりとした深いリズムで呼吸することを学ぶリラクゼーション法である。
7．（　　　　　　）では、不安をもたらす刺激から注意を取り除くために、中立的な刺激や楽しい刺激に注意を向けてリラクゼーションを作り出す。
8．（　　　　　　）とは、最も恐怖を生じさせない刺激から最も恐怖を生じさせる刺激の順番である。
9．系統的脱感作法では、セラピストが不安階層表の各場面について説明しているとき、クライエントは何をするか？（　　　　　　）
10．クライエントが不安階層表を進めるときに、クライエントを安心させるために、セラピストがクライエントの手を握ったり、クライエントの背中に手を置いたりする、現実脱感作法の名前は何か？（　　　　　　）

■ クイズ3

1．人前で話すことへの恐怖では、聴衆の前にいることで自律神経の興奮が引き起こされる。この例で、条件刺激は（　　　　　　　）であり、条件反応は（　　　　　　）である。

2．不安にはどのような身体反応が関わるか？（　　　　　　　　　　　　　）

3．恐怖に関わる自律神経系の興奮は（　　　　　　　）であり、それにより逃避行動や回避行動が行われる可能性が高まる。

4．恐怖場面における逃避行動や回避行動は（正・負）の強化がされる。

5．（　　　　　　　　）法とは、恐怖や不安の問題の要素として経験する自律神経の興奮を減らすために用いる方法である。

6．漸進的筋弛緩法においてリラックスするために何が行われるか？（　　　　　　　　　　　　　）

7．行動的リラクゼーション訓練においてリラックスするために何が行われるか？（　　　　　　　）

8．系統的脱感作法のステップ３つを挙げよ。（　　　　　　）（　　　　　　）（　　　　　　）

9．どのタイプの脱感作法で、実際の恐怖刺激にさらされるか？（　　　　　　）

10．フラッディングにおいて何が起こるか？（　　　　　　　）

第25章

■ **クイズ1**

1. 認知的行動は（　　　　　　）であるため、独立した観察者による直接観察や記録ができない。
2. 認知的行動は（　　　　　　）のとき、条件刺激として機能する。
3. 認知的行動は（　　　　　　）のとき、動機づけ操作として機能する。
4. 認知的行動は、他の行動に続いて起きるとき、（　　　　　　）や（　　　　　　）の結果事象として機能する可能性がある。
5. 認知療法は、認知（再構成法・対処スキル訓練）の一種である。
6. 認知（再構成法・対処スキル訓練）では、セラピストはクライエントが苦痛を感じる認知的行動を特定し、その苦痛を感じる思考を取り除くか、より望ましい思考に置き換えるよう援助する。
7. （　　　　　　）セラピーの目的は、クライエントがネガティブな思考や感情を変えるのではなく、受け入れることを援助する。
8. 自己教示訓練では、セラピストは自己教示を教えるために（　　　　　　）を用いる。
9. 認知再構成法の最初のステップは、（　　　　　　）と（　　　　　　）を特定することである。
10. クライエントが問題状況において苦痛を感じる思考の代わりに（　　　　　　）について考えるとき、クライエントはネガティブな情動反応を示したり、問題行動を行ったりする可能性が低くなる。

■ **クイズ2**

1. （　　　　　　）行動とは、他者が観察できない言語やイメージ反応である。
2. 認知的行動は強化や弱化の効果に影響するとき、（　　　　　　）として機能しうる。
3. 認知（再構成法・対処スキル訓練）は、行動の過剰、すなわち既存の不適応な認知的行動が問題に関与している場合に用いられる。
4. 認知（再構成法・対処スキル訓練）では、セラピストはクライエントに対して、問題が生じている場面で、自分自身の反応遂行を改善したり、その場での自分自身の行動に影響を与えたりするような自己陳述の仕方を教える。
5. （　　　　　　）とは、認知再構成法の1つである。
6. （　　　　　　）とは、認知的対処スキル訓練の1つである。
7. （　　　　　　）では、セラピストはクライエントの歪んだ思考に対処するため、3種類の質問をする。
8. （　　　　　　）とは、認知療法においてセラピストがクライエントの変化を援助しようと試みる認知の歪みの一例である。
9. （　　　　　　）では、クライエントは問題状況において自らの行動を導くための自己陳述や自己教示法を学ぶ。
10. 抑うつに対する認知療法では、まずクライエントに（　　　　　　）を行わせる。次のステップでは歪んだ思考を変えることを援助するために認知再構成法を用いる。

■ **クイズ3**

1. 認知的行動は（　　　　　　）反応や（　　　　　　）反応から構成される。
2. 認知的行動は、それが不快な条件反応を喚起する場合、（　　　　　　）として機

能している。

3．認知（再構成法・対処スキル訓練）は、行動の不足、すなわち問題状況に対処する認知的行動が欠けている場合に用いられる。

4．認知的行動が機能する可能性のある2種類の先行事象とは何か。（　　　　　　）と（　　　　　　　）

5．自己教示訓練は認知（再構成法・対処スキル訓練）の1つである。

6．認知再構成法には3つのステップがあり、（1）不快な思考と状況を特定すること、（2）その思考に続く情動反応や行動を特定すること、（3）（　　　　　　　　　　　　　　　　）である。

7．全か無かの思考、過剰な一般化、マイナス化思考は（　　　　　　）の例である。

8．認知療法においてクライエントの歪んだ思考に対処するため、セラピストがクライエントに行う3つの質問のうち2つ述べよ。（　　　　　　）と（　　　　　　）

9．自己教示訓練において、自己教示は望ましい行動の（　　　　　　）となる。

10．アクセプタンスに基づくセラピーの目的は、クライエントのネガティブな思考や感情を変えることではなく、（　　　　　　）である。

訳者あとがき

　本書は、『行動変容法入門』（2006, 二瓶社）の日本語版第2版となります。日本語版第1版（英語版第2版の翻訳）は、2006年に園山繁樹先生・渡部匡隆先生・大石幸二先生と野呂が担当し、幸いなことに、長年に渡って大学等において教科書などでご利用いただきました。第1版の出版から時間も経過し、英語版も第6版が出版されていたことから、第1版の翻訳者の先生方に相談をし、日本語版第2版の翻訳作業を行うことになりました。その際、野呂以外の翻訳者は交代することになりました。

　原著で新たに追記・修正された箇所についての詳細は、本書の序に記載されています。それに加えて、日本語版第1版での訳語に若干の変更を加えております。しかしながら、基本的には第1版の文章をそのまま踏襲する形になっております。本書は、野呂・佐々木・青木・神村が訳者となっておりますが、多くの文章を第1版から引き継いでいることから、第1版の訳者3名も加えた、7名が訳者であるとも言えます。

　最後に、読者に対して、訳者としてひとつだけ注意喚起をしたいことがあります。それは本書の第17章、第18章で扱われている「負の弱化手続き」「正の弱化手続き」に関することです。本書中でも繰り返し注意喚起の文章がありますが、弱化手続きの適用については、様々な議論があります。本書では、比較的古い先行研究を紹介している文章の中に、現在では不適切であると考えられる弱化手続きの使用に関する説明が含まれています。それは、その手続きを推奨しているということではありません。行動上の問題への対応は、機能的アセスメントに基づいて行われる適応的行動の支援を中心に行われるべきであるということを、改めて確認しておきたいと思います。

　最後になりましたが、編集をご担当いただいた二瓶社の宇佐美嘉崇さんに、感謝したいと存じます。

2024年10月14日

野呂文行

訳者紹介

野呂文行　のろ　ふみゆき
筑波大学人間系教授
博士（教育学）／臨床心理士
担当：序、第 4 章、第 5 章、第 6 章、第 7 章、第 8 章、第 9 章、第 10 章、第 11 章、第 12 章、用語解説、監訳
主著訳：『スクールワイド PBS：学校全体で取り組むポジティブな行動支援』（分担訳　二瓶社）、『特別支援学級での自閉症のある子どもの自立活動の指導』（分担　ジアース教育新社）、『応用行動分析学テキストブック』（監修　学苑社）、『日本障害教育史［戦後編］』（分担　明石書店）、『気になる行動を示す幼児への支援』（監修　学苑社）、『障害者心理学』（分担　北大路書房）

佐々木銀河　ささき　ぎんが
筑波大学人間系准教授
博士（障害科学）／公認心理師、臨床発達心理士、保育士
担当：第 1 章、第 2 章、第 3 章
主著訳：『発達障害のある大学生のアセスメント』（編著　金子書房）、『ヒトはそれを「発達障害」と名づけました』（編　金子書房）、『ポスト・コロナ学：パンデミックと社会の変化・連続性、そして未来』（分担　明石書店）、『公認心理師カリキュラム準拠　福祉心理学』（分担　医歯薬出版）、『新・教職課程演習 第 6 巻 特別支援教育』（分担　協同出版）、『よくわかる！大学における障害学生支援〜こんなときどうする？〜』（分担　ジアース教育新社）

青木康彦　あおき　やすひこ
福岡教育大学大学院教育学研究科　講師
博士（障害科学）／臨床心理士、公認心理師
担当：第 13 章、第 14 章、第 15 章、第 16 章、第 17 章、第 18 章、第 19 章
主著訳：『ASD 児における自己刺激行動と同様の感覚を産出する玩具の好みと強化価に関する検討』（筆頭著者　行動分析学研究）、『自閉スペクトラム症児における条件性強化子の成立に関する現状と課題』（筆頭著者　行動分析学研究）

神山努　かみやま　つとむ
横浜国立大学教育学部准教授
博士（障害科学）／公認心理師、臨床発達心理士
担当：第 20 章、第 21 章、第 22 章、第 23 章、第 24 章、第 25 章
主著訳：『最新教育動向 2021 必ず押さえておきたい時事ワード 60& 視点 120』（分担　明治図書出版）、『高校ではじめるスクールワイド PBS』（分担　ジアース教育新社）、『家庭や地域における発達障害のある子へのポジティブ行動支援 PTR-F』（監修　明石書店）、『知的障害教育ならではの主体的・対話的で深い学びができる本』（編著　学研プラス）、『子どもの視点でポジティブに考える問題行動解決支援ハンドブック』（監訳　金剛出版）、『子育ての問題を PBS で解決しよう！』（分担訳　金剛出版）

行動変容法入門
日本語版第2版

2024年11月10日　第2版　第1刷

著　者　　レイモンド・G・ミルテンバーガー
訳　者　　野呂文行／佐々木銀河／青木康彦／神山努
発行所　　有限会社二瓶社
　　　　　TEL 03-4531-9766
　　　　　FAX 03-6745-8066
　　　　　郵便振替 00990-6-110314
　　　　　e-mail: info@niheisha.co.jp
装　幀　　株式会社クリエイティブ・コンセプト
装　画　　shutterstock
印刷製本　株式会社シナノ

ISBN 978-4-86108-091-3　C3011
Printed in Japan